Georges Corm

Le Proche-Orient éclaté

1956-2012

II

SEPTIÈME ÉDITION
MISE À JOUR ET AUGMENTÉE

Gallimard

PARTIE IV

L'ÉTABLISSEMENT DE L'HÉGÉMONIE AMÉRICAINE ET LES PAIX MANQUÉES

1991-2000

L'euphorie de la guerre du Golfe

ORDRE NOUVEAU ET GLOBALISATION
DE L'ÉCONOMIE

Pour l'heure, au seuil des années 1990, le monde est saisi d'euphorie. La fin de la Guerre froide et le démantèlement de l'empire soviétique ouvrent des perspectives de paix mondiale que personne ne pouvait entrevoir auparavant. La réunification de l'Allemagne, le retour à la liberté de l'Europe de l'Est, la confiance retrouvée des États-Unis en eux-mêmes grâce au succès militaire éclatant remporté dans la guerre du Golfe, la fin de l'impotence des Nations unies, la mise en place d'un processus de paix israélo-arabe à travers la conférence de Madrid, la fin de l'apartheid en Afrique du Sud : autant de signes d'une ère nouvelle qui s'ouvre à l'humanité.

À ces facteurs politiques favorables, s'ajoutent des facteurs économiques perçus eux aussi comme très positifs par l'opinion occidentale. Il s'agit principalement des réformes économiques de type libéral que mènent tous les pays du tiers-monde qui, sous l'impact de la crise de la dette ayant éclaté en 1982, se voient obligés de suivre les recettes d'«ajustement structurel» de la Banque mondiale et du Fonds monétaire international. Les pays doivent supprimer les entraves qu'ils ont mises traditionnellement aux échanges de marchandises et de capitaux, réduire le déficit budgétaire, diminuer la taille du secteur public par la privatisation des entreprises publiques.

C'est le début du mouvement de «globalisation» de l'économie mondiale qui touche toutes les régions du monde, car la Chine, de son côté, sous l'impulsion des dirigeants qui ont succédé à Mao-Zédong, entame des réformes économiques qui vont lui permettre des taux de croissance industrielle exceptionnels, soutenus dans certaines régions par une ouverture aux investissements des grandes sociétés multinationales. Cette ouverture chinoise ne fait qu'accélérer l'industrialisation des «tigres» économiques asiatiques (Taiwan, Singapour, Hongkong, Corée du Sud) et aider d'autres pays de la région à entrer dans le cercle vertueux de l'industrialisation (Malaisie, Thaïlande, Indonésie).

En même temps, le Marché commun européen devient «marché unique» en 1992 et se transforme en Union européenne avec la ratification du traité de Maastricht prévoyant une monnaie unique européenne; les négociations commerciales internationales de l'Uruguay Round progressent et sont conclues solennellement en 1994 à Casablanca, donnant naissance à l'Organisation mondiale du commerce (O.M.C.) qui doit succéder au G.A.T.T. De leur côté, les États-Unis mettent en place l'Association nord-américaine de libre-échange (A.L.E.N.A.) avec le Canada et le Mexique. Enfin, la Russie et les pays de la C.E.I., ainsi que les pays de l'Europe de l'Est, effectuent des transitions vers le capitalisme qu'ils veulent rapides; toutes les structures d'économie socialiste y sont démantelées et les marchés locaux ouverts aux investissements des grandes firmes capitalistes.

Le paysage international qui a caractérisé les précédentes décennies a donc complètement changé. Le Moyen-Orient peut-il vraiment rester à l'écart de ces «cent fleurs» capitalistes et libérales qui fleurissent partout ? Peut-il ne pas être affecté par ces mutations globales que connaît l'humanité dans cette dernière décennie du xxᵉ siècle ? Des militaires qui rentrent dans leurs casernes comme en Amérique latine, les partis uniques totalitaires qui s'effondrent presque partout (à l'exception majeure de la Chine), des Parlements élus dans des compétitions pluralistes, des marchés économiques qui s'ouvrent et se libéralisent, un progrès technologique au rythme de plus en plus rapide, des nouvelles Bourses qui se mettent en place ou des Bourses languissantes qui revivent : tel est le contexte mondial qui devrait favoriser l'avènement d'une ère nouvelle au Moyen-Orient.

Comme nous le verrons par la suite, Shimon Pérès, dans un livre qui fera « doctrine » pour la réorganisation du Moyen-Orient dont rêve l'Occident, se fera le chantre de cette « ouverture économique [1] ». À la tribune des Nations unies, le 28 septembre 1993, quelques jours après la signature des accords d'Oslo, il annonçait lyriquement : « Tandis que je signais le document de paix sur la pelouse de la Maison-Blanche, j'ai presque pu sentir la brise fraîche du printemps et mon imagination a commencé à errer vers les cieux de notre terre : ils peuvent commencer à paraître plus dégagés aux yeux de tous, partisans et opposants. Sur la pelouse, on pouvait presque entendre le pas lourd des bottes quittant la scène après cent ans de conflit. Et en tendant l'oreille, on aurait même pu entendre l'ère nouvelle arriver sur la pointe des pieds pour faire ses débuts dans le monde de la paix qui nous attend. » Le ministre des Affaires étrangères d'Israël ajoutait : « Ces dix dernières années ont vu de grands changements. C'en est fini de la confrontation Est-Ouest. La polarisa-

---

1. Shimon Pérès, *The New Middle East*, New York, Henry Holt & Co., 1993 ; édition française sous le titre *Le temps de la paix*, Paris, Odile Jacob, 1993.

tion Nord-Sud a commencé à disparaître. L'Asie et l'Amérique du Sud se sont découvert un dynamisme économique nouveau. Nous avons appris que la fin d'une guerre doit être le commencement d'une nouvelle genèse qui mettra un terme à la belligérance et aux préjugés psychologiques[1]. »

L'ordre mondial nouveau promis en 1991 par George Bush, qui vient de mettre à la raison un régime militaire turbulent et agressif au Moyen-Orient, peut-il ne pas toucher le Moyen-Orient? Le triomphe de la puissance américaine ainsi que la bonne volonté israélienne que consacre l'accession des travaillistes au pouvoir aux élections de 1992, mais aussi l'impatience de l'Europe de voir enfin ses voisins proche-orientaux en paix, sont les signes certains des changements positifs qui attendent le Moyen-Orient.

LA FIN DU SYNDROME VIETNAMIEN

Le déploiement de forces américain au Moyen-Orient est sans conteste un symbole majeur du nouvel ordre qui doit s'installer. Il se réalise sous les yeux de l'Union soviétique qui vit ses derniers jours et ne cherche même plus à contrer les visées américaines; au Conseil de sécurité des Nations unies, cette dernière vote sans hésitations et sans états d'âme la série de résolutions condamnant l'Irak et permettant le recours à la force pour libérer le Koweït. Au Congrès américain, les discussions pour l'envoi massif de troupes seront en fait plus ardues qu'au Conseil de sécurité. Les États-Unis doivent, en réalité, sortir non seulement du traumatisme de

1. Texte du discours dans *Le temps de la paix, op. cit.*, p. 248-255.

la guerre du Vietnam, mais de deux échecs retentissants dans l'envoi de troupes au Moyen-Orient. D'abord celui du président Carter qui avait tenté une opération militaire limitée en Iran pour sauver les Américains pris en otage par le régime de Khomeyni ; l'opération fut un fiasco qui pesa lourd dans la campagne électorale du président, lequel fut lamentablement battu par Ronald Reagan. Ensuite, l'échec de l'envoi de troupes américaines au Liban en 1982 pour veiller au départ de l'O.L.P. et protéger les populations civiles ; aux côtés d'un contingent français important, d'un contingent italien plus réduit et d'un contingent anglais symbolique, les troupes américaines avaient formé une Force multinationale d'interposition. En octobre 1983, les contingents américains et français étaient l'objet d'attentats par camion suicide, faisant plusieurs centaines de morts. Dès le printemps 1984, les troupes américaines quittaient les premières le Liban, les troupes françaises prenant leur temps et laissant derrière elles un contingent d'observateurs pour surveiller les lignes de démarcation à l'intérieur de la capitale libanaise à nouveau divisée par la guerre. Ce sont là deux épisodes venus aggraver le syndrome du Vietnam, c'est-à-dire une peur quasi instinctive de l'envoi de troupes américaines à l'étranger, en terrain mal connu et au sein de populations hostiles.

Envoyer un demi-million d'hommes au cœur du monde arabe, non loin des Lieux saints musulmans, se battre contre un pays arabe important comme l'Irak qui a développé ses moyens et son expérience militaires durant huit ans de guerre avec l'Iran, voilà une tâche qui aurait paru insurmontable aux prédécesseurs de George Bush à la présidence américaine. Quel Arabe ou quel Européen aurait pu envisager une telle éventualité, même à la veille de l'invasion du Koweït par l'Irak ? Seul François Mitterrand, qui pourtant avait mal lu les signes avant-coureurs de l'effondrement du bloc soviétique, eut, semble-t-il, la prémonition du bouleversement qui allait affecter la psychologie américaine sous la conduite hardie de George Bush. En affirmant dès le 21 août que la «logique de guerre» prévalait désormais au Moyen-Orient, et en appuyant le recours à la force, le président français préparait l'opinion française et européenne aux événements à venir dont l'Europe ne pourrait rester absente[1].

Le président américain réussit la tâche redoutable de redonner confiance à l'Amérique dans ses capacités militaires conventionnelles et dans sa capacité politique à gérer victorieusement un conflit à des milliers de kilomètres des côtes de l'Amérique. Ronald Reagan avait rendu aux États-Unis leur confiance dans leur capacité économique et scientifique, en particulier sur le plan de la supériorité en armements nucléaires et balistiques, même si, rétrospectivement, sa «guerre des étoiles» n'avait pas vraiment de consistance. George Bush entraîna une Amérique enthousiaste et sûre d'elle-même dans le plus grand déploiement de forces conventionnelles depuis la Seconde Guerre mondiale. À cet effet, la propagande américaine déploya des trésors d'ingéniosité, exploitant au mieux les opportunités offertes par la conjoncture internationale nouvelle.

LA CAMPAGNE AMÉRICAINE D'OPINION

La bataille d'opinion fut menée tambour battant, en deux temps, ou du moins sur deux registres. L'em-

1. Voir *Le Figaro* du 22 août 1990.

pire du mal soviétique, si bien dénoncé par Ronald Reagan durant huit ans, étant en phase de disparition, c'est un véritable transfert d'hostilité psychologique que les médias américains opérèrent sur l'Irak et son président. Le diable soviétique passé à la trappe de l'histoire, un autre surgissait fort opportunément, empêchant une démobilisation de l'opinion américaine et occidentale. Saddam Hussein devenait ainsi la dernière tête de l'hydre du totalitarisme. L'Amérique gardienne de la morale internationale se devait de trancher cette tête pour que le Bien puisse définitivement triompher du Mal. Le président irakien fut alors présenté tout à la fois comme une réincarnation de Staline, de Hitler, mais aussi du cruel Nabuchodonosor assyrien de l'Antiquité qui détruisit en 597 av. J.-C. le royaume de Juda et déporta à Babylone des milliers de juifs. On joua ainsi pendant des mois en Occident à se faire d'autant plus peur que l'armée de Saddam Hussein fut présentée à l'opinion comme la «quatrième armée du monde», disposant d'un million d'hommes sous les drapeaux, de centaines de milliers de chars, de milliers d'avions. Bien plus, une avalanche d'articles de presse présentèrent l'armée irakienne comme étant sur le point d'acquérir l'arme atomique et d'en menacer l'État d'Israël. En envahissant le Koweït, le chef de l'État irakien était évidemment soupçonné de vouloir étrangler l'Occident en le privant de pétrole, de vouloir s'ériger en maître diabolique du monde arabe, terrorisé par sa puissance, et, comme objectif ultime, de vouloir priver Israël de son droit à l'existence.

Cette image répandue, l'Amérique pouvait-elle laisser faire ? La réponse passait alors à l'autre registre, celui des grandes valeurs morales défendues par l'Amérique depuis son acte constitutif en 1776, celui de l'ordre et du droit. Pouvait-on laisser un petit pays pacifique comme le Koweït être dévoré par le dictateur violent et expansionniste d'un pays voisin ? Pou-

vait-on laisser l'État d'Israël et tous les régimes
arabes amis des États-Unis à la merci d'un Hitler
oriental ? Pouvait-on le laisser, par ailleurs, dominer
le plus grand réservoir d'énergie du monde, la Péninsule arabique ? L'Amérique, en passe de gagner
définitivement la Guerre froide, hésiterait-elle à
accomplir son devoir de gardien de la moralité internationale ? Aurait-elle peur d'une guerre convention-
nelle loin de ses frontières, elle, la première
puissance militaire du monde ? Plus le trait du portrait de Saddam Hussein était grossi et les dangers
représentés par lui amplifiés, plus le besoin d'agir
apparaissait comme un impératif de morale kantienne.

Le gouvernement des États-Unis réussit ainsi avec
brio, en quelques semaines, une campagne d'opinion
qui emporta, partout dans le monde, la conviction.
Non seulement l'Amérique enthousiaste mobilisa
son corps expéditionnaire de 450 000 hommes,
mais quarante-trois nations, France et Angleterre
en tête, se joignirent dans une formidable coalition
contre la nouvelle incarnation du mal dans l'ordre
international. L'Arabie Saoudite, liée à l'Irak par un
traité de non-agression, fut, un instant, hésitante à
permettre un tel déploiement de forces sur son territoire. Le ministre américain de la Défense, après
une visite éclair du royaume, le 7 août, fit tomber
ses hésitations. Bien plus, les pays arabes furent sollicités pour se joindre militairement à la coalition.
Comme nous l'avons conté au chapitre précédent,
l'Égypte, non seulement répondit sans difficulté à la
demande américaine, mais contribua aussi à empêcher toute discussion au sein de la Ligue arabe en
vue de trouver une issue pacifique au conflit au sein
même de la Ligue. Nous avons vu aussi que le fait le
plus remarquable, dans cette action mobilisant militairement des pays arabes contre un autre pays
arabe d'importance majeure, fut l'adhésion de la
Syrie qui se déclara prête à envoyer des troupes en

Arabie Saoudite pour participer à la libération future
du Koweït aux côtés des États-Unis.

L'audace américaine permettait donc une grande
victoire morale avant même le début des combats,
car la Syrie, rappelons-le, avait été jusqu'ici un fer
de lance de la politique anti-impérialiste arabe, un
allié traditionnel de l'Union soviétique, un soutien
et une base arrière aux mouvements armés palestiniens les plus radicaux, accusés de terrorisme par
Washington ; c'est elle qui avait réussi à faire partir
du Liban dans des conditions de débandade le
contingent américain de la Force multinationale
d'interposition en 1983. Les États-Unis paraissaient
ainsi, dans leur croisade d'ordre moral appuyée par
la force militaire, obtenir le repentir d'un État arabe
qui s'était trouvé autrefois dans le camp des «forces
du mal», celui des alliés de l'Union soviétique.

Du coup, les États arabes qui refusèrent de se
joindre à la coalition furent désignés à la vindicte de
l'opinion internationale. Ce fut en particulier le cas
de la Jordanie, pourtant un pilier traditionnel de
l'influence occidentale au Proche-Orient, de la
Tunisie, de l'Algérie, du Yémen ; le chef de l'O.L.P.
aussi, vraisemblablement effrayé — tout comme le
roi de Jordanie et les présidents tunisien et algérien,
par l'immense émotion que suscita dans les populations du Maghreb et chez les Palestiniens la mise
sur pied de la coalition occidentale contre l'Irak —,
non seulement ne condamna pas l'Irak, mais rendit
visite au dictateur irakien. Cette «dissidence» fut
présentée à l'opinion comme de simples «poches»
d'irrationalité et de lâcheté dans le monde arabe,
dont il fut considéré qu'il avait massivement rejoint
les forces du bien incarnées par les États-Unis.

Avant même le début des opérations militaires,
George Bush, secondé par son infatigable ministre
des Affaires étrangères James Baker, avait rétabli
les États-Unis, sûrs d'eux-mêmes, dans la direction
des affaires du monde, sous la bannière d'un nouvel

ordre international. La libération du Koweït devenait le symbole d'une morale enfin rétablie, après les décennies de Guerre froide où l'Union soviétique avait bafoué partout les valeurs du droit, de la démocratie et de la libre disposition des peuples. Suprême habileté, James Baker acceptera même, à la veille du déclenchement des opérations militaires, de rencontrer à Genève, le 9 janvier 1991, Tarek Aziz, vice-président irakien, dans un grand déploiement médiatique, pour le convaincre d'un retrait inconditionnel du Koweït, les principes de la morale internationale nouvelle n'étant pas susceptibles de négociations. L'entrevue fut un simple exercice oratoire entre une diplomatie américaine, vent en poupe, en pleine dynamique de succès, et un vieil «apparatchik» de dictature arabe tentant, en vain, de mettre en évidence les injustices historiques subies par les Arabes aux mains de l'Occident, dans une structure de discours devenue totalement obsolète dans un monde en pleine mutation qui se met à adorer sans inhibition le géant américain[1].

Il y eut certes quelques voix dissonantes aux États-Unis, dénonçant les dangers de cette nouvelle politique, faisant un portrait peu élogieux du Koweït et des régimes monarchiques archaïques de la Péninsule arabique ou mettant en garde contre les deux poids deux mesures de la politique occidentale au Moyen-Orient, puisque Israël n'avait jamais été contraint par la force d'abandonner des territoires occupés. Ces voix restèrent marginales et sans influence, en particulier après que le Congrès américain eut approuvé le 12 janvier 1991 l'envoi massif de troupes dans la Péninsule arabique. Pourtant, certaines, telle celle d'Arthur Schlesinger parue dans le *Wall Street Journal* du 1er octobre 1990, méritent d'être citées pour leur analyse froide et rationnelle

---

1. Voir le compte rendu de cette rencontre dans *Le Monde* du 11 janvier 1991.

contrastant avec la fièvre ambiante. «Saddam, dit Schlesinger, si répugnant soit-il, n'est pas un autre Hitler. Sa nation ne peut pas raisonnablement être comparée avec l'Allemagne nazie et n'est pas une menace pour la liberté de l'Amérique.» L'auteur de l'article se livre ensuite à une analyse de la situation pétrolière démontrant que Saddam a un besoin majeur de vendre du pétrole pour rembourser ses dettes et reconstruire le pays dévasté par la guerre avec l'Iran et que le marché pétrolier est beaucoup plus favorable aux pays consommateurs qu'en 1973. «Ne nous abandonnons donc pas à la panique par de vagues peurs d'une disparition du pétrole et n'envoyons pas des Américains mourir pour ramener le prix à 20 dollars le baril», dit l'auteur de l'article. Quant à la défense de la démocratie et des droits de l'homme, Schlesinger rappelle : «L'Arabie Saoudite a un régime barbare où les femmes prises en flagrant délit d'adultère sont lapidées jusqu'à ce que mort s'ensuive cependant que les voleurs ont les mains coupées. L'émir du Koweït que nous avons promis de ramener sur son trône est impopulaire dans tout le monde arabe. La défense de ces despotismes médiévaux ne vaut sûrement pas une seule vie américaine.» L'auteur conclut son article par un appel au retrait des troupes américaines et à la nécessité de laisser les pays arabes trouver entre eux une solution à la crise.

Un autre avertissement non moins prémonitoire sera celui d'un ancien fonctionnaire du Conseil national de sécurité américain qui écrit : «La coalition alliée reflète une conception tristement démodée de la sécurité collective... Les États-Unis qui ont armé et subventionné l'Irak pour divers objectifs peu recommandables ont échoué pour des raisons bureaucratiques à prévenir l'agression, du moins avant qu'elle se produise ; elle a ignoré les multiples signes d'invasion et laissé ses citoyens non avertis en position d'otages... Ensuite, par une pro-

pagande hors du commun, même au regard des critères traditionnels d'hypocrisie politique, elle a cherché à exciter à la fois l'idéalisme nationaliste et le
chauvinisme local en accolant à son récent client
l'étiquette d'un nouveau Hitler... Une paix totale et
intelligente débuterait par une vraie négociation
avec Bagdad, non pour récompenser l'agression,
mais pour la mettre en perspective et voir au-delà
des doléances ethniques, territoriales et économiques
remontant à l'Empire ottoman. L'Irak pourrait se
voir accorder un accès équitable aux nappes pétrolières contestées et aux eaux du Golfe. La souveraineté du Koweït serait établie sous les auspices de
l'O.N.U., tout en mettant fin à ses pratiques pétrolières prédatoires[1]. »

1. Roger Morris, « A Gathering Sense of Futility in the Gulf », *International Herald Tribune*, 10 janvier 1991. Les pratiques koweïtiennes
à l'encontre de l'Irak que l'auteur de l'article dénonce sont exposées
dans l'ouvrage de Pierre Salinger et Éric Laurent, *Guerre du Golfe.
Le dossier secret*, Paris, Olivier Orban, 1991. Les documents koweïtiens et américains publiés en annexe et dont l'authenticité n'a pas
été contestée par les États-Unis ou le Koweït sont accablants pour
ces deux États, qui auraient effectivement, de façon délibérée et
concertée, provoqué l'Irak et incité à lui faire commettre un impair
majeur. Des officiers de l'armée koweïtienne affirmeront après la
guerre que leur gouvernement était au courant des plans d'invasion
irakienne (voir « Officers Says Kuwait Know of Iraqi Plan », *International Herald Tribune*, 8 mars, p. 7). On connaît aussi l'épisode de
l'entrevue entre l'ambassadeur américain à Bagdad et S. Hussein le
25 juillet 1990 où le chef de l'État irakien est informé que les États-
Unis n'ont pas d'opinion sur les différends entre pays arabes. On
pourra aussi se reporter à Alain Gresh et Dominique Vidal, *Golfe.
Clefs pour une guerre annoncée*, Éditions, Paris, Le Monde 1991. Sur
le contexte historique des relations entre l'Irak et la Péninsule arabique, on se reportera à Georges Corm, « Les développements politiques et économiques de l'Irak et la péninsule Arabique », *Historiens
et Géographes*, nᵒ 336, mai/juin 1992, numéro consacré au « Moyen-
Orient au XXᵉ siècle ». Sur le facteur pétrolier dans la guerre du
Golfe, on se reportera à Louis Blin, *Le pétrole du Golfe. Guerre et paix
au Moyen-orient*, Paris, Maisonneuve et Larose, 1996.

L'EUROPE ET LA FRANCE

Il n'y eut pas beaucoup plus de remous ou d'états d'âme en Europe, et même en France, héritière des traditions d'indépendance gaulliste en politique internationale et d'une politique séculaire de puissance méditerranéenne, ainsi que des relations complexes avec le monde turc et arabe, et de liens privilégiés avec l'Irak de Saddam Hussein depuis les débuts de son régime. La Grande-Bretagne, ancienne puissance coloniale de l'Irak et de la Péninsule arabique, pouvait, quant à elle, enfin concilier son héritage colonial et la nouvelle morale internationale. Le gouvernement britannique fut donc à l'avant-garde européenne pour appuyer sans réserve et sans restriction l'attitude américaine et participer à la coalition militaire. L'Italie et l'Espagne prirent un profil plus bas, y compris pour l'envoi des troupes. L'Allemagne, occupée par la réunification miraculeuse, fut absente de la scène ; en tout état de cause, sa constitution lui interdisait l'envoi de troupes à l'étranger.

En France, la nouvelle politique américaine permit à François Mitterrand, et à son fidèle ministre des Affaires étrangères Roland Dumas, de guérir la France de toute nostalgie gaulliste et de supprimer ce qui pouvait rester de sympathie dans l'opinion française à la «cause arabe», qu'il s'agisse du conflit israélo-arabe ou de l'aspiration historique à l'unification, à l'indépendance vis-à-vis des grandes puissances, à la modernisation sur le mode laïc. Ce basculement de la politique française entraîna la démission un peu tardive, en janvier 1991, du ministre de la Défense, Jean-Pierre Chevènement, pourtant socialiste lui-même, qui eut de plus en plus de mal, au fur et à mesure que les jours passaient, à supporter les rodomontades guerrières et les atmosphères médiatiques de lynchage moral de l'Irak qui

entouraient l'opération «Tempête du désert». Du
côté du R.P.R. qui avait pourtant établi de si bonnes
relations avec le régime irakien, et plus particulièrement Jacques Chirac, ce fut un silence opaque. À la
Chambre des députés, le gouvernement français
obtint presque sans discussion le 16 janvier 1991
l'approbation de l'envoi des troupes; ce fut une for-
malité sans histoire, alors qu'il avait fallu au
Congrès américain plusieurs jours et que le président américain n'avait obtenu que 183 voix sur 250
à la Chambre des représentants et 52 voix contre 47
au Sénat. En France, ce fut un raz de marée favorable à la Chambre des députés avec 523 voix
contre 43 et 290 voix contre 25 au Sénat.

La guerre terminée, Roland Dumas, dans une
longue interview du 12 mars 1991 au journal *Le
Monde*, expliqua avec jubilation que le nationalisme
arabe n'était qu'un mythe que les événements récents
avaient, enfin, détruit définitivement, et donc que la
politique arabe de la France du général de Gaulle
avait été bâtie sur ce mythe nocif. «Il serait plus juste,
dit le ministre des Affaires étrangères, de parler de la
fin d'un double mythe. Évoquer le "monde arabe" est
un mythe en soi. "Une" politique arabe en est un
autre. Soyons clairs. La France a une politique étrangère, appuyée sur des principes. Avec les pays arabes,
nous entretenons des relations historiques, des relations d'intérêt. Nous conduisons des politiques qui,
dans leur déroulement quotidien, ne sont pas les
mêmes. La politique arabe du général de Gaulle,
c'était une succession d'illusions. Le mythe a la vie
dure.»

La diabolisation internationale de Saddam Hussein
par la campagne médiatique américaine avait évidemment paralysé toute velléité de certaines composantes de l'opinion française, notamment le Parti
communiste ou le R.P.R., connus pour leurs positions pro-arabes, d'introduire quelque nuance. Tout
dans la façon dont George Bush et James Baker

avaient orchestré leur campagne médiatique et militaire amenait à faire taire les scrupules, les nuances, voire la dénonciation des contradictions du nouvel ordre international dont les États-Unis s'imposaient comme chef incontesté et incontournable. Aux yeux de l'opinion européenne, en effet, la France ne pouvait s'en exclure, la «coalition» que forment les États-Unis s'inscrivant dans la droite ligne de celle que les démocraties avaient formée contre le monstre totalitaire nazi et qui s'était perpétuée contre le danger soviétique avec la Guerre froide. Saddam Hussein ayant été débusqué comme le dernier survivant des monstres totalitaires que les États-Unis, champions de la liberté dans le monde, s'apprêtaient à extirper de la surface de la Terre, la France et l'Europe auraient été bien ingrates de ne pas se joindre à la nouvelle coalition des «Alliés». Par deux fois, au xxᵉ siècle, les États-Unis avaient sauvé l'Europe de l'abaissement et de la servitude : pouvait-elle aujourd'hui se tenir à l'écart ? La réponse allait de soi et, bientôt, les écrans de la télévision française se mirent avec complaisance à l'heure des images des préparatifs militaires français.

Il y eut, cependant, une petite coquetterie française que le président de la République lui-même exprima à la tribune des Nations unies, lors de l'Assemblée générale, en septembre 1990, en évoquant la nécessité d'une «expression démocratique du choix du peuple du Koweït» quant à son régime politique, une fois la souveraineté du Koweït retrouvée. Dans ce même discours, le président français rappelait le problème des Palestiniens «en proie à la désespérance», celui d'Israël «qui vit dans une insécurité permanente», celui du Liban «occupé par les forces étrangères», les conditions économiques difficiles du tiers monde[1]. La tradition révolutionnaire

---

1. Voir les extraits du discours dans *Le Figaro* du 25 septembre 1990.

et républicaine française affirmait sa spécificité par rapport au nouvel ordre américain. Ces paroles déplurent profondément et sonnèrent comme une fausse note, vite effacée par les assauts de bonne volonté française sur le plan militaire. Par la suite, le gouvernement français s'abstint de tout commentaire sur le régime koweïtien. À la fin du mois de janvier 1991, la démission de Jean-Pierre Chevènement vint parachever l'alignement sans réserve de la politique française sur celle du chef de la coalition, les États-Unis[1]. Les dernières brises du gaullisme en matière de politique étrangère cessaient de souffler; les conséquences de ce changement fondamental se faisaient sentir ailleurs dans le monde arabe. En octobre 1990, la France s'inclinait devant la volonté américaine au Liban, qui confirmait l'hégémonie syrienne sur le pays. Le général en chef de l'armée libanaise, Michel Aoun, qui avait tenté de secouer ce joug, fut attaqué par l'armée syrienne, autorisée par les États-Unis et Israël à employer l'aviation, et délogé du palais présidentiel dans lequel il était retranché. Le général trouva refuge à l'ambassade de France à Beyrouth, mais le R.P.R., qui avait soutenu avec beaucoup de bruit dans les rues de Paris le général «chrétien» défiant la dictature syrienne, se faisait soudainement silencieux. La France se retrouvait désormais l'alliée de la Syrie dans la bataille suprême contre le totalitarisme irakien menaçant la paix du monde.

La France, tout comme les autres pays de l'Union européenne, aurait eu d'ailleurs mauvais goût de tenter de freiner la coalition. En Israël, en effet, on vivait à l'heure de la distribution des masques à gaz. L'Irak disposait d'importants stocks d'armes chi-

---

1. Jean-Pierre Chevènement s'est longuement exprimé par la suite sur son désaccord avec la politique française dans la guerre du Golfe; voir *Le vert et le noir. Intégrisme, pétrole, dollar*, Paris, Grasset, 1995.

miques, dont il avait déjà fait usage dans la guerre avec l'Iran, en particulier à l'encontre de certains villages kurdes de son territoire où la population avait aidé l'armée iranienne ennemie. Saddam Hussein avait promis qu'il s'en prendrait à Israël si la coalition tentait de le déloger du Koweït par la force. L'armée israélienne montra donc sur tous les écrans de télévision les distributions de masques à gaz à l'ensemble de la population : les héritiers des victimes des chambres à gaz nazies se voyaient à nouveau exposés au risque d'extermination par le nouveau dictateur fou de l'Orient arabe, Saddam Hussein. Quel Européen aurait pu résister à la force de ces images et quel gouvernement pris le risque de rester en dehors de la coalition ? Depuis plusieurs années, avaient repris les procès d'anciens criminels nazis ou ceux de serviteurs de l'occupation nazie restés impunis pour les atrocités commises à l'égard des juifs. Pouvait-on prendre le risque de laisser Saddam Hussein faire recommencer le cauchemar de la barbarie contre les juifs, cette fois-ci non plus en Europe mais au Moyen-Orient ? Pouvait-on, moralement, se tenir à l'écart de l'offensive américaine contre le dictateur irakien qui menaçait ouvertement la population israélienne de ses foudres ?

L'Europe suivra donc docilement les États-Unis et l'Angleterre survoltés. La guerre sera celle d'une coalition soudée associant de surcroît les plus importantes armées arabes, celles de l'Égypte et de la Syrie, en sus de l'Arabie Saoudite et du Maroc. Ce sera ainsi une guerre « juste » qui ne pourra que déboucher, enfin, sur la paix au Moyen-Orient, une fois tue la fureur des armes.

LA NEUTRALISATION D'ISRAËL

Durant toute la campagne de préparation de la guerre du Golfe, la diplomatie américaine aura pour souci principal de ne pas laisser l'État d'Israël s'impliquer directement dans le conflit. Elle comprendra que c'est là une condition essentielle pour s'assurer le soutien des gouvernements arabes. En sens contraire, la réaction américaine est très vive lorsque l'Irak tente, le 12 août, de lier le retrait du Koweït à celui d'Israël dans les territoires arabes occupés depuis 1967 et à celui de la Syrie et du Liban. «Je propose, dit Saddam Hussein, que tous les problèmes d'occupation, ou tous les problèmes présentés comme tels, dans la région tout entière, soient réglés sur la même base et selon les mêmes principes qui devraient être énoncés, comme suit, par le Conseil de sécurité.

«1) Pour la préparation d'accords de désengagement selon les mêmes principes et qui permettent le retrait immédiat et sans condition d'Israël des territoires arabes occupés de Palestine, de Syrie et du Liban, le retrait de la Syrie du Liban et un retrait réciproque de l'Irak et de l'Iran, en plus de la formulation d'arrangements dans le cas du Koweït. Le calendrier des arrangements militaires ainsi que des accords politiques devrait s'appliquer dans tous les cas et être en accord avec les mêmes principes fondamentaux, tout en prenant en considération les droits historiques de l'Irak sur son territoire et le choix du peuple koweïtien. La mise en œuvre de ce programme devrait commencer avec l'occupation (ou ce qu'on nomme telle) la plus ancienne, et l'application de toutes les résolutions pertinentes du Conseil de sécurité des Nations unies, jusqu'à ce qu'on arrive à l'occupation la plus récente. Les mesures prises par le Conseil de sécurité à l'égard de l'Irak devraient être aussi appliquées à quiconque ne se conformerait pas ou ne répondrait pas positivement à ces dispositions.

« 2) Afin que l'opinion publique mondiale puisse juger objectivement des faits sans être soumise à la pression américaine, nous demandons le retrait immédiat d'Arabie Saoudite des forces américaines et de toutes les autres forces qui se sont prêtées à cette conspiration. Elles devraient être remplacées par des forces arabes, dont les effectifs, la nationalité et l'emplacement entre l'Irak et l'Arabie Saoudite devraient être définis par le Conseil de sécurité, en accord avec le secrétaire général des Nations unies. La nationalité de ces forces militaires nécessitera l'accord de l'Irak et de l'Arabie Saoudite, à la condition que les troupes de l'Égypte, sur laquelle les États-Unis se sont appuyés pour s'opposer à la nation arabe, soient exclues.

« 3) Une suspension immédiate de toutes les décisions de sanctions et d'embargo contre l'Irak, et le retour à la normale des relations économiques, politiques et scientifiques entre l'Irak et le reste du monde. Ces résolutions ne devraient pas être discutées et appliquées à nouveau, à l'exception de ceux qui violent les points mentionnés ci-dessus[1]. »

Les propositions du chef de l'État irakien sont immédiatement qualifiées de « marchandages » et balayées d'un revers de main par l'administration américaine ; pour Israël, elles ne sont qu'une « manœuvre de diversion[2] ». Il ne convient pas pour les États-Unis de mélanger les dossiers et les guerres, semant la confusion dans les esprits et diluant l'impact du nouvel ordre moral international qu'ils

1. Texte cité d'après les extraits du discours inclus en annexe de l'ouvrage d'Alain Gresh et Dominique Vidal, *Golfe. Clefs pour une guerre annoncée, op. cit.*, p. 263-264.
2. Voir *Le Monde* du 14 août (« Washington rejette catégoriquement le marchandage proposé par Bagdad », p. 1, titre de la manchette : « Israël : une subtile manœuvre de diversion », p. 3).

tentent d'imposer. L'amalgame est interdit entre l'agression lâche et immorale de l'Irak sur le Koweït et le contentieux israélo-arabe où Israël occupe des territoires palestiniens, syriens et libanais pour assurer sa sécurité, en attendant que des pourparlers de paix face à face puissent avoir lieu. Israël ne peut que souscrire à cette position américaine, car la logique irakienne qui veut lier son retrait du Koweït à celui des territoires qu'Israël occupe est évidemment pleine de dangers pour elle.

Le prix à payer, en termes israéliens, sera pourtant lourd. Il en coûte, en effet, à l'armée israélienne, la plus puissante du Moyen-Orient, d'être tenue à l'écart de la coalition alliée. Cette armée a toujours fait l'admiration des puissances occidentales par sa capacité de manœuvre et son audace sur le terrain. En août 1981, on l'a vu, c'est elle qui a détruit le réacteur nucléaire civil irakien construit avec l'aide française. En voulant se doter de l'arme nucléaire, c'est Israël qui est visé par l'Irak, nouvelle puissance militaire de l'Orient depuis la longue guerre avec l'Iran. Il y a donc pour l'État israélien une certaine «humiliation» à être ainsi mis à l'écart de la bataille. Plus la puissance de feu américaine rassemblée en Arabie Saoudite augmente, plus l'armée israélienne est ramenée à ses dimensions réelles, celles d'une puissance régionale.

Ce changement qualitatif dans les équilibres militaires du Moyen-Orient a des conséquences qui dépassent le seul aspect stratégique pour toucher à l'ordre politique. Jusque-là, Israël avait été instrumentalisé par les États-Unis pour veiller aux intérêts du bloc occidental au Moyen-Orient dans le cadre de la Guerre froide; avec l'effondrement du bloc soviétique, les États-Unis peuvent désormais prendre directement en main leurs intérêts et ont recours à l'usage massif des armes. Israël n'est donc plus l'intermédiaire privilégié, l'atout stratégique de base sur le plan militaire. Face au formidable déploiement de force du géant américain, cet État semble reprendre sa dimension normale. Beaucoup de gouvernements arabes en tireront des conclusions hâtives, d'autant plus facilement que la diplomatie américaine évitera habilement tout geste pouvant faire penser qu'Israël est associé directement ou indirectement à la coalition contre l'Irak.

Lorsque l'armée irakienne tirera quelques rares missiles contre le territoire israélien, l'armée américaine viendra déployer les fameux missiles antimissiles Patriot et l'on verra pour la première fois sur les écrans de télévision des images de familles israéliennes où se lit la peur. C'est en vain que l'armée de l'air israélienne demandera aux États-Unis de pouvoir participer à des raids contre les installations irakiennes. Le gouvernement américain restera ferme sur sa position : l'État d'Israël ne doit pas prendre part aux hostilités militaires. En revanche, le gouvernement des États-Unis montre tout le souci qu'il a de la sécurité d'Israël en déployant les batteries d'antimissiles sur le sol israélien, restant ainsi fidèle aux liens traditionnels très forts existant entre les deux pays. Les fanfaronnades du général Ariel Sharon, lorsqu'il était ministre de la Défense du gouvernement Begin en Israël et qu'il assiégeait Beyrouth en 1982, sont bien loin. Il avait alors affirmé que le rayon d'action de l'armée israélienne s'étendait jusqu'au Pakistan.

La fin de la Guerre froide et le libre déploiement de la puissance américaine au Moyen-Orient sont autant d'éléments qui réduisent l'importance et donc l'influence stratégique d'Israël dans la région. L'armée israélienne, en fait une réserve utile à l'armée américaine en cas de dérapage de l'opération Tempête dans le désert, n'interviendra pas dans la guerre du Golfe ; l'État d'Israël, à la fois « neutralisé » et protégé par les États-Unis, sera le grand absent de la coalition alliée. Le président Bush et James Baker auront les mains libres pour organiser après la victoire un

processus de négociations auquel ne pourront, cette
fois, se dérober ni les Israéliens ni les Arabes. Les
premiers ont été «neutralisés», les seconds, pour
certains d'entre eux, ont accepté d'envoyer des
contingents de leur armée seconder l'armada américaine.

LES ALLIÉS ARABES
DE LA COALITION

Une autre victoire de la diplomatie américaine
qui permet à la guerre du Golfe d'être un grand succès politique sera, en effet, le ralliement de certains
pays arabes à la coalition dite «alliée». En réalité, la
victoire n'est pas totale, ni aussi parfaite qu'elle en a
l'air sur le plan médiatique. À la réunion orageuse de
la Ligue arabe tenue au Caire, les 9 et 10 août 1990,
de nombreux pays expriment leur désaccord sur le
fait que les États-Unis interviennent militairement
dans la crise et hésitent à condamner sans réserve
l'Irak. Sur les vingt-sept chefs d'État arabes réunis
au Caire, seuls douze, dont ceux des pays pétroliers
de la Péninsule, de Djibouti et de la Somalie, endos-
seront une résolution appelant au respect de l'embargo décrété contre l'Irak par les Nations unies
dès le 3 août 1990, condamnant l'agression contre le
Koweït et refusant de reconnaître l'annexion par
l'Irak de l'émirat. La résolution appelle au respect
de la souveraineté du Koweït, au retour de la famille
régnante, et légitime le recours par l'Arabie Saoudite à l'appel à des forces étrangères pour défendre
son territoire ; elle annonce l'envoi de troupes arabes
pour défendre les pays de la Péninsule arabique. La
Tunisie a boycotté la réunion, l'Algérie et le Yémen se
sont abstenus, l'Irak, la Libye et l'O.L.P. ont voté

contre ; la Jordanie, le Soudan et la Mauritanie ont émis des réserves.

La résolution reste néanmoins un succès d'autant plus remarqué que la Syrie s'y est associée. Avec l'Égypte, dès le départ un allié inconditionnel des États-Unis, et la Syrie, certes frère ennemi de l'Irak, mais un ténor de l'antiaméricanisme au Moyen-Orient, le gouvernement américain est désormais en terrain sûr. L'envoi de troupes occidentales, accompagné de troupes arabes, perd tout caractère de « croisade » chrétienne contre l'islam que Saddam Hussein cherche à lui donner. Du moins n'y a-t-il pas formellement de « croisade » ou d'« impérialisme ». Le gouvernement saoudien, un moment pétrifié par l'action irakienne, a hésité à appeler les troupes américaines ; il est lié à l'Irak par un traité de non-agression signé en 1989 et l'émirat du Koweït a multiplié à l'égard de l'Irak les gestes peu amicaux. Mais les pressions américaines, puis la fuite en avant de l'Irak qui décrète l'annexion du Koweït, dès le 6 août 1991, ont raison des hésitations du royaume. Il demandera officiellement l'envoi de troupes américaines et arabes pour être protégé contre une possible agression irakienne. Il n'est pas encore question de libération du Koweït par la force, étape dont le principe ne sera adopté aux Nations unies que le 28 novembre 1990.

Dans les rangs des gouvernements arabes, c'est un vent de désordre et de discorde qui souffle, dont témoigne l'atmosphère délétère dans laquelle se déroule le sommet des chefs d'État arabes du Caire. La délégation irakienne, composée des trois vice-présidents de la République, s'y comporte de façon grossière. Le chef de l'État égyptien, d'habitude courtois et soucieux de compromis, est dans un état d'énervement avancé, il ne comprend pas les hésitations d'autres chefs d'État arabes à condamner sans nuances l'Irak et à approuver une intervention militaire défensive en faveur de l'Arabie Saoudite. Le

roi Husayn de Jordanie et le chef de l'O.L.P. sont
sur le qui-vive, car les populations palestiniennes de
Jordanie ou des territoires occupés sont en ébullition. À leurs yeux, l'action de Saddam fait bouger
l'ensemble du Moyen-Orient et pourrait faire avancer la solution du conflit israélo-palestinien dans un
sens plus favorable aux intérêts palestiniens qu'Israël ignore ; en revanche, l'arrivée de troupes américaines ne pourra que conforter l'intransigeance
israélienne, les gouvernements américains successifs n'ayant jamais montré de sympathie pour la
cause palestinienne.

Au Maghreb, les gouvernements arabes se sentent
aussi en difficulté, car les populations sont en phase
avec l'action irakienne ; voici des années qu'elles
sont soumises à l'austérité économique par l'action
des organismes internationaux de financement en
raison de dettes extérieures trop importantes ; aussi
le mode de vie dispendieux des Koweïtiens, comparé
à la vie spartiate des Irakiens en guerre durant huit
ans avec l'Iran, les amène à s'identifier à la « cause »
irakienne. L'image des émirats et des monarchies
pétrolières de la Péninsule arabique n'est guère
positive dans le petit peuple des bidonvilles maghré-
bins ou dans les classes moyennes très occidentalisées. Aussi la Tunisie est-elle absente du sommet du
Caire, l'Algérie s'abstient-elle de condamner l'Irak ;
seul le Maroc approuve la résolution, mais garde un
profil militaire très bas.

La présence syrienne fut, en fait, l'élément-clé de
la coalition, car le gouvernement syrien, en s'alignant
sur les positions américaines, mettait un terme définitif à toute une page des bouillonnements révolutionnaires arabes que nous avons évoqués au
chapitre précédent. Si opposés qu'aient pu être dans
le passé les différents gouvernements de Syrie et
d'Irak, en rivalité permanente pour l'hégémonie
régionale, les deux régimes baathistes de Damas et de
Bagdad avaient en commun la phobie des États-Unis

et une rhétorique anti-impérialiste flamboyante[1]. En août 1990, le régime syrien n'eut pas, semble-t-il, d'hésitation. Le président Assad, à la différence de son rival irakien, Saddam Hussein, avait compris que la Guerre froide s'était terminée par un triomphe des États-Unis et qu'il ne pouvait plus se permettre de rester hors du nouvel ordre international qu'annonçait le président Bush, sous peine, à son tour, d'en être victime. Par ailleurs, renforcer la position de l'Irak, ne serait-ce qu'en restant à l'écart de la coalition comme le faisait la Tunisie, par exemple, n'était pas non plus dans l'intérêt de la stabilité de son régime, d'autant que les généreux subsides des monarchies et émirats du Golfe avaient joué jusqu'alors un rôle certain dans la consolidation du régime. Ces subsides seraient coupés si la Syrie venait à rester à l'écart de la coalition. Enfin, se joindre au mouvement permettait peut-être de faire oublier l'hégémonie syrienne sur le Liban ou du moins lui donnerait une respectabilité nouvelle après les derniers combats meurtriers contre la faction de l'armée libanaise dirigée par le général Aoun. Depuis 1975, l'intervention syrienne massive au Liban était devenue un élément clé du rôle régional de la Syrie ; cette intervention avait été maintes fois dénoncée par l'Irak et depuis 1988 deux comités successifs de la Ligue arabe avaient été formés pour tenter d'aider le Liban à sortir de sa crise et donc desserrer l'emprise syrienne sur le pays. Le Koweït fut un membre très actif de ces deux comités.

En contrepartie de tous ces avantages, les risques étaient faibles, car même si l'opinion syrienne avait son cœur du côté de l'Irak, personne en Syrie ne

---

1. Sur l'hostilité entre les deux régimes qui a fini par vider de tout contenu la solidarité, déjà faible, entre gouvernements arabes, voir Eberhardt Kienle, *Ba'th V Ba'th. The Conflict Between Syria and Iraq 1968-1989*, Londres, I.B. Tauris, 1990.

songerait à défier le régime et à organiser une subversion. La stabilité politique réalisée par le président Assad avait été trop chèrement payée pour que
quiconque se hasarde à mettre en doute l'autorité de
sa vision politique, en particulier en matière internationale. Bien plus, un retour dans le giron occidental ne pourrait qu'avoir des effets économiques
positifs en cessant de faire de la Syrie un État «terroriste» et donc privé des aides et du financement des
pays industrialisés riches. Il y eut quelques remous
au Liban, vite réprimés, l'opinion chrétienne, exaspérée par le peu de cas fait de la souveraineté du
Liban par les États-Unis, montra une forte sympathie pour la cause irakienne, cependant que l'opinion nationaliste arabe s'indignait de cette flambée
d'impérialisme occidental en Orient. Saddam Hussein avait non seulement aidé la milice chrétienne
au Liban à secouer le joug syrien, mais beaucoup de
nationalistes arabes chrétiens ou musulmans avaient
leurs sympathies tournées vers Bagdad et non vers
Damas, du fait de sa pesante tutelle sur le Liban et
sur l'O.L.P., lorsque cette dernière était encore présente au Liban.

En fait, quels qu'aient été les états d'âme de l'opinion arabe, les États-Unis pouvaient se targuer
d'avoir obtenu un feu vert du monde arabe pour
débarquer dans la Péninsule arabique. Les manifestations de rue ici ou là, la faible majorité obtenue
par la résolution de la Ligue arabe, la position de
nombreux gouvernements arabes exigeant une solution dans un cadre exclusivement arabe à la crise,
dont celle de la Tunisie et de la Jordanie, traditionnellement pro-occidentales : tout cela pesa de peu de
poids aux yeux des médias et de l'opinion occidentale. L'exploitation médiatique du consentement
arabe fut intense, les chefs d'État arabes récalci-
trants ainsi que le chef de l'O.L.P. furent dénoncés
comme prisonniers de l'ordre international ancien,
incapables de comprendre qu'une nouvelle ère de

moralité et de respect du droit s'était ouverte, n'ayant pas le courage d'affronter leurs opinions internes figées dans les mythes et les fantasmes du nationalisme arabe ou de l'anti-impérialisme primaire. Pour ceux des chefs d'État arabes qui rejoignaient la coalition, ce fut le concert de louanges et la fiction que gouvernements et peuples étaient en symbiose parfaite.

À la fin du mois de novembre, la situation était mûre pour que les États-Unis obtiennent sans difficulté du Conseil de sécurité, le 29 de ce mois, la résolution 678 permettant l'usage de la force pour obtenir la libération du Koweït si l'Irak ne se retirait pas avant le 15 janvier 1991, et infliger au dictateur irakien la punition méritée en vertu du nouvel ordre moral. La résolution est approuvée par 12 voix contre 2 (le Yémen et Cuba) et une abstention (la Chine).

La France et l'Europe acquises sans restriction à l'appel américain, Israël neutralisé, le monde arabe désarticulé, mais présenté sur le plan médiatique comme consentant, la guerre du Golfe est gagnée avant même le début des hostilités, ouvrant la voie à une ère nouvelle au Proche-Orient. Le monde est convaincu alors que le Moyen-Orient qui a été si agité depuis le début du xxe siècle, traversé par tant de conflits, ne peut qu'aller vers l'apaisement sous l'énergique conduite des États-Unis qui ont, enfin, retrouvé la confiance perdue lors des épisodes malheureux de la Guerre froide en Asie ou des aventures militaires ratées au Moyen-Orient, comme en Iran ou au Liban. La défaite de l'Union soviétique, et celle de Saddam Hussein qui l'accompagne, signifient pour les observateurs avertis la fin des vieux clivages idéologiques et géopolitiques, qu'il s'agisse du clivage «Est-Ouest» ou de celui «Nord-Sud». L'Irak n'a pas réussi à catalyser le mécontentement des pays du tiers monde contre l'ordre américain nouveau. Quant à l'idéologie socialiste et aux systèmes qui s'en sont inspirés, l'ampleur des désastres qu'ils ont provoqués peut enfin se révéler au grand jour. Le capitalisme et le libéralisme dévoilent tous leurs attraits et viennent appuyer l'ordre moral international américain. Le Proche-Orient pourra-t-il, enfin, connaître la paix?

17

Le chemin vers la paix :
la préparation de la conférence
de Madrid

DÉFAITE ET CONFUSION EN IRAK

La guerre du Golfe se termine en mars 1991 en apothéose pour la coalition alliée. En quatre jours, entre le 24 et le 28 février, les forces terrestres des armées alliées ont libéré le Koweït et sont entrées en territoire irakien. L'armée irakienne, censée être la quatrième armée du monde, ne s'est même pas défendue ; elle se retire en désordre dans une hécatombe impressionnante. Depuis le début du conflit, les forces américaines ne déplorent que 115 morts (dont certains dus au feu allié), les Britanniques 36, les Français 2, les forces arabes de la coalition 40. L'Irak a subi 109 000 raids aériens, son infrastructure civile et militaire en a considérablement souffert. Le nombre de victimes irakiennes n'est pas connu mais beaucoup d'estimations parlent de 150 000 à 200 000 morts. Les alliés ont fait prisonniers 60 000 soldats irakiens. L'exploit militaire est total, le contrôle absolu des airs par l'aviation américaine a permis cette victoire rapide et facile, tout comme cela avait été le cas en 1967 pour l'armée israélienne traversant le Sinaï en quatre jours. En zone désertique au Moyen-Orient, l'armée qui contrôle les airs contrôle immédiatement le sol.

Bien plus, le régime du dictateur irakien semble vaciller sans que les troupes alliées aient besoin de se rendre à Bagdad. Des rébellions éclatent à la fois dans le sud du pays, en majorité chiite, et, dans le nord, chez les Kurdes qui ont entretenu des relations tendues et orageuses avec la capitale depuis des décennies. Ces rébellions sont ouvertement encouragées par le gouvernement des États-Unis, en particulier celle des populations kurdes. Le résultat de ces appels à la subversion est cependant très négatif ; le régime irakien, comme cela sera révélé plus tard, n'avait en réalité que peu de troupes au Koweït, ce qui lui permit d'exercer une répression massive des deux rébellions. Dans le Nord, ce sera une fuite de plusieurs centaines de milliers de Kurdes vers les montagnes. La coalition alliée décrétera alors une «zone de protection» pour les Kurdes au-delà du 32e parallèle, dont l'accès sera interdit aux forces irakiennes terrestres et aériennes. Cette zone sera destinée à préfigurer une autonomie kurde, les gouvernements alliés encourageant les factions kurdes hostiles au régime à ériger une administration kurde pour remplacer l'administration irakienne. En 1992, des élections auront même lieu pour élire une assemblée législative, préfigurant ainsi l'indépendance de la zone.

Il n'en sera pas de même dans le sud du pays, où les alliés, en particulier les gouvernements de la Péninsule arabique, craignent que la rébellion de la population chiite n'aboutisse à l'émergence d'un État croupion sous influence de l'Iran qui soutient partout dans le monde arabe les communautés musulmanes d'obédience chiite. Les États-Unis se contentent donc d'une exclusion des forces aériennes irakiennes du sud du pays, permettant ainsi au régime irakien d'en garder le contrôle.

Mais si la souffrance des populations irakiennes est particulièrement intense dans les semaines qui suivent la fin de l'offensive terrestre alliée, cette souffrance est médiatiquement investie pour faire perdurer la campagne de diabolisation du dictateur irakien et appeler à son renversement. Dans le sillage de la victoire militaire et de l'enthousiasme qu'elle a suscité après des mois d'attente angoissée dans le monde entier, qui aurait l'impudence de s'interroger sur la pertinence de la politique des États-Unis qui guident la conduite des opérations ? S'il y a des souffrances inutiles en Irak, il n'y a qu'une seule personne à blâmer, c'est le chef de l'État irakien, à l'exclusion de toute autre cause. Personne ne pense à questionner les États-Unis sur le cadre politique et les objectifs finaux de la coalition et des opérations militaires qui ont été menées. La coalition avait un mandat de la communauté internationale, à travers les résolutions du Conseil de sécurité, pour libérer le Koweït et neutraliser l'agressivité irakienne. Ce mandat rempli avec un succès total, le chaos irakien et les souffrances des populations civiles sont de la responsabilité exclusive du chef de l'État irakien qui, fidèle à sa nature, continue d'opprimer son peuple, en dépit de la leçon qui vient de lui être administrée.

Les images intolérables de milliers de réfugiés kurdes dans le froid intense de l'hiver des hautes montagnes du Kurdistan aux frontières avec la Turquie et l'Iran vont s'effacer bientôt des petits écrans. D'abord pour raison de banalisation, mais aussi parce que la diplomatie américaine abandonne la question irakienne pour attaquer de front la question palestinienne. James Baker, plus énergique et plus élégant que jamais, a pris son bâton de pèlerin pour effectuer les navettes devenues traditionnelles pour les secrétaires d'État américains depuis celles du célèbre Henry Kissinger, ministre sous Nixon, qui avait initié le processus de paix entre l'Égypte et Israël que Jimmy Carter conclura avec succès.

RETOUR DE LA DIPLOMATIE
AMÉRICAINE
DANS LE CONFLIT ISRAÉLO-ARABE

Conscient du choc que l'opération Tempête du désert a pu provoquer dans de nombreux secteurs d'opinion du monde arabe et musulman, le président Bush avait annoncé dès le 6 mars, dans un discours solennel à une session conjointe du Congrès pour marquer la victoire américaine, qu'il fallait désormais s'atteler à la solution du conflit israélo-arabe. Dans ce discours-programme pour le Moyen-Orient, le président américain affirmait que les États-Unis «aideraient à créer la sécurité régionale dans le Golfe, mais sans y stationner des troupes de façon permanente, et aideraient à la coopération économique»; en outre, il annonçait un contrôle régional sur les armes de destructions massives et les missiles. Il estimait aussi que «des nouvelles opportunités pour une détente entre Arabes et Israéliens devaient être créées, basées sur le principe d'échange des territoires contre la paix, ainsi que recommandé par les résolutions 242 et 338 des Nations unies». À cet effet, il appelait à «assurer la sécurité d'Israël et sa reconnaissance», de même que «les droits politiques légitimes des Palestiniens»; et les otages occidentaux encore détenus au Liban ne devaient pas être oubliés. Enfin, pour lui, «les Nations unies étaient mûres pour accomplir la vision historique de ses fondateurs[1]».

Ayant résisté avec succès aux pressions de l'Irak voulant lier le conflit avec le Koweït au contentieux

---

1. D'après l'*International Herald Tribune* du 8 mars 1991, p. 3. Les otages américains et européens aux mains de milices libanaises pro-iraniennes du Liban seront relâchés peu de temps après.

israélo-arabe et au retrait de la Syrie du territoire libanais, la diplomatie américaine fait feu de tout bois dès le mois d'avril en direction d'Israël et des capitales arabes concernées par le contentieux (Jordanie, Égypte, Syrie et le Liban sous tutelle syrienne renforcée depuis la guerre du Golfe). Cet effort est indispensable pour montrer le caractère malveillant de l'accusation des «deux poids deux mesures» que pratiquerait l'Occident au Moyen-Orient en matière de respect du droit international. Il est aussi nécessaire pour montrer que l'ordre nouveau annoncé par George Bush lors de la préparation de la guerre du Golfe n'est pas un slogan creux, lancé pour les besoins de la mobilisation contre l'Irak. Auréolée du prestige de la victoire, c'est avec confiance que l'administration américaine se lance dans un nouveau départ pour résoudre l'intraitable conflit israélo-arabe. Il n'y a plus, en face d'elle, de diplomatie soviétique pour lui mettre des bâtons dans les roues, ni de bloc de pays arabes radicaux et hostiles à la présence américaine au Moyen-Orient, en dehors de la Libye marginalisée dans les affaires arabes depuis de longues années et discréditée par les accusations répétées de terrorisme, en particulier pour les deux explosions d'avions de lignes commerciales (Pan American au-dessus de l'Écosse en décembre 1988 et U.T.A. au-dessus du Sahara nigérien en septembre 1989). Les États-Unis semblent avoir entre leurs mains tous les atouts pour réussir.

Le tandem républicain Bush-Baker est connu pour ne pas avoir de sympathie particulière pour l'État d'Israël et pour être plutôt proche des milieux dits «pro-arabes» aux États-Unis, essentiellement les firmes pétrolières qui ont des intérêts vitaux dans la Péninsule arabique. Ce n'était pas le cas de Ronald Reagan, le prédécesseur de George Bush, qui n'avait pas eu de contacts avec les pays arabes qu'il ne connaissait pas et qui, en conséquence, se sentait naturellement plus proche de l'État d'Israël. L'administration américaine, sous le mandat de George Bush, avait déjà montré qu'elle était moins disposée que les administrations précédentes à fermer les yeux sur certains aspects de la politique israélienne jugés contraires aux principes devant guider l'établissement d'une paix, en particulier le développement de la colonisation de la Cisjordanie. Une Amérique victorieuse, sûre d'elle-même et ayant, enfin, une attitude plus équilibrée dans les rapports entre Arabes et Israéliens, la paix ne pouvait qu'être au tournant.

Depuis le début des années 1960, les contraintes subies par la diplomatie américaine au Moyen-Orient l'avaient amenée à se figer jusqu'à la guerre israélo-arabe d'octobre 1973. Celle-ci avait permis à Henry Kissinger, le brillant ministre des Affaires étrangères du président Nixon, de faire bouger, enfin, le glacis du conflit israélo-arabe et d'inaugurer la méthode dite «des petits pas» pour bâtir la paix. Jusque-là, les États-Unis avaient vu le monde arabe comme un monde hostile, une proie entre les mains de l'Union soviétique cherchant à s'assurer des sources de pétrole du Moyen-Orient pour mieux étrangler l'Occident. Pendant longtemps, l'Iran, sous le règne du chah, et Israël avaient été ses bastions pour lutter contre l'influence soviétique et protéger les puits de pétrole de la Péninsule arabique. L'Égypte, l'Irak et la Syrie étaient perçus comme les pions de Moscou au Proche-Orient, les Palestiniens comme des bandes de «terroristes», largement inféodées à l'Union soviétique. C'est d'Égypte et de Syrie que vinrent les premiers signaux d'un désir d'ouverture sur le monde non communiste au début des années 1970, au moment même où Nixon devint président des États-Unis et commença à développer la politique de «coexistence pacifique» et d'ouverture sur la Chine.

Depuis 1967, des négociateurs des Nations unies, en particulier Gunnar Yaring, ou des diplomates américains, notamment le secrétaire d'État Cyrus Vance, avaient tenté de trouver un terrain d'entente entre l'État d'Israël et les pays arabes dont certains territoires avaient été occupés à la suite de la guerre de juin 1967. Mais les positions des deux camps, au fil des années, s'étaient éloignées au lieu de se rapprocher et la diplomatie américaine avait eu tendance à se désintéresser d'un contentieux où sa sympathie allait presque automatiquement à l'État d'Israël et accessoirement à la petite monarchie jordanienne pro-occidentale, qui cherchait un terrain d'entente avec Israël. Le sentiment des Israéliens et des Américains était que l'Égypte et la Syrie, sous haute influence soviétique, n'étaient pas en mesure d'entamer des négociations sérieuses, en face à face, avec le vainqueur de la guerre dite « des Six-Jours » qui continuait d'occuper les territoires si facilement conquis en 1967. L'Union soviétique affichait une rhétorique très violente à la fois contre Israël et contre le soutien que lui accordent les États-Unis.

LES POSITIONS FIGÉES
DES PROTAGONISTES

À l'époque, la position israélienne en ce qui concerne les territoires occupés se présente sous un jour raisonnable et ce sont les Arabes qui semblent figés dans des positions irréalistes et extrémistes. D'abord, sur le plan du principe de la restitution des territoires occupés, l'État d'Israël s'est attaché à une interprétation linguistique spécifique d'inspiration anglo-saxonne de la résolution 242 du Conseil de sécurité, condamnant l'acquisition de territoires par la force et demandant à Israël de se retirer en échange de la paix avec ses voisins. En vertu de cette interprétation, l'expression « retrait des territoires occupés » (en anglais *withdrawal from occupied territories*) ne signifie pas retrait de « tous » les territoires occupés, mais retrait « de » territoires occupés, territoires dont l'étendue est à définir dans des négociations de paix. Israël, pour des raisons de sécurité, se pense, en conséquence, en droit d'apporter des rectifications aux frontières existantes lors du déclenchement de la guerre de juin 1967. C'est sur cet argument que le Parti travailliste israélien, alors au pouvoir, entame le premier programme de colonisation des territoires occupés, les emplacements choisis pour les implantations de colonies étant considérés, justement, comme nécessaires à la sécurité de l'État d'Israël.

Par ailleurs, Israël ne souhaite ni l'implication des États-Unis ni celle de l'Union soviétique dans une négociation et récuse l'idée même de négociations collectives et simultanées. Pour lui, les Nations unies sont soumises à la domination du tiers monde peu favorable à la cause israélienne au Moyen-Orient et les troupes qu'il peut déployer pour aider à la solution du conflit sont sans utilité et efficacité, comme l'a montré la guerre de 1967 ; l'Union soviétique est une puissance ennemie qui arme et soutient politiquement les pays arabes, entretient le terrorisme. En conséquence, Israël estime que seules des négociations bilatérales, face à face, avec chaque pays pris séparément, peuvent constituer une procédure logique. Israël récuse ici une position arabe traditionnelle depuis les accords d'armistice de 1948, suite à la première guerre israélo-arabe, où les négociateurs des pays arabes concernés ont toujours refusé de se réunir avec des représentants de l'État d'Israël et ont demandé l'intervention de tierces parties comme négociateurs, faisant la navette entre les parties belligérantes. Comment établir la paix, disent les Israéliens, dans une logique difficilement contestable, si les parties en cause ne peuvent pas s'asseoir ensemble et face à face autour d'une table pour discuter de leur contentieux ? Sur ce plan, pour qui n'a pas vécu, de l'autre côté de la barrière, tous les traumatismes palestiniens et arabes à l'égard de la création d'Israël, puis les écrasantes défaites face au nouvel État, la position israélienne ne peut qu'apparaître juste, efficace, réaliste et raisonnable tout à la fois, ce qui est bien le cas des responsables occidentaux et de leurs opinions publiques ; en contrepartie, le refus arabe du face-à-face avec des Israéliens ne peut être ressenti que comme une forme d'irrationalité ou de fanatisme.

Enfin, dans la logique du réalisme politique le plus cru, la position israélienne est que, les Arabes ayant perdu la guerre, il y a un prix à payer, aucun perdant dans un conflit ne pouvant exiger de revenir au *statu quo ante*, comme si la défaite n'avait pas eu lieu. Pour les Israéliens, toute guerre se traduit par des changements territoriaux au profit du vainqueur, surtout si le vainqueur est un État au territoire exigu qui a besoin de corrections de frontières pour assurer sa sécurité dans le futur. Les Arabes, selon eux, perdent leur temps à refuser la règle universelle de la guerre et de la paix et ne font que prolonger à leur détriment l'occupation des territoires et les difficultés des populations conquises. Israël ne saurait, donc, être tenu responsable de la perpétuation du *statu quo* au Moyen-Orient ; si les pays arabes ayant des territoires occupés refusent de rencontrer directement le pays « agressé » et vainqueur, on ne peut évidemment en faire grief à Israël.

Du côté arabe, la logique est inverse. Pour les pays ayant eu des territoires occupés en 1967, il n'y a pas évidemment pas eu d'agression arabe, Israël ayant attaqué le premier l'Égypte et la Syrie, et la Jordanie étant entrée dans la bataille pour porter secours aux deux autres pays dans le cadre de traités de défense commune. Fort de l'existence des résolutions 242 et 338 du Conseil de sécurité des Nations unies réclamant le retrait israélien des territoires occupés au cours de la guerre de juin 1967, les trois pays réclament l'application de ces résolutions. Pour eux, la tenue de négociations bilatérales entre Israël victorieuse et chaque pays arabe concerné serait une prime à l'agression et affaiblirait la cause arabe en général dans un contentieux plus large que celui des territoires, puisqu'il englobe le sort de la population arabe de Palestine et celui des centaines de milliers de réfugiés.

Pour les pays arabes, un corps de résolutions prises par l'Assemblée générale et le Conseil de sécurité des Nations unies depuis 1947-1948, au moment de la création de l'État d'Israël, n'a jamais été mis en application par les Israéliens. C'est pourquoi toute négociation, qu'il s'agisse des territoires occupés en 1967 ou des autres aspects du conflit israélo-arabe (l'eau, les réfugiés, le boycottage économique), ne peut que se dérouler dans le cadre de l'Organisation des Nations unies, et avec le parrainage des deux grandes puissances. La présence de l'Union soviétique, devenue de plus en plus hostile à Israël, doit garantir, aux yeux des pays arabes, un contrepoids à l'attitude américaine qui, depuis 1967, a épousé les thèses israéliennes.

Céder à la logique israélienne, c'est donc, du côté arabe, aller à la débandade, donner une prime à l'agresseur et écarter comme base d'un règlement les résolutions des Nations unies, celles d'octobre 1967 sur les territoires occupés, mais aussi les plus anciennes sur le partage de la Palestine et les réfugiés ; c'est donc continuer de laisser sans solution le problème palestinien lui-même. Face à cette dernière série d'arguments, la position israélienne est alors figée dans un corpus inflexible s'articulant sur les points suivants : 1) les pays arabes et les Palestiniens n'ont pas accepté la résolution de partage de la Palestine ottomane en 1947 et refusent l'existence même de l'État d'Israël; en conséquence, réclamer l'intervention des Nations unies pour ne pas négocier directement avec Israël signifie la perpétuation du refus de son existence; 2) il n'y a pas de problème national palestinien, le territoire palestinien n'ayant jamais constitué dans l'histoire le support d'un État national, et la population palestinienne étant passée de la souveraineté ottomane à la souveraineté anglaise, puis, en 1948, à celle de la monarchie hachémite de Jordanie; 3) les pays arabes avoisinants sont parfaitement en mesure d'absorber les réfugiés dont Israël n'est nullement responsable, les Palestiniens ayant fui chaque fois des hostilités militaires déclenchées par les pays arabes.

L'HÉRITAGE DE LA DIPLOMATIE KISSINGÉRIENNE

Telles étaient les positions figées des deux parties à la veille de la guerre d'octobre 1973, bien connues de la diplomatie américaine, ostensiblement alignée sur les thèses israéliennes. Henry Kissinger sera l'artisan de la politique des «petits pas», destinée à rapprocher par petites touches des points de vue aussi divergents. Cette politique marquera d'une empreinte indélébile toutes les techniques de négociations en matière de conflit israélo-arabe, y compris celle de James Baker, près de vingt ans plus tard, en dépit de tout ce qui le sépare d'Henry Kissinger et en dépit du changement total de conjoncture politique régionale après la guerre du Golfe.

L'approche des «petits pas» est justifiée explicitement par l'impossibilité de brusquer un allié aussi important que l'État d'Israël, en butte à l'hostilité forte de l'ensemble de ses voisins, mais aussi par la

difficulté de demander aux pays arabes de céder
d'un coup sur toutes leurs positions sans mettre en
danger la stabilité interne des régimes et ouvrir la
voie à de nouveaux bouillonnements révolutionnaires. Sur ce plan, les petits pas apparaissent
comme la seule politique réaliste et raisonnable pour
faire céder progressivement le mur d'hostilité qui
sépare les protagonistes du drame et les amener à
échéance lointaine à normaliser leurs relations sans
mettre en danger la stabilité des pays en cause. Les
États-Unis ne chercheront donc pas à mettre face à
face Arabes et Israéliens, bilatéralement ou multila-
téralement, avec l'O.N.U. ou sans l'O.N.U., pour
obtenir en une fois, à l'aide des principes reconnus
du droit international, la solution aux contentieux
territoriaux et nationaux pour ce qui est des Palestiniens. Leur politique consistera à jouer les intermédiaires, «honnêtes courtiers», suggérant aux parties
des mesures tout à fait simples et partielles, mais
visant à sécuriser chaque partie vis-à-vis de l'autre :
modalités de désengagement des troupes sur les
fronts, création de zones tampons ou de stations
d'observation gérées par les États-Unis, diminution
de l'intensité des campagnes médiatiques hostiles,
retraits militaires partiels avec rencontres d'officiers
subalternes des armées ennemies, etc.

Henry Kissinger inaugurera la mode des navettes
épuisantes entre capitales arabes et l'État d'Israël ;
ses déplacements suivis par la presse internationale
deviendront des événements majeurs de la vie du
Moyen-Orient. C'est ainsi que, pour obtenir le désengagement des troupes israéliennes et égyptiennes, il
fera d'innombrables navettes entre l'Égypte et Israël
et pour le désengagement syro-israélien un certain
nombre d'autres. Le monde s'habituera aussi au
spectacle du ministre des Affaires étrangères de la
plus grande puissance du monde s'épuisant pendant
des jours sur les détails sordides de mesures de peu
d'importance, destinées à créer une atmosphère

progressivement plus positive pour évoluer douce-
ment vers la réduction de l'intensité du conflit
israélo-arabe qui met en cause de tout petits pays
(Israël, Jordanie) ou des puissances moyennes
(Égypte, Syrie) sur un minuscule théâtre d'opérations militaires.

On pourrait s'étonner de cette perte d'énergie et
de temps de la part des États-Unis, là où une conférence de la paix destinée à régler définitivement
tous les aspects du contentieux israélo-arabe aurait
pu sembler la solution la plus adéquate et la plus
rapide. C'est ici qu'intervient une hypothèse implicite de travail de la diplomatie américaine, que l'on
pourrait même qualifier d'hypothèse inconsciente
dans le règlement du contentieux israélo-arabe. Il
s'agit de l'impossibilité à appliquer à l'État d'Israël
les principes reconnus du droit international ainsi
que le corpus du droit dit par l'O.N.U. en matière
palestinienne. Ce droit, tout en décrétant en 1947 le
partage de la Palestine entre juifs et Arabes à une
époque où la population immigrée juive était minoritaire, et ce contre la volonté de la majorité des
habitants musulmans et chrétiens du territoire,
avait prévu de nombreuses mesures de sauvegarde
du droit des réfugiés au retour ou à l'indemnisa-
tion[1]; de plus, les résolutions 242 et 338 condamnaient le principe d'acquisition des territoires par la
force suite à la guerre de juin 1967, cependant que
les conventions d'armistice signées en 1948 lais-
saient le problème de délimitation des frontières à
des négociations ultérieures, alors que l'armée
israélienne avait déjà occupé plus que ce que le plan
de partage de l'O.N.U. attribuait comme territoire
aux communautés juives de Palestine.

Ouvrir des négociations en se fondant sur les

---

1. Voir Alain Gresh et Dominique Vidal, *Palestine 47. Un partage
avorté*, Complexe, Bruxelles, 1987, et Xavier Baron, *Proche-Orient,
du refus à la paix. Les documents de référence*, Paris, Hachette, 1994.

principes du droit international général ou du droit
spécifique en matière palestinienne, dont les premiers linéaments sont posés avec la déclaration
Balfour en 1917 qui ne parle que d'un «foyer national juif» en Palestine et non d'un État, c'est mettre
l'État d'Israël sur la défensive, lui qui ne reconnaît
pas de valeur à ce droit pour régler le contentieux
israélo-arabe ; c'est donner une prime de départ à la
partie arabe dans son refus de l'existence d'Israël
au Moyen-Orient, en s'abritant derrière les principes du droit international général ou plus spécifique à la Palestine. Les États-Unis ne pouvaient, en
toute conscience, laisser enfermer ainsi Israël dans
un droit international peu favorable à des conquêtes
territoriales arrachées par la force, légitimées idéo-
logiquement soit par un texte religieux, la Bible, soit
par les souffrances séculaires objectives des communautés juives d'Europe, devenues intolérables au
xxe siècle[1]. Consciemment ou inconsciemment, les
États-Unis, pour qui Israël est un allié de choix et
une carte stratégique au Moyen-Orient, avaient
donc intérêt à gonfler la difficulté d'une négociation
de paix globale, voire son caractère utopique
compte tenu des positions figées des belligérants, et
à remplacer cette négociation par de spectaculaires
navettes du chef de la diplomatie américaine mettant toute son énergie à résoudre des points de
détail des situations militaires de terrain issues de la
guerre de 1973 et visant à un désamorçage très lent
de l'hostilité entre les belligérants.

Les navettes d'Henry Kissinger furent de grands
moments de théâtre politique dont les deux acteurs
principaux, lui-même et Golda Meir, alors Premier
ministre d'Israël, se prirent à leur propre jeu et tinrent le monde en haleine. Ils avaient en face d'eux
un autre grand acteur, le président Sadate, qui, un

1. Voir sur ce point les développements des chapitres 12 et 22.

peu plus tard, lassé des petits pas, accéléra le rythme, acceptant la rencontre face à face tant réclamée par les Israéliens, et se rendant même à la Knesset israélienne en novembre 1977. Il eut en face de lui, à ce moment, Menahem Begin, Premier ministre d'Israël, issu pour la première fois du parti de la droite religieuse, le Likoud, et aux États-Unis le président Jimmy Carter qui cueillait ainsi les fruits des efforts du tandem Nixon-Kissinger[1].

Cette position américaine avait aussi pour avantage de tenir l'Union soviétique, l'Europe et les Nations unies à l'écart de la solution du contentieux israélo-arabe et de faire apparaître les États-Unis comme le seul acteur capable de faire évoluer positivement ce contentieux vers l'apaisement. L'Europe, tout comme les Nations unies, était elle aussi récusée par l'État d'Israël comme intermédiaire pour la solution du conflit. Le gouvernement israélien, en particulier depuis la hausse des prix du pétrole en 1973, estimait que les pays européens, trop dépendants du pétrole arabe, ne pouvaient avoir une position neutre dans le conflit. Par ailleurs, à la différence des États-Unis qui refusaient tout contact avec l'O.L.P., les pays européens, France et Italie en tête, avaient de nombreux contacts avec les dirigeants de l'O.L.P. C'était l'époque où le sigle de l'O.L.P. était synonyme de terrorisme aveugle et où Israéliens comme Américains condamnaient haut et fort tous ceux qui traitaient avec les «terroristes». Bien plus, alors que l'État d'Israël ne reconnaissait pas l'existence d'un problème national palestinien sous quelque angle que ce soit, la Communauté européenne avait fini non seulement par admettre le fait national palestinien, mais par réclamer la

---

1. Voir William B. Quandt, *Peace Process. American Diplomacy and the Arab Israeli Conflict since 1967*, Los Angeles, University of California Press, 1993, ainsi que Adel Safty, *From Camp David to the Gulf*, Montréal, Black Rose Books, 1992.

constitution d'un État palestinien en Cisjordanie et à Gaza (par la déclaration de Venise, en 1980).

C'est ainsi que les États-Unis finirent par s'imposer comme le grand et l'exclusif négociateur dans le contentieux israélo-arabe, le seul «courtier» admis, en raison même de son amitié traditionnelle avec l'État d'Israël qui, compte tenu des liens particuliers liant la grande puissance mondiale à cet État de 4,5 millions d'habitants, voulait bien tendre une oreille complaisante aux suggestions pratiques qui lui étaient faites pour réduire les tensions. Il devint de plus en plus normal aux yeux du monde que les États-Unis soient de la sorte juge et partie et animateur exclusif de toutes les initiatives en la matière. Même du côté arabe, cette logique avait fini par s'imposer, y compris auprès de la Syrie, finalement flattée de se voir ainsi, de temps à autre, intensément courtisée par les États-Unis. Lorsque ces derniers avaient tendance à l'ignorer ou à être déçus de son manque de coopération, la Syrie n'était pas démunie de moyens par son influence sur l'O.L.P. ou sa présence massive sur le champ de bataille libanais pour se rappeler au bon souvenir de la puissance américaine.

S'il n'y avait pas eu la guerre du Golfe et tout le contexte dans lequel elle s'est inscrite et que nous avons précédemment décrit, la pièce de théâtre sans cesse répétée des «navettes» pour des «petits pas» aurait pu continuer de tenir l'affiche de nombreuses années encore. Après la punition exemplaire subie par l'Irak sous couvert de droit international et de droit spécifique de l'O.N.U. pour libérer le Koweït et empêcher l'agresseur de nuire à nouveau, les États-Unis se devaient d'élargir la scène et de monter avec les mêmes acteurs et des ingrédients plus riches un nouveau spectacle. Ce fut la conférence de Madrid et le lancement d'un «processus de paix».

LES POSITIONS ARABE
ET ISRAÉLIENNE
SUR LES NÉGOCIATIONS À VENIR

Sitôt la guerre du Golfe achevée militairement, mais ne débouchant sur aucune paix réelle comme nous l'avons vu, James Baker, secrétaire d'État de George Bush, enfile les bottes d'Henry Kissinger et se lance dans une série de navettes entre Damas, Tel-Aviv, Le Caire et Riyad. L'ambition américaine est cette fois-ci apparemment plus vaste qu'en 1973, car la nouvelle conjoncture mondiale et régionale est aussi plus favorable. L'Union soviétique est, en effet, une puissance chancelante qui ne cesse de montrer sa bonne volonté aux États-Unis pour régler les situations au Proche-Orient. Le gouvernement américain peut donc accepter sans danger le principe d'une conférence de la paix à laquelle l'Union soviétique serait associée au moins dans ses grandes cérémonies d'apparat. Pour les pays arabes concernés, il y a presque une double victoire dans cette nouvelle approche américaine ou en tout cas une grande satisfaction morale. Les États-Unis acceptent, en effet, de se plier aux deux grandes exigences traditionnelles de la position arabe : des négociations globales et multilatérales et non point de face-à-face bilatéral entre Israël et chaque pays arabe pris à part ; et la présence de l'Union soviétique à cette conférence.

Il y eut cependant de longues discussions sur la mise en place de la conférence et ses participants. La Syrie insistait pour une présence active de l'O.N.U. et une implication de la Communauté européenne, ce que l'État d'Israël rejetait catégoriquement. Ce dernier insistait aussi pour des processus de négociations bilatérales, les Syriens exigeant pour

leur part que les négociations se déroulent simultanément et dans la même enceinte, afin qu'aucun
pays arabe ne soit tenté de faire cavalier seul et de
traiter séparément avec Israël comme l'avait fait
l'Égypte à partir de 1977 puis en signant la paix
séparée de Camp David en 1978-1979.

Israël, à l'issue de la guerre du Golfe, semble ne
plus avoir la même position de partenaire à statut
spécial des États-Unis. Comme nous l'avons vu, la
fin de la Guerre froide, l'adhésion de nombreux
pays arabes à la coalition alliée contre l'Irak, dont
la Syrie, le formidable déploiement de forces américaines, l'apaisement des conflits sur le sol libanais,
sont autant de facteurs qui ont bouleversé la situation géopolitique régionale. Ayant imposé l'application du droit international par la force dans le cas
du Koweït, les États-Unis, promoteurs d'un nouvel
ordre moral international, se doivent d'exercer des
pressions fortes sur Israël pour en terminer avec
l'occupation des territoires. Le gouvernement américain veut aussi normaliser les relations entre Israël
et l'ensemble des pays arabes et donc aider cet État
à se faire, enfin, accepter par les autres États de la
région, ce qui rejoint un objectif majeur déclaré de
la politique israélienne.

L'État d'Israël n'entend pas cependant que cette
normalisation se fasse au détriment de sa sécurité.
Pour résister aux pressions américaines qui lui semblent dangereusement se rapprocher des thèses
arabes, la position israélienne en matière de sécurité est solidifiée dans des principes de base rigides[1].
Le principe le plus mis en avant face à l'opinion

1. Pour un compte rendu des démêlés du gouvernement de
M. Shamir, chef du Likoud, avec l'administration américaine
depuis l'élection de George Bush à la présidence américaine, on
verra Moshe Arens, *Broken Covenant. American Foreign Policy and
the Crisis between the US and Israël*, New York, Simon & Schuster,
1995. C'est ainsi qu'on apprend que M. Shamir voit en James Baker,
ministre des Affaires étrangères de George Bush, «une menace pour
l'existence même du peuple juif» et «l'émergence d'un nouveau

occidentale consiste à rappeler toutes les guerres
« d'agression » subies par Israël depuis sa naissance,
l'étroitesse de son territoire face à des pays comme
l'Égypte ou la Syrie, l'acharnement des pays arabes
à vouloir sa destruction, les missiles irakiens tirés
sur son territoire lors de la guerre du Golfe n'étant
qu'une preuve supplémentaire de cette hostilité arabe.
Le discours israélien ne manque pas de rappeler
non plus la précarité de l'existence juive dans l'histoire et donc la nécessité de laisser aux seuls Israéliens la définition des moyens par lesquels l'État qui
incarne les intérêts du peuple juif assure sa sécurité.
La position extrême qu'avance le Likoud au pouvoir
à cette époque est bien résumée par le slogan « La
paix contre la paix » : la paix n'est pas à négocier en
échange des territoires occupés, comme le soutiennent les Arabes forts du droit international et des
résolutions 242 et 338 du Conseil de sécurité des
Nations unies ; elle se négocie contre la fin de l'état
de belligérance militaire, l'ouverture des frontières,
l'établissement de relations diplomatiques. Bref,
pour reprendre une expression favorite des dirigeants israéliens, il faut que les Arabes acceptent de
négocier « sans conditions préalables » et sans tenter
d'user de pressions inacceptables à travers l'O.N.U.,
les gouvernements européens ou le gouvernement
américain.

Il y a d'ailleurs peu de chose à négocier, côté
israélien, sinon la normalisation bilatérale des rela-

---

bourreau pour le peuple juif » (p. 60). En fait, James Baker, dès mai
1989, dans un discours remarqué à une audience juive américaine,
avait déclaré : « Il est temps pour Israël de mettre de côté une fois
pour toutes la vision irréaliste d'un Grand Israël. Les intérêts israéliens dans la rive occidentale (du Jourdain) et Gaza, la sécurité et
autres problèmes, peuvent être pris en compte dans une solution
basée sur la résolution 242. Renoncer à l'annexion ; arrêter l'activité
de colonisation ; permettre aux écoles de réouvrir ; tendre la main
aux Palestiniens comme à des voisins méritant des droits politiques » (cité par Moshe Arens dans le même ouvrage, p. 69).

tions. Le plateau syrien du Golan occupé en 1967, très partiellement évacué en 1974 grâce à la politique des petits pas de Kissinger, a été annexé au territoire israélien par une loi de la Knesset en 1981, la partie arabe de Jérusalem a été annexée et réunifiée à la partie israélienne peu après sa conquête en 1967 ; la Cisjordanie est un territoire biblique, certes non annexé, mais que le gouvernement de Begin a qualifié dans un échange de documents officiels avec le gouvernement des États-Unis de «Judée et Samarie» et dont le statut final, aux termes du volet palestinien des accords de Camp David garantis par Washington, doit être négocié avec le royaume de Jordanie qui avait géré ce territoire entre 1948 et 1967. L'autonomie palestinienne prévue par les accords de Camp David porte sur les «personnes» et elle est de nature administrative ; elle ne porte nullement sur la terre[1]. Le gouvernement de M. Shamir avait d'ailleurs proposé au début de l'année 1989, sur la base de la seule «autonomie administrative» dont peuvent jouir les Palestiniens des territoires occupés, un plan de paix comprenant des élections de représentants de la population palestinienne. La mise en œuvre de ce plan était conditionnée par l'arrêt de l'Intifada[2].

Certes, entre partis religieux et de droite, Likoud

---

1. Sur ces accords, on pourra consulter Adel Safty, *From Camp David to the Gulf, op. cit.*
2. Cette initiative qui restera sans lendemain est le résultat de contacts officiels entre le gouvernement israélien et des personnalités palestiniennes des territoires occupés, notamment Fayçal Husseini, notable de Jérusalem et directeur du Centre d'études arabes ; comme on le verra, ce dernier deviendra par la suite un interlocuteur privilégié de James Baker pour l'organisation de la conférence de Madrid (sur les différentes initiatives de paix avortées durant les années 1967-1990 et la diplomatie américaine à l'égard du conflit israélo-arabe, on se reportera à Paul Cossali, «*The Arab-Israeli Confrontation 1967-1993*», *The Middle East and North Africa 1994*, Londres, Europa Publications Limited, 1993).

en tête, et Parti travailliste israélien, il y a de nombreuses nuances de vocabulaire dues aux différences idéologiques historiques entre une approche dite « laïque » du phénomène de renaissance juive, qui a pris ses racines à Vienne et en Europe centrale à la fin du XIXᵉ siècle, et une approche dite « révisionniste » portée par des personnalités issues plus particulièrement de Pologne, mais aussi des États-Unis[1]. La première s'efforce de pratiquer un gradualisme modéré dans les étapes de la construction et du développement de l'État juif ; la seconde fait appel au radicalisme et au messianisme s'appuyant sur une notion religieuse du droit à l'existence sur toute la terre d'*Eretz Israel* donnée par Dieu au peuple juif. Ainsi, si les deux parties sont totalement hostiles à la perspective d'un État palestinien dans les territoires occupés, et bannissent tout contact avec l'O.L.P., les travaillistes ont fini par reconnaître l'existence d'un problème palestinien, mais en estimant qu'il fallait en discuter avec la Jordanie à qui certains territoires de Cisjordanie pourraient être rendus. Le bloc des partis religieux, quant à lui, continue de considérer qu'aucun territoire biblique conquis ne peut être cédé. Le Parti travailliste a entamé la colonisation de la Cisjordanie sous l'étiquette de la sécurité territoriale, le Likoud l'a continuée et amplifiée sous le slogan mystique du retour à *Eretz Israel*, la terre des ancêtres promise par Dieu. Pour Ariel Sharon, par exemple, le héros malheureux de l'invasion du Liban en 1982, si les Palestiniens veulent un État, ils n'ont qu'à le prendre en Jordanie où déjà plus de la moitié de la population est palestinienne.

---

1. Sur les différences d'approches entre les deux grandes tendances du sionisme, on verra le chapitre 8 qui traite en détail cette question.

LES LETTRES D'«ASSURANCE»
AUX PARTIES DE JAMES BAKER

James Baker aura donc fort à faire, en particulier pour aborder le volet palestinien du contentieux, d'autant que tous les pays arabes, y compris la Jordanie qui a solennellement annoncé en 1988 qu'elle n'était plus concernée par le statut de la Cisjordanie, considèrent unanimement l'O.L.P. comme l'interlocuteur d'Israël, ce que ce dernier récuse. Même les États-Unis, qui avaient accepté, à la fin de l'année 1988, de reprendre langue avec l'O.L.P. à un niveau diplomatique peu élevé, ont suspendu à nouveau tout contact avec l'organisation suite à un attentat perpétué en territoire israélien en 1990. Par ailleurs, on l'a vu, l'O.L.P. s'est discréditée par des prises de positions ménageant l'Irak après l'invasion du Koweït, Yasser Arafat ayant même rendu visite à Saddam Hussein.

James Baker contournera la difficulté et ouvrira une nouvelle option diplomatique en prenant contact avec des personnalités palestiniennes respectées et influentes des territoires occupés. À chacune de ses visites en Israël, il prendra le temps de discuter avec ces Palestiniens de l'intérieur qui serviront de liaison officieuse avec l'O.L.P., tout en demeurant eux-mêmes une élite politique indépendante qui deviendra incontournable pour l'État d'Israël. Ces Palestiniens sont en effet sur le terrain, membres de professions libérales très actifs dans la société civile ayant partagé avec le peuple tout le poids de l'occupation israélienne et participé à la guerre des pierres (l'Intifada) qui fait rage depuis la fin de l'année 1987. Leur profil tranche avec celui des membres de l'O.L.P., révolutionnaires-fonctionnaires en fin de carrière d'une bureaucratie vivant de subsides de plus en plus maigres, en particulier depuis la guerre du Golfe, et en voie de marginalisation dans les affaires du Proche-Orient depuis l'exil à Tunis. Ce fut vraisemblablement grâce à ces contacts que l'organisation du volet palestinien de la conférence de la paix put être mis sur pied avec succès et que l'opinion mondiale put découvrir, enfin, des représentants de la société civile palestinienne, calmes et pondérés, au vocabulaire châtié, en lieu et place des figures usées et mal rasées des révolutionnaires de l'O.L.P., pistolet à la ceinture et vocabulaire militant passé de mode à la bouche[1].

L'habileté de James Baker dans la préparation de la conférence fut de donner à chacun ce qu'il désirait entendre. Aux Syriens d'abord, une conférence générale de la paix et la référence claire et explicite aux résolutions 242 et 338 des Nations unies et au principe de l'échange des territoires contre la paix, mais aussi le maintien du refus américain de prendre acte des annexions de territoires décrétées par l'État d'Israël ainsi que le maintien de la condamnation des implantations israéliennes dans les territoires occupés comme constituant un «obstacle à la paix». Aux Israéliens, la promesse de négociations bilatérales suivant immédiatement la tenue de la conférence qui n'aura aucun pouvoir de décision, la reconnaissance qu'Israël pouvait avoir sa propre interprétation des résolutions des Nations unies, l'assurance que les États-Unis n'imposeraient pas un dialogue avec l'O.L.P. et ne soutiendraient pas la création d'un État palestinien indépendant; enfin, la reconnaissance du «droit» d'Israël à des frontières «sûres et défendables» et le maintien de la garantie américaine quant à la sécurité d'Israël et au «maintien de son niveau qualitatif de défense».

La Jordanie, ayant renoncé à toute prétention sur

---

1. On pourra lire sur ces contacts le livre de souvenirs de Hanan Ashrawi, *The Side of Peace. A Personal Account*, New York, Simon & Schuster, 1995.

la Cisjordanie et n'ayant qu'un contentieux territorial minime avec Israël, n'eut pas besoin d'assurance pour accepter de participer au processus de paix.

Pour ce qui est des Palestiniens, les États-Unis donnèrent des assurances sur leur désir de voir s'engager un «processus de négociation» politique impliquant directement les Palestiniens et leur offrirent un moyen d'obtenir leurs droits politiques légitimes et de participer à la détermination de leur avenir. Les mêmes assurances furent données quant à la position américaine sur les annexions et les implantations pratiquées par l'État d'Israël. Il fut question de «transfert d'autorité» et d'«exercice de l'autorité sur la Cisjordanie et Gaza», sans toutefois que soient prononcés ou écrits les mots «souveraineté» et «indépendance».

Toutes ces assurances furent formalisées dans des lettres dites d'«assurance» que le secrétaire d'État américain envoya à la Syrie, à Israël, aux personnalités palestiniennes destinées à faire partie de la délégation mixte jordano-palestinienne à la conférence de la Paix, et même au Liban. Ces lettres furent adressées en même temps que les lettres d'invitation aux participants à la conférence et chaque partie concernée a eu connaissance du contenu de chacune des lettres d'assurance envoyées[1].

L'invitation à la conférence de Madrid fut lancée le 18 octobre 1991, un peu plus de sept mois après la libération du Koweït et la déroute de Saddam Hussein. L'Égypte fut le seul autre pays arabe invité en tant que participant, les pays exportateurs de pétrole de la Péninsule arabique étant conviés comme observateurs à travers une invitation adressée au secrétaire général du Conseil de coopération du Golfe (C.C.G.); les Nations unies n'eurent droit, de leur côté, qu'à une position d'observateur; du côté

---

1. Voir le texte de ces lettres dans la revue *Monde arabe Maghreb-Machrek*, n° 134, oct.-déc. 1991, p. 103-107.

européen, seule la présidence de la Communauté européenne fut invitée en tant que participant aux côtés des États-Unis et de l'Union soviétique.

La lettre d'invitation marquait bien que la conférence n'aurait aucun pouvoir de décision et qu'elle n'était qu'un lancement pour la mise en route d'un processus de paix devant se dérouler à deux niveaux : négociations bilatérales directes commençant quatre jours après l'ouverture de la conférence ; négociations multilatérales sur toutes les questions d'intérêt régional, telles que le contrôle des armements et la sécurité, l'eau, les réfugiés, l'environnement, le développement économique. Les négociations directes, disait le document, se dérouleraient sur un double « registre », entre Israël et les États arabes d'une part, entre Israël et les Palestiniens d'autre part ; cependant, les Palestiniens seraient formellement inclus dans une délégation mixte jordano-palestinienne.

C'est dire la complexité du processus de paix conçu par la diplomatie américaine et les infinies subtilités de langage contenues dans la lettre d'invitation comme dans les lettres de garanties pour tenter de concilier les principes généraux du droit et le droit dit par l'O.N.U. sur la Palestine et les conflits israélo-arabes avec les conceptions israéliennes de la paix et de la sécurité au Proche-Orient. Un exemple de ces subtilités concerne le vocabulaire employé pour évoquer la frontière entre Israël et le Liban. Depuis 1978, Israël avait occupé une large zone du sud du Liban, appelée par elle « zone de sécurité ». Condamnée sans restriction par le Conseil de sécurité de l'O.N.U. à travers la résolution 425 qui avait décidé l'envoi de casques bleus dans le sud du Liban devant se déployer jusqu'à la frontière internationale entre les deux pays, Israël avait refusé de se retirer et de céder la zone dite de sécurité aux casques bleus. En 1985, la zone était étendue après le retrait de l'armée israélienne du Liban central, envahi en 1982 pour déraciner l'O.L.P. de ses bases libanaises.

L'invitation à participer au processus de paix mettait le gouvernement libanais dans le plus grand embarras. Le Liban n'avait pas participé, en effet, aux guerres de juin 1967 et d'octobre 1973 et n'avait donc pas perdu de territoire à cette occasion. Ce furent les opérations de guérilla palestiniennes à partir du sud du Liban qui fournirent à l'État d'Israël un prétexte aux représailles massives qui finirent par faire sombrer l'État libanais dans le chaos, mais aussi à l'occupation d'environ 10 % du territoire libanais. Pour le gouvernement libanais, se rendre à Madrid revenait donc à reconnaître qu'il avait été en guerre avec Israël ; c'était aussi renoncer à une application sans condition de la résolution 425 exigeant un retrait inconditionnel de l'armée israélienne du sud du Liban (à la différence des résolutions 242 et 338 concernant les autres territoires arabes, qui préconisaient la restitution des territoires en échange de la paix). La position israélienne sur son retrait du Liban consistait aussi à récuser le droit dit par l'O.N.U. et à réclamer, après l'échec du traité de paix mort-né de 1983 conclu sous occupation de la moitié du territoire libanais, des arrangements de sécurité spéciaux. Ces arrangements devaient garantir que la milice du sud du Liban, conduite par un officier dissident de l'armée libanaise passé sous contrôle de l'armée israélienne, ne serait pas démantelée, mais continuerait d'opérer dans la même zone comme unité spéciale de l'armée libanaise. Le gouvernement libanais jugeait cette prétention inacceptable. Les Israéliens demandaient, en outre, l'arrêt préalable durant plusieurs mois de tout acte de résistance à son occupation, avant d'envisager un retrait du Liban.

Face à cette situation, le gouvernement américain, dans sa lettre d'assurance au gouvernement libanais, ne voyait pas de contradiction à parler de «la pleine application de la résolution 425» qui n'aurait pas de «lien» avec le règlement de paix global et ne dépendrait pas de lui, et à affirmer en même temps que les États-Unis croyaient «que le Liban et Israël ont droit à des frontières sûres». Cette question de «frontière sûre», en fait une concession à la position israélienne, était reprise encore plus clairement dans la lettre d'assurance au gouvernement israélien qui précisait que la résolution 425 devait «être appliquée de manière à assurer la stabilité et la sécurité de cette frontière», Israël ayant «droit» à une frontière sûre avec le Liban. C'était évidemment vider de son sens la résolution 425 et mettre l'occupation israélienne d'une partie du territoire libanais sur le même pied juridique, lui-même contestable, que celui des autres territoires arabes. Israël aurait droit à des rectifications de frontières et des arrangements de sécurité et ce, en dépit du fait que le prétexte de l'occupation, à savoir la présence des mouvements armés palestiniens du Liban, avait disparu depuis de nombreuses années.

Les États-Unis, dans la préparation du processus de paix, ont repris les grandes acrobaties juridiques que la Grande-Bretagne avait si bien pratiquées au début du xxᵉ siècle pour gérer les revendications inconciliables des dirigeants sionistes — jetant les fondements du futur État israélien avec l'appui de la Grande-Bretagne elle-même —, et les droits reconnus par les développements importants du droit international à partir du vieux droit des gens des juristes théologiens de la fin du Moyen Âge et du début de la Renaissance. L'aventure anglaise en Palestine, comme aux Indes, avec la rupture entre hindouistes et musulmans, s'était terminée dans les pleurs et les larmes, la violence et le sang.

En cette fin d'année 1991, cependant, qui pouvait penser que l'Amérique fière et sûre d'elle-même ressemblait peut-être à l'Angleterre impériale ? Le triomphe de la guerre du Golfe était trop proche, les appels à une nouvelle moralité internationale trop vibrants, pour que les bons esprits puissent douter de la sagesse du géant américain. Le désir de paix était trop immense partout pour que des esprits chagrins se risquent à une analyse un peu approfondie des plateformes juridiques servant de base au nouveau processus de paix. L'essentiel était de créer une dynamique de paix, de faire en sorte que les belligérants se parlent enfin après toutes ces années d'hostilité et de refus de l'autre. Les États-Unis donnant toute leur attention à créer cette dynamique de la paix, comment pourraient-ils échouer ? Les accords d'Oslo, en septembre 1993, ne vont-ils pas montrer que le pari sur la paix du tandem Bush-Baker, qui ne sera plus sur la scène pour en cueillir les fruits, sera tenu ?

18

La conférence de Madrid

LA MÉDIATISATION DU NOUVEAU PROCESSUS DE PAIX

La mise sur pied de la conférence de Madrid avait donc demandé des efforts considérables à la diplomatie américaine. Elle ne visait pas à organiser la paix, mais à mettre en branle une lourde machine de négociations, régie par des règles juridiques contradictoires contenues dans les lettres d'assurance données par les États-Unis aux principaux participants. Il s'agissait donc bien d'un «processus» destiné à réduire les contradictions issues des visions opposées des protagonistes et devant mener progressivement à une réduction des tensions et de la violence, permettant, au final, l'établissement d'une paix et donc l'intégration de l'État d'Israël dans le nouvel ordre régional. Par ce processus, Arabes et Israéliens, s'étant mutuellement apprivoisés par des contacts répétés et face à face, sous l'œil vigilant des États-Unis, pourraient établir entre eux des relations normales d'échanges commerciaux et culturels au bénéfice mutuel, comme il en existe entre toutes les nations civilisées, puis parvenir à régler tous les contentieux.

Certes, alliés privilégiés d'Israël tout au long des années de Guerre froide où la majorité des pays arabes étaient hostiles à la présence américaine au

Moyen-Orient, les États-Unis se voulaient aussi au-dessus des parties en conflit. Ils n'entendaient rien leur imposer, les laissant trouver eux-mêmes des solutions dans le cadre des résolutions de l'O.N.U. ou hors de ce cadre. Le gouvernement de George Bush avait même montré qu'il était prêt à exercer des pressions sur Israël, lorsque son gouvernement s'entêtait à continuer de développer les implantations en Cisjordanie. C'est ainsi que les États-Unis avaient suspendu en septembre 1991 l'octroi de garanties à l'État d'Israël qui auraient dû lui servir à mobiliser des emprunts pour 10 milliards de dollars, destinés au financement de la construction de logements pour les nouveaux immigrants d'Union soviétique. La capacité américaine à initier puis mener à bon port le processus de paix n'était donc mise en doute par personne dans l'opinion internationale et même au sein de nombreux gouvernements arabes.

Les médias internationaux feront donc de la conférence de Madrid un événement majeur ouvrant, enfin, une ère de paix dans le conflit israélo-arabe. Le caractère contradictoire des assurances généreusement données par la diplomatie américaine aux uns et aux autres sera largement passé sous silence. Avec une certaine naïveté, on pense alors que le signe le plus évident d'une paix imminente est dans l'exploit américain de réunir enfin Arabes et Israéliens, exploit rendu possible par la guerre du Golfe, le déploiement de la puissance de feu américaine au Moyen-Orient, la déroute du vieux fonds de nationalisme arabe anti-impérialiste et antisioniste symbolisé par la défaite cuisante de Saddam Hussein et le rétablissement du petit monarque koweïtien. Il y a même une impatience pour la paix qui est remarquablement exploitée par les médias.

Du côté américain, il s'agit de continuer à mettre en valeur les exploits des États-Unis. Dans la conduite de la guerre, comme dans celle de la paix, l'Oncle

Sam doit continuer d'apparaître comme une «super star», le «superman» qui sauve le monde de ses propres démons et qui n'a employé la violence que pour mieux asseoir la paix dont il détient seul les clés. George Bush est prisonnier de la rhétorique qu'il a produite sur le nouvel ordre international. Il faut aussi faire oublier la confusion dans laquelle s'est terminée la guerre du Golfe et les souffrances des populations de l'Irak qui se prolongent sans qu'une issue se dessine. Il faut enfin, aux yeux de l'opinion américaine, que Bush et Baker qui ont «malmené» quelque peu l'État d'Israël parviennent à obtenir la normalisation des relations entre ce dernier et ses voisins arabes, en particulier la fin du boycottage économique que les pays arabes pratiquent depuis 1948 et que les gouvernements américains successifs ont toujours combattu. Il faut donc que les choses bougent entre Israéliens et Arabes, que le glacier fonde. C'est pourquoi les médias américains feront de la conférence de Madrid un grand théâtre politique qui tiendra le monde en haleine.

Les médias européens seront, eux aussi, au rendez-vous, bien que les pays de la Communauté se sentent mortifiés d'avoir été tenus à l'écart de la préparation de la conférence. Les gouvernements européens, en particulier la France, se sentent quelque peu floués depuis la guerre du Golfe. Ils ont été, en effet, de fidèles alliés de la coalition, ont abandonné leur attitude traditionnelle jugée par les Israéliens et les Américains trop «pro-arabe», en particulier pour ce qui est des rapports avec l'O.L.P. et avec la «monstrueuse» dictature irakienne. Ils ont donc pris des risques politiques forts, y compris vis-à-vis de l'importante population arabe qui vit chez eux, et ne se sont guère vus récompensés par les États-Unis ou leurs alliés israéliens. Écartés du processus de négociation politique, ils l'ont aussi été des contrats juteux de la reconstruction du Koweït presque entièrement monopolisés par les sociétés

américaines. Mais l'opinion européenne, elle, se soucie peu de ces considérations ; le conflit israélo-arabe
est, au tréfonds de sa conscience, une épine qui fait
mal et qui soulève encore bien des passions.

L'AMBIVALENCE DES DIFFÉRENTES
OPINIONS PUBLIQUES

L'aventure israélienne est enracinée dans l'histoire malheureuse des rapports judéo-chrétiens en
Europe. Si ce conflit déchire le Proche-Orient depuis
des décennies, ses racines sont en Europe et non
pas en Orient. L'opinion européenne souffre d'une
double culpabilité : l'une consciente et de plus en
plus avouée à l'endroit du judaïsme ; l'autre plus
sourde et censurée par divers arguments visant à se
donner bonne conscience à l'endroit des Arabes qui
ont subi tout à la fois le choc de la colonisation européenne et celui de la création de l'État d'Israël. La
psychologie européenne, avec ses différentes nuances
dans la sensibilité historique, ses divers prismes philosophiques et historiques, est constamment tourmentée par les épisodes et les rebondissements de
l'interminable conflit israélo-arabe. Elle est tantôt
appelée à se souvenir de son antisémitisme séculaire et de sa lâcheté face à la destruction des communautés juives d'Europe par la folie nazie ; et
tantôt interpellée par le gâchis qui se déroule à ses
portes chez des peuples qu'elle a autrefois conquis
et dominés et qui attendent encore d'elle une aide
dans la détresse. Dans les divers pays européens,
même ceux où règne une tradition laïque forte, communautés juives et communautés musulmanes sont
de plus en plus organisées et encadrées. Israël d'un
côté, Arabie Saoudite, Maroc, Algérie, de l'autre,

ont compris qu'ils pouvaient mobiliser sur la base des identités religieuses, des pôles d'influence de l'opinion en Europe. Ce déchirement de la psychologie européenne est d'autant plus fort qu'il se déroule sur fond d'offensives négationnistes de la réalité des chambres à gaz, d'études toujours plus poussées sur les mécanismes ayant conduit à l'horreur nazie et à la collaboration, de procès faits à des chefs nazis en fuite ou à des collaborateurs, mais aussi sur fond d'effroi face aux mouvements islamiques dont la dynamique refuse de s'épuiser et même rebondit en Algérie, au Soudan ou en Égypte et jusque dans les banlieues des grandes villes européennes.

Quel soulagement amènerait donc à la conscience européenne le Proche-Orient débarrassé du conflit israélo-arabe ? Un Proche-Orient où Israéliens, Palestiniens ou autres Arabes traiteraient entre eux normalement, comme le font aujourd'hui des Français, des Anglais et des Allemands. Quel soulagement que la détresse juive, dont l'Europe est si responsable, trouve, enfin, un dénouement heureux dans l'intégration d'Israël sur un pied d'égalité et à part entière dans un Proche-Orient rendu à la paix, grâce aux efforts du bon géant américain qui n'a pas pataugé dans l'antisémitisme hystérique de l'Europe, ni été mêlé aux politiques coloniales de l'Europe en Orient.

Si l'opinion américaine, naïve face à la complexité géopolitique du Proche-Orient, est prête à croire à tous les miracles de la part de son gouvernement, l'opinion européenne, elle, est dans un état d'esprit encore plus favorable. Pour elle, chaque geste, chaque regard, chaque poignée de main, chaque sourire qu'Arabes et Israéliens peuvent échanger est un soulagement profond pour une psychologie tourmentée, fatiguée des arcanes de la politique moyen-orientale dont l'Europe, jusqu'à un passé récent, a été le pivot.

Du côté des gouvernements arabes et de la presse ou des médias arabes, entièrement sous leur contrôle, se dessine aussi un mouvement très favorable à l'action américaine. Le conflit israélo-arabe a pesé lourdement sur la vie de tous les États arabes, en particulier en Égypte, en Syrie, en Jordanie, au Liban où la guerre ravageuse a eu pour origine les débordements du problème palestinien, et même dans les pays de la Péninsule arabique qui ont vécu dans la peur de la contagion révolutionnaire attisée par la permanence du conflit. En Égypte, en dépit du traité de Camp David qui a permis la restitution du Sinaï, la population est restée hostile à l'État d'Israël et aux efforts du gouvernement de normaliser les relations au niveau des sociétés civiles. Peu d'Égyptiens, artistes, professeurs d'université, écrivains, hommes d'affaires, ont cherché à nouer des relations avec des Israéliens. Chaque fois que des incidents éclatent entre Israël et la population palestinienne ou chaque fois que l'armée israélienne bombarde avec plus de force des villages du sud du Liban, nombre d'Égyptiens expriment leur sympathie vis-à-vis des Palestiniens ou des Libanais et les partis d'opposition laïcs ou religieux reprochent au gouvernement sa passivité et son indulgence à l'égard de la politique israélienne. Un peu partout dans le monde arabe, y compris au Maghreb, la Palestine reste un thème fortement mobilisateur et catalyseur de tous les mécontentements, mouvements islamistes en tête. C'est aussi le cas des pays de la Péninsule arabique qui abritent des milliers de Palestiniens, Syriens et Libanais, en tant que travailleurs immigrés ou élite administrative et culturelle. En finir avec le conflit israélo-arabe ne peut être qu'un immense soulagement pour ces gouvernements.

Même pour l'opinion plus profonde, l'attitude est ambivalente. Pourquoi ne pas essayer d'en finir, de vivre enfin sans la hantise de la guerre, de supprimer le prétexte de la nature dictatoriale des régimes qui ont toujours invoqué les exigences de la lutte contre Israël pour supprimer la liberté, multiplier les formes de répression et de conformisme social? Pourquoi ne pas tirer les conséquences de la défaite, ne pas accepter l'hégémonie américaine devenue incontestable et incontournable? Pourquoi s'accrocher aux fantômes du passé? Ni les essais tous avortés d'unité arabe, ni le socialisme, ni les grands slogans révolutionnaires, ni l'alliance avec l'Union soviétique, n'ont permis aux Arabes de résister aux tempêtes qui ont soufflé sur le Moyen-Orient. N'est-il pas temps de se résigner, d'accepter le fait israélien désormais irrémédiablement inscrit dans le nouvel ordre mondial? Un Moyen-Orient en paix, le boycottage d'Israël terminé, les pays arabes ne pourront-ils pas, enfin, connaître la décrispation politique, l'amélioration des niveaux de vie, le retour des émigrés qui ont fait fortune sur d'autres continents ou sont devenus d'éminents spécialistes scientifiques, bref, devenir des pays heureux? Quel sens peut avoir la continuation de l'hostilité à Israël dont l'existence a été appuyée sans réserve par l'Europe et les États-Unis qui, la Guerre froide achevée à leur avantage, peuvent maintenant dominer le Moyen-Orient sans entraves? Quel est le pays arabe, après la dure leçon de la guerre du Golfe, qui pourrait encore se lancer dans une confrontation avec Israël qui signifierait une confrontation avec l'Occident? Ce n'est certes pas de gaieté de cœur que cette opinion profonde envisage la normalisation avec Israël, qui consacre la défaite historique d'un peuple au passé brillant mais sans cesse humilié depuis le début du xxe siècle. Personne, cependant, ne voit d'alternative; les régimes arabes sont désormais bien établis, l'ère des coups d'État et des mouvements de masse révolutionnaires est close depuis longtemps: qui voudrait y retourner alors que la survie matérielle quotidienne est déjà si dure?

Sur cette opinion, l'idéologie militante islamiste ne mord guère; tout au plus pousse-t-elle au développement des signes extérieurs de religiosité tels que le voile des femmes, la stricte adhérence au jeûne annuel, le Ramadan, ou la fréquentation assidue de la mosquée. Elle ne mobilise pas ostensiblement les masses, même si, comme nous le verrons plus loin, elle reste un contre-modèle potentiel à des gouvernements qui se sont, désormais, entièrement liés à l'Occident.

Au-dessus de cette opinion ambivalente, de nombreux membres des élites des pays arabes, hommes d'affaires en tête, mais aussi universitaires formés aux États-Unis ou en Europe, plaident activement pour une paix rapide intégrant Israël au monde arabe, car elle permettrait du même coup d'intégrer le monde arabe dans les circuits de puissance et de prospérité de l'Occident, accélérant la modernisation, faisant reculer le sous-développement. Ce groupe est très actif, il est présent dans les médias, les colloques et rencontres de type académique où déjà Arabes et Israéliens commencent à se côtoyer. Il contribue à montrer que les Arabes suivent le mouvement, sont prêts à la paix sans restriction, c'est-à-dire à tourner définitivement la page tragique de l'histoire du Proche-Orient du dernier demi-siècle.

Les médias arabes seront donc au rendez-vous de la conférence de Madrid avec le même enthousiasme que les médias américains ou européens. Ce sera l'unisson dans l'euphorie et l'optimisme. Dans la dureté du discours d'Itzhak Shamir, Premier ministre israélien, on ne voudra voir qu'une position de négociation ; dans l'énervement du ministre syrien des Affaires étrangères rappelant le passé terroriste de Shamir dans les rangs de l'Irgoun, que le visage plutôt rébarbatif du régime syrien. C'est le Dr Abdel Shafi, parlant au nom des Palestiniens, qui surprend et émeut par la qualité et la dignité de son discours. On peut, enfin, sans autocensure admirer un discours palestinien d'un ton nouveau, qui n'est plus le discours flamboyant et révolutionnaire des dignitaires de l'O.L.P. pistolet à la ceinture. On peut aussi, une nouvelle fois, admirer la rhétorique de George Bush, constater le soutien sans faille de l'Union soviétique aux efforts américains. Et si l'on s'attriste par instants du profil inexistant de l'Europe, cela n'entache pas l'immense jubilation de voir, enfin, les frères ennemis du Proche-Orient assis à la même table et prêts à prendre le chemin de la paix sous l'œil vigilant de la diplomatie américaine. La preuve est là, en effet, sous les yeux de millions de téléspectateurs, que le monde change positivement. Après le succès de l'indépendance dans le multipartisme en Namibie, puis la libération de Nelson Mandela en Afrique du Sud où le régime d'apartheid est tombé et où Blancs et Noirs s'apprêtent à une réconciliation, voici venu le tour des Arabes et des Israéliens. Comment être pessimiste en cette fin du mois d'octobre 1991 à Madrid ?

Pour l'opinion israélienne aussi, la conférence de Madrid est une chance à saisir, même si l'équipe Bush-Baker est critique à l'endroit de certains aspects de la politique israélienne, en particulier le développement continu de la colonisation de la Cisjordanie. La « guerre des pierres » qui dure depuis bientôt quatre ans et la répression de l'armée israélienne qui frappe des enfants et des adolescents ont terni quelque peu l'image internationale d'Israël, déjà atteinte par l'invasion du Liban en 1982 et les massacres de Sabra et Chatila. Les Israéliens savent qu'ils n'ont plus l'image du petit David défiant courageusement le géant Goliath. Les petits David, depuis 1988, sont les enfants palestiniens, défiant fronde à la main la puissante armée israélienne. Si la démocratie israélienne reste exemplaire aux yeux de l'opinion internationale dans un Moyen-Orient livré depuis des décennies à des dictatures répressives, la colonisation de la Cisjordanie et la répression de l'Intifada ont mauvaise presse. Les Israéliens savent aussi que leur rôle d'allié majeur dans la Guerre froide est terminé avec l'effondrement en cours de l'Union soviétique et une coopération active des diplomaties américaine et russe dans tous les domaines. Peuvent-ils refuser de se plier au processus de paix dans lequel s'engouffrent tous les pays arabes concernés? Certes non, puisqu'ils ont toujours réclamé d'être acceptés parmi les pays arabes et non rejetés et boycottés. Il ne saurait donc, côté israélien, y avoir de réticences à obtenir, enfin, le face-à-face avec les Arabes et la normalisation de leur existence. Mais, si le gouvernement semble avoir cédé sur la procédure de passage par une conférence internationale où Israël trouve en face de lui les États arabes invoquant le droit de l'O.N.U. que les États-Unis ne renient pas, il a obtenu en revanche que cette conférence soit un cérémonial sans conséquence débouchant sur des négociations bilatérales et qu'il entend bien mener avec chaque pays arabe séparément. On verra d'ailleurs que l'équivoque entretenue par le langage diplomatique des États-Unis sur la nature de la conférence de Madrid bloquera quelque temps le démarrage des négociations.

Mais l'État d'Israël a un autre motif très important pour se plier à l'exercice américain de négociations. Ce motif est d'ordre économique et présente un caractère d'urgence. Depuis 1990, en effet, l'économie israélienne doit accueillir 100 000 émigrés d'Union soviétique en moyenne par an. La tâche est très lourde pour une petite économie sur le pied de guerre, où l'Intifada a freiné le mouvement des investissements étrangers, cependant que la persistance de la colonisation des territoires occupés a entraîné la suspension des garanties américaines pour mobiliser des prêts extérieurs additionnels. Une normalisation avec les pays arabes, permettant le désenclavement de l'économie israélienne avec qui les pays arabes refusent de commercer depuis 1948, peut apporter les grandes bouffées d'oxygène économique dont a besoin le pays pour accueillir les immigrants soviétiques.

Depuis 1989, dans certains milieux universitaires américains, des groupes de travail ont été constitués pour examiner les domaines économiques de coopération entre Israël et les pays arabes, en cas de paix. Ces groupes ont inclu des économistes israéliens et quelques économistes palestiniens vivant dans les territoires occupés ou résidant aux États-Unis. Leurs travaux ont été publiés et ont été remarqués[1]. Ce sont les économistes israéliens qui ont avancé des projets mirifiques pour tous les secteurs : eau, transport, tourisme, industrie, faisant d'Israël le centre d'un nouveau Moyen-Orient où, grâce à la paix, la coopération économique régionale pourrait faire des miracles. Le temps perdu en guerres destructrices et inutiles ainsi que le gaspillage de ressources consacrées au secteur militaire pourraient enfin être rattrapés. La prospérité qui en résulterait consoliderait la paix. Shimon Pérès fera habilement de ce thème, un an plus tard, le sujet principal de son ouvrage *Le temps de la paix*, qui influencera si fortement la suite du processus de paix et les accords d'Oslo.

Il ne fait donc aucun doute qu'en ce seuil des années 1990, Israël est animé d'une motivation économique forte dans son désir de paix. L'échec dans l'absorption du flot d'immigrants russes et le main-

---

1. Voir, par exemple : Meir Mervav (éd.), *Economic Cooperation and Middle East Peace*, Weindelfeld and Nicholson, Londres, 1989, ouvrage basé sur les projets de recherche de l'Université de Tel-Aviv, financés par le Fonds Armand Hammer pour la coopération économique au Moyen-Orient ; plus récemment, on se reportera à Stanley Fisher, Leonard J. Hausman, Anna D. Karasik, Thomas C. Schelling (éds.), *Securing Peace in the Middle East. Project on Economic Transition*, MIT Press, Cambridge (Mass.), 1994.

tien d'un taux élevé de chômage dans cette nouvelle population à haut niveau technique serait lourd de conséquences. Car Israël continue évidemment de consolider sa vocation de base de refuge naturel des communautés juives de par le monde, mais désire aussi, ardemment, augmenter par tous les moyens sa population pour faire face à la croissance démographique très forte des Palestiniens et des pays arabes voisins.

Les Israéliens verront d'abord dans le processus de paix la possibilité de briser les contraintes politiques et militaires qui ont entravé leur capacité économique. La consolidation de leur économie et la réduction de la dépendance par rapport aux aides extérieures serait, pour eux, à juste titre, un élément fondamental de consolidation de leur existence politique. C'est sous ce jour que doit se comprendre la double exigence américaine et israélienne de levée du boycottage économique pratiqué par les pays arabes en même temps que la mise en route du processus de paix, puis le dérapage de ce processus vers les deux grands sommets économiques de Casablanca (1994) et de Amman (1995) que nous évoquerons par la suite, ce qui amènera à délaisser les éléments politiques fondamentaux de toute paix.

La conférence de Madrid sera donc un grand événement médiatique international, prolongeant la couverture médiatique spectaculaire de la guerre du Golfe. Les moindres détails des deux journées de conférence du 31 octobre et du 1er novembre 1991 seront passés au crible des journalistes, photographes, cameramen et commentateurs. Les sourires, les regards, les démarches, le degré de distance physique qui sépare les protagonistes, assis, debout ou marchant : tout sera décrit et analysé avec minutie.

LES DISCOURS D'OUVERTURE

La conférence est ouverte par Felipe Gonzales, Premier ministre espagnol, qui évoque l'Andalousie et l'amertume et la nostalgie qu'elle a engendrées, allusion plutôt ambiguë pour les Palestiniens et les Arabes. Le président Bush lui succède à la tribune et dit l'orthodoxie américaine, finalement très proche des positions israéliennes, avec beaucoup de clarté. Pour lui, en effet, la «paix réelle» est faite de traités portant sur les domaines suivants : sécurité, relations diplomatiques, relations économiques, commerce, investissements, échanges culturels. En bref, il n'est pas question d'une paix «froide», comme celle qui s'est installée entre Israël et l'Égypte, mais d'une paix intégrant véritablement les Israéliens à tous les aspects de la vie du Moyen-Orient. «Pendant très longtemps, dit George Bush, le peuple israélien a vécu dans la peur, entouré par un monde arabe qui ne l'acceptait pas.» Quant au «vrai» travail, pour le président américain, c'est dans les négociations bilatérales qu'il doit avoir lieu, la session plénière n'étant qu'éphémère et ne pouvant être reconvoquée sans l'accord de toutes les parties. C'est dire clairement que, si Israël a accepté la tenue d'une séance plénière où il doit faire face à toutes les parties arabes concernées, il n'est nullement tenu d'accepter l'exercice une nouvelle fois. De plus, il revient aux Palestiniens de satisfaire «aux besoins de reconnaissance et de sécurité d'Israël»; quant au «monde arabe» il doit «démontrer [...] qu'il est désireux de vivre en paix avec Israël et de satisfaire à ses justes besoins de sécurité». La paix devant être fondée sur la justice, Israël doit entrer dans une nouvelle relation avec ses voisins palestiniens, «fondée sur le respect mutuel et la coopération». Le gouvernement américain n'a pas de carte géographique, mais il sait seulement que la paix «stable et durable» devra être fondée sur un «compromis territorial». Nous revenons ici au problème de l'interprétation des deux résolutions des Nations unies (242 et 338) auxquelles les Arabes sont tant attachés et que George Bush a mentionné du bout des lèvres, en parlant des négociations directes qui «doivent être conduites sur la base des résolutions 242 et 338 du Conseil de sécurité»? L'ensemble des territoires occupés contre la paix ou le «compromis territorial» en faveur de la sécurité d'Israël pour la paix? Le président américain, sur ce point, tranche clairement : les Arabes devront sacrifier des territoires. De plus, pour lui, les parties doivent s'abstenir de «gestes unilatéraux [...] poussant à des représailles» ou menaçant le processus de paix lui-même; elles doivent «s'efforcer de prendre des mesures qui stimulent la confiance et la bonne foi mutuelles». L'Amérique est prête à «offrir des garanties, à fournir de la technologie et des appuis, si la paix le requiert»; les «amis et alliés» en Europe et en Asie sont appelés à se joindre à l'Amérique pour «fournir les ressources propres à assurer la prospérité en même temps que la paix[1]».

Il est clair que, pour le gouvernement américain, la conférence marque le début du processus d'intégration politique et économique d'Israël dans la communauté des nations arabes; elle ne définit pas les termes de la paix ou les frontières suivant le droit ou les critères juridiques, mais suivant la bonne volonté des parties, sous l'œil vigilant de l'Amérique et avec l'appui financier de l'Europe et du Japon.

Mikhaïl Gorbatchev, qui succède à la tribune à George Bush, consacre la vision américaine d'un ordre nouveau, sur la base de la démocratie et, pour

---

1. Voir les principaux extraits du discours dans *Monde arabe Maghreb-Machrek*, nº 134, oct.-déc. 1991, p. 107-108; toutes les citations des discours qui suivent sont extraites de la même source, p. 107-122.

ce qui est du Proche-Orient, de la normalisation de l'existence d'Israël. Il parle «des profondes transformations dans le monde permettant de parler d'une période de paix foncièrement nouvelle dans l'histoire mondiale», contexte qui, d'après lui, permet de «comprendre l'espoir réel apparu dans le règlement du problème arabo-palestinien». Le glissement de langage est ici révélateur: il y a un «problème arabo-palestinien», mais non un problème né de l'existence d'Israël, et donc un conflit israélo-arabe. Toutefois, ajoute le président de l'Union soviétique, «la paix solide suppose la réalisation et le respect des droits du peuple palestinien». Pour lui, par ailleurs, l'absence de relations diplomatiques entre l'Union soviétique et Israël était «un non-sens dans le cadre des profondes transformations démocratiques observées dans notre pays et sur la scène internationale...». Pour Gorbatchev, il y a une «accélération du processus historique sur des bases démocratiques...» et il existe désormais «plus de possibilités pour maintenir ce processus dans un cadre civilisé».

Le discours d'Itzhak Shamir et celui du ministre des Affaires étrangères syrien seront les plus mal reçus par les médias, pour avoir ressassé les griefs historiques réciproques, cependant que le discours du chef de la délégation palestinienne passera fort bien la rampe par une fermeté courtoise sur le fond, mais une élévation de pensée politique tranchant avec le discours révolutionnaire classique de l'O.L.P.

Itzhak Shamir, dans son exposé du premier jour, fait à la fois une leçon d'histoire biblique de type canonique et une dénonciation virulente des comportements arabes. Rappelant les persécutions des juifs dans l'histoire et la tentative nazie d'extermination des juifs en ce siècle, le Premier ministre israélien se hâte d'ajouter que ce n'était pas l'Holocauste qui avait «amené la communauté internationale à reconnaître notre juste revendication sur la

Terre d'Israël». Le monde a oublié, estime Shamir,
«la revendication immémoriale» des juifs sur cette
terre. «Nous sommes le seul peuple, dit-il, qui ait
vécu sur la terre d'Israël sans interruption depuis
près de quatre mille ans; nous sommes le seul
peuple, à l'exception du bref royaume des croisés, à
avoir exercé une souveraineté indépendante sur
cette terre; nous sommes le seul peuple à avoir
consacré Jérusalem pour capitale; nous sommes le
seul peuple dont les Lieux saints ne se trouvent que
sur la terre d'Israël.» Suit alors une diatribe au
vitriol contre les États arabes qui ont violé sans cesse
«la volonté et la légalité internationales» en s'opposant à un État juif dans la région, en opprimant,
expropriant et expulsant 800 000 juifs vivant dans les
pays arabes depuis avant l'islam, en transformant un
conflit local et régional en «un baril de poudre international» par l'exploitation de la Guerre froide. Les
États arabes sont responsables de la souffrance infli-
gée à leurs peuples, en Palestine, ou ailleurs, en raison de la nature dictatoriale ou brutale des régimes,
tel celui de Saddam Hussein. Sur la question territoriale, Itzhak Shamir est aussi très clair. Pour lui, «la
longue histoire du conflit» montre que sa nature
n'est pas territoriale, ce qui lui permet de lancer cet
avertissement: «Il serait regrettable que les négociations se fixent en premier lieu et exclusivement
sur la question territoriale. C'est la voie la plus
rapide qui conduirait à une impasse.» Puis, reprenant les formules du président Bush, il ajoute: «Ce
dont nous avons besoin en premier lieu et avant
tout, c'est d'instaurer la confiance, d'écarter le danger d'un affrontement et de développer les relations
dans autant de domaines que possible.» Dans son
discours, Shamir a par ailleurs demandé aux pays
arabes de renoncer au djihad contre Israël, de
dénoncer la charte de l'O.L.P. appelant à la destruction d'Israël, d'avoir la «même soif de paix qui caractérise la société israélienne». À ceux qu'il nomme

les Arabes palestiniens, enfin, Shamir demande de cesser «d'exposer leurs enfants au danger en les envoyant jeter des bombes et des pierres sur des soldats et des civils»; il leur enjoint d'utiliser leurs universités «pour la science et le progrès» et non «pour l'agitation et la violence». Sur la suite du processus de paix, Shamir demande que les négociations bilatérales se déroulent dans la région, il invite «ses partenaires» à venir en Israël et se dit prêt à se rendre en Jordanie, en Syrie, au Liban. Il invite à déclarer sur-le-champ la fin de l'état de belligérance, la réconciliation et la paix.

Le discours palestinien, prononcé par le Dr Abdel Shafi, est tout autre. Les formules employées à l'égard des Israéliens reflètent pour la première fois une compréhension publiquement exprimée des souffrances juives. «Au nom du peuple palestinien, dit-il, nous voulons nous adresser directement au peuple israélien avec lequel nous avons un long passé commun de souffrance : partageons plutôt l'espoir. Nous voulons vivre côte à côte sur la terre et dans la promesse de l'avenir. Le partage, cependant, exige deux partenaires prêts à un partage dans l'égalité.» Au préalable, le Dr Shafi a opportunément déclaré au début de son discours : «Nous nous tenons devant vous, non en suppliants, mais en porteurs de flambeau qui savent que, dans le monde d'aujourd'hui, l'ignorance ne peut jamais être une excuse. Nous ne cherchons ni à faire reconnaître une culpabilité *a posteriori* ni à tirer vengeance d'injustices passées, mais nous demandons bien plutôt un acte de volonté propre à faire d'une juste paix une réalité.» Sur le fond, cependant, le discours palestinien est très ferme. Jérusalem ne peut être exclue des discussions de paix : «La Jérusalem palestinienne, dit-il, capitale de notre patrie et de notre futur État, incarne l'existence palestinienne, passée, présente et future, mais on lui a refusé une voix et une identité.» L'allusion est claire au refus total des Israéliens de discuter avec des Palestiniens originaires de Jérusalem. Israël doit libérer les milliers de prisonniers palestiniens «languissant dans des prisons et des camps de détention». Les confiscations de terre et les «eaux dérobées» ne sont pas compatibles avec la paix, les implantations illégales font du principe de l'échange des territoires contre la paix «une parodie». Si les Palestiniens sont prêts à accepter une solution par étapes et même un arrangement confédératif avec la Jordanie dont les Israéliens ont beaucoup parlé, il leur faut une protection internationale et «l'application *de jure* de la quatrième convention de Genève» qui édicte les principes auxquels l'occupant militaire d'un territoire conquis doit se tenir vis-à-vis des populations concernées. Pour eux, le cadre légal d'ensemble de la négociation qui doit s'ouvrir est clair, il ne peut s'agir que du droit dit par l'O.N.U., depuis 1947, sur le partage de la Palestine et sur le conflit israélo-arabe.

Le discours du représentant syrien, Farouq Al-Chareh, est une réponse directe à celui d'Itzhak Shamir. Il évoque la «grande tolérance et la pleine égalité observée par les Arabes dans leurs rapports avec les juifs pendant de longs siècles», qu'il met en contraste avec l'oppression subie par les Palestiniens sous occupation israélienne. Il n'hésite pas à affirmer que, si les pratiques israéliennes contre les Palestiniens ne sont pas plus dénoncées dans le monde chrétien, c'est sous la peur de l'accusation d'antisémitisme, cependant qu'Israël répond aux dénonciations arabes de ces pratiques par l'accusation de terrorisme et de désir de destruction d'Israël. «Aujourd'hui, dit le ministre des Affaires étrangères syrien, tous les États savent qu'Israël s'en tient à une idéologie stérile et périmée fondée sur l'expansion, la création de colonies et le déplacement d'Arabes des territoires sur lesquels ils ont vécu pendant des siècles, pour les remplacer par de nouveaux immigrants qui n'ont jamais vécu dans cette région.»

Tout comme le discours palestinien, le discours syrien s'arc-boute sur la légalité internationale, avec la longue énumération de toutes les résolutions des Nations unies depuis 1947, y compris la résolution 425 concernant l'évacuation du sud du Liban. Sans refuser le principe des négociations multilatérales sur la coopération économique régionale, grand cheval de bataille des Américains et des Israéliens, la Syrie refuse toutefois de s'y engager «sans l'obtention d'un résultat substantiel et concret dans les négociations bilatérales, confirmant la levée des principaux obstacles à la paix». «Cela, ajoute le chef de la diplomatie syrienne, parce que Israël, comme chacun sait, ne se soucie nullement d'appliquer les résolutions 242 et 338, sur la base de l'échange de territoires contre la paix, mais se préoccupe uniquement de s'engager, avec les États de la région, dans des négociations sur la coopération régionale tout en continuant à renforcer son occupation des territoires arabes. Ce qui est en contradiction avec l'objectif invoqué pour la tenue de cette conférence.» Le discours syrien parle cependant «d'une réserve inépuisable de bonne volonté et d'un désir réel et sincère d'une paix juste...». Mais, ajoute le représentant syrien, il ne faut pas utiliser le processus de paix pour «légitimer ce qui n'est ni légitime ni acceptable au regard des Nations unies, de leur charte et de leurs résolutions, ou pour obtenir quelque gain que ce soit, même minime, qui refléterait l'injustice de l'agression, ou constituerait une prime à l'agresseur».

Le discours jordanien, plus terne, parle d'une paix qui ne doit pas être «à n'importe quel prix, mais une paix honorable»; il est axé lui aussi sur la déclinaison des résolutions des Nations unies sur l'ensemble du contentieux israélo-arabe. Glissée au milieu du discours, une petite phrase vient rappeler clairement aux Israéliens que « la Jordanie n'a jamais été la Palestine et ne le sera pas », allusion à l'opinion d'Ariel Sharon selon laquelle l'État palestinien doit être situé en Jordanie et non dans les territoires occupés.

Quant au discours du représentant libanais, il tente de dissocier l'application de la résolution 425 sur l'évacuation du sud du Liban de la conférence de paix. « La résolution 425, dit le ministre des Affaires étrangères, Fares Bouez, n'a absolument aucun lien avec les efforts entrepris pour appliquer les résolutions internationales sur les territoires arabes occupés en 1967, en particulier les résolutions 242 et 338. » Le ministre met par ailleurs clairement en garde la communauté internationale contre la tentation de vouloir résoudre le problème des réfugiés palestiniens en forçant leur intégration dans la population libanaise. « Le Liban, dit-il, met en garde contre toute solution du problème du peuple palestinien qui consisterait à implanter les enfants de ce peuple frère sur un territoire [libanais] réduit, densément peuplé et à l'équilibre démographique fragile. Cela pourrait transformer la lutte pour la survie en une affaire dangereuse, et, loin de restituer la Palestine à son peuple, cela pourrait causer la perte du Liban. »

LES DISCOURS DE CLÔTURE

Tel est le contenu principal des discours d'ouverture du 31 octobre prononcés solennellement à Madrid devant les caméras du monde entier. Le 1er novembre, qui marquait déjà la cérémonie de clôture, les discours furent plus aigres pour la Syrie et Israël, plus durs de ton pour la Jordanie, le Liban et les Palestiniens qui prenaient acte des positions peu encourageantes de Shamir, lequel quittait la conférence avant qu'elle prît fin pour se trouver en Israël pour le shabbat. C'est ainsi que le délégué syrien qualifiait le discours prononcé la veille par M. Shamir de «falsification et fabulation» et ironisait durement sur ses paroles : «Je pose une seule question : si le Premier ministre israélien déclare que les juifs ont le droit de retourner en Palestine après une absence de plus de deux mille ans, comment peut-on refuser ce droit au Palestinien qui l'a quittée depuis quarante ans seulement ? Qu'est-ce qui est le plus réaliste ? Voir revenir le Palestinien, qui connaît encore l'adresse de sa maison — et en possède même parfois encore la clé —, ou parler du retour des juifs, qui étaient là il y a plus de deux mille ans ? C'est un mensonge, aussi gros que la différence entre quarante et quatre mille ans, qu'a proféré le chef du gouvernement israélien.» Il exhibait alors, dans un geste théâtral, la photographie de Itzhak Shamir à trente-deux ans, lorsqu'il était recherché par les autorités anglaises pour l'attentat qui avait coûté la vie, en 1947, au comte Bernadotte, médiateur des Nations unies à l'époque.

Le délégué palestinien fit part aussi de son amertume, déplorant que Shamir veuille «revenir aux polémiques et aux récriminations de circonstance que nous avons décidé désormais d'éviter». Il déplora le départ du Premier ministre israélien «sous prétexte de shabbat», alors que les délégations arabes avaient accepté de participer à la conférence le vendredi, jour sacré en islam. Son exposé de clôture fut centré à nouveau sur la nécessité de mettre en application, sans plus tarder, le droit. «Nous sommes venus ici, dit le Dr Shafi, pour la faire appliquer [la résolution 242], et non pour perdre du temps en exégèses et sur des points de sémantique, ou pour contribuer à la nier ou à l'exclure du programme de paix. Ce n'est pas seulement une exigence des Arabes et des Palestiniens, c'est aussi une exigence

de la communauté internationale, et un test de la
réalité d'une nouvelle ère dans la politique mondiale. Ce qui est stipulé dans la résolution 242 s'applique aussi à Jérusalem-Est.» Et d'ajouter : «La
légalité internationale exige la restitution des territoires arabes et palestiniens occupés à leurs propriétaires légitimes. Israël doit reconnaître l'idée de
frontières — politiques, juridiques, morales et territoriales —, et doit décider de rejoindre la communauté des nations en acceptant les termes de la loi
internationale et la volonté de la communauté internationale.»

Ce fut le même son de cloche dans les paroles de la
délégation jordanienne. «Nous avions espéré, dit le
représentant jordanien, que cela [l'insistance sur la
légalité internationale] inspirerait un souci d'équilibre, d'autant plus que nous avions mis en avant le
besoin d'échafauder un règlement négocié fondé sur
un cadre légal institutionnalisé. Au lieu de cela, il
semble que le temps se soit arrêté, en ce qui concerne
Israël. Nous avions espéré, et espérons toujours, que
l'esprit de Madrid apporterait un changement dans
les cœurs et les comportements qui se traduirait par
une attitude nouvelle. Or, ce que nous avons entendu,
c'est un retour encore plus marqué aux vieux schémas idéologiques, destiné visiblement à faire dévier,
et, pis encore, à enrayer le processus de paix.» Faisant clairement allusion à la guerre du Golfe et aux
résolutions de l'O.N.U. appliquées par la force pour
libérer le Koweït, le représentant jordanien n'hésite
pas à affirmer que le refus de l'application des résolutions de l'O.N.U. dans le conflit met en doute la
crédibilité de la communauté internationale et «soulève le sérieux problème de l'asymétrie et de l'utilisation de deux poids deux mesures dans l'application
du droit international».

James Baker fit la synthèse des débats sur un ton
docte et professoral, tentant de minimiser l'impact
des «positions extrêmes» à l'approche de négocia-

tions. «Cela n'a rien de surprenant, dit-il, surtout dans un forum public.» Il réitéra les assurances américaines d'être aux côtés des protagonistes pour les aider dans le processus de paix, mais les avertit que les États-Unis ne pouvaient vouloir la paix plus que les parties impliquées. «Si vous ne voulez pas la faire [la paix], dit-il avec logique, nous ne pourrons certainement pas la faire pour vous.» Plus neutre dans son approche que George Bush, pour avoir assidûment fréquenté, durant les navettes préparatoires de la conférence, les Palestiniens pressentis pour être membres de la délégation, ses dernières phrases furent même émouvantes et méritent d'être citées ici *in extenso* : «Les formules, les modalités et les négociations ne suffisent pas. Les négociations ne continueront à jouir d'un soutien que si la dimension humaine est prise en considération par toutes les parties. Il faut trouver un moyen d'envoyer des signaux de paix et de réconciliation qui affecteront les populations de la région. N'attendez pas que l'autre côté fasse les premiers pas : chacun de vous doit prendre rapidement le départ. Vous devriez savoir mieux que quiconque ce qui est nécessaire.

Par le truchement de négociations, par ces mesures et par d'autres, vous pouvez montrer du respect pour les droits des autres. Vous pouvez montrer que vous comprenez les craintes des autres. Vous pouvez établir le contact avec les gens, les femmes, les hommes et les enfants qui sont des victimes du conflit arabo-israélien. Nous ne pourrons réussir à la table de conférence que si nous trouvons les moyens d'atteindre ceux qui se trouvent loin de cette table.»

En dépit des échanges de propos acrimonieux durant ces deux jours, les médias considéreront que la diplomatie américaine avait réussi son exploit : mettre, enfin, face à face Arabes et Israéliens. La percée palestinienne, par la haute tenue des propos de ses représentants, fut remarquée de tous. Pour la première fois, Arafat était absent de la scène médiatique et le monde pouvait entendre, enfin en direct, la voix des Palestiniens de l'intérieur, après avoir vu tout au long des dernières années les images des enfants palestiniens courageux défiant avec leurs pierres la redoutable armée israélienne. La performance de Shamir n'avait guère plu, la droite religieuse israélienne n'ayant pas bonne presse, surtout en Europe qui n'a toujours voulu voir dans le mouvement sioniste qu'un nationalisme de type laïc issu des courants divers du socialisme européen. Mais la rigidité du Premier ministre pouvait être interprétée comme une position maximaliste de départ. Si Menahem Begin, lui aussi issu de cette droite religieuse partisane du Grand Israël biblique, avait pu faire la paix avec l'Égypte, pourquoi Shamir ne réussirait-il pas à la concrétiser avec les autres parties arabes concernées ? Israël, « assoiffé de paix », réclamant depuis toujours la reconnaissance des pays arabes et son intégration au Moyen-Orient, pouvait-il se permettre le luxe de laisser passer une telle occasion historique ? Personne, dans la nouvelle conjoncture internationale, ne pouvait penser l'impensable ou se risquer à douter des intentions israéliennes.

LES « GESTICULATIONS » DES ENNEMIS DE LA PAIX

Seuls les rescapés des époques révolutionnaires laïques ou religieuses révolues pouvaient pousser l'impudence jusqu'à dénoncer l'exercice de Madrid comme des « manœuvres américano-sionistes » pour continuer sur la voie de la spoliation des droits palestiniens, arabes et islamiques et consolider l'existence de l'État d'Israël. C'est ce qui s'était passé quelques jours avant l'ouverture de la conférence de Madrid, lorsque se tint à Téhéran du 19 au 22 octobre une «Conférence internationale de soutien à la révolution islamique du peuple de Palestine», destinée à vilipender l'effort des États-Unis de réunir la conférence de Madrid. Assistaient à cette manifestation quelque quatre cents participants en provenance de quarante pays, représentant des mouvements islamistes, de nombreux mouvements palestiniens opposés au processus de paix, des parlementaires de pays musulmans divers ou des journalistes aux sympathies déclarées pour diverses formes de panislamisme. Nouveaux révolutionnaires islamiques et anciens révolutionnaires laïcs et marxisants se retrouvaient ici pour tenter de contrer la mise en application du nouvel ordre mondial américain au Moyen-Orient. Les médias occidentaux ne mentionnèrent cette contre-conférence que comme un détail, plutôt exotique, ne méritant pas vraiment un commentaire ou une analyse. On parlerait, désormais, des «ennemis de la paix» au Moyen-Orient, qu'il s'agisse du régime de Téhéran, du mouvement islamique palestinien Hamas, du Hezbollah libanais menant la résistance à l'occupation israélienne au sud du Liban avec l'appui ouvert de l'Iran, ou encore des mouvements palestiniens d'obédience marxiste, tel le célèbre Front populaire de libération de la Palestine du Dr Habache, dont le siège est à Damas.

Précédant la conférence de Téhéran de quelques jours, un communiqué de Hamas, le 9 octobre 1991, avait expliqué son opposition à la tenue de la conférence de Madrid. «Les États-Unis veulent, disait le communiqué, à travers la conférence de paix, exploiter la situation créée dans les pays arabes et dans le monde après la guerre du Golfe et les événements en Union soviétique, afin de renforcer leur hégémonie sur la région, conformément à leur idée de nouvel ordre international. Les États-Unis veulent également en finir avec la cause palestinienne,

régler le conflit sur le dos de notre peuple et confé-
rer une légitimité à la présence illégale de l'État sioniste sur notre terre palestinienne[1]. » Sur ces bases,
Hamas contestait au Conseil national palestinien
(C.N.P.) qui s'était tenu à Alger du 23 au 30 septembre la décision de mandater le conseil exécutif
de l'O.L.P. pour continuer de négocier la tenue de la
conférence de la paix. Il remarquait que beaucoup
de délégués du C.N.P. n'avaient pu se rendre à
Alger et que nul ne pouvait abandonner les «droits
nationaux et inaliénables» du peuple palestinien sur
sa terre. Le communiqué appelait à poursuivre la
lutte armée jusqu'à la récupération de tous les territoires spoliés «de la mer au fleuve», soit de la côte
méditerranéenne au fleuve du Jourdain qui forment, pour lui, une unité indivisible. Déjà, le 18 septembre, deux Palestiniens de poids, peu susceptibles
de sympathie avec l'idéologie islamiste, avaient
démissionné du C.N.P. Il s'agissait de deux intellectuels devenus citoyens américains et vivant depuis
longtemps aux États-Unis, Edward Said et Ibrahim
Abou Lughod. Par ailleurs, plusieurs personnalités
palestiniennes avaient contesté le déséquilibre entre
les différentes sensibilités palestiniennes représen-
tées à cette vingtième session du C.N.P.

Enfin, on ne manquera pas de signaler la tenue en
août 1991 à Khartoum, siège d'un régime islamiste
depuis le coup d'État de juillet 1989, de la «Conférence populaire arabe et islamique», qui avait rejeté
aussi la démarche américaine. Cette conférence
avait tenu ses premières assises à Khartoum en avril
1991, suite à la guerre du Golfe, pour examiner une
nouvelle stratégie d'action «des peuples arabes et
musulmans face au nouvel impérialisme américain».
Le secrétaire général de cette nouvelle «internatio-

---

1. Texte du communiqué dans *Monde arabe Maghreb-Machrek*,
op. cit., p. 122-124.

nale» de l'islamisme n'était autre que Hassan Al-Tourabi, l'inspirateur du nouveau régime militaire islamiste du Soudan, qui jouissait pourtant d'une bonne image personnelle en Occident, comme islamiste modéré, ouvert sur la modernité.

Personne, cependant, ne prit au sérieux toutes ces manifestations d'opposition à la *Pax americana* que tout le monde estimait imminente, tant les données avaient changé au Moyen-Orient en quelques mois. Ce n'était pas l'Iran des ayatollahs, encore moins le Soudan périphérique, exsangue et livré à un état permanent de guerre civile, qui allaient pouvoir arrêter la puissante machine de la diplomatie américaine. Les groupes islamistes qui animaient ces conférences à Téhéran ou à Khartoum, de même que les groupes palestiniens laïcs dissidents de l'O.L.P., ne semblaient plus que les fantômes d'une époque à jamais révolue.

L'histoire, aux yeux du monde, en cette fin d'année 1991, se faisait à Madrid, dans les salles luxueuses du palais royal; et sûrement pas à Khartoum ou à Téhéran. Elle ne se faisait même pas en Palestine, au Liban ou en Syrie. C'est pourquoi l'inauguration d'une nouvelle colonie israélienne sur le Golan, par Ariel Sharon, ministre israélien du Logement, le 2 novembre, le lendemain même de la clôture de la conférence, fut tout juste signalée par la presse, ne faisant l'objet d'aucun commentaire spécial, l'attention médiatique étant centrée sur l'analyse du grand événement historique qui venait de se clôturer. Pourtant, au cours de cette cérémonie d'inauguration, Yuval Ne'eman, ministre israélien de l'Énergie, avait affirmé que les Arabes, comme les Allemands, devaient renoncer aux territoires perdus pendant la guerre: «Concession qui seule pourrait amener la paix[1].» La presse ne monta pas non plus en épingle

---

1. *Financial Times* du 5 novembre 1991, p. 7.

la résolution passée le 11 novembre au Parlement israélien grâce à vingt-six voix sur trente-huit présents, soit en l'absence de la majorité des députés, en vertu de laquelle le Golan ne serait pas négociable avec la Syrie, étant indispensable à la sécurité d'Israël. Cette résolution introduite par deux députés travaillistes, et qui recueillit huit voix travaillistes, appelait le gouvernement à encourager la colonisation du plateau.

Les hostilités meurtrières dans le sud du Liban, gagnant en intensité à partir du 20 octobre dans la zone occupée par l'armée d'Israël, ne firent pas non plus les manchettes des journaux. Trois militaires israéliens avaient été tués le 29 octobre sur le sol libanais par des résistants du Hezbollah, ce qui avait déclenché des raids aériens en série jusqu'au 2 novembre et un exode massif de populations civiles libanaises. Les autorités libanaises protestèrent auprès du Conseil de sécurité de l'O.N.U. et du gouvernement américain qui dut intervenir pour faire pression sur le gouvernement israélien.

Dès 1991, s'esquissait donc cette dichotomie entre les réalités médiatiques qui se déroulent à l'échelle internationale, qu'il s'agisse de la guerre ou de la paix, et la réalité de terrain qui est tout autre que ce que dit la réalité médiatique. Mais le mouvement diplomatique était trop intense, l'investissement américain trop lourd, les opinions publiques trop tendues vers le «miracle de la paix», pour s'attarder à des analyses plus fines du terrain et des réalités. La critique du processus de paix ne pouvait émaner que des «ennemis de la paix» ou de ceux qui refusaient les nouvelles réalités du Moyen-Orient. Les enjeux étaient tels, comme ils l'avaient été pour la guerre du Golfe, qu'il fallait choisir son camp. La paix était au bout du chemin d'un processus difficile conduit par la plus grande puissance du monde. Qui pourrait prétendre exprimer des doutes ou suggérer d'autres moyens de parvenir au noble objectif

qui mettrait enfin la paix dans les consciences trou-
blées et fatiguées depuis le début du siècle par cet
interminable conflit judéo-arabe, le plus long du
xxe siècle ?

19

De la conférence de Madrid
aux accords israélo-palestiniens :
un processus de paix sans paix[1]

LE DÉMARRAGE LABORIEUX
DES NÉGOCIATIONS

C'est sur un malentendu que se termina le 1er novembre la conférence de Madrid. Les Israéliens n'entendaient nullement poursuivre à Madrid le processus de paix, en y ouvrant les négociations bilatérales. Les Syriens s'obstinaient à demander la continuation du processus dans le même cadre. La querelle n'était pas innocente. Du côté israélien, en effet, on cherchait à ne pas négocier dans un forum collectif où les risques étaient grands d'une coordination entre pays arabes et Palestiniens pour mieux faire front commun face au protagoniste israélien ; ce risque était d'autant plus palpable que, à l'instigation de la Syrie, une réunion de coordination avait eu lieu à Damas les 23 et 24 octobre, soit quelques jours avant la tenue de la conférence de Madrid, entre toutes les parties arabes concernées auxquelles s'étaient joints des représentants du Conseil de coopération du Golfe et de l'Union du Maghreb arabe.

---

1. Nous empruntons ce sous-titre à notre étude publiée en Hollande et intitulée « A Peace Process without Peace in the Middle East ? », *Middle East Research Associates*, Occasional Paper N° 22, juillet 1994, Amsterdam.

Du côté arabe et plus particulièrement syrien, en revanche, on savait que des négociations bilatérales non coordonnées, où Israël isolerait chaque pays arabe de l'autre et négocierait éventuellement avec l'un sur le dos de l'autre, permettraient aux Israéliens d'obtenir le maximum de concessions. Les Israéliens insistaient pour que les négociations bilatérales aient lieu au Proche-Orient, en alternance, une fois en Israël, une fois dans la capitale du pays concerné, ce qui revenait à entamer la normalisation des relations avant même un accord sur les sujets les plus épineux. Les Syriens excluaient une telle hypothèse et s'étonnaient du transfert de la conférence de paix, qui devait continuer par les négociations bilatérales alors que, pour les Israéliens, la conférence elle-même était terminée. En définitive, les délégations arabes firent savoir qu'elles accepteraient une autre capitale européenne ou même Washington, mais assurément pas un système d'alternance entre capitales arabes et Israël. Les Israéliens refusèrent. Aussi le rideau tomba-t-il sur le théâtre madrilène sans accord sur le prochain lieu de négociations et donc sur la date de poursuite du processus de paix.

Il fallut une nouvelle fois de fortes pressions américaines sur le gouvernement israélien pour qu'il accepte une reprise des négociations à Washington. Ce dernier devait d'ailleurs montrer sa mauvaise humeur en arrivant avec une semaine de retard à l'ouverture des négociations annoncées pour le 4 décembre. En voyage aux États-Unis au cours du mois de novembre, Itzhak Shamir avait continué d'exprimer publiquement la même position qu'à Madrid : Israël a «soif de paix», les États arabes ont tous «des régimes de tyrannie et de dictature»; ils sont engagés dans une course permanente aux armements conventionnels et non conventionnels; «la paix sans la sécurité sera un désastre pour Israël» et cette sécurité ne sera possible sans «assise territo-

riale[1] ». À la même période, le gouvernement israélien avait demandé au procureur général de l'État de
poursuivre pour ses contacts avec l'O.L.P. Hanan
Ashrawi, une brillante Palestinienne des territoires
occupés qui avait joué le rôle de porte-parole de la
délégation palestinienne à Madrid.

Les premières séances des négociations bilatérales
se tinrent du 10 au 18 décembre et s'enguèrent
dans des questions de procédure, en particulier pour
ce qui concernait le statut de la délégation palestinienne et ses liens avec la délégation jordanienne.
De décembre 1991 à août 1993, onze sessions de
négociations bilatérales devaient avoir lieu, tenues
toutes à Washington, sans aucun résultat concret,
sinon un accord avec la Jordanie le 14 septembre
1993, le lendemain de la cérémonie dite « historique » de signature des accords d'Oslo, sur un ordre
du jour pour la poursuite des négociations.

Le bilan des négociations multilatérales n'a pas
été plus fructueux. Leur organisation avait été un
exercice pénible lors d'une réunion préparatoire
tenue à Moscou les 28 et 29 janvier 1992 et boycot-
tée par les Palestiniens, ceux-ci exigeant que leur
délégation inclue des Palestiniens de la diaspora et
de Jérusalem-Est, mais aussi par la Syrie et le Liban
qui, à la différence des Palestiniens, n'avaient même
pas de représentant à Moscou, ayant déjà annoncé
qu'en dehors de progrès tangibles en matière bilatérale, ils refuseraient de discuter de coopération économique régionale. Les Israéliens, quant à eux,
exigeaient que la question des réfugiés palestiniens
ne soit pas mise à l'étude puisque n'ayant pas été
incluse dans le cadre des discussions préalables à la
conférence de Madrid. Dans cette belle cacophonie,
il fut quand même décidé par les deux coparrains du
processus de paix, les États-Unis et l'Union sovié-

---

1. Voir les extraits de son discours au Conseil des fédérations
juives, *International Herald Tribune*, 22 novembre 1991.

tique, avec l'appui de l'Égypte, de l'Arabie Saoudite, de la Turquie, de la C.E.E. et du Japon, de consti-tuer quatre groupes de travail (eaux, contrôle des armements et sécurité régionale, environnement, coopération économique).

Du 11 au 29 mai 1992, se sont tenues à Bruxelles, Washington, Vienne, Ottawa et Tokyo les premières réunions des cinq commissions constituées, chaque ville pour une commission, avec en final une réunion d'évaluation commune à Lisbonne. Un deuxième tour de négociations multilatérales devait s'ouvrir vers la fin de l'été. Entre le 15 et le 17 septembre, deux réunions eurent lieu, une pour la commission chargée des eaux, à Washington, qui s'occupe de problèmes de dessalement et d'épuration, une pour celle chargée du désarmement, à Moscou. Les 26 et 27 octobre, ce fut le tour de la commission pour l'environnement, siégeant à La Haye, puis celle sur la coopération économique siégeant à Paris, les 29 et 30 octobre, et où la Banque mondiale devait présen-ter un rapport général sur les perspectives de coopé-ration économique régionale ; enfin, le 11 novembre à Ottawa, se tint la commission sur les réfugiés où Israël refusa le principe de la réunification des familles réclamé par les Palestiniens. Une troi-sième série de réunions eut encore lieu à la fin du mois d'avril et au début du mois de mai 1993 à Genève (eaux), Rome (coopération économique), Oslo (réfugiés), Washington (désarmement), Tokyo (environnement). C'est dans le cadre de la commis-sion sur le développement régional que la Banque mondiale et Israël ont avancé divers projets régio-naux en transports, énergie, tourisme, agriculture et finances, qui serviront plus tard de matière de base aux sommets économiques de Casablanca et d'Am-man destinés à amplifier la dynamique de paix des accords d'Oslo.

Mais toutes ces négociations ne sont, en réalité, qu'un théâtre d'ombres, car sur le terrain la violence est alors plus présente que jamais en dépit de tous les efforts diplomatiques américains : à Washington même où se déroulent les négociations bilatérales, ou entre les capitales arabes et Israël où l'infatigable James Baker reprend son bâton de pèlerin chaque fois que le processus apparaît bloqué en raison de la montée des violences. En juillet 1992, à la veille des élections américaines, le secrétaire d'État américain en est à sa neuvième tournée au Proche-Orient depuis la fin de la guerre du Golfe.

LES DIFFÉRENTES FORMES
DE VIOLENCE SUR LE TERRAIN

Les violences de terrain sont de toutes sortes. D'abord la «guerre des pierres», qui continue avec son lot de victimes et qui augmente avec l'exaspération de l'armée israélienne, de plus en plus lasse de contenir la violence des jeunes Palestiniens dans tous les grands centres urbains, mais surtout à Gaza, une énorme Casbah impossible à pacifier. Il y a aussi les attentats de plus en plus audacieux du mouvement Hamas. Ce mouvement, en qui les Israéliens avaient d'abord vu un contrepoids à l'influence de l'O.L.P. sur la population des territoires occupés, échappe désormais à tout contrôle de ses financiers supposés — les monarchies et émirats modérés du Golfe qui cherchent à totalement marginaliser l'O.L.P.[1]. Le chef du mouvement, le cheikh Ahmad Yassin, a été condamné par la justice israé-

---

1. Y. Arafat accusera ouvertement ces États de financer l'intégrisme islamique dans les territoires occupés dans une interview au grand hebdomadaire égyptien *El Moussaouar* du 13 novembre 1991 (voir *Le Monde* du 15 septembre 1991, «M. Arafat affirme que les pays du Golfe financent les intégristes palestiniens»).

lienne à la prison à perpétuité en octobre 1991, ce qui entraînera par la suite de nombreux actes violents de Hamas, entraînant, à leur tour, des représailles israéliennes virulentes, notamment des mesures de bannissement d'éléments censés appartenir au mouvement. C'est le cas le 2 janvier 1992 pour douze Palestiniens ; le bannissement est condamné le 6 janvier, en termes énergiques et à l'unanimité, par une résolution 726 du Conseil de sécurité des Nations unies, qui réaffirme que la «quatrième convention de Genève du 12 août 1949 s'applique à tous les territoires palestiniens occupés par Israël depuis 1976, y compris Jérusalem» et «demande en outre à Israël, puissance occupante, d'assurer le retour immédiat et en toute sécurité dans les territoires occupés de toutes les personnes expulsées[1]».

L'année 1992 est marquée aussi par de nombreux affrontements interpalestiniens entre partisans du processus de paix d'un côté, et partisans du Hamas et des autres mouvements palestiniens dits du «refus» de l'autre ; il y a aussi de très nombreuses liquidations de collaborateurs palestiniens coopérant avec les autorités d'occupation pour démanteler l'Intifida. Il y a, de plus, les Palestiniens n'appartenant à aucun mouvement, mais qui agressent parfois au couteau des Israéliens, en particulier lorsqu'il s'agit de colons circulant dans des zones arabes. Il y a, enfin, les colons armés qui agressent les Palestiniens s'approchant trop près des colonies ou qui exercent des représailles lorsque l'un d'entre eux a été blessé ou tué par un Palestinien. La multiplication des colonies et les saisies de terres arabes qu'elles entraînent sont une source de tension et de violence additionnelle entre colons et Palestiniens.

Il y a encore, comme autre source de tension

---

1. Texte de la résolution dans *Le Monde*, 8 janvier 1992, p. 5.

poussant les Palestiniens à la violence et aux attentats, les nombreux prisonniers que prend l'armée
israélienne partout où elle soupçonne la présence
de «terroristes». Dans un rapport général du Comité
international de la Croix-Rouge (C.I.C.R.) sur le respect des lois humanitaires entre 1987 et 1991, et
rendu exceptionnellement public en 1992, la pratique israélienne dans les territoires occupés est très
sévèrement jugée. Le nombre de détenus palestiniens dans les prisons israéliennes est passé
de 4 000 en 1987 à 16 000 en 1990 et le rapport
dénonce la multiplication des implantations juives,
les impositions de couvre-feu prolongés, la démoli-
tion d'habitations, les expulsions et les arrestations
massives. Le C.I.C.R. considère dans le rapport que
la quatrième convention de Genève «est applicable
à tous les territoires occupés quel que soit le statut
qui leur a été assigné par Israël[1]».

À la fin de l'année 1992, Israël procède à l'expulsion vers le Liban de quatre cents Palestiniens qu'elle
soupçonne d'appartenir au Hamas, en représailles à
l'enlèvement le 13 décembre d'un de ses gardes-fron-
tières retrouvé tué deux jours après. Cette décision
est confirmée par la Cour suprême israélienne,
cependant qu'elle est condamnée à l'unanimité, donc
sans veto ou abstention américaine, par le Conseil de
sécurité des Nations unies dès le 19 décembre. La
résolution 799 du Conseil reprend les termes de la
résolution 726 prise au début de l'année à propos
des douze expulsés et exige aussi d'Israël, «puissance occupante», le retour «immédiat» des expulsés. Itzhak Rabin, devenu Premier ministre à la suite
des élections de l'été, accusera l'O.N.U. de «se voi-
ler la face» devant le terrorisme musulman extrémiste «qui vise à faire échouer le processus de

---

1. Voir le compte rendu succinct du rapport du C.I.C.R. dans *Le
Monde* du 29 janvier 1992, «Un rapport du C.I.C.R. dénonce "répressions, brutalités et colonisation dans les territoires occupés"».

paix[1]». Les 400 expulsés seront refoulés par les autorités libanaises et s'installeront au sud du Liban dans des campements précaires sur une zone tampon entre les lignes de l'armée libanaise et la zone dite de «sécurité» en territoire libanais qui est occupée par l'armée israélienne depuis 1978. Leur odyssée ne se terminera que progressivement entre le début de l'été et la fin de l'année 1993. Cent vingt et un expulsés seront autorisés le 2 août à rentrer dans les territoires occupés sans être poursuivis ou emprisonnés mais la majeure partie d'entre eux refuseront cette levée partielle de la mesure de bannissement; le 9 septembre, 181 expulsés rentrent effectivement, mais pour être conduits en prison en attente de procès, 57 d'entre eux étant relâchés le 14 septembre. La dernière fournée d'expulsés sera admise au retour le 15 décembre.

Il y a, enfin, les très nombreux couvre-feux prolongés que décrète l'armée israélienne, la fermeture des universités palestiniennes de longs mois durant, la réduction du nombre de permis de travail accordés aux Palestiniens en Israël, et enfin, arme suprême, le bouclage des territoires occupés qui empêche tout travailleur de se rendre sur son lieu de travail en territoire israélien.

Toutes ces actions amènent à une très forte dégradation des conditions de vie dans les territoires occupés, ce qui ne laisse pas d'entretenir le scepticisme de larges fractions de la population à l'égard des intentions de paix israélienne, en permettant au Hamas d'élargir les bases de son recrutement et de radicaliser sa position de refus.

À ces violences dans les territoires occupés s'ajoute celle que subit la population du sud du Liban de façon ininterrompue depuis le début des années 1970, lorsque Israël a inauguré la politique de repré-

---

1. Voir *Maghreb-Machrek*, n° 140, avril-juin 1993, p. 107.

sailles massives contre les villages libanais où s'abritent les mouvements armés palestiniens. C'est cette politique, élargie à toutes les zones du Liban où se trouvent des camps de réfugiés palestiniens, qui a largement contribué à faire sombrer la République libanaise dans le chaos qu'elle a connu entre 1975 et 1990 au cours duquel Israël a occupé pendant trois ans (1982-1985) environ la moitié, puis le quart du Liban, pour finalement se replier sur la zone de «sécurité» (un dixième du territoire libanais) qu'elle avait déjà créée en 1978 et qu'elle élargit en 1985 [1].

Mais le démantèlement des mouvements armés palestiniens n'a pas entraîné le retrait israélien, ni la fin de la politique de représailles. Durant l'occupation d'Israël, avec l'aide de l'Iran et de la Syrie, le mouvement du Hezbollah s'est considérablement développé dans toute la partie sud du Liban. Comme pour le Hamas, Israël semble d'abord avoir considéré le Hezbollah comme un contrepoids opportun à une éventuelle reconstitution du Mouvement national libanais, coalition des partis panarabes laïcs, alliée aux mouvements armés palestiniens. Il a donc pu se développer relativement facilement à l'ombre de l'armée israélienne occupant le Liban. Par la suite, les opérations de guérilla de plus en plus audacieuses du Hezbollah contre la présence de l'armée israélienne dans la zone occupée ont entraîné la perpétuation de représailles, ce qui a conduit parfois le Hezbollah à effectuer des tirs sur les kibboutz de Galilée proches de la frontière libanaise.

Il y a tous les mois, dans le Liban désormais pacifié, sous forte tutelle syrienne, des morts et des blessés dans la population civile des villages du Sud. À

---

1. On pourra se reporter pour ce qui concerne la politique israélienne à l'égard du Liban à Ghassan El Ezzi, *L'invasion israélienne du Liban (1982)*, op. cit., ainsi qu'à Jacques Seguin, *Le Liban-Sud, espace périphérique, espace convoité*, op. cit.

la veille de la signature des accords d'Oslo, à la fin du mois de juillet 1993, l'armée israélienne, dans sa guerre contre les «terroristes» libanais, provoquera un exode massif de la population libanaise du sud vers Beyrouth. 500 000 personnes seront prises sous des bombardements intensifs durant une semaine. Il y aura 122 morts, 448 blessés et des milliers d'habitations détruites du côté libanais, et 3 tués, 34 blessés et 100 000 déplacés du côté israélien par des tirs de roquettes du Hezbollah sur la Galilée. Comme on le verra plus loin, l'opération sera répétée au printemps de 1996 avec une férocité égale.

Ainsi, entre Hamas en Palestine et Hezbollah au Liban, Israël va voir de plus en plus un même et seul ennemi, le terrorisme. Le «front» de la guerre, à ses yeux, en particulier depuis l'expulsion des 400 «intégristes» musulmans au sud du Liban, est un seul et même front où il faut réduire les «ennemis de la paix» au Moyen-Orient. Le terrorisme atteint, d'ailleurs, l'ambassade d'Israël en Argentine le 17 mars 1992 : un attentat à la voiture piégée contre les locaux diplomatiques d'Israël à Buenos Aires fait 10 morts et 95 blessés, sans que l'enquête ait jamais permis, toutefois, d'établir s'il s'agit d'une vengeance «islamiste» à la répression contre le Hezbollah libanais ou le Hamas palestinien ou d'un attentat perpétré par des nazis argentins, comme ont semblé le penser les autorités argentines.

LA MISE EN PLACE
DE LA FILIÈRE D'OSLO

Sur le plan du front de la paix, si les négociations piétinent, un vent d'espoir souffle du fait des élec-

tions législatives israéliennes qui se tiennent à la fin
du mois de juin 1992 et où le Parti travailliste, avec
44 sièges, l'emporte sur le Likoud qui n'en obtient
que 32. Les élections se sont déroulées sur un fond
de violence particulièrement pénible dans les rapports entre Israéliens et Palestiniens. L'assassinat
d'une lycéenne israélienne par un Palestinien, à la
fin du mois de mai, dans un faubourg de Tel-Aviv, a
déclenché des émeutes antiarabes qui dure plusieurs jours avant que le gouvernement de
M. Shamir se décide à lancer un appel au calme. Il
en est de même à Gaza où un rabbin d'une colonie
juive se fait poignarder, ce qui entraîne des représailles collectives de centaines de colons sur des
passants arabes et l'incendie de champs et de ver-
gers palestiniens. Les travaillistes ont évidemment
reproché au gouvernement et au Likoud qui le
conduit d'avoir mené les négociations dans l'impasse. L'opinion israélienne sait, d'autre part, qu'en
dépit de la loi qui interdit tout contact avec l'O.L.P.,
le Parti travailliste a des canaux ouverts avec l'organisation dite « terroriste ». Le vote sanctionne l'immobilisme du Likoud et donne aux travaillistes la
possibilité d'accélérer le processus de paix et donc
de voir baisser le niveau de violence sur le terrain.
Ces derniers ont un langage plus souple ; ils distin-
guent entre « colonies de sécurité », auxquelles ils ne
veulent pas toucher, et « colonies politiques » et pro-
vocatrices que le Likoud a encouragées ; ils désirent
que les troupes israéliennes se retirent des centres
urbains palestiniens où elles sont harassées et plaident pour la mise en place rapide d'une autonomie
palestinienne ; enfin, dernier élément, ils n'excluent
pas totalement un compromis territorial sur le
Golan syrien annexé.

Leur élection sera accueillie avec un très grand
soulagement à la fois par les Américains et les Européens, lassés du langage outrancier de M. Shamir et
de la provocation permanente que constitue l'ouver-

ture de nouvelles colonies dans les territoires occupés. Mais le nouveau gouvernement travailliste, sur le plan des négociations officielles, et en dépit de son langage apaisant, ne semble pas faire plus que son prédécesseur. En réalité, il cherche plus les négociations en coulisses, loin des médias et de l'éventuelle pression du gouvernement américain ou de l'opinion internationale. Par l'intermédiaire de l'Égypte, les contacts indirects avec des membres de l'O.L.P. se multiplient ; vers la fin de l'année 1992, la filière d'Oslo commence à se mettre en place dans le plus grand secret, ainsi que l'a raconté par la suite Mahmoud Abbas (*alias* Abou Mazen), l'un des artisans des accords d'Oslo[1].

Ce n'est donc pas par hasard, non plus, que le nouveau gouvernement d'Itzhak Rabin fait abroger par la Knesset, le 19 janvier 1993, les dispositions légales, votées en 1986, punissant de trois ans de prison tout Israélien ayant un contact avec des « organisations terroristes ». En réalité, l'O.L.P. se montre d'autant plus conciliante dans ces contacts qu'elle cherche par tous les moyens à retrouver sa place au soleil. Son exil à Tunis depuis 1982, les refus américain et israélien de contacts officiels directs avec elle, ainsi que la popularité de l'équipe qui négocie officiellement aussi bien à l'intérieur des territoires occupés dont elle est issue qu'auprès de l'opinion internationale depuis la conférence de Madrid, peuvent faire penser que l'O.L.P. n'est plus un élément clé pour concrétiser la paix. Même si elle a longtemps symbolisé la lutte palestinienne pour le droit à l'existence, il ne fait plus de doute que la guerre

---

1. Mahmoud Abbas, *Le chemin d'Oslo*, Édifra, Paris, 1994. Un compte rendu beaucoup plus détaillé de la mise en place de la filière d'Oslo et de la politique du chef de l'O.L.P. pour reconquérir la primauté dans le processus de paix a été fait par un membre bien informé des organes dirigeants palestiniens, Mamdouh Naufal, *L'histoire de l'accord d'Oslo. Le récit véridique complet de la « cuisine d'Oslo »*, Al Ahlia lill nashr wal tawzi', Amman, 1995 (*Kissat ittifak Oslo. Al Riwa'at al hakikiat al kamila « Tabkhat Oslo »*).

des pierres et l'émergence des personnalités politiques fortes issues des territoires occupés, connaissant bien à la fois la société palestinienne de l'intérieur et la société israélienne, sont des facteurs nouveaux dans le jeu politique palestinien. Les dirigeants palestiniens locaux ont acquis d'autant plus de poids qu'ils ont assuré une coordination étroite avec la direction de Tunis, en bravant la loi israélienne. Ils ont donc, en théorie, l'appui de la population de l'intérieur et celle des communautés de la diaspora dont sont issus les membres de l'O.L.P.

Face à cette situation, le gouvernement israélien semble avoir trouvé plus habile de laisser traîner les négociations officielles, de façon à affaiblir la position de l'équipe de négociateurs. En même temps, par les canaux secrets ouverts derrière leur dos et décrits complaisamment dans l'ouvrage de Mahmoud Abbas, les autorités israéliennes pouvaient tester sans risque le niveau de concessions auquel l'O.L.P. était prête à aller pour faire reconnaître par Israël et les États-Unis sa qualité de représentant exclusif du peuple palestinien et revenir sur le devant de la scène. Les membres de l'O.L.P. qui ont vécu à l'extérieur des territoires occupés et qui ont connu la période de faste pétrolier, soutenus parfois par de riches hommes d'affaires de la Diaspora, semblent tendre une oreille très favorable aux projets de coopération économique que leur font miroiter, dans les contacts secrets, leurs interlocuteurs israéliens. Dès la première séance de travail en Norvège, le 20 janvier 1993, il est question d'usines de ciment, de Gaza devenant une zone franche et un centre de haute technologie, d'une banque de développement, de la construction d'adduction d'eau, d'exploitation de la mer Morte, de création de zones franches dans la vallée du Jourdain, de l'unification du prix de l'eau, de stations de dessalement [1]. La grande idée de

1. *Ibid.*, p. 163-169.

Shimon Pérès et des États-Unis, en vertu de laquelle les projets économiques communs permettront de résoudre les problèmes politiques épineux remis à des négociations finales devant intervenir plus tard, semble être très appréciée par les négociateurs de l'O.L.P. Comme on le verra, les accords d'Oslo comporteront d'ailleurs des dispositions économiques quelque peu démesurées, quand on considère l'urgence et la complexité des problèmes politiques.

À partir de janvier 1993, tout ira très vite, comme par enchantement. En douze rencontres secrètes tenues en Norvège où deux membres de l'O.L.P. et deux Israéliens discutent amicalement, au coin du feu, tous les détails de l'accord et de leurs quatre protocoles annexes sont mis au point. Côté palestinien, aucun juriste n'aura étudié les textes, aucune consultation n'aura eu lieu sinon avec le chef de l'O.L.P., Yasser Arafat[1]. Les négociateurs officiels, comme le comité exécutif de l'O.L.P., sont tenus totalement à l'écart de ce conciliabule secret qui va faire passer l'O.L.P. et son chef du statut d'organisation terroriste honnie à celui de « héros de la paix ».

---

1. Les accords provoqueront la démission de plusieurs membres du comité exécutif de l'O.L.P., dont le grand poète palestinien Mahmoud Darwich et le représentant très respecté de l'O.L.P. à Beyrouth, Chafic el-Hout. Les critiques les plus virulentes et les plus étayées seront celles d'Edward Said, le célèbre professeur de littérature anglaise à l'Université de Columbia aux États-Unis, lui-même membre du Conseil national palestinien. Ses principaux articles ont été publiés en anglais dans *Peace & its Discontents. Gaza-Jericho 1993-1995*, Vintage, Londres, 1995 ; l'ouvrage a été interdit par Y. Arafat dans les zones contrôlées par l'Autorité palestinienne. Voir aussi Mamdouh Naufal, *L'histoire de l'accord d'Oslo, op. cit.*, qui raconte l'épisode dramatique de la démission en août 1993 de trois des principaux membres de l'équipe officielle palestinienne de négociateurs dans le cadre des négociations bilatérales (Fayçal Husseini, Hanan Ashrawi et Saëd 'Ouraikat), excédés par le comportement du chef de l'O.L.P. (p. 96-110). Naufal raconte aussi comment, vingt-quatre heures avant la signature, réalisant qu'aucun juriste n'avait examiné la formulation des accords, un juriste égyptien est appelé à la rescousse et ne trouve aucune remarque à formuler sur les textes qui lui sont soumis.

LE « MIRACLE DE LA PAIX »

L'annonce de la reconnaissance mutuelle entre l'O.L.P. et le Premier ministre israélien les 9 et 10 septembre 1993 puis la grandiose cérémonie organisée par le président Clinton à la Maison-Blanche à Washington, le 13 septembre, donnent lieu à une nouvelle escalade médiatique. « Miracle de la paix », titre en couverture de son numéro du 20 septembre le grand hebdomadaire américain *Time*. La presse et les télévisions se régalent non seulement du spectacle donné à la Maison-Blanche par le chef de guerre « terroriste » avec sa coiffure palestinienne traditionnelle et son uniforme kaki serrant la main tendue avec hésitation d'Itzhak Rabin puis de Shimon Pérès en costume élégant, sous l'œil attendri du président Clinton, mais aussi de tous les détails du roman pittoresque des contacts secrets à Oslo. Après la guerre du Golfe, si prisée comme feuilleton télévisé rappelant la « guerre des étoiles », puis le grand théâtre dramatique au palais royal de Madrid, voici enfin l'heureux dénouement dans le cadre élégant de la Maison-Blanche qui permet au monde entier de constater qu'il n'y a plus deux poids et deux mesures dans l'ordre international, que les États-Unis, après avoir fait une guerre juste au Proche-Orient, y conduisent maintenant, sur les belles pelouses de la résidence présidentielle, la paix. Le plus vieux conflit du Moyen-Orient prend fin sur tous les écrans de télévision du monde. Arabes et juifs, frères sémitiques ennemis, sont enfin réconciliés. Une aube nouvelle peut se lever dans la région.

L'événement est considéré comme tellement fabuleux, relevant presque du conte de fées, que le dérapage des réalités du terrain depuis la conférence de Madrid, qui n'avait jamais fait l'objet de grands trai-

tements médiatiques, est résolument oublié. L'expulsion des 400 intégristes, qui avait fait quelques
remous, va s'effacer totalement des mémoires, de
même que les terribles violences subies par les habitants du sud du Liban, un mois plus tôt. La paix
télévisuelle emporte la conviction générale. Si les
dirigeants israéliens, tellement sourcilleux pour la
sécurité de leur pays, ont accepté de dialoguer et de
signer si rapidement la paix avec l'O.L.P., après tant
d'années de refus, cela ne peut être qu'à bon escient.
Le patronage américain est une garantie additionnelle et ce n'est plus un secret que la Banque mondiale et la Communauté économique européenne
ont travaillé sur un «Plan Marshall» pour la Cisjordanie et Gaza. En sortant les Palestiniens de la
misère, la paix faite dans le secret des discrètes
demeures norvégiennes n'en sera que consolidée.

Seule touche d'étrangeté dans ce moment médiatique international, la présence de George Bush et
de James Baker sur les pelouses du jardin de la Maison-Blanche, dans l'assistance et non sur le podium.
Les deux héros de la guerre du Golfe, ceux qui ont
fait advenir le nouvel ordre international, ne sont
plus ceux qui font la paix. Aux élections américaines
de 1992, George Bush a perdu la présidence des
États-Unis face à Bill Clinton, candidat démocrate.
De ce fait, le Parti travailliste israélien, qui, lui, a
gagné les élections de juin 1992, a peut-être été
encouragé à quitter le cadre de Madrid et à pratiquer une habile diplomatie secrète sur laquelle la
nouvelle administration démocrate, moins favorable à la cause palestinienne que la précédente
équipe républicaine, a fermé les yeux, laissant se
dérouler les négociations officielles comme si de
rien n'était.

Comme pour Madrid, cependant, l'enthousiasme
médiatique est total et personne n'oserait mettre
en doute cette diplomatie secrète qui aboutit en
dix mois à réhabiliter le chef de l'O.L.P. jusque-là

conspué aux États-Unis ainsi qu'en Israël, comme terroriste, assassin, allié de Saddam Hussein, ayant fait le malheur de son peuple comme celui du Liban où sa présence avait mis le pays à feu et à sang. «Après l'annonce de l'accord, écrit Mamdouh Naufal, et comme par un coup de baguette magique, l'image (d'Arafat) a changé, non seulement aux États-Unis, mais dans le monde entier. L'O.L.P. est devenue une organisation militante pour la paix. En quelques jours, la presse internationale s'est ruée vers Tunis de tous les coins du monde, pour suivre et rapporter l'événement d'un côté, mais aussi pour embellir l'image de l'O.L.P. et de Abou Ammar d'un autre côté. Au dire de l'un des correspondants importants qui ont rempli les hôtels de Tunis : «Ce sont les instructions que nous avons reçues[1].» Cette réhabilitation spectaculaire de l'O.L.P. et de son chef par les États-Unis et Israël se fait au moment même où plus de cinq ans de guerre des pierres dans les territoires occupés et le processus de Madrid avaient enfin permis la naissance d'une nouvelle élite politique palestinienne vivant au milieu de la population. Les accords sont unanimement présentés comme un compromis subtil et harmonieux entre, d'un côté, le souci de sécurité des Israéliens et, de l'autre, l'aspiration des Palestiniens à l'auto-gouvernement préparant à l'indépendance dans une étape ultérieure. Ils sont constitués d'un échange de lettres entre le Premier ministre israélien, Itzhak Rabin, et Yasser Arafat, chef de l'O.L.P., d'une déclaration de principes avec quatre annexes et d'un mémorandum d'accord concernant la déclaration de principes.

---

1. Voir *L'histoire de l'accord d'Oslo, op. cit.*, p. 161.

LES LOGIQUES CONTRADICTOIRES
DES ACCORDS D'OSLO

Dans l'échange de lettres qui a précédé la signature officielle des accords et fait l'objet de nombreux marchandages de dernière minute, on est frappé par la dissymétrie existant entre les quatre lignes sèches qu'adresse le Premier ministre israélien au chef de l'O.L.P. et les six paragraphes qu'adresse le chef de l'O.L.P. au chef du gouvernement israélien, dont cinq constituent des engagements juridiques solennels et stricts. Yasser Arafat s'est en effet engagé dans ce document à : reconnaître le droit d'Israël à vivre en paix et dans la sécurité ; régler pacifiquement et par la négociation toutes les questions qui resteront en suspens ; considérer que la déclaration de principes constitue « un événement historique inaugurant une époque nouvelle de coexistence pacifique, sans violence ni acte qui pourrait mettre en danger la paix et la stabilité » ; renoncer à recourir au terrorisme et à tout autre acte de violence ; assumer « sa responsabilité sur tous les membres et personnels de l'O.L.P. afin de garantir leur acceptation, prévenir les violations (de cet engagement) et sanctionner les contrevenants [1] ».

Le chef de l'O.L.P. affirme aussi dans la lettre que « les articles et points de la Charte palestinienne niant le droit d'Israël à exister ainsi que les clauses de la Charte qui sont en contradiction avec les engagements de cette lettre sont désormais inopérants et non valides » ; il s'engage aussi à faire modifier, par le Conseil national palestinien, le Parlement en exil des Palestiniens de la Diaspora, l'ensemble de la

---

1. Texte des lettres dans *Maghreb-Machrek*, n° 142, oct.-déc. 1993, p. 120-121.

Charte pour la rendre conforme aux exigences de la lettre qu'il adresse au Premier ministre israélien[1]. De plus, dans une lettre additionnelle adressée au ministre norvégien des Affaires étrangères qui a joué un rôle clé dans les négociations secrètes israélo-palestiniennes, Yasser Arafat s'engage publiquement à encourager et appeler les Palestiniens des territoires occupés à coopérer à la «normalisation» et rejeter «la violence et le terrorisme»; en clair, au vu de la lettre précédente, il s'agit de l'appel à mettre fin à la «révolte des pierres», l'Intifada, qui a tant fait pour rappeler au monde l'existence du problème palestinien et embarrasser l'armée israélienne réduite depuis 1988 à une répression féroce d'enfants et d'adolescents arabes qui n'ont pour toute arme que des pierres.

À cette batterie impressionnante d'engagements très précis du chef de l'O.L.P., Itzhak Rabin répond très sèchement à Yasser Arafat: «En réponse à votre lettre du 9 septembre 1993, je souhaite vous confirmer qu'à la lumière des engagements de l'O.L.P. qui y figurent, le gouvernement d'Israël a décidé de reconnaître l'O.L.P. comme le représentant du peuple palestinien et d'engager des négociations avec l'O.L.P. dans le cadre du processus de paix au Proche-Orient. »

Il n'y a donc, du côté israélien, aucun engagement symétrique de faire cesser les innombrables

---

1. Les amendements à la Charte palestinienne seront soumis au Conseil national palestinien qui siège pour la première fois, le 22 avril 1996, dans les territoires occupés à Gaza. Pour assurer une majorité, Yasser Arafat, en sus des 88 députés élus en janvier 1996 dans le cadre de la mise en place de l'autonomie, fait siéger 98 nouveaux membres nommés par lui. Les membres du C.N.P. opposés aux accords d'Oslo n'auront qu'une présence symbolique à cette session. Quant au texte des accords d'Oslo, il sera soumis dans la plus grande confusion au Comité central du Fath, l'organisation principale de l'O.L.P. que contrôle Y. Arafat depuis sa fondation, puis au Comité exécutif de l'O.L.P. que boycottent les mouvements palestiniens d'opposition basés à Damas; voir pour plus de détails l'ouvrage de Mamdouh Naufal déjà cité.

mesures vexatoires dont sont victimes les Palestiniens depuis les débuts de l'occupation en 1976 : expulsions, dynamitages de maisons, confiscations de terres, couvre-feux, arrestations arbitraires, bouclages des territoires, etc. Désormais, entre les deux parties qui deviennent ainsi «partenaires», l'une a conservé tous les moyens violents d'action, l'autre s'en est désistée et s'est engagée à assurer la pacification de la population palestinienne occupée pour prix de sa reconnaissance comme représentant du peuple palestinien, reconnaissance pourtant conquise depuis longtemps aux yeux de la majorité des États membres des Nations unies. Dans une bataille qui ne pourra qu'être longue avec un adversaire tout-puissant, le chef de l'O.L.P. accepte donc de déposer, sans mandat des différents organes palestiniens, les quelques armes qui pouvaient encore lui rester. Il semble, de la sorte, faire confiance à une dynamique de la paix qui obligerait immanquablement les Israéliens à un comportement pacifique, rompant avec les attitudes du passé.

Le chef de l'O.L.P. n'a pas non plus obtenu d'engagement juridiquement clair d'un arrêt de la colonisation des territoires occupés. «Avec une naïveté presque criminelle, écrit un observateur israélien, les négociateurs palestiniens ont accepté qu'aucune clause explicite dans les différents accords n'interdise aux Israéliens de poursuivre leur politique de colonisation pendant la période intérimaire[1]. »

1. Michel Warschawski, *Revue d'études palestiniennes*, Paris, n° 9, automne 1996, p. 6-15 ; l'auteur, directeur du Centre d'information alternative à Jérusalem, ajoute : « Ils se sont contentés de la lettre de garantie donnée par le gouvernement Rabin — avant même la signature de la Déclaration de principes — à l'administration américaine. Les garanties portaient sur le gel des colonies. On se souvient que le défunt Premier ministre israélien avait, à ce moment-là, fait la distinction entre "colonies idéologiques", dont il s'engageait à geler le développement, et "colonies stratégiques", pour lesquelles il ne s'engageait à rien. La distinction était déjà subtile, problématique en soi, mais le gouvernement israélien ne s'en tint pas là.

Le paradoxe le plus fort est d'ailleurs que les lettres et les documents signés ne sont nullement un accord de paix prévoyant le règlement de toutes les questions litigieuses en vue d'un règlement définitif : sort des territoires occupés du point de vue de la souveraineté finale qui s'y exercera, consistance du compromis territorial tant réclamé par les Israéliens de touts bords politiques, sort des colonies de peuplement implantées par les Israéliens depuis 1967, droit au retour ou à une compensation financière des réfugiés palestiniens de 1948 et 1967, statut de Jérusalem, en particulier la partie arabe de la ville dont l'annexion par Israël n'a pas été reconnue par les Nations unies et les grandes puissances. Les réponses à trouver à ces questions fondamentales sont remises à plus tard, après une période intérimaire de cinq ans, mais avec des négociations qui devront débuter au plus tard au début de la troisième année de cette période (article V de la « déclaration de principes »).

Ce n'est donc pas une solution au contentieux israélo-palestinien qui est enfin trouvée et signée de façon solennelle, mais des « arrangements intérimaires d'autonomie » objets d'une « déclaration de principes », document de dimension très modeste puisqu'il ne comprend que dix-sept articles. L'article premier, intitulé « But des négociations », parle de l'établissement d'« une autorité palestinienne intérimaire autonome, le Conseil élu (le Conseil), pour les Palestiniens de Cisjordanie et de la bande de Gaza, pour une période transitoire n'excédant pas cinq ans, en vue d'un règlement permanent fondé sur les résolutions 242 (1967) et 338 (1973) du Conseil de sécurité[1] ». Les autres articles, dans un flou juridique

---

S'abstenant de définir clairement ces deux catégories, il permit de justifier dès le départ toute construction nouvelle par le fait qu'il s'agissait de colonies dites "stratégiques". »

[1]. Textes des documents dans *Maghreb-Machrek*, n° 142, déjà cité, p. 121-130.

total, prévoient la tenue d'élections dans la population palestinienne (article III), un transfert de compétences civiles du gouvernement militaire israélien aux « Palestiniens désignés pour cette tâche » (article VI) à Gaza et Jéricho en attendant l'inauguration du Conseil élu, sans que toutefois cette « désignation » fasse l'objet d'aucune stipulation ; ces compétences civiles comprennent l'éducation, la culture, la santé, la protection sociale, les impôts directs et le tourisme.

En fait, la déclaration de principe semble donner tous les pouvoirs transférés au Conseil élu, puisque celui-ci pourra « légiférer conformément à l'accord intérimaire, dans tous les domaines où la compétence lui aura été transférée » (article IX) et qu'il devra établir « une puissante force de police » (article VIII). Dans la réalité, comme on le verra, les élections n'auront lieu qu'en janvier 1996, et le terme d'« autorité palestinienne » servira à désigner les membres de l'O.L.P. qui rentreront de Tunis avec leur chef et seront nommés par lui ministres aux côtés de certains notables de Cisjordanie et de Gaza[1]. Les premiers éléments de la « force de police » seront constitués en mai 1994 par le chef de l'O.L.P., après un contrôle étroit du gouvernement israélien sur les policiers recrutés, et non pas après l'élection du Conseil, comme prévu par la déclaration de principe.

1. On pourra se reporter, pour ce qui est de la signification — du point de vue palestinien — des termes employés dans les documents, à Ilan Halevi, « Glossaire de la négociation palestino-israélienne », *Revue d'études palestiniennes*, Paris, nº 50, hiver 1994, p. 3-26. Pour ce qui est de l'Autorité palestinienne, on peut lire : « Nom donné par la délégation palestinienne au "modèle" d'autogouvernement palestinien intérimaire (en anglais Palestinian Interim Self-Government Authority) présenté par écrit aux Israéliens le 3 mars 1992. La délégation israélienne avait alors rejeté le projet, déclarant qu'il s'agissait de l'esquisse d'un État, auquel ne manquait plus que le nom. Dans l'accord (article 1er, "But des négociations") une équation est établie entre "l'Autorité palestinienne d'autogouvernement intérimaire" et le "Conseil élu", plus loin évoqué sous l'appellation de "Conseil" », p. 5.

Par ailleurs, la déclaration de principe décrit, dans son article VII, ce que devra couvrir un futur accord intérimaire, à savoir la structure du Conseil qui doit gérer l'autonomie durant la période intérimaire, le nombre de ses membres et les modalités de transfert des compétences, ainsi que la mise en place de divers organismes économiques (banque palestinienne, autorités palestiniennes pour l'eau, pour l'électricité, pour un port à Gaza, pour l'environnement, pour le foncier). Si l'article VIII, comme on l'a vu, a prévu l'établissement d'une «puissante force de police» palestinienne pour la sécurité interne, il a bien pris soin de spécifier que «la responsabilité de la défense contre les menaces de l'extérieur ainsi que la responsabilité de la sécurité globale des Israéliens de manière à sauvegarder leur sécurité interne et l'ordre public» restent du ressort d'Israël. De plus, le paragraphe 4 de l'article V a pris soin aussi de préciser: «Les deux parties sont convenues que les accords conclus pour la période intérimaire ne doivent pas préjuger le résultat des négociations sur le statut permanent ou l'anticiper». Cela implique que chacune des parties peut conserver ses positions parfaitement contradictoires sur les territoires objets de l'accord: émergence d'un État de pleine souveraineté pour les Palestiniens, maintien de la «Judée et Samarie» sous souveraineté israélienne avec extension des colonies de peuplement pour les Israéliens.

C'est pourquoi la déclaration de principe ne prévoit pas le retrait des forces israéliennes des territoires occupés, mais uniquement leur «redéploiement en dehors des zones peuplées» (article XIII). Un retrait de Gaza et de la région de Jéricho doit avoir lieu (article XIV) conformément à un protocole complexe (annexe II) impliquant la Jordanie et l'Égypte et supposant la signature future d'un accord sur ce retrait. L'article XII de la déclaration a d'ailleurs prévu la «liaison et coopération» avec la Jordanie et l'Égypte, cependant que l'article XI traite de coopération israélo-palestinienne dans le domaine économique et l'article XV de cette coopération concernant les programmes régionaux.

Deux protocoles annexes viennent détailler une vision très ambitieuse de cette double coopération locale et régionale. À lire ces deux documents avec attention, on retire l'impression d'une alliance étroite entre les deux entités, celle des Palestiniens dont l'esquisse est dans la déclaration de principe, si floue soit-elle, et le puissant État israélien, pour se trouver au centre de ce nouveau Moyen-Orient en paix que Shimon Pérès a décrit avec tant d'éloquence dans l'ouvrage paru peu après les accords.

Dans ces deux annexes, en effet, rien ne semble avoir été laissé au hasard. Coopération, mesures conjointes, comités mixtes ont été prévus dans tous les domaines pour ce qui est des rapports israélo-palestiniens (annexe II) : l'eau, l'électricité, l'énergie, les finances et les banques, les transports et communications, le commerce et la promotion commerciale sur le plan local, régional et interrégional, les zones franches communes, l'industrie, les questions du travail et des affaires sociales, la valorisation des ressources humaines et la recherche scientifique et technique commune, la protection de l'environnement, la communication et les médias. Pour ce qui est du développement régional, l'annexe IV considère acquise l'idée d'un plan lancé par le groupe des sept pays les plus industrialisés auquel participeront des États de l'O.C.D.E., de la Ligue arabe ou des pays islamiques et qui doit porter à la fois sur la bande de Gaza et la Cisjordanie et sur un programme à l'échelle régionale. Israéliens et Palestiniens œuvreront ensemble dans ce cadre désigné par le terme des « efforts multilatéraux de paix ». On le voit, la composante économique des documents d'Oslo est d'autant plus développée de façon formelle que la composante politique et militaire est vague et confuse. Nous l'avons décrit déjà, l'opinion américaine et européenne est convaincue que l'économique doit être au centre de la dynamique de paix. Palestiniens, Arabes et Israéliens doivent développer la confiance mutuelle par des actions de développement économique concrètes. La solution des problèmes politiques épineux en deviendra plus facile par la suite. C'est à l'esquisse d'une confédération proche-orientale que font penser ces documents avec au centre, comme axe fédérateur, une coordination israélo-palestinienne étroite.

C'est bien le message de l'ouvrage de Shimon Pérès qui décrit au chapitre 4 ce que doit être un nouveau système régional : « La paix entre Israël et ses voisins arabes, écrit-il, créera un environnement propice à une réorganisation de fond des institutions du Moyen-Orient. La réconciliation et l'acceptation d'Israël en tant que nation ayant des droits et des responsabilités égaux par les Arabes donneront naissance à une nouvelle sorte de coopération non seulement entre Israël et ses voisins, mais aussi parmi les nations arabes. Cela changera le visage de la région et son climat idéologique[1]. » L'ambition de Shimon Pérès exprimée dans cet ouvrage est considérable : pour lutter contre le fondamentalisme qu'il considère comme un ennemi irréductible, il estime qu'« une organisation régionale reposant sur la coopération et agissant dans un cadre supranational est la seule réponse au fondamentalisme[2] ». Les chapitres 6 à 11 de l'ouvrage de Shimon Pérès décrivent successivement tout ce qui est à faire pour passer de l'économie de guerre à l'économie de paix, pour attirer des investissements internationaux, pour arrêter la désertification, pour économiser et mettre

---

1. Shimon Pérès, *Le temps de la paix, op. cit.*, p. 83.
2. *Ibid.*, p. 85 ; l'auteur prévoit, dans ce cadre, une organisation supranationale pour un système d'irrigation commun et pour exploiter pleinement le potentiel touristique.

en valeur les ressources en eau, pour mettre en place des infrastructures régionales, pour développer le tourisme. Le chapitre 13 est un plaidoyer pour une confédération, au cours duquel le dirigeant israélien plaide pour des «frontières souples et non rigides» ainsi qu'une confédération jordano-palestinienne pour les questions politiques et un «Benelux» jordano-israélo-palestinien pour les affaires économiques[1].

L'ouvrage de Pérès est incontestablement la clé pour comprendre le renversement de logique que les documents d'Oslo inscrivent dans l'ordre juridique. La paix ne se réalise pas par l'accord sur les questions de base qui constituent le cœur du conflit (la souveraineté, la terre, Jérusalem, les réfugiés, la création d'un État national palestinien), permettant par la suite le développement pacifique de relations de coopération économique entre les peuples en conflit; elle résulte d'abord de la mise en place de mécanismes économiques de coopération, la solution des questions litigieuses étant remise à plus tard. C'est évidemment un pari très risqué quand on connaît l'intensité émotionnelle, les souffrances, les peurs qui existent sur le terrain du conflit, tant du côté palestinien, qui voit ce qui reste de la terre palestinienne grignoté depuis 1967 par les implantations israéliennes, que du côté de la population israélienne qui se sent menacée par l'hostilité arabe et qui considère, pour une large part, que toute cette terre biblique lui revient, puisque Israël est un État juif et que les gouvernements successifs travaillistes ou du Likoud ont encouragé la colonisation de la Cisjordanie et de Gaza.

Le renversement de la logique traditionnelle de l'établissement de la paix est une nouveauté en droit international, tout comme l'avait été la notion de

1. *Ibid.*, p. 215-224.

«foyer national» créée par la déclaration Balfour en 1917, préfigurant la création d'un État juif. Cette logique inversée peut-elle vraiment ramener la paix en Terre sainte? L'O.L.P. vieillie, marginalisée, discréditée aux yeux de beaucoup de Palestiniens et d'autres Arabes, peut-elle jouer la partition inédite qui lui est présentée et qu'elle a acceptée si facilement que l'on peut se demander si elle en a bien compris les enjeux? En fait, les accords d'Oslo ne sont qu'une pâle réplique, écrite dans un langage juridique très flou, du volet palestinien des accords de Camp David de 1979. Y a été ajoutée toute la description détaillée des domaines de coopération économique. Or, les accords de Camp David avaient été rejetés avec dédain par l'O.L.P.; et l'Égypte, qui les avait signés, avait été mise au ban des pays arabes pour avoir «vendu» les droits palestiniens.

L'O.L.P. pourra-t-elle défendre aux yeux des Palestiniens ce qu'elle a signé? Pourra-t-elle faire taire les opposants «ennemis de la paix», empêcher sur le terrain les frictions entre les colons et la population israélienne? Comment pourra-t-elle justifier la tutelle permanente qu'Israël va exercer, sous d'autres formes, sur tous les aspects de la vie palestinienne, puisque, désormais, rien ne peut se faire dans quelque domaine que ce soit sans l'accord de la partie israélienne? L'O.L.P. n'a-t-elle pas reconnu que l'État d'Israël exerce une souveraineté totale sur les territoires occupés et n'a-t-elle donc pas affaibli la position juridique palestinienne définie par le droit international? La coopération, les comités mixtes, les commissions, l'énumération détaillée des domaines d'intervention commune ne sont-ils pas une légitimation en bonne et due forme de la revendication israélienne sur ces territoires bibliques? En effet, comment parler encore de «territoires occupés», si l'O.L.P. accepte une présence active israélienne sous le chapeau de la coopération dans la gestion des territoires, tout en laissant à l'État d'Israël tous les éléments sérieux de souveraineté sur ces territoires, en particulier la défense et la sécurité globale ?

Un membre de la délégation palestinienne aux négociations, en charge des questions de sécurité, a pourtant fait dès le mois d'octobre 1993 une liste exhaustive des sources de tensions politico-sécuritaires contenues dans l'ambiguïté des termes de la déclaration de principe qui se veut un compromis entre des aspirations contradictoires[1] : d'un côté, la logique politico-stratégique qui sous-tend l'exigence israélienne d'un droit de pouvoir annuler ou retarder l'«expérimentation» de l'autonomie en fonction du bon comportement palestinien ; de l'autre, la logique palestinienne fondée sur la «transitivité» d'une occupation totale au statut d'indépendance. «La perspective palestinienne est linéaire et progressive, écrit-il, celle des Israéliens est expérimentale et (potentiellement régressive) [...]. Ainsi les Palestiniens escompteront-ils des Israéliens qu'ils agissent comme si l'occupation était pratiquement terminée, tandis que ces derniers se comportent comme si l'occupation avait à charge de gérer le début de retrait[2]. »

1. Voir Ahmed Khalidi, «Après l'accord : les questions de sécurité », *Revue d'études palestiniennes*, n° 50, hiver 1994, p. 27-34, rapport présenté à un groupe de travail qui s'est tenu à Oslo du 10 au 12 octobre 1993.
2. *Ibid.*, p. 29 et 33. L'auteur écrit fort judicieusement : « "Qui contrôle quoi" au cours de la phase intérimaire ? La question est clairement cruciale, et il est évident que Israël tentera, en utilisant un maximum de ses moyens, de limiter la liberté d'action des Palestiniens (ce que la déclaration de principe, et particulièrement les protocoles économiques, désigne fort courtoisement par "coopération" et "coordination"). Mais il est également évident que toute tentative israélienne en ce sens se heurtera à la tendance naturelle des Palestiniens à résister. Cela fait ressortir une autre source de tension potentielle entre les deux parties, à savoir celle qui surgira de l'*asymétrie* de puissance dans le cadre de ce qui, aujourd'hui, se révèle — ostensiblement — être des rapports de *paix*. Si les Palestiniens et les Israéliens, dans le contexte d'une totale confrontation, étaient accoutumés à cette inégalité de puissance, il est maintenant nécessaire, et là

Quant aux colons, quel sera leur état d'esprit face à un accord qui reste silencieux sur leur sort et celui des nouvelles villes dans lesquelles ils vivent leur vie de «pionniers» mystiques? La déclaration de principe, en effet, a énuméré à l'article V les questions en suspens (Jérusalem, les réfugiés, les implantations, les arrangements en matière de sécurité, les frontières, les relations et la coopération avec d'autres voisins). Toutefois, le gouvernement israélien, dans un mémorandum d'accord complétant la déclaration de principe, a bien précisé qu'après le retrait de Gaza et de Jéricho, Israël demeurera responsable de la sécurité extérieure, ainsi que de la sécurité intérieure et de l'ordre public des implantations et des Israéliens. Il s'est donc engagé vis-à-vis des colons ou des Israéliens circulant en Cisjordanie et à Gaza à assurer leur protection. Il est donc clair qu'il n'y aura même pas de début de démantèlement des implantations pendant la période intérimaire. Se pose alors la question légitime de savoir si l'on va vers un État binational où Israéliens et Arabes vivront ensemble sur les 5 800 kilomètres carrés de territoire. Un État binational est-il acceptable pour les Israéliens eux-mêmes, et plus particulièrement les colons? Que devient le sionisme qui a forgé l'identité israélienne et celle de l'État comme État juif, s'il doit céder la place à un État binational où les Arabes auront à nouveau la majorité démographique dans quelques décennies?

---

réside la difficulté, de l'adapter aux réalités du mécanisme de paix. Pour les Palestiniens, le nouveau processus, la nouvelle dynamique sont implicitement fondés sur la *mutualité*, pratiquement avant toute autre chose. Ce qui implique que le statut psychologique et moral des Palestiniens tels qu'ils sont reconnus — aussi bien en tant que peuple qu'en tant que sujets sous occupation — change de manière significative. Autre conséquence également: l'évolution nécessaire de l'attitude des Israéliens vis-à-vis des Palestiniens, considérés comme partenaires *égaux* dans la paix. Le défi est aujourd'hui de parvenir à concilier la vaste batterie de moyens coercitifs que possède encore Israël avec cette dite équivalence entre les deux parties» (p. 32-33).

Nous reviendrons sur ces questions plus en détail au chapitre 22 et dans la conclusion de cet ouvrage.

PAIX VIRTUELLE, VIOLENCES RÉELLES : DE L'EUPHORIE AUX CATASTROPHES

Pour l'heure, ces interrogations gênantes sont balayées par l'excitation médiatique que crée la cérémonie à la Maison-Blanche. La presse présente partout les accords de façon favorable, met en avant les calendriers de mise en exécution, fait les portraits flatteurs des dirigeants israéliens et membres de l'O.L.P., «bâtisseurs de la paix». Les milieux d'affaires internationaux et arabes s'émerveillent des possibilités mirifiques de contrats, de commissions, d'agios, sur les grands projets régionaux. Les chiffres de l'aide que doivent recevoir la Cisjordanie et Gaza, mais aussi la région, gonflent sur le papier et dans les titres des journaux. Une frénésie de réunions à caractère économique ou financier qui se déroulent à la Banque mondiale à Washington, à la C.E.E. à Bruxelles, à Paris, à Oslo, vient confirmer le sérieux des accords et de l'appui des États-Unis et de l'Europe au processus de paix. Le 30 octobre se tient à Jérusalem une «Business Conference» qui rassemble 3 000 personnes, dont 200 Palestiniens et quelques Marocains. Le 4 novembre est créé le Conseil économique palestinien pour le développement et la reconstruction (P.E.C.D.A.R.), chargé de gérer l'aide internationale.

En dépit des violences sur le terrain qui ne faiblissent pas, personne ne doute qu'une dynamique de paix irréversible soit en route. En janvier 1994, le secrétaire d'État américain au Commerce fait une

tournée au Proche-Orient et visite Gaza pour examiner les besoins économiques et inciter au développement des investissements privés. C'est aussi en
janvier que se tient la réunion du «groupe consultatif» de la Banque mondiale pour l'aide aux territoires occupés, ainsi que le célèbre Forum de Davos
en Suisse qui accueille Shimon Pérès et Yasser Arafat, venus parler d'économie et de paix. En avril, à
Paris, sera signé un protocole détaillé relatif aux
relations économiques entre Israël et l'Autorité
palestinienne qui s'est constituée sous la férule du
chef de l'O.L.P. et qui n'est pas le «conseil élu»
prévu par la déclaration de principe[1]. Ce protocole
traite des tarifs douaniers, du tourisme, des transports, du contrôle bancaire, du régime des changes
et du régime monétaire, des échanges, du système
fiscal, autant de domaines où Israël confirme son
droit sur les affaires internes palestiniennes, même
de nature civile.

Le 4 mai 1994 est signé au Caire l'accord régle-
mentant le retrait de Gaza et de Jéricho qui doit
permettre à l'O.L.P. de commencer à prendre en
charge la sécurité dans les zones de peuplement
palestinien et donc à constituer en coopération avec
Israël des forces de police locale.

Cette dynamique de la paix est entravée à peine
quelques jours par le massacre perpétué de sang-
froid, le 25 février 1994, à l'intérieur de la grande
mosquée de Hébron par un colon, le médecin
Baruch Goldstein, originaire de Brooklyn, qui a tiré
sur la foule de Palestiniens en prière, faisant vingt-

---

1. Pour les péripéties relatives à la constitution de l'Autorité nationale on pourra lire l'article très documenté de Mamdouh Naufal,
«La crise entre l'Autorité nationale et l'O.L.P.», *Revue d'études palestiniennes*, nº 4, été 1995, p. 3-16, qui montre aussi comment le chef
de l'O.L.P. ignore désormais les organes constitutifs de l'O.L.P., ce
qui prive les nombreux Palestiniens de la Diaspora de toute possibilité d'expression et affaiblit, en conséquence, la position du chef de
l'O.L.P. face aux pressions israéliennes.

cinq morts et cent vingt-cinq blessés[1]. Bien que le colon appartienne au mouvement d'extrême droite Kach, le mot « terroriste » n'est pas prononcé par les autorités israéliennes qui s'excusent de cet acte commis par un fou « psychopathe » et qui ne doit pas « empêcher la réconciliation des deux peuples[2] ». Cinq autres Palestiniens seront tués et cent trente blessés lors de la répression des protestations de la population arabe dans les heures qui suivront la tuerie[3]. Les actes palestiniens de vengeance, comme l'assassinat d'un octogénaire tué à coups de hache à Tel-Aviv, entraînent le bouclage des territoires occupés, six cents arrestations, quarante morts et huit cents blessés au cours du mois de mars[4]. La violence continue sur le même rythme au cours des mois qui suivent, sans ébranler le front de la paix.

Américains et Israéliens sont plus dynamiques que jamais pour faire avancer la normalisation économique entre Arabes et Israéliens dans laquelle ils voient la clé unique pour concrétiser la paix. Les victoires sont décrochées les unes derrière les autres. C'est ainsi qu'une session des négociations multilatérales sur les eaux se tient en avril 1994 dans le sultanat d'Oman, qui accueille une délégation israélienne sur son territoire ; au début du mois de mai, c'est au tour de l'émirat du Qatar de servir de lieu de réunion à la commission multilatérale sur la sécurité et le désarmement. Ce sera ensuite le tour du Maroc, puis plus tard celui de Bahrein et de la Tunisie. En août 1994, Rabin fait un séjour officiel en Jordanie. Le 1er septembre, le Maroc et Israël

1. Sur ce massacre, on se rapportera à l'enquête détaillée du journaliste israélien Amnon Kapeliouk, *Hébron. Un massacre annoncé*, Arléa-Le Seuil, Paris, 1994, qui dénonce avec violence l'incurie des services de sécurité israéliens.
2. Déclaration d'Itzhak Rabin, Premier ministre, d'après *Maghreb-Machrek*, n° 144, avril-juin 1994, p. 100.
3. *Ibid.*, p. 100.
4. *Ibid.*, p. 101.

ouvrent respectivement l'un chez l'autre des bureaux de liaison. Le 26 octobre, un traité de paix en bonne et due forme est signé à Akaba entre la Jordanie et Israël ; les présidents américain et égyptien y assistent. Enfin, la victoire suprême est la réunion du sommet économique tenu au Maroc, à Casablanca, le 30 octobre et le 1er novembre 1994, soit trois ans, jour pour jour, après la tenue de la conférence de Madrid.

Ce sommet est la concrétisation du rêve de paix américano-israélien pour la région. Il réunit plus d'un millier d'hommes d'affaires, hauts fonctionnaires, responsables politiques du monde arabe, d'Israël et des pays industrialisés pour promouvoir une communauté économique moyen-orientale. Pour le monde entier, Israël est désormais intégré au Proche-Orient, le boycottage arabe a cessé *de facto* d'exister. À Casablanca, la paix paraît faite, car on discute d'une avalanche de projets économiques, présentés dans des brochures luxueuses, en particulier d'une banque pour la reconstruction et le développement du Proche-Orient que le gouvernement inscrit en priorité sur l'agenda du Sommet. « Le sommet, écrit l'un des commentateurs les plus avisés du *Figaro*, est une grande première [...]. [Il] rappelle la conférence de La Haye de mai 1948 qui joua un rôle important dans l'incarnation de l'idée européenne et enfanta le Conseil de l'Europe [...]. Comme jadis pour les rapports entre les six fondateurs de la Communauté européenne, les délégués de Casablanca ont adopté l'idée de l'intégration économique comme condition majeure de la sécurité[1]. » Le journal *Le Monde* titre en première page le 1er novembre : « Le Proche-Orient pourrait être doté d'une banque de développement. »

---

1. Thierry de Montbrial, « Les enseignements de Casablanca », *Le Figaro*, 9 novembre 1994.

Ainsi l'opinion a-t-elle l'impression qu'une communauté économique des États du Proche-Orient se met en place. L'idée centrale de Shimon Pérès semble bien se concrétiser, la coopération économique doit être l'ingrédient majeur de la paix et de la sécurité dans la région. S'il y a encore de la violence sur le terrain, il ne peut s'agir que des derniers soubresauts d'une ère révolue. Ceux qui perdent dans cette paix tentent en vain d'arrêter le mouvement : fondamentalisme islamique, restes déconfits des mouvements nationalistes qui forment le soubassement du terrorisme sur fond de misère. Il faut donc combattre cette misère et former un système de sécurité régionale de «grande envergure» pour combattre le terrorisme ; d'où l'idée chère au dirigeant israélien d'un système de défense régional appuyé par un système international de lutte contre le terrorisme[1]. Le sommet de Charm el-Cheikh dont nous parlerons plus loin sera une première concrétisation de ces idées.

À la fin de l'année 1994, en dépit du niveau de violence sur le terrain en Cisjordanie, à Gaza et dans le sud du Liban, sur le front de la paix, on pense de plus en plus qu'un «nouveau Moyen-Orient» voit le jour. Le front de la paix est, en réalité, de plus en plus dissocié de la réalité du terrain. C'est une paix qui progresse dans des grands événements médiatiques, autour des idées de l'après-Guerre froide discutées confortablement dans des lieux feutrés et luxueux. Elle semble se dérouler sur une autre planète que celle où vivent les millions d'hommes et de femmes au bénéfice de qui cette paix est théoriquement faite et pour qui rien ne change de la réalité quotidienne. Certes, Yasser Arafat est rentré au «pays», il a constitué une police palestinienne qui doit veiller à la sécurité des zones de peuplement

---

1. Voir *Le temps de la paix*, *op. cit.*, p. 113.

palestiniennes où le pouvoir civil lui est transféré. Les aides économiques fabuleuses promises au moment de la signature des accords d'Oslo se sont à peine concrétisées, aussi bien du fait de la lenteur des donateurs que de l'incapacité de l'O.L.P. à mettre sur pied rapidement une administration économique compétente et efficace. Les colons israéliens, quant à eux, vivent plus que jamais dans la peur : la dynamique de la paix qui semble avancer si rapidement ne va-t-elle pas immanquablement aboutir au démantèlement de leurs implantations, comme cela avait été le cas pour les implantations du Sinaï ? Le rêve sioniste se terminerait-il dans le cauchemar d'un État palestinien adossé à d'autres États arabes voisins qui rendrait à nouveau précaire l'existence israélienne ? Au mieux, il risque de finir par la Terre biblique aux mains des hommes d'affaires où l'argent ne fera plus de différence entre un Arabe « occupant » indésirable et un juif aux droits immémoriaux. Aussi les colons préparent-ils la résistance, ils détiennent de plus en plus d'armes et semblent jouir de nombreux soutiens occultes au sein des appareils militaire et de sécurité.

L'armée israélienne, elle-même, a du mal à concevoir des plans de redéploiement lui permettant d'assurer la sécurité des colonies encastrées entre plusieurs agglomérations palestiniennes appelées à devenir autonomes. Le gouvernement israélien temporise, prend du retard sur l'application des accords. Ce n'est, en effet, qu'en septembre 1995 que sera signé à Washington l'accord péniblement négocié à Taba en Égypte entre Israéliens et Palestiniens prévoyant le détail de la mise en application de la déclaration de principe, en particulier pour ce qui est des élections palestiniennes, de la structure et des compétences du Conseil qui doit être élu, du redéploiement des forces militaires israéliennes, de la division de la Cisjordanie et de Gaza en différentes zones sur le plan des responsabilités de sécurité[1]. Le calendrier des accords d'Oslo avait pourtant prévu que les élections palestiniennes auraient dû se tenir au plus tard le 13 juillet 1994 ; l'accord de Taba est donc conclu avec plus d'une année de retard sur le calendrier initial.

Alors que l'armée israélienne évacue les villes de Cisjordanie et remet sans problème ses pouvoirs de police et ses compétences à l'Autorité palestinienne, le retrait de la ville d'Hébron, où se trouve le Tombeau des patriarches, site hautement symbolique pour le judaïsme, n'est pas effectué et les problèmes s'exacerbent sur le sort de cette ville où la tension entre colons et population palestinienne est toujours très vive. En fait, plus la paix progresse virtuellement, plus les tensions sur le terrain deviennent explosives.

Le 4 novembre 1995, Itzhak Rabin, le Premier ministre israélien, est assassiné par un étudiant israélien qui lui reproche l'abandon de territoires appartenant ancestralement au peuple juif. Ses funérailles constituent un nouvel événement médiatique où le Premier ministre assassiné est canonisé en symbole de paix par une pléiade de chefs d'État du monde

---

1. Voir le texte de l'accord dans la *Revue d'études palestiniennes*, n° 6, hiver 1996, p. 41-58 ; la notice de présentation de la traduction informe le lecteur que « le traducteur a pris le parti de restituer littéralement les incohérences qui émaillent l'ensemble du texte, ainsi que les redondances que l'on retrouve tout au long de cet accord. Certaines de ces incongruités apparentes de formulation procèdent de la tautologie du type "A + B = A + B = B + A sauf dans les cas prévus à l'annexe Z". D'autres procèdent de l'euphémisme et de ce que les diplomates américains appellent "l'ambiguïté constructive". C'est le cas des clauses qui définissent en creux les frontières de la revendication israélienne d'annexion sur la zone du "Grand Jérusalem". Ces articles stipulent que la juridiction palestinienne s'exercera "sur le territoire de la Cisjordanie, à l'exception des questions qui feront l'objet des négociations sur le statut permanent". Qu'un territoire puisse être ainsi délimité par des "questions" peut effectivement étonner. Mais c'est par ce biais que le texte amalgame les colonies de Cisjordanie, les camps militaires et la région du "Grand Jérusalem". Le traducteur a donc là aussi pris le parti du littéral en retranscrivant mot à mot ces incohérences hautement significatives ».

entier qui se rendent en Israël pour l'occasion. L'*International Herald Tribune* du 6 novembre consacre, de façon tout à fait exceptionnelle, cinq pages pleines à l'événement et à sa signification. Trente-quatre chefs d'État ou Premiers ministres des pays les plus importants de la planète et de nombreux ministres des Affaires étrangères assistent à l'enterrement d'Itzhak Rabin «victime de la paix[1]».

Du côté arabe, le président Moubarak d'Égypte et le roi Husayn de Jordanie, ainsi que des délégués de Qatar et d'Oman et six membres de l'exécutif palestinien, sont aussi présents. Le monde entier est d'autant plus choqué que l'assassin n'est pas un «terroriste» du Hamas, mais un étudiant juif au sourire naïf. Un doigt vengeur est pointé vers le Likoud et ses discours incendiaires contre le processus de paix qui auraient créé le climat propice à l'assassinat. La présence d'officiels arabes aux funérailles est cependant considérée comme «un symbole d'espoir» par les commentateurs et analystes politiques; mais les médias horrifiés, tout en s'abstenant, comme pour le Dr Barouch Goldstein d'Hébron, auteur de la tuerie du 25 février 1994, de parler de terrorisme juif, découvrent qu'il peut y avoir aussi des «fanatiques» en Israël; plus pudiquement, on parle de «fratricide politique[2]».

En janvier 1996, se tiennent enfin les élections pour la population palestinienne prévues par les accords d'Oslo; elles visent à confirmer l'autorité de Yasser Arafat battue en brèche par le Hamas et le mécontentement palestinien général qui monte. «Un scrutin sur mesure pour Yasser Arafat», titre *Le Figaro* du 15 janvier 1996 dont le correspondant écrit: «Assuré d'être élu à la présidence, le chef de l'O.L.P. a lui-même décidé du découpage et de la

---

1. Voir Jim Hoagland, «Battles for Peace: They Can Be Deadlier than Wars», *International Herald Tribune*, 6 novembre 1995.
2. Voir l'*International Herald Tribune* du 7 novembre 1995.

répartition des sièges du futur "Parlement".» Le Hamas, sans appeler au boycottage des élections, s'abstient de présenter des candidats, et seule une petite poignée d'opposants laïcs se présentera aux élections, dont le Dr Abdel Chafi, l'ancien chef de la délégation palestinienne à la conférence de Madrid. Désabusé, le même correspondant du *Figaro* écrit le 18 janvier, à propos de la campagne électorale où millionnaires palestiniens, membres des familles traditionnelles de notables et anciens combattants se disputent 88 sièges à pourvoir : « L'un dépense ses dollars à tour de bras, l'autre vante sa lutte contre l'opposant. Faute d'enjeu politique national, les élec-teurs s'intéressent à la personnalité souvent pitto-resque des 672 candidats.»

Mais, en dépit d'une victoire électorale assurée et sans gloire du chef de l'O.L.P., les événements dra-matiques continuent. Le 25 janvier 1966, un double attentat du Hamas à Jérusalem et Ashkelon fait 27 tués et 85 blessés dans la population israélienne. L'attentat est perpétré pour venger l'assassinat quelques semaines plus tôt par les services de sécu-rité israéliens de Yehia Ayache, un audacieux expert en explosifs du Hamas. Les 3 et 4 mai, deux autres attentats suicides du Hamas, l'un à Jérusalem, l'autre à Tel-Aviv, font respectivement 19 tués et 13 blessés, ainsi que 10 et 125 blessés. Le gouverne-ment israélien suspend alors les négociations de paix avec les gouvernements syrien et libanais. Désor-mais, la paix glisse vers la pacification. La bande de Gaza, qui abrite les responsables du Hamas, est asphyxiée par un blocus économique total, y com-pris par mer, et les parties encore arabes de Cisjor-danie sont une nouvelle fois bouclées. Yasser Arafat est sommé d'y faire la police de façon plus efficace ; en Égypte, le 13 mars, se tient le sommet antiterro-riste de Charm el-Cheikh. Ce sommet apparaît comme une grande messe que les puissances occi-dentales, États-Unis en tête, organisent pour soutenir le gouvernement israélien travailliste qui, manifestement, semble avoir perdu le contrôle du processus de paix, au plus grand bénéfice de la droite israélienne qui n'a pas arrêté de mettre en garde contre le fait de traiter avec l'O.L.P. qu'elle considère comme complice en sous-main du Hamas[1].

LE SOMMET ANTITERRORISTE DE CHARM EL-CHEIKH ET LA VICTOIRE ÉLECTORALE DU LIKOUD

L'opinion israélienne choquée par les attentats prête désormais une oreille plus attentive au discours du Likoud. Tentant d'enrayer la dégradation de son image dans cette opinion, le gouvernement de Shimon Pérès lance, le 11 avril, l'armée israélienne dans une opération militaire d'envergure dans le sud du Liban pour tenter une nouvelle fois d'éradiquer le Hezbollah ; le 18 avril, c'est le massacre de Cana : l'artillerie israélienne frappe de plein fouet un camp de l'O.N.U. où se sont réfugiés des villageois fuyant la sauvagerie des bombardements israéliens. Il y aura 102 tués et plus d'une centaine de blessés. L'opinion internationale est cette fois révulsée par cet acte israélien que le gouvernement tente d'expliquer par la présence de combattants du Hezbollah quelques minutes auparavant sur cette base des forces de paix de l'O.N.U. dans le sud du Liban.

Le résultat du massacre de Cana est catastrophique pour le gouvernement israélien qui se voit contraint d'accepter un cessez-le-feu, négocié par le ministre américain des Affaires étrangères, Warren

1. Voir sur ce point, *infra* chapitre 22.

Christopher, lui-même talonné par la diplomatie française qui a pris l'initiative dès le début des hostilités d'une mission de bons offices du ministre des Affaires étrangères, Hervé de Charette, entre Beyrouth, Damas et Tel-Aviv. Le cessez-le-feu fait l'objet, cette fois, à la différence de celui de 1993, d'un document écrit, dit «Arrangements de sécurité», qui reconnaît implicitement le droit à la résistance des Libanais, renforce le rôle de la Syrie au Liban et inclut un représentant français dans un comité chargé de surveiller l'application des arrangements qui comprend aussi un représentant syrien, un représentant libanais, un représentant israélien et un représentant américain.

L'opération apparaît donc comme un échec grave du gouvernement israélien qui n'a nullement obtenu l'élimination du Hezbollah par les autorités libanaises et syriennes. À quelques semaines des élections parlementaires en Israël, et en dépit de tous les efforts du gouvernement américain pour sauver la face de ses alliés travaillistes au pouvoir, l'échec de l'opération, dénommée par le gouvernement israélien «Raisins de la colère», sera fatal. Le Parti travailliste perdra les élections au profit du Likoud et des partis religieux qui ont promis aux électeurs une révision fondamentale du processus de paix et une reprise ouverte et à grande échelle de la colonisation de la «Judée et Samarie».

Pour l'opinion arabe, l'opération israélienne au Liban confirme que le gouvernement israélien n'a pas la volonté de mettre en œuvre la paix. Non seulement les Palestiniens continuent d'endurer des souffrances en dépit de la signature des accords d'Oslo, mais les Israéliens sont toujours aussi brutaux et arrogants, forts de la complicité américaine, comme vient de le prouver l'opération «Raisins de la colère» contre le Liban. C'est le sommet antiterroriste de Charm el-Cheikh qui, pour l'opinion arabe, a préparé le terrain à la violence déchaînée par l'armée israélienne dans le sud du Liban. Le sommet s'est contenté de condamner le terrorisme arabe et n'a fait aucune référence aux responsabilités du gouvernement israélien dans l'application très élastique et traînante des accords d'Oslo.

Quant aux quatorze gouvernements arabes qui ont accepté d'assister au sommet de Charm el-Cheikh, ce n'est pas sans embarras qu'ils l'ont fait, car ils se rendent bien compte de l'état de leurs opinions publiques et des risques d'agitation islamiste dans le monde arabe[1]. Toutefois, leur peur de voir l'équipe travailliste au pouvoir en Israël devoir céder la place au Likoud et la crainte d'un effondrement total du processus de paix amènent ces gouvernements à cautionner l'initiative du sommet qui est curieusement dénommé le «sommet des bâtisseurs de la paix» (The Summit of the Peace-Makers). Il est exclusivement question durant le sommet de coordination policière entre les participants dans le cadre de la lutte contre le terrorisme et nullement d'un déblocage du processus de paix et d'une amélioration du sort des Palestiniens. La Syrie et le Liban seront les deux États arabes à l'absence la plus remarquée lors du sommet qui tourne, selon les termes mêmes de la presse américaine, à une «manifestation géante d'appui aux efforts de paix» du Premier ministre israélien[2].

---

1. Les gouvernements arabes représentés étaient ceux de l'Égypte, de la Jordanie, de l'Algérie, de Bahrein, de Qatar, d'Arabie Saoudite, du Maroc, d'Oman, de Tunisie, du Koweït, de Mauritanie, des Émirats arabes unis et du Yémen. Du côté occidental étaient présents le président Clinton, le président Jacques Chirac, le Premier ministre espagnol Felipe Gonzales, le chancelier allemand Helmut Kohl, le Premier ministre de Grande-Bretagne, d'Italie, du Canada et de Norvège; Boris Eltsine président de la Russie, le ministre des Affaires étrangères japonais, le Premier ministre turc, ainsi que le secrétaire général des Nations unies, le vice-président de la Commission européenne étaient aussi présents, de même, bien sûr, que Shimon Pérès et Yasser Arafat (Voir *International Herald Tribune* du 12 mars 1996 et *Le Monde* du 13 mars 1996).

2. Voir le compte rendu du sommet dans l'*International Herald Tribune* du 14 mars 1996.

Shimon Pérès aura encore, lors du sommet, une grande envolée politique lorsqu'il dira dans son discours : « Notre région passe par une période de transition. Les jours sombres se terminent. Les ombres du passé s'étirent. Le crépuscule des guerres est toujours rouge de sang, pourtant le lever du soleil est inévitable et imminent[1]. »

Au cours du sommet, Israéliens et Américains échoueront à obtenir une condamnation ouverte de l'Iran comme source principale d'appui et inspirateur du terrorisme du Hamas et du Hezbollah ; les chefs d'État européens présents, en particulier Jacques Chirac, prônent un « dialogue critique » avec l'Iran. Pour ce qui est de « bâtir la paix », cependant, le sommet ne prend aucune mesure, qu'il s'agisse du sort des Palestiniens ou du sud du Liban. Les dirigeants occidentaux estiment qu'avoir mis Arabes et Israéliens dans une même enceinte pour discuter de la lutte contre le terrorisme est une nouvelle victoire pour la paix et un soutien efficace pour que Shimon Pérès puisse se maintenir au pouvoir. La suite des événements démentira la pertinence de ces analyses ; en particulier, du côté israélien, Pérès, fort de cet appui international massif, se lancera dans l'équipée de l'opération « Raisins de la colère » qui achève de lui ôter toute chance de gagner les élections, comme nous l'avons déjà signalé.

Ce sera avec la plus grande consternation que les États-Unis, l'Europe ainsi que les pays arabes qui ont engagé leur crédibilité dans le processus de paix verront la victoire du Likoud aux élections israéliennes de mai 1996 et l'arrivée de Benyamin Netanyahou à la tête du gouvernement israélien. Ce dernier a su exploiter toutes les faiblesses du processus de paix, tel que mené par le tandem Rabin-Pérès, et offrir dans sa propagande électorale

1. *Ibid.*

l'image de la fermeté et de la sécurité qu'il pourrait amener à la population israélienne.

Avec l'arrivée à la tête du gouvernement israélien de Benyamin Netanyahou en Israël, la situation se dégrade encore plus en Cisjordanie. En septembre 1996, à la suite de l'ouverture d'un tunnel sous la mosquée Al Aksa à Jérusalem, l'agitation palestinienne est relancée dans plusieurs villes, en particulier à Hébron où plus de 44 Palestiniens sont tués. Dans la ville de Ramallah, la police palestinienne, agacée par les excès de répression des forces israéliennes, riposte en faisant usage de ses armes. Le scénario cauchemar se réalise : la police palestinienne, créée en vertu des accords d'Oslo, contre les forces israéliennes. Trois policiers palestiniens sont tués et sept blessés ; les forces de l'ordre israéliennes ont six blessés. Le président Clinton, en pleine campagne électorale, convoque un sommet israélo-palestinien à Washington entre Netanyahou et Arafat, auquel se refuse à assister le président Moubarak, pourtant invité lui aussi. Le jeu est momentanément calmé.

Entre-temps, la Ligue arabe moribonde depuis la guerre du Golfe s'est réveillée sous le coup du choc provoqué par l'arrivée du Likoud au pouvoir et le départ des travaillistes. En juin 1996, s'est tenu au Caire le premier sommet de chefs d'État arabes depuis la dernière malheureuse rencontre d'août 1990, où la solidarité arabe avait volé en éclats. Le président égyptien a pris cette initiative, inquiet de la tournure des événements dans le contentieux israélo-arabe auquel son opinion publique reste très sensible. Le communiqué final demande au gouvernement israélien de ne pas différer encore plus l'application des accords d'Oslo et menace d'arrêter le mouvement de normalisation des relations qui s'est esquissé, au cours des trois dernières années, entre Israéliens et certains pays arabes.

Les réunions entre les deux présidents égyptien et

syrien se multiplient pour assurer un resserrement
des liens arabes face à la menace d'une désintégration complète du processus de paix. Il y a d'ailleurs
un autre objet de souci pour les pays du Proche-
Orient et plus particulièrement la Syrie ; il s'agit
de l'accord militaire conclu en février 1996 entre
Israël et la Turquie, sous le parrainage des États-
Unis, et qui est manifestement destiné à consolider
le dispositif d'hégémonie occidentale sur la région.
La Turquie a montré ses ambitions territoriales sur
la zone kurde du nord de l'Irak où ses troupes pénètrent de plus en plus souvent ; elle reproche par
ailleurs à la Syrie son soutien au P.K.K. kurde qui
opère en Turquie. Membre respecté de l'O.T.A.N., la
Turquie dans les grands travaux hydrauliques
qu'elle mène sur l'Euphrate ne s'embarrasse guère
des besoins en eaux des deux autres pays riverains,
la Syrie et l'Irak, où le débit du fleuve baisse dangereusement. L'accord militaire qui est immédiatement suivi d'entraînement de l'aviation de chaque
pays dans l'espace aérien de l'autre est perçu, du
côté des États arabes, comme un acte lourd de
menaces et donc une raison additionnelle pour
serrer les rangs face aux nuages qui s'accumulent
sur la région.

L'Égypte, qui a misé tout son crédit sur le succès
du processus de paix et y a joué un rôle central,
montre de plus en plus sa mauvaise humeur. Elle
menace dès le début de l'été les États-Unis et Israël
d'annuler la tenue du troisième sommet sur la coopération économique qui doit avoir lieu quelques mois
plus tard dans la capitale égyptienne, si des progrès
ne sont pas enregistrés sur le plan palestinien. Ce
sommet se tiendra finalement au Caire, en novembre
1996, mais dans la morosité la plus totale contrastant avec l'exubérance et les rêves fous des deux
précédents sommets de Casablanca et d'Amman. Ce
n'est pas la première fois au Proche-Orient que
l'histoire marche à reculons, surtout lorsque les

grandes puissances ou Israël pensent y accomplir des faits irréversibles[1].

Ce n'est qu'en janvier 1997, à force de pressions européennes et américaines sur le gouvernement israélien, qu'un accord sera obtenu à l'arraché sur la ville d'Hébron, accord que le précédent gouvernement travailliste n'avait pu conclure en raison de ses atermoiements. Le gouvernement israélien conserve sous sa protection vingt pour cent de la superficie de cette ville de 150 000 habitants palestiniens, comme gage de maintien des 400 colons juifs, dont l'un d'entre eux avait, en 1994, provoqué le massacre de plusieurs dizaines de Palestiniens priant dans la mosquée. L'accord est censé être accompagné d'un engagement de retrait des troupes israéliennes des zones rurales de Cisjordanie dans les dix-huit mois suivant son retrait partiel, sans toutefois que l'ampleur du retrait soit précisée juridiquement.

En réalité, trois ans et quatre mois après les accords d'Oslo, la tension sur le terrain est toujours aussi explosive. Aucune situation de paix effective ne règne entre Israéliens et Palestiniens, en dépit de tous les «orgasmes événementiels» de nature médiatique, pour reprendre la formule de Jean Baudrillard à propos de la guerre du Golfe, qui ont scandé le processus de paix, les négociations ouvertes, les négociations secrètes, les poignées de main historiques, l'assassinat dramatique d'Itzhak Rabin et ses funérailles, les attentats terroristes, les sommets économiques ou antiterroristes, etc.

Le bilan sur le terrain de la paix d'Oslo est consternant. La fascination pour la diplomatie secrète d'Oslo et les poignées de main historiques sur les pelouses de la Maison-Blanche, la croyance naïve dans le primat de la coopération économique comme recette magique pour faire céder les causes

---

1. Voir *supra* chapitre 13, «L'invasion du Liban ou la machine à détraquer le temps».

historiques du conflit, ont constitué un voile opaque jeté sur les réalités du terrain : l'on a oublié l'existence d'êtres en chair et en os qui, malgré la paix, continuent de souffrir et d'être ballottés, sans aucune assurance sur leur avenir.

LE BLOCAGE DU PROCESSUS DE PAIX

Petit à petit, les médias internationaux prendront acte de ce que le processus de paix est menacé. Les risques d'un blocage du processus sont dénoncés. L'intransigeance du nouveau Premier ministre israélien et son immobilisme sont dénoncés. En février 1997, le gouvernement israélien décide de créer une nouvelle colonie de peuplement à Jérusalem-Est sur la colline de Har Homa, ce qui relance l'agitation palestinienne. Des négociateurs américains vont et viennent avec frénésie entre Washington, Jérusalem et Gaza, siège de l'Autorité palestinienne. En décembre de la même année, Madeleine Albright, secrétaire d'État aux Affaires étrangères, parvient à organiser une rencontre à Londres entre Yasser Arafat et Benyamin Netanyahou ; elle espère que cette dernière pourra être suivie d'un sommet qui se tiendrait à Washington et qui aboutirait à la conclusion d'un second retrait israélien des territoires occupés. Le Premier ministre israélien se dérobe cependant et l'attention américaine sera désormais distraite du Proche-Orient et du conflit israélo-arabe, aussi bien par des problèmes internes, notamment ceux du président Clinton aux prises avec l'affaire Monica Lewinsky, que par les problèmes internationaux relatifs à la grave crise économique qui secoue les pays du Sud-Est asiatique. Le quatrième sommet économique du Moyen-Orient qui s'est tenu à Doha, capitale de l'émirat pétrolier de Qatar, au mois de novembre 1997, a été un échec cinglant pour la diplomatie américaine et son approche de la solution du conflit israélo-arabe. Cette fois, même l'Égypte, l'Arabie Saoudite et le Maroc ont boycotté la réunion annuelle qui a désormais perdu tout son éclat. La Ligue des États arabes a d'ailleurs appelé au boycottage de la conférence. Le gouvernement israélien qui ne s'embarrasse plus d'exercice de relations publiques, comme le précédent gouvernement travailliste, n'y a envoyé que des fonctionnaires, à l'exclusion de tout ministre. Aucun pays arabe d'importance, en dehors de la Jordanie et de la Tunisie, n'a cru bon d'être présent à cette réunion et de se montrer en compagnie d'officiels israéliens.

Cette période d'immobilisme est remarquablement exploitée par le gouvernement israélien pour faire avancer ses idées sur la façon de mettre en œuvre le processus de paix prévu par les accords d'Oslo, sans porter atteinte à la lettre des Accords. Fidèle à ses écrits, que nous avons analysés ci-dessus, Benyamin Netanyahou abandonne la diplomatie fébrile du Parti travailliste et son obsession des contacts répétés avec la communauté internationale pour convaincre du désir de paix, peu soucieux de son image internationale, il se consacre exclusivement aux questions de sécurité, ce qui avait été aussi la préoccupation du Parti travailliste. Très habilement, il conditionne tout progrès dans la négociation avec l'Autorité palestinienne aux mesures que celle-ci devrait prendre pour faire cesser toute activité hostile à la politique israélienne dans les territoires occupés. En bref, il s'agit de réprimer et de faire taire, dans les rangs palestiniens, tous les groupes qui dénoncent la continuation de la politique d'implantation israélienne en Cisjordanie, en premier lieu les cellules du Hamas, le parti islamiste dont la popularité ne peut qu'augmenter avec le blocage du processus de paix.

En même temps, la question de la sécurité des implantations est mise au premier rang des préoccupations du gouvernement israélien pour justifier l'impossibilité d'un nouveau retrait de l'armée israélienne. Des fuites bien organisées font état d'une impossibilité de retrait additionnel de plus de 5 % à 6 % des territoires occupés, sous peine de mettre en danger la sécurité des colonies. Le piège des accords d'Oslo s'est ainsi refermé sur l'Autorité palestinienne qui est forcée d'entrer dans la logique exclusivement sécuritaire, contenue dans les Accords, qui a fait de l'O.L.P., transformée en autorité locale, la garante du maintien des colonies de peuplement israéliennes. Habilement, le chef du gouvernement israélien proposera aux États-Unis et à Yasser Arafat d'entamer les négociations sur le statut final des territoires occupés, ce qui permettrait de déterminer une fois pour toutes l'ampleur du retrait israélien que l'on dit ne pas pouvoir dépasser 30 % des territoires occupés.

Côté palestinien, tout va mal. Les accusations de corruption des responsables de l'Autorité palestinienne se multiplient et le Parlement palestinien demande un changement des principaux ministres qui seraient impliqués dans des trafics d'influence divers. Sous la pression israélienne, les services de sécurité palestiniens font de l'excès de zèle, non seulement à l'encontre des opposants du Hamas, mais aussi de certains journalistes qui dénoncent ostensiblement l'atmosphère d'incurie dans les petites zones aux mains de l'Autorité palestinienne. Yasser Arafat semble avoir des problèmes de santé qu'il n'est plus possible de cacher. On commence même à s'interroger sur ses possibles successeurs. En réalité, sur le plan de la sécurité, l'Autorité palestinienne ne contrôle directement que 3 à 4 % des territoires occupés, c'est-à-dire une partie de la bande de Gaza et les villes palestiniennes de Cisjordanie dont s'est retirée, à son grand soulagement, l'armée israélienne. L'Autorité palestinienne n'a qu'une présence exclusivement civile dans environ 20 % du territoire de la Cisjordanie. Le contrôle sécuritaire est donc bien difficile à réaliser par l'Autorité palestinienne.

Le Premier ministre israélien tient cependant le cap : aucun retrait ne peut être envisagé sans que toute opposition palestinienne ait été muselée et que l'aile armée du Hamas ait été entièrement anéantie. À la proposition américaine d'un modeste retrait de l'armée israélienne de 13 % du territoire cisjordanien, formulée en mars 1988, le gouvernement israélien oppose une fin de non-recevoir. Madeleine Albright déclare elle-même que le processus de paix est « au bord de l'effondrement ».

Faisant diversion à ce blocage du processus de paix, le gouvernement israélien, sans succès, se tourne vers le Liban pour tenter de l'amener une nouvelle fois, comme en 1983, à une paix séparée avec Israël, ce qui enlèverait à la Syrie l'atout majeur que constitue l'alignement de la diplomatie libanaise sur la sienne, en matière de relations israélo-arabes. La manœuvre est d'autant plus habile que l'intransigeance israélienne et la mise en application dissymétrique des accords d'Oslo, au profit manifeste de la permanence et du renforcement de la colonisation, donnent rétrospectivement du crédit aux positions syriennes. Dès le début du processus de Madrid, on se rappellera, en effet, combien la Syrie s'était montrée méfiante vis-à-vis des intentions israéliennes ; elle avait, en outre, dénoncé les négociations séparées entre l'O.L.P. et l'État d'Israël, puis entre la Jordanie et celui-ci. Pour attirer le gouvernement libanais dans une négociation bilatérale, le gouvernement israélien fait le geste dramatique, en mars 1998, d'accepter la résolution 425 du Conseil de sécurité de l'O.N.U., enjoignant Israël, depuis 1978, de se retirer sans conditions du sud du Liban après son invasion de cette partie du territoire cette année-là. Jusqu'ici, en maintenant son armée au

Liban, envahi à nouveau en 1982, Israël s'était justifié par le fait qu'il considérait l'armistice conclu avec le Liban en 1948 comme caduc, pour se retirer du sud du Liban, il exige au moins un accord sur la sécurité de la Galilée, limitrophe à la frontière libanaise, à défaut d'un traité de paix en bonne et due forme qu'elle avait tenté, sans succès, d'imposer au Liban dans le sillage de l'invasion de 1982. Si la manœuvre occupa les chancelleries occidentales quelques mois, elle n'eut aucune prise sur le gouvernement libanais qui, prudent et échaudé par le passé récent, affirma qu'il ne tenait qu'à Israël de se retirer unilatéralement du Liban, en conformité avec la résolution 425 du Conseil de sécurité, puis de négocier avec le Liban et la Syrie pour parvenir à des accords de paix.

Durant le printemps 1998, la routine a repris : extension de la colonisation, en particulier à Jérusalem-Est, largement financée par des millionnaires américains de confession juive, dont le célèbre acteur Kirk Douglas. Les violences se perpétuent sur le terrain comme à l'accoutumée[1]. Cela n'em-

---

1. Comme le montre cet extrait d'une chronique des territoires occupés au printemps 1998 : « 12 avril, 30 000 colons et sympathisants de la droite israélienne se rassemblent à Hébron pour fêter la présence juive dans cette ville, heurts entre la police et des manifestants de gauche faisant des blessés ; 19 avril, un Palestinien gravement blessé par des soldats près de la frontière jordanienne ; 30 avril, opposition entre la droite et la gauche israéliennes à Har Homa ; 6 mai, 1 Israélien et 1 Palestinien tués lors de 2 attaques séparées contre des colons juifs alors que 2 Palestiniens sont blessés par un policier israélien ; 13 juin, 1 Palestinien assassiné à coups de couteau à Jérusalem-Ouest ; 14 juin, affrontements dans la bande de Gaza entre manifestants palestiniens et militaires israéliens ; 9 morts palestiniens ; 15 juin, déploiements militaires et policiers israéliens en Cisjordanie et dans la bande de Gaza après ces heurts » ; voir *Maghreb-Machrek*, n° 161, p. 162. Rappelons qu'au cours de l'été 1997 deux attentats meurtriers ont eu lieu à Jérusalem, vraisemblablement à titre de représailles pour l'extension des colonies de peuplement à Jérusalem-Est : 15 morts et 170 blessés sur le grand marché juif le 30 juillet et 6 morts et 141 blessés le 4 septembre. Du coup, le Premier ministre israélien apparaîtra d'autant plus justifié dans sa revendication de sécurité.

pêche pas l'État d'Israël de fêter avec éclat partout dans le monde, par de somptueuses réceptions données par ses ambassades, le cinquantième anniversaire de sa création. Les cérémonies en Israël, comme à l'étranger, rassemblent le gratin politique du monde occidental. Les commentaires de la presse internationale sont plus focalisés sur les tensions internes à la société israélienne que sur le sort effectif que les accords d'Oslo ont réservé aux Palestiniens. Depuis l'assassinat d'Itzhak Rabin, un thème favori de la presse internationale est celui des clivages profonds qui existeraient dans la société israélienne entre juifs religieux et juifs laïcs, mais aussi entre les différentes nationalités d'origine qui composent la population bigarrée de l'État : juifs arabes, juifs russes, juifs d'Éthiopie, juifs ashkénazes d'Europe centrale, chaque groupe vivant replié sur ses traditions et ses coutumes, voire sa langue d'origine. « Israël en danger », titre *Le Nouvel Observateur* en France, deux mois avant la date d'anniversaire [1]. À l'occasion de l'événement, la grande presse internationale, en Europe comme aux États-Unis, fera le portrait d'une société désenchantée, s'interrogeant sur son avenir et aux prises avec ses extrémistes, récemment découverts alors que la colonisation de la Cisjordanie a plus de trente ans.

Benyamin Netanyahou, qui ne jouit guère de sympathie en Europe, est toutefois largement accepté aux États-Unis, où il peut se permettre de refuser de se plier aux exigences américaines. Ces dernières se feront plus pressantes au fur et à mesure que les pays arabes proches des États-Unis exprimeront leur malaise face au blocage du processus de paix sur lequel ils ont misé tout leur crédit. Les pays de l'Union européenne, eux aussi, sont consternés. Leur

---

1. *Le Nouvel Observateur*, n° 1740 du 12 au 18 mars 1998, avec en couverture l'étoile de David et le surtitre suivant : « 50 ans après sa création, un pays déchiré de l'intérieur ».

nouvelle politique méditerranéenne consacrée par la conférence de Barcelone, qui associe les pays arabes et Israël dans une future zone de sécurité et de libre échange, est elle aussi mise en danger. C'est la stabilité de tout le Bassin méditerranéen qui apparaît en cause.

Ce n'est qu'en octobre 1998, une fois terminées les péripéties les plus dramatiques de l'affaire Lewinsky aux États-Unis, que la diplomatie américaine parvient, enfin, à organiser un sommet entre Yasser Arafat et Benyamin Netanyahou qui se déroule à la résidence de Wye Plantation. Le président Clinton et son ministre des Affaires étrangères, Madeleine Albright, s'y consacreront à plein temps. La presse internationale sera au rendez-vous, comme à l'accoutumée, pour vanter les qualités des deux protagonistes qui auraient fait preuve de courage exemplaire et de sens des responsabilités. Le Premier ministre israélien, flanqué d'Ariel Sharon, le faucon le plus notoire de la classe politique israélienne, nommé pour la circonstance ministre des Affaires étrangères[1], est salué pour les concessions importantes qu'il aurait faites et qui confirmeraient enfin son adhésion au processus de paix et aux accords d'Oslo. Il accepte, en effet, un retrait de 10 % du territoire et la transformation additionnelle de 3 % en réserve naturelle sous contrôle israélien, suivant la proposition américaine sur la table depuis des mois et acceptée d'office par Yasser Arafat. Ce dernier, non seulement donne son accord à toutes les mesures de sécurité exigées par celui qu'il appellera affectueusement « son copartenaire », lors de la cérémonie télévisée de signature, mais il paraît se

---

1. Le précédent ministre, David Lévy, a démissionné au printemps 1997, en signe de protestation contre la politique du Premier ministre en matière d'application des accords d'Oslo. Aucun ministre n'avait été alors nommé pour le remplacer, assurant ainsi au Premier ministre un contrôle total de la politique étrangère.

réjouir de ce que le mémorandum signé fasse officiellement de la C.I.A. le seul juge de la bonne foi de
l'Autorité palestinienne dans la mise en œuvre de
ces mesures. Par cette clause du mémorandum,
pour la première fois de son existence, la C.I.A. joue
un rôle politique ouvert et officiellement reconnu
sur la scène internationale et sur l'une des scènes
les plus symboliques du Proche-Orient. Le chef de
l'un des ex-mouvements révolutionnaires du monde
arabe les plus anti-impérialistes de la région se met
ainsi ouvertement sous la protection des services
secrets américains qui auront désormais le champ
libre sur tous les territoires palestiniens autonomes.

La presse et les médias parleront surtout des
risques pris par le Premier ministre israélien qui
devra faire face à la colère des colons ; elle est beaucoup moins bavarde sur les risques palestiniens où
désormais les accords de Wye Plantation complètent, de façon efficace, le dispositif de mise sous
tutelle de l'Autorité palestinienne, tutelle déjà inscrite en filigrane dans les accords d'Oslo. L'exécutif
palestinien est désormais acculé à faire une chasse
sans merci aux opposants ou aux sceptiques de la
dynamique de paix, sans parler de celle qu'il doit
faire immédiatement au réseau militaire du Hamas,
organisateur des attentats de représailles à l'extension des colonies de peuplement réalisées à l'abri du
processus de «paix».

Le retrait israélien doit d'ailleurs se faire en plusieurs étapes, la première ne portant que sur 1 % du
territoire, les autres dépendant de la bonne mise à
exécution des mesures de sécurité que doit prendre
l'Autorité palestinienne, sous l'œil vigilant de la
C.I.A. Pour prix de sa bonne volonté, le gouvernement
israélien recevra une assistance militaire accrue des
États-Unis. La presse américaine, en effet, annonce
au début du mois de novembre que les gouvernements américain et israélien ont signé lors du sommet de Wye Plantation un accord comportant «un

renforcement significatif de l'engagement américain à sauvegarder la sécurité d'Israël de toute menace caractéristique de l'ère postsoviétique[1] ».

Un autre fait marquant du sommet de Wye Plantation, relativement peu commenté par la presse, sera la présence du roi Husayn de Jordanie, dont on s'accordera à dire qu'elle a été décisive pour la réussite des nouveaux accords. Ce dernier apparaît, avec son visage émacié par le cancer dont il est atteint, comme le héros de la cérémonie de signature des accords. Son apparition provoque un effet médiatique d'autant plus grand qu'il a accepté, à la demande d'Ariel Sharon, de quitter l'hôpital où il était soigné aux États-Unis mêmes, depuis plusieurs semaines. Le rôle qu'il a joué dans cette négociation où les Israéliens l'ont manifestement sollicité n'est pas explicité. Le vieux projet de confédération jordano-palestinienne est-il ressorti des cartons à titre de garantie et en lieu et place de l'annonce de l'indépendance de l'embryon de l'État palestinien dont Yasser Arafat a menacé les États-Unis et Israël si le blocage du processus de paix devait continuer ? Dans ce cas, la machine à remonter le temps, que nous avons vue à l'œuvre depuis l'invasion du Liban en 1982, est bien toujours en marche. Ce que l'on pouvait considérer comme des conquêtes de la lutte de libération nationale dans les années de bouillonnements révolutionnaires au Proche-Orient est défait comme un château de cartes. Le tandem américano-israélien impose inexorablement sa volonté inflexible dans le conflit israélo-arabe.

---

1. Voir «A New Pact Strenghtens U.S. Commitment to Aid Israeli Defense Efforts», *International Herald Tribune*, 3 novembre 1988, p. 6. L'auteur de l'article écrit: «Au-delà du langage délibérément vague, les officiels estiment qu'il y a un engagement nouveau et important. Les termes "sur le plan diplomatique ou de tout autre façon" sont une référence claire à l'assistance militaire et au renforcement des capacités de défense et de dissuasion d'Israël, ce qui va au-delà d'un programme coopératif de défense.»

On retrouvera les effets négatifs de cette attitude israélo-américaine, lors des négociations qui auront lieu à Camp David en juillet 2000, sous l'égide du Président Clinton, et qui auront pour but de sortir de l'impasse et du statu quo qui se sont installés dans les relations israélo-palestiniennes depuis le sommet de Wye Plantation[1]. L'échec de ces négociations, auquel va s'ajouter au mois de septembre la visite provocatrice d'Ariel Sharon, chef du Likoud, sur l'esplanade de la mosquée d'El Aksa à Jérusalem, entraînera un retour à la violence généralisée dans les territoires palestiniens. Une nouvelle «intifada» palestinienne se met en route que l'armée israélienne réprime sans ménagement, faisant de nombreuses victimes parmi les adolescents et les enfants palestiniens qui manifestent à nouveau avec des pierres contre l'armée israélienne. La machine à remonter le temps dont nous avons souvent décrit la mécanique est à l'œuvre, une nouvelle fois, au Proche-Orient. Les mêmes images qu'en 1987, lors de «la guerre des pierres», assaillent les chancelleries et les opinions publiques. De plus, comme en 1996, on assistera en octobre à un sommet à Charm el-Cheikh qui regroupe le président Clinton, le président égyptien, le secrétaire général des Nations Unies, le Commissaire de l'Union européenne pour les affaires internationales, ainsi que le président de l'Autorité palestinienne et le chef du Gouvernement israélien. Le sommet est destiné à prendre les mesures propres à arrêter les violences. Ce sommet est suivi d'un sommet des pays de la Ligue arabe qui, sous la pression de leurs opinions publiques, appuie le mouvement de révolte palestinienne. Les accords d'Oslo sont dénoncés de part et d'autre comme étant désormais dépassés. On se trouve véritablement, une nouvelle fois, à la case de départ.

---

1. Sur la responsabilité de l'échec de ces négociations, voir l'article très documenté de Akram Haniyyé, membre de la délégation palestinienne, «Ce qui s'est réellement passé à Camp David», *Revue d'études palestiniennes*, nº 25, automne 2000, p. 3-25, et, *infra*, chapitre 22, p. 960, note 1.

20

Les conséquences de la guerre du Golfe

LA GUERRE DU GOLFE
N'A PAS EU LIEU

Jean Baudrillard a montré de façon brillante les aspects surréalistes de la guerre du Golfe. « Guerre propre, écrit-il, qui finit dans la marée noire », mais aussi « orgasme événementiel » dont « la mixture des médias est devenue le préalable[1] ». À l'issue de la guerre, en effet, Saddam Hussein, censé incarner les forces du mal dans l'ère postcommuniste, comme nous l'avons évoqué au chapitre premier, est toujours à la tête de l'Irak, entouré et protégé par sa garde présidentielle. Un an et demi après la fin de la guerre, 120 ponts sur 134 détruits ont été réparés ; les communications téléphoniques et l'électricité ont été rétablis à Bagdad ; tous les bâtiments publics détruits ou endommagés ont été reconstruits[2].

Le chef de l'État irakien a résisté à toutes les révoltes, Kurdes au nord, chiites au sud, à tous les appels américains à son renversement. Un rapport du Congrès américain du mois d'avril 1992 éclaire une des causes principales de la survie du dictateur

---

1. Jean Baudrillard, *La guerre du Golfe n'a pas eu lieu*, Galilée, Paris, 1991.
2. Voir le reportage « Baghdad Rebounds in its Postwar Year », *International Herald Tribune*, 15 juillet 1992.

irakien, montrant par là indirectement la formidable
intoxication pratiquée par le gouvernement américain quant aux moyens militaires irakiens mobilisés
pour l'invasion du Koweït. Les 700 000 soldats de
la coalition alliée n'auraient eu en face d'eux que
183 000 soldats irakiens, et non 547 000, comme
l'avait affirmé le Pentagone. Ces soldats, simples
hommes de troupes n'appartenant pas à la fameuse
garde présidentielle du chef de l'État, étaient sous-
équipés et n'avaient aucun moyen véritable de résister. Cinq semaines de bombardements intensifs de
l'aviation alliée les avaient mis hors de combat avant
même l'avance des troupes alliées qui en avaient capturé sans difficulté 63 000, cependant que 120 000
fuyaient en désordre et se faisaient vraisemblablement tuer lors de la poursuite des bombardements[1].
Un officier haut gradé de l'armée américaine avait
estimé à «plus de 100 000» le nombre de soldats
irakiens tués par les bombardements de l'aviation
alliée, et un autre militaire de haut rang de la coalition alliée avait évoqué le nombre de 60 000 à
80 000 morts, la plupart enterrés vivants par l'écroulement de leurs abris ; 15 000 à 25 000 de plus
auraient péri durant les quatre jours d'offensive
alliée par terre et air. Le général Schwarzkopf,
commandant de la coalition alliée, s'était refusé
pour sa part à donner un chiffre, mais avait indiqué
qu'il était «très, très grand[2]».

Trois mois avant le rapport bipartisan du Congrès
américain sur les causes de la survie du régime
irakien, le ministre américain de la Défense, sur la
demande du Congrès, avait préparé un rapport

1. Voir le compte rendu de ce rapport «bipartisan», c'est-à-dire
comprenant des parlementaires des deux grands partis, «Allied Gulf
Force Dwarfed Iraq's, U.S. Study Finds», dans *International Herald
Tribune*, 24 avril 1992 ; voir aussi ces informations très peu mises en
valeur dans *Le Monde*, 25 avril 1992.
2. «100 000 Iraqi Troops Died, U.S. Official Says», *International
Herald Tribune*, 23-24 mars 1991.

reconnaissant que les attaques aériennes sur l'Irak pour neutraliser sa capacité militaire avaient entraîné beaucoup plus de dégâts sur des objectifs civils que prévu, seules 10 % des bombes larguées étant à haute précision (*smart bombs*) ; le rapport reconnaissait que les bombardements avaient largement endommagé les installations électriques irakiennes. En octobre 1992, une étude du *New England Journal of Medicine* rapportait qu'au cours des sept premiers mois de 1991, environ 46 900 enfants de plus que la normale étaient morts pour diarrhées dues aux dommages causés aux systèmes d'alimentation en eaux potables et d'écoulement des eaux usées[1].

En fait, il apparaît bien rétrospectivement, une fois « l'orgasme événementiel » passé, qu'il n'y a pas eu de guerre. Face à l'énorme machine aérienne et terrestre amassée contre eux, les Irakiens ne se sont pas battus. Plus grave encore, face à la coalition occidentale, l'Irak, dès le 14 août, pour se gagner les bonnes grâces de l'Iran, avec qui il avait été en guerre durant huit ans (1980-1988), a renoncé à toutes ses revendications sur l'accès aux eaux du Golfe, retiré ses troupes des territoires iraniens qu'il occupait depuis le cessez-le-feu entré en vigueur en 1988, et demandé la normalisation des relations diplomatiques et l'échange immédiat des prisonniers. Les huit années de guerre très meurtrière avec l'Iran auront donc été en pure perte, et ce geste aussi spectaculaire qu'inutile de Saddam Hussein n'amènera pas l'Iran à refuser d'appliquer l'embargo ou à proposer d'aider l'Irak militairement en cas d'agression militaire américaine[2].

1. *International Herald Tribune*, 25 octobre 1992.
2. Lors du déclenchement des hostilités par les forces alliées en janvier 1991, l'Irak mettra une grande partie de sa flotte aérienne civile et militaire à l'abri en Iran. Il semble que, jusqu'à ce jour, elle ne l'ait pas récupérée. En mars 1991, lors des rébellions kurde et chiite en Irak, le président iranien Hashemi Rafsanjani demandera au chef de l'État irakien de se démettre (voir *International Herald Tribune*, 10 mars 1991).

En réalité, comme pour tout régime dictatorial, l'important était de conserver le pouvoir et non d'entrer dans une guerre contre une coalition de plus de quarante pays[1]. Ses troupes d'élite intactes, pour n'avoir pas été envoyées au Koweït, le régime avait les moyens de sa survie et de la répression des rébellions que les États-Unis s'efforçaient de susciter dans le pays. La victoire totale fit donc défaut. «Un parfait semblant de victoire», écrit Baudrillard[2]. Mais, si la guerre n'a pas eu lieu, ses conséquences, elles, ont été apocalyptiques pour les populations. Un responsable de la Croix-Rouge internationale décrira avec sobriété le résultat des bombardements alliés sur l'Irak : «Après quarante-deux jours de bombardements et cent heures d'offensive terrestre, l'Irak est assommé. Outre les pénuries de nourriture et de médicaments, la paralysie énergétique dans laquelle le pays est plongé perturbe très sérieusement la distribution d'eau potable. Le pays est à la merci d'épidémies en tout genre alors que, facteur aggravant, la saison chaude est sur le point de débu-

---

1. On se souviendra que le régime syrien, lors de la guerre de juin 1967, fit évacuer en toute hâte, par ses troupes, la ville de Kuneitra sur le Golan avant l'arrivée de l'armée israélienne, qui put l'occuper sans difficulté. La préoccupation des autorités était là aussi de sauvegarder leur pouvoir en évitant un effondrement de l'armée, soutien du régime.
2. Jean Baudrillard, *La guerre du Golfe n'a pas eu lieu, op. cit.*, p. 78. «Puisque cette guerre était gagnée d'avance, dit-il par ailleurs, on ne saurait à quoi elle aurait ressemblé si elle avait existé. On ne saura jamais à quoi aurait ressemblé un Irakien qui aurait combattu avec une chance de se battre. On ne saura jamais à quoi aurait ressemblé un Américain qui aurait combattu avec une chance d'être vaincu. On a vu à quoi ressemble un processus ultramoderne d'électrocution, de paralysie, de lobotomie d'un ennemi expérimental hors du champ de bataille, sans réaction possible. Mais ceci n'est pas une guerre. De même que 10 000 tonnes de bombes par jour ne suffisent pas à faire que ce soit une guerre. De même que la transmission directe par C.N.N., le temps réel de l'information ne suffit pas à authentifier une guerre. On se souvient de Capricorne One, où le vol d'une fusée habitée vers Mars avait été relayé en direct sur toutes les télévisions du monde sans avoir jamais eu lieu que dans un studio du désert.» *Ibid.* (p. 63-64).

ter. Le taux de mortalité des nourrissons de la capitale est trois fois plus élevé que la normale, morts qui résultent essentiellement de déshydratations diarrhéiques, mais aussi de la fièvre typhoïde ou même du choléra. Par ailleurs, le rapport — alarmant — de la mission effectuée conjointement par l'U.N.I.C.E.F. et l'O.M.S. en Irak à la mi-février est publié début mars [1]. »

LES SOUFFRANCES INUTILES

Les souffrances ne s'arrêtent malheureusement pas aux bombardements et à leurs séquelles immédiates. Il y a eu aussi celles provoquées par l'échec des rébellions des populations irakiennes auxquelles les États-Unis auraient appelé, laissant penser que tout était prêt pour un changement de régime à Bagdad.

Les rébellions au nord et au sud de l'Irak ne produisirent cependant que souffrances inutiles et répression féroce des troupes du régime. Les troupes alliées ayant refusé de marcher sur Bagdad pour abattre le « Hitler » moyen-oriental, ces révoltes n'avaient aucune chance de succès. Les opposants à l'étranger étaient tous, à un titre ou à un autre, prisonniers des régimes qui les abritaient ou de la C.I.A. ; beaucoup, de tendance « islamiste », étaient sous influence iranienne. Cela refroidira l'ardeur des pays de la Péninsule arabique, en particulier l'Arabie

---

1. W.H.O./U.N.I.C.E.F., *Special Mission to Iraq*, Nations unies, New York, 1er mars 1996, cité par Christophe Girod, *Tempête sur le désert. Le Comité international de la Croix-Rouge et la guerre du Golfe, 1990-1991*, L.G.D.J., Paris, 1995, p. 180. Il s'agit de l'ouvrage le plus remarquable et le plus exhaustif sur la guerre du Golfe, malheureusement passé tout à fait inaperçu.

Saoudite, le Koweït et Bahrein, soucieux d'éviter l'émergence d'une république islamique à Bagdad qui pourrait être un allié de l'Iran. Pour les intérêts occidentaux aussi, cette perspective était suffisante pour freiner toute velléité d'écraser définitivement Saddam Hussein, ce qui permettrait au demeurant de rester dans le cadre du mandat international pour la libération du Koweït. Au sud de l'Irak, on se contentera donc d'imposer une « zone d'exclusion » aérienne pour l'aviation irakienne, les troupes terrestres restant libres de leurs mouvements.

Dans le nord, chez les Kurdes, on ira plus loin par l'opération dite *Provide Comfort* mise en place dès les débuts du mois d'avril 1991 grâce à de nouvelles résolutions des Nations unies. L'appel à la révolte a déclenché un flot de réfugiés (entre un et deux millions suivant les estimations), errant dans le grand froid aux frontières avec la Turquie et l'Iran. Les alliés découperont donc dans le territoire irakien une zone dite d'autonomie où l'Irak ne pourrait faire pénétrer ses troupes terrestres, ni faire usage de l'aviation. En France, Bernard Kouchner développe le droit d'intervention humanitaire. Un accord de principe entre le régime de Bagdad et les factions kurdes pour appliquer le statut d'autonomie édicté en 1970, annoncé le 24 avril, ne sera pas appliqué. Les alliés, en effet, prennent diverses mesures pour faire progresser la zone d'autonomie au nord qui s'étend sur 9 436 km². Dès le mois de mai, ils aident les factions kurdes à faire élire une assemblée de 105 membres, partagée à égalité entre le Parti démocratique kurde (P.D.K.) de Barzani et l'Union patriotique du Kurdistan (U.P.K.) de Talabani.

L'existence de cet embryon d'État kurde en Irak va relancer de façon spectaculaire la guérilla kurde en Turquie même, le P.K.K., le Parti des travailleurs kurdes d'inspiration marxiste, dirigé par Abdulla Ocalan, trouvant, enfin, la base arrière qui lui manquait dans la nouvelle zone autonome kurde d'Irak.

À la fin de l'année 1992, l'armée turque fait pénétrer 20 000 hommes de troupe dans la zone autonome, à la recherche des bases du P.K.K. Ce dernier
déclare une guerre totale et monte au cours de l'été
1993 plusieurs opérations terroristes qui frappent
Istanbul et les principaux centres touristiques.
L'Iran, de son côté, bombarde aussi certaines zones
dans le territoire kurde autonome où il soupçonne
la présence de Kurdes iraniens, menant des opérations contre la partie iranienne du Kurdistan. Par
ailleurs, l'Iran, pour affirmer sa présence dans la
zone autonome kurde d'Irak, a aidé à la mise sur
pied d'une «Ligue islamique kurde». En 1994, la
zone autonome reçoit plusieurs milliers de Kurdes
turcs, fuyant la répression de l'armée turque contre
le P.K.K., dont les éléments continuent d'être poursuivis à l'intérieur de l'Irak.

Cette situation intenable, qui provoque des centaines de morts tous les jours, finit par dégénérer
en combats meurtriers entre le P.D.K. et l'U.P.K. et
la Ligue islamique kurde. Le P.D.K. cherche en effet à
empêcher le P.K.K. d'opérer contre l'armée turque
à partir de la zone d'autonomie, ce qui entraîne dès
octobre 1992 des affrontements généralisés qui font
plusieurs centaines de victimes et qui dégénèrent,
comme nous le verrons un peu plus loin, en 1996, en
nouvelles et meurtrières batailles où l'une des factions kurdes fera appel à l'aide de l'armée irakienne.
En réalité, l'initiative des alliés en faveur des Kurdes,
loin de pacifier la région, a créé des tensions considérables, déstabilisant la Turquie et apportant aux
Kurdes une vie encore plus précaire et des incertitudes encore plus grandes quant à leur avenir. Aucun
État de la région ne veut d'un État kurde, impossible
à constituer sans enlever des territoires à l'Iran et à
la Turquie ; de plus, en Irak même, d'autres territoires seraient à inclure dans un tel État, notamment la zone pétrolière de Kirkouk. C'est d'ailleurs
la question du contrôle des recettes pétrolières qui,

en 1970, avait fait avorter la mise en application de l'autonomie que le régime baathiste irakien avait accordée aux Kurdes.

Les factions kurdes n'ont que peu d'autonomie. Constituées sur des bases d'allégeance tribale, elles sont dépendantes des aides fournies par des puissances régionales ou internationales, en particulier l'Iran, la Syrie, les États-Unis ; elles ne sont souvent que des pions dans des jeux régionaux complexes qui les dépassent et dont elles ont été victimes à plusieurs reprises. Pour les puissances occidentales, les droits kurdes sont à géométrie tout à fait variable, puisqu'ils ne soulèvent aucune émotion humanitaire quand la Turquie, membre de l'O.T.A.N., exerce une répression forte chez elle et un droit de suite sur la zone irakienne d'autonomie ; il en est de même quand l'Iran bombarde cette même zone. L'indignation humanitaire est réservée aux seuls actes de répression de l'Irak et c'est sur son territoire seulement que les Kurdes sont poussés à la révolte, révolte dont l'aboutissement dans la constitution d'un État souverain est, en tout cas, interdit : cela impliquerait un démembrement de l'Irak qui ouvrirait tous les dossiers des frontières plus ou moins artificielles que Britanniques et Français avaient découpées au Moyen-Orient à l'issue de la Première Guerre mondiale.

Les pays de la Péninsule arabique seront donc les premiers à tenter de calmer les ardeurs occidentales encourageant les révoltes au sud et au nord de l'Irak, bientôt suivis par la Turquie et l'Iran, dont les ministres des Affaires étrangères réunis à Damas, le 10 février 1992, lancent avec leur collègue syrien un appel solennel au respect de l'intégrité territoriale de l'Irak.

L'opinion occidentale est d'ailleurs beaucoup moins informée des souffrances de la population au sud. Celle-ci est chiite, et elle est donc soupçonnée d'être sous l'influence de l'idéologique khomeyniste.

Les principales figures de l'opposition irakienne, fortement médiatisées, sont d'ailleurs des figures religieuses : celles d'ayatollahs siégeant à Téhéran dans le cadre d'un « Conseil suprême de la révolution islamique en Irak ». Elles jouissent aussi du soutien syrien, la Syrie continuant d'entretenir des relations étroites avec l'Iran. Cette opposition ne peut donc bénéficier du soutien occidental ou de celui de l'Arabie Saoudite, qui craint par-dessus tout les formes d'islam révolutionnaire antioccidental, et qui abhorre le chiisme. L'hypothèque iranienne pèsera lourd sur l'ensemble de l'opposition irakienne, mais plus particulièrement celle du sud de l'Irak. « Parce que nous sommes chiites, parce que nous avons des liens avec l'Iran, dit un chef local à un journaliste occidental, en mars 1992, nous sommes ignorés. Les gens pensent que nous sommes incapables de démocratie ou d'avoir de bonnes relations avec l'Occident[1]. »

Mais ce n'est pas seulement au nord et au sud que les populations souffrent. Au centre du pays, là où l'administration irakienne reste totalement maîtresse du terrain, les Irakiens ont du mal à survivre. Ils sont totalement dépendants de l'approvisionnement que veut bien assurer le gouvernement. Sauf pour les dignitaires du régime et les unités de la garde présidentielle, tout manque pour la population. On est ici loin des frontières poreuses avec l'Iran, la Turquie, la Syrie ou le Koweït où l'aide humanitaire et la contrebande fleurissent. Chaque famille dépend de sa soumission au parti Baath, qui règne en maître. L'embargo occidental frappe durement, car tout est sous contrôle du régime. Des enquêtes des organismes spécialisés des Nations unies, il ressort que les rations alimentaires mensuelles aux prix contrôlés n'assurent que 1 417 calories par personne et

---

1. « In Remote Iraqi Marshers, 10 000 Shii Besieged », *International Herald Tribune*, 16 mars 1992.

par jour[1]. Sur le plan de la santé, la situation est encore plus grave : l'Irak n'importe que 10 % des produits pharmaceutiques qu'il importait avant guerre et les hôpitaux manquent de matériel et des produits les plus essentiels[2]. C'est tout le système de santé qui s'est en fait effondré, au dire du coordinateur de l'aide humanitaire de l'O.N.U. en Irak qui déclare : «À moins de progrès dans l'assistance humanitaire, nous courons au désastre. 250 millions de dollars pour six mois, c'est inadéquat. Dans le Sud, la faillite du système sanitaire peut conduire à un problème majeur. Il nous faut des pompes à eau, des pièces de rechange pour les ambulances et les camions-citernes qui distribuent l'eau potable et des médicaments pour contrer les maladies qui se développent. Dans le Nord, 80 % à 90 % de la population active est au chômage et les 10 % restant touchent moins de dix dollars par mois[3].» La population infantile est évidemment la plus durement touchée ; selon une enquête de l'U.N.I.C.E.F., «9,2 % des bébés de zéro à deux mois sont gravement ou modérément mal nourris[4].» En 1995, une étude de la F.A.O. indique que l'embargo imposé à l'Irak par les Nations unies a entraîné la mort de 560 000 enfants depuis la fin de la guerre du Golfe[5], ce qui fera parler de «Génocide froid en Irak»[6].

1. «Postwar Irak Is on Its Feet Despite Strict Oil Embargo», *International Herald Tribune*, 25 janvier 1993.

2. «Irak : les effets pervers de l'embargo», *Le Monde*, 4 janvier 1993.

3. *Ibid.*

4. «Les Irakiens au seuil de la misère», *Le Monde*, 11 novembre 1994.

5. *Le Monde*, 2 décembre 1995. Voir aussi le rapport de la F.A.O. *Evaluation of Food and Nutrition Situation in Iraq*, Rome, 1995 (TCP/IRQ/4552). On pourra aussi consulter le rapport plus récent de l'Organisation mondiale de la santé, *The Health Conditions of the Population in Iraq since the Gulf Crisis*, Genève, mars 1996 (WHO/EHA/96.1).

6. Titre d'une tribune publiée par *Le Monde* du 19 janvier 1996, signée par Lucie et Raymond Aubrac, Jean-Claude Carrière, Jean-Pierre Chevènement, Régis Debray, Gisèle Halimi et Sami Naïr.

En fait, mis à part les commerçants, les profiteurs et la haute nomenclature civile et militaire, la population connaît un appauvrissement cruel, car l'inflation galopante a réduit les salaires des fonctionnaires et employés à des sommes dérisoires. Le système scolaire se délabre et, faute d'intrants, l'agriculture et l'industrie ne tournent qu'à une capacité très réduite. Sur une aide humanitaire de 280 millions de dollars réclamés en 1994 par l'O.N.U. pour venir en aide aux personnes les plus vulnérables, seuls 72 millions ont pu être versés[1].

En dépit de toutes les évidences sur les ravages qu'inflige l'embargo à dix-sept millions d'Irakiens, celui-ci est maintenu par le Conseil de sécurité des Nations unies. La frénésie de moralité internationale qui a saisi le monde à propos de l'invasion du Koweït se transforme en une machine aveugle qui broie toute la population d'un État. Le paradoxe le plus inquiétant est que l'embargo consolide le pouvoir du régime que les États-Unis cherchent à abattre, puisqu'il met la population totalement à la merci du régime, maître de l'approvisionnement. Tout désordre interne ne peut que provoquer encore plus de souffrances et de désolation et faire perdre aux Irakiens le peu d'approvisionnement dont ils disposent, surtout s'ils ne se trouvent pas proches d'une frontière par où ils pourraient rapidement recevoir des vivres.

Les attentats du 11 septembre 2001 aux États-Unis, attribués au réseau Al Quaëda d'Oussama Ben Laden, issu d'une riche famille saoudienne, vont avoir pour résultat inattendu, compte tenu de l'absence de tout lien entre cette organisation et le régime irakien, de faire peser à nouveau sur l'Irak le spectre d'une guerre qui aggravera les souffrances de la popula-

1. Déclaration au journal *Le Monde* du 11 novembre 1994 du coordinateur des activités humanitaires de l'O.N.U. à Bagdad.

tion. En effet, comme on le verra à la fin de ce chapitre, le gouvernement des États-Unis devient obsessionnel sur le danger que représenterait l'Irak pour la sécurité du monde et reste sourd à tous les appels européens ou arabes à plus de modération.

AUTRES DÉPLACEMENTS DE POPULATION

Hors de l'Irak aussi des populations vont beaucoup souffrir des conséquences de la guerre du Golfe. Il y avait eu, déjà, après l'invasion du Koweït, le flot de travailleurs asiatiques et arabes au Koweït et en Irak qui par centaines de milliers se pressaient aux frontières de la Jordanie et de l'Iran pour rentrer chez eux ; ils durent tous traverser l'Irak pour rejoindre l'aéroport d'Amman ou le port d'Akaba en Jordanie ou, pour les Pakistanais et les Bengali, arriver en Iran. Entre août et novembre 1990, 700 000 personnes ont ainsi transité par la Jordanie dans les conditions les plus difficiles. Des camps de fortune furent ouverts à la hâte à la frontière entre l'Irak et la Jordanie par le Comité international de la Croix-Rouge[1].

Après la libération du Koweït, la population palestinienne de l'émirat sera jugée indésirable et accusée de collaboration avec l'ennemi irakien. Durant quelques mois s'installe une chasse à l'homme dans les rues de Koweït ainsi décrite par un observateur impartial de la Croix-Rouge : « Sitôt Koweït-City libérée, la crainte générale devient réalité : la chasse à l'homme est ouverte. Chasse aux Palestiniens tout

---

1. Voir Christophe Girod, *Tempête sur le désert. Le Comité international de la Croix-Rouge et la guerre du Golfe 1990-1991, op. cit.*

d'abord, mais aussi à toutes les personnes suspec-
tées d'avoir épousé la cause de Saddam Hussein.
Chasse parfois meurtrière, toujours effrénée, largement incontrôlée. Chasse déclenchée par des milices
de Koweïtiens parfois menées par de jeunes princes
de la famille régnante (l'émir est le père de plus de
100 fils). Bandes vengeresses dont les abus — pas-
sages à tabac, arrestations arbitraires et exécutions
sommaires — rappellent les «escadrons de la mort»
de sinistre mémoire ailleurs dans le monde[1]. »

En quelques mois, l'émirat se vide de sa population palestinienne qui se replie en Jordanie. Le petit
royaume, aux maigres ressources, doit faire face à
un afflux de plusieurs centaines de milliers de personnes. Beaucoup de Palestiniens qui quittent le
Koweït y sont nés, leurs parents ayant émigré suite
aux guerres avec Israël.

Un autre drame sera celui des 800 000 Yéménites
travaillant en Arabie Saoudite sans nécessité de permis de travail. Ce statut favorable est abrogé le
19 septembre 1990 par le gouvernement saoudien,
du fait des sympathies du gouvernement yéménite
pour l'Irak; d'où un autre exode lié à la guerre.
L'économie yéménite, l'une des plus pauvres du
monde arabe, est très dépendante des envois de
fonds de ses travailleurs en Arabie Saoudite. Ces
représailles saoudiennes ne sont pas dues seulement
au refus yéménite de rompre avec l'Irak, mais aux
relations ambivalentes et complexes entre les deux
pays depuis la naissance au début du xxᵉ siècle du
royaume saoudien, qui a conquis des portions importantes de territoires yéménites. Par ailleurs, depuis
l'avènement en 1961 de la république yéménite qui
a mis fin au règne «archaïque» des imams du
Yémen, l'Arabie Saoudite aide certaines tribus hostiles au régime républicain et finance des mouvements intégristes yéménites. L'unification en mai

1. *Ibid.*, p. 229.

1990 du Yémen du Nord avec le Yémen du Sud (qui avait été une dictature marxiste depuis son indépendance en 1968) est perçue par l'Arabie Saoudite comme une menace potentielle à son hégémonie dans la Péninsule[1]. L'expulsion des travailleurs yéménites est donc un moyen de mettre en difficulté la nouvelle république unifiée du Yémen.

L'IMPOSSIBLE DÉMOCRATISATION
DES MONARCHIES PÉTROLIÈRES

Beaucoup d'observateurs avaient pensé que la guerre du Golfe allait entraîner une ouverture politique et une modernisation des institutions souvent archaïques des monarchies pétrolières de la Péninsule arabique. L'alliance militaire et politique entre les puissances occidentales et ces monarchies pour repousser l'agression irakienne aurait normalement dû amener des régimes de type patrimonial, refusant les conceptions modernes des droits de l'homme, à évoluer vers des pratiques démocratiques susceptibles de consolider l'ordre interne. Dans ces pays, en effet, les mécontentements sont nombreux. Le style de gestion patrimonial, économique et politique que pratiquent les dynasties en place et les grandes familles marchandes ne satisfait ni les éléments modernistes ni les tenants d'un ordre islamique qui ne soit pas que formel, mais permette plus d'équité et de justice sociale et une politique

---

1. Voir à ce sujet l'ouvrage très clair, montrant tous les enjeux géopolitiques loin des clichés et digressions sur les phénomènes religieux exotisés, de Noël Jeandet, *Un Golfe pour trois rêves. Le triangle de crise Iran, Irak, Arabie*, L'Harmattan, Paris, 1993, p. 59-60. L'auteur est un ancien diplomate français qui a été ambassadeur à Koweït ; il s'agit du regretté Jean Bellivier.

étrangère moins servile à l'égard des intérêts occidentaux.

Pourtant, la guerre du Golfe ne changera guère
les données du problème. Les crispations du régime
koweïtien resteront les mêmes[1]. Le style est donné
par le gouvernement saoudien qui réprime sans
ménagement à Riyad, le 6 novembre 1990, une manifestation de 70 femmes bravant l'interdit de conduire
une voiture. Les Saoudiennes ont vu, lors de l'implantation militaire américaine, les nombreuses
femmes qui servent dans l'armée du puissant allié.
Le 8 novembre, cependant, le roi Fahd promet l'établissement d'un conseil consultatif (*Majliss Choura*),
promesse qui ne sera concrétisée qu'en 1995. En fait,
le royaume reste plus que jamais, selon l'expression
d'un diplomate français écrivant sous pseudonyme,
une «dictature protégée»[2]: Américains et Européens ont peur que des pressions sur le royaume
pour l'amener à moderniser et libéraliser le régime
ne mettent en péril le règne de la famille royale, ser-
viteur fidèle des intérêts occidentaux. Par ailleurs, le
régime a été fragilisé par la guerre du Golfe ; la présence des 700 000 soldats occidentaux près des Lieux
saints musulmans, s'immisçant dans un conflit entre
pays musulmans et contribuant à toutes les souffrances décrites, a donné de la vigueur à l'opposition
clandestine qui retourne contre le régime l'idéologie
islamisante dont il se sert aussi pour consolider ses
assises[3]. Un groupe d'opposants parvient même à

---

1. Voir «Golfe : inquiétante démocratie… Malgré le retour au par-
lementarisme à Koweït, la libéralisation des monarchies pétrolières
reste lente», *Le Monde*, 22-23 novembre 1992.
2. Jean-Marie Foulquier, *Arabie Saoudite. La dictature protégée*,
Albin Michel, Paris, 1995.
3. «Ironique retour de flamme au pays du wahhabisme ultra-
orthodoxe, qui pendant de longues années, pour contrer le communisme ou déstabiliser tel ou tel régime, a financé les formations
musulmanes les plus rigoristes à travers le monde — du Proche-
Orient à l'Afghanistan en passant par le Maghreb et l'Afrique noire»
(Mouna Naïm, «Arabie Saoudite : l'opposition dénonce la domina-

s'installer à Londres en mai 1993. Il opère sous le nom de «Comité pour la défense des droits légitimes» et veut lutter «contre l'oppression et l'injustice» que fait régner le régime politique saoudien, taxé de corruption et d'impiété[1]. En fait, en 1992, des cassettes au contenu virulent ont circulé dans tout le royaume, dénonçant la monarchie et ses soutiens dans l'*establishment* religieux wahhabite, ainsi que la domination des États-Unis, puissance «infidèle» et athée sur la terre d'islam[2]. Cela a amené un regain de contrôle de la famille royale sur les oulémas, qui ont été invités à ne pas se mêler de politique et à ne pas verser dans l'extrémisme[3]. Le comité de Londres, dirigé par Mohammed Al Massari, fera beaucoup parler de lui en 1995, lorsque le gouvernement saoudien demandera l'expulsion de son leader au gouvernement britannique sous peine d'annuler des contrats d'armements. Les juges anglais refuseront finalement l'expulsion, mais le comité connaîtra de nombreuses dissensions internes[4].

La précarité de la monarchie saoudienne est encore aggravée par le maintien de troupes américaines sur son territoire. À Riyad, en novembre 1995, puis à Khobar en juin 1996, le royaume est secoué par deux attentats terroristes spectaculaires, le premier contre le Q.G. des forces américaines (7 morts et 60 blessés), le second contre la base implantée

---

tion des États-Unis. L'apparition d'une contestation islamiste et les difficultés financières avouées entament l'image d'un pays immuable», *Le Monde*, 23 novembre 1994).

1. *Le Monde* du 9-10 octobre 1993 et article de M. Naïm, déjà cité.

2. Voir «Angry Islamist Aim a Taped "Supergun" at Saudi Leaders», *International Herald Tribune*, 10 mars 1992.

3. Voir «Saudi Try to Curb Religious Radicals», *International Herald Tribune*, 1er février 1992, et «Le roi Fahd invite les dignitaires religieux à ne pas s'immiscer dans la politique», *Le Monde* du 23 décembre 1992.

4. Voir *Le Figaro* du 5 janvier 1996 pour la demande de l'expulsion et l'*International Herald Tribune* du 6 mars 1996 pour le jugement favorable à l'opposant saoudien.

dans la ville de Khobar (19 morts et 386 blessés). Ces attentats surviennent après l'explosion d'une bombe dans la mosquée de Qouba, au mois d'octobre 1995, qui a fait 8 morts et 101 blessés. Les experts considèrent que ces actes de déstabilisation sont plus que jamais le résultat de la propagande antimonarchique et antiaméricaine des religieux qui s'en prennent à l'État pourtant le plus islamisé du Proche-Orient[1].

À Koweït, après la libération de la ville par l'armée américaine, le retour de la famille régnante dans la cité-État donne lieu au déballage de nombreux scandales dont celui des milliards de dollars évaporés en investissements douteux en Espagne par le Koweït Investment Office, qui gérait les cent milliards de dollars de surplus accumulés de recettes pétrolières. On questionne aussi tous les achats d'armes et de système de défense qui n'ont servi à rien, puisque l'armée irakienne a occupé le pays sans rencontrer de résistance. Les contrats pour la reconstruction qui vont massivement aux sociétés américaines, au grand dépit des sociétés anglaises et françaises, sont attribués sans aucune transparence financière. On découvre aussi de nombreuses malversations dans la gestion de la société pétrolière nationale. La famille royale tarde à rétablir le Parlement koweïtien, car l'opposition aussi bien moderniste qu'islamiste est très vigoureuse. Ce n'est qu'en octobre 1992 que des élections ont enfin lieu, mais sans que le droit de vote soit accordé aux femmes et sans que les tribus bédouines qui n'appartiennent pas au grandes familles de l'émirat (les *Bidoun*, c'est-à-dire ceux qui n'ont pas acquis la nationalité) aient pu se voir attribuer le droit de vote. Aux élections d'octobre 1996, les femmes n'ont tou-

---

1. « Saudi Militancy/Growing Dissent: Challenge to a Monarchy Festers below the Surface », *International Herald Tribune*, 6 novembre 1996,

812   *Le Proche-Orient éclaté. 1956-2012*

jours pas acquis le droit de vote, à la différence de
leur consœurs en Iran, et les conditions de fonctionnement de la démocratie koweïtienne n'ont guère
évolué : « Les citoyens du Koweït se rendent aux
urnes dans la désillusion », titre *Le Monde* du 6-
7 octobre 1996 en rendant compte du déroulement
des élections et des interventions des autorités
« pour barrer la route aux candidats les plus acerbes
et les plus curieux de la gestion des fonds de l'État ».
Au dire d'un candidat, « certains de ceux qui ont
volé l'argent du pays ne veulent pas voir réélus les
députés qui se sont battus pour faire passer des lois
en faveur d'un plus grand contrôle des dépenses »,
cependant qu'un autre affirme : « Nous voulons
savoir où sont passés quelque 10 milliards de dollars
disparus en mauvais investissements ou carrément
volés, c'est pourquoi le gouvernement voudrait voir
élus des gens faibles qui lui éviteraient de s'expliquer en justice [1]. »

À Bahrein, où le Parlement a été suspendu en
1975 sous pression saoudienne, l'opposition manifeste vigoureusement à la fin de l'année 1994 et des
émeutes finissent par éclater en 1995, qui se poursuivent sporadiquement, mais prennent la couleur
d'une opposition chiite, bien que les demandes de
rétablissement de la démocratie aient été à l'origine
faites aussi bien par des personnalités sunnites que
chiites.

Les monarchies du Golfe ne disposent d'ailleurs
plus des mêmes moyens financiers qu'avant la
guerre. La guerre a coûté environ 55 milliards de
dollars dont les deux tiers ont été réglés par les pays
du conseil de coopération du Golfe. Il a fallu aussi
payer des aides aux pays arabes qui ont rejoint la
coalition alliée, en particulier l'Égypte, la Syrie et le
Maroc. L'Arabie Saoudite et le Koweït ont dû s'en-
detter pour faire face à leurs obligations et pour

1. *Le Monde* du 6-7 octobre 1990.

payer leurs nouvelles commandes d'armements aux États-Unis. En effet, la guerre du Golfe relance la course aux armements. Dans l'anxiété et la phobie de l'agression qui s'est développée, des milliards de dollars sont consacrés à des achats d'armes. Or les prix du pétrole, après une éphémère flambée dans le sillage de l'occupation de Koweït, sont retombés au-dessous de 20 dollars le baril, niveau tout à fait insuffisant pour permettre d'équilibrer le budget et la balance des paiements de l'Arabie Saoudite. Les États doivent se serrer la ceinture et ne peuvent plus être aussi généreux avec leurs citoyens que par le passé, ce qui contribue à aggraver les tensions politiques.

Les essais d'organiser une défense commune, soutenus principalement par d'autres pays arabes, échouent lamentablement, alors que cela aurait permis aux pays de la Péninsule arabique d'être moins dépendants de la protection occidentale. Le 7 mars 1991, les représentant du conseil de coopération du Golfe, la Syrie et l'Égypte, se réunissent à Damas pour mettre au point une déclaration prévoyant des mesures de défense commune. Mais le Koweït et l'Arabie Saoudite ne sont rassurés que par le maintien d'une présence américaine permanente sur le sol. La déclaration de Damas ne sera donc pas appliquée et l'Égypte annoncera le retrait de ses troupes (35 000 hommes) dès le 8 mai ; la sécurité du Golfe reste plus que jamais confiée aux Américains, ce qui ne peut que donner des arguments supplémentaires aux opposants islamistes.

Par ailleurs, les conflits mineurs sur les délimitations de frontières se multiplient entre États du C.C.G., en particulier l'Arabie Saoudite mais aussi le Qatar et Bahrein, cependant que la tension entre le Yémen et l'Arabie Saoudite reste vive. La dégradation continue de la situation économique au Yémen et les rivalités pour le partage du pouvoir après l'unification entraînent une tentative de scission du

Yémen du Sud en mai 1994, appuyée par l'Arabie
Saoudite. Au début du mois de juillet, les troupes
nordistes parviennent à s'emparer d'Aden et à
contrôler le sud du Yémen ; mais, en octobre, la tension avec l'Arabie Saoudite monte vivement sur le
contentieux territorial entre les deux pays.

L'IMPLACABLE DICTATURE
DES NATIONS UNIES SUR L'IRAK
ET LE DÉRAPAGE DE LA SITUATION
KURDE

Alors qu'en Palestine ni le droit de l'ONU ni les
clauses des accords d'Oslo ne sont appliqués, en
Irak, c'est toute une machinerie onusienne qui tient
le pays dans un filet aux mailles étouffantes. Koweït
libéré, les dix-sept millions d'Irakiens sont restés prisonniers de la cage forgée par les différentes résolutions des Nations unies, en particulier la résolution
687 du 3 avril 1991, placée sous l'enseigne du chapitre VII de la charte des Nations unies permettant
le recours à la force pour faire exécuter la résolution. Cette résolution, l'une des plus complexes et
des plus longues du Conseil de sécurité, réaffirme
l'ensemble du droit onusien sur le contentieux irako-
koweïtien et impose à l'Irak une série d'obligations
nouvelles qui aboutissent, en fait, à une mise du pays
sous tutelle de l'O.N.U. et, derrière elle, celle des
États-Unis, désormais maîtres du Conseil de sécurité. « Visant à rétablir durablement la paix dans la
région, écrit Christophe Girod à propos de cette
résolution, elle est toutefois très sévère à l'égard
de l'Irak qu'elle enserre dans un véritable étau.
Contrôles, exigences et autres mesures coercitives
constituent l'articulation d'un texte de dix pages,

très critiqué par les autorités irakiennes qui le ressentent comme un "diktat" qu'elles acceptent néanmoins formellement trois jours plus tard[1]. »

La résolution établit d'abord, dans ses paragraphes 7 à 14, un mécanisme permanent de contrôle des armes chimiques, bactériologiques et balistiques de l'armée irakienne sur tout le territoire du pays. L'Irak est sommé de détruire tous ses stocks d'armes et de ne pas tenter de les reconstituer. Une commission spéciale des Nations unies (U.N.S.C.O.M.) est créée avec l'aide de la Commission internationale de l'énergie atomique pour veiller de façon permanente au respect de ce désarmement concernant les armes non conventionnelles.

Puis les paragraphes 16 à 20 affirment la nécessité pour l'Irak de payer des dommages de guerre, y compris ceux relatifs aux dommages faits à l'environnement ou aux ressources naturelles, à tout pays ou toute personne ayant été affectés par la guerre ; la résolution affirme aussi que « toutes les déclarations de l'Irak depuis le 2 août 1990 répudiant ses dettes extérieures sont nulles et non avenues et exige que l'Irak respecte scrupuleusement toutes ses obligations concernant le service et le remboursement de sa dette extérieure[2] ». La résolution prévoit l'établissement d'un Fonds géré par une commission formée par les Nations unies qui recevra un pourcentage à déterminer du produit des exportations pétrolières de l'Irak pour assurer le paiement des dommages de guerre.

Le paragraphe 20 de la résolution maintient l'embargo économique sur l'Irak, qui ne peut être assou-

---

1. *Tempête sur le désert, op. cit.*, p. 190. Voir aussi Monique Chemillier-Gendreau, « L'Irak broyé par le droit international », *Le Monde diplomatique*, juin 1995.
2. Voir le texte intégral de la résolution dans *The United Nations and the Iraq-Kuwait Conflict 1990-1996*, ouvrage de plus de 800 pages reproduisant l'ensemble des résolutions, documents et rapports officiels de l'O.N.U. sur le conflit.

pli ou levé que si le Conseil de sécurité estime que l'Irak a satisfait à toutes ses obligations prévues dans la résolution 687 et toutes les résolutions précédentes. La résolution a aussi prévu que l'Irak devra accepter la démarcation définitive et solennelle de sa frontière avec le Koweït, dont l'inviolabilité est désormais garantie par le Conseil de sécurité des Nations unies (par. 4). Dès le 9 avril, une nouvelle résolution 689 du Conseil de sécurité approuvera la constitution d'une mission d'observation des Nations unies (U.N.I.K.O.M.) destinée à se déployer sur la frontière entre l'Irak et le Koweït, à détecter tout mouvement de troupes hostile et à assurer une zone démilitarisée des deux côtés de la frontière. Par ailleurs, le paragraphe 24 de la résolution 687, se référant à la résolution 661 d'août 1990 établissant l'embargo économique, prévoit qu'aucune exportation de matériel ou de technologies militaires ou susceptibles d'avoir un usage militaire ne peut être faite à destination de l'Irak, jusqu'à nouvel avis du Conseil de sécurité.

L'Irak est ainsi «emmailloté» par plus de 32 résolutions du Conseil de sécurité, appliquées par la force en vertu du chapitre VII de la charte auquel il se réfère, dont il lui deviendra impossible de se défaire. En effet, bien que le Koweït ait été libéré et restauré dans sa pleine souveraineté, l'Irak restera soumis à une tutelle permanente de l'O.N.U. dont la levée est laissée à l'appréciation discrétionnaire des membres du Conseil de sécurité, dont aucun ne songe à contester les positions inflexibles des États-Unis. Le maintien en vigueur de la résolution 687 est d'ailleurs lié, par son dernier paragraphe (34), à une autosaisine permanente du Conseil de sécurité, habilité à prendre des mesures supplémentaires pour la mise en application de la résolution elle-même ou «pour assurer la paix et la sécurité dans la région».

Un droit d'ingérence et de contrôle permanents

sur l'Irak est ainsi créé au nom de la paix et de la sécurité dans la région, droit qui n'a pas d'équivalent dans l'histoire des relations internationales[1]. Saddam Hussein ayant réussi à se maintenir au pouvoir, et face aux craintes de démembrement de l'Irak, c'est une tutelle américaine, déguisée en tutelle onusienne, qui est imposée à l'Irak et dont vont souffrir considérablement, comme nous l'avons vu, toutes les composantes de la population de ce pays. La flotte et l'aviation américaines, accessoirement aidées par les unités françaises et anglaises toujours présentes dans le Golfe, seront appelées à plusieurs reprises à reprendre des bombardements ponctuels sur l'Irak. Ce sera le cas par exemple en janvier 1993, en représailles contre des incursions irakiennes en zone démilitarisée à la frontière avec le Koweït. Par la suite, ces opérations deviendront quelque peu routinières et ne seront même plus suivies de l'opinion publique. À la fin de 1996, la France exaspérée se désolidarisera des États-Unis, en refusant de participer aux patrouilles de surveillance et de reconnaître une extension de la zone d'exclusion aérienne au sud de l'Irak.

Au début de l'année 1996, l'Irak commencera à négocier avec les Nations unies, en application de la résolution 986, la vente de certaines quantités

---

1. C'est bien ce que note aussi Christophe Girod qui écrit dans son analyse de la résolution 687 : «La principale controverse provoquée par ce texte découle du fait qu'il décide du maintien des mesures de contrainte imposées à l'Irak par les résolutions antérieures. Adoptées pour pousser l'Irak à se retirer du Koweït par des voies pacifiques bien que coercitives, on peut se poser la question de leur légitimité une fois l'émirat libéré et l'Irak contraint d'accepter un cessez-le-feu. Plutôt que de lever les sanctions, quitte à les reprendre ultérieurement au vu du comportement de Bagdad, le Conseil de sécurité adopte la position inverse : les sanctions sont maintenues, sauf décisions expresses contraires. Cette continuation virtuelle et indéfinie de ces mesures fait du bon vouloir des membres permanents du Conseil de sécurité, et plus spécifiquement des États-Unis, la condition pour le moins arbitraire de leur levée» (*Tempête sur le désert, op. cit.,* p. 191).

de pétrole pour pouvoir importer des produits alimentaires. Le gouvernement irakien s'était jusquelà refusé à faire usage de cette possibilité, car le produit des ventes pétrolières doit être versé dans un compte spécial sous contrôle de l'O.N.U. et la distribution des vivres à l'intérieur de l'Irak doit aussi se faire sous supervision de l'organisme international. Ces conditions étaient jusqu'alors jugées draconiennes et contraires à l'exercice de sa souveraineté par l'État irakien. L'accord, bien que prêt au printemps 1996, n'obtient toutefois un feu vert américain qu'au mois de novembre. Il n'est pas certain que cette opération amène plus qu'un soulagement passager pour la population, d'autant que, sur les sommes encaissées, les Nations unies prélèveront, jusqu'à un plafond de 30 %, tous les frais de gestion qu'elle a eus pour le fonctionnement de divers comités mis en place pour faire exécuter la batterie de résolutions relatives à l'invasion de Koweït ainsi que les indemnisations et réparations à payer par l'Irak en vertu de ces mêmes résolutions.

Il faut dire qu'au cours de l'été 1996, la situation dans le Kurdistan irakien se dégrade à nouveau entre les factions kurdes, lorsque l'une d'entre elles, l'U.P.K., soutenue par l'Iran et la Syrie, tente de prendre le contrôle de l'ensemble de la zone autonome mise en place par l'opération *Provide Comfort* sous contrôle américain. L'autre faction rivale, le P.D.K., n'aura d'autres ressources que de faire appel aux troupes de Saddam Hussein qui pénètrent dans la zone interdite pour le soutenir. En représailles, l'armée américaine bombardera des positions irakiennes, non pas au nord de l'Irak, mais au sud, selon une logique peu claire. Les troupes irakiennes se retirent de la zone kurde, mais le P.D.K. est en mesure non seulement de regagner le terrain perdu, mais de chasser la milice de l'U.P.K. de presque toute la zone. Pour la coalition alliée, c'est le signe d'un échec total dans sa politique visant à employer les Kurdes pour faire tomber le régime irakien. Les souffrances infligées aux populations civiles kurdes, sous le prétexte de la libération de Koweït, ont été totalement inutiles. Les équipes de la C.I.A. qui assistaient les factions kurdes et autre membres de l'opposition irakienne présents dans cette zone doivent se retirer en toute hâte vers la Turquie, laissant leurs collaborateurs locaux à la vindicte des troupes irakiennes qui nettoient la zone avant leur retrait. La diplomatie américaine subit ici un échec cuisant qui n'empêchera pas le Congrès américain de voter en octobre 1988 un crédit de 97 millions de dollars à la C.I.A. pour que celle-ci tente à nouveau de revigorer l'opposition irakienne dans l'espoir de faire tomber le dictateur irakien.

Ce dernier va, en effet, narguer de plus en plus les États-Unis qui ne paraissent nullement disposés à lever l'embargo économique dont l'opinion occidentale ne peut plus ignorer les effets dévastateurs sur la santé et le niveau de vie de la population irakienne. Au dire d'un correspondant de presse, les ventes limitées de pétrole permises à l'Irak depuis le début de 1996 ont tout juste « permis de rétablir certaines situations parmi les plus dramatiques ». Pourtant, ajoute ce correspondant, citant l'U.N.I.C.E.F., « l'Irak présente aujourd'hui la plupart des caractéristiques d'un pays de l'Afrique subsaharienne » ; le « mieux » tout relatif n'empêche pas que la population « reste tout de même dans le niveau de la survie[1] ». Exploitant la sympathie de la France et de la Russie, ainsi que de la Chine, pour la situation dramatique du pays, le gouvernement irakien dénonce de plus en plus fréquemment le fait que l'U.N.S.C.O.M., la commission des Nations unies chargée du désarmement de l'Irak, fait traîner en longueur son tra-

1. Voir le reportage de Gilles Paris, « Si tout le monde pouvait partir, il n'y aurait plus personne ici depuis longtemps », *Le Monde*, 3 novembre 1998, p. 4.

vail, réclamant toujours plus de nouvelles inspections pour pouvoir se prononcer sur le degré de satisfaction des obligations du gouvernement irakien par rapport aux résolutions de l'O.N.U. Tout au long de l'année 1997, la crise monte entre les autorités locales et le chef de l'U.N.S.C.O.M. qui multiplie les déclarations défavorables à l'encontre de l'Irak. Celui-ci réclame un changement dans la composition de la commission où dominent les experts américains dont huit sont expulsés d'Irak le 29 octobre de cette année ; elle demandera aussi que soit fixée une date pour la levée de l'embargo.

Une médiation russe calme le jeu un moment, mais la crise éclate à nouveau lorsque le chef de l'U.N.S.C.O.M., Richard Butler, exige que les palais présidentiels soient ouverts aux inspections de ses experts. Du côté américain, un appui total est donné à la position de l'U.N.S.C.O.M. et les accusations de fabrication de gaz toxiques par l'Irak se multiplient.

Au mois de décembre 1997 et janvier 1998 la tension est à son comble, Américains et Anglais envoient des renforts dans le Golfe, en prévision d'une attaque de représailles contre l'Irak. Toutefois, la France, la Russie et la Chine ne semblent pas disposées à participer à une action militaire ou même à accepter de la faire endosser par une résolution du Conseil de Sécurité de l'O.N.U. La Turquie, de son côté, fait savoir qu'elle n'acceptera pas que l'aviation américaine utilise les bases turques pour une action militaire contre l'Irak. Dans le monde arabe, les opinions publiques sont révoltées par la partialité américaine, les souffrances qu'endure la population irakienne du fait de sept années d'embargo. Compte tenu de l'indulgence absolue dont jouit l'État d'Israël dans la non-application des résolutions de l'O.N.U., la politique des « deux poids, deux mesures » qui caractérise la politique occidentale au Moyen-Orient apparaît de nouveau dans la lumière la plus crue. Les gouvernements arabes, même les plus fidèles alliés

des États-Unis, désapprouvent l'attitude américaine
et réclament que le différend avec l'Irak soit réglé
par la négociation ; les aides humanitaires à l'Irak
en provenance des pays arabes se multiplient et la
Syrie envoie au cours de l'été 1997 une mission économique en Irak. Le gouvernement américain finira
donc par céder. Le nouveau secrétaire général des
Nations unies, Kofi Anan, est chargé de trouver une
issue honorable à la crise. Du 20 au 23 février 1998,
ce dernier obtient un accord à Bagdad, en vertu
duquel les sites présidentiels seront ouverts sans
restrictions aux inspecteurs de l'U.N.S.C.O.M. qui
devront être, cependant, accompagnés de diplomates
de haut rang dont l'un d'entre eux, nommé par le
secrétaire général des Nations unies, sera le chef de
mission. Le 3 mars une résolution du Conseil de
sécurité approuve l'accord, cependant que les États-
Unis se réservent le droit de «frappe» militaire unilatérale sans consultation des Nations unies au cas
où ils estimeraient que l'Irak ne respecte pas ses
engagements.

Si les sites présidentiels sont inspectés sans
encombre, l'U.N.S.C.O.M. continuera de soutenir
avec force que l'Irak continue de posséder des stocks
et un potentiel important de fabrication d'armes
bactériologiques, empêchant l'Irak d'entrevoir une
possibilité que l'embargo soit levé[1]. Au cours du printemps 1988, la tension remonte sensiblement, l'Irak
exigeant qu'une procédure claire et précise soit
mise au point pour faire le bilan de sept années
d'inspection et indiquer clairement quelles sont les
obligations auxquelles l'Irak n'aurait pas satisfait et
sur quels critère juger qu'il aurait pris les mesures
nécessaires pour y remédier. Le secrétaire général

---

1. À la fin du mois de janvier, Richard Butler n'avait pas hésité à
déclarer, initiative peu banale pour un fonctionnaire international
astreint au droit de réserve, que l'Irak posséderait suffisamment
d'armes bactériologiques pour anéantir la population de Tel-Aviv.

des Nations unies, la France et la Russie expriment un soutien discret à cette demande irakienne qui embarrasse l'U.N.S.C.O.M. et son protecteur américain. Une «feuille de route» sera ainsi préparée par M. Butler au mois de juin 1998 et remise au Conseil de sécurité et autres autorités irakiennes; ce document énumère la liste des actions que l'Irak doit entreprendre pour obtenir une levée des sanctions. Cédant aux pressions internationales qui se font plus intenses, l'accord pétrole contre nourriture est quelque peu élargi par le Conseil de sécurité pour permettre à l'Irak de faire face à ses besoins en importations vitales[1]. Toutefois, l'U.N.S.C.O.M. continue d'accuser l'Irak de cacher des stocks d'armes bactériologiques, ce qui éloigne à nouveau toute possibilité de levée de l'embargo. Comme pour exaspérer une tension permanente, un inspecteur américain, membre depuis 1991 de l'équipe de l'U.N.S.C.O.M., Scott Ritter, démissionne avec fracas le 26 août, estimant que la commission a cédé aux diverses pressions du gouvernement irakien et ne peut plus, en conséquence, effectuer son travail avec efficacité. Comble du cynisme ou de l'incons-

---

1. En octobre 1998, le responsable de l'aide humanitaire de l'O.N.U. pour l'Irak démissionne, dénonçant la communauté internationale qui, malgré l'échec évident de l'embargo à atteindre ses objectifs, s'obstine à ignorer les effets de cette sanction sur la population irakienne. L'O.N.U., estime ce responsable, continue de soutenir «une injustice d'une dimension inimaginable». Pour lui, la focalisation de la presse sur la malnutrition et la mortalité infantiles n'est pas suffisante, même si cela est «horrifiant» car, déclare-t-il, il est temps «de regarder la vérité en face et de voir ce que nous sommes en train de faire à toute une nation»; de même, il considère que le programme pétrole contre nourriture n'est «qu'un pansement appliqué à un malade qui est en train de mourir». Pour lui, comme pour bien d'autres analystes objectifs, les sanctions, en mettant la population à la merci des distributions de vivres de l'État, n'ont fait que renforcer le régime. «Croyez-vous, dit-il, que les Irakiens, qui n'ont rien à manger et qui sont obligés d'avoir deux, parfois trois emplois, ont le temps de penser à la politique, de penser à la manière de renverser le régime? Il faut être très ignorants pour le croire» (voir *Le Monde* du 10 octobre 1998, p. 4).

cience, l'inspecteur remercie le gouvernement israélien pour la coopération secrète qu'il lui a apportée
dans l'exercice de sa mission et qui lui a été très
précieuse. Ainsi, les accusations de l'Irak contre les
membres américains de la commission de désarmement, accusés d'espionnage, trouvent-elles une
confirmation éclatante.

À la fin du mois d'octobre, l'Irak n'ayant pas
obtenu de changement dans la situation sur le plan
de la levée prochaine de l'embargo, ni de restruc-
turation de la composition de l'U.N.S.C.O.M., gèle
les activités de cet organisme. Ainsi, sept années de
souffrances exceptionnelles pour la population irakienne, dans toutes ses composantes, auront été
endurées en pure perte. Figée, la politique américaine d'hégémonie sur le Proche-Orient continue
dans ses errements sans qu'une lueur d'espoir pointe
à l'horizon et sans que cette hégémonie qui per-
pétue des souffrances inacceptables soit contestée
ouvertement par l'une ou l'autre des puissances
occidentales. La Russie, trop affaiblie économiquement, ne peut guère aller très loin dans ses protestations ; la France, tout en montrant une certaine
compassion pour le sort de la société irakienne, n'ose
pas l'esclandre avec son allié américain sur le plan
de la levée de l'embargo, alors qu'elle n'a pas hésité
pourtant à enfreindre les règles édictées unilatéralement, il est vrai, par les États-Unis en matière de
contrats de recherche pétrolière avec l'Iran. Cette
attitude occidentale vis-à-vis des 17 millions d'Irakiens alimente la rancœur dans l'opinion arabe
et n'augure pas d'une amélioration possible dans le
climat tendu qui règne entre les puissances occidentales et le monde arabe depuis l'expédition de Napo-
léon Bonaparte en Égypte en 1798.

LA DÉCHÉANCE DU LIBAN

Alors que le Koweït est pleinement restauré dans son intégrité territoriale et sa souveraineté et que l'Irak est humilié et mis sous tutelle, le couple Liban-Syrie est transformé par les événements de la guerre du Golfe. La Syrie, en effet, va pouvoir enfin jouir pleinement de sa patiente conquête du Liban, commencée en 1976 lorsque les États-Unis lui ont permis de faire pénétrer ses armées jusqu'au fleuve Litani au sud du Liban, pour tenter de mettre au pas les mouvements armés palestiniens et empêcher que le Liban ne tombe totalement sous la coupe de l'alliance de ces mouvements avec les partis de gauche libanais. En 1982, à l'occasion de l'invasion israélienne, la Syrie avait failli perdre sa tutelle sur le Liban et, entre 1987 et 1989, un comité spécial de la Ligue arabe avait tenté de lui faire lâcher prise ; la première version des accords de Taïeff de septembre 1989 prévoyaient d'ailleurs, outre les amendements à introduire à la constitution libanaise, le retrait total hors du Liban et non le simple redéploiement des troupes syriennes dans la plaine de la Bekaa[1]. Encouragé par les efforts arabes, mais aussi par la France, le général en chef de l'armée libanaise, Michel Aoun, avait tenté de bouter les troupes syriennes hors de Beyrouth. En France, le R.P.R. s'était bruyamment rangé à ses côtés[2].

1. Il s'agit de l'accord, ayant pris la forme d'un Document d'entente nationale, conclu sous égide américano-saoudienne à Taïef en Arabie Saoudite, entre députés du Parlement libanais, élus en 1972 et autoperpétués dans leur mandat durant les années de guerre ; voir Joseph Maila, *Le Document d'Entente nationale : un commentaire*, *Les Cahiers de l'Orient*, n° 16-17, 4ᵉ trimestre 1989-1er trimestre 1990, p. 135-217.
2. Voir sur cet épisode, *supra*, le chapitre 15 p. 620-630 ; on pourra aussi se reporter à Carole Dagher, *Les paris du général*, F.M.A., Beyrouth, 1992, ainsi qu'à l'ouvrage de l'ambassadeur de France à

C'est la guerre du Golfe qui permet à la Syrie de déloger *manu militari* le bruyant général libanais, avec la bénédiction des États-Unis et le silence gêné de la France qui doit alors donner asile à ce personnage devenu encombrant. Les accords de Taïeff, désormais intégrés à la Constitution, peuvent enfin être appliqués. Ils ont prévu des pouvoirs renforcés au président de la Chambre et au Premier ministre qui doivent appartenir respectivement à la communauté chiite et sunnite, cependant que le président (maronite) de la République n'a plus que des compétences résiduelles. Dès mai 1991, un «accord de fraternité, de coopération et d'amitié» est signé le 22 de ce mois entre le Liban et la Syrie, consacrant juridiquement une tutelle que le nouvel ordre américain au Moyen-Orient semble tout à fait accepter et même souhaiter[1]. La Syrie, qui a envoyé des troupes en Arabie Saoudite et s'est rangée ouvertement dans le camp «allié» contre l'Irak, perçoit immédiatement, de la sorte, les dividendes de son ajustement à la nouvelle donne régionale et internationale.

Ainsi, si tout est mis en œuvre pour libérer le Koweït d'un côté, le Liban, en revanche, ne jouit plus que d'une souveraineté nominale, vidée de tout contenu. Au traité de mai 1991 qui trace le cadre général des relations inégales syro-libanaises, viendront s'ajouter une série d'autres traités entre les deux pays dans les domaines les plus divers. Alors que le rideau de fer en Europe est tombé et que tous les traités inégaux signés entre l'U.R.S.S. et les pays qu'elle avait satellisés sont devenus caducs, au Proche-Orient, se met en place entre le Liban et la

---

Beyrouth à cette époque, Paul Blanc, *Le Liban entre la guerre et l'oubli*, L'Harmattan, Paris, 1992. On pourra voir aussi Karim Pakradouni, *Le piège. De la malédiction libanaise à la guerre du Golfe*, Grasset, Paris, 1991.

1. Voir Joseph Maila, *Le traité de Fraternité : une analyse, Cahiers de l'Orient*, n° 24, 4e trimestre 1991, p. 75-88.

Syrie le même type de relations de «fraternité» qui avaient existé entre le géant soviétique et les pays d'Europe de l'Est.

La cause libanaise et les péripéties des guerres régionales déguisées en guerre dite civile, qui ont déchiré le pays pendant plus de quinze ans, vont se dissoudre miraculeusement sous l'effet de la guerre du Golfe. La polarisation de l'opinion internationale et française sur la menace à la paix du monde que représente la dictature irakienne va entraîner le basculement du Liban dans l'oubli pour prix du ralliement syrien. Pour être plus précis, c'est la souveraineté du Liban, ses libertés et le fonctionnement démocratique du pays qui vont sortir du champ de vision des observateurs politiques car, sur le plan économique, le Liban redeviendra dès 1992 un objet de fantasmes médiatiques.

En effet, c'est une prise de pouvoir subtile qui se déroule au Liban tout au long de l'année 1992 par le biais des fantasmes économiques de la reconstruction. Le champ du politique clos, le Liban sera happé de façon prématurée par l'excitation et le fantasme d'un nouveau Moyen-Orient qui va s'épanouir grâce à la coopération économique régionale, thème médiatique de base de l'axe américano-israélien, sujet préféré de Shimon Pérès, de l'Union européenne, des accords d'Oslo puis des sommets économiques de Casablanca (1994) et de Amman (1995).

Un homme incarnera au Liban ce fantasme et répondra aux vents de l'idéologie néolibérale qui souffle sur le monde de l'après-Guerre froide. Son ascension sur la scène libanaise et internationale sera d'autant plus irrésistible que son parcours personnel ressemble à un véritable conte de fées économique. Rafic Hariri, qui devient Premier ministre du Liban en octobre 1992, a été un aide-comptable issu d'une famille modeste de la ville de Saïda, ayant travaillé au journal du Mouvement des nationalistes arabes. Émigré en Arabie Saoudite, il y bâtit en l'espace de quelques années une fortune considérable qui lui ouvre les portes du club des personnalités les plus riches du monde; il devient l'homme de confiance du prince héritier du royaume Fahd Ibn Abdel Aziz, qui accède au trône en 1982, à la suite de la mort du roi Khaled. Désormais, Rafic Hariri sera omniprésent sur la scène libanaise, sans que l'on sache vraiment si cette ascension fulgurante est due à son habileté ou à la nécessité pour l'Arabie Saoudite et les États-Unis, protecteurs du royaume, de disposer au Liban d'un agent d'influence dont les ressources financières sont inépuisables[1].

Le futur Premier ministre se dépense, en effet, sans compter. Il achète et accumule les plus belles parcelles foncières de Beyrouth et du Liban à toute personne qui cherche des liquidités ou même à la France qui lui cède des morceaux de choix du patrimoine français au Liban; il distribue des milliers de bourses d'études, fait voyager députés et chefs de milices dans son avion personnel, veille à leur confort, donne aux œuvres de charité, entreprend sur ses finances des travaux d'embellissement et d'urbanisme à Saïda et Beyrouth. Enfin, en 1991, à une population libanaise épuisée par quinze ans de violences, déçue par la mise sous tutelle officielle du pays, il montre à travers les médias locaux et internationaux une maquette spectaculaire d'un projet de reconstruction du centre historique de Beyrouth, particulièrement éprouvé par les combats; il demande les pleins pouvoirs pour accomplir son rêve : remettre la capitale libanaise au centre des échanges du Moyen-Orient en voie de pacification. Présenté comme un visionnaire, un homme d'affaires dynamique, compétent et efficace, Rafic Hariri veut

1. Voir René Naba, *Hariri, un homme d'affaires premier ministre*, L'Harmattan, Paris, 2000; voir aussi Nicolas Beau, *Paris, capitale arabe*, Seuil, Paris, 1995.

devancer les événements, adapter le Liban aux défis futurs de la globalisation économique et de la paix inéluctable au Moyen-Orient.

Opportunément, tout au long de l'année 1992, la spéculation se déchaîne contre la livre libanaise. Les gouvernements successifs dits d'Union nationale, mélange hétéroclite d'anciens hommes politiques et de chefs de guerre, apparaissent totalement désarmés, incapables d'assumer les tâches énormes de la reconstruction. Des élections ont lieu, au cours de l'été 1992, en dépit de l'occupation israélienne au sud et de la présence militaire syrienne dans le reste du pays. Elles sont largement boudées par l'électorat chrétien, mais aussi, dans une moindre mesure, par les électeurs musulmans ; elles permettent d'autant plus facilement au régime syrien de faire passer les candidats favorables à sa présence dans le pays.

Face à cette situation, le recours à Rafic Hariri s'impose même au gouvernement syrien, qui lui donne carte blanche dans le domaine économique. Sa désignation comme Premier ministre est accueillie avec soulagement dans l'opinion locale et internationale. Le Liban, pense-t-on, va pouvoir resurgir de ses cendres, au moins sur le plan économique, en attendant que les négociations de paix au Moyen-Orient progressent, permettant au Liban un retour à la souveraineté politique. La reconstruction du pays et le phénomène Hariri resteront un sujet médiatique de choix, un conte de fées permanent qui voile la réalité de terrain, laquelle, comme pour la guerre du Golfe ou les accords d'Oslo, est une réalité de souffrance et de déchéance, dont aucun écho ne filtre dans l'opinion internationale.

C'est en vain, en effet, que de nombreuses personnalités libanaises ont exprimé leur désaccord avec les projets de reconstruction mégalomaniaques du nouveau Premier ministre, à commencer par celui de la reconstruction du centre historique de Beyrouth confié à une société foncière unique, de carac-

tère privé, où le Premier ministre et des amis
hommes d'affaires d'Arabie Saoudite ou d'ailleurs
ont pris des participations financières importantes.
La destruction du patrimoine architectural traditionnel de la capitale, mélange de style ottoman,
français et italien, au profit de tours rappelant le
rond-point de la Défense à Paris ou les villes saoudiennes, est un véritable assassinat de la mémoire du
pays et ne manquera pas de défigurer l'allure de la
capitale[1]. Le plan directeur est conçu comme un îlot
de luxe moderne et criard, replié sur lui-même, en

1. Voir l'ouvrage collectif de dix spécialistes libanais (architectes,
urbanistes, sociologues, économistes et juristes) paru en arabe à
Beyrouth en 1992 sous le titre *La reconstruction de Beyrouth : une
opportunité perdue*, imprimé à compte d'auteur dans le contexte
de l'enthousiasme général pour le projet du Premier ministre ; de
même les critiques de Frédéric Edelman (« Beyrouth à cœur ouvert »,
Le Monde, 11 février 1993), qui met en garde contre la répétition des
destructions catastrophiques de patrimoine urbain par le fait de la
mégalomanie de l'ancien dictateur Ceaucescu ; on verra aussi le
dossier de la revue *Urbanismes*, n° 264/265, juin-juillet 1993. Sur les
ravages archéologiques provoqués par le plan de reconstruction du
centre de Beyrouth, voir l'article de Jean Laufray, archéologue français de renom, connaissant bien le dossier libanais : « Beyrouth : ce
qui n'a pas été dit », *Archéologia*, n° 137, novembre 1995. Pour les
aspects juridiques et économiques voir aussi Georges Corm, « La
reconstruction du centre de Beyrouth, un exemple de fièvre immobilière au Liban », dans la *Revue d'économie financière*, numéro hors
série, sur le thème *La crise financière de l'immobilier. Réflexions sur
un phénomène mondial*, décembre 1993. On se reportera en outre à
Oussama Kabbani, *The Reconstruction of Beirut*, publications du
Centre for Lebanese Studies, Oxford, septembre 1982 ; ainsi qu'à
Nabil Beyhum, *Les trois plans de reconstruction de Beyrouth ou la
crise de la culture citadine*, *Cahiers de l'I.R.M.A.C.*, n° 2, 1993, université Louis-Lumière, Lyon II, et à Samir Khalaf & Philip S. Khoury
(éd.), *Recovering Beirut : Urban Design and Post-War Reconstruction*,
E. J. Brill, Leiden, 1993. On consultera aussi les actes d'un colloque
tenu à Beyrouth en 1992 et regroupant les interventions de spécialistes de toutes les disciplines : *Beyrouth : construire l'avenir, reconstruire le passé ?*, publication de l'Urban Research Institute avec le
soutien de la Fondation Ford, Beyrouth, 1995. Enfin, un colloque
tenu à Paris les 15 et 16 décembre 1995 à l'initiative du C.A.I.L. et
en association avec le C.E.R.I., dont les actes sont publiés sous le
titre *Le Liban à l'heure des négociations de paix au Proche-Orient*, fait
le point des problèmes de la reconstruction économique et sociale du
Liban, ainsi que du mauvais fonctionnement des institutions politiques et de la place marginale du Liban dans les négociations de paix.

l'absence de tout plan de réhabilitation pour l'ensemble de Beyrouth et ses banlieues. Les propriétaires et ayants droit sont transformés en actionnaires forcés de la société foncière et la valeurs de leurs propriétés en fonds de commerce estimés au quart de leur valeur d'avant-guerre. La société privée devient un État dans l'État, sans aucun mécanisme de contrôle sérieux[1].

Le plan d'infrastructure, dit « Horizon 2000 », qu'adopte le nouveau gouvernement libanais formé sous la présidence de M. Hariri à la fin de l'année 1992 met l'accent sur les fonctions régionales futures du Liban, sans tenir compte des énormes besoins sociaux nés de quinze ans de violences et de traumatismes. Il fait la joie des entreprises de travaux publics, des producteurs de ciment, des grandes firmes internationales, mais laisse de côté des domaines aussi vitaux que la réinsertion des 600 000 déplacés de la guerre, la réhabilitation de l'agriculture et de l'industrie durement éprouvées par les destructions, la lutte contre le chômage et la pauvreté qui depuis la chute de la livre libanaise en 1992 frappent au moins un tiers de la population, la réhabilitation des institutions étatiques et de l'appareil judiciaire paralysés et gangrenés par quinze ans de règne des milices armées[2].

Reprenant un vieux rêve de la bourgeoisie chré-

1. Sur les mécanismes anticonstitutionnels et peu orthodoxes financièrement de la reconstruction de Beyrouth, on verra Georges Corm, « La reconstruction de Beyrouth, un exemple de fièvre immobilière au Moyen-Orient », *op. cit.*, ainsi que « Reconstruction du centre-ville de Beyrouth. La solution alternative : une approche évolutive et normalisée des opérations de reconstruction », dans les *Annales de géographie*, université Saint-Joseph, Beyrouth, vol. 12-13, 1991-1992.

2. Sur la guerre et ses conséquences socio-économiques, on se reportera à Boutros Labaki et Khalil Abou Rjeily, *Bilan des guerres du Liban, 1975-1990*, L'Harmattan, Paris, 1993, ainsi que Robert Kasparian, André Beaudoin, Selim Abou, *La population déplacée par la guerre au Liban*, L'Harmattan, Paris, 1995. Voir aussi *Peace for Lebanon. From War to Reconstruction*, Deirdre Collings éd., Boulder & London, Colorado, 1994.

tienne libanaise, le Premier ministre semble vouloir faire du Liban un Monte-Carlo du Proche-Orient, à la fois paradis fiscal et entrepôt bancaire et commercial. Un des premiers actes de son gouvernement sera de réduire l'impôt sur le revenu à 10 % maximum de chaque catégorie de revenus, toujours imposée séparément, cependant que les dépôts bancaires et les revenus des bons du Trésor sont totalement exemptés d'impôt. Pourtant, le financement du plan Horizon 2000, évalué à 11,6 milliards de dollars, pourra-t-il être assuré exclusivement par la fiscalité indirecte et l'emprunt ? Dans cette logique économique paradoxale, aucune des voix dissidentes n'est entendue. M. Hariri est l'homme miracle qui replace le Liban sur l'échiquier économique régional, toutes les critiques sont présentées à la presse locale ou internationale comme celles d'esprits chagrins, enfoncés dans un passé à jamais révolu et qui ne savent pas s'adapter au monde du néolibéralisme du nouveau Moyen-Orient économique et de la globalisation des échanges[1].

Certes, les gouvernements Hariri parviendront à rétablir partiellement et à un coût exorbitant l'électricité, à introduire la téléphonie mobile la plus chère au monde, à construire des échangeurs routiers ou des tunnels, à faire reculer considérablement la squatterisation des beaux quartiers de Beyrouth et du centre-ville. Il en coûtera au Liban une dette de 12 milliards de dollars environ à la fin 1996 contre 2 milliards à la fin 1992, avant l'arrivée de M. Hariri, alors que le plan Horizon 2000 n'est exécuté qu'à 15 % ou 20 % et que la paix régionale sur laquelle tous les objectifs du plan étaient fixés est toujours très loin d'être réalisée[2] ; bien plus, à deux reprises,

1. Sur l'idéologie des gouvernements de la reconstruction, voir Georges Corm, *La reconstruction: idéologies et paradoxes*, *Les Cahiers de l'Orient*, nᵒ 32-33, 4ᵉ trimestre 1993 - 1ᵉʳ trimestre 1994, numéro consacré au «chantier libanais».
2. On verra par la suite que la dette libanaise, sous le long règne

durant l'été 1993 puis au printemps 1996, le Liban est l'objet d'attaques massives israéliennes qui ont un coût économique élevé, tant par les destructions causées que par la paralysie d'activités économiques qu'elles ont entraînée durant quelques mois[1]. À la souveraineté politique hypothéquée, vient s'ajouter une hypothèque économique grave sur l'avenir du pays, celle d'une dette qui a augmenté de 2,5 milliards de dollars par an en moyenne.

En avril 1996, la situation sociale est si tendue qu'à l'appel à la grève générale des syndicats, qui recueille des sympathies dans toutes les régions du pays, le gouvernement — qui a déjà réprimé puis interdit en juillet 1995 les grèves, dont le droit est pourtant consacré par la Constitution — confie à l'armée pour six mois les tâches de maintien de l'ordre ; l'armée réplique en décrétant un couvre-feu le jour de la manifestation[2]. Par ailleurs, le gouver-

---

absolu de Rafic Hariri entre 1992 et 2004, augmentera jusqu'à atteindre la somme de 38 milliards de dollars, soit environ deux fois le P.I.B. du Liban (voir *infra* chapitre 25).

1. C'est en 1996 que l'opération israélienne dite « Raisins de la colère » au sud du Liban, pour mettre au pas la forte résistance qu'oppose le Hezbollah à l'occupation israélienne qui dure depuis 1978, sera particulièrement meurtrière. L'armée israélienne, en effet, bombarde le village de Cana, provoquant la mort de 102 civils qui se sont réfugiés dans un hangar des Nations unies, croyant ainsi être à l'abri des bombardements israéliens indiscriminés. Ce massacre provoque la colère de l'opinion internationale. Sous la pression française, un comité est constitué, comprenant un représentant du gouvernement libanais, du gouvernement syrien, du gouvernement français et du gouvernement israélien pour surveiller le cessez-le-feu. Des arrangements de sécurité sont conclus, dits « arrangements d'avril », qui prévoient que les civils libanais soient épargnés par l'armée israélienne dans ses représailles contre les combattants du Hezbollah qui se voient ainsi reconnaître le statut de résistants menant une lutte légitime. Dix ans après, au cours de l'été 2006, lors des trente-deux jours de guerre totale que mène Israël au Liban, on réalisera à quel point la situation a changé en faveur d'Israël (voir *infra* chapitre 25).

2. Quatre ans après la nomination de M. Hariri comme Premier ministre, et en dépit de la très grave situation socio-économique qu'il contribue à créer et que personne ne peut ignorer, le conte de fées continue dans la presse et les médias. Ainsi *Le Nouvel Économiste*

nement libanais met au pas la liberté d'opinion, limitant le nombre de radios et de télévisions aux groupes clients du pouvoir ou y participant directement. Les générosités du Premier ministre vis-à-vis de la presse écrite locale semblent lui avoir acquis un préjugé favorable, en particulier dans le domaine économique.

Au cours de l'été 1996, de nouvelles élections ont lieu avec la même loi électorale inique qu'en 1992, qui défavorise le Mont-Liban, seule région du pays où la population électorale reste majoritairement chrétienne. Le Mont-Liban est, à la différence des autres régions du pays, en effet, divisé en petites circonscriptions électorales, ce qui permet d'assurer la victoire du chef de la communauté druze, Walid Joumblatt, précieux allié de la Syrie. Les élections se déroulent dans une atmosphère délétère où les registres électoraux ne sont pas à jour, les alliances entre députés imposées par la Syrie, et où M. Hariri, originaire de la ville de Saïda, vient emporter avec ses alliés 14 des 19 sièges de députés de la capitale. L'opposition, dont certains membres sont eux-mêmes proches de la Syrie, ne peut obtenir qu'une dizaine de députés. La tutelle extérieure est ainsi une nouvelle fois légitimée par un semblant de scrutin électoral. Pour faire plaisir au monde extérieur, inquiet de la présence de plus en plus forte du Hezbollah sur la scène politique libanaise, ce parti se voit contraint à une alliance forcée au sud et dans la Bekaa avec d'autres candidats et le nombre de ses députés est en conséquence réduit par rapport à l'ancienne

---

(nº 1057, 19 juillet 1996) publie-t-il une enquête complaisante au-delà de toute description avec la photo du Premier ministre en couverture, qui prend le relais d'enquêtes similaires dans la presse anglo-saxonne cette même année, telles celles du magazine américain *Time International* («Lebanon up from the Ashes», 15 janvier 1996, p. 17-24) et du prestigieux hebdomadaire anglais *The Economist* («A Survey of Lebanon. Putting Back the Pieces», supplément à l'intérieur du numéro, 24 février 1996).

chambre. Certains députés «intégristes» sunnites sont éliminés du Parlement à Beyrouth et au nord du pays, toujours dans le but de rendre l'exercice électoral plus acceptable. Trente-cinq hommes d'affaires millionnaires sont élus, confirmant l'influence du Premier ministre dans la politique locale sous tutelle.

Au printemps 1998, ce sont des élections municipales qui sont enfin tenues après trente ans de paralysie des conseils municipaux qui n'ont plus été renouvelés. Ce sera l'occasion pour le Premier ministre d'imposer sa liste pour la ville de Beyrouth où il règne désormais en maître absolu.

Enfin, pour bien prendre la mesure de la déchéance politique au Liban, il faut rappeler qu'au cours de l'été 1995, le mandat du président de la République venu à échéance est prolongé de trois ans contre les dispositions de la Constitution et la volonté évidente de l'ensemble du pays. C'est dans le journal égyptien *Al Ahram* que le président de la République syrienne s'était exprimé, estimant que la majorité des Libanais souhaitait le renouvellement du mandat présidentiel. Quelques jours après, la Chambre des députés votait massivement l'extension du mandat présidentiel. Seule une douzaine de députés eut le courage de dire non, dont beaucoup perdirent leurs sièges en 1996 ou faillirent le perdre. En 1998, le scénario se répète. Le seul candidat à la présidence de la République sera le général en chef de l'armée libanaise Émile Lahoud qui jouit de l'appui syrien. Même pour la forme, aucune autre candidature ne se manifeste, en dépit de l'existence de nombreux présidentiables dans les rangs de la communauté maronite à qui les accords de Taïef ont conservé le monopole de la fonction présidentielle, vidée de la plupart de ses pouvoirs par ces accords eux-mêmes et par la pratique instituée par le tout-puissant Premier ministre depuis 1992, Rafic Hariri. Devenu inamovible, il est désormais tenu, au Liban comme à l'étranger, pour le véritable détenteur du pouvoir dans le cadre de la tutelle syrienne.

Le Premier ministre se comporte d'ailleurs comme tel, décidant seul des voyages qu'il entreprend à l'étranger où il se rend avec ses conseillers, mais pas une seule fois avec le ministre des Affaires étrangères, un proche du président de la République et de la Syrie, ou invitant des officiels étrangers sur sa seule décision. Il dispose d'une flotte aérienne personnelle impressionnante. Sur le plan interne son pouvoir n'a plus pour limites que quelques lignes rouges que le gouvernement syrien lui impose et auxquelles il s'est parfaitement adapté[1].

Le général Lahoud sera intronisé par le Parlement libanais en octobre 1998 par 118 voix sur 118 députés présents, après que les députés auront amendé la Constitution, une nouvelle fois, pour permettre «l'élection» d'un militaire en active à la tête de l'État. Cette désignation du président de la République est cependant bien reçue par la population. Le général Lahoud a une réputation unanime d'intégrité, ce qui suscite de grands espoirs d'une action réformatrice qui ferait reculer la corruption généralisée et ouverte qui règne dans le pays depuis la fin de la guerre et dont une large partie de l'opinion fait porter la responsabilité aux trois dirigeants principaux, surnommés «la troïka»: le Premier ministre, le président de la Chambre des députés, le président de la République sortant. L'espoir est que le nouveau président, militaire de carrière, intègre, pourra rétablir le prestige et l'autorité de l'État. Il parvient d'ailleurs, dans un premier temps, à écarter du pouvoir l'encombrant M. Hariri, nommant M. Salim el

---

1. Voir Georges Corm, *Le Liban contemporain...*, *op. cit.*, pour une description détaillée du style de pouvoir de Rafic Hariri; on pourra aussi se reporter à René Naba, *Hariri, un homme d'affaires*, *Premier ministre*, *op. cit.*

Hoss Premier ministre, homme lui aussi d'une intégrité totale ; ce dernier constitue un cabinet composé largement de personnalités indépendantes, mais doit s'accommoder de trois ministres, puissants et fidèles clients de la Syrie. Ce gouvernement tentera en vain une réforme des finances du pays que M. Hariri a endetté au-delà de toute raison, ainsi qu'une moralisation de la vie publique. La puissante machine médiatique de M. Hariri et son influence décisive sur la Chambre des députés font échouer la tentative de réforme[1]. Aux élections législatives de l'an 2000, en dépit de la libération du sud du Liban par le Hezbollah, ainsi que d'un début prometteur de stabilisation financière, les moyens matériels et médiatiques permettent à M. Hariri de remporter les élections facilement, fort de l'appui de la Syrie où la mort du président Hafez el-Assad en juin 2000 ouvre la voie au retour de la vieille garde syrienne que ce dernier avait écartée du pouvoir au cours des dernières années. M. Hariri revenu aux affaires, la gabegie reprend ainsi que la corruption et l'omniprésence de la vieille garde syrienne, alliée de Rafic Hariri, dans les affaires du Liban. Bachar el-Assad, après son élection à la présidence de la République, tentera de réduire son influence dans l'État syrien, mais aussi au Liban, ce qui se reflétera par des tensions au Liban lui-même, dont les conséquences seront très graves dans le contexte que créera la nouvelle politique américaine au Proche-Orient suite aux attentats du 11 septembre 2001, ce que nous verrons en détail au chapitre 25.

---

1. L'auteur de cet ouvrage a été ministre des Finances du gouvernement de M. El Hoss. On pourra trouver un récit détaillé de cette réforme avortée, mais aussi de toute l'histoire politique et économique du Liban depuis la fin de la guerre, dans Georges Corm, *Le Liban contemporain. Histoire et société*, La Découverte, Paris, 2005 ; le lecteur arabophone pourra aussi lire, du même auteur, *Al foursa al daï'a fils islah el mali fi Lubnan* («L'opportunité perdue de la réforme financière au Liban»), Sharikat al matbou'at lill tawzi wal nashr, Beyrouth, 2001.

En dépit de cette déchéance du Liban, les médias internationaux ont continué au milieu des années quatre-vingt-dix de considérer que le pays se reconstruisait et se portait nettement mieux, que la paix en Palestine était certes contrariée par M. Netanyahou, mais qu'elle était désormais irréversible, que la mise sous tutelle de l'Irak et le maintien de l'embargo économique contre sa population étaient la condition essentielle de la paix au Proche-Orient.

CONVULSIONS MAGHRÉBINES

Alors qu'au Machrek arabe l'invasion du Koweït achève de semer la discorde entre sociétés arabes, au Maghreb la situation n'est pas brillante. L'Union du Maghreb arabe, mise en place solennellement en février 1989 et qui doit créer des structures de coopération économique et politique entre la Libye, la Tunisie, le Maroc, l'Algérie et la Mauritanie, ne parvient pas à s'enraciner dans la réalité. La Libye est empêtrée dans l'affaire Lockerbie, l'attentat contre un avion de la Pan American au-dessus de l'Écosse en décembre 1988, puis celui contre un avion d'U.T.A. au-dessus du Niger en septembre 1989. Ces deux actes de terrorisme aérien ont contribué à mettre la Libye au ban des nations.

En janvier 1992, la résolution 731 du Conseil de sécurité demande à la Libye d'extrader deux employés de la compagnie d'aviation libyenne, suspectés d'avoir monté l'attentat contre l'avion de la Pan American, et de coopérer avec les autorités judiciaires françaises pour démasquer les auteurs de l'attentat contre le vol d'U.T.A. La Libye rétorque qu'elle est prête à juger en Libye ses propres ressortissants conformément à la convention de Montréal sur le terrorisme aérien et fait appel à la Cour de justice internationale contre la résolution du Conseil de sécurité ; elle propose aussi que les suspects soient mis à la disposition de la Ligue des États arabes. Le 31 mars, le Conseil de sécurité, toujours plein de zèle dans son rôle de justicier international, impose par la résolution 742 des sanctions économiques contre la Libye qui ne vont pas jusqu'à l'embargo de type irakien, mais enjoignent toutes les compagnies aériennes de ne plus desservir le territoire libyen et tous les pays membres de ne plus accueillir d'avions libyens. Toute exportation d'armes à destination de la Libye est interdite. L'ensemble des pays arabes mettra en application cette résolution, car il ne fait pas bon résister à la volonté occidentale qu'expriment désormais les résolutions du Conseil de sécurité. En novembre 1993, les sanctions sont élargies aux exportations de matériel pétrolier vers la Libye et le gel des avoirs libyens à l'étranger est décrété. La Libye est désormais dans un isolement total que ne parviendra pas à briser l'épisode rocambolesque du mois de mai de la même année, où 192 pèlerins libyens se rendent à Jérusalem par les bons soins d'une agence de tourisme israélienne. Le pays qui aurait pu jouer le rôle clé dans le financement d'une construction économique maghrébine est ainsi paralysé. Le colonel Kadhafi, ardent défenseur de la cause de l'unité arabe, se voit marginalisé dans la vie politique arabe et, à un degré moindre que son homologue irakien, devient un chef d'État à ne pas trop fréquenter sous peine d'irriter les puissances occidentales.

La Tunisie et l'Algérie, elles, ont aussi d'autres soucis que la concrétisation de l'U.M.A., car la guerre du Golfe a contribué à relancer dans ces deux pays une virulente contestation islamique, qui les oblige à garder une attitude de neutralité dans le conflit. Mais alors que la Tunisie, sous la conduite du président Ben Ali, ferme le jeu politique en écartant systématiquement du pouvoir et de l'administration toutes les personnalités d'opposition, islamistes, communistes ou libérales, l'Algérie pratique au contraire une politique accélérée de transition vers le multipartisme. Les émeutes sanglantes et traumatisantes d'octobre 1988 ont secoué la bureaucratie du F.L.N. Contrairement à l'image répandue en France, le parti unique n'a fait que servir de couverture commode aux militaires algériens qui, depuis la présidence de Ben Bella, gouvernent dans l'ombre. Il va donc commencer à connaître des transformations et à prendre ses distances par rapport au pouvoir. Les vieilles gardes sont mises à l'écart et le président Chadli renvoie en septembre 1989 un gouvernement d'apparatchiks qui traîne les pieds en matière de réforme économique, pour le confier à un homme nouveau prêt à une libéralisation politique et économique accélérée, Mouloud Hamrouche, lequel mènera aussi, aux côtés du secrétaire général du F.L.N., une tentative de rénovation du parti. Une presse libre fleurit, les partis se multiplient, y compris des partis berbères et des partis d'inspiration islamique, autres que le redouté Front islamique du salut (F.I.S.) apparu sur la scène politique à l'occasion des émeutes d'octobre 1988. Sur le plan économique, les flux d'investissements vers l'Algérie sont totalement libéralisés, la banque centrale est rétablie dans ses prérogatives de gardienne de la monnaie, les circuits de commerce intérieurs et extérieurs commencent à être arrachés au monopole de l'État, les grandes entreprises publiques sont progressivement transformées en sociétés anonymes et rendues autonomes des tutelles ministérielles.

Mais l'action du gouvernement Hamrouche dérange. Un pays arabe, d'un poids aussi éminent que l'Algérie, aurait-il l'insolence de vouloir se transformer en démocratie à l'européenne et de faire sa transition vers le capitalisme sans la tutelle du Fonds

monétaire international, de la Banque mondiale et
des principaux partenaires commerciaux ? L'action
du gouvernement est critiquée et raillée partout ; une
atmosphère de complots et d'intrigues se développe,
certains organes de la nouvelle presse libre, proche
des anciens milieux gouvernants, se déchaînent contre
les « apprentis sorciers » réformateurs, les accusant
de mener le pays à la ruine économique et à une
prise de pouvoir du F.I.S. Ce dernier, après sa victoire aux élections municipales de mai 1990, adopte
un profil de plus en plus haut, tentant par l'intimida-
tion physique de concrétiser un mode de vie islamique dans le pays. À l'étranger, en particulier en
France, les campagnes médiatiques contre le gouvernement Hamrouche prennent une allure de jeu
de massacre. L'épouvantail islamique est brandi sur
toutes les chaînes de télévision ou les couvertures de
tous les grands hebdomadaires.

En juin 1991, une manifestation du F.I.S. qui
occupe durant plusieurs jours les places publiques
d'Alger se termine en drame, la gendarmerie ayant
reçu, de source non ministérielle, l'ordre de tirer
sur la foule au moment même où le chef du gouvernement est sur le point d'obtenir la fin de la manifestation. L'état d'urgence est proclamé, le Premier
ministre démissionne. Lui succède Sid Ahmed Ghozali, bien connu des milieux français et internationaux et qui jouit de leur confiance, pour avoir
été longtemps président de la Sonatrach, la société
pétrolière algérienne, et pour porter avec élégance
un nœud papillon, symbole de la distinction dans la
bonne société occidentale, antidote mythique à la
barbe drue des islamistes. Mais, au premier tour des
élections législatives organisées en décembre 1991,
le raz de marée du F.I.S. se confirme. Les militaires
algériens interviennent alors ouvertement sur le
devant de la scène, annulent les élections, forcent le
président Chadli à démissionner, obtiennent d'un
vieux dirigeant du F.L.N. autoexilé au Maroc depuis

trente ans, Mohammed Boudiaf, de venir diriger l'État. Une répression féroce s'abat sur les membres du F.I.S. et leurs familles : 17 000 personnes sont envoyées dans des camps de concentration au Sahara. La guerre civile en Algérie a commencé. Mohammed Boudiaf est assassiné, en juin 1992, au bout de quelques mois d'un pouvoir plus nominal que réel. Au nom de la préservation de la démocratie, les hauts cadres de l'armée algérienne ont désormais pris le pouvoir ouvertement sans même la couverture du F.L.N. dont la nouvelle direction réformatrice refuse de reconnaître l'annulation du scrutin. C'est en vain qu'à Rome, en janvier 1995, à l'initiative de la Communauté catholique Sant' Egidio, les représentants du F.L.N., du F.I.S. et du F.F.S., les trois grands partis algériens, s'entendent sur une plate-forme commune pour la restauration de la paix en Algérie. Le pouvoir militaire reste inflexible : il lui faut vaincre la rébellion islamiste seul et continuer de monopoliser l'État. Désormais un second pays membre de l'U.M.A., pays arabe clé des grands événements de la décolonisation, du neutralisme positif de la lutte anti-impérialiste, est totalement écartelé et mis hors du jeu de la géopolitique régionale[1]. Le

1. Sur les événements algériens des dernières années, outre les innombrables ouvrages de circonstance et de nature journalistique ou pamphlétaire, on se reportera pour une réflexion et une analyse intégrant les données économiques et le fonctionnement de la bureaucratie issue de la guerre de libération à Ghazi Hidouci, *Algérie, la libération inachevée*, La Découverte, Paris, 1995, et Smaïl Goumeziane, *Le mal algérien. Économie politique d'une transition inachevée, 1962-1994*, Fayard, Paris, 1994. Ces deux auteurs ont été des réformateurs actifs dans le gouvernement Hamrouche (1989-1991), le premier comme ministre des Finances, le second comme ministre du Commerce. Sur l'approche réformatrice, on pourra voir aussi Georges Corm, « La réforme économique algérienne : une réforme mal aimée ? », dans *Maghreb-Machrek*, n° 139, janvier-mars 1993. Sur le rôle de l'armée algérienne dans la déstabilisation et la dynamique des groupes islamistes violents, on verra Habib Souaidia, *Le procès de « la sale guerre »*, La Découverte, Paris, 2002. Sur l'ensemble de l'évolution des pays du Maghreb, on se reportera à Rémi Leveau, *Le sabre et le turban. L'avenir du Maghreb*, François Bourin, Paris, 1993.

sanglant désordre algérien au Maghreb, tout comme autrefois le désordre libanais au Machrek, sert de repoussoir et de prétexte à tous ceux qui voudraient encourager les revendications démocratiques dans les sociétés arabes.

La liste des pays arabes souffrants et en désagrégation potentielle s'allonge : après la Palestine disparue de la carte en 1948, le Liban entré dans les affres des guerres gigognes à expression communautaire, mais à dynamique régionale, depuis 1975, l'Irak depuis 1991, en 1992, c'est donc au tour de la Libye et de l'Algérie d'entrer dans l'existence précaire. Désormais, au Maghreb comme au Machrek, les sociétés arabes apparaissent vermoulues, comme un château de cartes que le moindre souffle peut mettre à terre.

Sur ce terreau, quel avenir construire au Proche-Orient, alors que les Israéliens eux-mêmes, démocrates et sains d'esprit, se mettent à avoir des colons « fous » et massacreurs aveugles de Palestiniens ou assassins de leur propre Premier ministre, cependant que les Palestiniens, hommes ou femmes, quelques années plus tard, entreront dans une nouvelle insurrection (intifida) où ils n'hésiteront plus à faire usage de leurs corps comme explosif pour rappeler aux Israéliens leur droit à l'existence sans occupation (voir *infra* chapitre 22) ? Les pelouses paisibles de la Maison-Blanche à Washington et les poignées de main sans lendemain à l'occasion des accords d'Oslo n'ont, en fait, guère réussi à construire la paix au Proche-Orient ? L'ampleur du désastre palestinien, comme nous le montrerons dans les chapitres suivants, apparaîtra en pleine lumière à partir de la décade suivante, lorsqu'une seconde intifida sera réprimée de la façon la plus dure à la faveur des événements dramatiques en cascade que déclenchent dans tout le Proche-Orient les attentats du 11 septembre 2001 contre les États-Unis.

21

L'usure des régimes arabes : marginalisation économique et instrumentalisation de l'islam

Nous avons montré au cours de la première partie de cet ouvrage comment et pourquoi les bouillonnements révolutionnaires du monde arabe avaient fait place à une étonnante stabilité des régimes politiques. Le facteur pétrolier et l'effondrement de l'U.R.S.S. ont été les deux éléments clés de cette stabilité. Monarques ou chefs militaires de républiques, les dirigeants arabes ont développé avec le temps une remarquable capacité de gestion de leur pays sur le plan interne ou sur le plan international.

Sur le plan interne, les appareils de sécurité et les armées ont été toujours plus choyés. Dotées de budgets importants, ce que confirme la proportion des dépenses militaires dans le P.I.B., beaucoup plus élevée que dans d'autres régions du monde, disposant d'une économie propre avec ses coopératives, ses usines, ses logements, les armées arabes ont perdu toute raison de se révolter, comme cela avait été le cas dans les années cinquante et soixante. Bien plus, dans beaucoup de pays, les militaires de haut rang ont été admis à prélever une rente de type patrimonial sur les marchés d'État ou à entrer discrètement en affaires, comme intermédiaires avec les firmes multinationales ou comme associés obligés des nouveaux millionnaires de l'ère pétrolière.

Les régimes ont su aussi pratiquer des politiques d'ouverture minimales au fur et à mesure qu'ils consolidaient leurs assises : facilités de sortie du pays, presse un peu plus libre, multipartisme limité dans ses conséquences électorales, libéralisation relative des législations de change pour attirer l'épargne des nombreux émigrés, indulgence contrôlée sur le développement des organes de la société civile (associations de droits de l'homme, ligues féminines, ordres professionnels, etc.)[1]. Certes, d'un pays à l'autre, les situations sont très différentes. Si la Syrie de 1996 présente un visage beaucoup plus détendu que celui qu'elle offrait en 1981-1982, alors qu'elle était en proie à la contestation islamiste et à sa répression féroce par le pouvoir en place, sa libéralisation reste très timide comparée aux évolutions constitutionnelles positives du Maroc ou de la Jordanie. La mort de Hafez el-Assad, en juin 2000, n'entraîne pas une véritable libéralisation du régime, libéralisation qui avait été espérée un moment, après que son fils, Bachar, jeune ophtalmologue, ouvert et soucieux de faire progresser la Syrie vers plus de liberté et d'ouverture, eut été intronisé président de la République par le parti unique (le Baath) et le parlement syrien pour succéder à son père. Au contraire, la mort du vieux dictateur permet à la vieille garde du parti et de l'armée de renforcer son emprise sur la vie politique et économique du pays, ce qui ne manque pas aussi de se répercuter sur le Liban où cette vieille garde est étroitement alliée avec le Premier ministre Rafic Hariri et le puissant

---

1. Sur cette libéralisation contrôlée, voir Ghassan Salamé, *Démocraties sans démocrates. Politiques d'ouverture dans le monde arabe et islamique*, Fayard, Paris, 1994. Pour rendre compte de la situation, le titre de cet ouvrage collectif aurait été plus fidèle à la réalité s'il avait énoncé «Démocrates sans démocraties» et non l'inverse, qui implique qu'il n'y a pas de démocrates chez les Arabes malgré les efforts démocratiques des gouvernements. Sur le développement de l'organisation de la société civile au Proche-Orient, on pourra se reporter au *Middle East Journal*, vol. 47, n° 2, printemps 1993, entièrement consacré à ce thème avec des articles sur l'Égypte, la Syrie, la Palestine, le Koweït. On verra aussi Bernard Botiveau, «Égypte : crise de l'ordre des avocats et mobilisation des syndicats professionnels», *Maghreb-Machrek*, n° 142, octobre-décembre 1993.

leader druze, M. Walid Joumblatt. Par ailleurs, si la Tunisie connaît les meilleures performances économiques et sociales du monde arabe, son régime politique est de plus en plus autoritaire, ne tolérant aucun espace de liberté proprement politique et de contestation. Comme nous le verrons plus loin, les événements dramatiques du 11 septembre 2001 vont constituer pour les régimes arabes un nouveau défi.

LA QUESTION ÉCONOMIQUE
ET SOCIALE DANS LE MONDE ARABE

Car la question sociale dans le monde arabe est revenue aujourd'hui au centre des préoccupations de l'opinion. Entre 1972 et 1982, l'ère de la prospérité pétrolière, de la flambée des prix des matières premières, de l'endettement excessif, de la gabegie dans les secteurs publics, a créé un groupe important de millionnaires de toutes les nationalités arabes. Il s'agit de fortunes construites en l'espace de quelques années, voire de quelques mois, sur place ou dans les pays exportateurs de pétrole qui ont attiré chez eux des Arabes de toutes les nationalités. L'itinéraire de Rafic Hariri, qui deviendra grâce à sa fortune et à ses liens privilégiés avec le monarque saoudien Premier ministre du Liban, est à cet égard exemplaire, mais on pourrait multiplier les exemples de ces riches Arabes ayant pignon sur rue à Paris, Londres, Marbella et sur la Côte d'Azur, à Montréal, New York ou Dallas, qu'ils soient palestiniens, syriens, égyptiens, algériens ou marocains.

Le plus souvent, cependant, ces fortunes nouvelles ne sont pas le fruit d'un labeur accumulé durant des générations, d'inventions industrielles de génie, d'une constance dans le développement d'entreprises industrielles ou agricoles performantes. Elles sont, en règle générale, le produit de commissions d'intermédiation sur des grands marchés d'État, dont ceux de l'armement ou, pour les entrepreneurs de travaux publics, le produit de surfacturations outrancières. Elles sont aussi le fruit de spéculations foncières, du trafic de devises là où ont sévi les contrôles des changes, parfois du trafic de la drogue, du pillage des biens publics ou privés comme dans le cas du Liban où, durant quinze ans, l'État a disparu. Elles échappent en général à tout prélèvement fiscal soit par le jeu de la corruption locale, lorsque existe une fiscalité directe, ce qui n'est pas le cas des royautés et émirats pétroliers, soit par les sociétés écrans dans les paradis fiscaux de l'Occident. Ces fortunes dépassent en envergure le P.I.B. de l'ensemble des pays arabes, estimé à environ 870 milliards de dollars en 2004 ; elles sont en majeure partie constituées de biens immobiliers et de portefeuilles boursiers dans les principales capitales occidentales.

Le vent de libéralisation économique, les privatisations, la libéralisation des changes dans les pays qui avaient adopté des structures socialistes, font des millionnaires de l'ère pétrolière des personnages d'influence exceptionnelle dans leur pays et dans les relations de leurs pays avec le monde extérieur. Ils sont, en effet, très prisés dans les pays occidentaux où ils servent d'intermédiaires politiques occultes, de financiers des partis politiques, de donateurs généreux aux universités américaines ou anglaises[1]. Ils jouissent donc d'un pouvoir éco-

1. À titre d'exemple, on rappellera la donation de vingt millions de livres sterling qu'offre un milliardaire saoudien d'origine syrienne, Wafick Saïd, à l'université d'Oxford en 1996 (voir *Financial Times*, 7 juillet 1996). Ces nouveaux hommes d'affaires arabes servent aussi au renflouement de certaines grandes sociétés occidentales qui traversent des périodes difficiles ; ainsi le prince saoudien Walid Ben Talal a-t-il pris au cours des dernières années des participations substantielles dans le capital de la City Bank, d'Eurodisney, des chaînes de télévision de Silvio Berlusconi en Italie. Un

nomique et politique important, d'autant que, pour
développer leurs rentes de situation dans leur propre
pays, ils ont appris à s'associer de façon occulte les
hauts dirigeants de la hiérarchie politique et militaire dont les salaires nominaux annuels restent
modestes, comparés aux revenus massifs de cette
catégorie de nouveaux hommes d'affaires. De par le
mode d'accès à la richesse qu'ils ont connu, ces
nouveaux «hommes d'affaires» ne sont pas des preneurs de risque industriel, des entrepreneurs créa-
tifs, au sens où le sont les industriels des pays
occidentaux ou des nouveaux pays industrialisés
d'Asie. Ils ont fait leur fortune trop rapidement,
grâce à des taux de bénéfices pratiquement garantis
du fait de leur association avec les décideurs politiques, rois, princes ou officiers de la haute hiérarchie militaire[1].

L'inconvénient de ce système est que les économies arabes, loin d'alléger leur dépendance sur le
secteur énergétique ou celui des matières premières
agricoles ou minérales, restent plus que jamais
figées dans un statut d'économies rentières à fonctionnement patrimonial. Quelques grands acteurs
du secteur public et privé sont associés pour tirer
un maximum des flux de commerce extérieur, de
tourisme, des grands marchés d'État, d'opérations
foncières, des rares investissements industriels qui
peuvent être réalisés sans risques majeurs, de la
représentation des firmes multinationales qui ont

---

aperçu de l'influence de cette catégorie de personne en France est
donné dans l'ouvrage de Nicolas Beau, *Paris, capitale arabe*, Seuil,
Paris, 1995.
    1. Un portrait moins sceptique que celui fait ici du potentiel de
cette nouvelle couche de millionnaires est celui de Rémi Leveau,
«Les entrepreneurs au Proche-Orient: mise en perspective politique», in *L'Économie de la paix au Proche-Orient* (sous la direction
de) Louis Blin et Philippe Fargues, Maisonneuve et Larose, Paris,
1995, vol. II, p. 239-249, où l'auteur perçoit comme positif le rôle
des nouveaux «entrepreneurs» dans le déclin de l'État et les changements sociaux qui en découlent.

des activités dans le monde arabe[1]. On ne s'étonnera pas dans ces conditions que les économies
arabes soient très marginales dans le fonctionnement
de l'économie mondiale et n'aient acquis aucune
capacité compétitive à l'heure de la globalisation
des marchés et de la libéralisation des échanges
internationaux, en dehors des secteurs énergétique
et pétrochimique. Le développement récent de la
sous-traitance textile au Maroc, en Tunisie et en
Égypte est d'ailleurs menacé par la montée en puissance des produits textiles d'Asie et la libéralisation
progressive du commerce de ces produits.

En dépit de la richesse pétrolière, les économies
arabes sont de taille minime, que l'on compare leur
P.I.B. ou leurs exportations à ceux d'Israël ou de certains pays asiatiques ou d'Amérique latine ou même
à la Turquie. Ainsi, le P.I.B. agrégé de l'Égypte, de
la Syrie, de la Jordanie et du Liban, d'un montant
de 296,6 milliards de dollars pour 110 millions
d'habitants en 2009, n'est supérieur que de 100 milliards de dollars par rapport à celui d'Israël qui
s'est élevé à 195,3 milliards cette année-là pour
7,5 millions d'habitants, soit un revenu moyen par
habitant de 2 696 dollars pour le groupe de pays
arabes voisins d'Israël, contre 26 040 dollars de
revenu moyen pour chaque Israélien. Pour la même
année, le P.I.B. de la Turquie s'élevait à 614,6 milliards de dollars pour 71,8 millions d'habitants, soit
2,1 fois plus que celui des pays arabes cités pour
une population ne représentant que 65 % de la leur.
Quant au P.I.B. de la Corée du Sud qui, au début
des années soixante, se situait au même niveau que
celui des pays arabes concernés, il atteignait, en
2009, le montant de 834,1 milliards de dollars pour

---

1. À titre d'exemple, on pourra voir Joseph Bahout, «Les entrepreneurs syriens. Économie, affaires et politiques», *Les Cahiers du
C.E.R.M.O.C.*, n° 7, Beyrouth, 1994.

48,7 millions d'habitants, soit 2,8 fois plus que le groupe arabe visé[1].

Quant au PIB de l'ensemble des 21 pays de la Ligue arabe, y compris les pays dits riches de la Péninsule arabique, estimé en 2004 à 870 milliards de dollars[2], il était alors inférieur à celui d'un pays récemment industrialisé et de dimension moyenne comme l'Espagne dont le PIB atteignait cette même année 1 039 milliards pour 45,9 millions d'habitants, contre 349,3 millions d'habitants dans le monde arabe. L'augmentation très brutale des prix du pétrole à partir de 2006-2007, qui enrichit les pays arabes exportateurs de pétrole, y compris des producteurs moyens comme l'Égypte, la Syrie ou le Yémen, ne change pas fondamentalement ces données. En effet, en 2009, le P.I.B. de l'ensemble des pays arabes atteint 1 700 milliards de dollars, mais, malgré le nouveau flux de richesse pétrolière, il ne dépasse le P.I.B. de l'Espagne que de 16 % et alors même que l'Espagne est en pleine crise économique. C'est dire combien ces économies rentières sont peu dynamiques. Par ailleurs, il est important de souligner que le P.I.B. des pays de la Péninsule arabique exportateurs de pétrole et regroupés au sein du Conseil de coopération du Golfe (C.C.G.) représente à lui seul 51 % du produit de l'ensemble des pays de la Ligue arabe, alors que sa part dans la population de cet ensemble n'est que de 12 %. Ceci veut dire que, grâce aux ressources pétrolières et gazières, 12 % de la population arabe, soit 40,1 millions d'habitants, détient 51 % de l'activité économique du monde arabe. Ce groupe de pays réalise en fait 869,3 mil-

1. Chiffres extraits du World Development Indicators (base de données en ligne, www.publication.worldbank.org), Banque mondiale, Washington D.C.

2. Estimation extraite du *Rapport économique arabe conjoint* pour l'année 2005, préparé par les organismes de coopération et de financement interarabes (en langue arabe), Fonds monétaire arabe, Abu Dhabi, 1996.

liards de dollars de P.I.B. en 2009, soit plus que le
P.I.B. combiné des pays du Maghreb (Libye et Algérie
incluses avec leur richesse pétrolière) qui n'atteint
cette même année que 739,3 milliards de dollars,
alors que la population de ces deux sous-ensembles
représente 43,4 % du total de la population du monde
arabe, soit 226,3 millions d'habitants. Les autres pays
arabes (Yémen, Djibouti, Mauritanie, Somalie et Soudan) sont tous des pays de grande pauvreté dont le
revenu moyen par habitant varie entre un minimum
de 922 dollars pour la Mauritanie et un maximum de
1 626 dollars pour le Soudan. C'est dire le déséquilibre de richesse et de niveaux de vie qui affecte les
sociétés arabes les unes vis-à-vis des autres et, en
conséquence, le déséquilibre d'influence politique
que donne une faible démographie combinée à
d'abondants revenus en provenance du secteur énergétique, comme c'est le cas pour les pays du C.C.G.

Les performances en matière d'exportations ne
sont guère plus brillantes. En 2004, dans une
conjoncture où les prix de l'énergie sont en hausse
très forte, atteignant le niveau de 40 à 50 dollars par
baril, le total des exportations des 21 pays de la Ligue
arabe, y compris celles du secteur pétrolier, gazier
et pétrochimique, n'ont atteint que 396 milliards de
dollars, alors que les exportations de la seule Corée
du Sud qui n'exporte pas de matières premières
atteignaient 254 milliards, celles du Mexique 189 milliards, sans parler des exportations de petits pays
européens tels que la Belgique avec 306 milliards ou
la Hollande avec 318 milliards[1]. L'ensemble Égypte,
Syrie, Liban, Jordanie a réalisé cette année-là 23 milliards de dollars d'exportations contre 38,5 milliards
pour Israël et 61,6 milliards pour la Turquie. En
2009, malgré la hausse spectaculaire des prix du

---

1. Chiffres extraits de la base de données en ligne de la
C.N.U.C.E.D. (Conférence des Nations unies pour le commerce et le
développement : htpp//stats.unctad.org/Handbook).

pétrole qui se situent désormais aux alentours de
100 dollars le baril, la situation n'a pas fondamentalement changé. Le total des exportations des pays de
la Ligue arabe s'élève à 726,1 milliards de dollars,
mais un petit pays européen comme la Hollande réalise 550 milliards de dollars d'exportation, soit 76 %
du montant des exportations cumulées de tous les
pays arabes. C'est dire l'insertion totalement marginale de ce groupe de pays dans le commerce mondial. Le Maroc et la Tunisie, avec respectivement
13,9 milliards et 14,4 milliards d'exportations, sont
un peu plus dynamiques, mais restent loin de la Turquie ou d'Israël, sans parler de pays du Sud-Est
asiatique comme la Thaïlande, avec 180,2 milliards
d'exportations, ou la Malaisie, avec 186,2 milliards,
ou la Corée du Sud qui à elle seule réalise 415,4 milliards d'exportations.

La situation est semblable pour les investissements
étrangers. La zone Méditerranée-Moyen-Orient est
délaissée par les investissements internationaux qui
se dirigent massivement vers l'Asie ou l'Amérique
latine. Ainsi, seuls l'Égypte, le Liban et le Maroc ont
reçu un montant relativement important d'investissements étrangers en 2004 et 2005, mais qui reste
nettement inférieur à celui que reçoivent des pays
comme la Corée du Sud, la Malaisie, la Thaïlande ou
le Chili. Ces flux sont d'ailleurs largement constitués
des surplus de capitaux des pays riches de la Péninsule arabique à la recherche d'investissements
fonciers ; de ce fait, ils sont très dépendants des fluc-
tuations du prix du pétrole.

Le monde arabe n'est pas une zone de croissance
économique. La Banque mondiale estime qu'entre
1986 et 1994, le revenu réel par tête d'habitant dans
la zone Moyen-Orient et Afrique du Nord a diminué
de 2 % par an, le plus fort déclin dans les pays
du tiers monde[1]. Même les pays arabes non expor-

---

1. *Claiming the Futur-Choosing Prosperity in the Middle East and
North Africa*, The World Bank, Washington D.C., octobre 1995.

tateurs de pétrole ont vu leur revenus croître de moins de 1 % par an, tant ces pays sont devenus dépendants eux aussi de la conjoncture pétrolière ; cette dernière, durant les années soixante-dix, a été source d'accroissement indirecte des revenus dans les autres pays arabes par les migrations de cadres et de main-d'œuvre et donc les rapatriements de salaires vers les pays d'origine. Ce n'est qu'à partir du début des années 2000, lorsque les cours du pétrole s'orientent à nouveau à la hausse, atteignant à la fin de 2004 le niveau de 40 à 50 dollars le baril, puis en 2005 le niveau record de 70 dollars le baril avant de redescendre pour se stabiliser au niveau de 50 à 55 dollars le baril, que la croissance du P.I.B. par habitant repart à la hausse dans les pays arabes exportateurs de pétrole. Ces taux restent d'ailleurs modestes, fluctuant entre 2 % et 6 % en général à partir de 2002[1]. La dépendance de la croissance sur le prix de l'énergie est aussi importante pour les pays arabes non exportateurs de pétrole, car ceux-ci sont à leur tour dépendants du nombre de travailleurs et de cols blancs qu'ils peuvent exporter dans les pays pétroliers, la demande pour des travailleurs ou cadres immigrants dans cette catégorie de pays étant elle-même fonction de leur taux de croissance. Aussi la croissance du P.I.B. par tête d'habitant dans les pays non exportateurs suit-elle le plus souvent celle des pays exportateurs. La nouvelle augmentation des prix du pétrole à partir de 2006 va évidemment entraîner une augmentation des taux de croissance qui désormais se situeront dans une fourchette de 5 % à 8 % ou 9 % suivant l'importance du secteur pétrolier dans chacun des pays arabes.

L'ère de la prospérité pétrolière a donc permis dans l'ensemble du monde arabe une hausse des niveaux de consommation et un développement géné-

---

1. *World Development Indicators, op. cit.*

ral des grandes infrastructures ; elle n'a pas donné lieu à un vrai démarrage industriel, en dehors du secteur de la pétrochimie. Les industries de transformation, créatrices d'emploi, ne représentent que 10 % du P.I.B. dans l'ensemble du monde arabe : c'est dire l'énorme retard industriel dont il souffre et qui contribue à sa marginalisation totale dans les échanges internationaux et les flux de capitaux[1]. L'agriculture ne représente elle aussi que 8 % du P.I.B. et n'assure que des revenus très bas aux agriculteurs qui continuent de représenter, suivant les pays, entre 30 % et 50 % de la population (à l'exception des pays de la Péninsule arabique exportateurs de pétrole) ; le revenu de la population agricole arabe, qui a fluctué entre 240 et 272 dollars par an en moyenne durant la période 1990-1995, est en baisse en 2004 puisqu'il n'atteint plus que 226 dollars, avant de remonter à 340 dollars à la fin de l'année 2009[2]. Bien qu'en recul, le taux d'accroissement démographique reste encore très élevé dans le monde arabe, puisqu'il se situe à 2,3 % en moyenne par an.

Enfin, en dépit des ressources additionnelles en provenance du secteur pétrolier qui ont circulé entre 1973 et 1982 puis depuis 2005-2006, certains pays arabes restent encore endettés par rapport au monde extérieur. Leur dette extérieure se monte, à la fin de l'année 2009, à 162,3 milliards de dollars, auxquels il faut ajouter l'endettement très lourd de l'Irak (environ 120 milliards de dollars à la veille de la guerre du Golfe, qui a fait l'objet d'une réduction de dette contractée auprès des pays de l'O.C.D.E. après l'invasion américaine de 2003 et d'une remise de dette de la part de l'Arabie Saoudite), endettement qui a été un des détonateurs de la crise avec le Koweït, comme nous l'avons déjà vu.

1. Chiffres extraits du *Rapport économique arabe conjoint, op. cit.*
2. *Ibid.*

Par ailleurs, un certain nombre de pays souffrent d'un déficit budgétaire important, car dans les pays arabes, les systèmes fiscaux sont articulés en priorité sur la fiscalité indirecte, et plus particulièrement les droits de douanes. Les recettes provenant de l'impôt sur le revenu, en effet, représentent en moyenne, dans les pays où la fiscalité directe existe, de 2 % à 10 % seulement des recettes totales des gouvernements. Il faut ajouter que 80 % à 90 % du produit de l'impôt sur le revenu est payé par les salariés du secteur public ou du secteur privé, par prélèvement à la source de l'employeur[1]. Les professions libérales, les patrons du secteur privé, les propriétaires fonciers ou immobiliers, grâce à la corruption généralisée ou à la défiscalisation du secteur agricole et foncier ou des investissements nouveaux, échappent à toute imposition. Les fortunes immenses ont donc pu se constituer sans que les États prélèvent leur dû pour assurer la protection sociale des couches les plus défavorisées. Ce sont ces dernières qui subissent de plein fouet le poids de la fiscalité et qui donc subventionnent indirectement les couches aisées de la population, lesquelles profitent le plus des infrastructures que construit l'État et de la protection et de la sécurité qu'il offre à cette minorité possédante vivant dans l'opulence.

Rien n'est plus éloquent d'ailleurs pour mesurer les progrès de l'injustice sociale et l'inefficacité des systèmes économiques que de constater qu'en dépit des ressources additionnelles en provenance du secteur pétrolier, le nombre d'analphabètes dans le monde arabe, déjà très élevé en 1980, avec 58 millions de personnes, dans la tranche d'âge de 15 à 64 ans, est passé à 61 millions en 1990, puis à

---

1. Sur ce point voir Georges Corm, « L'ajustement du secteur privé dans le monde arabe : taxation, justice sociale et efficacité économique », in *L'économie de la paix au Proche-Orient, op. cit.*, vol. II, p. 251-276.

70 millions en l'an 2001, ce qui représente 39 % des personnes dans cette tranche d'âge. Pour la population entre 15 et 24 ans, le taux d'analphabétisme, cette année-là, s'est élevé à 23 %. Le taux d'analphabétisme dans la population féminine est encore plus élevé ; il atteint 51 % pour les femmes adultes et 30 % pour les jeunes filles[1]. Ces taux d'analphabétisme sont plus élevés que la moyenne des pays en développement (27 %) et que la moyenne mondiale (25 %)[2]. En 2007, le taux d'analphabétisme pour la population de plus de 15 ans reste encore fort élevé, au niveau de 29 % ; pour les femmes, le taux atteint 38 %[3].

Les programmes d'ajustement structurel pratiqués sous l'égide du Fonds monétaire international dans plusieurs pays ne font qu'aggraver cet état de choses. Le poids de la stabilisation retombe sur les couches populaires : gel des salaires, suppression des subventions et réduction des dépenses publiques pour les secteurs de la santé et de l'éducation publi-

---

1. *Rapport économique arabe conjoint, op. cit.*, p. 28. Le pourcentage de main-d'œuvre active dans la population totale est en revanche très faible (30 %), reflétant aussi bien le manque de dynamisme de l'économie que la faible participation de la femme au marché du travail dans la plupart des pays arabes. Sur toutes ces questions, on pourra aussi se reporter aux quatre rapports successifs publiés par le Programme des Nations unies pour le développement — P.N.U.D., sous le titre *Arab Human Development Report*, le premier sur le thème de l'emploi (2002), le second sur celui de l'économie de la connaissance (2003), le troisième sur le thème de la liberté (2004) et le quatrième concernant l'amélioration du statut de la femme (2005). Le premier de ces rapports a suscité un intérêt international, compte tenu de la conjoncture dans laquelle il est paru, quelques mois après les événements du 11 septembre 2001. Le diagnostic sévère de ce rapport semble avoir inspiré les propos des différents responsables occidentaux sur la nécessité de la réforme dans le monde arabe, comme nous allons le voir plus loin au chapitre 23.
2. Voir *Unesco Science Report 2005*, Rapport annuel, Paris, 2006, qui décrit aussi très bien les raisons pour lesquelles la plupart des indicateurs relatifs à l'éducation, la science et la technologie dans le monde arabe sont aussi bas par rapport à d'autres pays qui sont à des niveaux similaires de P.I.B. par tête d'habitant.
3. Voir *Rapport économique arabe conjoint*, pour l'année 2010.

ques, augmentation de la fiscalité indirecte ; les couches aisées en profitent à travers les taux d'intérêts réels élevés dont bénéficie leur abondante épargne, grâce à l'émission de bons du Trésor indispensable pour combler les déficits budgétaires.

Enfin, en matière de crédit bancaire, seules les personnes disposant déjà d'une assise foncière et immobilière peuvent disposer de facilités de crédit ; les fonctionnaires, les petits artisans et commerçants, les femmes pauvres n'ont aucun accès au crédit pour tenter de développer des activités productrices.

Dernier point noir de l'économie des pays arabes, la situation démographique des monarchies et émirats pétroliers de la Péninsule arabique et le statut des travailleurs arabes ou asiatiques immigrés. On sait que les richesses pétrolières de la Péninsule sont aux mains d'entités politiques dont la population de souche est très réduite en nombre. Le Koweït, les Émirats arabes unis, Qatar, Bahrein ont chacun moins d'un million d'habitants de souche locale. L'Arabie Saoudite, en dépit de l'immensité de son territoire, n'a pas plus de dix-sept à dix-huit millions d'habitants de souche locale : de souche bédouine, cette population est rétive au travail manuel ou à la discipline d'un travail salarié requérant de longues heures de travail quotidiennes et régulières. Aussi, avec la richesse que le pétrole a apportée, ces pays ont-ils importé de la main-d'œuvre arabe et asiatique pour assurer les tâches du développement économique. Les pays du C.C.G. comptent sept à huit millions d'étrangers de toutes les nationalités, Pakistanais, Sri-Lankais, Philippins, Indiens. Dans les petits émirats, la population immigrée est supérieure à la population locale.

Pour préserver leur pouvoir, les gouvernements ont diversifié les sources d'immigration ; en particulier, leur souci a été de ne pas être exclusivement dépendants de l'immigration en provenance des

autres pays arabes. Par ailleurs, peu sûrs de la stabilité de leur pouvoir, ils refusent d'accorder à la
population immigrée les droits civils les plus élé-
mentaires, tel celui de posséder un domicile ou une
entreprise. Dans les affaires, il faut avoir un associé
local qui détient le contrôle juridique de l'entreprise
et prélève une part importante de ses bénéfices.
L'immigré, en règle générale, ne peut conserver son
passeport qui reste avec son employeur.

Cette politique fragilise encore plus les bases des
entités de la Péninsule où la méfiance la plus totale
règne entre la population de souche et la population
immigrée, arabe ou non arabe. On a vu comment la
guerre du Golfe a entraîné l'expulsion des Palestiniens du Koweït et celle des Yéménites d'Arabie
Saoudite. Aucun gouvernement n'a eu de politique
visant à intégrer progressivement, en leur accordant
la nationalité, certains immigrés des pays arabes, en
particulier les cadres techniques ou les enseignants.
Une telle politique aurait pu contribuer à élargir
l'assise démographique des pays concernés et à
mieux asseoir la légitimité politique des monarchies
et émirats. Les quelques naturalisations accordées
par l'Arabie Saoudite et les petits émirats voisins
l'ont été à un nombre très restreint d'associés
d'affaires — syriens, libanais ou palestiniens — des
princes de la famille royale devenus millionnaires
ou milliardaires par le bon vouloir gouvernemental
et qui servent d'agents d'influence pour soutenir
la politique régionale saoudienne et américaine, tel
Rafic Hariri pour le Liban.

Cette situation est source d'une double anxiété.
D'abord celle des populations de souche et de leurs
gouvernements face à la présence d'un trop grand
nombre de travailleurs étrangers, à surveiller constamment, en particulier pour les immigrés arabes
que les gouvernements de leur pays d'origine pourraient être tentés d'employer pour déstabiliser les
fragiles royaumes pétroliers ; ensuite, celle de la

population immigrée qui vit dans l'insécurité la plus totale et la peur de l'expulsion, ce qui oblige les gouvernements de leur pays d'origine à ménager le plus possible les rois et princes des entités pétrolières pour ne pas risquer l'expulsion de leurs ressortissants émigrés et la perte des précieuses devises qu'ils rapatrient au pays et qui sont devenues indispensables aussi bien à leurs familles qu'à l'économie nationale.

La Libye, qui est un nain démographique, a eu la même politique que les royautés et principautés du Golfe et ne s'est pas privée non plus d'utiliser l'arme des immigrés dans ses relations avec les autres pays arabes, en particulier la Tunisie voisine, mais aussi avec l'O.L.P. qu'elle a tenté d'embarrasser en demandant, en septembre 1995, le rapatriement des Palestiniens émigrés chez elle vers la Cisjordanie et Gaza à la suite des accords d'Oslo. L'Irak, qui avait attiré chez lui environ deux millions de paysans égyptiens durant la guerre avec l'Iran pour suppléer au manque de main-d'œuvre agricole, a procédé aussi à des expulsions massives de ces paysans lorsque l'Égypte s'est ralliée à la coalition occidentale contre lui après l'invasion de Koweït. Plus récemment aussi, en 1995, le Maroc a fermé ses frontières aux ressortissants algériens après un attentat terroriste sur le sol marocain avec la participation d'un réseau islamiste comprenant des Algériens de France.

Les migrations interarabes, qui ont été un facteur important de distribution de richesses dans le passé entre pays pétroliers et pays non pétroliers, ont donc eu aussi un coût humain très élevé et ont contribué à une forte insécurité psychologique, aussi bien des populations migrantes privées de tout droit civil que des gouvernements d'accueil qui les surveillent et les contrôlent avec une certaine paranoïa.

On le voit, le paysage économique du monde arabe est très sombre. Il est masqué par l'opulence de la couche de millionnaires, le développement des beaux quartiers dans les grandes capitales arabes, la magie des grands sites touristiques aménagés luxueusement pour le confort des touristes occidentaux, l'image positive que les grands médias internationaux donnent des pays dont les gouvernements ont des politiques favorables à la normalisation rapide avec Israël, tels l'Égypte ou le Maroc. La réalité sociale et psychologique des sociétés arabes est tout autre. Le désir d'émigration vers l'Europe ou les Amériques, très fort dans la jeunesse, témoigne des horizons très limités qu'offrent les économies locales. Certes, d'un pays à l'autre, l'intensité de ce désarroi varie.

Il y a les pays en tourment profond, tels l'Algérie, l'Irak, la Libye. Il y a ceux où la grande pauvreté et l'analphabétisation persistent, ainsi que le chômage, qui sont soumis aux cures d'austérité du Fonds monétaire international et qui doivent en outre privatiser leur secteur public et donc aggraver les problèmes d'emplois, tels que le Maroc ou l'Égypte. Il y a ceux qui tentent de se débrouiller sans l'aide de la coopération internationale, tels la Syrie et le Soudan.

Dans la plupart des pays, les salaires de la fonction publique sont devenus dérisoires par rapport au niveau général des prix; même les ministres ou les directeurs généraux de ministères doivent vivre avec des revenus mensuels de l'ordre de 200 à 400 dollars, alors que les familles riches qui détiennent les clés de la puissance dans le secteur privé ont souvent des revenus mensuels de plus de 100 000 dollars. En revanche, boutiquiers et artisans sont à peine mieux nantis que les fonctionnaires. Avec une telle répartition des revenus, la corruption est devenue un phénomène de société qui permet aux familles aisées d'être les détenteurs réels du pouvoir économique, qu'elles partagent dans l'ombre avec les souverains civils et militaires ou les monarques, qui détiennent le pouvoir politique.

La frustration sociale est donc immense; elle

s'ajoute à la détresse psychologique d'appartenir à des entités politiques invertébrées qui sont aux mains des puissances européennes ou des États-Unis qui progressent implacablement, depuis la fin de l'épopée de Nasser en Égypte en 1970, dans leur contrôle de l'Orient arabe. La grande habileté des régimes arabe est de savoir gérer cette frustration dans un jeu savant d'équilibre et en exploitant la peur du chaos qui domine l'inconscient collectif de populations pauvres épuisées par la dureté du quotidien.

LA RÉ-ISLAMISATION
DES SOCIÉTÉS ARABES

Il y a d'abord le jeu subtil d'instrumentalisation de la religion. La ré-islamisation des sociétés a commencé avec les débuts de l'ère de la prospérité pétrolière, grâce aux moyens financiers donnés par l'augmentation soudaine des prix du pétrole. Il s'agissait alors de faire reculer l'influence massive des mouvements révolutionnaires panarabes, laïcs et socialisants, qui dénonçaient avec véhémence le néocolonialisme occidental et son soutien inconditionnel à la cause israélienne, ainsi que son appui aux monarchies locales dites « réactionnaires ». Des sommes considérables ont été consacrées à la « renaissance » de l'islam, dans tous les domaines de la vie politique, économique et sociale par la création d'organismes interétatiques spécialisés, de l'Organisation de la conférence des pays islamique qui s'est posée en organisation concurrente antisoviétique de celle des pays non alignés, jusqu'à une U.N.E.S.C.O. islamique, la Banque islamique de développement, etc. Il y a eu aussi toutes les fondations privées islamiques ou les banques et sociétés financières privées dites islamiques. Il y eut, enfin, dans le contexte de la guerre d'Afghanistan, le recrutement de milliers de moudjahidin (combattants) et leur entraînement aux États-Unis. Il y eut aussi, à partir d'Arabie Saoudite ou du Liban, l'édition subventionnée de milliers d'ouvrages religieux déversés à bas prix dans tout le monde arabe et les pays musulmans d'Asie ou d'Afrique. Cette politique fut un grand succès ; elle contribuera partout à faire reculer la culture révolutionnaire d'inspiration nationaliste arabe ou marxiste qui avait dominé la scène politique du Proche-Orient entre 1960 et 1980.

La révolution iranienne en 1979, aidée par la politique américaine et accessoirement par la France dans son basculement vers une «révolution religieuse», devait trouver un terreau très fertile dans le monde arabe, déjà labouré par l'Arabie Saoudite depuis des décennies. Désormais, deux grands types d'idéologies islamiques seront en concurrence dans le monde arabe, celle d'inspiration saoudienne et celle de type radical, d'inspiration iranienne. La première vilipende la laïcité occidentale et les mœurs relâchées et décadentes de l'Occident, mais se garde bien de s'en prendre à la politique internationale des États-Unis dont elle a été un instrument de choc dans les coups de boutoir donnés au bloc soviétique et au tiers monde prosoviétique. La seconde s'empare des traditions révolutionnaires anti-impérialistes et donne à la fois dans l'antiaméricanisme et dans l'antisoviétisme ; elle réussit plus ou moins à transcender le clivage entre sunnites et chiites, malgré les origines «chiites» toutes relatives du khomeynisme[1].

---

1. Sur ce point, voir le très remarquable article de Homa Nategh, «Le journal Ganoun. Une ébauche de gouvernement islamique (1890-1907)» (*Sou'al*, nº 9-10, juillet 1989), qui montre la manipulation que fait la monarchie perse à la fin du XIXe siècle des oulémas chiites et décrit le rôle d'un Arménien iranien converti à l'islam pour faire une carrière politique, dans les fondements d'une

C'est ainsi qu'à partir du début des années quatre-vingt, l'islam envahit presque tout le champ culturel et politique arabe, aussi bien dans sa composante de type «légitimiste», ne mettant pas en cause les régimes en place et leur alliance avec les puissances occidentales, que dans ses expressions politiques radicales et antioccidentales.

La guerre du Golfe compliquera le jeu, certains mouvements de type légitimiste, sous la pression de la base populaire, dénonçant avec virulence l'immixtion occidentale dans un conflit interarabe; elle ne fera qu'amplifier une dynamique dont la plupart des régimes sont désormais prisonniers. L'Algérie succombera à ces complications que l'appareil d'État ne maîtrise plus, la Tunisie sera implacable à l'égard de ses intellectuels islamistes, si présentables soient-ils[1]. À la périphérie du monde arabe, en juin 1989, au Soudan, un général putschiste, Omar Bachir, a trouvé la recette d'une longue installation au pouvoir, en adaptant progressivement un régime de type islamique, inspiré par un réformateur islamique considéré comme proche de l'Occident, Hassan Tourabi, qui désormais intègre le club très chic des islamistes invités dans les grandes capitales occidentales et dont les textes sont analysés et promus dans

---

esquisse de pouvoir religieux que Khomeyni reprendra. On pourra aussi voir, sur la question de la mobilisation religieuse pour faire face aux pressions néocoloniales anglaises sur la Perse, Vanessa Martin, *Islam and Modernism. The Iranian Revolution of 1906*, I.B. Tauris, London, 1989. On rappellera à ce sujet que le chiisme, dans son aspect théologique et politique, attend le retour de l'«imam caché» et n'a pas développé une théorie de la gestion politique, depuis l'assassinat du calife Ali et de son fils Hussein.

1. Sur la réponse de dix régimes arabes à la contestation islamique, on se reportera à l'ouvrage collectif, sous la direction de Basma Kodmani-Darwish et May Chartouni-Dubarry, *Les États arabes face à la contestation islamiste*, Travaux et recherches de l'I.F.R.I., Armand Colin, Paris, 1997. On pourra voir aussi Sami Naïr, «Que faire de l'intégrisme?», *Le Monde*, 13 octobre 1994, qui dégage dans la réponse aux intégrismes trois modèles, marocain, égyptien et jordanien.

les littératures académiques européennes et américaines sur l'islam. La guerre du Golfe oblige, cependant, le régime à se radicaliser pour être cohérent
avec sa nouvelle base populaire. Hassan Tourabi dis-
paraîtra donc des médias occidentaux et le régime
soudanais, qui condamne les accords d'Oslo, aura de
plus en plus mauvaise presse et entrera en tension
permanente avec son puissant voisin égyptien[1].

La guerre du Golfe a aussi créé de fortes tensions
internes en Égypte, où de nombreux attentats islamistes s'en prennent à des groupes de touristes
occidentaux ou, à Assiout et à Deriout, à la communauté copte. En 1992 et 1993, le mouvement touristique baisse sensiblement, affectant les rentrées en
devises de l'Égypte. Dans la société civile, en particulier les ordres professionnels, les islamistes sont
très actifs et obtiennent parfois la majorité dans les
instances dirigeantes. En Palestine, le Hamas, dont
la création a été encouragée par les Israéliens pour
diminuer l'influence de l'O.L.P. et l'intensité de la
« guerre des pierres », se radicalise avec les accords
d'Oslo qu'il dénonce. Les Israéliens, après les attentats meurtriers du printemps 1996, suspendent le
processus de négociations aussi bien avec l'O.L.P.
qu'avec la Syrie et le Liban, permettant ainsi au
Hamas d'atteindre son but. Au Liban, le Hezbollah
a pu s'installer durant l'occupation israélienne de la

---

1. Tourabi ne disparaît cependant pas complètement de l'attention médiatique à cette époque, comme interlocuteur potentiel
modéré de l'Occident, ainsi qu'en témoigne un article substantiel du
26 décembre 1996 : « Sudan's Strongmen/Big Dreams and Eccentric
Schemes : Grand Vizier of islam, or Chief Terrorist ? » *International
Herald Tribune* (avec une grande photo du personnage). De même,
la presse américaine, continuant de se démarquer de la presse européenne plus islamophobe, montrera de l'indulgence envers les excès
islamistes de la prise de pouvoir en Afghanistan par l'armée des
Talibans, entraînée et armée par le Pakistan et qui, de plus, est anti-
iranienne ; voir le long article : « A Face for Conservative islam/From
Obscurity to Supreme Authority : for Agfhans, Taleban's Rise to
Power was Deliverance from Tyrany », *International Herald Tribune*,
2 janvier 1997.

moitié du pays entre 1982 et 1985 ; l'armée israélienne a fixé de la sorte en face d'elle le mouvement
de résistance qui a justifié qu'elle continue d'occuper, même après le départ de l'O.L.P. du Liban, une
large partie du sud du Liban. En Arabie Saoudite, on
l'a vu, l'irruption de l'armée américaine à quelques
kilomètres des Lieux saints musulmans n'a manifestement pas fait l'unanimité dans la caste des religieux
qui constitue la base du régime ; la contestation s'est
manifestée ouvertement par la création d'un Comité
des droits de l'homme islamique siègeant à Londres,
puis par les attentats spectaculaires d'octobre 1995
à Riyad et de juin 1996 à Khobar, contre des bâtiments abritant des troupes américaines. En Syrie,
où toute manifestation de type islamiste est interdite, c'est la fréquentation des mosquées et le voile
des femmes qui expriment la protestation et le
malaise.

En fait, partout dans le monde arabe, les signes
extérieurs de religiosité se multiplient. Dans les
couches riches et opulentes, il s'agit de montrer que
richesse et piété vont de pair ; dans les couches
pauvres dont l'horizon économique et la promotion
sociale sont bloqués et dont le dénuement matériel est total et ne permet aucune des distractions
qu'offre le monde moderne, la fréquentation de la
mosquée, l'adhésion aux nombreux mouvements
de mystique islamique pacifique ou agressive qui
ont pignon sur rue, le port du voile, la stricte adhésion au jeûne du Ramadan, sont autant de comportements qui donnent aux familles la conscience
d'une identité, le sentiment d'une existence qui n'a
pas perdu toute signification. L'identité par l'islam,
si ambiguë et si pleine de contradictions soit-
elle, vient donner une signification, des signes de
reconnaissance sociale à des destins individuels et
collectifs privés de sens depuis l'effondrement des
grandes aspirations qui ont agité les sociétés arabes

au cours des années de bouillonnements révolutionnaires[1].

LE THÈME BIBLIQUE
DE LA DÉCHÉANCE
ET DE L'ÉLECTION
DANS L'IDÉOLOGIE ISLAMIQUE

Le développement économique bloqué, la dignité
nationale disparue, la dignité sociale inexistante du
fait de la corruption, des inégalités économiques
que ne justifient pas le labeur de couches d'entrepreneurs productifs et créateurs d'emplois : l'involution dans l'identité religieuse exprimée de façon
ostentatoire et sommaire est l'échappatoire obli-
gée et logique au mal de vivre généralisé. Dans la
logique religieuse elle-même, la perte de dignité collective est le résultat du manque de piété, de l'irres-
pect envers Dieu et sa toute-puissance. Seuls un
retour collectif sur le message divin et la stricte
adhésion à ses commandements peuvent émouvoir
le cœur de Dieu et faire un jour qu'Il permette à
Son peuple de retrouver la dignité et la puissance. Le
fonctionnement biblique de la pensée qui imprègne
de larges parties du Coran est remis à l'honneur par
tous les mouvements islamiques. La théologie de
l'élection et la déchéance qui traverse la Bible
de bout en bout, à laquelle l'islam avait échappé
sous la double influence de la pensée grecque et de

1. Un sociologue marocain parle d'identités « bricolées » auquel il
est procédé à partir du religieux (voir Mohamed Tozi, « La Méditerranée à l'épreuve des enjeux religieux », communication au colloque
« La Méditerranée au xxɪᵉ siècle. Visions prospectives », organisé par
le G.E.R.M., Casablanca, 15-16 novembre 1996.

celle du christianisme, se retrouve en force dans toutes les littératures islamistes, au côté du thème de l'identité perdue sous l'impact de la laïcité occidentale que nous avons évoqué dans la première partie[1].

Les conséquences tirées de ce tronc commun par les différentes mouvances islamistes peuvent être cependant diamétralement opposées : quiétisme pieux à la recherche individuelle de Dieu, piété collective et entraide sociale dans un monde dévoré par la cupidité, la corruption et l'inégalité, militantisme culturel contre la laïcité et la démocratie à l'occidentale source de division de l'« Oumma » mythologique, mais loin de toute hostilité de nature politique à l'Europe et aux États-Unis détenteurs de la puissance militaire et des sciences et des techniques dont on ne peut se passer ; militantisme politique «légitimiste» dans le cadre des régimes en place pour islamiser la vie politique arabe et faire régresser de la sorte la corruption et l'inégalité ; enfin l'infinie variété de groupuscules que l'on pourrait qualifier de «millénaristes», refusant l'ordre interne et international et pratiquant la violence armée aussi bien contre les régimes en place que contre les ressortissants de pays occidentaux jugés complices des régimes qualifiés d'«impies».

Ces groupuscules de « zélotes », pour employer une terminologie empruntée à l'histoire juive, se dotent d'émirs justiciers et prophètes qui appellent au règne de la loi de Dieu sans État, ni calife, ni roi ; c'est le peuple sanctifié par la prise de conscience de la loi divine et de ses impératifs qui fait reculer le «paganisme», les espaces de l'incroyance et de l'hérésie. Ces groupuscules considèrent que les peuples arabes et musulmans ont perdu la foi, sont revenus au paganisme et acceptent de ce fait la soumission aux puissances chrétiennes et juives hostiles à l'is-

---

1. Voir *supra* chapitre 3, p. 187 et suivantes.

lam. D'où un état de guerre permanent où le terrorisme est l'arme favorite du combat. Les malheurs des musulmans bosniaques, ceux des Palestiniens, ceux des Irakiens, ceux des Algériens, ceux des Libanais victimes de l'occupation et des bombardements israéliens depuis 1968, ceux du peuple kurde, s'organisent tous dans cette pathologie d'opprimés autour du thème de la corruption et de l'incroyance des dirigeants musulmans qui, pour conserver leurs trônes temporels, ont vendu leurs âmes et leurs peuples aux dirigeants occidentaux et israéliens.

En l'absence de tout grand mouvement culturel dans le monde arabe, similaire à celui du temps de la Nahda, et face au manque cruel de philosophie et d'histoire, les différentes sous-cultures prétendant parler au nom de la religion musulmane, et qui disposent encore de moyens financiers importants, ont envahi le quotidien des villes arabes. Le problème est évidemment qu'aucune de ces sous-cultures ne parvient à gagner à sa cause l'ensemble d'une population. Le cas de l'Afghanistan, où des factions qui se réclament toutes de l'islam de type fondamentaliste se sont entre-déchirées de façon sanglante après le retrait des troupes soviétiques en 1991, montre bien ce qui peut se passer lorsque la religion se veut le seul instrument de pouvoir ; régionalismes, tribalismes, différences ethniques ou différences entre dogmes islamiques différents comme entre sunnites et chiites, ambitions personnelles déchaînées, détruisent définitivement les tissus de la sociabilité et aucun pouvoir accepté de tous ne peut émerger. Derrière les groupes armés, se profilent le poids des puissances régionales et internationales, les trafics de drogue et d'arme qui enrichissent les chefs de guerre et les pays voisins. L'Afghanistan n'est pas un cas isolé ; la Somalie lui ressemble étrangement, le Liban entre 1975 et 1990 avait été celui de chefs de guerres cruels manipulant des communautés religieuses au seul profit des voisins ; la Bosnie, avec

ses sous-cultures musulmane, catholique et croate
ou serbe et orthodoxe, relève du type de conflit où,
la légitimité d'un ordre social étant perdue, il est
impossible d'en trouver une nouvelle, en dehors
du fanatisme religieux aux couleurs du brigandage,
des ambitions personnelles et des enrichissements
de type mafieux.

SONDER L'ISLAM

Quelle énergie intellectuelle stupéfiante mettent
les appareils universitaires et médiatiques de l'Europe et des États-Unis à sonder la planète «islam»!
Quelle avalanche d'ouvrages savants ou de vulgari-
sation sur cette religion ainsi «exotisée» et «essen-
tialisée», comme si elle n'appartenait pas à la famille
des monothéismes, ne reposait pas sur la Bible et
les notions fondamentales d'élection divine et de
salut individuel et collectif! Le paroxysme est atteint
lorsqu'un universitaire américain écrit un savant
article dans la prestigieuse revue américaine *Foreign
Affairs* sur l'affrontement futur des civilisations, c'est-
à-dire entre l'islam avec ses prolongements asiatiques et l'Occident judéo-chrétien[1]. Dominant le

---

1. Voir Samuel Huntington, «The Clash of Civilizations?»,
Foreign Affairs, été 1993, p. 22-49 (traduction en français dans
la revue *Commentaire*, n° 66, été 1994, p. 238-252), mais aussi la
réfutation très argumentée de Pascal Boniface, *La volonté d'impuissance. La fin des ambitions internationales et stratégiques*, Seuil,
Paris, 1995, p. 59-65, sous le thème «Choc des civilisations et
conflits identitaires», le principal argument étant que les civilisations ne sont pas des acteurs autonomes et établis dans le champ
international comme le sont les États. C'est l'argument développé
dans cet article qui sert de trame à l'ouvrage à succès de Huntington, *The Clash of Civilization and the Remaking of the World Order*,
cité en introduction. On signalera aussi que le politologue et économiste marocain Mahdi Elmanjra, membre du Club de Rome et

monde arabe sans partage, l'Occident joue à se faire peur : les hordes islamiques seraient prêtes à déferler sur le monde judéo-chrétien ; les pays musulmans seraient aussi sur le point de se doter de la bombe atomique islamique, comme a bien failli le faire Saddam Hussein, les immigrés musulmans sont potentiellement la cinquième colonne des mouvements intégristes d'Iran, du Soudan, d'Algérie, d'Afghanistan, du Liban, etc.

Aussi, il faut sonder «l'islam» pour comprendre la génétique de la violence qui l'animerait [1]. Les polémiques font rage entre islamologues en Occident. Chacun pense avoir trouvé, compris mieux que les autres. On analyse au peigne fin les textes délirants des groupuscules qui pratiquent la violence armée, on se spécialise sur tel ou tel auteur dont les ouvrages ont largement été subventionnés par l'Arabie Saoudite, tel Sayyed Qotb, le brillant polémiste

---

de l'association «Futuribles International», a intitulé en 1991 un recueil d'articles centrés sur la guerre du Golfe «La première guerre de civilisation» (Al harb al hadariat al oula), 'Ouyoun, Casablanca, 1991.

1. La quantité d'ouvrages parus en France et aux États-Unis sur l'islam au cours des cinq dernières années et ayant un contenu répétitif est telle que nous renonçons à les citer, sauf lorsqu'il s'agit de publications amenant des éléments de compréhension ou d'analyse nouveaux sur le fonctionnement des sociétés en cause ou sur les politiques d'instrumentalisation de cette religion à des buts de contrôle politique. Il en est de même de la place occupée par l'islam dans la presse française pour «sonder» les symptômes graves d'agitation islamiste ainsi que la multiplication des entretiens avec des «spécialistes». Mohammed Arkoun sera deux fois l'hôte des pages «Débats» du journal *Le Monde* (15 mars 1989 et 5 mai 1992) ; Gilles Kepel, l'auteur des *Banlieues de l'islam* et de *La revanche de Dieu*, sera interviewé trois fois, le 14 avril 1989, pour conclure une enquête sur dix numéros du *Monde* sur «L'islam en fièvre» du 4 au 14 avril 1989, puis le 30 novembre de la même année à propos de l'intégration des musulmans en France, et le 16 février 1993. L'affaire du foulard islamique dans les écoles françaises, puis les événements d'Algérie, expliquent évidemment cette «fièvre» journalistique qui s'alimente aussi en permanence du conflit israélo-arabe et de la géopolitique du Proche-Orient. Voir, à ce sujet, le travail éclairant de Thomas Deltombe, *L'islam imaginaire. La construction médiatique de l'islamophobie en France, 1975-2005*, La Découverte, Paris, 2005.

égyptien, frère musulman, que Nasser a persécuté, puis fait exécuter. Certains pensent que l'islam est le passage obligé à la modernité pour les sociétés musulmanes ; pour eux, les mouvements islamistes sont les avant-gardes de cette modernité par leur pratique et leur organisation[1] ; d'autres, en particulier aux États-Unis, considèrent que l'islam peut avoir des pratiques libérales et capitalistes et qu'il faut donc encourager la ré-islamisation des sociétés musulmanes freinée de façon absurde par les idéologies modernistes importées aveuglément de l'Occident[2]. Dans cette cacophonie dont se régalent les

---

1. C'est la thèse soutenue par François Burgat, *L'islamisme en face*, La Découverte, Paris, 1995, qui fait incontestablement l'analyse la plus pertinente du fonctionnement des islamismes, mais en tire des conclusions excessives sur le caractère fécondateur de ces mouvements, considérés comme instruments obligés ou inéluctables de passage à la modernité, comme l'avait fait avant lui le regretté Michel Seurat. On verra aussi, de François Burgat, *L'islamisme à l'heure d'Al-Qaida*, La Découverte, Paris, 2005, ainsi que Olivier Roy, *L'islam mondialisé*, Le Seuil, Paris, 2005. Le point des controverses entre islamologues français peut être trouvé dans l'abondant dossier publié par la revue *Esprit*, août-septembre 2001, sous le titre « À la recherche du monde musulman », où la plupart des islamologies connus ont écrit (à l'exception de Gilles Kepel).
2. On lira avec profit l'argumentation de cette thèse qui influence la diplomatie américaine, beaucoup plus islamophile que celle de l'Europe, chez Leonard Binder, *Islamic Liberalism. A Critique of Development Ideologies*, The University of Chicago Press, Chicago, 1988. Binder prend pour postulat de son travail qu'il n'y a pas de voie laïque vers la modernité dans le monde musulman ; mais, en revanche, il pense qu'on peut peut-être infléchir le fondamentalisme islamique contemporain vers un « islam libéral ». L'auteur est très influencé par les écrits récents de marxistes arabes, en particulier égyptiens, convertis à la thèse d'un passage obligé par la ré-islamisation pour résister à l'impérialisme et sécréter une modernité acceptable par les « masses », pour employer le vieux vocabulaire marxiste. La même thèse est développée par un autre universitaire américain très influent sur les questions islamiques, John L. Esposito, notamment dans *The Islamic Threat. Myth of Reality?*, Oxford University Press, 1995, où la thèse de Huntington est contestée. Cette indulgence américaine pour le fondamentalisme islamique fait l'objet d'une sévère critique, à partir d'une islamophobie très marquée par la peur de l'invasion démographique de l'Europe, dans l'ouvrage déjà cité d'Alexandre Del Valle, *Islamisme et États-Unis. Une alliance contre l'Europe, op. cit.* Pour cet auteur, les Anglo-

médias, la «revanche de Dieu», les «géopolitiques
du chiisme»[1], celle de l'orthodoxie[2] dans les Bal-
kans, le choc des civilisations, font oublier les données de base profane de toute la politologie ou
sociologie tentant de hiérarchiser, relativiser, mettre
en relation les données complexes des devenirs
sociaux.

Comme nous le verrons au chapitre suivant, à
propos du renouveau du judaïsme, ce renouveau
islamique s'appuie beaucoup sur la vigueur de la vie
religieuse communautaire aux États-Unis et la montée du fondamentalisme dans certaines Églises issues
du protestantisme. Comme le montre fort bien
Sadek Al-Azem, un universitaire syrien très connu
pour ses travaux critiques sur la pensée religieuse
arabe, c'est aux États-Unis qu'est née au début du
xxe siècle la notion de fondamentalisme religieux[3].

Saxons ont encouragé, dès la fin du xixe siècle, «les mouvements
islamistes les plus obscurantistes et les plus anti-laïcs, cela dans le
but de faire échec au grand mouvement réformiste de la *salgiyya* et
d'empêcher le monde islamique de rattraper son retard philosophique et technologique vis à vis de l'Occident» (p. 40).

1. Voir François Thual, *Géopolitique du chiisme*, Arléa, Paris,
1995.

2. Voir François Thual, *Géopolitique de l'orthodoxie*, Dunod, Paris,
1994.

3. Voir Sadek Al-Azem, «Islamic Fundamentalism Reconsidered.
A Critical Outline of Problems, Ideas and Approaches», *South Asia
Bulletin, Comparative Studies of South Asia and the Middle East*,
vol. XIII, nos 1 et 2 (1993), p. 93-121 et vol. XIV, no 1 (1994), p. 73-
98, Duke University, Durham, États-Unis. Al-Azem est l'auteur du
célèbre ouvrage *Critique de la pensée religieuse (Naqd al fiker al dini)*
paru en 1968 à Beyrouth et qui lui coûta son poste de professeur de
philosophie à l'université américaine de Beyrouth. Il a publié un
recueil d'essais sur le comportement des sociétés dirigeantes et des
élites intellectuelles arabes face à divers problèmes culturels, dont
l'affaire de Salman Rushdie, sous le titre *The Mental Taboo*, Riad Al
Rayyes Books, Londres, 1992. Une critique vigoureuse des mouvements islamiques et de leur rôle réactionnaire dévastateur dans l'ensemble du monde arabe et musulman, qui contribue à casser la
dynamique de libération nationale dans le tiers monde, peut être
trouvée dans un article de l'économiste égyptien marxiste bien
connu Samir Amin, «Political islam», *Covert Action Quarterly*, no 71,
Winter 2001. Pour faire le point sur islam et politique dans le

« Il devrait être aujourd'hui évident, écrit Al-Azem, que le paradigme de référence implicite et explicite de la littérature produite en Occident sur le phénomène fondamentaliste — islamique ou autre — se trouve dans le mouvement religieux américain qui commence avec le pamphlet (*Les fondamentaux : un témoignage sur la vérité*) et se prolonge avec la mobilisation d'une majorité de type moraliste (*The Moral Majority*) de la présidence de Ronald Reagan et sa décennie[1]. » Al-Azem cite de nombreux écrits islamistes arabes prenant pour modèle le fondamentalisme religieux protestant ou juif et décrit en détail, dans une optique de comparaison du fonctionnement des trois monothéismes, certaines expériences de fondamentalisme chrétien, protestant aux États-Unis ou catholique en Europe. Sévère sur la production intellectuelle de l'islamologie européenne ou américaine, Al-Azem estime que les raffinements académiques de terminologie et de sémantique dans l'analyse des mouvements islamistes se contredisent et s'annulent dans un débat stérile qui revient chaque fois à son point de départ

---

monde arabe, on pourra se reporter à Bourhane Ghalioun, *Islam et politique. La modernité trahie*, La Découverte, 1997, ouvrage qui passe en revue les questions essentielles des rapports complexes posés par la modernité politique aux sociétés arabes, mais qui sous-estime toutefois les problèmes posés par la montée des divers mouvements d'islam dit « radical ». En revanche, on ne peut ici que déplorer le retentissement donné à l'ouvrage récent de Bernard Lewis, *Que s'est-il passé ? L'islam, l'Occident et la modernité*, Gallimard, Paris, 2002, qui est une attaque au vitriol de la religion musulmane très loin des anciens travaux du célèbre orientaliste et plus proche du pamphlet politique de combat.

1. « *Islamic Fundamentalism reconsidered* », déjà cité, p. 28 d'un tiré à part de l'article. Sur la vague récente de fondamentalisme américain, on pourra se reporter au reportage d'Henri Tincq dans *Le Monde*, « Désarrois américains, religion : une vague de fondamentalisme », 27 octobre 1992 ; voir aussi le numéro de la revue *Vingtième Siècle*, consacré à « Religion et politique aux États-Unis », n° 19, juillet-septembre 1988, ainsi que les ouvrages cités au début du chapitre 26 sur l'influence de l'idéologie des nouveaux évangélistes sur la politique du président George W. Bush au Moyen-Orient.

et qui continue de dépendre du terme éculé de «fondamentalisme» ou de ses équivalents. «Aussi longtemps, écrit Al-Azem, que ces discussions font tout
pour éviter de poser les questions de substance sur
le phénomène islamiste lui-même, les remèdes et
améliorations terminologiques recommandés par les
protagonistes du débat ne peuvent dépasser le niveau
du simple verbalisme, des préférences linguistiques
personnelles et l'erreur de considérer qu'un changement de nom ou de mot peut constituer un progrès dans la conceptualisation[1].» Al-Azem lui-même,
dans son très dense travail, procède à une classification des fondamentalismes islamiques, mais en
les rattachant, textes à l'appui, aux différents mouvements fondamentalistes chrétiens du monde occidental depuis le début du xxe siècle, que beaucoup
d'intellectuels arabes ont bien connus, soit pour
avoir vécu ou étudié en Europe ou aux États-Unis,
soit pour avoir lu leurs textes doctrinaux de base. Il
montre ainsi la vanité des efforts de tous ceux qui
veulent voir dans le «fondamentalisme islamique»
un phénomène enfermé sur lui-même, dans une
spécificité irréductible, sans communication avec le
mouvement des idées et des cultures, y compris
dans leurs composantes antimodernistes qui carac-
térisent certains aspects du fondamentalisme et du
renouveau (*revivalism*) chrétien[2].

De notre point de vue, l'étonnant, s'il faut parler
de phénomènes inexplicables ou difficilement com-
préhensibles, n'est pas ce «retour du religieux» dans
les sociétés arabes, mais au contraire son absence
d'extension et, en tout cas, son militantisme très
marginal face à des situations d'oppression, de vide

---

1. *Ibid.*, p. 2.
2. Pour un essai de comparaison du fonctionnement de la pensée
philosophique et religieuse dans le monde chrétien et le monde
musulman au cours du Moyen Âge, voir Abdellah Labdaoui, *Intellectuels d'Orient et intellectuels d'Occident*, L'Harmattan, Paris,
1996.

culturel et de malaises psychosociaux forts[1]. Les explications pourraient être nombreuses, mais la première et la plus évidente, et pour cela la moins perçue dans l'islamophilie comme l'islamophobie actuelle, c'est que la pratique de l'islam est aussi diverse que celle des tempéraments qui la composent. On peut donc, sous le chapeau « islam », placer aussi bien les attitudes les plus laïques et respectueuses de la diversité religieuse que les plus fermées, celles où le monde est perçu comme irrémédiablement coupé en deux blocs voués à l'hostilité et la guerre : celui des croyants et du règne de la loi de Dieu telle que transmise par l'islam d'un côté, celui de l'obscurantisme, de l'hérésie ou de l'athéisme de l'autre. Comme nous l'avons vu dans la première partie de l'ouvrage, l'islam est, en effet, totalement plastique sur le plan des institutions sociopolitiques, le Coran, comme les Évangiles, étant resté silencieux sur le sujet (contrairement aux affaires de statut personnel, notamment l'héritage, pour lequel le Coran prévoit que les femmes puissent au moins hériter de la moitié d'une part, ce qui, dans le monde patriarcal du début du viie siècle de l'ère chrétienne, était une révolution).

L'islam est d'ailleurs si plastique qu'au cours des dernières années ce sont des femmes qui ont dirigé trois des plus grands pays musulmans, le Pakistan, le Bangladesh et la Turquie. En Indonésie, le pays musulman le plus peuplé du monde, règne un régime pratiquant la laïcité la plus complète, par respect pour la petite minorité chrétienne d'origine chinoise ou la minorité hindouiste, mais aussi la minorité de la population de souche convertie au christianisme sous la colonisation hollandaise. Curieusement, cette laïcité indonésienne réussie et qui tient bon, en dépit des manipulations auxquelles s'est livré le régime

---

1. Voir Bourhane Ghalioun, *Le malaise arabe. L'État contre la nation*, La Découverte, Paris, 1991.

dictatorial de Suharto, est presque totalement ignorée du champ d'investigation de l'islamologie[1]. Elle a été mise en place sous le régime de Soekarno, dirigeant «moderniste» typique des années du tiers-mondisme, qui ont si mauvaise presse aujourd'hui, et dont le régime a été victime d'un sanglant coup d'État anticommuniste en 1967.

En fait, comme les deux autres religions du salut, le christianisme et le judaïsme, l'islam est instrumentalisé socialement et politiquement, que ce soit pour asseoir la légitimité d'un pouvoir ou pour aider à une prise de pouvoir lorsqu'il est vacant ou de plus en plus illégitime. Il n'est d'ailleurs pas besoin d'être très savant pour réaliser que, depuis la fin de l'Empire ottoman, les sociétés arabes, qui ne s'étaient plus gouvernées elles-mêmes depuis dix siècles environ, ont été à la recherche de nouveaux pouvoirs et de sources stables de légitimité pour leur nouveau mode de fonctionnement.

Nous avons montré au chapitre 4 la difficulté de cette quête dans le contexte mouvementé et fragmenté de la colonisation puis de la décolonisation et de la montée en puissance de l'État d'Israël. La guerre du Golfe est venue, à notre sens, ronger encore plus activement les fondements de la stabilité acquise par la circulation de la richesse pétrolière. États, mouvements de contestation militants «légitimistes», reconnaissant la légalité constitutionnelle des pouvoirs en place, ou contestataires violents de l'ordre établi, classes moyennes en déroute, «bricolant» leur identité sociale, milieux populaires aux condi-

1. Voir le reportage: «L'islam est devenu un enjeu considérable de pouvoir en Indonésie. les 165 millions de croyants du plus grand pays musulman sont cajolés par le régime», *Le Monde*, 17 mars 1995; voir aussi Clifford Geertz, *Observer l'islam. Changements religieux au Maroc et en Indonésie*, La Découverte, Paris, 1992 (traduction de l'édition américaine parue en 1968 avec préface mise à jour par l'auteur), qui montre la sécularisation de la vie de ces deux pays et la non-émergence de personnalités intégristes.

tions de vie toujours plus dures, ont tous eu recours à l'instrumentalisation de l'islam pour survivre dans un monde nouveau. Ce monde nouveau est celui de la domination américaine absolue sur le monde arabe, du triomphe israélien dans l'opinion internationale, de la descente aux enfers du peuple irakien, de l'aplatissement de l'O.L.P., de l'effondrement des valeurs marxistes partiellement reprises dans la culture du fondamentalisme chiite iranien avec son vocabulaire sur les «déshérités» et le «grand Satan», de la culture occidentale qui a glissé de l'invocation de la philosophie des Lumières et son héritage gréco-romain à celui des racines judéo-chrétiennes.

Habiles, les régimes suivent les mouvements d'islamisation; prudente, l'opinion publique se met au goût du jour dans un islam majoritairement quiétiste mais qui affiche les signes extérieurs d'appartenance. Seuls les régimes qui ont des actifs sûrs ne laissent pas trop se développer l'occidentalophobie culturelle que sécrète cette «islamisation» par le vide et le désespoir. Ainsi le Maroc, avec sa monarchie ancestrale d'autant plus légitime qu'elle a pratiqué le minimum d'ouverture politique; la Tunisie, grâce à son dynamisme économique et sa politique sociale très active; la Jordanie, dont la famille royale descend du Prophète et qui a admis le mouvement des «frères musulmans» dans le jeu parlementaire local.

Toutefois, comme nous le montrerons par la suite au chapitre 23, les événements du 11 septembre 2001, où une partie importante des terroristes ayant mené les attentats seraient de nationalité saoudienne, avec quelques ressortissants des Émirats arabes unis et de l'Égypte, mettent au banc des accusés principaux le régime saoudien pour avoir laissé se développer chez lui l'idéologie de l'intégrisme islamique. Les États-Unis affirment vouloir démocratiser la région et justifient ainsi la guerre qu'ils préparent contre l'Irak. Désormais, la fragilité des régimes politiques arabes va encore augmenter.

ISLAM ET LAÏCITÉ :
L'ÉQUATION IMPOSSIBLE ?

Hors du monde arabe, mais à ses portes, il est intéressant de rappeler que la Turquie kémaliste, après
avoir vaincu militairement les armées française,
anglaise et grecque qui avaient occupé les grandes
villes turques à l'issue de la défaite ottomane en
1918, a pu instaurer un État laïc fort qui a résisté à
tous les coups de boutoir de ces dernières années.
C'est indubitablement cette éclatante victoire militaire sur la puissance occidentale qui peut expliquer la rupture opérée avec succès par la Turquie
moderne par rapport à la vieille légitimité islamique
califale[1]. Il est certes de bon ton aujourd'hui, où
il faut justifier le retour du religieux comme le
triomphe d'un essentialisme islamique sur une laïcité occidentale importée, de dénigrer l'œuvre laïque
de Mustapha Kemal et de dénoncer sa dictature
qui n'a cependant donné lieu ni à une guerre des
Chouans ni au Goulag.

Il est en tout cas symptomatique que ceux des
États arabes dont les armées ont toujours subi
des débâcles aient été obligés d'instrumentaliser la
religion ou de la réprimer à certaines époques bien
plus durement qu'en Turquie. Ce sera le cas de la
Syrie avec le massacre de Hama en 1981, ou celui
de l'Irak avec la répression quasi permanente des
autorités religieuses chiites siégeant à Najjaf et Ker-
bala, lieux saints du chiisme, puis dans sa volte-face
durant la guerre du Golfe où Saddam Hussein se fait
le champion de la défense de l'islam face aux «infidèles» dont les armées envahissent la Péninsule ara-

---

1. Sur ce point, voir le riche numéro des *Annales de l'autre islam*
(n° 2, I.N.A.L.C.O., 1994) sur «La question du Califat» à l'occasion
du 70ᵉ anniversaire de l'abolition du califat par la Turquie.

bique. C'est le cas de l'Égypte, qui ne semble guère s'embarrasser des formes de droit pour réprimer ses mouvements islamistes[1], tout en gardant la minorité copte, que ces mêmes mouvements agressent, dans un statut défavorable[2]. Sur un autre plan, c'est évidemment le cas du Liban qui, depuis 1840, incapable à cette époque de repousser le double assaut colonial de la France et de l'Angleterre, vit sous un régime de confusion totale entre le pouvoir de l'État et le pouvoir des communautés religieuses, ce qui asservit le pays aux intérêts de la géopolitique régionale instrumentalisant les communautés libanaises[3]. Les accords de Taïeff, en 1989, n'ont fait que consacrer cette pratique, tout en la faisant glisser de la rivalité entre communautés chrétiennes et musulmanes à celles opposant communautés sunnite et chiite, riva-

---

1. Voir Amnesty International, *Égypte. États d'urgence. Le droit et le fait*, A.E.F.A.I., Paris, 1989.
2. Voir Sami A. Aldeeb Abu-Sahlieh, *Non-musulmans en pays d'islam. Cas de l'Égypte*, Éditions universitaires, Fribourg, Suisse, 1979 ; on pourra se reporter aussi à l'ouvrage encyclopédique sur les communautés chrétiennes d'Orient de Jean-Pierre Valognes, *Vie et mort des chrétiens d'Orient. Des origines à nos jours*, Fayard, Paris, 1994. À signaler aussi, Youssef Kourbage et Philippe Fargues, *Chrétiens et juifs dans l'islam arabe et turc*, Fayard, Paris, 1992. On verra aussi la remarquable synthèse historique d'El Hassan Bin Talal, *Christianity in the Arab World*, Royal Institute for Inter-Faith Studies, Amman, 1994, dont l'auteur est le prince héritier de Jordanie, l'un des rares dirigeants arabes férus de culture ayant écrit plusieurs ouvrages, en particulier sur le problème palestinien.
3. Voir Georges Corm, *Liban : les guerres de l'Europe et de l'Orient*, Gallimard, coll. « Folio/Actuel », Paris, 1991 ; on lira avec intérêt l'intéressante polémique de philosophie politique de Mehdi Amil, *L'État confessionnel. Le cas du Liban*, La Brèche, Paris, 1996, brillant universitaire marxiste assassiné en 1987 à Beyrouth sous le règne des milices chiites et qui s'en prend aussi à la naïveté de la vision des marxistes libanais sur la nature du système confessionnel. Sur la naissance des discours identitaires centrés sur la communauté religieuse au Liban, au XIXe siècle, voir Georges Dagher, *Identités composées au Liban. La radicalisation communautaire au XIXe siècle*, Geuthner, Paris, 1999. Pour une description du renforcement du système communautaire depuis l'indépendance, voir aussi Georges Corm, « Laïcité et confessionnalisme au Liban », *Confluences*, n° 4, automne 1992.

lité instrumentalisée au niveau régional depuis la révolution religieuse iranienne à coloration « chiite ».

Ainsi que nous l'avons déjà évoqué, l'Irak qui n'a pas eu de victoire militaire contre l'occupation anglaise en 1919, à la différence de la Turquie, puis qui n'a pas su infliger la moindre perte aux armées alliées en 1991 en dépit de son armement massif, en est venu lui-même à recourir aux notions religieuses les plus usées de guerre sainte contre les infidèles ; depuis la guerre du Golfe, le drapeau irakien s'est orné de la fameuse devise musulmane, « Il n'y a de Dieu que Dieu et Mohammed est son Prophète ». En fait, les régimes en place, tout comme les populations, bricolent leurs légitimités et leurs identités dans un environnement d'échec, d'impotence militaire et économique totale, de vide philosophique et culturel.

Ausculter l'islam, analyser à la loupe les textes insipides et répétitifs des mouvements islamiques, fait sans doute partie en Occident des critères du savoir académique et journalistique sur le Proche-Orient ; cela ne fait en rien avancer la connaissance et la compréhension du fonctionnement des sociétés arabes. Au contraire, la logomachie sur l'islam, comme invariant de la vie du Proche-Orient, contribue à obscurcir le regard et à masquer les véritables causes de l'instrumentalisation de la religion à des fins de replâtrage de légitimités politiques usées, d'identités brisées et d'espoir nationaux et sociaux perdus[1]. Cette logomachie, depuis les attentats du 11 septembre 2001 et les péripéties récentes de l'affaire du voile des collégiennes musulmanes en France, est devenue plus que jamais omniprésente dans tous les débats sur les conflits du Proche-Orient ou même sur la vie des communautés musulmanes en Europe.

---

1. Nous avons développé cette question dans Georges Corm, *La question religieuse au XXIᵉ siècle. Géopolitique et crise de la postmodernité*, La Découverte, Paris, 2006.

La laïcité ne se porte d'ailleurs pas aussi mal qu'on veut bien le dire dans le « monde musulman »[1]. Beaucoup des nouvelles républiques dites « islamiques » d'Asie centrale semblent s'accommoder fort bien du régime laïc hérité de l'univers soviétique[2]. D'ailleurs, partout où diverses formes d'islam coexistent, ou bien là où l'islam doit coexister avec d'autres groupes religieux, la laïcité, c'est-à-dire l'absence d'instrumentalisation de la religion à des fins politiques, est bien la seule solution raisonnable. C'est toutefois une solution qui a mauvaise presse, chez les dirigeants arabes comme dans les mouvements de contestation islamiste, car elle ouvrirait enfin la voie à une institutionnalisation démocratique et donc à un jeu politique plus ouvert et à une remise en cause des privilèges socio-économiques acquis, le plus souvent, de façon illégitime par les élites dirigeantes[3].

1. Voir à ce sujet *Laïcité(s) en France et en Turquie, Cahiers d'études sur la Méditerranée orientale et le monde turco-iranien*, nº 19, 1995, ainsi que (sous la direction) de Michel Bozdemir *Islam et laïcité. Approches globales et régionales*, L'Harmattan, Paris, 1996. Pour les lecteurs arabophones et ce qui concerne la laïcité dans le monde arabe, on recommandera vivement Aziz El Azmeh, *La laïcité sous un autre angle* (publications du Centre d'études sur l'unité arabe, Beyrouth, 1992), qui fait une analyse sans compromis de l'instrumentalisation de la religion par les pouvoirs en place et par de nombreux intellectuels arabes qui se cherchent une place au soleil, alors que les comportements des sociétés arabes sont largement laïcisés depuis le début du XXᵉ siècle. Un recueil de différentes conférences et articles de El Azmeh est récemment paru sous le titre *L'univers de la religion dans le présent des Arabes (Dounia'l din fi hader al arab)*, Dar al Talia't, Beyrouth, 1996. En arabe toujours, on verra aussi Abdallah No'Man, *Les tendances laïques dans le monde arabe (Al ittijahat al 'ilmaniat fil 'alam al arabi)*, Dar No'Man lil thaqafat, Beyrouth, 1990.
2. Voir Michel Bozdemir, *Islam et laïcité, op. cit.*
3. On mentionnera dans ce cadre le travail pertinent pour certains de ses développement de Mohamed-Chérif Ferjani, *Islamisme, laïcité et droits de l'homme* (L'Harmattan, Paris, 1991), qui éprouve cependant le besoin de sacrifier à l'autel des canons de l'islamologie récente ayant fait des idéologies modernistes et nationalistes dans le monde arabe un repoussoir, ce qui vaut à l'auteur de cet ouvrage une « copie conforme » d'autres attaques encore plus virulentes des défenseurs de la salutaire « ré-islamisation » du monde arabe grâce à l'idéologie wahhabite saoudienne. Dans le cas d'espèce, le propos

Sur le plan du dialogue avec l'Occident et avec Israël, l'entrée en modernité politique que signifierait la fin de l'instrumentalisation du religieux rendrait démodées les lourdes logomachies du contentieux israélo-arabe que nous avons exposées au chapitre 17 sur la conférence de Madrid et permettrait d'engager un dialogue sur des nouvelles bases de respect de l'autre, en dehors des grandes mythologies religieuses et des théologies de source biblique de la déchéance et de la rédemption et du salut, qu'elles soient juives ou musulmanes. Nous reviendrons sur cette question en conclusion de l'ouvrage.

---

porte sur l'analyse faite ici des jeux idéologiques entre différentes ailes du régime syrien (chapitre 7). «Les typologies de la pensée politique arabe, écrit Ferjani, qui ne tiennent pas compte du rapport entre la modernité et les conceptions antiques comme celle qu'on trouve, à titre d'exemple, dans *Le Proche-Orient éclaté* de G. Corm [*sic* pour l'orthographe du nom] montrent à quelles absurdités peut conduire une application mécanique des distinctions GAUCHE-DROITE dans le contexte de la pensée politique arabe contemporaine : analysant les conflits proche-orientaux en termes inappropriés et sans nuances, G. Corm considère les luttes au sein du Ba'th syrien à la fin des années soixante comme un conflit entre «la gauche», incarnée par le clan de H. Al Assad, et l'extrême gauche, incarnée par le clan de S. Jadîd et N. Al Atassi qui étaient au pouvoir avent le putsch de 1970 ! Ceux qui connaissent les réalités politiques et sociales de la Syrie, le poids des structures traditionnelles et des conceptions archaïques sur les luttes au sein du Ba'th et dans les méthodes de direction et de gestion du pouvoir syrien, mesurent le ridicule d'une telle perception. Les travaux de M. Seurat sur l'État syrien ont au moins cet avantage de montrer combien les catégories "gauche" et "droite" sont inopérantes pour comprendre la logique et la stratégie de tels régimes.» (p. 193). Le lecteur pourra se reporter à ma critique de la nouvelle islamologie française, proche des thèses anglo-saxonnes sur le rôle positif de l'instrumentalisation de l'islam, dans *L'Europe et l'Orient* (*op. cit.*, p. 178-180 et 244-251) où la pertinence de la grille analytique qui structure les travaux du regretté Michel Seurat (regroupés dans *L'État de barbarie*, Seuil, Paris, 1989) et d'autres chercheurs est mise en question pour son a priori méthodologique idéalisant la capacité salvatrice des mouvements islamistes. Sans aucun état d'âme par rapport aux écrits plus anciens, certains des tenants de cette école de pensée ont redressé le tir récemment, depuis le dérapage des événements en Algérie et en Afghanistan (voir par exemple Olivier Roy, *L'échec de l'islam politique*, Seuil, Paris, 1992, ou Olivier Carré, *L'islam laïc ou le retour de la Grande Tradition*, Armand Colin, Paris, 1993).

Une chose reste certaine, c'est que la stabilité acquise par les régimes politiques arabes et l'habileté des dirigeants à s'adapter aux jeux mouvants de l'après-guerre du Golfe ne peut être qu'éphémère dans une perspective historique. La crise de légitimité sociale globale ouverte par l'effondrement des structures impériales ottomanes, que nous avons brièvement décrite dans la première partie de l'ouvrage, est loin d'être close. Aucune société arabe n'a à son actif une insertion réussie dans l'ordre mondial au début du XXIe siècle, politiquement ou économiquement. Plus graves, les efforts de ré-islamisation et d'instrumentalisation du religieux sont aussi les ferments profonds de discorde entre musulmans. La grande majorité des musulmans, fidèles en cela à l'esprit de leur religion qui ne connaît point d'autorité de nature ecclésiastique, continue d'estimer qu'entre l'homme et Dieu, il n'y a point d'intercesseur privilégié, en particulier dans l'ordre du commandement et de la souveraineté sociale et politique. Les émirs et autres chefs de mouvements millénaristes violents ou pacifiques n'auront jamais aucune chance de prise de pouvoir durable. Bien plus, Mohammed est le « sceau » des prophètes, il a clos théologiquement le temps biblique de la prophétie ouvert par l'histoire d'Abraham. Il n'y a donc du côté des mouvements ou régimes islamiques (arabes, iranien ou afghan) aucune voie d'avenir possible susceptible de jeter les bases d'un consensus social nouveau.

Il n'y a non plus aucune solution de type islamique dans les très nombreux pays arabes et pays musulmans où diverses formes d'islam coexistent dans les populations. Ces communautés musulmanes ou historiquement dérivées de l'islam ont entre elles des contentieux théologiques, mystiques et politiques profonds. C'est le cas de l'Irak et des pays de la Péninsule arabique où sunnites, chiites et kharidjites doivent vivre ensemble ; c'est le cas de la

Syrie et du Liban où chrétiens, sunnites, chiites, druzes et alaouites sont en compétition pour le pouvoir et ses dépouilles depuis l'effondrement de l'Empire ottoman, sans parler de l'importante présence de la communauté chrétienne copte en Égypte, ou plus accessoirement de celle des chrétiens chaldéens en Irak, à laquelle appartient l'ex-vice-président de la République, Tarek Aziz.

Certes, la laïcité moderne est un produit de la civilisation occidentale. Elle n'en reste pas moins la seule recette connue dans la modernité politique pour assurer une gestion consensuelle du pouvoir là où plusieurs groupes religieux sont en symbiose sociale et économique[1]. Pour trouver des formes de pluralisme religieux prémoderne, il faut revenir soit au paganisme de l'époque gréco-romaine antique soit aux pratiques oubliées de l'islam lui-même du temps de sa splendeur, lorsque la liberté d'exégèse religieuse permettait la multiplication des théologies et interprétations coraniques ou que les califes abbassides prenaient plaisir aux joutes théologiques entre chrétiens et musulmans qui se déroulaient en leur présence, ou encore aux pratiques de l'islam andalou. On doit aussi évoquer ici à nouveau le pluralisme religieux qui a caractérisé l'Inde précoloniale avant que l'Angleterre n'y institutionnalise sa perception des identités dans le sous-continent indien[2].

Évoquer la laïcité comme un mode de violation de la personnalité ou de l'identité islamique, qu'il s'agisse de la littérature des mouvements islamistes ou de celle des islamologues qui s'en font l'écho,

---

1. Sur ce sujet, on pourra se reporter à notre ouvrage *Contribution à l'étude des sociétés multiconfessionnelles. Effets socio-juridiques et politiques du pluralisme religieux*, L.J.G.G., 1971 (nouvelle édition sous le titre *Histoire du pluralisme religieux dans le bassin méditerranéen*, Geuthner, Paris, 1998). On se reportera à la fin du chapitre suivant pour le problème de la crise de la laïcité dans le monde occidental lui-même.

2. Voir *supra* chapitres 1 et 3.

relève plus des nouvelles formes de terrorisme intellectuel à la mode dans le contexte morbide d'un
désenchantement du monde, que d'une réflexion
historique sérieuse[1]. Ce terrorisme est tel que dans
beaucoup de pays arabes, pour ne pas prononc-
cer le mot «honni» de laïcité, qui choquerait les
sensibilités «ré-islamisées», on parle de la nécessité
d'un État de «nature civile» (*al daoulat al madania*). Cette question surgira sur la place publique
dans les furieuses discussions qui interviendront
dans le contexte des révoltes arabes de 2011 et des
changements constitutionnels qu'elles entraînent
avec la chute de certains dictateurs.

Cela ne veut évidemment pas dire qu'il n'y ait
pas dans le cheminement des sociétés arabes de
réflexions sur la religion, la philosophie et l'histoire.
L'œuvre de la Nahda, qui avait été interrompue par
la vague de soubresauts révolutionnaires puis par
l'instrumentalisation du religieux qui continue de
s'étendre, n'est pas totalement tarie. Un peu partout, des chercheurs ou penseurs qui n'ont pas les
honneurs des médias ou des recherches académiques en Occident écrivent contre l'instrumentalisation de la religion, rappellent l'esprit libertaire de
l'islam, refont des lectures du Coran à la lumière
de la linguistique moderne ou des acculturations
des religions pré-islamiques, monothéismes chrétien ou juif ou cultes antiques du Proche-Orient,

1. C'est ainsi qu'à propos de laïcité, Mohammed Arkoun, éminent
spécialiste de l'islam, peu connu pour être favorable aux thèses islamistes, à une question sur la «redéfinition du cadre de la laïcité»
que posent les responsables confessionnels en France, n'hésite pas à
répondre : «Oui. Construite en France sous la Troisième République, la laïcité me paraît aujourd'hui intellectuellement dépassée.
C'est un partage politique et juridique qui a sans doute eu sa raison
d'être à un moment donné, mais qui s'est réalisé au détriment d'une
culture religieuse et de la vocation spirituelle de l'homme ouverte
par la Révélation, indissociable de l'expérience prophétique» (*Le
Monde*, 15 mars 1989, p. 2 ; voir la réponse d'André Miquel, professeur au Collège de France et spécialiste de langue et littérature
arabe, intitulée «La limite», *Le Monde*, 29 mars 1989).

dans les doctrines musulmanes elles-mêmes. Certains payent de leur vie ces audaces. C'est ainsi que le Soudanais Mahmoud Taha, un réformiste musulman de grand renom dans son pays, a été pendu en 1985 pour avoir condamné l'application de la *charia* islamique au Soudan en 1983, comme contraire à la *charia* et la religion, «d'autant, avait-il affirmé, que cette application lèse les chrétiens du pays». Lors de son jugement, Taha avait fait cette déclaration courageuse: «J'ai déjà proclamé à plusieurs reprises mon opinion sur les lois de septembre 1983; [à savoir] qu'elles sont contraires à la *charia* et à l'islam; plus encore qu'elles ont déformé la *charia*, déformé l'islam et en ont éloigné les gens. En outre, elles ont été instituées et exploitées pour terroriser le peuple, et le conduire à la soumission en l'avilissant, [...] puis elles ont menacé l'unité du pays, [...] cela théoriquement [...]. Pratiquement, les juges qui l'appliquent sont inaptes techniquement, faibles moralement pour ne pas se soumettre à l'autorité du pouvoir exécutif qui les utilise en vue de piétiner les droits et humilier le peuple, déformer l'islam et avilir l'esprit, les penseurs et les opposants politiques. Aussi ai-je refusé de reconnaître et de collaborer avec tout tribunal qui renie l'indépendance et la justice[1]».

C'est aussi le cas de l'Égyptien Farag Foda, très féru d'histoire de l'islam, qui a beaucoup écrit sur l'imposture que constituait à ses yeux l'idéologie religieuse et les simplifications outrancières et contresens théologiques patents dans les diverses doctrines des mouvements islamistes[2]; il a été assassiné au Caire en juin 1992 dans une indifférence quasi générale. Peu de temps après cet assassinat, c'est au tour

---

1. Voir *Sou'al* n° 5, 1985, numéro paru sous le thème *L'islamisme aujourd'hui*, p. 220-221.
2. Voir, entre autres, son essai *Al hakikat al gha'ibat* («La vérité absente»), Dar al Fikr lill dirassat wal nashr, Le Caire, 1987, qui a connu de nombreuses rééditions.

du grand romancier égyptien Najib Mahfouz, prix Nobel de littérature, dont l'œuvre est une magnifique description sociologique, sur le mode profane, des tourments de la modernité en Égypte, d'être victime d'une tentative d'assassinat par un groupe islamiste qui l'avait ouvertement menacé.

D'autres intellectuels arabes doivent s'exiler sous des cieux plus cléments, tels le Libyen Sadek Al Nahyoum (décédé à Londres, qui tenait une rubrique régulière sur l'islam dans la revue arabe *Al Naked* paraissant en Angleterre) ou le professeur de linguistique arabe à l'université du Caire Hamed Abou Zeid, contre qui un groupe de professeurs obtint en juin 1995 un jugement d'un tribunal civil en Égypte le déclarant «apostat» et sommant son épouse de le quitter, conformément aux prescriptions de la *charia*[1]. Ce jugement par un tribunal civil est une première dans l'histoire de l'Égypte, plutôt libérale en matière d'opinions sur l'islam. Hamed Abou Zeid, dans son enseignement comme dans ses ouvrages, renouant avec les traditions de la Nahda, appelle à une lecture historique du Coran et à une critique des exégèses coraniques traditionnelles[2]. Il en est de même de Mahmoud Al Qoumni qui, à travers une œuvre abondante et riche, retrace les influences des religions et cultures pré-islamiques sur la façon dont le droit musulman (la *charia*) s'est développé, y compris les comportements sociaux dans l'Arabie à l'époque du Prophète, en relativisant, de la sorte, le «génie» de l'islam qu'il tente d'inscrire dans une continuité et non une rupture drastique[3].

---

1. Voir «Les errances d'un "apostat" égyptien», dans *Le Monde*, 27 mars 1996, et Ziad Hafez, «L'inquisition islamiste : le cas de Nasser Hamed Abou Zeid», *Al Mouaten*, n° 34, décembre 1996-janvier 1997.
2. Voir par exemple *Ishkaliat al kiraat wa aliat al ta'wil* («Problématiques de lecture et mécanismes de l'exégèse»), Al Markaz al thaqafi al'arabi, Beyrouth, 1992.
3. Voir, sur cet auteur et sur Khalil Abdul Karim, l'analyse de Ziad Hafez, «La continuité de la jahiliyya à l'islam», *Al Mouaten*, n° 43, juillet-août 1998.

Ces penseurs réformistes de l'islam ne font guère l'objet d'attention dans les cercles médiatiques et académiques occidentaux, même si certains d'entre eux, comme le Syrien Mohammed Shahrour, peuvent être très lus dans le monde arabe[1]. Il en est de même de l'œuvre des grands philosophes politiques et moralistes laïcs du monde arabe, comme celle de Constantin Züreik, dont l'œuvre considérable sur tous les problèmes des sociétés arabes contemporaines et de leur rapport à la modernité occidentale a été rassemblée et éditée par le Centre d'études sur l'unité arabe[2]. Mais on pourrait aussi citer Hussein Ahmad Amin, le fils du célèbre réformateur religieux égyptien du début du xxe siècle qui a écrit de nombreux ouvrages dénonçant l'usage immodéré et manipulateur de la religion islamique[3]. De même, on ne peut manquer d'évoquer la grande figure libérale, récemment disparue, du cheikh Abdallah el 'Alaili, Libanais qui a fait ses études à l'université religieuse d'Al Azhar en Égypte et dont l'œuvre abondante est traversée par un souffle remarquable de modernisme porté par les meilleures traditions jurisprudentielles islamiques[4].

1. Shahrour a publié un ouvrage qui a connu plusieurs éditions sur la nécessité de lire le Coran à l'aide de la linguistique pour retrouver le sens d'origine des mots à l'époque du Prophète, ce qui lui permet de montrer que très peu de versets coraniques ont un caractère de «loi» à appliquer à la lettre (voir *Al Kitab Wal Kor'an Kira'at mouasirat* («Le Livre et le Coran, une lecture moderne»), Shirkit al matbou'at lill tawzi wal nashr, Beyrouth, 1994, 4e édition. Sur ces auteurs, voir l'ouvrage très exhaustif de Ziad Hafez, *La pensée religieuse en islam contemporain. Débats et critiques*, Geuthner, Paris, 2012. On pourra trouver en langue française un texte de Mohammed Sharour dans Abdou Filali-Ansari, *Réformer l'islam? Une introduction aux débats contemporains*, La Découverte, Paris, 2003.
2. Sous le titre *Al 'amal al fikriat al kamila* (Œuvres philosophiques complètes), 4 volumes, Beyrouth, 1994, avec le soutien de la Fondation Abdel Majid Shoman à Amman.
3. Voir la traduction française de l'un des ouvrages de Hussein Amin, *Le guide du musulman désemparé*, La Découverte, Paris, 1994.
4. Les œuvres complètes de 'Alaili sont en cours de réimpression à Beyrouth par les éditions Dar el Jadid.

Toutes ces œuvres, en dépit de leur consistance et de leur enracinement dans le terreau culturel vivant des sociétés arabes, n'apparaissent dans la perception des opinions publiques que comme un mince filet, sans valeur significative, face au torrent islamiste qui tire sa force aussi bien des situations internes bloquées que de l'hégémonie occidentale et de l'attraction-répulsion de cette hégémonie face à l'islam, qu'elle ne peut voir que comme phénomène global total et unique de la vie des sociétés arabes.

Cette attraction-répulsion sert de base à la forte couverture médiatique et à l'intérêt académique dont jouissent les mouvements islamistes et forge une perception, jusque chez les élites arabes, selon laquelle aucun autre courant intellectuel et politique n'agite le Proche-Orient et, pour participer au mouvement de l'histoire dans cette région du monde, il y a là un train à ne pas manquer. Évoquer les bienfaits de la laïcité, pour ouvrir la voie à un dépassement de la crise de légitimité des pouvoirs dans les sociétés arabes et pour faire tomber les tensions communautaires exacerbées par l'instrumentalisation des grandes puissances et des puissances régionales, apparaît alors comme hors de propos ou sans pertinence par rapport à un « réel » des sociétés arabes forgé par l'omniprésence médiatique et académique des divers courants islamistes auxquels il est fait écho.

Un élément supplémentaire qui empêche la circulation des courants de pensée non islamistes dans le monde arabe est l'influence toute-puissante qu'exerce l'Arabie Saoudite sur la vie culturelle des autres pays arabes à travers les subventions aux presses locales, les faveurs financières accordées aux journalistes, les subventions aux maisons d'éditions spécialisées dans les publications et rééditions d'auteurs intégristes contemporains ou plus anciens. Depuis quelques années, l'Arabie Saoudite a mis, en outre, sur pied un empire médiatique : chaînes de télévision par satellite émettant sur l'ensemble du monde arabe à partir de Londres (la *Middle East Broadcasting Corporation* — M.B.C. — contrôlée par un demi-frère du roi d'Arabie Saoudite) ; grands quotidiens d'opinion paraissant à Paris et à Londres (*Al Hayat*, détenu par le commandant en chef des forces armées saoudiennes, le prince Khaled Ben Sultan, et *Al Shark al Awsat*, détenu par un neveu du roi) et paraissant simultanément dans toutes les grandes capitales arabes à des prix subventionnés ; plusieurs grands hebdomadaires luxueux ; participation financière du beau-frère du roi dans le capital de l'agence de presse américaine U.P.I. ; enfin *Radio-Orient*, fondée par Rafic Hariri à Paris et qui, par l'intermédiaire de nombreux relais, peut être écoutée dans tout l'Orient arabe (cette dernière radio diffuse tous les vendredis les sermons prononcés à La Mecque par les prédicateurs wahabites du royaume[1]). Dans la presse libanaise aussi, qui était lue dans tout le monde arabe avant la guerre, les prises de participation de membres de la famille royale ou du Premier ministre se multiplient.

À travers cet empire, l'Arabie Saoudite a attiré les meilleurs journalistes de toutes les nationalités arabes qui doivent ajuster leur ton et leurs opinions au style de vision du conservatisme islamique

---

1. Voir toutes ces informations dans «Saudis, Adding U.P.I., Assemble a Media Empire», *International Herald Tribune*, 30 juin 1992 ; ainsi que «Les princes saoudiens s'intéressent aux médias. Hommes d'affaires et proches du roi Fahd sont de plus en plus impliqués dans la presse et la télévision des pays arabes et européens», *Le Monde*, 7 novembre 1995. On verra aussi, René Naba, *Guerre des ondes... Guerre des religions*, *op.cit.*, qui fait une description très complète de l'empire médiatique et financier saoudien (p. 75-103). Récemment, un article bien documenté revient sur cette question de la domestication des quotidiens panarabes par la famille régnante d'Arabie Saoudite : voir Mohammed El Oifi, «Voyage au cœur des quotidiens panarabes», *Le Monde diplomatique*, décembre 2006.

saoudien, antilaïc de façon virulente. L'objectif du Royaume dans cette politique très active dans le domaine des médias, explique Ghassan Tuéni, le propriétaire du prestigieux quotidien libanais *Al Nahar* qui ne peut plus avoir aujourd'hui la même audience panarabe qu'il avait autrefois, est «d'occuper le plus large espace possible dans l'ensemble des médias arabes de façon à ce qu'il n'y ait plus de place pour qui que ce soit d'autre[1]». On ne s'étonnera pas dans ces conditions que l'image projetée de la vie intellectuelle du monde arabe et de ses problèmes soit très largement fonction des politiques d'instrumentalisation de l'islam que nous avons décrites dans ce chapitre.

Dans ce jeu du réel et du virtuel au Proche-Orient, les régimes locaux, encouragés par les grands jeux de la géopolitique mondiale, ont donc eux aussi une responsabilité majeure. Favorisant la ré-islamisation, pour mieux lutter contre les mouvements islamistes et tenter d'asseoir une légitimité introuvable, ils n'osent pas donner aux courants d'opinion qui invoquent la nécessaire laïcité de l'État pour surmonter les blocages politiques et existentiels une place pertinente dans le jeu politique local. Ces courants, bien que vivants et dynamiques, restent confinés hors du champ politique et travaillent et écrivent à leurs risques et périls, car ils peuvent être donnés en pâture à l'opinion islamiste à n'importe quel moment, comme le prouvent les incidents que nous avons mentionnés. Les régimes en place considèrent implicitement que des opinions laïques posant les fondements d'un jeu politique ouvert, armées des idées-forces de la modernité démocratique, sont plus dangereuses et subversives que les mouvements islamistes qui leur servent d'épouvantail et de repoussoir pour mieux perpétuer les différentes formes d'autocratie régnante.

---

1. Déclaration faite au *International Herald Tribune*, 30 juin 1992.

Bien plus, l'épouvantail «islamiste» leur permet de mobiliser le soutien actif de l'Europe et du couple américano-israélien dans leur «lutte» contre ces mouvements et le terrorisme qu'ils pratiquent pour saboter «la paix» et la stabilité «régionale», thème majeur de la géopolitique régionale, comme nous l'avons vu, depuis le sommet de Charm el-Cheikh en Égypte. Tous ces événements donneront lieu à un regain d'excitation sur l'islam et à une nouvelle cuvée d'ouvrages monotones et répétitifs sur cette religion et les réseaux de la terreur auxquels elle est censée avoir donné naissance[1]. De nombreux essayistes bien-pensants appellent le monde à rester solidaire de la puissance américaine dans son déploiement de force au Moyen-Orient et en Asie centrale et dans la nouvelle guerre menée contre l'Irak. Face à la stagnation, voire la régression du monde arabe, certains, en Orient comme en Occident, accueilleront presque avec soulagement le coup de poing donné par l'invasion de l'Irak en 2003 dans la fourmilière proche-orientale qui semble immobilisée, figée dans le temps, incapable de changer et de se mettre à l'heure de la globalisation et des valeurs démocratiques. La rapide et facile victoire américaine contre l'Irak amène pourtant les régimes de la région à un point de rupture dangereux. En effet, sitôt Bagdad occupée sans difficulté majeure, le gouvernement américain ne manque pas de menacer ouvertement la Syrie et l'Iran du fait que ces deux pays continueraient de soutenir les mouvements terroristes, c'est-à-dire les mouvements palestiniens qui refusent de jeter les armes et poursuivent la lutte armée contre Israël, y compris par les opérations de commandos-suicides, mais aussi le Hezbollah libanais qui continue d'être présent sur

---

1. L'ouvrage le plus remarqué dans cette nouvelle cuvée de l'islamophobie est celui de la célèbre journaliste italienne Oriana Fallaci, *La rage et l'orgueil*, Plon, Paris, 2002.

la frontière avec Israël où l'armée libanaise ne s'est pas déployée, conformément aux vœux américains et israéliens.

Polarisée sur l'islam, la culture occidentale, mais aussi bien d'ailleurs la culture arabe, de la fin du xxe siècle ne parvient cependant pas à lire les métamorphoses spectaculaires et complexes du judaïsme, cristallisées sur l'histoire de la résurrection d'Israël au cœur du Proche-Orient arabe ; elle est, de ce fait, peu disposée à voir les liens tumultueux qui pourraient être à l'œuvre au Proche-Orient entre l'affirmation de la dynamique israélienne, la perception nouvelle qu'acquiert l'Occident de ses racines judéo-chrétiennes en remplacement de son héritage gréco-romain et l'involution dans l'identité religieuse des sociétés arabes. C'est ce qu'il nous faut maintenant examiner en détail pour sortir des schémas d'anthropologie religieuse et culturelle simplistes qui, plus que jamais, en ce début de siècle nouveau, organisent la perception de l'histoire du Proche-Orient. Nous pourrons ensuite, au chapitre 23, mieux comprendre les événements dramatiques entraînés par les attentats de New York et Washington du 11 septembre 2001 dans tout le Proche-Orient.

Le débat sur le terrorisme moyen-oriental va être bientôt relancé de façon encore plus retentissante, aussi bien par les attentats-suicides que vont commettre certains Palestiniens lors du nouveau soulèvement général de la population dans les territoires occupés, déclenché par l'échec de la mise en application des accords d'Oslo, et la visite provocatrice d'Ariel Sharon sur l'esplanade de la grande mosquée de Jérusalem en septembre 2000, que par les attentats terroristes spectaculaires contre les deux tours du World Trade Center à New York et le bâtiment du Pentagone à Washington, attribués au réseau islamique d'Al Quaëda, dirigé par Oussama Ben Laden. La «guerre» contre le terrorisme va devenir, à nouveau, le thème central de la politique étrangère des États-Unis. Cette guerre va se concrétiser dans les opérations militaires contre l'Afghanistan dont le gouvernement a refusé de livrer aux États-Unis le chef de l'organisation terroriste ; elle aboutit à la chute du régime islamiste des Taliban, que les États-Unis avaient d'abord accueilli avec faveur, et au débarquement de troupes américaines, appuyées par des contingents britanniques, français et turcs en Afghanistan, mais aussi dans les républiques musulmanes d'Asie centrale, voisines de l'Afghanistan. Les Israéliens, de leur côté, déclenchent une chasse sauvage aux «terroristes» dans les territoires qu'ils occupent, avec l'assentiment du gouvernement américain qui appuie, sans aucune réserve, la politique du général Sharon, qualifiée par le président Bush d'«homme de la paix».

22

La complexité de la dynamique israélienne et le renouveau du judaïsme

L'ITINÉRAIRE « EMBLÉMATIQUE » DU SIONISME ET D'ISRAËL DANS LA CONSCIENCE OCCIDENTALE

La création de l'État d'Israël apparaît aujourd'hui dans la conscience occidentale comme le juste accomplissement de l'Histoire, la guérison d'une grande blessure dans la marche de l'histoire « universelle ». Le « refus » arabe de cet accomplissement est perçu comme une poche d'irrationalité dans le mouvement général des progrès de l'humanité, une survivance de l'ère périmée du nationalisme ou une expression additionnelle d'une génétique de la violence propre à la religion musulmane qui refuse la coexistence avec d'autres religions et les conceptions modernes de la laïcité.

Si la conférence de Madrid puis les accords d'Oslo ont pu avoir ce retentissement médiatique international, c'est parce que l'opinion occidentale a ressenti un immense soulagement à voir, enfin, les pays arabes, « assagis » par la défaite du nationalisme arabe symbolisé par l'agression irakienne envers le Koweït, rejoindre ce mouvement général du progrès de l'histoire qui rétablit « le peuple juif » sur sa terre ancestrale. L'erreur commise au Ier siècle de notre ère par l'Empire romain, qui a dispersé les juifs de Palestine et détruit le temple de David, est enfin réparée.

Le monde chrétien européen, qui a si longtemps entretenu le mépris à l'égard de ses origines judaïques, puis a cru trouver une solution aux rapports judéo-chrétiens dans la laïcité qui permet l'assimilation des juifs, accepte enfin de reconnaître le judaïsme sous sa forme théologique, comme sous sa forme nationale de restauration d'une souveraineté sur la terre de Palestine. La mutation que veulent consacrer en grande pompe la conférence de Madrid, puis la cérémonie des accords d'Oslo, est primordiale dans l'évolution de la psychologie occidentale et, en particulier, sa vision de l'accomplissement de l'histoire. Cet accomplissement paraît survenir au seuil des années quatre-vingt-dix, puisque l'empire du mal, l'Union soviétique, s'est effondré et que le monde semble s'acheminer vers la «fin de l'histoire», comme l'explique un universitaire américain qui obtient un grand succès de librairie[1]. La démocratie et le libéralisme seraient, d'après lui, une force irrésistible qui entraîne l'humanité vers le bonheur. La théologie biblique du salut et de la rédemption s'accomplit sous nos yeux, les totalitarismes qui incarnaient les forces du mal ont été vaincus, Hitler et Staline sont tous les deux passés dans les trappes de l'Histoire.

Le retour d'Israël est donc hautement symbolique, dans la conscience occidentale, du progrès de l'histoire. Un très bel ouvrage a fort bien retracé «l'itinéraire emblématique» de l'émergence de l'État d'Israël dans la psychologie politique de l'Occident : «Diversité des destins juifs : tandis que certains, banquiers, industriels, contribuaient au développement du capitalisme, d'autres se jetaient à corps perdu

---

1. Francis Fukuyama, *La fin de l'histoire et le dernier homme*, Flammarion, Paris, 1992.

dans le mouvement révolutionnaire. Alors que d'aucuns, financiers et fonctionnaires, mettaient leurs talents au service des États européens dont ils étaient devenus citoyens, d'autres imaginaient divers moyens de "renationaliser" les juifs en les transformant en nation spirituelle, prolétarienne ou "étatique". Les juifs ont donc été, depuis deux siècles, de formidables expérimentateurs qui se sont engagés, très loin, dans des logiques contraires, celle de l'assimilation (bourgeoise ou socialiste) comme celle du nationalisme. C'est cet itinéraire emblématique qui nous intéresse ici : non pas les juifs en "eux-mêmes", mais ce qu'ils représentent pour notre compréhension de l'émergence du politique moderne. [...] Ce processus, complexe, est le propre de toutes les nations modernes, lesquelles, contrairement à une trompeuse apparence, ne forment pas des réalités inaltérables mais sont bel et bien le produit d'innovations politiques foisonnantes [1]. »

Sympathisant du sionisme historique laïc et de ses thèses séculières sur l'identité juive, l'auteur de cet ouvrage affirme : « En érigeant un État souverain, il s'agissait de séculariser l'identité juive, de l'établir sur la base d'une identification citoyenne qui lui permette de se déprendre d'une définition purement religieuse. Entreprise périlleuse, car cette substitution s'avère problématique dès lors que le projet national fait face à la persistance du fait communautaire. L'État moderne (établi sur l'autorité rationnelle-légale) doit alors compter, et composer, avec les détenteurs de l'autorité traditionnelle qui continuent à incarner une légitimité alternative, se prétendant d'ailleurs supérieure. Cette question, centrale, de l'émancipation du politique par rapport au religieux, comme bien d'autres débats qui accompagnèrent l'émergence du sionisme, en font incontestablement

---

1. Alain Dieckhoff, *L'invention d'une nation. Israël et la modernité politique*, Gallimard, Paris, 1993, p. 12 et 13.

un exemple paradigmatique d'invention d'un État-nation.

« Une invention qui, ajoute l'auteur, si on en juge par la résonance renouvelée des nationalismes, est encore loin d'avoir épuisé tous ses charmes[1]. »

Les « charmes » de l'accomplissement israélien sont, en effet, inépuisables aux yeux de l'Occident. Israël est comme un miroir dans lequel le monde occidental se regarde de façon narcissique sans se lasser ; c'est aussi le puissant microscope dans lequel il sonde ses propres gènes historiques dans toute leur complexité. « Les catégories bibliques juives, écrit un théologien italien, fournissent le critère d'interprétation de l'aventure occidentale, là où d'autres, au contraire, ont reconnu celle de la pensée grecque[2]. » De la Bible à la Révolution américaine et à la Révolution française, aux conquêtes coloniales et à la mission civilisatrice : tout dans l'« invention » d'Israël, qui est le fait d'hommes immergés dans la culture européenne et sa modernité, fait revivre dans la culture occidentale un condensé saisissant de l'histoire du monde depuis

1. *Ibid.*, p. 13.
2. Sergio Quinzio, *Racines hébraïques du monde moderne*, Balland, Paris, 1992, p. 10. Cet auteur théorise avec conviction la prééminence des racines hébraïques sur les racines grecques (p. 65-131). Il écrit aussi, de façon très significative : « En ce siècle justement, où la haine antijuive a rejoint des sommets d'inouïe cruauté, en ce siècle de la Shoah, les Juifs ont — phénomène vraiment unique — ressuscité leur langue et reconstruit leur État. Et, par-dessus tout, si l'importance de ce petit peuple a été profonde tout au long de l'histoire de l'Occident qu'il a d'abord marquée de son "monothéisme éthique", jamais ses penseurs et ses auteurs n'ont exercé une telle influence qu'en ce siècle qui aurait dû être celui de leur complète extermination. Citer des noms est superflu, tant il y en aurait, mais, sans Marx et le marxisme, Freud et la psychanalyse, Einstein et la relativité, ou sans Kafka, sans Wittgenstein, le monde contemporain ne serait pas ce qu'il est. Culminant en notre siècle, la judaïsation du monde consiste dans l'affirmation des catégories hébraïques qui, même sous des apparences non orthodoxes ou exaspérément éloignées de la tradition, demeurent reconnaissables : filiations ou métamorphoses d'une vocation dont l'origine remonte à la révélation biblique » (p. 15 et 16).

ses origines bibliques jusqu'à son accomplissement démocratique post-industriel. «Bébé éprouvette», pourrait-on dire, mais aussi Amérique en miniature, conquise par les exploits militaires et le courage des pionniers qui ont survécu à l'hostilité de la population indigène primitive. Aventure spirituelle aussi, la souffrance juive étant perçue comme un itinéraire emblématique du malheur et de la souffrance dans l'histoire de l'humanité. «L'asservissement des juifs, écrit un théologien du judaïsme, n'a jamais été un phénomène isolé mais un aspect, le plus triste hélas, de l'oppression universelle. De même, leur émancipation a toujours été l'aspect le plus important de la libération d'un peuple tout entier[1].»

L'accomplissement israélien apparaît d'autant plus juste et rationnel que le judaïsme a souffert des siècles durant de l'écrasement imposé par l'Église triomphante, qui régentait tous les aspects de la vie sociale. Lorsque l'Église perd cette hégémonie, le judaïsme sera victime de la montée des idées racistes qui envahissent la culture européenne en voie de sécularisation[2]. Ni le communisme ni le libéralisme démocratique n'ont, en fait, délivré la culture européenne du préjugé antisémite. La logique des pères fondateurs du sionisme, longtemps marginaux et isolés dans leur utopique revendication d'un État juif, a donc fini par s'imposer progressivement à la conscience occidentale. «Réintégré ainsi dans ses implications et ses prolongements moraux, culturels, spirituels, historiques et métahistoriques, écrit un essayiste théologien spécialiste de Paul Valéry, le retour d'Israël sur la Terre sainte apparaît alors comme l'événement central d'une aventure humaine aux dimensions universelles. Car ce qui est en jeu dans le Retour d'Israël, ce n'est pas seulement l'ave-

1. Léo Baeck, *L'essence du Judaïsme*, P.U.F., Paris, 1992, p. 366.
2. Nous avons retracé cet itinéraire dans notre ouvrage, *Orient-Occident. La fracture imaginaire*, La Découverte, Paris, 2002.

nir du peuple juif, sa survivance physique et morale ; c'est aussi celui de l'humanité[1]. » Ce même auteur, concluant son ouvrage, écrit : « Si la position actuelle de l'État d'Israël est complexe, c'est parce qu'elle est le produit de cette longue histoire, de cette extraordinaire marche d'Israël à travers les civilisations et les âges divers de l'humanité ; toutes les dialectiques de forces mises en jeu à travers cette histoire viennent ici s'affronter pour trouver leur résolution[2] ». C'est ce sentiment massif des Européens, traumatisés par l'histoire des rapports conflictuels entre le judaïsme et le christianisme et des persécutions sans fin qu'elles ont entraînées, qui fera dire, en 1957, à un homme aussi éminent que Karl Jaspers, philosophe et psychologue allemand qui atteint une renommée mondiale : « ... nous voyons enfin actuellement quelque chose qu'on peut respecter, peut-être admirer : l'attitude et la politique d'Israël. Elles s'impo-

---

1. Abraham Livni, *Le retour d'Israël et l'espérance du monde*, Éditions du Rocher, Paris, 1984, qui écrit à propos des sources judéo-chrétiennes de la civilisation occidentale : « L'expression est évidemment plus qu'équivoque, car elle cache le fait que le judaïsme n'a influencé cette civilisation qu'indirectement, à travers une chrétienté qui lui fut infidèle, au point de vouloir le supplanter, en prétendant s'affubler de ses attributs. Mais l'expression ne témoigne pas moins du fait que la civilisation marquée par le christianisme n'aurait pas été ce qu'elle est, si le peuple juif n'avait pas légué au monde l'héritage de la Bible. Sous une autre forme, la civilisation islamique est une autre preuve de l'importance de l'histoire du peuple juif dans l'histoire des civilisations. Il n'est en fait pas exagéré de dire que, depuis quatre mille ans, l'humanité n'est occupée que d'une seule chose essentielle, chercher une réponse à l'interrogation troublante que le peuple juif ne cesse de susciter par son existence même » (p. 62). En sens contraire et à contre-courant de la perception sur la signification du retour des juifs en Palestine, on lira le petit essai de Françoise Smith-Florentin, *Les mythes illégitimes, essai sur la «Terre promise»*, Labor et Fides, Genève, 1994 ; l'auteur enseigne l'Ancien Testament à la Faculté de théologie protestante de Paris ; on lira aussi avec profit le compte rendu des débats d'une table ronde sur «Quelles lectures de la Bible aujourd'hui ?» publié dans *Les chrétiens du monde arabe* (actes du colloque des C.M.A. à Paris, septembre 1987), Mainsonneuve & Larose, Paris, 1989, p. 100-127.

2. *Ibid.*, p. 335.

sent apparemment dans l'opinion de toutes les honnêtes gens... l'anéantissement d'Israël signifierait la fin de l'humanité — et, de fait, l'aurait sans doute pour conséquence [1]. »

Le soutien à l'État d'Israël fut longtemps le fruit d'une mauvaise conscience, accompagnée des manipulations de type impérial de la Grande-Bretagne que les pères fondateurs avaient pris bien soin de flatter pour obtenir la célèbre déclaration Balfour en 1917 [2]. Au fur et à mesure que l'épopée biblique se reconstituait dans la modernité, le phénomène israélien prenait de l'ampleur. L'instrumentalisation d'Israël par les pays occidentaux dans la géopolitique de la région allait laisser progressivement la place à un double phénomène : la reconquête de la dignité et de la confiance en lui-même du judaïsme, la survie et le renforcement de l'État d'Israël devenant une puissance régionale respectée et de moins en moins instrumentalisée par les autres puissances.

1967 est l'année témoin de ce changement, qui va s'amplifier ensuite. C'est la conquête fulgurante du Sinaï, du Golan et de la Cisjordanie, en dépit du soutien massif apporté à l'Égypte et à la Syrie par l'Union soviétique. Quelle différence avec la campagne du Sinaï de 1956, où l'Angleterre et la France réunis avaient cherché à employer Israël pour préserver leurs positions néocoloniales en Orient dans le contexte de la nationalisation du canal de Suez et de la guerre d'Algérie ! Sous la pression américaine, Israël avait alors dû évacuer le Sinaï, sans aucun gain substantiel. La guerre dite des Six Jours, en

---

1. Extraits d'une lettre de Karl Jaspers adressée à Hanna Arendt en date du 24 février 1957. Plus clairvoyante et critique à l'égard des pratiques israéliennes, la grande philosophe allemande, de confession juive, lui répond sur cette affirmation : « il me semble que même en tant que sentiment cela ne peut se justifier » (voir Hanna Arendt-Karl Jaspers, *La philosophie n'est pas tout à fait innocente* », Petite bibliothèque Payot, Paris, 2006.

2. Voir *supra* chapitre 12, p. 525-528.

juin 1967, impose Israël comme première puissance militaire régionale. L'accroissement de cette puissance, militaire et psychologique, sera ensuite provisoirement retardé par le regain de la Guerre froide au Moyen-Orient, ainsi que par la montée des prix du pétrole en 1973 qui dissuade l'Occident de mener des politiques trop hostiles aux pays arabes, et dans une moindre mesure par la vague d'idéologies « libertaires », « gauchistes » et « tiers-mondistes » en Occident même.

Mais, à la fin des années soixante-dix puis au cours des années quatre-vingt, une autre évolution, totalement exogène à la géopolitique régionale, va contribuer à modifier fortement les représentations d'Israël en Occident, créant un climat plus favorable à l'affirmation de sa puissance. Il s'agit du renouveau des études sur la Seconde Guerre mondiale et l'Holocauste. À la Libération, en 1945, le procès de Nuremberg et la glorification des résistances à l'occupation nazie, de type nationaliste ou communiste, avaient occulté les spécificités des souffrances des communautés juives d'Europe. Le nazisme était dénoncé comme une barbarie globale qui avait fait souffrir toute l'Europe et l'Union soviétique. En France, le régime de Vichy n'était considéré que comme une parenthèse dans l'histoire du pays, certes fâcheuse, mais que la résistance gaulliste avait largement rachetée. L'Allemagne de l'Ouest était redevenue un bastion de la démocratie, intégrée au dispositif de sécurité de l'Occident, désormais en lutte contre le totalitarisme soviétique. L'État d'Israël finit par accepter des compensations financières de l'Allemagne nazie en réparation de l'Holocauste, non sans remous internes dans l'opinion israélienne, mais le dossier des souffrances juives en Europe semblait clos.

En fait, les blessures de la Seconde Guerre mondiale et du nazisme étaient loin d'être fermées. Les grandes démocraties avaient-elles vraiment ignoré

le sort réservé aux juifs par la machine de guerre
nazie et n'auraient-elles rien pu faire pour l'arrêter ?
La réouverture du dossier de l'Holocauste, de *La destruction des juifs d'Europe*, titre de l'œuvre fondamentale de Raul Hilberg qui mit longtemps à être
reconnue[1], la révision de l'histoire du régime de
Vichy en France, la chasse aux nazis réfugiés en
Amérique latine, la capture puis le procès d'Eichmann à Jérusalem[2], celui de Klaus Barbie à Lyon :
autant d'éléments qui contribuèrent progressivement à forger une nouvelle conscience de la dimension de la barbarie nazie, acharnée à exterminer les
communautés juives d'Europe ; la thèse sioniste,
revendiquant la nécessité pour les juifs de se
reconstituer en peuple armé pour assurer sa propre
défense face à un antisémitisme dont l'humanité
ne parviendra pas à se guérir tant qu'existera un
judaïsme faible, acquit de la sorte une légitimité renforcée aux yeux de l'opinion occidentale. Les progrès de la puissance et de l'assurance israéliennes
depuis le début des années soixante-dix du XXe siècle
iront de pair avec le développement des connaissances sur les horreurs commises presque partout
en Europe à l'encontre des juifs. L'existence d'un

---

1. Raul Hilberg, *La destruction des juifs d'Europe*, Fayard, Paris,
1988 (traduit de l'anglais ; réédition en poche : Gallimard, coll.
« Folio/histoire », deux volumes). L'auteur écrit dans sa préface, en
parlant des débuts de sa recherche à l'issue de la Seconde Guerre
mondiale : « À l'époque, le sujet laissait les milieux universitaires
indifférents ; quant aux éditeurs, ils le jugeaient importun ; et j'ai
certainement reçu beaucoup plus de conseils d'abandonner mes
recherches que d'encouragements à les poursuivre. Beaucoup plus
tard, si je continuais dans la pénombre des archives judiciaires de
Düsseldorf ou de Vienne à consigner sur un bloc des témoignages,
du moins le sentiment d'isolement avait disparu. Le sujet a cessé
d'être quasi tabou, il a même capté l'intérêt du public » (p. 10,
vol. 1). Sur l'itinéraire personnel de Hilberg et les difficultés
énormes qu'il eut à faire publier son ouvrage, on se reportera à son
récit autobiographique, *La politique de la mémoire*, Gallimard,
Paris, 1996.
2. Hannah Arendt, *Eichmann à Jérusalem*, Gallimard, coll. « Folio/
histoire », Paris, 1991.

État fort, militairement et psychologiquement, incarnant le judaïsme, ses valeurs et son histoire, apparaîtra ainsi de plus en plus à la conscience occidentale comme un impératif de morale kantienne dont la réalisation sera seule garante de la protection du judaïsme. Existence israélienne et renaissance du judaïsme deviennent ainsi étroitement imbriqués.

LA PRISE DE CONSCIENCE DES SOUFFRANCES JUIVES ET LA FIN DE LA DISTINCTION ENTRE ANTISIONISME ET ANTISÉMITISME

C'est cette logique forte qui s'impose de plus en plus dans la psychologie occidentale, pour laquelle antisionisme et antisémitisme deviendront désormais synonymes. Même dans le judaïsme, les écoles orthodoxes qui récusaient l'idée d'un État et d'un retour en Terre promise par l'intervention humaine, et non par la seule volonté divine, sont marginalisées. De plus, dans le judaïsme laïc, la position antisioniste qui avait été bien illustrée par l'ouvrage autrefois classique de Nathan Weinstock, *Le sionisme contre Israël*[1], ne peut plus se perpétuer. La victoire de 1967, qui permet la conquête de la partie arabe de Jérusalem et de la Cisjordanie, apparaît comme un signe d'assentiment divin. La critique de l'État israélien et de sa politique à l'égard de ses voisins arabes, au fur et à mesure qu'il s'érige en une grande puissance régionale, devient de plus en plus

1. Nathan Weinstock, *Le sionisme contre Israël*, Maspero, Paris, 1969.

difficile. Le judaïsme antisioniste va pratiquement disparaître, tandis que s'affirme la conscience, dans la culture occidentale, que l'ampleur des souffrances juives durant la barbarie nazie ne peut plus être ignorée.

Écoutons le récit de la cristallisation de cette prise de conscience par Hilberg : « Le temps passant, la réaction de toute la communauté juive à ses pertes massives devint un problème qu'on pouvait de moins en moins ignorer. Au début, il y eut peu de commémorations. On n'observa pas de jours du souvenir, on n'érigea pas de grands monuments, on ne chercha pas à rappeler la signification d'Auschwitz et de Treblinka. Puis, peu à peu, des documents furent réunis, des livres écrits, et, avec un retard d'une vingtaine d'années sur les événements, l'anéantissement des juifs reçut un nom, l'Holocauste.

« Aux États-Unis, ces tentatives clairsemées se transformèrent en un déferlement d'activités dans la seconde moitié des années soixante-dix. On réalisa des émissions de télévision, on organisa des conférences, on composa des commissions présidentielles sur l'Holocauste, et cette entité consultative fut transformée par une loi du Congrès en Conseil américain du mémorial de l'Holocauste chargé de créer un musée et de rédiger des programmes de recherche et d'éducation[1]. »

---

1. *La destruction des juifs d'Europe, op. cit.*, vol. II, p. 107. Dans *La politique de la mémoire, op. cit.*, Hilberg donne des précisions très intéressantes sur les développements aux États-Unis et en Europe de la question de l'Holocauste : « On peut escamoter des sujets ou au contraire les catapulter à l'attention du public, mais toujours pour des motifs qui reflètent les problèmes et disent les besoins d'une société. Aux États-Unis, le phénomène connu sous le nom de l'Holocauste ne trouva de terreau fertile qu'après les affres de la guerre du Vietnam, lorsqu'une nouvelle génération d'Américains fut en quête de certitudes morales, et que l'Holocauste devint l'aune du mal absolu à travers laquelle mesurer et juger toutes les autres transgressions dans le comportement des nations. Pour l'Allemagne, il fallut attendre le début des années quatre-vingt, quand les exécuteurs furent morts ou à l'hospice et que, pour la première

C'est en janvier 1979 que le président Jimmy Carter crée aux États-Unis la commission pour l'édification d'un monument à la mémoire des survivants de l'Holocauste. Élie Wiesel, futur prix Nobel de la paix en 1986, est nommé président de cette commission ; à travers une œuvre abondante, ce rescapé des camps de la mort a contribué à faire connaître la souffrance juive et à en souligner le caractère exceptionnel. Dans son discours à la séance d'intronisation de la commission qui a lieu à la Maison-Blanche, il déclare : «Par son ampleur incommensurable, par le nombre de ses victimes, par son mystère et son silence, l'Holocauste défie tout ce que l'être humain pourrait entreprendre ou concevoir. En dépit de tous les documents, de tous les témoignages vécus ou reçus, de tous les livres d'histoire, nous savons que nous n'avons pas encore commencé à raconter l'Histoire. Est-il possible de réconcilier l'aspect purement juif de la tragédie avec ses inévitables connotations universelles ? Certes, tous les juifs étaient des victimes ; mais toutes les victimes n'étaient pas juives. [Plus tard, à plus d'une reprise, je me sentirai obligé de formuler cette pensée différemment : Toutes les victimes n'étaient pas juives, mais tous les juifs étaient victimes. Nuance.] Comment en faire mémoire ? Par des monuments ? Par l'éducation ? Par une liturgie particulière ? Par des cérémonies du souvenir ? Nous manquons de repères. Parce que l'événement fut unique, nous ne savons pas comment le saisir. Nous ne pouvons même pas consulter l'Histoire pour y puiser des exemples à suivre. Mais une chose est certaine : quoi que nous

fois, leurs fils et leurs filles, leurs petits-fils et petites-filles purent poser ouvertement des questions sur les activités de leurs aînés pendant l'ère nazie. En France, pays compliqué où d'anciens résistants vivent porte à porte avec d'anciens collaborateurs, il fallut encore attendre. Plusieurs dizaines d'années s'écoulèrent, en France comme en Allemagne, avant que mon ouvrage y fût traduit, mais il reçut alors un accueil qui dépassa toutes mes attentes» (p. 117-118).

fassions, il nous incombe de réfléchir avec audace. Que la grandeur de la tâche ne nous décourage pas. Frappons l'imagination des personnes appartenant à toutes les croyances, toutes les nationalités, toutes les époques. Annonçons-leur que notre génération — la dernière à avoir quelque chose à se rappeler — est déterminée à maintenir sa mémoire vivante…[1].»

C'est ainsi que récuser l'idée d'un État pour les juifs devint une attitude difficilement acceptable, alors que désormais l'entreprise de destruction du judaïsme durant la Seconde Guerre mondiale ne pouvait plus être ignorée ou niée, sinon par le carré des antisémites les plus durs qui cherchaient à absoudre le nazisme et ses complices européens de ce crime insupportable, comme tenteront de le faire certains aux États-Unis ou en Europe en s'efforçant de nier l'existence des chambres à gaz ou du plan d'extermination systématique des juifs par le nazisme[2].

Aussi, ce sera sans difficulté qu'au lendemain de la conférence de Madrid, le 16 décembre 1991, les pays occidentaux obtiennent à l'assemblée générale de l'O.N.U. l'annulation de la résolution 3379 de 1975 qui avait assimilé le sionisme à une forme de racisme et de colonialisme. Cette résolution avait alors fait enrager Israël et les États-Unis qui s'étaient plaints de la dictature du tiers monde, favorable à la cause arabe, au sein de l'organisme international. En fait, la résolution avait été prise, à l'époque, sous l'assaut de la diplomatie arabe, forte du demi-succès militaire dans la guerre israélo-arabe d'octobre 1973 et de la hausse des prix du pétrole[3]. Les pays arabes, face à l'accusation d'antisémitisme, répli-

---

1. Voir les extraits du texte du discours dans les mémoires d'Élie Wiesel, … *et la mer n'est pas remplie*, Seuil, Paris, tome 2, p. 272-273.
2. Voir Pierre Vidal-Naquet, *Les assassins de la mémoire*, La Découverte, Paris, 1987.
3. Voir *supra* chapitre 10.

quaient qu'ils étaient antisionistes, comme certaines personnalités juives, mais nullement antisémites. Passée inaperçue, l'annulation de la résolution par 111 voix contre 25 seulement est l'accomplissement d'une évolution fondamentale au terme de laquelle le projet sioniste et sa concrétisation étatique ne peuvent plus être séparés du destin du judaïsme et de son histoire.

Dans cette optique, l'histoire juive, qui reprend, en Palestine, son cours après des siècles d'interruption, est trop pleine de malheurs dans le monde antique comme au cours du Moyen Âge européen et de nos jours pour que d'autres que les responsables de l'État devenu garant de l'existence juive puissent définir la politique de sécurité de la nouvelle entité dans ses rapports avec les autres peuples, en particulier les peuples arabes ou musulmans qui lui sont hostiles. C'est ce qui explique que le gouvernement américain ou les gouvernements européens se soient toujours abstenus de critiques trop directes sur les pratiques militaires israéliennes vis-à-vis des Palestiniens et des pays arabes voisins et n'aient, de ce fait, jamais considéré que le droit international, y compris celui dit par l'O.N.U., devait être effectivement appliqué par l'État d'Israël. Seul le général de Gaulle en 1967, condamnant ouvertement l'attaque israélienne sur l'Égypte et la Syrie, eut cette formule célèbre tout autant que malencontreuse en parlant des juifs dans une conférence de presse du 27 novembre, comme «un peuple dominateur et sûr de lui», ce qui provoqua des réactions très négatives dans la communauté juive française, y compris chez les intellectuels peu ou pas sionistes, tel Raymond Aron[1].

1. Ce dernier publia en réponse à cette phrase ambiguë un ouvrage intitulé *De Gaulle, Israël et les juifs*, Plon, Paris, 1968. On signalera un ouvrage récent destiné à clarifier la pensée du Général, qui n'était pas antisémite : Daniel Amson, *De Gaulle et Israël*, P.U.F., Paris, 1991.

C'est Hilberg qui explique ici le mieux le rapport affectif qui s'installe entre les communautés juives d'Occident et l'État d'Israël : « La réserve qu'observait la communauté juive à l'égard de l'Allemagne fut remplacée, au moins chez les juifs du monde occidental, par des actes de militantisme en faveur d'Israël. Le déplacement de l'hostilité ne constitue pas une réaction isolée dans les annales du comportement individuel et de masse. C'est une vaste entreprise de "neutralisation" réussie, l'une des plus grandes de l'histoire [1]. » Hilberg montre aussi avec beaucoup de finesse le transfert d'hostilité des juifs, dans leur malheur, sur la Grande-Bretagne et les Arabes de Palestine ; citant un passage très émouvant d'un discours du Dr Goldstein, une personnalité du mouvement sioniste aux États-Unis à l'occasion d'un symposium tenu en 1942 sur le sauvetage des juifs [2], Hilberg écrit : « De là naquit la fureur qui se concentra sur la Grande-Bretagne et, dans une moindre mesure, sur les pays arabes après la guerre. De 1945 à 1949, la Grande-Bretagne fut l'ennemi des juifs par excellence. Les Anglais, et les Arabes, en vinrent à occuper cette position parce que, en voulant empêcher la création d'une partie juive, ils rouvraient des blessures que seul Israël pouvait guérir [3]. »

Il n'y aura donc plus que des personnalités juives exceptionnelles pour se permettre des critiques fortes à l'encontre de l'État d'Israël, telles que le grand neurophysiologue Yeshayahou Leibovitz, juif profondément croyant, ou l'éminent linguiste amé-

---

1. *La destruction des juifs d'Europe*, *op. cit.*, tome II, p. 905-906.
2. « Pour tous nos fleuves de larmes et océans de sang, pour nos vies détruites et nos foyers dévastés, pour toutes nos synagogues éventrées et nos rouleaux sacrés profanés, pour toutes nos insupportables souffrances et pour tout le martyre de ces années noires, nous serons consolés lorsque Eretz Israël sera rétabli en tant qu'État juif, terre de nos aurores, et dans chaque territoire où vit la dispersion d'Israël, le soleil de la liberté se lèvera », *ibid.*, p. 906.
3. *Ibid.*, p. 906.

ricain Noam Chomsky[1], ou encore l'ancien chancelier autrichien Bruno Kreyski, aujourd'hui décédé,
qui avait été membre actif du mouvement sioniste
avant de devenir très critique envers l'État d'Israël
et d'accorder son appui à l'O.L.P., dont il recevra
officiellement le chef à Vienne dans les années
soixante-dix. C'est ainsi que Leibovitz n'hésitait pas
à dénoncer le caractère violent de l'État israélien,
son caractère non juif, la nécessité de « désacraliser
l'État » et de cesser d'en « faire un objet de féti-
chisme », celle de « renoncer à traiter la judéité
comme catégorie politique », celle de séparer totalement le religieux du politique[2]. Pour lui, « la glo-
rieuse victoire militaire de la guerre des Six Jours
fut en réalité une calamité pour l'État d'Israël.
Depuis 1967, celui-ci est devenu un appareil d'oppression sur un autre peuple. Les énergies sont
tendus vers ce seul but : perpétuer l'oppression[3] ».
Ces paroles, aussi fortes que rares, n'entament pas
cependant la stature massive acquise par l'État d'Israël dans les grandes mutations que connaît la
culture occidentale où les valeurs religieuses refont
surface avec force, après une longue et relative
éclipse au profit des idéologies laïques et du positi-
visme libéral ou marxiste.

Il faut aussi se rappeler que la dernière période
de la Guerre froide a été marquée par une instrumentalisation intensive du christianisme comme de
l'islam pour donner les derniers coups de boutoir au totalitarisme soviétique et à ses satellites en
Europe de l'Est ou dans le tiers monde. C'est ainsi
qu'en Pologne, le catholicisme militant de Lech

1. Noam Chomsky, *The Fateful Triangle : the United States, Israël
and the Palestinians*, South End Press, Boston, 1984.
2. Voir son entretien avec le journal *Le Monde* du 13 octobre 1992,
p. 2.
3. *Ibid.* Prudemment, dans la présentation de l'entretien, la rédaction du *Monde* écrit : « L'entretien ci-dessous témoigne en tout cas
de sa totale indépendance d'esprit. À méditer, même et surtout si
l'on n'est pas toujours d'accord. »

Walesa a été systématiquement mis en avant comme un facteur majeur de polarisation de la contestation anticommuniste, sans parler de l'élection d'un pape polonais pour la première fois dans l'histoire de l'Église de Rome. Dans le même temps, les États-Unis ont instrumentalisé l'islam dans tous les pays du tiers monde ayant des communautés musulmanes, à partir des plates-formes saoudienne et pakistanaise pratiquant des formes d'islam intégriste d'État, pour lutter contre l'extension des tendances marxisantes et l'influence de l'U.R.S.S. ; la guerre d'Afghanistan sera une illustration parfaite de cette instrumentalisation.

Au sein même de l'Union soviétique, beaucoup de dissidents soviétiques, très soutenus par les États-Unis, étaient juifs et revendiquaient leur judéité, tel Anatoly Sharansky, aujourd'hui ministre en Israël. D'ailleurs, l'effondrement de l'U.R.S.S. entraînera l'émigration d'environ 200 000 juifs vers Israël, dont de nombreux cadres scientifiques de haute valeur, ce qui va contribuer à une nouvelle extension de la stature de l'État d'Israël, démographique, économique et géopolitique. Tout, en fait, depuis la dernière décennie, concourt à un renouveau du judaïsme de par le monde, à partir d'Israël et des États-Unis, qui abritent la plus importante communauté juive.

La relation entre les deux pays devient de plus en plus intime, d'autant que les États-Unis n'ont pas à porter le poids de l'Holocauste comme l'Europe et que la fin de la Guerre froide libère Israël du rôle de support régional des intérêts occidentaux dans cet affrontement planétaire[1]. « Israël, écrit un journaliste réputé dans une enquête sur les Américains de

---

1. Sur les relations entre Israël et les États-Unis, on renverra à l'ouvrage de Camille Mansour, *Israël et les États-Unis, ou les fondements d'une doctrine stratégique, op. cit.* « La relation de la société américaine à la communauté juive, écrit l'auteur, est une relation d'adoption et d'intégration. La communauté juive est considérée

confession juive, demeure une source de légitimité
pour les apparatchiks du judaïsme — quoi de plus
"chic" que d'être reçu en haut lieu à Jérusalem? —,
un objet de fierté pour leurs troupes — "C'est un
peu notre Disneyland", note avec ironie l'écrivain
Irving Howe — et surtout le noyau central de leur
identité religieuse. "Que serait devenue aujourd'hui
la communauté juive américaine si Israël n'existait
pas?", s'interroge le rabbin conservateur Ismar
Schorsch, chancelier du séminaire juif théologique
d'Amérique. Il n'ose pas y répondre[1].» Du fait de la
forte participation juive à la vie politique et culturelle américaine, de la prise en charge affective par
la culture américaine du drame de l'Holocauste,
l'État d'Israël sera donc désormais moins exposé à
des pressions américaines effectives, comme il a pu
en subir dans le passé. Bien plus, la droite religieuse
messianique, qui était née historiquement en Europe
centrale, trouve son ressourcement depuis la quasi-
disparition du judaïsme d'Europe centrale auprès
de certaines communautés juives des États-Unis. Le
rabbin Meir Kahane, chef du parti religieux Kach

comme partageant toutes les valeurs de la culture américaine dominante. Ses dirigeants font partie de l'élite sociale et politique des
États-Unis, et la communauté juive se trouve en bonne place dans
l'échelle sociale des communautés religieuses ou ethniques du pays.
Sa respectabilité est reconnue, alors qu'on ne pourrait pas en dire
autant des communautés noire ou hispanique par exemple»
(p. 241). Sur les relations de la France avec Israël, on ne manquera
pas de signaler l'ouvrage très documenté et très instructif de Samir
Kassir et Farouk Mardam-Bey, *Itinéraires de Paris à Jérusalem*,
tome I: *1917-1958*, tome II: *1958-1991*, Les livres de la *Revue
d'études palestiniennes*, Paris, 1993.

1. Jean-Pierre Langellier, «Le nouveau sionisme de la Diaspora:
Américains juifs, juifs américains», *Le Monde*, 6 juillet 1989, p. 1, 8
et 9. L'enquête affirme aussi: «Un juif américain sur trois s'est
rendu au moins une fois en Israël. Les plus fortunés y achètent, de
préférence face aux murailles de Jérusalem, un "pied-à-terre sainte",
où ils vivent, quelques semaines par an.» Une description très
vivante et très nuancée de l'insertion de la communauté juive américaine dans le monde politique et la haute administration et du rapport de la communauté à l'État d'Israël est celle de J. J. Goldberg,
Jewish Powers, Inside the American Jewish Establishment, *op. cit.*

qui réclame ouvertement l'expulsion de la population de Palestine, ou le docteur Baruch Goldstein, le
«colon fou» du massacre d'Hébron, sont des purs
produits du judaïsme américain.

Si l'Europe soutient massivement les conceptions
du Parti travailliste qui reste très lié aux partis
sociaux-démocrates européens, c'est aux États-Unis
que la colonisation de la Cisjordanie trouve ses plus
fervents soutiens. Mais on n'oubliera pas aussi que
c'est aux États-Unis, durant les années de la «guerre
des pierres» dans les Territoires occupés, guerre qui
ternit l'image d'Israël, que l'O.L.P. trouvera chez des
personnalité juives libérales ses premiers soutiens
pour être reconnue comme interlocuteur futur de
l'État israélien et du gouvernement américain[1].

De plus, à la différence de l'Europe, l'administration américaine, qui soutient toujours sans états
d'âme l'État d'Israël, n'a pas de complexe à légitimer cette attitude par les valeurs religieuses du protestantisme, où l'Ancien Testament conserve un rôle
central ; la société américaine, contrairement à la
société européenne, est bâtie sur un pluralisme
communautaire institutionnalisé où la religion joue
un rôle important d'identité et de sous-culture. Ce
rôle est bien connu des spécialistes du nationalisme
et de la culture américaine qui explicitent bien, en
outre, l'importance symbolique de l'histoire biblique
dans la constitution de la religion civile américaine
où «le legs biblique, transmis par les puritains, n'est
pas étranger aux citoyens, quelles que soient leurs
convictions religieuses[2]». «Allant au-delà du modèle

---

1. Voir *supra* chapitre 15, p. 633, ainsi que G. Corm, *L'Europe et
l'Orient*, *op. cit.*, p. 356-360.
2. Élise Marienstrass, *Nous, le peuple. Les origines du nationalisme américain*, Gallimard, Paris, 1988, chap. xx, «Une nation par
la foi : citoyenneté, religion civique et nationalisme», p. 379-400
(citation p. 395). Pour plus de détails, sur les rapports étroits entre
nationalisme américain et nationalisme israélien, voir notre
ouvrage *Orient-Occident...*, *op. cit.*

fourni par le philosophe [Rousseau], explique
Élise Marienstrass, la religion civile américaine res-
suscite le peuple hébreu comme en ses premiers
temps. Elle célèbre la réincarnation de Moïse et de
Josué, la réincarnation du Décalogue, la nouvelle
conquête de Canaan. Des libéraux, comme le pas-
teur Abiel Abbot qui deviendra unitarien, évoquent,
en termes mesurés, le rapprochement que font leurs
contemporains entre Israël et les États-Unis : "Notre
Israël américain" est un terme d'usage fréquent ; et
on le juge généralement juste et pertinent. Avec la
consolidation de l'État-nation, la coïncidence entre
l'histoire des anciens colons et celle du premier
"peuple élu" vient tout naturellement se joindre aux
autres mythes des origines. En 1805, Thomas Jefferson commencera son deuxième mandat par une
invocation au Dieu d'Israël[1]. »

On ne s'étonnera donc pas que l'instrumentalisation de la religion, dans la culture politique américaine, pour lutter contre le totalitarisme soviétique
ait été un phénomène culturel naturel qui s'articule
sur les traditions nationales les plus profondes. Il
n'y a pas aux États-Unis et, de façon plus générale,
dans la culture anglo-saxonne les mêmes traditions
que dans l'Europe catholique où des siècles de
pesante hégémonie de l'Église et les interminables
guerres entre catholiques et protestants ont fait
éclore, à travers le modèle français, une laïcité sour-
cilleuse, parfois à la limite de l'intolérance. L'éclo-
sion des premières formes de modernité politique,
en Angleterre, sous la révolution de Cromwell, s'est
faite à coups de citations bibliques. La Bible est donc
restée dans le monde anglo-saxon, très marqué par
la vision protestante du monde et le retour à l'Ancien Testament, une source d'inspiration culturelle
et politique ; en Europe catholique, au contraire,
sous influence française, la modernité politique

1. *Ibid.*, p. 394.

s'est voulue rupture avec le pouvoir centralisé de
l'Église et retour aux sources, non dans la Bible,
mais dans le patrimoine antique gréco-romain. À
cela s'ajoute, bien sûr, pour l'Europe, le développement des différentes idéologies marxistes antireli-
gieuses, qui n'ont pénétré la culture américaine que
de façon très marginale.

Dans ce contexte culturel et politique, on comprend mieux l'intimité des liens qui ont pu naturellement se développer entre l'État d'Israël et les
États-Unis, au fur et à mesure que cette grande
puissance prenait le relais de la France et de l'Angleterre au Proche-Orient et donnait en même temps
à l'Holocauste sa dimension historique spécifique.
Les liens entre les sociétés américaine et israélienne
ont donc une chaleur et un naturel que l'on ne
retrouve pas dans les relations entre Israël et l'Europe. C'est en Europe que la barbarie nazie a opéré
l'œuvre d'extermination et c'est l'antisémitisme
européen qui en est la source, ce que montre bien
Raul Hilberg[1]; mais c'est aussi en Europe que la
modernité politique conserve encore un soubassement laïc important et que se manifeste maintenant
une mauvaise conscience vis-à-vis des Palestiniens.
Cette mauvaise conscience est issue des traditions
anticolonialistes dans certains segments de l'opinion européenne, ceux qui justement ne comprennent pas et refusent la «pulsion messianique» dans
le judaïsme. Globalement laïque et très marquée
par les traditions révolutionnaires françaises, l'Europe a tenté de se convaincre que l'entreprise de
construction sioniste était essentiellement nationaliste et laïque. C'est ce que nous analyserons plus en
détail un peu plus loin.

En fait, l'intensité et la complexité des relations
entre l'État d'Israël, l'Europe et les États-Unis est

---

1. *La destruction des juifs d'Europe*, *op. cit.*, vol. 1, chap. 1, «Les
précédents», p. 13-34.

un phénomène rarement abordé de façon sereine, quand il n'est pas analysé de façon primaire et sommaire, en Occident comme en Orient, au prisme de l'antisémitisme et de la toute-puissance manipulatoire attribuée aux groupes de pression juifs. N'ayant pas partagé l'histoire tumultueuse de l'Europe, de l'affaire Dreyfus à l'Holocauste, c'est évidemment une relation que le monde arabe n'a jamais pu comprendre dans son ampleur historique et sa densité émotionnelle, comme dans la richesse de ses nuances et ses implications culturelles et psychologiques.

Très sensibles à l'instrumentalisation d'Israël par le colonialisme franco-britannique, puis par les États-Unis dans le cadre de la Guerre froide, les Arabes ont longtemps cru qu'il leur suffirait de distinguer entre antisionisme et antisémitisme et de rappeler la coexistence judéo-islamique en Andalousie ou dans l'Empire ottoman pour convaincre le monde de leur juste cause. L'évolution des années quatre-vingt-dix a totalement balayé les fondements de cette posture idéologique. Les mouvements islamistes, dans leur vision millénariste et simplificatrice du monde, sont évidemment amenés à percevoir dans l'existence et la dynamique israéliennes un «complot judéo-chrétien» contre l'islam. À cette perception, répond de façon très symétrique celle de l'Occident et d'Israël, qui voient dans la persistance de la violence des groupuscules islamistes, symptôme supposé de l'impossible accès de l'islam à la «modernité politique», une menace pour la stabilité du monde «civilisé» et «démocrate». Les attentats du 11 septembre 2001 et les événements tragiques qui se sont ensuivis avec l'invasion américaine de l'Afghanistan puis de l'Irak sont venus confirmer ces simplifications justifiant les théories de la «guerre des civilisations».

C'est pourquoi, au seuil des années quatre-vingt-dix, la conférence de Madrid puis les accords d'Oslo

ont été ressentis comme un soulagement formidable
à cette tension insupportable entre des dynamiques
si contradictoires. C'est surtout en Europe que l'on
a jubilé, car, à la différence des États-Unis, c'est
son histoire qui a enfanté toutes les contradictions à
l'origine des tensions du Proche-Orient. Pour l'Europe,
plus que pour les États-Unis, la fin du conflit
israélo-arabe marquerait la fin des tourments de sa
conscience historique. Elle laisse donc volontiers
aux États-Unis, avec leur relation privilégiée à l'État
d'Israël, le soin de parrainer la paix et d'en tirer
les bénéfices politiques, pourvu que le dossier soit
enfin clos.

LA DYNAMIQUE ISRAÉLIENNE
ENTRE «VISÉE NORMALISATRICE»
ET «PULSION MESSIANIQUE»

Pourtant le dossier était loin d'être refermé. Ni
Madrid ni Oslo n'ont amené la paix, car la dynamique
israélienne avec ses propres complexités est
loin d'être épuisée. Si les Arabes ont cru de façon
illusoire disposer d'éléments de maîtrise ou de résistance
face à la dynamique israélienne en distinguant
antisionisme et antisémitisme, les Européens
croient que seule la vision dite «séculière» du Parti
travailliste israélien peut amener la paix; ils se
désolent à chaque victoire électorale du Likoud.
Alors que le verbe du Parti travailliste évoque les
valeurs universelles de démocratie et de normalité
politique, celui des partis religieux ramène au messianisme
et à une colonisation en fait non achevée
de l'ensemble du territoire biblique, donc à un
conflit qui n'a pas de fin.

La perception européenne fait ici l'économie de

l'ambiguïté du phénomène sioniste lui-même, pourtant fort bien expliquée dans l'ouvrage d'A. Dieckhoff sur *L'invention d'une nation*. Le sionisme a, en effet, été à la fois «visée normalisatrice» de l'existence juive, dans une conception moderne libérale et séculière de la nation, et «pulsion messianique» de reconquête des origines bibliques en Palestine, dans une conception de l'élection divine qui a fait du peuple juif antique l'inventeur du monothéisme [1]. Il est douteux, à notre sens, que la première branche du sionisme aurait eu quelque chance de réussir sans l'autre branche. Frères ennemis, le sionisme séculier de Ben Gourion, fondateur du Parti travailliste, qui tient le pouvoir sur le terrain dès les débuts du mandat britannique sur la Palestine, et le «révisionnisme» de Jabotinsky, père spirituel de la droite dite «nationaliste» israélienne, se sont en fait épaulés mutuellement dans l'entreprise de construction de l'État israélien, mais aussi dans le renouveau du judaïsme qu'ils ont prôné tous les deux sur des modes différents.

En effet, on peut se demander si, sans la «pulsion messianique» de Jabotinsky qui prônait ouvertement le recours à la lutte armée contre la population arabe puis les autorités mandataires britanniques, le souci constant de Ben Gourion et de Weizman de présenter une façade de respectabilité face à l'opinion européenne et de ne pas s'opposer ouvertement à la puissance mandataire britannique aurait permis l'accélération des événements et le succès de la double guerre dite d'indépendance contre les Palestiniens et contre la Grande-Bretagne.

À l'origine, les différences ne sont d'ailleurs pas considérables entre les deux tendances du sionisme, car Jabotinsky et ses première troupes, dont font partie Begin et Shamir, ne sont pas des juifs prati-

---

1. Les expressions «visée normalisatrice» et «pulsion messianique» sont empruntées à Alain Dieckhoff, *op. cit.*, chapitre 4, p. 159.

quants ou orthodoxes. Tout autant que Weizman ou
Ben Gourion, ils sont des hommes de leur siècle,
pétris de culture européenne moderne; ils ne pensent guère à bâtir un État religieux. Mais Jabotinsky, plus que Weizman ou Ben Gourion, a eu le
pressentiment de la catastrophe que le nazisme
allait entraîner pour les juifs d'Europe. Il cherchera
donc à accélérer ouvertement la conquête de la
Palestine pour que le plus grand nombre de juifs y
trouve refuge. Il ne pense pas que l'on puisse ménager les Arabes qui ne sont pas, selon lui, des «imbé-
ciles qu'on peut escroquer». Son langage est franc
et direct: «Les Arabes de Palestine, dit-il, n'accepteront jamais la transformation de la Palestine arabe
en un pays à majorité juive. Que le lecteur passe
en revue tous les exemples de colonisation dans
d'autres contrées. Il n'en trouvera pas un seul où
elle se soit faite avec l'accord des indigènes. Que ces
indigènes soient ou non civilisés, que ces colons
soient ou non civilisés, les premiers ont toujours
combattu avec acharnement les seconds. Le comportement des colons n'a jamais influencé les indigènes. Les compagnons d'un Cortés ou d'un Pizarro,
ou bien nos ancêtres hébreux des temps de Josué,
ont eu un comportement de brigands; alors que les
premiers pionniers venus d'Angleterre et d'Écosse
en Amérique du Nord étaient imbus des plus hautes
valeurs morales. [...] Dans les deux cas, les indigènes ont combattu les colonisateurs, les mauvais
comme les bons[1].» Aussi dénonce-t-il les illusions

1. Cité dans Marius Schattner, *Histoire de la droite israélienne.
De Jabotinsky à Shamir*, Complexe, Bruxelles, 1991, p. 84-85, qui
détaille la vie émouvante et le caractère attachant de Jabotinsky,
approche indispensable à une compréhension du phénomène sioniste et israélien. On lira aussi avec intérêt la biographie récente en
langue anglaise de Menahem Begin, qui est loin d'égaler la personnalité complexe de Jabotinsky: Amos Perlmutter, *The Life and Times
of Menahem Begin*, Doubleday & Company, New York, 1987. On
pourra consulter aussi Julien Bauer, *Les partis religieux en Israël*,
P.U.F., coll. «Que sais-je?», Paris, 1991.

infantiles des dirigeants sionistes et leur mépris des Arabes en qui ils ne voient qu'«une populace avide, disposée à vendre sa patrie pour une ligne de chemin de fer[1]».

À la différence de l'impatience de la tendance dite «révisionniste», dont le héros est Jabotinsky, les premiers dirigeants sionistes en Palestine, rompus à la diplomatie internationale, proches des cercles dirigeants européens et très respectueux de leur puissance impériale, se veulent beaucoup plus prudents dans leur entreprise. Eux aussi désirent tout le territoire palestinien de la Méditerranée au Jourdain, mais pensent en termes d'étapes, de respect des contraintes de la géopolitique des puissances, de l'opinion européenne qu'il faut ménager. C'est au départ la différence principale qui les sépare. Le rapport de l'État à la religion n'est pas en cause dans cette différence. Jabotinsky et Ben Gourion ont tous les deux des pulsions messianiques, sont tous les deux des prophètes de nature séculière, mais qui ont l'ambition de rétablir les juifs dans une souveraineté politique pour en finir avec les menaces permanentes d'extermination. Écoutons ce qu'en dit A. Dieckhoff : «Ben Gourion lui-même, pourtant peu porté à la bigoterie, évoquait inlassablement la "vocation spirituelle" du peuple juif, "peuple de prédilection" qui doit, par son État socialiste modèle, devenir "une lumière pour les nations". Dans une large mesure, l'espérance messianique n'a donc pas été oblitérée et invalidée par le sionisme mais plutôt prise en charge et réinterprétée par lui. N'est-il pas, du reste, hautement symbolique

---

1. Cité dans Marius Schattner, *Histoire de la droite israélienne, op. cit.*, p. 85 ; on verra aussi Howard M. Sachar, *A History of Israel from the Rise of Zionism to our Time*, Alfred A. Knopf, New York, 1996, chapitre VIII, «The Seats of Arab-Jewish Confrontation», qui reproche aussi aux dirigeants historiques travaillistes du mouvement sioniste de refuser de considérer qu'il y a un problème de population arabe en Palestine.

que le fondateur du sionisme politique, Theodor Herzl, parangon parfait du juif assimilé, ait été salué, au début du siècle, comme le "roi d'Israël" par les foules en liesse[1]?» Toutefois, l'objectif premier de l'idée sioniste est bien la protection des vies juives par la constitution d'un État, qu'il a même été envisagé initialement d'implanter en Afrique ou en Amérique latine.

L'immixtion du religieux dans la dynamique sioniste, la transformation d'un messianisme laïc en un messianisme biblique étaient à terme inévitables, une fois le choix palestinien entériné par la Grande-Bretagne, autant par opportunisme impérial que du fait de l'influence de l'Ancien Testament dans la culture anglaise imprégnée de protestantisme. Mais c'est le rapprochement avec les États-Unis, à partir de 1967, qui va alimenter et développer le caractère religieux de la droite israélienne. On aurait tort, toutefois, d'oublier que c'est sous des gouvernements travaillistes successifs que la colonisation de la Cisjordanie et tout autour de la partie arabe de Jérusalem s'est développée. C'est ce qui arrive souvent en Europe où l'on pense avec complaisance que seule la droite israélienne est responsable de la colonisation ou du blocage des négociations avec les Arabes, que les travaillistes sont la seule force historiquement légitime et modérée du sionisme qui peut trouver un accommodement avec les Palestiniens et les pays arabes environnants, pourvu que la droite nationaliste ne vienne pas l'empêcher par son messianisme colonisateur et son extrémisme fascisant[2].

1. *L'invention d'une nation, op. cit.* p. 159-160; pour Ben Gourion, on pourra aussi se rapporter à la biographie bien connue de Michel Bar-Zohar, *Ben Gourion, le prophète armé*, Fayard, Paris, 1966.
2. Un bon exemple de ce mode de penser a été donné par Alain Finkielkraut («Israël: la catastrophe», *Le Monde*, 18 décembre 1996), qui semble découvrir avec effroi «le langage de l'apartheid» de Netanyahou, «sortant de la clandestinité ou de la marginalité» et qui revendique «sa place au soleil». C'est évidemment ignorer la

En réalité, pour qui connaît l'histoire de la Palestine durant le mandat britannique, celle de la province cisjordanienne depuis 1967 n'est qu'une répétition des heurts sanglants qui avaient lieu entre 1920 et 1939 en Galilée ou dans les villes côtières entre immigrants juifs créant leurs implantations au cœur des campagnes et des villes arabes, d'un côté, et Palestiniens de souche tentant d'organiser une résistance à l'extension du peuplement juif, de l'autre. Une journée ordinaire, lors des périodes de tension sous le mandat anglais en Palestine, n'est guère différente d'une journée ordinaire en Cisjordanie depuis les débuts de l'occupation en 1967, avant ou après la conférence de Madrid et les accords d'Oslo. Écoutons le récit d'une semaine banale de troubles en avril 1936 : « Le 15 avril, deux juifs sont assassinés sur une route près de Tulkarm par des hors-la-loi arabes, vraisemblablement de la troupe d'Al Quassam. Le 16 l'Irgoun tue en représailles deux ouvriers agricoles arabes dans une orangeraie de la région. Le vendredi 17, l'enterrement des deux juifs à Tel-Aviv dégénère en manifestation violente. Des jeunes du Bétar, mêlés aux proches des victimes, manifestent pour la création d'une armée juive. Des Arabes sont agressés [1]. »

Puis écoutons la chronique d'un mois ordinaire de juillet 1993 à la veille de la signature des accords d'Oslo et un an et demi après la conférence de Madrid : « 1er juillet, tentative de détournement d'un autobus à Jérusalem : deux des auteurs palestiniens

---

complexité de l'histoire du mouvement sioniste, assimilée abusivement à celle du « socialisme » ayant donné naissance au « travaillisme » qui a dirigé le pays jusqu'en 1977.

1. Marius Schattner, *op. cit.*, p. 159. Sur la Palestine au temps du mandat anglais, dans l'entre-deux guerres, et l'exaspération des contradictions entre les populations juive et arabe, on se reportera à la belle étude de Henri Laurens, « Genèse de la Palestine mandataire », *Maghreb-Machrek*, n° 140, avril-juin 1993.

et deux Israéliennes tués ; revendiqué par Hamas. 2, trois jets de grenades contre un P.C. israélien. 4, affrontements à Gaza : nombreux blessés palestiniens. 8, un chef des "Aigles rouges" (F.P.L.P.), recherché, abattu à Rafah par une unité spéciale : heurts, onze blessés. Un colon israélien tué par balles dans le Sud de la Cisjordanie. 12-14, trois Palestiniens tués, au camp de Balata et à Ramallah. 17-18 et 22-23, affrontements à Gaza et Rafah, près de quarante blessés, dont neuf enfants de moins de quatorze ans. 24, un soldat israélien blessé par balles à Gaza [1]. »

La chronique d'une semaine ordinaire de 1993 après les accords d'Oslo ne sera pas différente : « 29 octobre, après l'enlèvement et le meurtre d'un colon de Beth El, violente réaction des colons : émeutes, vandalisme, barrages sur les routes secondaires, un Palestinien tué par son employeur. 30-31, mises en garde de Itzhak Rabin aux colons... 7-9 novembre, après un attentat contre le rabbin Haïm Druckman, fondateur du Goush Emonom, nouvelles violences de colons en plusieurs points. Neuf Palestiniens blessés par balles, etc. [2]. »

Les vues du rabbin extrémiste Meir Kahane ou d'Ariel Sharon sur le traitement à réserver à la population palestinienne ne sont guère une nouveauté de ces dernières années. « Il faut créer une situation où la vie d'un Arabe ne vaudra pas plus que celle d'un rat, expliquait en 1937 un immigré activiste. Comme ça tout le monde comprendra que les Arabes sont de la merde, que nous sommes nous et non eux les véritables maîtres du pays [3]. » De même, les accusations échangées entre les deux tendances du sionisme qui se sont manifestées avec

1. Extrait des chronologies de la revue *Maghreb-Machrek*, n° 142, octobre-décembre 1993.
2. Extrait des chronologies de la revue *Maghreb-Machrek*, n° 143, janvier-mars 1994.
3. Cité par Marius Schattner, *Histoire de la droite israélienne, op. cit.*, p. 173.

virulence à l'occasion de l'assassinat d'Itzhak Rabin
ne sont pas nouvelles ; ainsi un tract fondateur de
l'organisation Irgoun Zvaï Leoumi, fondée par les
chefs de file de la tendance la plus radicale du révisionnisme (Stern, Begin et Shamir), déclarait en
1937 que l'Irgoun représentait désormais la «seule
force concrète qui ait la capacité et la volonté de
combattre pour la renaissance de la nation hébraïque
et Eretz Israël, face aux machinations des ennemis
de l'extérieur et aux manipulations des traîtres de
l'intérieur[1] ». En fait, sous le mandat britannique, la
seule différence entre les deux tendances sionistes
résidait dans le souci de respectabilité diplomatique des dirigeants historiques du mouvement qui
deviendront des chefs du Parti travailliste et la franchise brutale des révisionnistes, qui savaient qu'en
définitive il faudrait chasser la population arabe,
ou, en tout cas, la priver de ses droits politiques. Les
dirigeants travaillistes ne furent d'ailleurs pas toujours moins crus que ceux de la «droite», en particulier Golda Meir qui se refusait à considérer que
les Palestiniens puissent exister comme peuple.

Un autre historien avisé des réalités israéliennes,
Zeev Sternhell, dans un travail considérable de
recherche historique sur les fondements idéologiques du Parti travailliste israélien et sa pratique
politique, a bien montré que la pulsion colonisatrice
est un élément majeur du socialisme nationaliste,
plus nationaliste que socialiste en raison même de
ses origines ancrées dans le terreau culturel de l'Europe de l'Est et de l'Empire austro-hongrois décli-
nant où le mouvement des nationalités primait sur
les aspirations au changement social. Dénonçant la
«myopie sociale que l'on retrouve à l'origine de

---

1. *Ibid.*, p. 163. Sur l'assassinat d'Itzhak Rabin et les accusations
de traîtrise dont il a été l'objet de la part de la droite nationaliste,
voir : Amnon Kapeliouk, *Rabin. Un assassinat politique — Religion,
nationalisme, violence en Israël*, Le Monde Éditions, Paris, 1996.

la paralysie politique morale et intellectuelle» qui caractérise pour lui le Parti travailliste, Sternhell écrit: «Car "l'incapacité" du Parti travailliste à brider les velléités d'expansion territoriale, qui s'installent en son sein au lendemain de la victoire de juin 1967, et son indolence sociale durant les années de grâce et de développement économique qui suivent, ne sont pas quelque conséquence d'une situation imposée par des contingences ingouvernables mais bien les résultantes d'une décision idéologique consciente. Un choix qui, en amont, nous mène au fondement même du système: le socialisme constructiviste. Le socialisme constructiviste est généralement considéré comme la grande contribution idéologique et sociale du mouvement travailliste eretz-israélien aux besoins particuliers du pays, dans les conditions qui ont été les siennes, avant et après 1948. Cet apport, en réalité, n'avait rien de bien original. Le socialisme constructiviste n'a jamais rien été d'autre qu'une variante locale du socialisme national européen — ce socialisme né de la rencontre des courants socialistes antimarxistes et antiréformistes d'une part, du nationalisme ethnique, culturel et religieux d'autre part[1].»

Ces paroles très dures de cet historien israélien, connu pour ses travaux sur l'idéologie fasciste en France et qui fait partie de la génération ayant remis en cause les mythes fondateurs de l'État d'Israël, doivent être replacées dans le contexte plus large des analyses de la modernité politique et de ses rapports à la naissance d'Israël. C'est ainsi que Sternhell écrit, toujours dans l'introduction de son ouvrage: «Le sionisme a été l'une des conséquences (parmi d'autres) de l'échec du libéralisme, de son incapa-

---

1. Zeev Sternhell, *Aux origines d'Israël. Entre nationalisme et socialisme*, Fayard, Paris, 1996, p. 18. Dans la même veine critique, on pourra se reporter à Mitchell Cohen, *Du rêve sioniste à la réalité israélienne*, La Découverte, Paris, 1990.

cité à neutraliser ou même à contenir le nationalisme tribal dans des proportions contrôlables. Et
parce qu'elle a été un exemple dramatique du
désarroi du libéralisme et de la crise de la modernité, l'affaire Dreyfus va obliger une large part de
l'intelligentsia juive assimilée à remettre en question l'espoir qu'elle avait placé dans le processus
d'émancipation enclenché par la Révolution française. Dans les milieux libéraux auxquels appartenaient un Theodor Herzl (1860-1904) ou un Max
Nordau (1849-1923), milieux où se recrutait cette
intelligentsia qui, depuis longtemps, regardait vers
l'ouest et appelait de tous ses vœux au succès de
l'émancipation, même au prix de l'abandon de l'identité nationale juive, l'Affaire est un traumatisme
vécu d'autant plus douloureusement qu'elle a été
possible en France, ce pays libéral qu'ils tenaient
pour exemplaire, ce pays qui, à leurs yeux, annonçait le monde de demain en Europe centrale et
orientale. Si tel devait être le monde de demain à
Moscou, Budapest ou Varsovie, se sont dit certains,
autant songer à autre chose ailleurs[1]. »

En conclusion de ses analyses, Sternhell écrit:
«C'est en tout cas à son nationalisme, et non pas à
quelque vertige provoqué par la victoire militaire ou
à une extinction passagère de quelque valeur humaniste dans le raisonnement sioniste, qu'il faut imputer au Parti travailliste le fait d'avoir entraîné le
pays dans la domination d'un peuple par un autre.
Et la négation du mouvement national arabe est un
aveuglement qui n'a pas frappé seulement Golda
Meir. Le président du Conseil de la guerre du
Kippour n'était que le représentant choisi par le
courant central du mouvement travailliste à un
moment donné de son action pour assurer la pérennité d'une vision du monde inaugurée avec Gordon
et poursuivie par Katznelson. Comme les maîtres de

1. *Ibid.*, p. 25.

la pensée nationale du sionisme eretz-israélien, Golda Meir en appelait à l'histoire pour fonder la légitimité, la moralité et l'exclusivisme des réclamations du peuple juif sur sa terre, toute sa terre. Pour elle, comme pour Katznelson, il ne pouvait y avoir place que pour un seul mouvement national en Eretz-Israël. C'est pourquoi elle fera interdire à la radio et à la télévision d'État l'emploi de certains vocables et de certaines appellations du genre "Mouvement national palestinien", "État palestinien". »

« Igal Alon aussi invoquait l'histoire et les droits historiques lorsqu'il engageait le gouvernement d'Israël à fonder la ville de Kiryat-Arba, aux portes de Hébron. Pour le commandant du front du Sud, vainqueur de l'Égypte en 1949, héros de la guerre d'indépendance, le retour à Hébron était un retour aux sources : le peuple d'Israël revenait en son lieu de naissance mythique. C'est là que, de retour d'Égypte, s'était installé Abraham. En construisant cette nouvelle ville juive, on entendait aussi énoncer le message qu'on voulait signifier à la communauté internationale : pour les juifs, les lieux de l'histoire juive sont inaliénables, et si demain, pour des raisons de conjoncture, l'État d'Israël était obligé de céder tel ou tel, cette cession ne serait jamais définitive. [...] Qu'elle ait fait appel à l'histoire ou qu'elle se soit référée à la "promesse divine", cette mystique ramenait toujours au continuum histoire-religion (comme on parle de continuum espace-temps) invoqué par le sionisme israélo-centriste moderne. Dans cet ensemble, forcément, la laïcité telle qu'elle avait été pensée par les Lumières ne pouvait trouver sa place. Il est vrai qu'en 1970, comme en 1920 ou en 1940, la mystique terrienne était l'une des choses les mieux partagées dans la société juive du pays : qu'elle ait fait appel à l'histoire et se soit présentée comme "laïque" ou qu'elle se soit fondée sur la "promesse divine", elle avait déjà révélé, dès la naissance du sionisme moderne, les limites de l'espace de la laïcité en Eretz-Israël puis en Israël. Dès le départ, la route vers le laïcisme des Lumières était fermée au sionisme et elle le reste encore aujourd'hui[1]. »

Cette longue citation d'un historien israélien, qui n'hésite pas à regretter que le « sionisme israélocentré » n'ait pas pu intégrer la « laïcité » telle qu'elle avait été pensée par les « Lumières », est un témoignage clé pour comprendre non seulement la crise actuelle de la société israélienne qui se cristallise sur la façon d'appliquer les accords d'Oslo, mais aussi un aspect fondamental de la difficulté à résoudre le contentieux israélo-arabe, en tout cas dans son volet palestinien. En réalité, dans le contexte de renouveau ou de réveil du judaïsme au cours des dernières décennies, la signification spirituelle et mystique du retour en Terre promise ne pouvait manquer d'affecter les dirigeants israéliens eux-mêmes.

Écoutons ici le témoignage d'Abraham Livni dans son ouvrage témoin du renouveau du judaïsme : « En fait, la crise politique qui agite le pays témoigne d'une mutation profonde, changeant lentement les structures de pensée de la société israélienne. Déclenchée par les incertitudes de notre relation à la Judée et à la Samarie, elle est en vérité une crise d'identité : qui est le peuple juif qui retourne sur la Terre d'Israël ? Il est certain qu'aucune idéologie laïque ne pourra jamais assumer toute l'histoire d'Israël. Le sionisme laïc porte une contradiction en lui-même. Alors qu'il est fondamentalement un retour à Sion, il s'imagine pouvoir éviter un Retour aux sources spirituelles de Sion. Mais Sion est une partie indivisiblement spirituelle et terrestre. [...] Le peuple juif n'échappera pas à son histoire, à son destin, à sa vocation. Le sionisme n'est point une

1. *Ibid.*, p. 511-512.

invention artificielle. Il est le produit de quatre mille ans d'histoire, et cette histoire a ses racines dans le mystère même de la Création. De même, la Terre d'Israël n'est point seulement un morceau de territoire situé au Moyen-Orient. Terre sanctifiée par la longue histoire d'Israël, elle était sainte, en fait, avant même la venue d'Abraham[1]. »

Analysant les lacunes du sionisme laïc, d'un point de vue diamétralement opposé à celui de Sternhell, Livni écrit : « Car il est manifeste que le sionisme laïc, qui a cru pouvoir écarter la dimension spirituelle du Retour, a, par cette amputation même, réduit l'étendue des problèmes qu'il peut résoudre. Il s'est préoccupé de la restauration physique du peuple et a, certes, réussi à rebâtir les bases économiques et politiques de l'indépendance nationale d'Israël. Mais les problèmes de la restauration morale et spirituelle du peuple le dépassent visiblement. Il n'est évidemment pas armé pour les résoudre. Aucune culture israélienne ne pourra jamais naître à partir du refus d'assumer l'héritage spirituel du peuple juif. Nul ne pourra créer une culture en faisant table rase du passé. C'est là le paradoxe cruel de l'intelligentsia israélienne. Savoir et ignorance s'y côtoient en une curieuse association ; savoir calqué sur les sciences occidentales, et ignorance grossière des sources authentiques de la pensée juive. Le résultat est un pauvre cocktail, caricaturant les plus mauvais produits de ce qui s'appelle encore la culture occidentale[2]. »

Laïc, mystique, messianique, spiritualiste ou terrien, le sionisme se heurte en fait à l'existence des Palestiniens, existence qui lui a posé dès le départ un grave problème à l'intérieur de ses différentes tendances, mais aussi par rapport à l'évolution du

1. Abraham Livni, *Le retour d'Israël et l'espérance du monde*, *op. cit.*, p. 333 et 335.
2. *Ibid.*, p. 328.

droit international qui reconnaît de plus en plus indiscutablement, à partir des années soixante, le droit des peuples à l'autodétermination.

QUE FAIRE DES PALESTINIENS : L'IMPOSSIBLE APPLICATION DU DROIT INTERNATIONAL

L'ensemble des dirigeants israéliens, face à l'existence de la population locale largement majoritaire avant 1948, développera de nombreux discours destinés à amoindrir la portée du problème. Les thèmes de ces discours, dans toutes leurs nuances et leurs contradictions, seront repris par la culture européenne et américaine. Pourtant, à la fin du XXe siècle, une grande voix juive et sioniste avait mis en garde contre une dynamique brutale et sans nuances de la colonisation, tout comme Yeshayahou Leibovitz un siècle plus tard, dénonçant le caractère oppresseur de l'État d'Israël. Il s'agit d'Ahad Haam, dont le nom est aujourd'hui effacé des mémoires, et qui écrivait déjà en 1891 : « Il nous faut traiter la population locale avec amour et respect et — cela va sans dire — conformément au droit et à la justice. Que font nos frères en Eretz Israël ? Exactement le contraire ! Esclaves dans les pays de l'exil, les voilà qui jouissent d'une liberté sans entraves, d'une liberté anarchique uniquement possible dans l'Empire ottoman. Ce changement soudain a éveillé leur inclination au despotisme comme chaque fois qu'un "esclave devient roi". Ils traitent les Arabes avec hostilité et cruauté, empiètent sur leurs propriétés, les frappent sans raison, s'en vantent même, et il n'y a personne pour les réfréner,

pour mettre fin à ces pratiques éhontées et dangereuses[1]. »

Que faire des Arabes de Palestine ? Cette question
que l'on avait pu croire résolue en 1948, à la constitution de l'État d'Israël, a resurgi avec la conquête
de la Cisjordanie en 1967. La Judée et la Samarie,
qui désignent dans le vocabulaire biblique des dirigeants israéliens la Cisjordanie, sont-elles moins
« territoire national » que la Galilée et Jérusalem ?
Toute la symbolique des tensions qui se sont cristallisées autour du Tombeau des patriarches dans la
ville d'Hebron, entre 400 colons et 150 000 Palestiniens, s'explique par cette interrogation lancinante.
Dans la dynamique de l'existence israélienne et de
l'affirmation du judaïsme à exister dans l'ordre de
la souveraineté internationale, l'abandon d'Hébron
ne reviendrait-il pas à remettre en cause à terme la
légitimité de la conquête de la Galilée et de Jérusalem ? Les fondements de l'existence israélienne
restent, en effet, ambigus : s'agit-il de disposer d'un
territoire pour mettre les juifs à l'abri de l'antisémitisme indéracinable, ou bien l'entreprise sioniste
est-elle un puissant mouvement historique qui rétablit le judaïsme en Terre promise, mille neuf cents
ans après la destruction du Temple de Jérusalem
par les Romains ?

« Le sionisme religieux, écrit l'historien de la
droite israélienne, a l'avantage de la cohérence.
Son idéologie repose essentiellement sur la triade :
"Peuple d'Israël, Foi d'Israël, Pays d'Israël". Pour le
principal penseur du mouvement, le Grand Rabbin
de Palestine Abraham Isaac Kook (1865-1935), le
retour du peuple juif à Sion et sa foi devaient
lui permettre d'assumer sa vocation divine, c'est-à-
dire la rédemption de l'humanité tout entière. Peu
importait si les pionniers socialistes ne suivaient

---

1. Texte cité par Marius Schattner, *Histoire de la droite israélienne, op. cit.*, p. 31.

pas le rituel de la religion : en défrichant la terre d'Israël, en érigeant une société fondée sur les idéaux de justice, ils accomplissaient une "mitzva" (commandement divin) d'ordre supérieur. "Les nationalistes juifs laïcs ne savent pas ce qu'ils désirent. L'esprit d'Israël se trouve lié si étroitement à l'esprit de Dieu qu'un juif nationaliste, ses intentions fussent-elles des plus séculières, est malgré lui imbu de l'esprit divin, même en dépit de sa propre volonté", écrivait le rabbin Kook.

« Ces laïcs, continue l'auteur, rendaient grâce à l'Éternel, sans le savoir. Il était inutile de le leur rappeler. Le sionisme religieux devait avoir une tâche doublement éducative : faire prendre conscience aux laïcs des motifs réels de leur entreprise, faire comprendre aux juifs religieux que les laïcs accomplissaient un commandement divin. À aucun moment les sionistes religieux ne devaient tenter d'imposer leur règle de vie au Yishouv.

« Cette vision ouverte, ajoute Schattner, va se transformer chez son fils, le rabbin Zvi Yéhouda Kook (1891-1980), en une mystique ultranationaliste. Par un cheminement qui n'est pas sans rappeler celui qui mène d'un Jabotinsky à un Begin, le fils abandonnera tous les aspects universalistes de la pensée de son père, pour placer au-dessus de tout la "sainteté du Pays d'Israël" et le devoir de le coloniser[1]. »

« Quel sort sera réservé aux Palestiniens dans Eretz Israël ? », s'interroge M. Schattner à propos des conceptions politiques de la droite israélienne : « Pour ceux qui accepteraient la souveraineté de l'État juif sur leur sol, écrit-il, ce serait celui de résident étranger "gertoshav" bénéficiant d'un statut semblable à celui du non-juif dans la Judée du second Temple, il y a deux mille ans. Traduit en langage moderne : un citoyen de seconde zone. Pour

1. *Ibid.*, p. 326-327.

ceux qui se révolteraient contre le pouvoir israélien, cela pourrait être l'expulsion, sinon pis[1].»

Abraham Livni, dans l'ouvrage que nous avons déjà cité et qui est écrit en 1992 et non au temps de Jabotinsky, écrit lui aussi avec la même franchise: «Les conditions de la paix avec cette population sont bien définies par la *halakha* juive: elle doit accepter la souveraineté juive, tout comme le restant de la population arabe vivant déjà sous la direction de l'État d'Israël. Celui qui n'accepte pas la souveraineté israélienne n'a d'ailleurs qu'une vingtaine de kilomètres à franchir pour se trouver dans l'État jordanien. L'État israélien le dédommagerait de tous les biens qu'il abandonnerait. Souvenons-nous que près d'un million de juifs ont dû quitter les pays arabes, sans être dédommagés pour les biens qu'ils ont abandonnés[2].»

On le voit bien, pour le sionisme séculier comme pour le révisionniste, le droit international moderne d'essence séculière ne pouvait s'accommoder vraiment de la revendication juive, en particulier sur un territoire peuplé sans discontinuité depuis l'Antiquité par des populations non juives, phéniciennes, cananéennes, arabes. C'est pourquoi d'ailleurs Herzl, l'inventeur de l'idée d'État juif — ou plutôt d'État des Juifs, pour reprendre le titre de son ouvrage fondateur[3] —, avait d'abord pensé à des territoires moins peuplés ou plus «mous» sur le plan des structures de civilisation que la Palestine arabisée depuis treize siècles. Cependant, le projet ne pouvait prendre que si la double motivation séculière et messianique venait l'animer; si le souci légitime de protection des juifs contre l'antisémitisme venait à

1. *Ibid.*, p. 328.
2. *Le retour d'Israël, op. cit.*, p. 332.
3. Theodor Herzl, *L'État des Juifs*, nouvelle traduction de Claude Klein, La Découverte, Paris, 1990, ainsi que *Terre ancienne, Terre nouvelle...*, paru en 1902 et réimprimé par Slatkine France, coll. Ressources, Paris-Genève, 1980.

s'unir à la profonde nostalgie théologique de la Terre promise, caractéristique des ghettos sur lesquels la modernité politique des grandes nations n'avait pas eu de prise en Russie, en Europe centrale ou à Brooklyn.

Aussi la dynamique sioniste ne pouvait-elle s'accommoder du droit classique que l'Angleterre, la Société des nations puis les Nations unies se sont efforcées d'adapter à cette situation *sui generis*. De la notion de «Foyer national» inventée par la déclaration Balfour, et n'ayant aucune consistance juridique, à celle de l'autonomie des personnes sans souveraineté sur la terre pour les Palestiniens de Cisjordanie qui a été inscrite dans les accords de Camp David et qui a servi de soubassement aux accords d'Oslo, en passant par la création d'une zone dite de sécurité à l'intérieur du Liban et la politique démesurée de représailles à l'encontre de ce pays qui a fait plus de 60 000 victimes dans les populations civiles libanaise et palestinienne, puis à la nécessité, décrétée par les États-Unis, pour les Palestiniens de suivre une «feuille de route» avant d'arriver à la création d'un État palestinien[1], la dynamique israélienne a créé des faits nouveaux sur le terrain et des catégories conceptuelles spécifiques à ses objectifs.

L'Europe ou les États-Unis qui vibrent à cette dynamique issue de leur culture et de leur histoire ne peuvent pas voir que ces catégories conceptuelles ne peuvent être acceptées par les Arabes, qui s'accrochent aux conceptions classiques du droit, qu'il soit celui de l'O.N.U. en matière de partage de

---

1. Il s'agit du plan américain, approuvé par la Russie, l'Union européenne et les Nations unies, pour tenter d'arrêter la seconde Intifida palestinienne et qui a été annoncé par le président américain George W. Bush en 2003, après que les États-Unis eurent été accusés de laisser le conflit israélo-palestinien dégénérer. On voit la richesse et la diversité des nouveaux concepts produits sur le conflit israélo-arabe, de la notion de «foyer national juif» (1917) à celle d'une «feuille de route» pour un État palestinien (pour plus de détails, voir *infra* chapitre 23).

la Palestine (d'abord refusé par eux parce que jugé contraire au droit classique de la décolonisation) ou celui relatif à l'évacuation des territoires occupés en 1967 ou encore celui des droits de l'homme, des conventions de Genève. Depuis la guerre du Golfe (1991) et l'invasion de l'Irak (2003), le fossé s'est incontestablement creusé encore plus, car c'est la notion même de loi qui est en cause aux yeux de l'opinion arabe : appliquée avec sévérité et une rigueur outrancière dans le cas irakien, ignorée dans le cas des territoires considérés comme occupés en Palestine, Syrie et Liban. Si les gouvernements arabes ont accepté et cru dans la possibilité d'une conclusion rapide du contentieux israélo-arabe après la guerre du Golfe, c'est qu'ils n'avaient pas beaucoup de choix devant eux et qu'ils négligeaient la complexité de la dynamique israélienne et de son insertion profonde dans la culture occidentale. Ils n'ont donc pas accordé l'importance qu'elles méritaient aux contradictions juridiques contenues dans les différentes « lettres de garantie » américaines adressées aux participants à la conférence de Madrid et que nous avons relevées au chapitre 17.

Il en a été de même des accords d'Oslo, piège redoutable où l'O.L.P. s'est engouffrée, forte de son bon « droit » à une existence étatique. Susceptibles de deux lectures tout à fait différentes, les accords sont typiques des ambiguïtés conceptuelles, juridiques et linguistiques qui ont aidé la dynamique israélienne à se développer dans l'ordre international. Pour l'O.L.P., les gouvernements arabes et une partie de l'opinion européenne, les accords ont évidemment été considérés comme le prélude à l'évacuation de la Cisjordanie et à la mise en place d'un État palestinien ; pour de nombreux Israéliens, les accords visaient à arrêter la « guerre des pierres » qui avait terni l'image d'Israël dans l'opinion mondiale, à soulager l'armée israélienne des tâches coûteuses et psychologiquement lourdes de maintien de l'ordre dans les centres urbains palestiniens, en particulier la bande de Gaza, enfin à laisser l'avenir ouvert aussi bien pour les colonies de peuplement que pour le statut de la partie arabe de Jérusalem, ou pour la souveraineté finale sur les territoires, lesquels, du fait même de la signature des accords, perdaient le statut de «territoires occupés» du point de vue du droit international.

Cette nouvelle ambiguïté dans la formulation juridique du contentieux entre Israéliens et Palestiniens a redonné une vigueur remarquable à la dynamique israélienne. La signature de l'O.L.P. sur les accords d'Oslo a entraîné la fin du boycottage ou de l'absence de relations diplomatiques avec Israël de grands pays du tiers monde, telles l'Inde et la Chine, la reconnaissance tant attendue du Vatican, qui avait été jusque-là très réticent à reconnaître l'État d'Israël, en l'absence d'un règlement sur les Lieux saints et d'une solution au problème palestinien. Israël, les États-Unis et l'Europe ont pu se lancer dans la fuite en avant vers un nouveau Moyen-Orient économique que nous avons décrite précédemment. Pourtant, aucun des problèmes de fond n'était réglé sur le terrain, les affrontements entre colons juifs et population palestinienne continuaient avec une intensité accrue et la population du sud du Liban était toujours soumise à des représailles massives et immodérées de la part de l'armée israélienne pour des actes de résistance légitimes à son occupation.

Le gouvernement travailliste s'était, certes, abstenu d'ouvrir de nouvelles implantations en Cisjordanie ou à Gaza, mais il avait laissé les programmes d'extension des colonies existantes continuer et permis l'extension des implantations de colons sur les terres arabes de Jérusalem. Il avait aussi entamé un programme routier d'envergure destiné à relier les colonies entre elles sans passer par les villages arabes. Mais la Cisjordanie, devenue au fil des années une véritable «peau de léopard» par la multiplication des colonies de peuplement au sein des zones de population arabe, pouvait-elle vraiment devenir le siège d'un État palestinien sans un programme rapide et clair de démantèlement des colonies? Ou bien les accords d'Oslo, silencieux sur la question des implantations et si bavards sur une coopération économique tous azimuts entre Israéliens, Palestiniens et les autres pays arabes, étaient-ils destinés à préfigurer une entité de type binational, à l'encontre des fondements de base de l'idée sioniste elle-même?

Formulés dans une ambiguïté aussi totale, mis en application avec retard et sans enthousiasme ou volonté de permettre l'accession rapide des Palestiniens à l'indépendance étatique, mais dans la logomachie perverse de la coopération économique comme panacée aux vrais problèmes, les accords d'Oslo ne pouvaient manquer de relancer la dynamique tout à la fois contradictoire et complémentaire du sionisme dit modéré et séculier et de la pulsion messianique conquérante. Cette dernière n'a pas hésité à afficher ouvertement ses objectifs, ne considérant la conversion de l'O.L.P. à l'acceptation de l'existence israélienne que comme un repli tactique. D'où la réaffirmation des impératifs de sécurité excluant de céder sur le fond comme sur la forme le moindre droit aux Palestiniens ou aux gouvernements arabes invoquant encore la nécessité de voir Israël respecter de tels droits pour normaliser leurs relations avec ce voisin. Itzhak Rabin, assassiné par un jeune colon souriant et sûr de son bon droit, fut victime de cette dynamique historique toujours à l'œuvre dans l'existence israélienne.

LE SYNDROME DE GAZA

Comme le rappelle un journaliste français acquis
à la cause du Likoud, Israël dans sa quête de paix
ne doit pas se laisser aller au syndrome des Syrtes,
à «retrouver "l'autre" interdit, le retrouver à tout
prix, même au prix de sa propre dissolution et de
son malheur[1]». Dans son ouvrage qui reprend bien
la vision «révisionniste» du destin d'Israël, ce journaliste écrit: «La paix avec son ennemi? Bien sûr,
mais avec son ennemi *vaincu*. Il a fallu l'invasion du
cœur même du Reich, la destruction de Berlin, les
horreurs de l'occupation russe, pour que l'Allemagne, après 1945, accepte la paix à la fois rigou-
reuse et généreuse que lui offraient les Américains
et les autres Alliés occidentaux. Il a fallu Hiroshima
et Nagasaki pour que le Japon accepte de se transformer en empire commercial. Il a fallu à la fois
l'I.D.S. et Tchernobyl, l'effroi devant une nouvelle
course aux armements à laquelle elle ne pouvait
même plus participer et devant l'effondrement de
toutes ses structures internes, pour que l'U.R.S.S., à
la fin des années quatre-vingt, renonce à cette lutte
finale pour laquelle elle était programmée depuis
Lénine et Staline, sinon depuis Ivan le Terrible et
Pierre le Grand. Et c'est dans la mesure exacte où il
a été le plus fort qu'Israël s'est imposé au monde
arabe et islamique. Si l'État hébreu n'avait pas
gagné sa guerre d'indépendance en 1948, le plan de
partage de la Palestine élaboré par l'O.N.U. en 1947
ne serait plus évoqué aujourd'hui que par quelques

---

1. Michel Gurfinkiel, *Israël, géopolitique d'une paix*, Michalon,
Paris, 1996, p. 269-270; l'allusion au syndrome des Syrtes est inspirée du célèbre roman de Julien Gracq, *Le rivage des Syrtes*, où, dans
une forteresse isolée en plein désert, une garnison militaire attend
l'attaque d'un ennemi qui refuse de se manifester.

archivistes ; s'il n'avait pas élargi ses frontières en 1967, personne ne prendrait aujourd'hui au sérieux les lignes d'armistice de 1949 ; s'il n'avait pas intensifié le peuplement juif en Cisjordanie et à Gaza, jamais l'idée d'une coadministration israélo-palestinienne dans ces territoires n'aurait eu de suite ; s'il ne s'était pas doté d'un potentiel nucléaire, jamais ses voisins n'auraient accepté de voir en lui un *fait accompli*[1]. »

Plus américanisée que le «révisionnisme» historique de souche européenne qui s'est éteint aujourd'hui, la droite nationaliste en Israël plaide maintenant la lutte internationale contre le terrorisme, cancer de la fin du xxe et du début du xxie siècle. C'est le propos de Benyamin Netanyahou dans un ouvrage récent, intitulé *Paix et sécurité, pour en finir avec le terrorisme*[2], où il estime que les rêves islamiques brisés de restauration d'un califat puissant et respecté jouent un rôle moteur dans la production du terrorisme, y compris à l'intérieur des États-Unis. Ce n'est pas le syndrome des Syrtes qui est dénoncé ici, mais celui de Gaza, «repaire naturel pour les terroristes qui se préparent à attaquer des civils[3]» du fait de la densité de sa population urbaine. Pour Netanyahou, Yasser Arafat ne pourra jamais se départir de sa nature de «terroriste» et il a conclu des accords secrets avec le Hamas pour venir à bout de l'État d'Israël, les accords d'Oslo n'étant qu'un tremplin pour la reconquête de la Palestine usurpée. À l'appui de ses dires, le futur Premier ministre israélien cite de nombreuses déclarations ambiguës du dirigeant palestinien où le mot *djihad* (guerre sainte) est employé après la conclusion des accords d'Oslo.

1. *Ibid.*, p. 270-271.
2. Benyamin Netanyahou, *Paix et sécurité, pour en finir avec le terrorisme*, L'Archipel, Paris, 1995 (traduit de l'anglais).
3. *Ibid.*, p. 137 au chapitre 5, intitulé «Le syndrome de Gaza», p. 121-144.

Il voit aussi une coordination entre les activités du Hamas et celles du Hezbollah au sud du Liban. Il fait part de ses craintes qu'un État hébreu tronqué de certaines parties de la Cisjordanie ne soit menacé de toutes parts par des actes terroristes. «Après la signature des accords [d'Oslo], écrit Netanyahou, mon parti et moi avons renouvelé nos avertissements, mais la majorité de l'opinion publique a commencé par rejeter nos arguments. Au bout d'un an et demi, la situation était devenue si intolérable que le président Ezer Weizman et de fins commentateurs de la gauche israélienne n'étaient pas loin de penser que l'État hébreu devait tout au moins ajourner la phase suivante des accords si la décision de livrer à l'armée de l'O.L.P. et aux islamistes certaines parties de la Cisjordanie, à dix minutes environ de Tel-Aviv, était vraiment sage. [...] Le plan de l'O.L.P., visant à créer un État palestinien sur les hauteurs stratégiques surplombant un État hébreu tronqué, paraissait menacé. Arafat multiplia de nouveau ses intercessions auprès des islamistes en proposant au Hamas de partager le pouvoir politique tout en lui expliquant que leur objectif commun à long terme — l'élimination d'Israël — serait plus facile à atteindre si une pause dans les activités terroristes intervenait[1].»

En réalité, la droite israélienne, fidèle à sa franchise historique pour ce qui concerne le refus arabe d'être spolié, ne croit pas à la conversion de l'O.L.P.

---

1. *Ibid.*, p. 137-138. Dans la même veine, l'auteur écrit dans ce chapitre : «Le passé terroriste de la bande de Gaza rivalise avec celui du Liban. [...] Au fil des ans, Gaza est devenue aux yeux des Israéliens le repaire de quelques-uns des plus farouches antisémites du Proche-Orient. [...] Quiconque a besoin d'une étude de cas sur la manière de ne pas combattre le terrorisme n'a qu'à s'inspirer de l'exemple de Gaza. Si Israël avait montré jusqu'alors au monde comment mener ce combat, il lui montre désormais comment propager ce fléau. Le gouvernement israélien a commis depuis 1993 la plupart des erreurs qu'un État est susceptible de commettre dans ce domaine» (p. 124-125 et 133).

à la paix et ne veut pas d'un État palestinien, si faible soit-il, perçu à ses yeux comme la base d'une reconquête future. Le thème de la lutte internationale contre le terrorisme permet de continuer à mobiliser la solidarité active de l'Occident. C'est d'ailleurs aussi un thème central que l'on retrouve dans l'ouvrage de Shimon Pérès *Le temps de la paix* où «l'ennemi de l'intérieur», le fondamentalisme islamique, est dénoncé avec force comme le danger qui guette l'établissement de la démocratie et de la prospérité au Moyen-Orient, une fois la menace du totalitarisme soviétique disparue. «Mais que faire, écrit Shimon Pérès, face à un ennemi irrationnel, face à un ayatollah fanatique ou à un terroriste convaincu, qui tire sa force et son courage d'une vision d'apocalypse immédiate et qui est prêt à sacrifier le monde entier si on ne lui donne pas satisfaction? [...] Nous sommes donc amenés à la conclusion que l'ère moderne n'offre aucun moyen parfaitement sûr de défense nationale autre qu'un dispositif régional de grande envergure. En outre, la sécurité nationale dépend de cette sécurité régionale. Au bout du compte, il nous faudra une défense internationale car le mouvement fondamentaliste prend pour cible même les recoins les plus reculés de la terre. Seule une coalition politique régionale dotée de pouvoirs réels peut sauver le Moyen-Orient et ses nations du cocktail fatal que forment la puissance nucléaire et le fondamentalisme quand ils s'associent. Il nous reste beaucoup à faire, mais, compte tenu du caractère exceptionnel du danger, nous devons concentrer nos ressources intellectuelles et surmonter les obstacles irrationnels. Et nous devons commencer immédiatement[1].»

Ainsi, sous un vocabulaire moins cru, avec un langage châtié, Shimon Pérès n'a pas une vision fondamentalement différente de celle de Netanyahou. Il

---

1. *Le temps de la paix, op. cit.*, p. 112-113.

va même plus loin que lui, en faisant passer le fris-
son d'une possible mainmise du «fondamentalisme»
sur l'arme nucléaire qui mettrait en danger la paix
du monde. Là où Netanyahou voit la main de l'O.L.P.,
du Hamas et du Hezbollah, Pérès, plus pudique,
reste dans le vague, parle de «fondamentalisme» et
d'«obstacles irrationnels». L'atmosphère des événements spectaculaires futurs, déclenchés par les
attentats du 11 septembre 2001, et la guerre au terrorisme que mèneront les États-Unis dix ans plus
tard, est déjà présente dans cet ouvrage du dirigeant
travailliste, qui annonce les thèses de Samuel Huntington sur la guerre des civilisations.

En fait, à la différence du Parti travailliste, la
droite israélienne reconnaît la catastrophe historique que constitue pour les Arabes la perte de la
Palestine et éprouve donc le besoin d'achever rapidement et sans faux-semblants ou beaux discours sa
conquête de la Palestine qu'elle veut asseoir de façon
irrévocable. D'où le slogan connu de «la paix contre
la paix» et non «la paix contre les territoires». La
droite nationaliste est aussi bien forte de son bon
droit historique et biblique à refaire un grand
royaume hébreu qui soit un véritable État des juifs
associé à la communauté des nations civilisées que
de sa capacité militaire à dominer les populations
arabes qu'elle occupe ou dont elle est voisine. Le
sionisme traditionnel se veut plus «réaliste», plus
«roublard», plus soucieux de ménager l'opinion
occidentale et donc moins enclin à laisser jouer
ouvertement la pulsion messianique, tout en étant
aussi ferme sur le fond et dans l'action militaire —
les gouvernements travaillistes ont d'ailleurs toujours eu la détente aussi facile que les gouvernements du Likoud. La colonisation de la Cisjordanie,
qu'il ont menée tambour battant entre 1967 et 1977,
s'est faite sous le slogan des impératifs de sécurité
que les médias occidentaux ont seuls voulu rete-
nir, ignorant les déclarations des responsables tra-

vaillistes sur les «droits historiques» de nature biblique. «Le Parti travailliste de David Ben Gourion et Golda Meir avait été un parti militant, écrit Moshé Arens, membre influent du Likoud; à gauche en ce qui concerne ses politiques économiques et sociales, mais pas trop différent du Likoud pour ce qui est de la politique étrangère et de celle de la défense[1].» Le Likoud, qui pour la première fois accède au pouvoir en 1977, ne fera que continuer l'œuvre des gouvernements travaillistes précédents, mais en invoquant le droit imprescriptible des juifs sur la Terre promise et en mobilisant la pulsion messianique sans complexe, celle dont se méfient tant les travaillistes qui ont voulu tenter l'impossible, construire sur la judéité un État non religieux.

De retour au pouvoir, en mai 1999, le Parti travailliste, sous la direction d'Ehud Barak, n'aura pas une politique très différente de celle du Likoud. Comme on le verra, les négociations de dernière minute menées à Camp David aux États-Unis au cours de l'été 2000, sous l'égide du président Clinton, tout comme celles menées à Taba en Égypte à la veille des élections isréliennes en cette même année, auront un objectif de nature essentiellement électorale pour le gouvernement israélien, à savoir mettre la pression sur l'Autorité palestinienne et lui imputer la responsabilité de l'échec patent — et tout à fait prévisible — des accords d'Oslo[2]. Le résultat des élections israéliennes, en tout état de cause, ramène au pouvoir, au printemps 2001, le Likoud sous la direction d'Ariel Sharon dont le programme est exclusivement celui de la répression de l'intifida sans aucune ouverture politique avant que les Pales-

---

1. Moshé Arens, *Broken Covenant, op. cit.*, p. 15-16.
2. Sur ces négociations, on pourra se reporter au récit du correspondant de France 2 à Jérusalem, Charles Enderlin, *Le rêve brisé. Histoire de l'échec du processus de paix au Proche-Orient, 1995-2002*, Fayard, Paris, 2006, ainsi qu'au témoignage de Robert Malley, cité *infra*, p. 960, note 1.

tiniens des territoires occupés ou autonomes aient
cessé tout acte hostile vis-à-vis d'Israël. Le Parti travailliste s'associera sans état d'âme au gouvernement
de coalition que forme le nouveau Premier ministre,
Shimon Pérès devenant ministre des Affaires étrangères et entérinant, de fait, la répression brutale de
l'intifida par l'armée israélienne qui ne respecte
plus les zones autonomes palestiniennes et y pénètre
en toute liberté. La bataille contre le camp de réfugiés de Jénin, en juin 2002, sera l'objet d'une controverse internationale virulente, le gouvernement
israélien refusant le principe même d'une commission d'enquête sur des horreurs qui auraient été
commises dans le camp par les soldats israéliens.
Peu de temps après, c'est le long siège par l'armée
israélienne de l'église de la Nativité à Bethléem où
des résistants palestiniens ont trouvé refuge. Les
images de ce siège sont éprouvantes pour les adeptes
des trois religions monothéistes

LE JUDAÏSME : RELIGION NATIONALE ?

Cela nous ramène à d'autres problématiques
encore plus complexes, celles de la nature du
judaïsme et des communautés juives. Les Juifs, par-
delà leur insertion très profonde dans les terreaux
culturels des sociétés où ils vivent, comme en France
ou aux États-Unis, sont-ils un « peuple » au sens ethnique du terme et donc une « nation » au sens européen et moderne du terme ? Le judaïsme, première
religion monothéiste, serait-il seul bloqué sur un
groupe ethnique sans avoir de vocation universelle ? « Peuple juif ou problème juif ? », s'était déjà
interrogé en 1981 l'éminent orientaliste marxiste,

Maxime Rodinson[1]. La perception des Juifs comme un groupe ethnique, un «peuple», est-elle due à un caractère invariant inné depuis l'Antiquité ou bien le nationalisme moderne israélien n'est-il qu'une réaction à l'antisémitisme européen qui, dans son délire raciste, avait fait des Juifs une «race» inférieure et malfaisante? Questions lancinantes auxquelles aucune réponse simple ne peut être apportée dans un monde où les confusions de vocabulaire produites par la modernité politique sont grandes, en particulier dès qu'on touche aux religions, mais aussi aux nébuleuses conceptuelles que sont l'ethnie, la nation ou la communauté. La religion forge-t-elle un caractère national, comme l'invoquent aujourd'hui, à leur tour, les mouvements islamistes pour ce qui est des pays à dominante musulmane, a-t-elle vocation à être plus forte que les enracinements des populations dans des terreaux culturels totalement différents et donc à former entre leurs adhérents des relations privilégiées, supra-étatiques? Sur des dynamiques historiques totalement différentes, c'est ce qu'invoquent les propagateurs des «renaissances» tant juive que musulmane.

Pour le judaïsme, cette aspiration s'articule sur le problème du racisme et de l'antisémitisme, de la permanence et l'inéluctabilité de ces idéologies qui ont pu en Occident engendrer les comportements ayant mené à l'Holocauste. En dépit de tous les travaux qui ont maintenant montré sans contestation possible la planification de l'extermination par la bureaucratie nazie, en dépit de l'horreur qu'inspire l'antisémitisme dans la grande majorité de l'opinion occidentale, un des historiens les plus réputés de l'histoire de l'antisémitisme, Léon Poliakov, avoue avoir perdu ses espoirs et ses illusions quant à une disparition possible du racisme et de l'antisémi-

---

1. Titre d'un ouvrage paru aux Éditions Maspero (nouvelle édition: La Découverte, Paris, 1996).

tisme sous l'effet du progrès de la science et de la connaissance. «La seule chose qui aujourd'hui me paraisse certaine, confie-t-il au journal *Le Monde*, en ce qui concerne l'antisémitisme et le racisme, en Russie comme ailleurs, c'est que tout cela va continuer. Nous ne savons pas exactement sous quelle forme, nous ne sommes pas en mesure de dire précisément avec quelle intensité. Mais nous pouvons être convaincus que cela ne va pas cesser. [...] Il y a des hauts et des bas, des rémissions et des flambées de violence, des phases de stagnation, des évolutions plus ou moins profondes, [...] mais il n'y a pas de disparition prévisible du racisme[1].» Une telle attitude n'implique-t-elle pas, cependant, un renoncement définitif à la philosophie des Lumières, à l'absolu de l'espérance démocratique (qui n'a d'ailleurs pas empêché non plus les horreurs du colonialisme européen, le génocide des Indiens en Amérique, la persistance de la traite des Noirs et de l'esclavage[2])? C'est la philosophie des Lumières elle-même qui, dans le désenchantement actuel du monde, est d'ailleurs mise en cause, y compris comme source tronquée du renouveau juif et de regain d'antisémitisme. C'est ainsi qu'à l'occasion d'un colloque judéo-chrétien tenu à Lille, en 1989, il a été estimé par certains participants que l'émancipation des juifs par la Révolution française les avait coupés de leurs liens communautaires et donc, suivant le compte rendu du colloque, «qu'elle a favorisé les réactions de rejet, aiguisé l'antisémitisme et préparé l'extermination[3]».

1. *Le Monde*, 15 mars 1994, p. 2.
2. Sur ce dernier point, voir le bel ouvrage de Louis Sala-Molins, *Les misères des Lumières. Sous la raison, l'outrage*, Robert Laffont, Paris, 1992.
3. D'après *Le Monde* du 12 juillet 1989, «La Révolution a reconnu le citoyen juif, pas le peuple», compte rendu d'Henri Tincq qui ajoute, de façon apparemment contradictoire, sur l'apport de la Révolution pour les juifs: «S'il n'est venu à l'esprit à l'esprit d'aucun des participants de ce colloque de se plaindre d'un tel progrès, le constat a

En réalité, la puissante et complexe dynamique israélienne qui soutient le renouveau du judaïsme et son affirmation sur un pied d'égalité avec les deux autres grands monothéismes universels, le christianisme et l'islam, est une composante essentielle de la phase actuelle de la dynamique de la civilisation occidentale. Elle brasse, en effet, tout en les cristallisant et les transformant, ses mythes fondateurs, sa mission civilisatrice, ses tourments, ses passions, y compris celle du bien public et des valeurs républicaines et laïques, mais aussi son racisme et son antisémitisme et les crimes qu'ils ont engendrés, son ethnocentrisme et son amour profond des émotions ambiguës que le sionisme lui inspire, sa phobie de l'islam ou son islamophilie instrumentale. C'est ce brassage qui débouche sur le désenchantement actuel par rapport à la laïcité, laquelle serait responsable de la perte de spiritualité et peut-être, aux yeux de certains, pas totalement innocente des totalitarismes marxistes ou fascistes.

Nous touchons ici au cœur du débat. Si la philosophie des Lumières qui a enfanté la modernité politique et ses valeur démocratiques et laïques est

être largement fait, pour aujourd'hui, d'une désertification spirituelle et d'une sécularisation qui trouveraient leurs racines dans les Lumières et la radicalisation antireligieuse de la Révolution.» Sur l'impact de la philosophie des Lumières sur l'identité juive, voir le recueil d'articles de Hannah Arendt, *La tradition cachée*, 10/18, Paris, 1987. Avec la sûreté qui la caractérise, elle affirme, à propos de la signification de la création d'Israël pour l'identité juive: «Cette perte du monde que le peuple juif a subie dans la dispersion et qui, comme chez tous les peuples parias, a engendré une chaleur très particulière parmi tous ses membres, c'est tout cela qui a été modifié au moment de la fondation de l'État d'Israël. [...] L'humanité juive spécifique, sous le signe de la perte du monde, était quelque chose de très beau. [...] C'était très beau que de pouvoir se-tenir-en-dehors-de-toute-liaison-sociale, de même que cette absence totale de préjugé dont je fis l'expérience de façon intense, précisément auprès de ma mère qui la pratiquait également vis-à-vis de la société juive. C'est tout cela qui a naturellement subi des préjudices extrêmement graves. On paie pour la libération» (p. 247-248).

aujourd'hui une phase dépassée de l'histoire universelle dans la perception de la culture occidentale, il ne faut pas alors s'étonner que resurgissent les problèmes identitaires sous leurs formes les plus aiguës et les plus «fascinantes», qu'il s'agisse du réveil «judéo-chrétien» et de ses variantes identitaires ou fondamentalistes ou du «réveil de l'islam» et du «choc des civilisations» annoncé par Samuel Huntington. Évoquant les phénomènes de «rétraction identitaire» en lesquels il voit un «revers» de la mondialisation et les commentaires publics qu'ils suscitent, Jean-François Bayart affirme dans un ouvrage récent: «L'étonnant n'est pas que de telles inepties soient proférées avec un aplomb d'arracheur de dents, mais qu'elles occupent une place croissante dans le débat public, au point de finir par l'organiser[1].»

Mais, à ces problèmes nouveaux, nous n'avons encore aucune réponse meilleure que celle du bon vieux «droit des gens» des juristes et philosophes qui ont précédé la philosophie des Lumières et l'ont annoncée, et ont posé les fondements d'un langage universel pour contenir les conflits[2]. Si les retours identitaires dans leurs différentes expressions continuent d'être aussi prisés, voire encouragés par les médias et par le déclin des valeurs de la laïcité, c'est

---

1. Jean-François Bayart, *L'illusion identitaire*, Fayard, Paris, 1996, p. 11, qui dénonce avec raison le relativisme des valeurs qui accompagne la montée des «songes» identitaires et la croyance dans la permanence figée de cultures exprimant de façon essentialiste l'«âme» des peuples.
2. On verra sur ce point le remarquable ouvrage de John Rawls, professeur émérite à l'université de Harvard, *Le droit des gens*, Éditions Esprit, Paris, 1996, qui comprend aussi un avant-propos fourni de Bertrand Guillarme et un commentaire de Stanley Hoffmann, spécialiste américain connu des relations internationales. Les trois auteurs s'efforcent de démontrer la possibilité d'un droit des gens malgré l'existence de conceptions culturelles différentes du monde. On verra aussi, dans le même sens, pour ce qui est de la possibilité d'établir des valeurs universelles, Sylvie Mesure et Alain Renaut, *La guerre des dieux. Essai sur la querelle des valeurs*, Grasset, Paris, 1996.

effectivement la porte ouverte aux résurgences de toutes les formes de racisme, de xénophobie et de croyance dans la supériorité des uns par rapport aux autres.

C'est ce qui amène Jean-Marie Domenach, ancien résistant, catholique, héritier du personnalisme d'Emmanuel Mounier, ancien directeur d'*Esprit*, à déclarer à propos des tensions survenues entre la hiérarchie religieuse catholique, et plus particulièrement polonaise, et les diverses instances du judaïsme à propos de l'affaire du carmel d'Auschwitz : « Je refuse qu'il y ait un peuple à part qui revendique aujourd'hui le monopole de la douleur. Je vois là une conséquence de l'effondrement des valeurs progressistes. Chaque groupe tend à se replier sur son identité. On est loin de l'affaire Dreyfus [1]. »

Edgar Morin, philosophe laïc et penseur original du pluralisme culturel, lui fait écho lorsqu'il écrit à la même période : « Mais, surtout, je suis de ceux qui ne peuvent accepter que la singularité unique du destin juif nourrisse une fermeture particulariste par rapport aux autres expériences atroces, aux autres dénis de justice, aux autres horreurs de l'Histoire. La conscience d'Auschwitz ne me fait pas penser que cette horreur transcende l'Histoire. Il a fallu le traité de Versailles de 1918 et la crise économique de 1929 pour créer les conditions favorables au déferlement de l'antisémitisme nazi en Allemagne [2]. » S'interrogeant sur la signification du mot « juif », Edgar Morin écrit en conclusion de sa réflexion : « Il y a désormais une *bipolarité dans* le champ recouvert par le mot juif. À un pôle, ce mot

---

1. *Le Figaro*, 12 septembre 1989, p. 10.
2. Edgar Morin *« Juif : adjectif ou substantif ? »*, *Le Monde*, 11 et 12 octobre 1989, article reproduit dans *Panoramiques*, nᵒ 7, 4ᵉ trimestre 1992, numéro sous le thème « Juifs laïcs ; du religieux vers le culturel », p. 137-143 ; voir aussi la réflexion acerbe et sans complaisance de Maurice Rajsfus, *Identité à la carte. Le judaïsme français en question*, Arcantère, Paris, 1989.

est le substantif qui définit leur être par leur appartenance au peuple et à la religion de la Bible, et par
leur relation ombilicale avec l'État-nation d'Israël.
À l'autre pôle, le mot est un adjectif pour définir une
des qualités, un des traits de l'identité. Entre les
deux pôles, il y a toute une gamme de positions
intermédiaires. C'est pour cela que la notion de juif
est devenue confuse, équivoque, complexe, parfois
contradictoire[1].» De façon significative, pour cette
personnalité laïque férue de pluralisme, cette atmosphère identitaire pesante lui fait dire avec désenchantement, à propos des juifs qui ne s'identifient à
aucun des deux pôles du judaïsme qu'il a définis :
«Ils sont assimilés, mais ils sont aussi d'ailleurs.
[...] Ils peuvent vivre comme une vacuité le fait
qu'ils sont dans une faille entre juifs et gentils[2].»

Cette prise de position vaudra à l'éminent sociologue français des déboires avec la justice française,
lorsqu'il publiera, le 4 juin 2002, une libre opinion
parue dans le journal *Le Monde*, intitulée «Israël-
Palestine : le cancer» et cosignée par Danielle Salle-
nave et Sami Naïr[3]. Edgar Morin reprend le rôle

1. *Ibid.*, p. 143. Morin écrit aussi, à propos de la politique israélienne et des problèmes qu'elle pose à la conscience juive : «Ceux
que leur particularité juive avait amenés à se sentir solidaires de
tous les persécutés se voient aujourd'hui tragiquement confrontés à
un Israël nationaliste, dominateur, arrogant, répressif, qui sera irrémédiablement entraîné dans une dérive fatale pour ses voisins et
lui-même si des interventions internes et externes ne se conjuguent
pas pour arrêter ce processus.»
2. *Ibid.*, p. 143.
3. Il sera condamné pour «diffamation raciale» le 27 mai 2005 par
la cour d'appel de Versailles. On lira avec le plus grand intérêt l'entretien qu'il a réalisé à ce sujet avec la journaliste italienne Silvia Cat-
tori, le 17 juin 2005 (entretien en copyleft, <silviacattori@yahoo.it>).
La Cour de cassation devait, cependant, annuler le jugement de la
cour d'appel le 12 juillet 2006. On lira aussi avec profit son dernier
ouvrage, *Le monde moderne et la question juive*, Seuil, Paris, 2006,
écrit suite au procès qui lui a été fait et où il dénonce en avant-propos «la fureur d'égarés» et une «mentalité dérégulée» (p. 8). Le
procès avait été intenté par l'avocat Gilles-William Goldnadel au
nom de l'association France et Israël et d'Avocats sans frontières,
association qu'il dirige.

d'autorité critique morale qu'a joué dans le passé l'éminente philosophe allemande, Hannah Arendt, elle aussi de confession juive, qui sera en butte à de virulentes attaques pour ses prises de position à la suite du fameux procès d'Eichmann, l'ancien bourreau et gérant des camps de la mort. Ce procès qui se tient à Jérusalem, en 1961, après son enlèvement en Argentine par les services secrets israéliens, sera critiqué sévèrement par la célèbre philosophe pour la façon dont il se déroule ; elle fera ressortir aussi dans sa critique la complaisance, voire la collaboration de certaines personnalités juives, appartenant parfois au mouvement sioniste, avec le régime nazi, sujet tabou par excellence. Elle fut alors soumise à des attaques d'une rare violence et des accusations d'antisémitisme, en dépit de tout son prestige et de son attachement à l'existence de l'État d'Israël[1].

On ne peut d'ailleurs terminer ce paysage rapide des sensibilités juives diverses, sans évoquer la position du judaïsme antisioniste. Très longtemps marginalisé par le succès du mouvement sioniste et de la dynamique de l'État israélien, ce judaïsme récuse la création de l'État d'Israël comme contraire aux enseignements de la Torah. Il s'incarne dans des groupes rabbiniques dits «ultra-orthodoxes» par leur respect rigoureux des pratiques et interdits religieux. Nous l'avons déjà rapidement évoqué au chapitre 12 (p. 528, note 1). Récemment, Yacov Rabkin, un professeur canadien à l'université de Québec, a réussi à publier une histoire exhaustive de ce mouvement, fort utile pour mieux comprendre la tradition d'antisionisme d'inspiration juive, dans une perspective de judaïsme théologique, ce que beau-

---

1. Voir le regroupement des différents articles que la philosophe a écrits sur le sujet dans Hannah Arendt, *Eichmann à Jérusalem : rapport sur la banalité du mal*, Gallimard, Paris, 1966 ; et surtout dans le passionnant échange de correspondance sur ce sujet avec son ami Karl Jaspers, le grand philosophe allemand, dans l'ouvrage *La philosophie n'est pas tout a fait innocente*, déjà cité ci-dessus.

coup considèrent comme une aberration face au succès de la modernité israélienne, consacrant une sécularisation de cette religion[1]. Dans une interview au quotidien israélien de langue anglaise *Jerusalem Post*, l'auteur de cet ouvrage, à qui est posée la question d'une exploitation antisémite de son livre, n'hésite pas à répondre : « C'est tout le contraire qui semble arriver... ». Il explique que pour les lecteurs non juifs qui lui ont écrit son livre est perçu par l'un comme « un hymne au judaïsme » et par un autre comme « ayant amélioré son opinion sur le judaïsme », cependant qu'un cardinal belge a considéré que l'ouvrage contribue « à retirer les ressorts de la violence antijuive en Europe ». Pour lui, cette opposition au sionisme au nom de la Torah « continuera de subsister aussi longtemps que l'entreprise sioniste elle-même ». Et d'ajouter que « l'État d'Israël a effectivement remplacé la Torah en tant que fondement de l'identité juive, à la fois en Israël et ailleurs. La transformation de cette communauté qui a été rassemblée pendant des millénaires autour de l'adhésion à la Torah en une nation ethnique définie par un État est la cause de cette opposition juive au sionisme qui ne démord pas[2] ».

Comment ne pas mentionner aussi les réactions qui se sont manifestées récemment à une instrumentalisation des douleurs de l'Holocauste pour cautionner la politique de l'État israélien vis-à-vis des Palestiniens ? C'est ce que fera courageusement un universitaire américain dans un ouvrage controversé[3], mais aussi une universitaire israélienne dans

1. Yakov Rabkin, *Au nom de la Torah. Une histoire de l'opposition juive au sionisme*, Presses de l'université Laval, Québec, 2004.
2. Voir le texte complet de l'interview dans l'édition en ligne du *Jérusalem Post* du 5 décembre 2006.
3. Norman Finkelstein, *L'industrie de l'Holocauste. Réflexions sur l'exploitation de la souffrance des juifs*, La Fabrique, Paris, 2001, ouvrage qui suscita des polémiques virulentes. En réalité, la célébration de la mémoire de l'Holocauste, depuis la création de la commission nommée à cet effet par le président Carter aux États-

une réflexion philosophique et politique profonde sur le rapport de l'État d'Israël à l'Holocauste[1]. Mais on peut encore citer d'autres ouvrages, sous la plume d'auteurs assumant leur judéité, qui questionnent le sens de l'existence israélienne dans le cadre des évolutions récentes et des impasses de l'État et de la société israéliens[2]. Ces ouvrages renouvellent les interrogations qui s'étaient fait jour dans les années cinquante et soixante et que nous avons mentionnées au chapitre 12 ci-dessus.

C'est bien dans cette crise de valeurs dans la phi-

Unis en 1979 et que nous avons évoquée au début de ce chapitre, est devenue, suivant l'expression du sociologue allemand Ulrich Beck, une «américanisation» de cette mémoire qui, de ce fait, donne à cet événement «une valeur d'une portée mondiale». Il s'agirait aussi, selon lui, d'une «cosmopolitisation» qui, dans le cadre de la globalisation, permet d'intenter des actions en justice au nom des droits de l'homme, ce qui peut dissuader de perpétrer d'autres génocides, mais ce qui implique aussi «un désancrage de la souveraineté politique», suivant l'expression du même auteur (voir Ulrich Beck, *Pouvoir et contre-pouvoir à l'heure de la mondialisation*, Flammarion, Paris, 2002, p. 97). Hélas, la réalité est bien différente, les génocides, déplacements forcés de population et autres crimes commis contre l'humanité n'ont guère diminué depuis cette américanisation-cosmopolitisation de l'Holocauste, d'où peut-être le refus de certains de cette instrumentalisation politique d'un événement si spécifique et exceptionnel dans l'histoire mouvementée et cruelle de l'Europe et du judaïsme européen. Voir aussi, à ce sujet, Georges Corm, *La question religieuse au XXIe siècle. Géopolitique et crise de la postmodernité*, La Découverte, Paris, 2006.

1. Idith Zertal, *La nation et la mort. La Shoah dans le discours et la politique d'Israël*, La Découverte, Paris, 2004, qui analyse le comportement d'Israël comme une dérive vers une forme d'«hystérie collective» et une «dérive inquiétante par rapport à la réalité» quand, en juin 1967, il se perçoit comme faisant face à «un danger imminent de destruction massive» (p. 162). L'ouvrage mentionne de nombreuses autres «dérives» dans les arguments de la propagande israélienne. Sur ce même plan, se reporter à l'ouvrage de Sylvain Cypel, cité ci-dessous, note 2.

2. On verra en particulier Sylvain Cypel, *Les emmurés. La société israélienne dans l'impasse*, La Découverte, Paris, 2005, qui dénonce aussi «les menteurs en série ou la fabrication de l'image utile de l'ennemi» (titre du chapitre 10), ainsi que «la "brutalisation" de la société israélienne» (titre du chapitre 13), mais aussi «la pied-noirisation rampante» (titre du chapitre 11) ou encore «la faillite morale» (titre du chapitre 14).

losophie politique occidentale que s'inscrit la dynamique complexe israélienne. Celle-ci est tout autant animée par le drame juif, qui a culminé sous la barbarie nazie et ses innombrables complicités, que par la réaction à ce drame qui n'a pas suscité — et cela est plus que compréhensible — le « sens de la tolérance et de la douceur[1] ». Cette dynamique, sans aucun doute possible, a autant contribué à l'évolution des conceptions nouvelles de la modernité politique occidentale qu'elle a été alimentée par elle. En effet, c'est à cette modernité qu'elle s'est exclusivement nourrie, comme l'ont si bien montré les deux ouvrages d'Alain Dieckhoff et Zeev Sternhell, cités abondamment dans ce chapitre ; mais c'est elle aussi qui a contribué incontestablement au développement du « retour du religieux », de la réactivation du messianisme et des grandes interrogations identitaires, individuelles ou collectives. L'ethnicisation des religions, la confusion des vocabulaires entre nation, religion, civilisation, concepts qui deviendront interchangeables dans les vocabulaires de la fin du xxe siècle et du début du xxie siècle : tout cela annonce la grande confusion qui sera jetée par la notion de guerre de civilisation sur les relations entre l'Orient et l'Occident, l'islam et le monde occidental qui se définit désormais comme judéo-chrétien[2].

Dans l'ouvrage de Sergio Quinzio cité au début de ce chapitre, l'auteur revient sur l'itinéraire

1. « En 1943, écrit un historien britannique de l'État d'Israël, les juifs d'Europe avaient souffert au-delà de tout. Le règne d'Hitler n'avait pas suscité [chez les victimes] la douceur, l'amour et le sens de la tolérance (la terreur produit rarement cet effet) — il leur avait fait pousser des dents de dragons. Parmi ceux qui en réchappèrent, une génération allait grandir à l'exemple d'Abraham Stern, guidée par la haine et la soif de revanche » (Chrystopher Sykes, *Crossroads to Israel*, Indiana University Press, 1973, cité par Marius Schattner, *Histoire de la droite israélienne, op. cit.*, p. 215).

2. On verra à ce sujet nos deux derniers ouvrages, Georges Corm, *Orient-Occident. La fracture imaginaire*, La Découverte, Paris, 2002, et *La question religieuse au xxie siècle..., op. cit.*

emblématique du peuple juif dans l'histoire de l'humanité. «Qui est le Juif, seul le sait le persécuteur. Pour le reste, il est devenu impossible de le savoir. Toute définition ne peut être au mieux qu'une convention provisoire. Le Juif n'est pas nécessairement celui qui est de "religion israélite" ou "mosaïque", quand sont légions les Juifs athées ou agnostiques et quand, admettant même qu'on puisse parler de religion israélite, il n'existe aucun critère dogmatique pour décider de l'appartenance à un credo déterminé [...] Qui donc est juif? Qui est désormais le Juif, ce Juif nomade et exilé depuis toujours qui incarne dans le monde contemporain la consommation de toute identité, d'autant plus qu'elle a été persécutée avec un durable acharnement[1]?»

L'itinéraire emblématique du judaïsme, tel qu'il est vécu dans la conscience occidentale depuis le milieu du XXe siècle, peut-il échapper à la sacralisation? Izio Rosenmann répond à cette question en explicitant la situation actuellement vécue: «Paradoxalement, dit-il, au moment même où le peuple juif est engagé dans un long processus de sécularisation, et où les juifs, dans leur grande majorité, ont cessé d'être religieux et de vivre en communautés séparées, on constate une double sacralisation: — Une sacralisation de la Shoah, comme si le destin juif ne pouvait s'identifier qu'au martyre du peuple juif. La force du lien social est alors décuplée, à la mesure du trauma individuel et collectif: autre manière de lier l'individu à la collectivité, et de rendre présent le passé en chacun de nous. — Une sacralisation du lien à l'État d'Israël et de l'État d'Israël lui-même, qui sert, lui aussi, d'appui identificateur dans le judaïsme moderne[2].» Nous touchons ici au fonctionnement

1. Sergio Quinzio, *Racines hébraïques du monde moderne, op. cit.*, p. 61-62 et 63.
2. Izio Rosenmann, «Culture et filiation, désacraliser le judaïsme», *Panoramiques, op. cit.*, p. 136. Dans une autre contribution à ce même numéro de la revue, cet auteur écrit: «La religion juive a été

des idéologies identitaires produites et exportées par l'Occident, qui viennent supplanter, dans la phase actuelle, l'hégémonie des valeurs de type républicain et démocratique qui ont longtemps caractérisé la culture occidentale. La barbarie nazie, la mise à nu des malheurs vécus sous les différents types de socialismes, l'extraordinaire expansion dans le monde de la culture américaine avec son soubassement biblique, font reculer l'optimisme des valeurs laïques de la philosophie des Lumières. Dans ce périple, l'itinéraire des communautés juives en Europe et aux États-Unis est bien emblématique des convulsions de la modernité depuis la fin du XXe siècle.

C'est cet itinéraire qui provoque dans la culture occidentale le déclin du mythe des racines gréco-romaines pour faire place à la notion de «judéo-christianisme», jusque-là réservé aux premières décennies de l'histoire du christianisme, lorsqu'il était encore difficile de séparer la doctrine naissante des disciples du Christ des différentes doctrines juives. En revenant à un ancrage de type sacré dans la perception de ses origines, accompagné d'un ressourcement identitaire dans le religieux, la culture occidentale de cette fin de siècle opère un basculement majeur dont l'impact atteint tous les aspects de la vie moderne et des relations entre les peuples, du moins ceux qui appartiennent

---

à travers les siècles porteuse de l'identité et de la mémoire juives. C'est sans doute cette tradition millénaire, riche d'expériences éthiques, qui nous inspire encore aujourd'hui, nous juifs, laïcs ou non, comme elle inspire d'ailleurs une partie du monde occidental» (p. 14). L'auteur, physicien et chercheur au C.N.R.S., est cosecrétaire général de l'Association pour un judaïsme humaniste et laïc; il a coordonné la confection de ce numéro de la revue, qui comprend de nombreux articles éclairants sur toute la question de l'identité juive et son évolution; voir aussi Hannah Arendt, *La tradition cachée, op. cit.*, ainsi que Claude Mosse, *Lettre d'un juif à un Israélien*, Bartillat, Paris, 1997, qui affirme la prééminence des valeurs républicaines et de la philosophie des Lumières sur «toutes les dictatures, y compris celle de la religion» (p. 65).

à l'aire géographique des trois religions monothéistes[1]. C'est au Proche-Orient que les effets de ce
basculement se font sentir de façon toujours plus
accentuée.

Il n'est pas indifférent de noter, avant de conclure
ce chapitre, que l'islam est par beaucoup d'aspects
plus proche du monothéisme juif que du christianisme. La résurgence d'une affirmation bruyante
d'identité religieuse dans tous les domaines, qui
affecte de nombreuses communautés musulmanes,
s'appuie sur la blessure de la déchéance coloniale
encore très récente dans les mémoires et que les
événements politiques des dernières décennies, cou-
ronnés par la guerre du Golfe, ne font que raviver.

---

1. Il est intéressant, en conclusion de ce chapitre, de citer le
témoignage du regretté Youakim Moubarak, prêtre et théologien
libanais de renom en France et au Liban, pour ses travaux sur les
relations islamo-chrétiennes dans une perspective «abrahimique»,
cher à l'orientaliste français bien connu, Louis Massignon, dont il a
été le disciple et le commentateur inspiré : «Ceux qui sont ici savent
que je conteste fondamentalement la théologie de l'histoire du
Salut. J'ai passé trente ans de ma vie pour, je dirai, la rendre acceptable. En disant que cette histoire de Salut dite judéo-chrétienne
n'était pas exclusive ni excluante et qu'au moins elle devait s'élargir
à l'islam. Pendant trente ans, donc, on a fait de l'abrahamisme ; je
dois déclarer, sans brûler ce que j'ai adoré, que je trouve ce schéma
tout à fait ambigu.»
«Le schéma de l'histoire du Salut, même étendu à l'islam, est
inopérant pour les raisons suivantes. D'abord sur le plan pratique :
je constate que ce schéma n'a fait que nourrir des conflits sans nom.
Depuis le début et jusqu'au jour d'aujourd'hui, et que donc cela
mérite réflexion, ce n'est pas une histoire de théologie, mais une histoire de combat fratricide, et d'injustice grave. Je dis en pesant bien
mes mots : c'est cette conception de l'histoire du Salut qui a ali-
menté tous ces conflits. C'est l'histoire du Salut qui est à l'origine du
colonialisme. J'ai une histoire, tu n'en as pas, je vais t'introduire
dedans. Voilà la théologie de l'histoire du Salut. J'ai la vérité, tu ne
l'as pas ; tu es dans l'erreur. Je vais te mettre dedans.», dans *Chrétiens du monde arabe*, *op. cit.*, p. 124 ; voir de Youakim Moubarak,
*Recherches sur la pensée chrétienne et l'islam dans les temps
modernes et à l'époque contemporaine*, Publications de l'université
libanaise, Beyrouth, 1977. Sur la pensée de cet auteur, on pourra se
reporter à *Youakim Moubarac, un homme d'exception*. Textes choisis
et présentés par Georges Corm, Librairie Orientale, Beyrouth, 2004,
ainsi qu'à *Yoakim Moubarac*, ouvrage collectif dirigé par Jean Stassinet, L'Âge d'Homme, Lausanne, 2005.

L'impotence de la plupart des États qui se définissent dans leurs fondements comme «musulmans» à intégrer la modernité économique et militaire ne fait que renforcer la tendance à la polarisation sur une identité religieuse, porteuse d'espérance messianique ; cette impotence est liée, à notre sens, à l'absence de légitimité politique des régimes et de consensus social interne.

Cela est vrai en particulier pour les Arabes, protagonistes malgré eux et victimes de la dynamique israélienne. En effet, s'ils ont pu dès le milieu du XIXᵉ siècle comprendre la dynamique de la Révolution française, puis la force des idées nationales européennes dans leur désir d'émancipation et de libération de l'ordre impérial ottoman, les derniers avatars de la modernité leur sont restés étrangers. Ils n'ont pas été partie prenante de la dynamique dramatique des rapports judéo-chrétiens conflictuels en Occident et des inventions politiques qu'ils ont suscitées, qu'il s'agisse de la tentative d'extermination nazie ou des efforts engagés depuis le siècle dernier pour penser et construire un État des Juifs souverain dans l'ordre international. Autant la modernité du XIXᵉ siècle pouvait leur apporter des éléments pertinents dans la réflexion sur leur propre situation, en comparaison avec celle de l'Europe démocratique, et des idées d'émancipation nationale, autant les couleurs changeantes de la modernité de ce dernier demi-siècle les ont rendus étrangers au nouvel ordre du monde.

L'involution dans différentes formes d'islam, quiétistes ou militantes, mais hostiles à la modernité politique démocratique, est alors apparue comme l'unique issue de secours existentielle. À la différence des Turcs, héritiers de plus de cinq siècles de traditions militaires efficaces et qui ont réussi à jeter hors de Turquie les armées alliées à l'issue de la Première Guerre mondiale puis à devenir des alliés militaires respectés de l'Occident à travers leur adhésion à l'O.T.A.N., les Arabes se sont trouvés face au double phénomène sioniste et colonial sans capacité de cohésion et d'action militaire efficace. Après les indépendances, l'entassement d'armements livrés par l'Union soviétique n'a pas su pallier les déficiences logistiques, la désorganisation et le manque de conviction et de légitimité des pouvoirs en place, plus préoccupés de leur survie que de la réponse collective arabe à donner au défi posé par l'émergence du phénomène israélien.

Israël a pu ainsi sans difficulté se hausser au niveau de puissance régionale incontestée, partenaire de la première puissance militaire mondiale, dans une relation identitaire très complexe à l'évolution de la conscience occidentale.

Dans l'euphorie de la guerre du Golfe, soucieuse de paix et de globalisation économique, la sensibilité occidentale n'a pas ressenti le peu de tact et de réalisme de ses revendications à l'encontre des Arabes, sommés d'entrer en amitié avec les Israéliens, d'oublier leurs traumatismes et de se mettre «en affaires» avec eux avant même le retour des Territoires occupés ou la baisse d'agressivité militaire et intellectuelle des États-Unis et d'Israël, plus que jamais liés l'un à l'autre dans leur conquête du Proche-Orient arabe. L'opinion européenne et certains gouvernements arabes ont largement partagé ces espoirs naïfs, qui supposeraient pour pouvoir se réaliser que les Arabes aient partagé la même histoire que les juifs et chrétiens d'Occident et aient donc la même perméabilité culturelle aux fondements de la dynamique israélienne et à ses conceptions de sécurité ou sa pratique du droit de représailles. En précipitant un mouvement vers la paix, sans en poser les fondements politiques et juridiques de façon claire, mais en pensant que la coopération économique et l'ouverture des marchés seraient la main invisible, la douce fée, apaisant un contentieux toujours brûlant, les États-Unis, s'appuyant sur la vision quelque peu simpliste du nouveau Moyen-Orient de Shimon Pérès, ont fait dangereusement monter les tensions dans les opinions arabes, comme à l'intérieur d'Israël.

Il est certes facile d'accuser les extrémistes des deux camps de vouloir saboter la paix, mais il serait vraisemblablement plus utile pour l'avenir de s'interroger sur la qualité de la paix que l'on veut bâtir et sur le sérieux des «modérés» à qui elle est confiée. Il faut, en priorité, s'interroger sur l'apaisement à apporter à la dynamique israélienne et son exubérance, mais aussi sur les plaies brûlantes du monde arabe qui ne cesse de digérer les couleuvres de la faiblesse congénitale de son accession tronquée à la modernité politique, y compris dans la caricature de capitalisme qui y sévit aujourd'hui. L'approche médiatique et grand-guignolesque des événements considérables qui se sont déroulés au Proche-Orient au cours des dernières années n'est guère de nature à aider à cette prise de conscience.

Cette approche médiatique de la paix connaît de nouveaux échecs dans l'application des accords d'Oslo après la victoire des travaillistes aux élections de mai 1999 et l'arrivée d'Ehud Barak à la tête du gouvernement israélien. C'est ainsi que l'échec des sommets entre Américains, Israéliens et Palestiniens à Camp David aux États-Unis (juillet 2000), puis à Charm el-Cheikh en Égypte (octobre 2000), enfin celui de Taba entre Israéliens et Palestiniens (janvier 2001), confirment l'impossible entente. La visite provocatrice d'Ariel Sharon sur l'esplanade de la grande mosquée de Jérusalem (septembre 2000) a d'ailleurs relancé un soulèvement palestinien généralisé contre l'occupation israélienne. Des élections israéliennes anticipées ont lieu au début de l'année 2001 : elles ramènent au pouvoir le Likoud dirigé par Ariel Sharon qui forme un gouvernement de coalition avec les travaillistes dont Shimon Pérès est ministre des Affaires étrangères. Ce gouvernement dénonce unilatéralement les accords d'Oslo et se lance dans une féroce répression armée de cette seconde intifada.

Cette dernière a aussi été stimulée par les résultats de la résistance victorieuse du Hezbollah à l'occupation israélienne au sud du Liban. La ténacité des combattants et leur action continue dans le harcèlement des troupes d'occupation ont eu raison de la puissante machine de guerre israélienne. En avril 2000, en effet, l'armée israélienne s'est retirée, sans conditions ni arrangements de sécurité, du sud du Liban après vingt-deux ans d'occupation ininterrompue. Les Palestiniens peuvent voir ainsi que seule la résistance armée continue peut mettre fin à l'occupation. Mais la répression israélienne en Cisjordanie et à Gaza aboutit à l'écrasement des infrastructures de l'Autorité palestinienne, ainsi qu'à des souffrances insupportables de la population ; les attentats-suicides que pratiquent certains mouvements palestiniens, en représailles à la répression, font aussi des victimes civiles dans la population israélienne et suscitent de nombreuses indignations. La crainte est grande que l'armée israélienne n'ait, en fait, commencé à mettre en œuvre un plan systématique de déracinement, puis d'expulsion de la population palestinienne vers la Jordanie ou l'Irak[1].

---

1. Ce que démontre de façon froide et lucide l'ouvrage très minutieusement documenté de Tanya Reinhart, *Détruire la Palestine, ou comment terminer la guerre de 1948*, La Fabrique éditions, Paris, 2001 ; l'auteur est professeur de linguistique aux universités d'Utrecht et de Tel-Aviv. L'ouvrage rend compte aussi de la fable des «concessions» qu'aurait accordées Ehud Barak à Yasser Arafat au sommet de Camp David, fable dénoncée par l'un des négociateurs américains présent aux négociations, Robert Malley, qui a d'ailleurs publié plusieurs articles sur le sujet dans la grande presse internationale (voir, entre autres : «Fictions About the Failure at Camp David», *The New York Times*, 8 juillet 2001, ainsi que «Camp David : The Tragedy of Errors», *The New York Review of Books*, volume 48, n° 13, 9 aôut 2001, puis dans la même revue, dans le volume 49, les numéros 10, 11, 13 et 14 au cours de l'été 2002 où se développe une polémique entre Malley qui écrit de concert avec Hussein Agha, universitaire palestinien, d'un côté, et les défenseurs de la position israélienne, Benny Morris, historien israélien de renom qui signe

RÉPRESSION ISRAÉLIENNE ET ATTENTATS-SUICIDES : EST-IL PERMIS DE CRITIQUER ISRAËL ?

Tous ces développements sur le plan israélo-palestinien confirment la dynamique israélienne, qu'elle soit dirigée par le Parti travailliste ou par les partis religieux, Likoud en tête, qui ne parvient pas à freiner son dynamisme colonisateur et conquérant, ce qui est un obstacle majeur à une intégration pacifique de l'État d'Israël au Proche-Orient. La victoire électorale de George Bush aux États-Unis en novembre 2000 va confirmer aussi le triomphe définitif et total dans l'élite politique américaine des partisans de l'État d'Israël et de sa politique d'expansion. Comme nous le verrons plus en détail au prochain chapitre, ce triomphe peut être attribué à l'idéologie de la nouvelle droite religieuse américaine à laquelle appartient le nouveau président américain.

De ce fait, la «question juive» va rebondir une nouvelle fois, du fait de la brutalité des actions commises par l'armée israélienne, mais aussi en raison de la multiplication des attentats-suicides commis par des Palestiniens, y compris des femmes, ce qui va entraîner de nombreuses polémiques, notamment en Europe. La France, en particulier, sera accusée de connaître une résurgence d'antisémitisme, du fait de la condamnation de la brutalité de l'armée isrélienne par de nombreux intellectuels ou de l'attitude passive du gouvernement qui ne voudrait pas déplaire à l'importante communauté musulmane que l'État français s'efforce d'institutionnaliser et

---

avec Ehud Barak et puis Dennis Ross, ancien haut fonctionnaire très pro-israélien du Département d'État américain, de l'autre côté.

de contrôler. On expliquera que l'augmentation du nombre d'actes antisémites en France est due à cette attitude laxiste. Une virulente polémique se développe où de nombreux intellectuels juifs affirment que toute critique de l'État d'Israël dans sa lutte «légitime» contre «l'horreur» du terrorisme palestinien est équivalente à une forme d'antisémitisme, cependant qu'ils considèrent que l'action des commandos-suicides palestiniens qui font de nombreuses victimes civiles innocentes dans la population israélienne témoigne d'une barbarie inqualifiable qu'il est impératif de condamner sans réserve et sans nuances, au même titre que le terrorisme islamique qui a frappé New York le 11 septembre 2001. À nouveau, la passion extrême domine les débats, car personne ne pense à condamner les attentats-suicides des insurgés tchétchènes non moins meurtriers contre des civils russes innocents à Moscou ou ailleurs sur le territoire russe que ceux des Palestiniens contre les civils israéliens; quelques observateurs feront remarquer que les rebelles tamouls au Sri-Lanka utilisent la même technique depuis le début de leur insurrection contre les civils cinghalais.

En fait, à partir des attentats du 11 septembre qui déclenchent la guerre totale au terrorisme islamique, les États-Unis et Israël mettent la résistance palestinienne sous toutes ses formes, de même que l'action du Hezbollah toujours présent au sud du Liban après l'évacuation de l'armée israélienne, dans le même sac que l'organisation «djihadiste» de Ben Laden qui a frappé les orgueilleuses tours du World Trade Center à New York. Une campagne majeure est déclenchée contre l'Autorité palestinienne et son chef, pourtant porté aux nues depuis 1993, date des accords d'Oslo, ainsi que contre toute sorte de résistance armée à l'occupation israélienne qui perdure depuis 1967. Les attentats permettent une relance spectaculaire d'une politique du tout sécuritaire au Moyen-Orient, dont les dirigeants israéliens ont été les chantres, comme nous l'avons montré, y compris Shimon Pérès. Toute compréhension envers le désespoir des Palestiniens serait ainsi une concession au terrorisme et un affaiblissement du camp des «démocraties» dans leur lutte légitime contre les forces de la barbarie. Au cœur de cette lutte, l'État d'Israël qui ne saurait être abandonné aux démons de cette barbarie. C'est pourquoi le président américain n'a pas hésité à qualifier Ariel Sharon d'homme de paix, puisque ce dernier lutte avec toute la vigueur nécessaire contre le terrorisme et participe ainsi, de façon essentielle, à la préservation de l'Occident et de ses valeurs.

C'est dans cette atmosphère qu'un dirigeant du Parti socialiste, intellectuel respecté, est pris pour cible de nombreuses attaques pour avoir dénoncé la «communautarisation» du judaïsme français au profit de l'État d'Israël et des pratiques militaires du gouvernement Sharon[1]. La presse américaine tire, elle aussi, à boulets rouges sur la France, présentant ce pays comme retombé dans ses vieux démons antisémites. Est-il possible de se taire sur les attentats-suicides des Palestiniens? La question devient brûlante et fait l'objet de violentes polémiques, y compris en Allemagne. Si l'Holocauste exige une vigilance permanente en matière d'antisémitisme, peut-on pour autant se taire sur le sort des Palestiniens, condamnés à l'enfer depuis des décennies, sur la continuation de la colonisation des territoires

---

1. On verra, à ce sujet, l'ouvrage de Pascal Boniface, *Est-il permis de critiquer Israël?*, Robert Laffont, Paris, 2003, qui rend compte de la crise que son attitude a provoquée et des attaques très virulentes dont il a été l'objet. L'ouvrage contient en annexe la note présentée par l'auteur aux dirigeants du Parti socialiste et qui a soulevé la tempête. On peut aussi très utilement se référer à Denis Sieffert, *Israël-Palestine. Une passion française*, La Découverte, Paris, 2004, qui dresse un tableau très exhaustif et utile des attitudes françaises diverses sur le conflit israélo-palestinien, mais aussi à l'ouvrage de Samir Kassir et Farouk Mardam Bey, *Itinéraire de Paris à Jérusalem...*, cité précédemment dans ce chapitre.

occupés, puis plus récemment sur la construction d'un énorme mur qui va véritablement emprisonner la population palestinienne dans de minuscules «bantoustans» et donc les pousser à préférer l'exil à cette existence misérable qui est devenue la leur, en particulier depuis l'année 2000 ? Des sondages d'opinion effectués en Europe en 2003, sur demande de l'Union européenne, montrent qu'une partie importante des Européens considèrent que l'État d'Israël constitue une menace pour la paix, ce qui va provoquer de nouvelles tempêtes entre les organisations de représentation des judaïsmes européens et la Commission européenne.

En juin-juillet 2004, un nouveau pas est franchi dans l'escalade des problèmes. Un article paru dans le grand quotidien israélien *Maariv*, le 13 juin, annonce une opération d'envergure du gouvernement israélien, portant le nom de code «Sarcelles d'abord», qui évoque le nom d'une banlieue chaude française, pour faire émigrer 30 000 juifs français, ce qui jette l'émoi en France, y compris dans les institutions représentatives du judaïsme français qui condamnent cette action de l'Agence juive, organisme chargé d'encourager l'émigration vers Israël. Un mois plus tard environ, le 18 juillet, le général Sharon, dans une déclaration spectaculaire faite devant un groupe de juifs américains en visite en Israël, dénonce la recrudescence en France de l'antisémitisme qu'il qualifie de «déchaîné» du fait de l'importance de la communauté musulmane en France; il appelle, en conséquence, les juifs français à émigrer «immédiatement» vers Israël. Cette déclaration, jugée inacceptable par le ministre des Affaires étrangères de la France, soulève aussi un tollé de protestations en France où nombreux sont ceux qui accusent le général de «jeter de l'huile sur le feu[1]».

1. On verra, sur l'opération «Sarcelles d'abord» et ses répercussions en France, *Le Monde* du 17 juin 2004 et, sur les déclarations du

Plus que jamais, la dynamique israélienne et certaines formes de la renaissance du judaïsme restent au cœur de la géopolitique du Proche-Orient, mais aussi des rapports toujours traumatisants, notamment en Europe, entre juifs et non-juifs. L'invasion de l'Irak par l'armée américaine et britannique en 2003, mais aussi l'affaire du voile islamique en France qui prend une ampleur inattendue, au cours de cette même année, viennent encore plus compliquer la perception des enjeux de la stabilité du monde, désormais liée à des affrontements identitaires qui prennent un caractère de plus en plus dur.

Tous ces développements sur le plan israélo-palestinien confirment la dynamique israélienne, qu'elle soit dirigée par le Parti travailliste ou par les partis religieux, Likoud en tête, qui ne parvient pas à freiner son dynamisme colonisateur et conquérant, ce qui est un obstacle majeur à une intégration pacifique de l'État d'Israël au Proche-Orient. La victoire électorale de George Bush aux États-Unis en novembre 2000 va confirmer aussi le triomphe définitif et total dans l'élite politique américaine des partisans de l'État d'Israël et de sa politique d'expansion. Ce triomphe peut être attribué à l'idéologie de la nouvelle droite religieuse américaine à laquelle appartient le nouveau président américain. Ce dernier, en dépit de toutes les atrocités commises dans les territoires palestiniens par l'armée israélienne, n'hésitera pas, le 18 avril 2002, à qualifier Ariel Sha-

---

général Sharon, *Le Monde* du 20 juillet 2004. Il est surprenant cependant de constater qu'un éminent juriste comme Robert Badinter, ancien ministre de la Justice, tout en condamnant fermement les propos d'Ariel Sharon, qu'il estime « outrageants pour la République », qualifie les Français de confession israélite de « juifs de France », ce qui en quelque sorte équivaut à admettre implicitement une « déterritorialisation » collective de cette catégorie de citoyens et joue dans la logique de l'idéologie sioniste (voir son interview au quotidien *Le Monde* du 23 juillet 2004).

ron d'«homme de la paix», ainsi que nous l'avons déjà noté au chapitre précédent.

Toutefois, la critique de l'État d'Israël et de sa politique vis-à-vis des Palestiniens, mais aussi du Liban, va rebondir en 2006. C'est d'abord l'influence exorbitante qu'exerceraient cet État et les lobbies américains qui œuvrent en sa faveur qui est dénoncée par deux professeurs d'universités prestigieuses aux États-Unis (Harvard et Chocago)[1]. Ces deux auteurs, exprimant un sentiment partagé par beaucoup d'opposants à la politique américaine au Moyen-Orient, en particulier l'invasion et l'occupation de l'Irak depuis 2003, considèrent que la responsabilité en incombe exclusivement au lobby «juif» ou «pro-israélien». Il en sera de même pour un autre universitaire américain très connu pour ses positions anti-impérialistes, James Petras, qui publie aussi en 2006 un ouvrage dénonçant avec force l'influence pernicieuse du lobby israélien aux États-Unis, lequel aurait entraîné à lui seul le gouvernement américain dans la guerre du Golfe en 1991, puis dans l'invasion et l'occupation de ce pays en 2003, ce qui est contraire aux intérêts nationaux des États-Unis[2]. Toutefois, cette approche qui peut alimenter effectivement l'ancien mythe antisémite de la toute-puissance juive à mener le monde, mythe qui a trouvé, autrefois, son expression la plus crue dans le libelle antisémite dit «Protocole des Sages de Sion», puis s'est perpétuée dans l'idéologie nazie, ne tient aucun compte du fait que, si ce lobby est aussi puissant aux États-Unis, ou même ailleurs en Europe, cela est principalement dû au fait qu'il opère dans un milieu politique et idéologique qui lui est très favorable, ainsi que nous l'avons souvent évoqué. Par

1. Voir John J. Mearsheimer et Stephen M. Walt, *Le lobby pro-israélien et la politique étrangère américaine*, La Découverte, Paris, 2007.
2. Voir James Petras, *The Power of Israel in the United States*, Clarity Press, 2006.

ailleurs, comme le montre très bien le grand linguiste américain d'origine juive Noam Chomsky, lui aussi anti-impérialiste et connu pour sa dénonciation du terrorisme d'État pratiqué par le gouvernement américain dans le tiers monde, c'est la politique de force, à caractère impérial, sinon impérialiste, de l'*establisment* conservateur américain qui dicte la politique du gouvernement américain, dans laquelle s'inscrit naturellement le soutien à l'État d'Israël[1].

En outre, à la fin de l'année 2006, l'ancien président américain Jimmy Carter publie un ouvrage condamnant sévèrement les pratiques israéliennes dans les territoires occupés qu'il assimile à celles d'un apartheid tout à fait inacceptable et rendant la paix impossible[2]. Son livre suscite immédiatement des critiques en provenance de ces mêmes lobbies[3]. Enfin, à l'occasion de la guerre que déclenche l'État d'Israël contre le Liban au cours de l'été 2006 (voir *infra* chapitre 26), certaines personnalités du monde occidental osent exprimer l'impensable : l'État d'Israël, par la pratique continue de la violence immodérée, n'est-il pas condamné, à terme, à disparaître puisqu'il ne parvient pas à vivre pacifiquement avec ses voisins[4] ?

1. Voir en particulier Noam Chomsky, *The Fateful Triangle...*, *op. cit.*, cité *supra* au début de ce chapitre ; voir aussi Georges Corm, «Avoiding the Obvious : Arab Perspectives on US Hegemony in the Middle East», *Middle East Report*, nº 208, automne 1998, qui dénonce la simplification du conflit israélo-arabe aux États-Unis ou dans les pays arabes par la thèse de la toute-puissance des lobbies juifs, ce qui exempte de toute responsabilité aussi bien le gouvernement américain que les gouvernements arabes qui ne s'opposent pas à la politique américaine au Proche-Orient.
2. Voir Jimmy Carter, *Palestine. Peace not Apartheid*, Simon & Schuster, New York, 2006.
3. Le site bien connu d'amazon.com qui vend des livres à partir de commandes des lecteurs sur le site fait figurer le livre avec un commentaire critique très défavorable, ce qui suscite une protestation organisée sous forme d'une liste de signataires qui font part de leur indignation à cette librairie en ligne.
4. C'est notamment ce que fait un grand romancier norvégien, Jostein Gaardner, auteur d'un best-seller publié en plusieurs langues

Au début de l'année 2007, le très conservateur *The Economist*, qui exprime très bien l'orthodoxie anglo-saxonne et néolibérale dans la vision du monde, s'interroge elle aussi sur le sens de l'existence d'Israël, sa signification pour les juifs dans le monde et la définition de la judéité[1]. «Aider Israël, au dire de la revue anglaise, ne devrait plus impliquer de le défendre sans restrictions. Israël est assez fort pour faire face aux paroles désagréables de ses amis. C'est pourquoi les institutions de la diaspora devraient, par exemple, se sentir libres de critiquer les hommes politiques israéliens qui prêchent le racisme et l'intolérance, tel Avigdor Lieberman, récemment nommé ministre[2].» L'hebdomadaire britannique, cependant, n'évoque pas les foudres auxquelles s'exposent ceux qui critiquent les pratiques de l'État d'Israël, en particulier les personnalités de religion juive, de la part de ceux qui s'érigent en défenseurs implacables de la politique israélienne.

Plus que jamais, la dynamique israélienne et certaines formes de la renaissance du judaïsme restent au cœur de la géopolitique du Proche-Orient, mais

---

et vendu à 35 millions d'exemplaires, *Le monde de Sophie*, dans un article virulent sous le titre «Le peuple élu de Dieu», paru dans le grand quotidien norvégien *Aftenposten*, le 5 août 2006, et qui s'attire les foudres du Centre Wiesenthal, lequel l'accuse d'être tombé dans le piège de l'antisémitisme et soulève une forte indignation ; on verra aussi l'article d'une ancienne analyste de la C.I.A., Kathleen Christison, qui annonce l'effondrement prochain du sionisme dans un article publié dans une lettre d'information bimensuelle, *CounterPunch*, en date du 12 septembre 2006 sous le titre «The Coming Collapse of Zionism» (voir le texte dans htpp://counterpunch.org/christison09122006.html).

1. Voir, dans *The Economist*, 13-19 janvier 2007, le long article consacré à l'état des juifs dans le monde et intitulé «Second Thoughts about the Promised Land» (p. 50-52), mais aussi, au début du même numéro de la revue, le court article intitulé «Israel and the Jews : Diaspora Blues» (p. 12 et 14) qui critique poliment les efforts israéliens permanents de mobilisation des juifs dans le monde pour défendre sa politique et qui dénonce la collusion entre les nouveaux évangélistes aux États-Unis et les sionistes religieux, laquelle aboutit aux surenchères pro-israéliennes.

2. *Ibid.*, p. 14.

aussi des rapports toujours traumatisants, notamment en Europe, entre juifs et non-juifs. Comme nous allons le voir, au cours du prochain chapitre, les événements du 11 septembre 2001, puis l'invasion de l'Irak par l'armée américaine et britannique en 2003, mais aussi l'affaire du voile islamique en France qui prend une ampleur inattendue, au cours de cette même année, viendront encore plus compliquer la perception des enjeux de la stabilité du monde, désormais liée à des affrontements identitaires qui prennent un caractère de plus en plus dur. Le Proche-Orient va être soumis à des secousses encore plus violentes que celles qu'il a connues jusqu'ici.

PARTIE V

DE L'INVASION DE L'IRAK
AUX RÉVOLUTIONS ARABES

2001-2011

23

Les attentats du 11 septembre 2001 et la nouvelle politique américaine au Proche-Orient

C'est dans ce contexte d'usure des régimes arabes et de dynamique complexe de la renaissance du judaïsme et du fonctionnement hors normes de l'État d'Israël que surviennent les attentats dramatiques et spectaculaires du 11 septembre 2001 aux États-Unis. Pourtant, lors de l'accession de George W. Bush en novembre 2000, nul ne se doute que cette élection, événement apparemment anodin et routinier, va transformer une nouvelle fois le visage de la région. Le nouveau président américain, à la différence de son père George Bush qui a mené la campagne de libération du Koweït, est considéré, en effet, comme s'intéressant peu aux problèmes du Moyen-Orient et guère désireux de s'impliquer dans ses différents conflits, en particulier le conflit israélo-arabe.

C'était toutefois compter sans la dynamique des événements qui secouent la région depuis un demi-siècle. Le monde arabe est plus que jamais cette région du monde où se manifeste un vide grave de puissance qui attire les interventions externes. Les attentats du 11 septembre 2001 aux États-Unis, attribués à la nébuleuse islamiste d'Al Quaëda, vont accélérer, en effet, les évolutions explosives en cours de gestation au Moyen-Orient. George W. Bush se transformera en président guerrier qui fera des attentats une exploitation démesurée, amenant au déploiement le plus spectaculaire de l'armée américaine depuis la

Seconde Guerre mondiale, et à l'invasion successive de l'Afghanistan puis de l'Irak.

Comme nous l'avons déjà vu au cours des chapitres précédents, le débat sur le terrorisme moyen-oriental, déjà très présent depuis le dérapage des accords d'Oslo et les attentats-suicides des Palestiniens dans des villes israéliennes [1], a aussi été relancé de façon retentissante par la multiplication de ces attentats. D'abord ceux commis par certains Palestiniens lors du nouveau soulèvement général de la population dans les Territoires occupés, déclenché par l'échec de la mise en application des accords d'Oslo, et la visite provocatrice d'Ariel Sharon sur l'esplanade de la grande mosquée de Jérusalem en septembre 2000, protestation particulièrement forte contre la permanence de l'occupation et la persécution quotidienne de la population palestinienne. Mais ensuite par les attentats terroristes spectaculaires, d'une tout autre nature, contre les deux tours du World Trade Center à New York et le bâtiment du Pentagone à Washington. La « guerre » contre le terrorisme va ainsi devenir le thème central exclusif de la politique étrangère des États-Unis. Tout au long de sa présidence, George Bush donnera au monde, par ses innombrables discours sur le terrorisme islamique, l'impression que la sécurité de la planète est en danger et que seuls les États-Unis sont en mesure de supprimer et d'éradiquer ce danger. Le sommet de cette rhétorique est atteint en octobre 2005 lors d'un discours prononcé à Washington à la National Endowment for Democracy [2].

---

1. Voir le chapitre 19 et le récit de la tenue du sommet antiterroriste de Charm el-Cheikh en Égypte en 1996.
2. Voir le texte de ce discours dans www.whitehouse.gov/news/releases/2005/10/print/20051006-3.html). Ce discours a fait l'objet de nombreux commentaires négatifs et sarcastiques dans la presse américaine (voir, dans le *International Herald Tribune* du 8-9 octobre 2005, l'éditorial intitulé « Doing the 9/11 Time Warp again » qui dénonce l'usage pervers que fait le président américain des attentats du 11 septembre 2001).

LA RHÉTORIQUE AMÉRICAINE
ANTITERRORISTE
ET LES PROJETS
DE «NOUVEAU MOYEN-ORIENT»

Dans ce discours fleuve, le président américain grandit encore plus qu'auparavant la menace présentée par l'intégrisme islamique violent qui chercherait à bâtir «un empire totalitaire» et à «asservir des nations entières et intimider le monde». Il compare aussi l'idéologie du militantisme islamique à l'idéologie communiste et la cruauté des islamistes à celle des initiateurs du goulag et de la Révolution culturelle chinoise. Il dénonce de nouveau la Syrie et l'Iran comme des États ayant une longue histoire de collaboration avec les terroristes et affirme que les États-Unis ne font pas de différence entre les terroristes et ceux qui les soutiennent et les abritent et sont donc des «ennemis de la civilisation». «Les militants (islamiques), ajoute-t-il, croient qu'en contrôlant un pays (l'Irak), les masses se rallieront derrière eux, leur permettant de renverser tous les gouvernements modérés dans la région et d'établir un empire islamique radical s'étendant de l'Espagne à l'Indonésie... Contre de tels ennemis, il n'y a qu'une seule réponse : nous ne reculerons jamais, nous ne céderons pas et n'accepterons jamais rien que la victoire complète.» C'est d'ailleurs cette vision qui sera endossée aussi par les Nations unies dont un rapport majeur[1] se refuse à faire la distinction entre le ter-

---

1. Il s'agit du rapport intitulé *In Larger Freedom. Towards Development, Security and Human Rights for All*, document A/59/2005 de l'Assemblée générale des Nations unies, 21 mars 2005, qui fait des propositions d'ensemble pour réformer l'O.N.U., en particulier par l'élargissement du nombre de membres du Conseil de sécurité pour qu'il soit plus représentatif. Ce rapport a été présenté et discuté

rorisme résultant de l'occupation de territoires et celui en provenance des groupements islamiques violents de type jihadiste et « takfiriste » qui sèment la terreur dans les pays musulmans eux-mêmes, comme à l'étranger.

Rappelons que cette guerre au terrorisme, avant que ne soit déclenchée l'invasion de l'Irak, va d'abord se concrétiser dans les opérations militaires contre l'Afghanistan dont le gouvernement a refusé de livrer aux États-Unis le chef de l'organisation terroriste, le désormais très célèbre Oussama Ben Laden ; elle aboutit à la chute du régime islamiste des Taliban, qui avait été soutenu par le Pakistan et l'Arabie Saoudite et que les États-Unis avaient d'abord accueilli avec faveur[1], et au déploiement de troupes américaines, appuyées par des contingents britanniques, français et turcs en Afghanistan, mais aussi dans les républiques musulmanes d'Asie centrale, voisines de l'Afghanistan.

Les Israéliens, de leur côté, déclenchent une chasse sans merci aux « terroristes » dans les territoires qu'ils occupent, avec l'assentiment du gouvernement américain qui appuie, sans aucune réserve, la politique du général Sharon, après la féroce attaque de l'armée israélienne sur le camp de réfugiés à Jénine en avril 2002, en Cisjordanie. Ce qui suscite dans le monde arabe une indignation généralisée et ne manque pas non plus de susciter des protestations en Europe où le Likoud et son chef n'ont guère bonne presse. En fait, la victoire électorale de George

---

dans toutes les capitales du monde, ce qui lui a assuré une très large publicité. Il a été soumis à un sommet mondial des chefs d'État qui s'est tenu à New York en septembre 2005 avant l'Assemblée générale annuelle ordinaire des Nations unies et a inspiré le document final de ce sommet qui « condamne fermement le terrorisme sous toutes ses formes et dans toutes ses manifestations, quels qu'en soient les auteurs, les lieux et les buts, car il constitue une des menaces les plus graves pour la paix et la sécurité internationales » (voir le document A/60/L.1 de l'Assemblée générale).

1. Voir *supra* chapitre 21.

Bush aux États-Unis en novembre 2000 a confirmé aussi le triomphe définitif dans l'élite politique américaine des partisans de l'État d'Israël et de sa politique d'expansion. Alors qu'autrefois le Parti républicain était considéré comme peu favorable à Israël, en raison de ses liens avec les pays arabes et pétroliers, ce triomphe, qui unit désormais républicains et démocrates dans l'appui inconditionnel à la politique israélienne, peut être attribué à l'idéologie de la nouvelle droite religieuse américaine à laquelle appartient le nouveau président américain[1]. En effet, pour elle, le retour des juifs en Palestine est un élément essentiel de mystique religieuse, car il serait une condition préalable au retour du Christ sur terre.

Tous ces événements donneront lieu à un regain d'excitation sur l'islam et à une nouvelle cuvée d'ouvrages monotones et répétitifs sur cette religion et les réseaux de la terreur auxquels elle est censée avoir donné naissance. De nombreux essayistes bien-pensants appellent le monde à rester solidaire de la puissance américaine dans son déploiement de force au Moyen-Orient et en Asie centrale et dans la nouvelle guerre menée contre l'Irak. Face à la stagnation, voire la régression du monde arabe, certains, en Orient comme en Occident, accueillent presque avec soulagement le coup de poing donné par l'invasion de l'Irak dans la fourmilière proche-orientale qui semble immobilisée, figée dans le temps, incapable de changer et de se mettre à l'heure de la globalisation et des valeurs démocratiques. La rapide et facile victoire américaine contre l'Irak amène pourtant les régimes de la région à un

---

1. Voir à ce sujet Anatol Lieven, *Le nouveau nationalisme américain*, J.-C. Lattès, Paris, 2004, ainsi que Richard E. Wentz, *American Religious Traditions. The Shaping of Religion in the United States*, Fortress Press, Minneapolis, 2003, ainsi que l'article de Stephen Zunes, «The Influence of the Christian Right on U.S. Middle East Policy», *Middle East Policy*, vol. 12, n° 2, été 2005.

point de rupture dangereux. En effet, sitôt Bagdad occupée sans difficulté majeure, le gouvernement américain ne manque pas de menacer ouvertement la Syrie et l'Iran du fait que ces deux pays continueraient de soutenir les mouvements terroristes, c'est-à-dire les mouvements palestiniens qui refusent de jeter les armes et continuent de mener la lutte armée contre Israël, y compris par les opérations de commandos-suicides, mais aussi le Hezbollah libanais qui continue d'être présent sur la frontière avec Israël où l'armée libanaise ne s'est pas déployée, conformément aux vœux américains et israéliens. Bientôt, la crise déclenchée avec l'Iran, à propos de son programme nucléaire, viendra donner une dimension additionnelle et encore plus dramatique à l'hostilité des États-Unis et, de façon plus générale, celle des pays occidentaux à ces deux mouvements de résistance. L'élection en juin 2005 du président Ahmadinejad, considéré comme un ultraconservateur peu enclin au compromis avec l'Occident, à la présidence de la république islamique, par 62 % des votants, en remplacement du réformateur Mohammed Khatimi dont le bilan est finalement assez maigre, apparaît de bien mauvais augure, d'autant qu'il se lance immédiatement dans diverses prises de position abruptes contre l'État d'Israël. Désormais, l'Iran va de nouveau apparaître comme une puissance hostile aux intérêts américains dans la région et qui sera accusée, en conséquence, d'y être un élément d'instabilité et de troubles, en particulier par son soutien aux mouvements qualifiés de « terroristes », comme le Hamas ou le Hezbollah.

Cependant, maîtres du Proche-Orient, les deux alliés américain et israélien pensent désormais pouvoir dicter leur loi à toute la région. Les régimes arabes sont appelés à devenir démocratiques et à partager les valeurs de l'Occident, y compris le fait que la sécurité d'Israël doit être la préoccupation principale de tous et que les manuels scolaires arabes devraient être débarrassés de toute référence hostile à Israël et au sionisme. C'est le 6 novembre 2003, en effet, que le président Bush annonce officiellement une initiative pour promouvoir la liberté et la démocratie au Moyen-Orient, pompeusement appelée « Greater Middle East »[1]. Cette initiative deviendra en juin 2004 « Broader Middle East and North Africa Initiative ». Elle doit établir un « Forum pour le futur » où les dirigeants du G8 et ceux de la région, ainsi que des représentants du monde des affaires et de la société civile, se réuniront pour discuter des réformes. Cette initiative est soumise à la réunion du G8 qui s'est tenue en juin 2004 à Sea Island aux États-Unis dans l'État de Géorgie où quelques chefs d'État du Moyen-Orient ont été invités[2]. Elle prévoit aussi une assistance pour la promotion d'institutions démocratiques dans la région, des prêts à la micro-entreprise, la formation de spécialistes de lutte contre l'analphabétisme, la formation des femmes pour gérer des entreprises et l'investissement de 100 millions de dollars pour financer les petites et moyennes entreprises. Tous les grands pays occidentaux, d'ailleurs, auront à cœur de lancer des initiatives de réforme dans le monde arabe, cependant que l'Égypte et le Yémen organiseront des conférences solennelles pour promouvoir la démocratie et la « gouvernance », terme à

1. Au préalable, le président Bush avait développé son idée de Grand Moyen-Orient remodelé, d'abord dans un premier discours à l'American Enterprise Institute, haut lieu des néoconservateurs américains, le 26 février 2003, puis dans un autre discours à l'université de Caroline du Sud, le 9 mai 2003.
2. Il s'agit de l'Algérie, de l'Afghanistan, du Yémen, de Bahrein, de la Jordanie et de la Turquie ; l'Égypte et l'Arabie Saoudite ayant préféré s'abstenir d'assister à ce sommet. Ce plan avait été présenté au préalable au forum de Davos, en janvier 2004, par le vice-président américain, Dick Cheney. Il sera discuté à nouveau au sommet de l'O.T.A.N., tenu à Istanbul en juin 2004.

980 Le Proche-Orient éclaté. 1956-2012

la mode, dans les pays arabes[1]. Même la Ligue
arabe, lors d'un sommet de chefs d'État tenu à
Tunis les 22 et 23 mai 2004, entonnera le chant de
la réforme et de la gouvernance[2].

Alors qu'autrefois on reprochait aux régimes
arabes de réprimer les mouvements islamiques
et d'ignorer de ce fait les principes des droits de
l'homme, il leur est désormais impérativement
demandé de supprimer ces mouvements, même lorsqu'ils constituent l'ossature de leur pouvoir, comme
en Arabie Saoudite ou même comme au Liban pour
le cas du Hezbollah, totalement intégré dans le jeu
parlementaire avec plus de six députés et qui a acquis

1. On signalera par exemple la tenue de la conférence de Sanaa
au Yémen d'où est issue une déclaration solennelle pour promouvoir la gouvernance et la société civile, le 10 janvier 2004, ainsi que
celle d'Alexandrie qui reprend les mêmes thèmes dans sa déclaration finale le 13 mars 2004. Le 7 février 2004, par ailleurs, le
ministre des Affaires étrangères d'Allemagne prononce un grand
discours axé sur le thème de la démocratie, de la gouvernance et de
la société civile dans le monde arabe ; le ministre britannique des
Affaires étrangères lui succède dans le même sens le 1er mars 2004.
2. Voir la «Déclaration du Sommet arabe de Tunis sur le processus de réforme et de modernisation dans le monde arabe»,
www.arabsummit.tn. Seuls treize des vingt-deux chefs d'État de la
Ligue assistent à ce sommet qui aurait dû normalement se tenir au
mois de mars, mais que le chef de l'État tunisien, président en exercice de la Ligue arabe, annulera abruptement après deux jours de
réunion des ministres des Affaires étrangères à Tunis pour préparer
le sommet, vraisemblablement par incapacité des ministres présents
à s'entendre sur le texte du communiqué à adopter par les chefs
d'État au sujet des besoins de réforme ; au cours du sommet, deux
chefs d'État quitteront la réunion avant sa fin. C'est dire combien la
question de la réforme dans le monde arabe était mobilisatrice des
régimes en place ! En fait, le sommet publiera deux autres documents, en sus de celui sur la «modernisation» des institutions et le
renforcement de la démocratie. Il s'agit d'une «déclaration» dite de
Tunis insistant sur le choix stratégique de la paix pour la résolution
du conflit israélo-arabe, l'appui à l'intégrité territoriale de l'Irak et
le respect de son indépendance, la lutte contre le terrorisme, mais
en appelant les Nations unies à distinguer entre la résistance légitime à l'occupation et le terrorisme ; en sus un engagement est pris
sous forme de déclaration pour réaffirmer le désir d'une paix com-
préhensive avec Israël, sur la base de l'initiative saoudienne lors du
sommet de Beyrouth en 2002 (normalisation complète des relations
avec Israël contre l'évacuation de tous les territoires occupés).

une respectabilité très forte du fait de la résistance victorieuse au sud du Liban qui a entraîné en mai 2000 le retrait sans conditions de l'armée israélienne. Il en sera de même, un peu plus tard, lorsque le mouvement Hamas en Palestine devient le parti majoritaire aux élections palestiniennes de janvier 2006. L'appel à la démocratie et à la réforme dans le monde arabe et toutes la gamme de pressions militaires et politiques exercées par les États-Unis, assistés de plusieurs alliés européens, ne donne décidément pas les résultats escomptés du point de vue occidental. En fait, il n'est pas sans rappeler le comportement des puissances coloniales européennes au XIXᵉ siècle qui réclamaient la réforme démocratique des institutions de l'Empire ottoman par l'institution de l'égalité entre musulmans et non-musulmans ou la protection des minorités ethniques et religieuses, en même temps qu'elles envahissaient et occupaient les provinces balkaniques et arabes de cet empire[1]. On sait que ces interventions européennes au caractère hybride et contradictoire, à la fois démocratique et colonial, se sont terminées dans les massacres, déplacements et échanges forcés de populations lors de la Première Guerre mondiale[2]. La conjoncture créée par le regain d'aspirations impériales américaines qui peut ouvertement se manifester à l'occasion des événements du 11 septembre ressemble étrangement à la période qui, au

---

1. Il s'agit de cette période appelée, dans les manuels sur la Question d'Orient, l'ère des *Tanzimat* (réforme) qui s'ouvre en 1839 par un premier grand décret réformateur du sultan ottoman qui est confirmé puis élargi en 1856 par un autre décret similaire, puis couronné par l'adoption de la Constitution ottomane en 1876 et l'élection d'un parlement éphémère, parce que vite dissous par le sultan ; il sera rétabli quelques mois seulement en 1908. Entre-temps, l'Empire se sera aussi doté d'un code de commerce moderne (1850), d'un code pénal (1858), d'un Conseil d'État, d'un code de la nationalité, etc. (voir, sur cette question, Georges Corm, *Histoire du pluralisme religieux dans le bassin méditerranée, op. cit.*).
2. Sur cette question, voir Georges Corm, *L'Europe et l'Orient..., op. cit.*

XIXe siècle, accompagne le démembrement final et l'écroulement de l'Empire ottoman qui donne naissance à l'éclatement des provinces arabes de l'empire en diverses entités politiques.

C'est en Palestine que vont se manifester les premiers effets des attentats du 11 septembre, puis en Irak, enfin en Syrie et au Liban, entraînant des dynamiques de désintégration ou de tensions très fortes dans les sociétés concernées. C'est ce que nous allons décrire ici successivement. Mais, auparavant, il est important d'évoquer la crise politique qui se développe durant quelques mois entre les deux alliés que sont les États-Unis et l'Arabie Saoudite et le regain d'attentats islamistes dans divers pays arabes, mais aussi en Indonésie ou en Turquie, pays musulmans majeurs.

LA BROUILLE MOMENTANÉE
ENTRE LES ÉTATS-UNIS
ET L'ARABIE SAOUDITE

Les attentats du 11 septembre 2001 ont en fait puissamment contribué à radicaliser l'atmosphère intellectuelle et les différentes visions qui affectent le regard sur tout ce qui touche au Proche-Orient. La première conséquence de ces attentats se manifestera dans le déchaînement des médias américains, après des années de silence complice, contre l'Arabie Saoudite[1]. Cette dernière est désormais

---

1. Mais le gouvernement américain prend soin, lui, le jour des attentats où toute la circulation aérienne est arrêtée aux États-Unis, de faciliter le départ d'un avion qui emporte des membres influents de la famille royale saoudienne séjournant alors sur le territoire américain (voir *infra* les références bibliographiques dans la note 1, p. 983).

accusée de nourrir le terrorisme islamique à travers le système religieux structuré par la doctrine wahhabite qui légitime la monarchie saoudienne pro-occidentale à travers un discours violemment anti-occidental. Les magnats saoudiens de la presse et des médias arabes continuent d'être les maîtres de la scène médiatique arabe. Lors de l'invasion de l'Irak par les États-Unis en 2003, les médias pan-arabes sous influence des monarchies des pays de la Péninsule arabique ne pourront que se faire l'écho des sentiments antioccidentaux de plus en plus virulents qui se répandent dans l'opinion arabe. Ainsi, les principales chaînes satellitaires arabes, dont la fameuse *Al Jazira*, sous le contrôle de l'émir de Qatar qui entretient des relations ostensibles avec l'État d'Israël, ne se privent pas de se faire l'écho des sentiments nationalistes qui s'expriment par des tirades enflammées aux forts relents d'islamisme. Les États-Unis protesteront plusieurs fois et demanderont au gouvernement saoudien de calmer l'ardeur des prêches dans les mosquées et de revoir les manuels d'éducation religieuse d'inspiration wahhabite.

L'Arabie Saoudite qui a si longtemps été considérée comme un facteur de stabilité et de modération pro-occidentale est perçue après le 11 septembre comme «un danger» pour le monde occidental[1].

1. Titre d'un ouvrage récent de Stéphane Marchand, *Arabie Saoudite : la menace*, Fayard, Paris, 2003. On verra aussi l'ouvrage d'un ancien agent de la C.I.A., Robert Baer, *Or noir et Maison-Blanche. Comment l'Amérique a vendu son âme pour le pétrole saoudien*, J.-C. Lattès, Paris, 2003, ainsi que Éric Laurent, *La guerre des Bush*, Plon, 2003, qui donne de nombreux détails sur les relations d'affaires entre la famille Bush et la famille royale saoudienne. Un autre ouvrage récent veut prendre le contre-pied des attaques que subit l'Arabie Saoudite, mais présente un portrait outrageusement favorable de la politique saoudienne et du wahhabisme, hors d'une connaissance précise des différents contextes géopolitiques du monde arabe et en ignorant le rôle historique d'appui à la ré-islamisation du monde arabe, la lutte contre les mouvements laïcs anti-impérialistes, sans parler de la nature totalitaire du régime ; il s'agit du livre de Pascal Menoret, *L'énigme saoudienne*, La Découverte, Paris, 2003.

Après des années de silence sur le régime saoudien, si éloigné des normes du respect des droits de l'homme et surtout de la femme, il devient de bon ton de le dénoncer et même parfois de dénoncer les liens occultes entre les mouvements jihadistes d'inspiration wahhabite et la C.I.A.[1]. Les dirigeants saoudiens multiplient les déclarations à l'intérieur du pays pour inviter les *oulémas* à baisser le ton, à prêcher les valeurs de la tolérance et à donner une autre image du royaume au monde extérieur. La multiplication des attentats terroristes sanglants en 2003 et 2004 à l'intérieur même du pays par le réseau Al Quaëda ne laisse désormais pas beaucoup de marge de manœuvre à la monarchie qui doit promettre aussi à l'élite occidentalisée du pays

1. Depuis les événements du 11 septembre 2001, la presse anglo-saxonne s'est penchée sur le phénomène de l'extension du wahhabisme avec l'appui des États-Unis. C'est ainsi qu'un article très documenté du *Washington Post* américain (en date du 19 août 2004) décrit comment le wahhabisme s'est transformé, d'une «forme d'islam puritain autrefois marginal avec très peu d'adhérents en dehors de la Péninsule Arabique, en la doctrine dominante dans le monde islamique». L'enquête menée par l'auteur de l'article a recensé la création par le royaume de 200 collèges islamiques, 210 centres islamiques, 1 500 mosquées et 2 000 écoles coraniques, ainsi que la distribution de 138 millions de copies du Coran; selon l'article, un représentant du Trésor américain a déclaré au Congrès que le royaume saoudien a dépensé plus de 75 milliards de dollars en vingt ans pour répandre la doctrine wahhabite dans le monde. Un autre article bien documenté du *Washington Post*, repris dans le *Guardian Weekly* anglais du 28 mars-3 avril 2002, fournit des informations inédites sur l'action passée du gouvernement américain, à travers l'Agence pour le développement international (organisme qui finance les programmes d'aide au développement à l'étranger), pour financer des manuels d'instruction religieuse islamique destinés aux jeunes Afghans qui incitent à combattre les infidèles athées communistes; ces ouvrages auraient contenu des images violentes et auraient continué d'être en usage sous le règne des Taliban et jusqu'à l'invasion américaine de l'Afghanistan après le 11/9. Certains constitutionnalistes américains ont estimé que ce financement violait les règles constitutionnelles américaines interdisant au gouvernement américain d'employer des fonds publics pour faire de la promotion religieuse; cependant que les travailleurs humanitaires en Afghanistan ont estimé que ces manuels imprimés, à plusieurs millions d'exemplaires, ont contribué à créer une génération pratiquant la violence.

comme à l'opposition d'inspiration islamique ou à la communauté chiite marginalisée des réformes dans la gestion politique du pays. Sous l'impulsion du prince héritier Abdallah, trois sessions de dialogue national, réunissant l'élite intellectuelle du pays de différentes tendances, se tiennent dans le royaume, ce qui constitue une nouveauté incontestable ; les résultats cependant se laissent attendre et quelques partisans trop empressés des réformes se retrouvent en prison[1].

En mai 2003, c'est au tour du Maroc d'être l'objet d'un attentat terroriste qui vise un centre communautaire juif et un restaurant appartenant à un Marocain de confession israélite dans la ville de Casablanca et qui fait quarante morts. Lors des attentats de Madrid du mois de mars 2004, c'est vers la piste d'islamistes marocains que s'oriente l'enquête. Ainsi les deux plus fidèles alliés des États-Unis dans les pays arabes et dont les monarques sont des protecteurs prestigieux de l'islam sont-ils atteints par le fléau des groupes islamistes.

Hors du monde arabe, au Pakistan, le grand allié de l'Arabie Saoudite et des États-Unis dans l'instrumentalisation de l'islam à des fins politiques, la situation n'est guère plus favorable. Le général Pervez Moucharraf qui a pris le pouvoir en 2001 ne parvient guère à mettre au pas la masse des islamistes formés dans les milliers de *madrassa* que l'Arabie Saoudite a financées avec la bénédiction américaine, ni même semble-t-il à dominer les redoutables services secrets pakistanais qui ont assuré la victoire des Taliban en Afghanistan et semblent toujours faire preuve d'indulgence pour les réseaux islamistes armés. De nombreux attentats visent la présence des

1. On verra à ce sujet la très bonne synthèse des efforts de réforme en Arabie Saoudite depuis le 11 septembre 2003 dans une étude de l'International Crisis Group — I.C.G. intitulée *Can Saudi Arabia Reform Itself ?*, I.C.G. Middle East Report n° 28, Le Caire/Bruxelles, 14 juillet 2004.

Occidentaux au Pakistan, dont un sur des Français, en sus de l'enlèvement puis de l'assassinat du journaliste américain Daniel Pearl, correspondant du *Wall Street Journal*, en janvier 2002. En fait, dans le monde musulman, les conséquences de la Guerre froide sont loin d'être épuisées du fait de la vigueur des mouvements d'islam radical et jihadiste, autrefois alliés de l'Occident dans la lutte contre le communisme et devenus désormais hostiles. En Indonésie, l'attentat sanglant contre une discothèque remplie de touristes étrangers endeuille l'île paisible de Bali en octobre 2002. En novembre 2003, c'est au tour de la Turquie de connaître deux attentats particulièrement sanglants à Istanbul. Tous ces actes de violence ne font que donner raison à tous ceux qui voient dans l'islam la source d'une grave déstabilisation du monde et la cause directe du terrorisme qui se réclame de lui.

Plus que jamais, comme nous l'avons déjà analysé dans les chapitres introductifs, le Proche-Orient arabe est considéré comme l'œil du cyclone, l'islam lui colle à la peau et il ne semble pas près de s'en défaire. La puissance des religieux chiites en Irak, qui pourra s'exprimer ouvertement après la chute du régime de Saddam Hussein et occupera largement le devant de la nouvelle scène politique locale, ne fait que confirmer la nouvelle progression du phénomène, mais aussi la victoire complète aux élections législatives de janvier 2006 en Palestine du Hamas, dernier mouvement à pratiquer presque systématiquement la lutte armée contre l'occupation israélienne. À ce tableau, il faut ajouter la popularité croissante dans le monde arabe et musulman du Hezbollah libanais après sa victoire sur l'occupation israélienne au Liban en 2000 qui ne fera que s'amplifier, comme nous le verrons ci-dessous, avec la résistance exceptionnelle qu'il opposera à la machine de guerre israélienne en 2006 et les pertes qu'il lui infligera.

Décidément, les nombreux spécialistes et experts qui avaient prédit depuis la fin de la Guerre froide la fin de l'islam politique sont plus que jamais démentis par les événements.

LES TOURMENTS PALESTINIENS INFINIS

L'effondrement des accords d'Oslo et la mise à l'index de Yasser Arafat

On se souviendra que Yasser Arafat et l'Autorité palestinienne avaient été portés aux nues quelques années auparavant dans le contexte de la signature des accords d'Oslo. Désormais, comme nous allons le voir, ils vont faire l'objet de pressions considérables de la part d'Israël et des États-Unis qui décrédibilisent le vieux chef historique. C'est ainsi que l'armée israélienne réoccupe, de décembre 2001 à avril 2002, la majeure partie de la Cisjordanie et encercle le quartier général de Yasser Arafat, tenant le chef de l'Autorité palestinienne en otage et menaçant de le déporter, voire de le tuer. Dans le même temps, le président Bush contribue largement à décrédibiliser le vieux chef palestinien et à mettre encore plus sous tutelle occidentale ce qui reste de l'Autorité palestinienne après les féroces attaques israéliennes sur les infrastructures de cet embryon de gouvernement. En avril 2002, dans un discours public, il accuse Yasser Arafat d'avoir échoué à arrêter les terroristes palestiniens et d'être le seul responsable de la situation dans laquelle il se trouve. Quelque temps plus tard, à l'occasion d'une rencontre à Madrid, il encourage la constitution d'un « quartette » comprenant les États-Unis, la Russie, l'Union européenne, les Nations unies pour aider à réaliser la paix dans le conflit israélo-arabe. Ce dernier se réunira de temps à autre, lorsque la situation de terrain devient trop explosive, mais sans aucun résultat tangible.

Le 24 juin 2002, dans un nouveau discours, le président Bush déstabilise encore plus l'Autorité palestinienne, en appelant à de nouvelles élections dans les Territoires occupés pour élire de nouveaux dirigeants qui ne soient pas «compromis avec le terrorisme». Enfin, comme on l'a déjà évoqué, c'est en avril 2003, juste après l'invasion de l'Irak, qu'un nouveau processus de paix est censé être lancé à l'initiative du président américain, pompeusement appelée cette fois-ci «feuille de route», vocabulaire nouveau qui remplace l'ancien, celui du processus de Madrid, définitivement défunt, mais sans que la réalité avance d'un pouce vers la paix. En réalité, l'initiative américaine de 2003 n'est pas sans rappeler la mise en place du fameux processus de Madrid après la première guerre du Golfe en 1991. Dans les deux cas, en effet, les États-Unis, pour faire oublier la violence militaire exercée par leur armée au Proche-Orient, se sentent obligés de montrer un souci minimum du destin palestinien. En vertu de ce nouveau plan, censé déboucher, tout comme les accords d'Oslo, sur la création d'un État palestinien, il est prévu de régler en deux phases tout le contentieux israélo-palestinien d'ici à 2005, soit en deux ans. Mais, comme pour les accords d'Oslo, les obligations de la partie palestinienne sont les plus nombreuses et les plus contraignantes, en particulier la suppression de tout mouvement armé contre l'occupation israélienne, cependant que celles d'Israël ne dépassent pas le platonique et traditionnel souhait de voir mettre un terme à l'extension des colonies de peuplement.

Dans le même temps, et alors que l'armée israélienne détruit une bonne partie des infrastructures palestiniennes, il est demandé à l'Autorité palestinienne de désarmer toutes les factions armées qui continuent de lutter contre Israël, pourtant plus que jamais puissance occupante des territoires palestiniens. L'Administration américaine n'hésitera pas à dire qu'elle ne veut plus traiter désormais avec Yasser Arafat qui demeure toujours enfermé dans son quartier général de Ramallah en Cisjordanie, même après que le siège rapproché de ses bureaux a été levé ; l'Union européenne, quant à elle, se refuse à cette extrémité et continue d'entretenir des contacts avec lui. En revanche, il est exigé que le vieux chef palestinien nomme un Premier ministre, prêt à mettre au pas les factions armées, ce qui sera finalement fait en mars 2003. Mahmoud Abbas, négociateur des accords d'Oslo, est finalement nommé à ce poste. En juin 2003, à un sommet tenu à Akaba en Jordanie et qui réunit le président américain, le roi de Jordanie, le Premier ministre israélien et le Premier ministre palestinien, ce dernier s'engage publiquement à désarmer les factions armées palestiniennes et affirme qu'«il n'y aura pas de solution militaire au conflit», d'autant que «les principes moraux et religieux des Palestiniens refusent la violence». Abbas jettera cependant bien vite l'éponge, ne parvenant pas à prendre le contrôle de ce qui reste de la bureaucratie et de la police de l'Autorité palestinienne. Il démissionne le 7 septembre 2003 ; lui succédera Ahmed Qoreï, un autre artisan de la «paix» ratée d'Oslo, qui saura mieux ménager le vieux chef palestinien, ainsi que l'appareil du Fath, principal mouvement palestinien historique, et dont il a besoin pour faire contrepoids à la popularité grandissante des factions armées qui brandissent le drapeau de l'islam. La situation sur le terrain n'en sera pas pour autant changée.

Bien au contraire, la politique israélienne d'assassinat des chefs militaires palestiniens redouble de vigueur ; même un chef civil prestigieux mais physiquement impotent, comme le fameux cheikh Yassin, guide spirituel du Hamas, est assassiné le 22 mars 2004. Quelques semaines plus tard, c'est au tour de Abdel Aziz Al-Rantissi, qui lui a succédé, d'être assassiné. Par ailleurs, l'armée israélienne continue de détruire en Cisjordanie et à Gaza des centaines de maisons et de saccager des terres agricoles palestiniennes, d'entrer dans les villes palestiniennes pour effectuer des fouilles violentes et y imposer des couvre-feux qui peuvent durer plusieurs jours ; lorsqu'elles se retirent, elles laissent derrière elles un paysage de désolation. Au cours du printemps et de l'été 2004, c'est à Gaza que sévit l'armée israélienne, sous le prétexte de démanteler les réseaux souterrains entre l'Égypte et la bande de Gaza qui permettent aux Palestiniens de recevoir des armes. Pourtant, quelques mois avant, en février 2004, le général Sharon a annoncé un plan de retrait de Gaza avec démantèlement de 17 colonies de peuplement, impliquant l'évacuation de 17 000 colons. Cette annonce lui vaut l'approbation des États-Unis et de l'Union européenne. Mais c'est dans son parti, le Likoud, qu'il n'obtient pas l'approbation. Les opérations menées au cours de l'été contre les villes palestiniennes de Gaza rendent d'abord assez peu crédibles ces velléités qui, de plus, se situent en dehors de la fameuse «feuille de route» américaine, que nous avons évoquée ci-dessus et qui n'a toujours pas reçu un début d'application à la fin de l'année 2006.

Entre-temps, en octobre-novembre 2003, une initiative privée israélo-palestinienne entre Yossi Beilin, ancien ministre des Affaires étrangères du gouvernement Barak, et Yasser Abed Rabbo, un ancien dirigeant palestinien, est pompeusement dénommée par la presse internationale «Pacte de Genève», nouveau plan de paix qui s'inspire des précédentes négociations menées à Camp David et à Taba en 2002. «Un vent de paix souffle sur le Proche-Orient», écrira même avec exagération le quotidien *Le Monde* au début du mois de novembre[1]. Le document des deux promoteurs du plan est, en effet, présenté par eux à Genève dans un déploiement médiatique formidable, sur invitation du gouvernement suisse, comme étant la solution idéale au conflit. Ce plan comporte une renonciation des Palestiniens au droit au retour, contre la reconnaissance par Israël de l'établissement d'un État palestinien sur les territoires que le gouvernement d'Ehud Barak était prêt à rendre, suivant les discussions officielles qui avaient eu lieu à Camp David en juin 2002. Les dirigeants de l'Union européenne, en particulier, saluent cette initiative qualifiée de pertinente et courageuse. Les États-Unis ne la commentent pas, cependant que le général Sharon la rejette vivement et critique les gouvernements européens qui la soutiennent. Mais les anciens dirigeants du parti travailliste ne sont pas en reste ; Shimon Pérès et Ehud Barak tirent à boulets rouges sur une initiative à laquelle ils n'ont pas été associés ou qu'ils n'ont pas patronnée. En fait, les réactions européennes sont démesurées dans l'enthousiasme, même si le camp pacifiste se réveille un peu en Israël à l'approche du dixième anniversaire de l'assassinat d'Itzhak Rabin. Les deux promoteurs ne représentent que leur propre personne et nul Palestinien individuellement, même s'il est un proche du président palestinien Yasser Arafat, ne peut décréter l'abandon du droit au retour inscrit dans les décisions des Nations unies sur la Palestine. Bien entendu, les rebondissements de l'actualité proche-orientale en Irak ou à Gaza et en Cisjordanie font vite oublier ce

1. *Le Monde*, édition Proche-Orient, n° 214, vendredi 7 novembre 2004. En fait, l'amplification médiatique de cette initiative est de la même veine que celle qui a été décrite à propos de l'échec du sommet de Camp David (voir *supra* p. 960, note 1) ; elle plane au-dessus des réalités et de la permanence dramatique de la violence sur le terrain ; surtout, elle fait silence sur la spectaculaire multiplication des colonies de peuplement en Cisjordanie ou l'extension des colonies existantes qui empêche de fait la constitution d'un État palestinien viable, à moins d'un démantèlement complet devenu pratiquement impossible.

moment artificiel d'optimisme créé par les médias qui a, en fait, détourné l'attention des souffrances en particulier de la construction d'un mur destiné à emprisonner collectivement la population palestinienne de Cisjordanie.

La construction du mur de séparation et « l'évacuation » de Gaza

Car le comble de la politique israélienne de persécution des Palestiniens, qui prend comme prétexte les attentats de commandos-suicides dans les villes israéliennes, se concrétise à partir de juin 2002 par la construction d'un mur à l'intérieur de la Cisjordanie destiné à isoler totalement les Palestiniens et donc à prévenir toute infiltration de commandos-suicides. Ce projet a été approuvé par le gouvernement Barak en novembre 2000. Le tracé du mur est tel qu'une fois terminé, il aura enlevé aux Palestiniens 50 % de la superficie de la Cisjordanie. Les villages palestiniens sont coupés les uns des autres ; le mur passe parfois à l'intérieur même des villages. D'une longueur de 730 km, son coût est estimé à 3,4 milliards de dollars. Il mesure huit mètres de haut, soit deux fois la hauteur du mur de Berlin. En juillet 2003, 145 km sont achevés ; il est prévu qu'à la fin de l'année 2004, 520 km seront terminés. La construction de ce mur crée pour la population palestinienne des conditions de vie encore plus difficiles. Comme à l'accoutumée, le gouvernement des États-Unis exprime sa compréhension quant à la construction de ce mur et n'hésite pas à déplorer un avis consultatif de la Cour internationale de justice, puis à voter contre une résolution de l'Assemblée générale des Nations unies du 20 juillet 2004 qui demande à l'État d'Israël, en se basant sur cet avis consultatif, de démanteler le mur[1].

1. Saisie par le secrétaire général des Nations unies suite à un vote de l'Assemblée générale du 8 décembre 2003 réclamant un avis

Mais l'attention est vite détournée de cette nouvelle action israélienne, totalement contraire au droit international, par la mise en œuvre effective du plan du général Sharon de désengagement de l'armée israélienne de l'enclave de Gaza et de démantèlement des colonies implantées dans ce territoire. Cela contribue immédiatement, non seulement à relâcher le peu de pression internationale qui s'exerce sur l'État d'Israël, mais à transformer Ariel Sharon en un «homme de paix» que l'on pourra désormais admirer, voire porter aux nues, puisqu'il évacue enfin un territoire occupé, prélude supposé à un règlement global tant attendu. C'est au cours de l'été 2005 que se réalise cette évacuation, sans coordination avec l'Autorité palestinienne. Durant des semaines, les médias du monde entier montreront le spectacle des colons israéliens évacués et des pleurs de leurs familles, d'ailleurs généreusement indemnisées sur le plan matériel par le gouvernement israélien. Ces images de l'évacuation ne font qu'augmenter la popularité d'Ariel Sharon, désormais qualifié d'homme historique de la paix, en faisant oublier la réalité de la colonisation de la Cisjordanie qui continue de plus belle, ainsi que tout son passé de militaire particulièrement violent dans les massacres de civils, comme celui de Sabra et Chatila au Liban en 1982[1].

---

consultatif, la Cour de justice internationale émet le 9 juillet 2004 un avis qui condamne sans aucune restriction la construction du mur comme contraire au droit international et à la Convention de Genève. Évidemment, le gouvernement des États-Unis et celui d'Israël affirment leur mépris de cet avis (toutes les informations utiles sur le mur peuvent être trouvées sur le site Internet du comité palestinien contre l'apartheid à l'adresse suivante : stopthewall.org). La Cour suprême israélienne, de son côté, saisie par des familles palestiniennes qui ont vu leurs propriétés saisies pour la construction du mur ou des écoles séparées du village par le mur, confirmera la légalité du mur, mais demandera aux autorités d'en modifier le tracé lorsque celui-ci cause trop de dommages à la population palestinienne.

1. Voir à ce sujet Tanya Reinhart, *L'héritage de Sharon. Détruire*

Mais ce dernier ne pourra goûter longtemps cette popularité ; le 4 janvier 2006, en pleine campagne électorale, comme on va le voir, une embolie cérébrale le plonge dans un coma profond. Quelque temps auparavant, en novembre 2005, il a dissous le Parlement israélien, car les ministres du Likoud ont démissionné du cabinet suite au refus de ce parti d'approuver le retrait de la bande de Gaza. Il n'a donc pu garder une majorité à l'Assemblée que grâce aux voix du Parti travailliste qui fait partie de la coalition gouvernementale. Toutefois, cette alliance est rompue en novembre du fait des élections survenues au sein du Parti travailliste qui entraînent l'accession à la présidence du parti d'un nouveau venu, Amir Peretz, dirigeant syndical élu sur une plate-forme plutôt pacifiste. Le vieux dirigeant Shimon Pérès qui a établi l'alliance avec Ariel Sharon est évincé. Peretz décide de retirer les ministres travaillistes du gouvernement. Du coup, le général Sharon se trouve dans l'obligation de dissoudre le Parlement et d'appeler à des élections anticipées. C'est ce qu'il fera le 17 novembre. Le 28 mars 2006, le parti Kadima qu'il a fondé lorsque les membres du Likoud sont entrés dans l'opposition à sa politique parvient à remporter les élections législatives israéliennes sous la conduite d'Ehud Olmert, le vice-Premier ministre. Le nouvel effet « Sharon » joue en sa faveur, aussi lui succède-t-il, sans difficulté, comme Premier ministre et il assume aussi la présidence du parti Kadima qu'Ariel Sharon avait fondé pour concurrencer le Likoud aux prochaines élections.

la Palestine (suite), La Fabrique éditions, Paris, 2006, qui est une suite à son précédent ouvrage cité ci-dessus au chapitre 22. Une excellente chronique des événements israéliens et palestiniens depuis les attentats de septembre 2001 nous est donnée par Charles Enderlin, *Les années perdues. Intifada et guerres au Proche-Orient, 2001-2006*, Fayard, Paris, 2006, chronique qui fait suite au précédent ouvrage de cet auteur, *Le rêve brisé*… déjà cité au chapitre 22.

Les élections palestiniennes de 2006 et la victoire du Hamas

Alors que l'image de Sharon est magnifiée dans l'opinion internationale, des mutations importantes surviennent dans la vie politique palestinienne. L'homme qu'il a toujours pourchassé de sa vindicte et qu'il a tant cherché à éliminer, Yasser Arafat, épuisé, vieilli et usé, meurt en novembre 2004 dans un hôpital à Paris où il a été transporté d'urgence suite à une maladie mystérieuse[1]. C'est une page majeure de l'histoire du mouvement de libération de la Palestine qui est tournée. Les dernières images du chef historique palestinien que verra le monde seront celles d'un vieil homme, à la bouche tremblante et parvenant à peine à marcher, qui lève timidement la main en guise de salut devant les caméras, alors qu'il monte dans l'hélicoptère français qui doit l'amener à Paris pour être hospitalisé, dans l'espoir d'identifier la maladie qui le frappe et le guérir. Rien n'est plus saisissant que le contraste de ces dernières images avec celles des jours glorieux, durant l'équipée libanaise de l'O.L.P., même avec les images qui ont montré le chef palestinien quittant avec ses combattants la ville de Beyrouth où l'armée israélienne l'a assiégé en 1982. Il est encore dans la force de l'âge et de son charisme et fait avec sa main haut levée, au moment de monter sur le

---

1. Certains Palestiniens évoqueront l'éventualité d'un empoisonnement dont aurait été victime le vieux chef palestinien usé, pour l'éliminer plus rapidement de la scène politique et accélérer les évolutions souhaitées vers un règlement rapide de la question palestinienne. Une Commission d'enquête palestinienne sera nommée pour tenter de déterminer les causes exactes de sa mort, mais sans résultat concluant jusqu'ici. On verra à ce sujet les deux articles du journaliste israélien Amnon Kapeliouk, sous le même titre «Yasser Arafat a-t-il été assassiné?», *Le Monde diplomatique*, novembre 2005 et janvier 2007; du même auteur, on pourra aussi se reporter à la biographie qu'il a faite du chef palestinien: *Yasser Arafat. L'irréductible*, Fayard, Paris, 2004.

bateau qui doit l'amener dans son exil de Tunis, le *V* de la victoire. Ce symbole de la lutte palestinienne continuera d'être omniprésent sur la scène proche-orientale et internationale durant de nombreuses années encore, avant que les accords d'Oslo, qu'il a si légèrement négociés, et son retour dans les Territoires occupés ne commencent à l'user et à lui faire perdre son aura de chef révolutionnaire. De par son retour en Palestine en 1993, il se sera lui-même livré pieds et poings liés à son ennemi de toujours, Ariel Sharon, et aura en réalité terminé sa vie comme prisonnier de l'armée israélienne à Ramallah dans son étroit et austère Q.G. Il aura aussi lui-même contribué à la montée d'une nouvelle nomenklatura de son mouvement, le Fath, celle des «modérés» avec qui les services secrets israéliens et américains aiment traiter. Mais les Palestiniens lui feront quand même des funérailles grandioses à Ramallah où il sera enterré le 12 novembre 2005.

C'est Mahmoud Abbas, personnage terne et sans charisme, qui lui succédera à la suite d'élections présidentielles qui interviennent le 9 janvier 2006 et lui donnent 62,5 % des voix. Ce dernier reconduit Ahmed Qoreï à la tête du gouvernement palestinien. Ainsi, la même équipe des négociateurs des accords d'Oslo continue de dominer le paysage palestinien. Toutefois, les élections municipales puis législatives vont révéler les changements les plus profonds dans l'humeur palestinienne. En effet, aux élections municipales qui se tiennent en janvier 2005 pour la première fois depuis 1976 dans les Territoires occupés, le Hamas sort grand gagnant, victoire qui sera confirmée lors des élections partielles de mai et de décembre de cette même année.

Mais la véritable surprise aura lieu lors des législatives du mois de janvier 2006, après un report de la date de ces élections qui auraient dû avoir lieu au cours de l'été précédent pour permettre au Fath de mieux se préparer. Les résultats sont une catastrophe pour la vieille formation historique usée par sa gestion chaotique et corrompue des Territoires occupés. Les électeurs assureront, en effet, une victoire décisive du Hamas qui obtient 76 sièges sur 132 au Parlement palestinien, contre 43 seulement au Fath et 13 aux indépendants et aux deux anciennes formations révolutionnaires marxisantes (F.P.L.P., F.D.P.L.P.). Si la population palestinienne a voté pour la continuité à la présidence de l'Autorité palestinienne, en accordant sa confiance à Mahmoud Abbas, elle a exprimé son désir incontestable de changement en votant pour le Hamas aux élections municipales, comme aux élections législatives, mais aussi son désir de voir continuer la résistance à l'occupation tant qu'Israël ne change pas de politique[1].

Dans le monde occidental qui, depuis quelque temps, a tant prêché la démocratie aux Arabes, c'est la consternation. Bien que les élections se soient déroulées de façon exemplaire au dire de tous les observateurs présents sur le terrain, dont l'ancien président des États-Unis, Jimmy Carter, le résultat est considéré en Israël et en Occident comme un échec patent face à tous les efforts faits pour promouvoir la démocratie, puisque c'est une organisation qualifiée de «terroriste» qui s'empare de la représentation palestinienne. Le Hamas, en effet, se refuse à reconnaître Israël ou à jeter les armes tant que l'occupation continue; tout au plus propose-t-il une trêve de longue durée en cas de retrait israélien. Aussi le gouvernement israélien cesse-t-il immédiatement de verser les taxes dues à l'Autorité palestinienne (notamment les droits de douane prélevés aux frontières d'Israël sur les importations de l'Autorité palestinienne et pour son compte), qu'il ne paye d'ailleurs qu'au compte-gouttes.

1. Voir Georges Corm, « De la Palestine à l'Iran : révoltes et refus au nom de l'Iran », *Le Monde diplomatique*, mars 2006.

Ismaïl Haniyeh est chargé de former le nouveau gouvernement en février 2006, mais il échoue à former un gouvernement d'union nationale qui éviterait un boycottage généralisé de la part du monde extérieur, le Fath refusant de se plier à l'exercice. Dès le 7 avril, l'Union européenne suspend son aide au gouvernement palestinien, de même que les institutions internationales et régionales de financement qui soutiennent les finances palestiniennes. En fait, c'est un embargo financier total et l'étouffement économique de la population qui s'exercent sur les territoires palestiniens pour empêcher le gouvernement du Hamas de gouverner. Ce dernier ne peut payer les salaires des fonctionnaires, ce qui provoque des remous dans la population, exploités par le président Mahmoud Abbas et le Fath. Progressivement, un état de chaos va s'installer dans les Territoires occupés et une mini-guerre civile semble commencer entre les partisans du Fath et ceux de Hamas, qui augmentent encore le nombre de victimes causées par la répression israélienne permanente. Celle-ci se déchaîne le 28 juin, suite à l'enlèvement trois jours avant d'un soldat israélien, le caporal Gilad Shalit, par un commando infiltré en territoire israélien. Deux autres soldats sont tués. L'attaque est revendiquée par la branche armée du Hamas, les comités de résistance populaire et «l'armée de l'islam». Le 28 juin 2006, l'armée israélienne lance l'opération «Pluie d'été», visant à retrouver le caporal enlevé et à stopper les tirs de roquettes en provenance de la bande de Gaza. Le 29 juin, l'armée israélienne procède à l'enlèvement de 64 responsables du Hamas, dont 8 ministres et 26 députés, et justifie cet acte tout à fait contraire aux conventions de Genève en accusant les responsables palestiniens emprisonnés de soutien au «terrorisme». Les arrestations ne s'arrêteront pas là. Le président du Parlement palestinien est enlevé le

5 août 2006, le vice-Premier ministre dans la nuit du 18 au 19 août, enfin le secrétaire général du Parlement palestinien est à son tour enlevé le 20 août. Tout cela, dans l'indifférence des grands pays occidentaux démocratiques. Les raids aériens se poursuivent nuit et jour, faisant, comme à l'accoutumée, de nombreux tués et blessés dans la population civile palestinienne et endommageant les infrastructures civiles du territoire. Cependant, le Hamas ne cède pas pour autant, en dépit de l'asphyxie financière du gouvernement palestinien, organisée par les pays donateurs et soutenue en fait par l'Autorité palestinienne et le Fath qui ne digère pas sa défaite électorale et la perte de son pouvoir absolu, à l'ombre de l'occupation israélienne, sur les territoires et les finances palestiniennes.

Avec le raz de marée électoral du parti islamiste, les gouvernements occidentaux n'en sont d'ailleurs pas à leur première déconvenue. En effet, les élections législatives égyptiennes qui se sont étalées sur plusieurs semaines, du 9 novembre au 7 décembre 2005, juste avant celles de Palestine occupée, donnent lieu à une percée spectaculaire du mouvement des Frères musulmans qui réussissent à faire élire à l'Assemblée nationale 88 de leurs 144 candidats, alors qu'ils n'avaient que 17 députés sur 454 dans la précédente assemblée. C'est le Parti national démocrate (P.N.D.) du président Moubarak qui mord la poussière à ces élections, puisque seuls 147 de ses candidats sont élus contre 404 aux élections de l'an 2000. Grâce au ralliement de 179 députés indépendants au P.N.D., ce dernier parvient à conserver une large majorité de 326 sièges. Mais le coup de semonce, tant pour le régime égyptien que pour les pays occidentaux qui le soutiennent, est clair. Un véritable multipartisme et des élections démocratiques ne peuvent que favoriser les mouvements se réclamant de diverses formes d'idéologies islamiques qui ont pris le relais des anciens partis politiques laïcs et anti-impérialistes, autrefois si combattus par les pays occidentaux, dans l'expression du refus de la domination de l'Occident sur l'Orient. C'est bien ce que montreront d'ailleurs quelques années plus tard les premières élections libres tenues en Égypte et en Tunisie à la suite du renversement des dictateurs par les révoltes populaires de 2011.

L'action menée par les États-Unis et l'Union européenne est un échec cuisant dans la région. Politique de la canonnière, de l'occupation, de la colonisation, elle ne fait que produire des réactions nationalistes virulentes qui s'expriment dans la nouvelle atmosphère culturelle internationale, celle du regain de l'identitaire religieux ou ethnique qui a succédé à l'anti-impérialisme et aux nationalismes de type laïc des premières décennies de la décolonisation[1]. Les événements que provoque l'invasion de l'Irak, pays phare de la laïcité où le communautarisme étroit est traditionnellement absent, en sont une preuve additionnelle.

---

1. Sur l'analyse des étapes et des causes de ce changement de décor, on verra Georges Corm, *La question religieuse au XXIᵉ siècle*, *op. cit.*

24

La troisième guerre du Golfe et l'invasion de l'Irak

Nous l'avons déjà vu souvent, le recul du temps permet de mieux saisir les fils invisibles qui tissent l'histoire dramatique du Proche-Orient contemporain. Du président Carter qui mène une expédition de sauvetage ratée des otages iraniens en Iran en 1979, puis du président Reagan qui se voit obligé de rembarquer en catastrophe le contingent américain de la Force multinationale d'intervention au Liban, en 1982, après un attentat-suicide spectaculaire contre les troupes américaines, à George Bush, père et fils, qui opèrent chacun un déploiement spectaculaire et victorieux des forces armées américaines au Proche-Orient, le géant, victorieux de l'U.R.S.S., n'a reculé, semble-t-il, que pour mieux sauter et affirmer son hégémonie totale et à peine contestée sur le Moyen-Orient. Si la première guerre du Golfe semble, comme on l'a vu, ne pas avoir eu lieu et, en tout cas, s'être bien vite effacée des mémoires, si l'invasion de l'Afghanistan au cours de l'hiver 2001-2002 se situe dans un pays si lointain et si insaisissable, l'invasion de l'Irak, elle, ne peut être ignorée. La Mésopotamie, cœur des origines de la civilisation humaine, centre vital du monde arabe contemporain, aux mains de l'armée américaine : il faut se frotter les yeux pour y croire, d'autant que l'histoire ici prend un aspect aussi fantasmagorique et surréaliste que les derniers événements vécus dans la région depuis la première guerre du Golfe. Le gou-

vernement américain y apparaît, d'ailleurs, comme
n'ayant aucun plan sérieux de pacification de l'Irak,
en dehors d'une croyance naïve dans la vertu de
leur seule occupation militaire, ce qui risque de
rendre encore plus compliquée ou illusoire que celle
qui a été tentée en Palestine depuis le processus de
Madrid en 1991.

LES FAUX PRÉTEXTES
DE L'INVASION IRAKIENNE

En effet, le président Bush (fils), suite aux attentats
de septembre 2001, après avoir dénoncé dans son
discours sur l'État de l'Union, au début de l'année
2002, un axe du mal comprenant l'Irak, la Corée du
Nord et l'Iran, commence à cibler en priorité l'Irak[1].
Le dictateur irakien est successivement accusé,
contre toutes les évidences, d'entretenir des liens
avec l'organisation Al Quaëda, d'avoir une capacité
de mobilisation rapide d'armes de destruction massives, voire de l'arme nucléaire, et cela en dépit des
rapports très prudents, mais se refusant à conclure à
l'inexistence des armes prohibées, des inspecteurs
de l'O.N.U., retournés en Irak, suite à la résolution 1441 du 8 novembre 2002. En fait, les inspections de l'U.N.S.C.O.M. (l'ancienne Commission des
Nations unies d'inspection et de vérification du
désarmement de l'Irak en matière d'armes de des-

1. Voir en particulier le livre de Richard A. Clarke (haut responsable de la sécurité à la Maison-Blanche), *Against All Ennemies.
Inside America's War on Terror*, Free Press, New York, 2004, qui
témoigne que les événements du 11 septembre 2001 ont été le détonateur de l'invasion de l'Irak sans l'existence de la moindre preuve
liant le régime irakien à ces événements et qui décrit le président
américain comme obsédé par la nécessité d'envahir l'Irak le soir
même des attentats.

truction massive constituée par la résolution 687 du Conseil de sécurité) ont été suspendues en 1998. La résolution 1284 adoptée par le Conseil de sécurité en 1999 créera une nouvelle commission d'inspection et de vérification (U.N.M.O.V.I.C.) dont la présidence sera confiée à Hans Blix, l'ancien directeur général suédois de l'Agence de l'énergie atomique. Mais l'Irak refusera le retour des inspecteurs de l'O.N.U. tant qu'il n'aura pas obtenu une promesse ferme des membres du Conseil de sécurité de levée rapide de l'embargo si les inspecteurs une fois revenus ne trouvent pas d'armes de destruction massive. De nombreux pays sympathisent avec la position irakienne, compte tenu des ravages sociaux que l'embargo a provoqués dans la population irakienne. Toutefois, la position américaine reste intransigeante et se durcira après les événements du 11 septembre 2001.

C'est sous la pression européenne, notamment anglaise et française, que le Conseil de sécurité adopte la résolution 1441. Acceptée par l'Irak qui sent la menace d'une invasion, cette résolution donne un nouveau délai de trente jours à l'Irak pour prouver qu'il n'a plus d'armes de destruction massive par une « déclaration à jour, exacte et complète sur tous les aspects de ses programmes de développement d'armes chimiques, biologiques et nucléaires, de missiles balistiques et d'autres vecteurs, tels que… » (suit une liste impressionnante de ces vecteurs). En réponse à cette requête, le gouvernement irakien fournira alors 12 000 pages de documents qui seront jugés non concluants par l'Administration américaine. Toutefois, le problème restera la position ambiguë adoptée par Hans Blix, qui se refuse à déclarer ouvertement que tous les stocks d'armes de destruction massive ont été détruits à l'issue de la guerre de 1991, soit par les inspecteurs de l'U.N.S.C.O.M., soit par les autorités irakiennes, lesquelles ne sont pas en mesure de fournir des preuves convaincantes des destructions

opérées en dehors de la surveillance des fonctionnaires de la précédente commission[1].

Par ailleurs, le régime irakien sera accusé aussi
d'attribuer des récompenses pécuniaires importantes aux familles des commandos-suicides palestiniens, considérés comme terroristes au même titre
que les membres du réseau d'Oussama Ben Laden.
Les États-Unis et la Grande-Bretagne se lanceront,
en fait, tout au long de l'année 2002, dans une surenchère tout à fait exceptionnelle sur le danger constitué par la survie du dictateur irakien. Saddam
Hussein aura beau céder à toutes les exigences des
États-Unis et des inspecteurs en désarmement de
l'O.N.U. : rien n'y fait. George W. Bush et Tony Blair
conjurent le monde entier de les aider à se débarrasser du farouche et cruel tyran de Bagdad, présenté
comme la plus grave menace pour la paix du monde.

La France, la Belgique et l'Allemagne tentent de
freiner l'hystérie du discours anglo-américain, auquel
se joint celui de M. Berlusconi en Italie ou de
M. Aznar en Espagne ; ces trois pays sont accusés par
M. Rumsfeld, le bouillonnant ministre de la Défense
américaine, lors d'un voyage en Allemagne, de n'être
plus que la «vieille Europe», incapable de s'adapter
aux dures réalités du monde de l'après-Guerre froide
qui se trouve confronté à un ennemi non moins
redoutable que le communisme, à savoir l'hydre
du terrorisme et du fanatisme islamique. Bien qu'un
rapport des services secrets britanniques sur les
armes de destruction massives en Irak, publié en

1. On lira avec intérêt sur ce plan l'ouvrage de Hans Blix, *Disarming Irak. The Search for Weapons of Mass Destruction*, Bloomsbury, Londres, 2005 où l'auteur avoue avoir partagé le sentiment
des États-Unis et de la Grande-Bretagne que le gouvernement irakien continuait de cacher certaines armes chimiques, sans toutefois
partager les exagérations de ces deux gouvernements. Il reconnaît,
par ailleurs avoir été sûr du démantèlement complet du programme
atomique irakien, ce qu'affirmait aussi, à la grande fureur du gouvernement américain, le directeur de l'Agence internationale de
l'énergie atomique, M. Mohammed Baradeï.

septembre 2002 par les soins du gouvernement anglais, soit vite éventé comme un plagiat complet d'une vieille thèse d'un étudiant irakien s'appuyant sur les données préalables à la première guerre du Golfe, et bien que l'exposé que fait en février 2003 aux Nations unies Colin Powell, ministre américain des Affaires étrangères, avec projections de documents montrant des véhicules censés porter des laboratoires ambulants de production d'armes chimiques, laisse sceptiques la plupart des spécialistes de la question, les deux gouvernements, américain et anglais, appuyés par l'Italie, l'Espagne et la Pologne, s'obstinent. La logique de guerre, la même que celle de 1990, est en marche. Les mêmes campagnes d'intoxication de l'opinion sur la puissance irakienne sont répétées à dix ans d'intervalle. Elles rappellent aussi les campagnes d'opinion menées par Israël contre la puissance militaire de l'O.L.P. à Beyrouth et sa capacité d'action terroriste afin de justifier l'invasion du Liban en 1982.

Aussi, le 19 mars 2003, sans avoir obtenu du Conseil de sécurité de l'O.N.U. une résolution permettant l'emploi de la force, l'invasion de l'Irak est déclenchée, occasionnant son lot de souffrances et de victimes innocentes. Entre-temps, saisi d'une compassion polie sur le sort du Moyen-Orient, le président des États-Unis, qui jusqu'ici ne s'était nullement intéressé au sort des Palestiniens, annonce, le 30 avril 2003, «une feuille de route» pour aider Palestiniens et Israéliens à retrouver le chemin de la paix. Il révèle aussi un intérêt soudain pour la promotion de la démocratie au Proche-Orient, action pour laquelle un petit crédit de 20 millions de dollars est débloqué. Les États-Unis, qui ont jusqu'ici remarquablement soutenu les pires dictatures du tiers monde, y compris celle de Saddam Hussein, iront même jusqu'à affirmer que la guerre qu'ils s'apprêtent à mener contre l'Irak a pour but de libérer le pays de son tyran et d'y rétablir la démocratie.

Vraiment, en matière de Proche-Orient, le cynisme semble devoir toujours être au rendez-vous ! Mais les commentateurs politiques, eux, s'agitent : y a-t-il des intérêts pétroliers derrière l'hystérie guerrière des États-Unis ? Alors que les relations avec le régime saoudien se sont tendues depuis les attentats du 11 septembre et que pour la première fois le royaume est ouvertement critiqué pour avoir servi si longtemps de base arrière aux groupes «islamistes» antioccidentaux, les États-Unis ne cherchent-ils pas, en conquérant l'Irak, à s'approprier les réserves pétrolières les plus importantes du monde après celles de l'Arabie Saoudite, considérée désormais comme un allié peu fiable ? La famille Bush n'a-t-elle pas des intérêts pétroliers considérables [1] ? le vice-président américain va-t-en-guerre, Dick Cheney, n'a-t-il pas été le président de la société de travaux pétroliers Haliburton ?

Car l'on s'interroge vraiment au cours des derniers mois de l'année 2002 sur les motivations américaines, les plus sérieux commentateurs restant bien sûr sceptiques aussi bien sur un lien quelconque entre une organisation aussi fondamentaliste et par nature antibaathiste qu'Al Quaëda et le régime laïcisant de Saddam Hussein, que sur une capacité de mobilisation et d'usage d'armes de destruction massive dont disposerait encore le régime irakien après toutes les destructions opérées à la

---

1. On verra à ce propos le livre d'Éric Laurent, *La guerre des Bush*, Plon, 2003 ; de même que Jean-Charles Brissard et Guillaume Dasquie, *Ben Laden. La vérité interdite*, Denoël, Paris, 2001. Ainsi que Robert Baer, *Or noir et Maison-Blanche, op. cit.*, J.-C. Lattès, Paris, 2003 et, du même auteur, *The True Story of a Ground Soldier in the C.I.A.'s War on Terrorism*, Crown Publishers, New York, 2002 ; on verra aussi, de John K. Cooley, *Unholy Wars. Afghanistan, America and International Terrorism*, Pluto Press, London, 2201, mais surtout Richard A. Clarke (haut responsable de la sécurité à la Maison-Blanche), *Against All Ennemies…, op. cit.* qui témoigne que les événements du 11 septembre 2001 ont été le détonateur de l'invasion de l'Irak sans l'existence de la moindre preuve liant le régime irakien à ces événements.

demande des inspecteurs de l'O.N.U. entre 1991 et 1996 [1]. En réalité, le monde est bien en peine de dire quelles sont les motivations américaines, et beaucoup pensent qu'il ne s'agit que d'affirmer l'hyperpuissance américaine dans le monde, en menant une guerre facile contre un ennemi insignifiant [2]. On ne voit pas non plus de motivation en faveur d'Israël, l'Irak exsangue après douze ans d'embargo ne représentant plus aucun danger pour Israël, ni d'ailleurs pour aucun de ces voisins arabes.

Ces derniers ne sont même plus consultés, à la différence de ce qui s'était passé en 1990. Seule l'Arabie Saoudite demandera ce que les avions américains allant bombarder l'Irak ne survolent plus son territoire, et que les troupes américaines présentes dans le royaume n'envahissent pas l'Irak à partir de leurs bases saoudiennes. Le royaume a, en effet, été très fragilisé par les attentats du 11 septembre; il est pris en tenailles entre les critiques américaines, quant à son laxisme vis-à-vis des islamistes, et celles de ces derniers qui lui reprochent de servir de base principale aux troupes américaines dans le Golfe. Cela conduira le Pentagone à transférer son quartier général de Riyad à Qatar fin 2002 [3]; ce petit émirat, qui n'a pas les mêmes soucis que son voisin, accepte sans rechigner, cependant que le gros des troupes d'invasion partira de l'émirat de Koweït qui attend depuis des années avec impatience que les États-Unis le débarrassent de Saddam Hussein. Le très sage cheikh Zayed, président de la Fédération des Émirats arabes unis, lan-

---

1. Voir à ce sujet William Rivers Pitt, entretien avec Scott Ritter, *Guerre à l'Irak, ce que l'équipe Bush ne dit pas*, Le Serpent à plume, Paris, 2002.

2. C'est notamment la thèse d'Emmanuel Todd, *Après l'Empire*, Le Seuil, Paris, 2002.

3. Le commandement central américain (Centcom) a pour mission de veiller à la sécurité des intérêts américains dans vingt-cinq pays du Moyen-Orient, de l'Asie du Sud-Est et de la Corne de l'Afrique.

cera en vain un appel au chef de l'État irakien pour qu'il démissionne, enlevant ainsi tout prétexte au gouvernement américain d'envahir l'Irak. D'autres dirigeants arabes œuvreront dans le même sens, faisant entendre que Saddam Hussein pourrait trouver refuge en Russie ou dans un autre pays sans être inquiété par les Américains.

L'INVASION ET LA MISE EN PLACE DE L'OCCUPATION

Mais, tout comme en 1991, le président irakien refuse de désamorcer l'orage qui s'annonce sur la tête de son peuple. Il continuera d'afficher une superbe indifférence devant l'approche de sa fin, semblant croire, comme douze ans plus tôt, que ses ennemis n'oseront pas franchir le pas fatal d'une invasion. Les parades militaires et paramilitaires se succèdent dans toutes les villes irakiennes ; des vieux fusils et des kalachnikov sont distribués aux chefs de tribus et un sort peu enviable est promis aux envahisseurs. Le 16 octobre 2002, le président irakien s'est fait réélire pour sept ans à la tête de l'État, avec un taux de participation aux élections de 100 % et un nombre de voix lui aussi égal à 100 %. La bureaucratie du régime semble si sûre d'elle-même que le ministre irakien de l'Information, Mohammad El Sahhaf, ancien ministre des Affaires étrangères, personnalité plutôt sobre, se transformera dans les dernières épisodes rocambolesques et tragiques de la chute de Bagdad en personnage haut en couleur, au verbe pittoresque ; il affirmera imperturbablement, jusqu'à la dernière minute, lors de l'ultime conférence de presse quotidienne qu'il tiendra sous les bombardements très rapprochés, et alors que les troupes américaines seront entrées dans Bagdad, que les lâches envahisseurs ont été repoussés, l'aéroport de la capitale libéré et que ce sera bientôt la déroute totale pour la « vermine ».

En réalité, l'issue de la guerre ne pouvait, en tout cas, faire aucun doute militairement, en dépit d'une résistance farouche opposée les premiers jours de l'invasion dans les villages du sud de l'Irak, proches de la frontière avec le Koweït par où est entrée l'armée anglo-américaine, en particulier le petit port d'Oum Kasr, puis par la suite la ville importante de Basra. Ce dont on discute avec passion dans les premiers jours de la guerre, c'est de la résistance qui sera opposée à l'entrée des troupes américaines à Bagdad ; va-t-on assister à un nouveau Stalingrad où le nationalisme enflammé et farouche des Irakiens risque d'entraîner un bain de sang généralisé ? Ou, au contraire, comme l'affirment les personnalités de l'opposition irakienne dans le giron américain, qui s'apprêtent à rentrer dans leur pays, le dictateur serait-il à ce point honni qu'aucune résistance ne serait opposée aux troupes anglo-américaines, accueillies en libératrices ? Les avis sont très partagés, mais il est acquis dès le déclenchement de l'invasion que Bagdad ne pourra pas être prise en tenailles par l'armée américaine, le gouvernement turc ayant refusé aux États-Unis le débarquement de troupes sur leur territoire pour envahir l'Irak par le nord (les régions kurdes), en même temps que par le sud.

En dépit des promesses d'aide massive du gouvernement américain, le gouvernement turc ne fléchit pas. Il tient, en effet, à garder les mains libres au Kurdistan irakien au cas où les Kurdes, forts de l'appui américain, viendraient à y proclamer une république indépendante. Seul du matériel militaire sera autorisé à transiter par la grande base américaine d'Incirlik en Turquie. Mais cette abstention turque n'entrave nullement la prise de Bagdad qui se fait sans la moindre difficulté, l'armée irakienne n'ayant pas vraiment combattu pour défendre la capitale, à la différence de ce qui s'était passé dans les autres villes situées sur l'axe Bassorah-Bagdad, emprunté par les troupes américaines. Le mystère demeure sur ce dernier épisode de l'invasion. Comme on l'a évoqué, des rumeurs ont circulé sur le fait que le haut commandement irakien aurait conclu un accord secret avec l'état-major américain pour laisser le champ libre à ses troupes à l'entrée de Bagdad. Plusieurs officiers supérieurs irakiens auraient ainsi été évacués de la capitale par l'état-major américain lui-même.

Mais le film le plus cruel et du plus mauvais goût sera le drame malheureusement réel qui se déroule après l'entrée des troupes américaines à Bagdad. La capitale est livrée durant plusieurs jours consécutifs aux pillards sans que l'armée américaine ne tente de s'interposer pour arrêter les bandes qui semblent n'avoir pour objectif que de réduire en cendres les infrastructures de l'État civil irakien et son patrimoine archéologique. En effet, tous les ministères, ainsi que la Banque centrale et les banques, mais aussi le Musée national et la Bibliothèque nationale sont attaqués et pillés. Seul, comme par enchantement, le ministère du Pétrole, sévèrement gardé par l'armée américaine, échappera à la destruction, alors que les officiers sur place affirment pourtant qu'ils n'ont pas d'ordre de leur commandement pour faire la police. M. Rumsfeld, interrogé à Washington par les journalistes, aura le cynisme de déclarer que ce pillage colossal et inégalé était le prix normal de la liberté. Heureusement, le président français, laissant parler son émotion, n'hésitera pas à déclarer que le pillage du musée et de la Bibliothèque nationale contenant de vieux manuscrits est un crime contre l'humanité. George Bush (père) avait déclaré qu'il voulait ramener l'Irak à l'âge de pierre ; en réalité, c'est bien ce à quoi aboutit l'invasion américaine telle qu'elle est menée sur le terrain après l'entrée victorieuse et presque sans résistance dans Bagdad. Volonté consciente de destruction sauvage ou gestion incompétente de la victoire ? La réponse dépend le plus souvent des plus ou moins grandes sympathies qu'éprouve l'observateur pour le gouvernement des États-Unis et la gestion de son hyperpuissance.

Dans le domaine de la propagande, d'ailleurs, l'armée américaine fera flèche de tout bois. On peut ainsi évoquer le prétendu sauvetage héroïque d'une jeune fille américaine faite prisonnière par les Irakiens au prix de mille bravoures des G.I.'s, alors que cette dernière, blessée, avait été recueillie et fort bien soignée dans un hôpital irakien. Ce sont les médecins de cet hôpital qui avertiront l'armée américaine de sa présence ; elle sera recueillie sans qu'un coup de feu soit tiré. Mais aussi l'aller-retour de l'ambassadeur russe à Bagdad entre la capitale et la frontière jordanienne après que son convoi se sera fait mitrailler par des avions américains, quelques jours avant la chute du régime ; ou encore la visite éclair de Condoleezza Rice, conseillère du président Bush pour les affaires de sécurité, au Kremlin dans la même période. Des officiers irakiens du haut commandement ont-ils trahi et ont-ils été évacués vers Moscou ou les États-Unis avec le silence complice de la Russie ? Les rumeurs les plus folles ont couru lors de ces journées décisives. Mais les soupçons ont été renforcés par les «bavures» de l'armée américaine contre des journalistes arabes ou européens. Les journalistes tués ont-ils vu des choses qui ne devaient pas être vues ou révélées, ou l'ensemble de la profession a-t-elle été menacée et a ainsi bien reçu le message ?

Non moins rocambolesques, dans cette invasion qui ressemble plus à un film de mauvais goût, entre la science-fiction et le vaudeville, agrémenté de l'horreur du sang des malheureux Irakiens, civils ou militaires, victimes de la violence aveugle des bom-

bardements, les images de la sortie qu'effectue à
pied Saddam Hussein, entouré de quelques gardes
de corps, dans un quartier de la capitale, le jour
même où les troupes américaines y pénètrent. On y
voit une foule d'admirateurs qui se pressent autour
de lui et lui manifestent leur ferveur, comme à l'accoutumée. Le dictateur, lui, garde cet air impertur-
bable, mélange de sang-froid, d'inconscience et de
mépris : une image que chassera celle du dictateur
enfin arrêté. Le chef de l'État irakien est arrêté le
13 décembre dans des conditions qui paraissent
rocambolesques, puisqu'il sera montré caché dans
une trappe sous terre, barbu et l'air complètement
hébété, ce qui est aux antipodes de la fierté sans
limites du personnage. Ces images feront le tour du
monde, comme celle du prisonnier en sous-vête-
ments. Le gouvernement américain présentera cette
capture comme un événement majeur, justifiant à
lui seul l'invasion de l'Irak. Quelques mois plus tard,
ce sont les deux fils du dictateur déchu qui sont
tués, le 22 juillet 2003, par l'armée américaine dans
le nord de l'Irak où ils s'étaient réfugiés. Là aussi,
les télévisions du monde entier montreront à satiété
les deux cadavres. Les images humiliantes, diffusées
par les médias américains, usage contraire aux
conventions de Genève sur l'obligation faite aux
armées de respecter la dignité des prisonniers, sus-
citeront l'enthousiasme des Kurdes et des chiites
d'Irak qui n'y verront que justice, en raison des
répressions sauvages et des massacres dont ils ont
été l'objet. Le spectacle sera d'aussi mauvais goût lors
de la pendaison de Saddam Hussein en décembre
2006.

Les bévues américaines seront d'ailleurs à ce
point nombreuses que l'on peut s'interroger sur
l'existence d'une volonté consciente d'empêcher
toute renaissance de ce pays clé du Proche-Orient,
déjà mis en quarantaine et hors la loi depuis 1990.
Tout d'abord, la décision catastrophique prise par le

nouvel administrateur civil de l'Irak, Paul Bremer, nommé en remplacement du premier responsable, le général en retraite Jay Garner, démissionné en mai 2003, de dissoudre totalement l'armée ira- kienne régulière, ainsi que les nombreux appareils de sécurité[1]. Cette mesure rend bien improbable un retour à la sécurité et la normalité, alors que celle- ci fait d'autant plus défaut que les premières opéra- tions de résistance se mettent en place et que sont commises des opérations de sabotage des oléoducs. Les troupes américaines, peu nombreuses, pourront- elles assurer seules la sécurité sur l'ensemble du ter- ritoire ? La reconstitution d'une armée demande de longs préparatifs et la police irakienne a elle-même été décapitée par les purges qui vont sévir aussi dans les administrations publiques et l'université, au titre de la «dé-baathification» du pays. La chasse aux anciens dignitaires du régime se fait, elle aussi, sous le signe du mauvais goût le plus total. Des jeux de cartes sont distribués qui portent la photo de ceux qui sont recherchés. Il faut citer aussi l'in- croyable retard qui affecte les opérations de recons- truction, le retour de l'approvisionnement en eaux et en électricité du pays, la reprise des opérations d'exportation de pétrole. Un premier responsable américain, le général Garner, est remplacé par Paul Bremer comme gouverneur civil de l'Irak, ce qui ne change guère l'état de choses.

Comme tout conquérant colonisateur, les respon- sables américains sur place traitent surtout avec les chefs de tribus et les dignitaires religieux[2]; ils jouent

---

1. On pourra se reporter aux mémoires de Paul Bremer, *My Year in Iraq: The Struggle to Build a Future of Hope*, Simon & Schuster, New York, 2006.
2. Quelques centaines de prisonniers, sur environ 12 000 à 15 000 que détiennent les forces américaines en Irak, sont relâchés en jan- vier 2004 contre une caution personnelle donnée aux forces d'oc- cupation par des chefs de tribus ou des dignitaires religieux. Cela en dit long sur le mode de gestion colonial qui s'est installé en Irak.

tout de suite du communautarisme, pourtant traditionnellement très faible chez les Irakiens, connus
pour leur nationalisme supracommunautaire et
ombrageux. Les médias suivent dans le monde
entier. Déjà, au cours des semaines qui ont précédé
l'invasion, la mode de parler de la dictature «sunnite» de Saddam Hussein s'était installée partout,
comme si ce n'était pas toute la population qui avait
souffert de la tyrannie et comme si aucun chiite
n'avait été membre du parti Baath ou dignitaire du
régime ou haut fonctionnaire. L'Irak est immédiatement découpé dans la présentation des nouvelles en
un «triangle» sunnite au centre du pays, une zone
chiite au sud et la zone kurde au nord implantée
depuis la première guerre du Golfe en 1991. Comme
la Yougoslavie ou, avant elle, le Liban finalement
tombé dans le giron syrien, ce qui avait empêché son
éclatement, le dépècement du pays semble commencer. Cette situation sera aggravée par le fait que
la constitution du Conseil de gouvernement provisoire, à laquelle procèdent les autorités d'occupation
en juillet 2003, est organisée sur des bases purement communautaires, alors qu'aucun des régimes
qui ont gouverné l'Irak moderne depuis la conquête
anglaise n'a été organisé sur de telles bases. La
distribution des vingt-cinq sièges que comprend le
Conseil est provocatrice: cinq membres sunnites
arabes seulement, cinq membres kurdes, treize
chiites, un turcoman et un assyrien chrétien.

Les images qui sont données de l'Irak par les
médias internationaux sont d'abord celles des chiites
libérés de l'oppression du «sunnite» Saddam Hussein. Les nouvelles abondent sur les faits et gestes
des grands dignitaires chiites du pays ou de ceux qui
rentrent d'exil, soit d'Iran, soit de Grande-Bretagne.
L'un d'entre eux se fera assassiner le lendemain de
son retour de Londres, au début du mois d'avril
(l'ayotallah Abdul Majid Al Khoï, fils de l'un grands
dignitaires religieux chiites de l'Irak) où il vivait en

exil depuis de nombreuses années ; un autre, l'ayatollah Bakr Al Hakim, quelques mois plus tard, en
août 2003. Ce dernier a passé vingt-trois ans en exil
en Iran où il a dirigé un Conseil supérieur de la révolution islamique œuvrant pour le renversement du
régime irakien à partir de l'Iran. Il est clair que la
lutte pour le pouvoir à l'intérieur de l'*establishment*
religieux chiite a commencé ; elle prend une tournure d'autant plus violente que les Américains et les
médias internationaux semblent bien considérer que
l'Irak sera désormais au pouvoir des chiites, représentant une majorité démographique dans la logique
communautaire perverse qui s'est mise en place dès
les premiers jours de l'installation du pouvoir américain en Irak. Fait notable, même les chiites d'Arabie
Saoudite, victimes d'une marginalisation complète
dans la vie politique et économique de ce pays, relè-
vent la tête et adressent une pétition au souverain
saoudien, ce qui est largement répercuté par les
médias internationaux.

Les civils irakiens sont étrangement absents des
médias presque exclusivement fascinés par les différents discours que tiennent les religieux chiites et
qui dénotent autant de tendances différentes. Ce
que l'on peut voir, cependant, ce sont les images de
la pauvreté abjecte dans laquelle les douze années
d'embargo total, accompagnées de l'effondrement
de la valeur de la monnaie irakienne, puis l'invasion
américaine, ont jeté la population irakienne qui
avait, autrefois, l'un des niveaux de vie les plus élevés et un des modes de vie les plus modernes du
Proche-Orient. L'effondrement de l'administration,
le renvoi des centaines de milliers de fonctionnaires
civils et des militaires, la reconstruction qui ne se
fait pas : tout cela entraîne un taux de chômage qui
excède, au dire de certaines estimations, les soixante-
dix pour cent de la population active. À cela s'ajoutent les scandales qui accompagnent les quelques
contrats de reconstruction attribués par les auto-

rités américaines. Les sociétés des pays qui ont été hostiles à la guerre sont écartées. Les contrats pour ce qui concerne le secteur pétrolier ont été attribués sans procédure d'appel d'offres à une société proche du vice-président américain Dick Cheney.

Les Nations unies, marginalisées sur le dossier irakien depuis que les États-Unis ont décidé unilatéralement de mener contre l'Irak une guerre préventive, reviennent sur le terrain après la fin des hostilités. La résolution 1483 du 22 mai 2003 du Conseil de sécurité entérine l'occupation de l'Irak et prend certaines dispositions qui légalisent les agissements de l'autorité occupante, notamment dans le domaine économique et financier. Toutefois, le quartier général des Nations unies est l'objet d'un attentat-suicide spectaculaire en juin 2003 qui coûte la vie à Sergio de Mello, le représentant du secrétaire général. En fait, l'Irak s'enfonce petit à petit dans un chaos sanglant, des attentats quasi quotidiens dans les grandes villes du centre et du nord de l'Irak faisant de nombreuses victimes civiles parmi la population irakienne ; plus particulièrement, ce sont les commissariats de la police irakienne qui sont visés, mais aussi parfois des mosquées, tantôt d'obédience sunnite, tantôt d'obédience chiite. En août 2004, ce sont des églises chrétiennes qui seront visées pour la première fois à Bagdad et à Mossoul, déclenchant dans la presse internationale les traditionnels articles déplorant le sort des minorités chrétiennes au Proche-Orient. Un membre du Conseil provisoire de gouvernement sera même assassiné en septembre 2003. Il s'agit de Aquila al-Hashimi, une femme, diplomate de carrière.

L'occupation de l'Irak déclenche, en fait, une guerre civile larvée dont le signal le plus évident survient le 2 mars 2004, soit un an à peine après l'invasion, mais en même temps le jour de la commémoration du grand deuil de l'Achoura chez les chiites où l'on célèbre la mort de l'imam Al Hussein. Ce jour-là, deux attentats particulièrement sanglants, au caractère manifestement antichiite, font 180 morts. Le premier dans la ville sainte chiite de Karbala (112 morts), le second à Bagdad contre une mosquée chiite (72 morts). Désormais, l'histoire de l'Irak sous occupation américaine sera rythmée par les attentats visant la population civile locale, autant que les soldats américains qui subissent des pertes quotidiennes, ce qui amène le gouvernement des États-Unis à décider à la fin de l'année 2003 d'accélérer le transfert de pouvoir aux Irakiens qui devrait être effectué en juin 2004 et à solliciter avec de plus en plus d'insistance l'envoi de troupes des pays qui l'ont soutenu durant la guerre, tels que la Pologne, l'Espagne, l'Italie et la Bulgarie. Les soldats de ces pays ne sont pas non plus épargnés par les attentats. Les actes de résistance ne sont pas dirigés seulement contre les troupes américaines, mais aussi contre les postes de la police irakienne que l'armée américaine reconstitue et entraîne, de façon à dissuader les Irakiens de collaborer avec l'occupant. Les villes du nord de l'Irak, notamment Mossoul et Kirkouk, font aussi l'objet d'attentats; les zones «chiites» du pays, en revanche, restent plus calmes jusqu'au printemps 2004, en dépit des assassinats de chefs religieux que nous avons soulignés.

Toutefois, un jeune dignitaire chiite, Moqtada al-Sadr, déclenche bientôt une rébellion armée contre les troupes américaines dans les villes chiites du centre de l'Irak; cependant qu'à Fallouja, bastion de la résistance sunnite depuis les débuts de l'occupation, les troupes américaines se voient forcées d'évacuer le centre de la ville et de l'assiéger et la bombarder de l'extérieur, jusqu'à ce qu'un cessez-le-feu précaire intervienne au début de l'été 2004. En août 2004, après un apaisement de quelques mois, la rébellion des villes chiites sous influence de la milice de Moqtada al-Sadr reprend de plus belle, en particulier à Najaf, ville sainte chiite. Par ailleurs, les enlèvements d'otages de différentes nationalités venus travailler en Irak se multiplient. Ils sont parfois accompagnés d'exécutions sommaires. Plusieurs hauts fonctionnaires irakiens ainsi que de nombreux universitaires et scientifiques sont assassinés, sans que personne sache vraiment pourquoi et par qui. En fait, l'Irak est devenu un champ de bataille ouvert où, comme autrefois au Liban, les services secrets de diverses puissances régionales, en sus de l'armée américaine, peuvent agir en toute impunité. Un mystérieux islamiste, dénommé Al Zarkaoui, qui se cacherait à Fallouja, est désigné comme l'un des principaux terroristes du pays par les États-Unis et les autorités locales.

BUSH ET BLAIR :
DES « INTOXICATEURS SINCÈRES » ?

En fait, pour une invasion qui avait eu pour objectif de rendre le monde plus sûr et de le débarrasser du terrorisme, le bilan est consternant. Le territoire irakien, tout comme précédemment le territoire libanais suite à l'invasion israélienne de 1982 visant à éradiquer le terrorisme palestinien du Proche-Orient, devient un pôle d'attraction irrésistible pour tous ceux qui veulent lutter contre la politique américaine au Moyen-Orient. Bien plus, comme nous l'avons vu au début de ce chapitre, les attentats terroristes hors d'Irak se multiplient un peu partout, comme si l'invasion de l'Irak avait multiplié les énergies et les justifications des réseaux se réclamant de diverses idéologies antioccidentales au nom de l'islam.

Le comble du ridicule, dans cette guerre décidée unilatéralement par les États-Unis, se manifestera de façon éclatante lorsque les nombreux inspecteurs américains en désarmement envoyés en Irak après l'occupation pour identifier et se saisir des fameuses armes de destruction massives, cause fondamentale de cette guerre préventive, n'auront pas réussi à trouver la moindre trace de ces armes ou même d'une capacité quelconque à en produire. En janvier 2004, le chef des inspecteurs américains démissionne après avoir conclu officiellement que l'Irak ne possédait aucune arme de destruction massive. Aux États-Unis et en Angleterre, les deux gouvernements rejettent la responsabilité sur leurs services secrets qui leur auraient fourni des renseignements inexacts. Des commissions d'enquête sont constituées pour analyser cet échec des services dont les responsables politiques ne veulent pas endosser la responsabilité. Le ridicule atteindra des sommets avec les conclusions d'une commission d'enquête nommée par le gouvernement britannique, suite au suicide de l'inspecteur anglais en désarmement, le Dr Kelly, soupçonné d'avoir suggéré à la B.B.C. que le danger des armes de destruction massive avait été exagéré dans le dossier présenté par le gouvernement pour obtenir du Parlement une décision favorable à l'entrée en guerre. La B.B.C. se retrouve dans la position de l'accusée et le Premier ministre, Tony Blair, est tout à fait blanchi au moment même où les inspecteurs américains concluent à l'inexistence de ces armes. Imperturbables, George Bush et Tony Blair continuent de clamer qu'ils ont eu tout à fait raison d'entreprendre cette guerre et que le monde se porte bien mieux depuis la disparition de Saddam Hussein. José Aznar, invité à Washington en février 2004, se joint à eux pour confirmer que l'invasion de l'Irak a été un acte de courage et de haute moralité.

En juin 2004, une commission d'enquête du Sénat

américain sur les événements du 11 septembre 2001 vient confirmer qu'aucun lien ne peut être établi entre l'organisation terroriste d'Al Quaëda et le régime de Saddam Hussein, notamment dans le cadre des attentats du 11 septembre. C'était décrédibiliser un autre des arguments de l'administration américaine pour envahir l'Irak. En juillet, un autre rapport du Sénat sur la question des armes de destruction massive en Irak et des erreurs commises par les organismes américains de renseignements, tout en épargnant le président Bush, critique vertement la façon légère dont les informations sur la question de la présence d'armes de destruction massive ont été assemblées et exploitées. Le rapport confirme aussi l'inexactitude totale des informations faisant état d'efforts du régime irakien pour acquérir de l'uranium enrichi auprès du Niger. Bien plus, un responsable des renseignements à la Maison-Blanche, Richard Clarke, a démissionné avec fracas de son poste et commis un ouvrage qui dénonce sans ménagement l'obsession du président américain d'envahir l'Irak dès les premiers jours qui suivent les événements du 11 septembre 2001[1]. Ce n'est que le 7 octobre 2004 que le rapport du chef des inspecteurs américains en Irak (Iraq Survey Group), Charles Duelfer, confirme l'absence de stocks d'armes bactériologiques, chimiques ou nucléaires dans ce pays lors de l'entrée en guerre. Mais ce ne sera que le 12 janvier 2005 que la Maison-Blanche déclarera que les États-Unis ont cessé de rechercher activement des armes de destruction massive (A.D.M.) en Irak[2].

Tout cela n'empêche pas la très sérieuse et très conservatrice revue britannique *The Economist* de

1. Voir Richard A. Clarke, *Against All Ennemies…*, *op. cit.*
2. Voir la conférence de presse du porte-parole de la Maison-Blanche Scott McClellan, http://www.whitehouse.gov/news/releases/2005/01/20050112-7.html, et l'article de la B.B.C «U.S. Gives up Search for Iraq W.M.D.» paru le 12 janvier 2005, http://news.bbc.co.uk/2/hi/americas/4169107.stm.

titrer en juillet 2004 un de ses numéros portant la photo de Tony Blair et de George Bush « Des intoxicateurs sincères »[1], en expliquant imperturbablement dans un long article éditorial que les deux chefs d'État n'ont pas délibérément trompé leurs opinions, mais qu'ils étaient au contraire tout à fait convaincus des informations fournies par leurs différents services secrets et donc du danger imminent qu'aurait représenté le dictateur irakien pour la sécurité de la planète.

Mais l'image de l'invasion américaine est définitivement ternie dès la fin du mois d'avril 2004, lorsque éclate au grand jour le scandale des sévices sexuels pratiqués par l'armée américaine sur les prisonniers irakiens détenus à la prison d'Abou Ghraib à Bagdad, déjà célèbre du temps de Saddam Hussein pour la pratique de la torture. Des images particulièrement choquantes de corps nus, entassés les uns sur les autres ou dans des positions grotesques devant des soldats américains hilares, sont montrées sur toutes les télévisions du monde. Bien que l'émotion soit forte aux États-Unis et que le Comité des forces armées du Sénat organise immédiatement une audition du ministre de la Défense et du haut commandement de l'armée, Donald Rumsfeld s'abstient de démissionner et le président Bush lui confirme sa confiance. Mais les États-Unis sont bien désormais dans un guêpier dont il leur est difficile de sortir, même s'ils s'en tiennent au calendrier de transfert de la souveraineté aux Irakiens qu'ils ont annoncé en novembre 2003.

En effet, le 8 juin 2004, après de longues tractations au Conseil de sécurité, en particulier avec

1. « Sincere Deceivers », *The Economist*, 17-23 juillet 2004, p. 9-10. Il est intéressant ici de remarquer qu'il s'agit aussi de la position prise par l'ancien directeur de l'U.N.M.O.V.I.C., Hans Blix, dans son récit, cité précédemment ; pour lui, les seules possibilités de mensonge ne pouvaient être qu'irakiennes, et non en provenance des services secrets ou des responsables politiques américains et britanniques.

la France, ils obtiennent le vote à l'unanimité de la résolution 1546, qui fournit une couverture juridique aux États-Unis pour transformer leurs troupes d'occupation en «force multinationale», reconnaître la formation d'un «gouvernement intérimaire souverain» qui a été constitué le 1er juin et qui «assumera pleinement le pouvoir en Irak et prendra la responsabilité du pays le 30 juin 2004». La résolution reconnaît la fin de l'occupation et l'Autorité provisoire américaine est considérée dissoute à partir du 30 juin, lorsque le nouveau gouvernement irakien «souverain» prendra ses fonctions. Paul Bremer, l'administrateur de l'occupation en Irak, responsable de la dissolution de l'armée et de la police irakienne, quittera Bagdad en hâte, avant même la date du 30 juin. L'administration américaine nomme alors John Negroponte, ambassadeur aux Nations unies, comme ambassadeur auprès de l'Irak. L'ambassade américaine qui va ouvrir ses portes sera la plus grande de toutes les ambassades américaines à l'étranger.

Le nouveau gouvernement intérimaire irakien est présidé par Iyad Allaoui (un chiite), ancien membre du parti Baath passé à l'opposition et qui a des liens étroits avec la C.I.A. Un chef d'État (sunnite) est choisi, Ghazi Yaro, par un mécanisme totalement obscur. Il a des liens de famille et d'affaires avec l'Arabie Saoudite et serait le chef de la très importante tribu des Chammar; il apparaît en public vêtu de l'habit traditionnel bédouin, mais version plutôt saoudienne qu'irakienne. Le gouvernement doit convoquer une «conférence nationale représentative» de 1 200 membres, choisis par un mécanisme lui aussi obscur; il doit aussi choisir 75 membres auxquels s'ajouteront les 25 membres de l'ancien Conseil exécutif transitoire pour former une assemblée de cent membres qui sera chargée de préparer l'élection d'une Assemblée nationale qui doit se dérouler au plus tard en janvier 2005 et devant laquelle un nouveau gouvernement sera responsable. Cette conférence nationale se tient du 15 au 18 août 2004, mais la mise en route de ce processus de transition ne calme cependant pas la situation sur le terrain qui continue de se dégrader constamment. C'est tout autant une guerre civile entre les différentes communautés irakiennes qui se développe qu'un clivage entre la partie de la population, qu'elle soit chiite ou sunnite, de plus en plus nombreuse, qui rejette totalement l'occupation américaine et les institutions irakiennes qu'elle met en place sous sa tutelle, et ceux qui acceptent à des degrés divers le fait accompli de la présence américaine et jouent le jeu de la légalité formelle des institutions nouvelles.

Entre-temps, les États-Unis ont connu un autre revers international dans la gestion de leur occupation irakienne. Les attentats sanglants survenus le 11 mars 2004 à Madrid ont entraîné quelques jours plus tard aux élections du 14 mars un rejet du parti populaire du chef du gouvernement, José Aznar, le grand allié des États-Unis dans l'invasion de l'Irak. Le parti du chef du gouvernement, qui était pourtant donné gagnant aux élections, a imprudemment accusé immédiatement les séparatistes basques de l'attentat qui a fait 190 morts dans un train, alors que les indices disponibles semblent indiquer une action d'un réseau lié au groupe Al Quaëda. La population espagnole qui avait exprimé massivement son désaccord sur l'alliance de l'Espagne avec les États-Unis pour envahir l'Irak et l'envoi de troupes espagnoles dans ce pays désavoue de façon éclatante le parti de leur Premier ministre. Sous la direction de José Luis Zapatero, les socialistes de retour au pouvoir annoncent immédiatement le rapatriement du contingent espagnol qui participe à la force d'occupation américaine en Irak avant la fin du mois de juin ; en fait, le rapatriement sera terminé dès la fin du mois de mai. Dans le sillage, un petit contingent du Honduras annonce aussi son retrait. Puis ce sera le tour des Philippines dont un ressortissant a été enlevé. Quant à l'Italie, la Bulgarie et la Pologne, en dépit des victimes militaires d'attentats irakiens contre leurs contingents, elles maintiennent leurs troupes. Il est clair, cependant, que l'équipée américaine en Irak est un fiasco complet.

LA MULTIPLICATION DES EXERCICES ÉLECTORAUX ET LA DESCENTE PROGRESSIVE DE L'IRAK DANS LA GUERRE COMMUNAUTAIRE

Pourtant, les États-Unis continuent de mettre en place les nouvelles institutions irakiennes. C'est le 30 janvier 2005 que se tiendront en Irak les premières élections multipartites depuis la chute de la monarchie en 1958. Les électeurs désignent l'Assemblée nationale, l'Assemblée de la région autonome kurde et les 17 conseils de province, plus celui de Bagdad. La liste unifiée qui regroupe les principales formations chiites et qui est soutenue par l'ayatollah Ali Sistani arrive largement en tête aux élections nationales (48 % des voix), devant la liste kurde (25 %), cependant que la liste de Ayad Allaoui recueille 14 % des voix, et que la principale liste sunnite, dirigée par Ghazi al-Yaouar, n'obtient qu'un maigre 1,78 % des voix, le scrutin ayant été largement boycotté par la population sunnite qui se retrouve ainsi encore plus marginalisée dans le nouvel Irak que l'occupant entend construire. Le 6 avril 2005, Jalal Talabani, l'un des deux puissants chefs de la faction kurde, est élu président de l'Irak par l'Assemblée nationale transitoire. Le chef de l'État sortant, le sunnite Ghazi al-Yaouar, et l'universitaire chiite Hussein Chahrastani sont élus vice-présidents de cette assemblée. Le 7 avril 2005, Ibrahim al-Jaafari, l'une des personnalités issues de la coalition électorale des partis d'obédience chiite qui a emporté la majorité des sièges à l'Assemblée, est nommé Premier ministre par le président Talabani. Le 8 mai 2005, le gouvernement transitoire irakien obtient la confiance du Parlement. Il compte 36 ministres : 18 chiites, 9 sunnites, 8 Kurdes et un chrétien. Il comprend sept femmes. En réalité, les nouvelles institutions de l'Irak consacrent la perte de pouvoir des Arabes sunnites qui ont dominé la vie politique du pays depuis la création du royaume irakien au début du xxᵉ siècle.

Le gouvernement américain peut cependant montrer que sa politique d'occupation en Irak est en train de réussir, puisque ce pays se dote enfin, après des décennies de régime totalitaire, de véritables institutions démocratiques. Le fait que les Irakiens soient allés voter en masse, malgré les menaces des mouvements de résistance à l'occupation, est interprété comme une victoire morale des États-Unis et comme susceptible, à lui seul, de justifier l'invasion américaine de ce pays. D'ailleurs, le comité des experts mis en place pour approuver une nouvelle constitution irakienne se met rapidement au travail pour rédiger une nouvelle constitution démocratique qui prévoit la possibilité d'instaurer le fédéralisme, ce qui consacre l'autonomie kurde déjà fort bien installée et annonce le renforcement de la domination de la communauté chiite dans toutes les préfectures du pays où elle est majoritaire. En dépit des protestations sunnites qui se multiplient sur les articles de la Constitution permettant l'établissement de nouvelles régions autonomes, le texte est approuvé par le Parlement le 22 août 2005. Après introduction de quatorze amendements, la Constitution est lue devant le Parlement le 28 août 2005 et peut être soumise au référendum le 15 octobre. Ce qui sera fait à cette date où le texte de cette consti-

tution est approuvé à 78,6 % par la population irakienne et par 16 des 18 préfectures du pays[1]. Mais
le taux de participation n'est que de 63 %, ce qui
fait qu'en réalité moins de 50 % des Irakiens ont
approuvé la Constitution.

Mais les progrès réalisés dans la mise en place
d'institutions démocratiques n'assainissent guère
l'atmosphère à l'intérieur de l'Irak où la violence
est devenue quotidienne et où la population, qui a
certes bravé les menaces de la résistance pour aller
voter, montrant ainsi son courage et sa détermination à affirmer son existence, est de plus en plus pau-
périsée et aux abois. C'est ainsi que, le 31 août 2005,
à la suite de rumeurs sur la présence de kamikazes
dans la foule, lors d'un pèlerinage chiite, une gigan-
tesque bousculade sur un pont à Bagdad fait un millier de morts. Tous les jours, les attentats à la voiture
piégée sur des places de marché ou devant des commissariats de police font d'innombrables victimes à
Bagdad, mais aussi dans un grand nombre d'autres
villes. Bientôt commenceront les enlèvements de
civils sur la base de leur identité communautaire,
comme cela s'était passé au Liban, vingt-cinq ans
auparavant. Les cadavres sont retrouvés au petit
matin flottant dans l'Euphrate ou jetés au bord d'une
route. Les quartiers à forte mixité communautaire
sont délaissés par l'une ou l'autre des deux communautés, sunnite ou chiite, qui ne se sentent plus en
sécurité. Des camps de réfugiés se développent ainsi
à la périphérie de certaines grandes villes. La démocratie qui «progresse» en Irak a une odeur de sang,
de désolation et de mort particulièrement forte.

---

1. Pour empêcher la Constitution d'être adoptée, il aurait fallu
que trois préfectures la rejettent à une majorité des deux tiers. Or
cette majorité qualifiée ne sera atteinte que dans deux préfectures,
celle de Saah El Dine (82 %) et celle de Al Anbar (97 %), mais pas
dans celle de Ninive (55 %) et celle de Diyala (49 %), ces quatre
préfectures étant à dominante sunnite. Voir les résultats officiels
irakiens sur le site web : www.ieciraq.org, et voir aussi La Documentation française, *Dossier Irak : politique intérieure*, cote IQ/B/002,
site web : www.ladocumentationfrançaise.fr, 2006.

Pourtant le processus démocratique, dans lequel la communauté sunnite se voit de plus en plus marginalisée, continue, comme si de rien n'était. Il est prévu, d'ailleurs, que la prochaine Assemblée législative amendera la nouvelle Constitution pour apaiser les craintes sunnites. Celle-ci est effectivement élue le 15 décembre 2005. La coalition des principaux mouvements chiites, regroupée sous le nom de l'Alliance irakienne unifiée, remporte 128 sièges sur 275 dont 78 vont au Conseil suprême de la révolution islamique en Irak dirigé par l'ayatollah Abdel Aziz el-Hakim, mais n'obtient pas la majorité; la liste kurde emporte 53 sièges et la liste sunnite 44. Le 12 février 2006, le Premier ministre Ibrahim Jaafari est choisi comme candidat à sa propre succession. Mais il doit se désister après plus d'un mois de tractations infructueuses et face aux reproches qui lui sont faits de n'avoir pas su arrêter le cycle infernal des violences dans le pays. Il est remplacé le 22 avril 2006 par Nouri al-Maliki, le numéro deux du parti islamique chiite Al Dawa, auquel appartient Ibrahim Jaafari. Le nouveau Premier ministre, cependant, ne parviendra pas plus que l'ancien à arrêter la spirale de la violence en Irak, en dépit de tous les signes d'appui que lui donne le gouvernement américain par la bouche même de son président.

Plus le temps passe et plus il est clair que l'Irak s'enfonce dans le chaos et les relations entre les chefs des deux communautés sunnite et chiite se dégradent, les uns accusant les autres de pratiquer des enlèvements, des meurtres de civils innocents, des assassinats de personnalités politiques ou religieuses, sans parler des très nombreux enlèvements d'étrangers de toutes les nationalités et parfois des exécutions d'otages[1]. Quant à l'armée américaine, ses

---

1. Plus de 200 étrangers ont été enlevés en Irak, suivant l'agence américaine d'information C.B.C., dont certains ont été tués, d'autres relâchés (voir C.B.C. *on line* du 22 juin 2006).

pertes quotidiennes augmentent jusqu'à atteindre parfois cinq à dix soldats tués. À la fin de l'année 2006, le nombre de soldats américains tués est estimé à 3 000, le nombre de victimes irakiennes des violences communautaires, voitures piégées, assauts de l'armée américaine sur différentes villes irakiennes est estimé à 655 000[1]. Le nombre de journalistes tués est de plus de 86, sans compter l'enlèvement de 38 d'entre eux[2].

Le sentiment de l'échec pour les États-Unis et la Grande-Bretagne augmente encore lorsque le gouvernement anglais, sous la pression de l'opinion interne, annonce le 13 mars 2006 le retrait de 800 hommes, soit dix pour cent de son contingent, en arguant que la situation au sud de l'Irak où ses troupes sont basées est plus calme qu'ailleurs. Les deux pays ne manquent pas d'accuser sans cesse la Syrie et parfois l'Iran de contribuer à déstabiliser l'Irak pour atteindre le prestige des États-Unis dans la région. La résistance et la violence sont exclusivement attribuées à la nébuleuse terroriste d'Al Quaëda, plus accessoirement aux baathistes passés à la clandestinité. Comme nous l'avons déjà mentionné, un personnage devient célèbre sur tous les médias internationaux, celui de Abou Mouss'ab Al Zarkaoui, islamiste d'origine jordanienne, et bien sûr ancien combattant en Afghanistan, qui mènerait la résistance à l'occupation. Le gouvernement américain fait de sa capture un élément clé de sa politique en Irak et se sert même de la présence d'Al Quaëda dans le pays pour justifier son invasion, en affirmant qu'au moins l'invasion en Irak aura eu

1. Voir la revue médicale britannique *The Lancet* qui publie une étude basée sur les travaux de chercheurs américains, réalisés en Irak : «Mortality after the 2003 Invasion of Iraq : a Cross-Sectional Cluster Sample Survey», by Gilbert Burnham, Riyadh Lafta, Shannon Doocy, and Les Roberts. *The Lancet*, october 11, 2006.
2. Voir à ce sujet le document de Reporters sans frontières, «L'hécatombe irakienne (20 mars 2003-20 mars 2006)», disponible sur le site web de l'association : www.rsf.org.

pour effet d'attirer et de fixer les groupes terroristes en Irak où ils pourront plus facilement être exterminés. Al Zarkoui est effectivement tué le 7 juin 2006 dans une offensive militaire majeure contre la ville de Bakouba au centre de l'Irak, un foyer majeur de la résistance sunnite à l'occupation. Dans son village, en Jordanie, on recevra les condoléances, ce qui montre bien l'état de l'opinion arabe vis-à-vis de la domination américaine au Proche-Orient.

Du fait des pertes de plus en plus grandes essuyées par l'armée américaine en Irak et du contraste permanent entre les déclarations optimistes de George Bush ou de son ministre de la Défense et la réalité de la situation du terrain, le Parti républicain va subir une défaite électorale massive à la fin de l'année 2006. Le ministre de la Défense, Donald Rumsfeld, se voit obligé de démissionner pour être remplacé par un ancien directeur de la C.I.A. sous la présidence de George Bush (père), William Gates. Le nouveau ministre a été membre d'un groupe de personnalités politiques appartenant aux deux partis principaux, dont le célèbre James Baker, ancien ministre des Affaires étrangères de George Bush (père), qui ont préparé un rapport sévère sur la gestion de l'occupation en Irak[1]. Ce rapport est publié et présenté officiellement au président Bush le 6 décembre 2006. Il préconise de mettre en œuvre aussi rapidement que possible une politique de regroupement puis de retrait des troupes américaines de l'Irak, en accélérant la formation des militaires irakiens, en mettant plus de pression sur le gouvernement irakien en vue de la réconciliation nationale et, surtout, en ouvrant un dialogue avec la Syrie et l'Iran, les deux voisins de l'Irak accusés par les États-Unis d'être responsables de la déstabilisation et de la violence dans ce pays. Il ne fait plus de doute pour personne, désormais, que

---

1. Le texte du rapport est disponible sur le site www.usip.org.

l'expédition américaine en Mésopotamie a été un fiasco complet.

Tous ces événements américains n'empêcheront pas la continuation des erreurs dans la gestion de l'Irak. À l'aube de la fête musulmane du sacrifice et à la veille de la nouvelle année, le 30 décembre 2006, Saddam Hussein est pendu en exécution de sa condamnation à mort par le tribunal spécial constitué sous ombrelle de l'occupation américaine pour le juger et juger en même temps les principaux dignitaires du régime. Cette condamnation ne résultait que de l'un des chefs d'inculpation, concernant le jugement et la mise à mort de plusieurs dizaines d'habitants du village de Dujeil où l'ancien chef de l'État irakien avait été victime d'une tentative ratée d'assassinat. Les procès pour autres chefs d'inculpation, notamment le gazage des habitants du village kurde de Halabja en mars 1988, n'ont pas encore abouti lorsque l'exécution du chef de l'État intervient dans les conditions les plus sordides et qu'elle est montrée sur les télévisions du monde entier, car elle a été clandestinement filmée[1]. Le comportement courageux de Saddam Hussein grandit le personnage et montre une nouvelle fois le nouveau régime irakien issu de l'occupation sous un visage bien sombre. La comparaison entre l'ancien régime baathiste et le nouveau régime «démocratique» rongé par le communautarisme violent et sectaire qui fait tous les jours des dizaines de morts dans la population civile ne tourne guère à l'avantage de ce dernier. De nombreuses personnalités politiques européennes et arabes, ainsi que des orga-

---

1. Il semble que ce soit par un téléphone mobile que le déroulement de la pendaison ait été filmé. On y entend des insultes contre le président déchu et des cris de vengeance, ainsi que le nom du leader chiite, Moqtada al-Sadr, fils de l'imam Baker el-Sadr condamné à mort et exécuté par le régime de Saddam Hussein en avril 1980. Face à ces infractions graves au droit des condamnés, le calme et la dignité de Saddam Hussein offrent un contraste saisissant.

nisations de défense des droits de l'homme, émet-
tront de fortes critiques sur les circonstances du
jugement puis de l'exécution du plus célèbre prisonnier de l'histoire récente. Saddam Hussein sera
enterré à la va-vite, en pleine nuit, près de son village d'origine ; son tombeau se transformera tout de
suite en lieu de pèlerinage.

Avec sa disparition se clôt un épisode majeur de
l'histoire du Proche-Orient.

Le fait positif pour les États-Unis, dans le bilan
catastrophique de cette invasion, sera l'initiative
spectaculaire du chef de l'État libyen. Ce dernier, qui
cherche à régler sa situation vis-à-vis des États-Unis,
après l'attentat contre un avion de ligne américaine
désintégré au-dessus de l'Écosse, à Lockerbie, est
venu au secours de George Bush en annonçant, en
décembre 2003, qu'il renonce à son programme
de production d'armes de destruction massive et
en invitant l'Agence de l'énergie atomique à venir
démanteler ses installations. Le président américain
peut ainsi clamer que l'invasion de l'Irak n'aura pas
été inutile, puisqu'un État «voyou» comme la Libye
est venu à repentance pour ne pas subir le sort de
l'Irak ! Celui qui fut autrefois un jeune et bouillant
colonel, célèbre pour ses surenchères nationalistes,
et qui prétendait faire la chasse à l'impérialisme partout dans le monde arabe et en Afrique finit sa carrière dans les bras des États-Unis. Ces derniers, ravis
de ce cadeau inespéré, semblent prêts à tout oublier
et à fermer les yeux sur le fait que la Libye a été transformée en énorme camp de concentration pour ses
citoyens depuis plus de trente ans.

25

La déstabilisation du Liban et l'encerclement de la Syrie

Avec la nouvelle phase de déstabilisation ouverte dans la politique régionale par l'invasion américaine de l'Irak en mars 2003, le Liban va être emporté dans cette tourmente, sans y être le moins du monde préparé. La crise de régime, qui couvait sous les cendres et minait la IIe République issue des accords de Taïef, a alors éclaté au grand jour. Elle a été largement encouragée par les médias internationaux, sous influences américaine et française, qui ont voulu faire du malheureux Liban un laboratoire de l'installation de la démocratie au Moyen-Orient suivant le schéma d'«instabilité constructive» préconisé par les néoconservateurs américains au pouvoir à Washington. Mais c'est à la France de Jacques Chirac que revient principalement le déclenchement de cette nouvelle crise.

LE JEU FRANÇAIS
ET LE COUP DE TONNERRE
DE LA RÉSOLUTION 1559

En 2004, en effet, le président français, qui voue une amitié indéfectible au Premier ministre Rafic Hariri, croyant vraisemblablement bien faire en participant à la mise à l'écart du chef de l'État libanais Émile Lahoud, que le Premier ministre ne supportait plus, va être à l'origine d'un nouveau drame libanais. Il est provoqué par l'adoption, le 2 septembre 2004, de la résolution 1559 du Conseil de sécurité des Nations unies — demandant notamment la non-prolongation du mandat présidentiel et le retrait des troupes syriennes du Liban —, dont il a pris l'initiative et dont il avait soumis le projet aux États-Unis dès le mois de juin[1].

Une fois encore dans l'histoire du Liban[2], les « passions » françaises à l'égard de ce pays vont contribuer à sa déstabilisation. On se souviendra, en effet, de l'expérience malheureuse de la constitution de la Force d'intervention multinationale en 1982 à l'initiative de la France, mais qui sert alors de couverture au retour des États-Unis sur la scène libanaise et se termine par les attentats terroristes sanglants contre les bataillons américains et français de la Force en octobre 1983, ce qui accentue le retour au chaos du Liban[3]. De même, en 1988-1989, la France a soutenu bruyamment la vaine équipée du général Michel Aoun, transformant ce militaire aventureux aux intentions nationales honorables en héros « chrétien » malheureux, à qui elle donnera asile.

À l'automne 2004, tel un coup de tonnerre dans un ciel relativement serein, la résolution 1559 de l'O.N.U. va précipiter à nouveau la déstabilisation du Liban, alors que, depuis l'année 2002, Beyrouth avait

1. Sur le changement de la position française sur le Liban que met en œuvre Jacques Chirac, on pourra se reporter à l'ouvrage bien documenté de Richard Labévière, *Le grand retournement. Bagdad-Beyrouth*, Seuil, Paris, 2006 ; on verra aussi Éric Aeschimann et Christophe Boltanski, *Chirac d'Arabie. Les mirages d'une politique française*, Grasset, 2006, bien informé sur la politique vis-à-vis de l'Irak, mais mauvais connaisseur des problèmes libanais.

2. Voir, sur l'influence française dans différentes étapes de l'histoire contemporaine du Liban, Georges Corm, *Le Liban contemporain, op. cit.*

3. Voir *supra* chapitre 14.

retrouvé son rôle de capitale arabe à la faveur du sommet des chefs d'État de la Ligue arabe, au mois de mars. Au mois d'octobre de cette même année, c'est le sommet des chefs d'État francophones qui se tient dans la capitale libanaise. Le chef de l'État français s'est alors rendu au Parlement libanais pour y prononcer un discours dans lequel il a confirmé implicitement le statut du Liban comme protectorat syrien jusqu'au règlement du conflit israélo-arabe[1]. D'ailleurs, Rafic Hariri, redevenu Premier ministre en octobre 2000, avait confirmé dans sa déclaration de politique générale au Parlement la nécessité pour les troupes syriennes de rester au Liban[2].

Grâce à la libération du sud du pays, le Liban récupère rapidement son rôle de centre touristique, culturel et même politique du monde arabe. Paradoxalement, les événements dramatiques du 11 septembre 2001 et leurs retombées sur la région vont faciliter ce retour à la normale. En effet, les riches touristes arabes de la Péninsule arabique se détournent des destinations européennes ou américaines et reviennent en nombre au Liban, où désormais il n'y a plus d'occupation israélienne ni d'opérations militaires. L'année 2004 connaît une saison touris-

---

1. Voir le texte de ce discours dans le quotidien libanais *L'Orient-Le Jour* du 18 octobre 2002 : «Bien entendu, affirme le président français, la paix [au Moyen-Orient] ne sera globale, juste et durable que si elle inclut le Liban et la Syrie, et si elle apporte une solution équitable à la question des réfugiés palestiniens, une solution qui tienne compte des intérêts du Liban. C'est la position constante de la France. Dans le même temps, l'évolution vers cette paix tant souhaitée permettra au Liban et à la Syrie d'harmoniser leurs relations et de mener à terme le retrait complet des forces syriennes de votre pays, conformément aux accords de Taïef. »
2. À un député de l'opposition qui protestait contre cette déclaration, M. Hariri répondait avec vivacité que «blâmer la Syrie pour les problèmes du Liban ne correspond pas à la réalité» et il affirmait cela «uniquement pour rendre justice à la vérité, [...] car sans elle [la Syrie], il aurait été impossible de parvenir à la stabilité» (voir le texte intégral dans le quotidien libanais *Al-Nahar* du 3 novembre 2000). Il s'agit là d'une position constante de M. Hariri, de son premier gouvernement en 1992 jusqu'à son assassinat en février 2005.

tique exceptionnelle, le nombre de visiteurs dépassant un million de personnes, retrouvant pour la première fois le niveau antérieur au déclenchement de la guerre ; la croissance économique, totalement languissante depuis 1998, reprend un peu de couleur, atteignant 4 % du P.I.B. Les capitaux aussi affluent dans les banques libanaises, fuyant les contrôles internationaux tatillons mis en place pour traquer les circuits de financements des organisations terroristes, souvent en provenance de la Péninsule arabique. En même temps, le dispositif militaire syrien au Liban est allégé : entre 2000 et 2004, le nombre de soldats syriens est réduit de 40 000 à 14 000.

Toutefois, les modalités de retrait de l'armée israélienne en mai 2000 n'ont pas été sans créer un certain nombre de problèmes explosifs, dont les Nations unies ne sont pas sans porter une grande part de responsabilité. En effet, contrairement au texte de la résolution du Conseil de sécurité du 19 mars 1978, demandant le retrait de l'armée israélienne occupante et le respect des «frontières internationalement reconnues» du Liban, c'est-à-dire celles établies sous le mandat français en accord avec l'Angleterre, puissance mandataire sur la Palestine, les Nations unies veulent faire entériner par le gouvernement libanais une nouvelle frontière qui permet à Israël de consacrer les nombreux empiétements qu'elle a opérés depuis 1948 sur le territoire libanais et qu'elle a multipliés durant son occupation du sud du pays durant vingt-deux ans. Il en résultera un bras de fer entre la commission militaire libanaise et les fonctionnaires des Nations unies en charge de la constatation du retrait israélien, au terme duquel une «ligne bleue» est créée qui est la ligne de retrait de l'armée israélienne en mai 2000, dont le tracé est différent de celui de la frontière internationale[1]. C'est cet artifice des

---

1. Le chef de la Commission militaire libanaise nous a laissé un

Nations unies qui entraîne le maintien de la résistance du Hezbollah pour récupérer les territoires
restant occupés par Israël après son retrait qui n'est
donc pas total. Par ailleurs, Israël continue de
conserver de très nombreux prisonniers libanais
dans ses prisons, qu'elle a transférés hors du territoire libanais durant ses années d'occupation en
infraction aux conventions de Genève. Enfin, l'armée israélienne a laissé derrière elle plusieurs
dizaines de milliers de mines enfouies sous le sol
qui font tous les jours de nouvelles victimes libanaises de son occupation. Elle s'est toujours refusée
à livrer au gouvernement libanais par l'intermédiaire des Nations unies la carte des emplacements
de ces mines.

Mais en fait, malgré ces problèmes graves, le seul
qui agite la classe politique libanaise et les ambassades étrangères en cette année 2004 est celui de
l'antipathie entre le chef de l'État et l'incontournable Premier ministre, Rafic Hariri, que nous
avons déjà évoquée. Ce dernier tente par tous les
moyens d'éviter une extension ou un renouvellement du mandat du président de la République
— limité constitutionnellement à six ans et non
renouvelable —, qui échoit en octobre 2004. C'est
pourtant une pratique qu'il avait lui-même contribué à forger en 1995, en œuvrant sans relâche pour
convaincre la Syrie de le laisser amender la Consti-

---

compte-rendu très détaillé et très éclairant de ces négociations épuisantes au cours desquelles il a réussi à récupérer plusieurs milliers
de m² d'empiétements israéliens, sans pouvoir cependant obtenir le
retour complet au tracé de la frontière initiale. Le problème du petit
territoire de 40 km², dit des «fermes de Chébaa», occupé par l'armée israélienne après la guerre israélo-arabe de 1967, mais appartenant au Liban, est né de cette impuissance des Nations unies
vis-à-vis d'Israël qui s'accroche à ce territoire militairement stratégique, mais qui surtout est un château très important. On verra
Amin M. Hotteit, *Sira'a 'ala ard Loubnan baina'l houdoud al doulia
wal khatt al azrak* («Conflit sur le territoire libanais entre la frontière internationale et la ligne bleue»), Dar Al Amir, Beyrouth, 2004.

tution libanaise afin de prolonger le mandat du président sortant de l'époque, Élias el-Hraoui, ce qui lui fut accordé. Il est vrai que M. el-Hraoui était un admirateur aveugle de M. Hariri, qui se contentait fort bien de jouer les seconds et de s'effacer devant lui. L'extension (exceptionnelle) de son mandat pour trois ans ne créa à l'époque aucun état d'âme dans les chancelleries occidentales.

Ce ne fut plus le cas en 2004 à l'échéance du mandat du président Émile Lahoud, à qui le Premier ministre avait fait au Liban et dans toutes les capitales arabes et occidentales la réputation d'un homme qui ferait obstacle à son désir ardent de réformer le pays et son économie, obérée par une dette colossale. Pourtant, Rafic Hariri avait été lui-même Premier ministre durant dix ans (1992-1998 et 2000-2004), disposant toujours d'une majorité très confortable à la Chambre des députés, sans jamais véritablement proposer et mettre en œuvre une réforme drastique de l'administration et des finances du pays[1], ni mener une campagne sérieuse contre la corruption ou arrêter l'engrenage infernal de l'endettement, presque exclusivement dû aux taux d'intérêts outrageusement élevés prélevés par les banques libanaises, avec l'appui de la Banque centrale, sur une dette à l'origine modeste[2]. Durant toutes les années où

---

1. Ce n'est qu'en septembre 2004, à quelques jours de la fin du dernier gouvernement qu'il a présidé, que son ministre des Finances, Fouad Siniora, lui aussi en poste durant les dix ans de règne de Rafic Hariri (et qui deviendra à son tour Premier ministre en mai 2005), présentera à la presse un projet de budget pour l'année 2005 qui comprend une série de mesures de réforme hétéroclites, touchant à divers domaines — et qui, sur le plan constitutionnel, ne peuvent en tout cas relever d'une loi budgétaire.
2. Il est utile de rappeler que le montant de la dette libanaise à la fin de l'année 1992, lorsque Rafic Hariri devient Premier ministre, n'était que de 2,5 milliards de dollars. Par la suite, le déficit cumulé des finances publiques durant la période 1993-2004 n'a pas dépassé le montant de 5,2 milliards de dollars, charge du service de la dette exclue. L'addition de ces deux chiffres nous donne le montant du capital de la dette, soit 7,7 milliards de dollars. Le montant des inté-

s'exerce son pouvoir, le Premier ministre n'avait également jamais protesté contre les arrestations de partisans du général Aoun ou de militants des Forces libanaises, ou contre l'augmentation du nombre d'ouvriers syriens permanents ou saisonniers, ou contre la présence des services de renseignements syriens — lui-même visitant très régulièrement le siège de ces services à Anjar, dans la plaine de la Bekaa, et entretenant des relations étroites avec le général Ghazi Kanaan, chef de ces services.

Plus grave, alors que Rafic Hariri passait pour un pro-occidental «modéré» dans les affaires régionales, c'est-à-dire prêt à normaliser les relations du Liban avec Israël, le président Lahoud avait acquis la réputation d'un «faucon» en politique régionale : il avait soutenu sans réserve et fait soutenir par les services de sécurité — et, plus discrètement, par l'armée — la guérilla du Hezbollah contre l'occupation israélienne, appui qui devait grandement facili-

---

rêts payés durant cette période sur ce capital s'est élevé à 39 182 milliards de livres, soit l'équivalent de 25,7 milliards de dollars, représentant 3,3 fois le montant du capital de la dette payé en intérêts sur une période de douze ans. En réalité, le Trésor public libanais a été contraint par le système bancaire et la Banque centrale de payer un taux d'intérêt moyen durant la période sur la dette de 16,6 %, alors que, dès 1993, l'inflation avait considérablement reculé et pratiquement disparu à partir de 1997. Des fortunes colossales se sont faites au Liban par cette gestion d'une dette publique modeste à l'origine. Si la Banque centrale, dirigée depuis 1992 par un proche de Rafic Hariri, qui a géré la dette publique, avait appliqué une structure normale de taux d'intérêts, le montant de cette dette à la fin de l'année 2004 aurait dû être de 20,1 et non de 35,8 milliards de dollars (arriérés de paiements de l'État et dette de la Banque centrale envers les banques commerciales exclus, sans compter plus de deux milliards de bons du Trésor, souscrits par la Banque centrale et annulés par elle en contrepartie des profits comptables réalisés sur le stock d'or, opération tout à fait contestable sur le plan légal). La surfacturation d'intérêts à l'État libanais a donc dépassé 15,7 milliards de dollars durant cette période (voir Georges Corm, *Overcoming the Debt Trap in Lebanon. An Analysis of Debt Mechanism and Scenarios for the Future*, étude non publiée réalisée pour le bureau du vice-Premier ministre libanais de l'époque, M. Issam Farès, mars 2005).

ter la victoire de la résistance; il était convaincu,
non sans raison, que le Liban devait rester fidèle à
son alliance avec l'axe syro-iranien dans la région,
cette situation ayant assuré au pays une stabilité et
une sécurité intérieure totale qui lui avaient fait
défaut depuis 1969; de plus, il avait toujours refusé
de céder aux pressions américaines qui exigeaient
le désarmement du Hezbollah ou, au moins, son
retrait de la frontière avec Israël et le déploiement
de l'armée libanaise tout au long de cette frontière.
C'est pourquoi Rafic Hariri, étroitement allié à
Walid Joumblatt — le redouté chef d'une puissante
faction druze qui avait procédé durant la guerre en
1983-1984 au déplacement forcé de presque toute la
population chrétienne du Chouf — et aux notables
traditionnels et pro-occidentaux de la communauté
maronite, regroupés dans un rassemblement dit de
Kornet Chehwan, très hostile au chef de l'État, entreprend une campagne virulente contre le renouvellement ou l'extension du mandat d'Émile Lahoud.

Un rouleau compresseur était ainsi mis en marche,
y compris au plan international. En juin 2004, le président français, toujours soucieux de plaire au Premier ministre libanais, son ami de toujours, soumet
discrètement à Washington une idée pour le moins
curieuse : faire adopter par le Conseil de sécurité des
Nations unies une résolution qui dénoncerait l'éventualité d'une prorogation du mandat du président libanais par le Parlement. L'administration Bush
accepte très vite cette proposition : venant d'un opposant déclaré à leur politique dans la région, elle lui
apparaît comme une opportunité à saisir pour afficher un bien utile rapprochement franco-américain,
d'autant plus que cette initiative peut servir aux États-
Unis pour faire avaliser par la communauté internationale certains de ses objectifs au Proche-Orient[1].

---

1. Ces objectifs ont été très bien exprimés par Robert Satloff,
Assessing the Bush Administration's Policy of «Constructive Instabi-

Pour Washington, cette résolution «révolution-naire» peut en effet constituer une très opportune diversion au dérapage de la situation en Irak, où les troupes américaines — et la police irakienne qui coopère avec elles — se heurtent à une résistance toujours plus virulente. Le gouvernement américain considère par ailleurs que la Syrie soutient cette résistance et mène donc une politique antiaméri-caine pour laquelle elle doit être punie. Les relations syro-américaines avaient déjà pris une mauvaise tournure après l'invasion de l'Irak, ce qui s'était tra-duit par l'adoption, le 12 décembre 2003, par le Congrès américain d'une loi dite «Syrian Accounta-bility and Lebanese sovereignty Restoration Act», permettant au président des États-Unis de prendre diverses mesures de boycottage économique de la Syrie ou de saisie des comptes d'organismes offi-ciels syriens.

Cependant, le projet de résolution sur le Liban présenté aux Nations unies constituait une telle immixtion dans les affaires d'un État membre de l'O.N.U., qu'elle avait besoin pour être acceptée d'un habillage et d'arguments «légitimes». Aussi, lorsque ce projet est adopté le 2 septembre 2004 par la résolution n° 1559 du Conseil de sécurité[1], non seulement il est demandé au Parlement libanais de ne pas amender la Constitution pour permettre l'ex-tension du mandat présidentiel, mais la résolution exige également le retrait immédiat de toutes les

---

lity» (Part I): Lebanon and Syria, 15 mars 2005 (texte disponible sur le site web de cet institut, proche des milieux conservateurs améri-cains: www.washingtoninstitute.org; la seconde partie de cette étude est intitulée «Regional Dynamics»); mais aussi dans une autre étude du même institut, beaucoup plus ancienne: Daniel Pipes et Ziad Abdelnour, *Ending Syrian Occupation of Lebanon: the U.S. Role. Report of the Lebanon Study Group*, The Washington Institute for Near East Policy, mai 2000 (disponible sur le même site).

1. Avec neuf voix seulement sur quinze, et six abstentions impor-tantes, dont celles de deux membres permanents (Algérie, Brésil, Chine, Russie, Pakistan, Philippines).

troupes syriennes du Liban, le désarmement du Hezbollah, le déploiement de l'armée libanaise tout au long de la frontière avec Israël, le désarmement des camps palestiniens. La stabilité du Liban est ainsi totalement remise en cause et le pays est jeté à nouveau dans les jeux sauvages de la géopolitique régionale, tout comme il l'avait été à partir du début des années 1970[1].

On peut évidemment s'interroger sur les motifs de la France dans cette affaire, car l'amitié étroite liant le président français au Premier ministre libanais ne peut expliquer, à elle seule, une initiative qui bouleverse à ce point le paysage régional[2]. Il est probable que, du côté français, un rapprochement avec Washington, après le froid dans les relations avec les États-Unis dû à la position française sur l'invasion de l'Irak, ait été jugé utile. De plus, le président français a pu croire que cette initiative entraînerait une redistribution des cartes sur le plan de la géopolitique régionale : elle permettrait à la France de réaffirmer son influence décisive sur la Syrie et le Liban, pays ayant relevé de la domination coloniale française autrefois, cependant que les États-Unis se contenteraient de consolider leur monopole d'influence sur l'Irak, la Palestine et la Péninsule arabique[3].

On peut d'ailleurs se demander si le Premier ministre libanais, réalisant la gravité de l'engrenage dans lequel il s'était jeté, n'a pas tenté de faire marche arrière. Très lié à Damas, dont il tenait une large partie de son pouvoir, il entretenait alors des liens politiques et d'affaires ainsi que de nombreuses amitiés dans une large partie de la haute nomenklatura syrienne, et ne pouvait se permettre de perdre

---

1. Voir à ce sujet Georges Corm, «Pourquoi la France change-t-elle d'attitude au Liban?», *Le Monde*, 14 septembre 2004.
2. Voir Georges Corm, «La crise libanaise dans le contexte régional houleux», *Le Monde diplomatique*, avril 2005.
3. Ce calcul se révélera tout à fait erroné, car ce seront désormais les États-Unis qui mèneront le jeu au Liban et non point la France.

ces appuis [1]. Même sur le plan international, il était souvent considéré comme un intermédiaire utile avec ce pays, où il exerçait une forte influence. Il n'avait donc aucun intérêt à devenir un ennemi de la Syrie et à saper ainsi les bases de son propre pouvoir ; d'autant que, par caractère, il était un médiateur et un conciliateur et non un va-t-en-guerre prêt à mettre en péril toute la base locale de son influence et de son pouvoir [2].

L'INTROUVABLE GOUVERNEMENT
D'UNION NATIONALE

Après l'adoption de la résolution onusienne, la tempête se lève sur le Liban et la première victime, comme on le verra un peu plus loin, en sera Rafic Hariri lui-même. En fait, la diplomatie française, sous contrôle étroit du président de la République Jacques Chirac, paraît ne pas avoir réalisé, pas plus que cela n'avait été le cas lors des épisodes

1. Beaucoup de rumeurs, parfois reprises par des journalistes libanais et étrangers, ont accrédité la version de menaces physiques proférées par les autorités syriennes à Damas ou par leur représentant au Liban à l'égard du Premier ministre. Pour qui connaît l'influence — et souvent même le respect — dont jouissait Rafic Hariri au plus haut niveau de l'État syrien, ces rumeurs apparaissent très fantaisistes. On rappellera aussi qu'aux élections parlementaires de l'année 2000, les autorités syriennes avaient très activement œuvré pour la déconfiture du gouvernement de Salim El Hoss et le retour de Rafic Hariri aux affaires, après une interruption de moins de deux ans.
2. Le 6 mars 2005, peu après l'assassinat du Premier ministre, le chef du Hezbollah, Sayyed Hussein Nasrallah, révéla d'ailleurs dans une conférence de presse que, depuis l'adoption de la résolution 1559, Rafic Hariri menait avec lui des discussions secrètes pour tenter d'en limiter les dégâts (révélations confirmées par la famille de Rafic Hariri et par son collaborateur chargé des relations avec le Hezbollah).

déjà évoqués de 1982-1983 et de 1989-1990, que, par cette initiative, elle jette dans l'enfer le pays qu'elle prétend si bien aimer[1].

En effet, la Syrie semblait avoir envisagé un moment de laisser le choix au Parlement libanais de prolonger le mandat du président Lahoud, en réduisant la durée du mandat présidentiel de six à quatre années, ou d'élire un des nombreux candidats maronites considérés comme des fidèles de l'alliance avec la Syrie. Mais, lorsqu'il devient clair que la manœuvre franco-américaine au Conseil de sécurité est sur le point de réussir, elle réagit en décidant de faire adopter par le Parlement, dont la majorité des membres lui sont favorables, l'extension du mandat du président de la République.

Le 26 août 2004, Rafic Hariri se rend à Damas pour rencontrer le président Bachar el-Assad, qui l'a fait venir pour lui signifier cette décision[2]. Comme nous l'avons déjà évoqué, il est probable que le Premier ministre libanais ait alors choisi de maintenir ses liens avec la Syrie, plutôt que de continuer dans le chemin que va tracer la résolution 1559 qui est sur

1. En 1982, la France est à la base de la constitution de la Force multinationale d'intervention au Liban qui sera l'objet d'attentats meurtriers en 1983, après que les pays occidentaux ont cautionné la désignation successive de deux présidents phalangistes sous occupation de l'armée israélienne (voir *supra* chapitre 13); elle soutiendra, en 1988-1990, l'équipée malheureuse du général Aoun sans que les conditions de libération du pays de l'emprise syrienne soient vraiment réunies (voir *supra* chapitre 15).

2. Il semble que cette entrevue ait été aussi brève que sèche. Après l'assassinat du Premier ministre, on a beaucoup brodé dans la presse libanaise et internationale sur des menaces proférées à cette occasion par le chef d'État syrien, ainsi que sur une rencontre orageuse qui aurait eu lieu peu après entre M. Hariri et le chef des services de renseignements syriens au Liban, le général Rustom Ghazalé, successeur du général Ghazi Kanaan. Comme nous le verrons, pour toute une partie des Libanais, ainsi que pour les milieux occidentaux, Hariri a dû céder à la menace syrienne. Mais, dans ce cas, on peut s'interroger sur les motivations syriennes, quelques mois plus tard, à se débarrasser de lui, puisque le Premier ministre libanais a accepté la prolongation du mandat du président de la République (voir *infra*, page 1044).

le point d'être approuvée par le Conseil de sécurité des Nations unies. C'est ce qui expliquerait que le conseil des ministres approuve, le 28 août, un projet de loi amendant la Constitution pour permettre l'extension du mandat présidentiel pour trois années. Le projet est transmis à la Chambre des députés qui, le 3 septembre 2004, soit le lendemain même de l'adoption de la résolution du Conseil de sécurité, l'adopte par 96 voix pour — dont celles du groupe de Rafic Hariri —, 29 voix contre et 3 abstentions[1]. Le vote positif des députés de son groupe — à deux exceptions près — s'inscrit dans la logique de la situation ancienne que le vote de la résolution 1559 n'a pas encore bouleversé totalement.

Mais cette résolution a malgré tout bouleversé la situation régionale prévalant depuis la fin de l'année 1990, faisant de la Syrie la puissance hégémonique au Liban. Elle ouvre ainsi le champ à l'opportunisme des plus fidèles alliés de la Syrie au Liban qui ont bien senti tourner les vents de la géopolitique régionale sous le poids de la nouvelle politique américaine à laquelle s'est jointe la France : le 6 septembre, quatre ministres démissionnent du gouvernement, dont trois du groupe parlementaire de Walid Joumblatt. Le 9 septembre, le Premier ministre annonce la démission de son gouvernement pour le 20 ; mais il entame aussitôt des consultations officieuses pour former un gouvernement d'Union nationale avec les membres de l'opposition,

---

1. En 1995, il n'y avait eu que onze députés pour voter contre l'extension du mandat du précédent président de la République, Élias el-Hraoui. La décision syrienne avait alors été annoncée par une interview donnée par le président Hafez el-Assad au journal égyptien *Al-Ahram*, dans laquelle il affirmait péremptoirement et cyniquement qu'il acceptait le « souhait » des Libanais de voir leur président reconduit pour trois ans. En 2004, sur les 29 députés ayant voté contre l'extension du mandat d'Émile Lahoud, 10 s'étaient prononcés neuf ans plus tôt en faveur de l'extension du mandat d'Élias el-Hraoui, dont Walid Joumblatt et son groupe, ainsi que certains députés du groupe de Kornet Chehwan, figurant désormais parmi les plus hostiles au chef de l'État.

suivant les souhaits du président de la République et des partis favorables à la présence syrienne au Liban, dit «camp des loyalistes» — essentiellement composé du Hezbollah, du parti Amal de Nabih Berri (président du Parlement), du Parti national syrien, du Parti phalangiste (qui a basculé dans l'orbite syrienne) et du groupe parlementaire des députés du nord du Liban fidèles à Omar Karamé (sunnite) et à Soleiman Frangié (maronite).

Les partis d'opposition désormais dénommés «anti-syriens», conduits par Walid Joumblatt, se regroupent à partir du 20 septembre dans une coalition dite *Al Lika'al dimokrati* («La Rencontre démocratique»[1]), qui réclame la démission du chef de l'État. Rafic Hariri, qui n'a toujours pas présenté la démission de son cabinet le 20 septembre, continue de tenter de constituer un gouvernement d'Union nationale entre les «opposants» et les «loyalistes» à la Syrie et au président de la République. Ces derniers ont eux-mêmes constitué une coalition opposée à «La Rencontre démocratique», appelée «Rencontre de Aïn el-Tiné», du nom du domicile somptueux du chef du pouvoir législatif, Nabih Berri.

Mais, le 1er octobre 2004, le député et ministre démissionnaire Marwan Hamadé, appartenant au groupe de Walid Joumblatt et proche de Rafic Hariri, fait l'objet d'un attentat à la sortie de son domicile, dont il ressort gravement blessé, tandis que son chauffeur est tué. Les déclarations officielles françaises et américaines se font de plus en plus menaçantes pour la Syrie, et les services de sécurité libanais sont immédiatement mis en accusation pour cette tentative d'assassinat. La tension politique atteint un nouveau sommet et toute possibilité de gouvernement d'Union nationale semble écartée.

---

1. Ses réunions se tenant à l'hôtel Bristol à Beyrouth, ses résolutions seront appelées «Bristol 1» (22 septembre 2004) et «Bristol 2» (13 décembre).

Le 4 octobre, Rafic Hariri se rend à Damas, sans que rien filtre de sa visite ou des noms des personnalités syriennes qu'il a rencontrées. Il remet finalement sa démission au président de la République le 20 octobre, au lendemain d'une déclaration du président du Conseil de sécurité de l'O.N.U. prise à l'unanimité (S/PRST/2004/36), demandant au secrétaire général des Nations unies d'« aider les parties concernées à appliquer la résolution 1559 et d'établir un rapport semestriel sur les phases de cette application ». Il apparaît bien, en effet, que cette résolution n'est pas vraiment applicable sans provoquer un bain de sang au Liban et le Premier ministre démissionnaire a dû estimer la tâche trop dangereuse. Les consultations parlementaires que mène le président de la République donnent une majorité de députés favorables à la nomination de M. Omar Karamé — frère du Premier ministre assassiné en 1987, Rachid Karamé, et lui-même ancien Premier ministre, forcé de démissionner en 1992 sous le coup de manifestations syndicales importantes et du déclenchement d'une vague sauvage de spéculation contre la monnaie nationale, ce qui ouvre ainsi la voie à la prise de pouvoir de Rafic Hariri. Karamé forme un gouvernement composé de personnalités dites pro-syriennes, mais aussi de plusieurs ministres indépendants qui n'appartiennent pas aux cercles dirigeants (dont trois ministres francophones ayant des relations étroites avec d'importantes institutions économiques ou culturelles françaises). Ce gouvernement n'obtient la confiance du Parlement qu'à une faible majorité de 59 voix, face à 29 contre et 20 abstentions.

Dès sa formation, le gouvernement d'Omar Karamé est l'objet des plus vives attaques de la part des médias locaux et internationaux : il sera qualifié d'incompétent et de « prosyrien », tout comme l'avait été celui de Salim El Hoss constitué en 1998, dans lequel pourtant seuls trois ministres sur seize devaient leur portefeuille ministériel à des relations avec la nomenklatura syrienne. De fait, depuis 1992, au cours des deux seules courtes périodes où Rafic Hariri n'était plus au pouvoir, les nombreux journalistes à sa dévotion, au Liban et en Europe, ont tiré à boulets rouges sur tout gouvernement qu'il n'avait pas constitué. Cela avait été le cas avec le gouvernement de M. El Hoss (1998-2000), dépeint comme incapable et responsable de la crise économique et de l'accumulation de dettes au Liban. Ce le sera de nouveau, sitôt que M. Karamé constituera son gouvernement qui durera à peine six mois.

L'ASSASSINAT DE RAFIC HARIRI ET LES AMBIGUÏTÉS DU « PRINTEMPS DE BEYROUTH »

C'est dans ce contexte délétère créé par la résolution 1559, à l'origine d'une vague d'hostilité sans précédent contre la Syrie et le président de la République, que survient l'assassinat de Rafic Hariri. Le traumatisme provoqué par ce drame va faire exploser toute l'hostilité contenue jusqu'alors à l'égard de la Syrie. Cela se traduira par des manifestations géantes, dont les jeunes Libanais seront le cœur et l'âme. Elles expriment le ras-le-bol de la jeunesse : situation économique et sociale déplorable et absence de débouchés professionnels ; arrestations arbitraires de jeunes militants chrétiens, partisans du général Aoun ou de Samir Geagea, chef des Forces libanaises ; présence des ouvriers syriens dont les bas salaires ont contribué à achever le retrait des Libanais, entamé depuis longtemps, des emplois non qualifiés aux salaires dévalorisés ; invasion des produits agricoles syriens, qui a accéléré le déclin de l'économie rurale, lui aussi engagé de longue date. La Syrie devient ainsi le bouc émissaire de tous les maux du Liban, ce qui permet de disculper instantanément de toute responsabilité dans les malheurs du pays les nouveaux «héros» de la liberté, bien qu'ils aient été les fidèles piliers de l'hégémonie syrienne au Liban et les initiateurs des circuits de corruption[1].

Tous les décors d'un grand drame sont donc en place lorsque Rafic Hariri est victime d'un attentat terroriste d'envergure en plein cœur de Beyrouth, le 14 février 2005 : il est tué, ainsi que le ministre de l'Économie qui l'accompagnait dans sa voiture[2], et dix-huit passants et membres de sa garde, par une explosion très puissante, déclenchée au moment précis du passage de sa voiture blindée[3]. Une indignation internationale sans précédent, comparée à celle soulevée par l'assassinat d'autres Premiers ministres tels que Aldo Moro en Italie (1978) ou Olof Palme en Suède (1986), va encourager la furie

1. C'est le sens de divers articles de presse ou de dossiers (tel celui publié sous le titre «L'économie de l'ombre» par le mensuel économique *Le Commerce du Levant*, n° 5543, avril 2005), qui tentent tous de démontrer que la corruption et la dette sont exclusivement le résultat des pillages syriens, dont la nomenklatura libanaise serait innocente.
2. Il s'agit de Basel Fleihan, un proche du Premier ministre, qui sort vivant de l'attentat, mais affreusement brûlé ; il mourra quelques semaines après dans un hôpital parisien.
3. L'origine de l'explosion a donné lieu à de nombreuses controverses. Selon les membres de la famille Hariri et la coalition d'opposition, la charge explosive aurait été enterrée sous la chaussée et déclenchée au moment du passage de la voiture blindée, ce qui aurait supposé une complicité active des autorités libanaises. Pour les autorités judiciaires, les enquêteurs des organes officiels de sécurité et le ministère de la Justice, il se serait agi d'une voiture piégée, conduite probablement par un commando-suicide, et un groupe terroriste islamiste aurait revendiqué l'opération. Le chef de la seconde commission d'enquête de l'O.N.U. (voir ci-dessous) tranchera la question le 17 juin 2004, dans une conférence de presse, en faveur de la thèse de l'État : l'évidence a été apportée par les caméras de surveillance de l'agence de la banque H.S.B.C., située sur le lieu de l'explosion, dont les films montrent clairement un camion blanc évoluant très lentement pour se placer à côté du convoi.

à Beyrouth : très vite, des centaines de milliers de jeunes descendent dans la rue dans une organisation parfaite, investissent la place historique des Martyrs où est enterré le Premier ministre assassiné — qui prend bientôt la stature d'un « commandeur » ou d'un marabout (sa tombe située sur la place va devenir un lieu de pèlerinage à caractère quasi religieux). Ils y camperont jusqu'aux élections de l'été et des manifestations grandioses auront lieu sur cette place, qui impressionneront le monde entier tant elles seront vantées par les médias internationaux, accourus dans la capitale libanaise dès l'assassinat du Premier ministre.

En réalité, c'est une dynamique contradictoire de manifestations qui se met en route après l'assassinat de Rafic Hariri. La place des Martyrs sert de lieu de rassemblement permanent aux manifestations anti-syriennes regroupant les courants des fidèles du Premier ministre défunt, des Forces libanaises de Samir Geagea, du Courant patriotique libre des partisans du général Aoun, ainsi que les troupes du leader druze Walid Joumblatt et une fraction des communistes libanais ; elle sert de tribune aux leaders de ces courants — réunis depuis septembre 2004, comme on l'a vu, dans l'« opposition » dite Rencontre démocratique —, qui instrumentalisent l'assassinat de Rafic Hariri pour faire mettre la Syrie au ban des nations, de concert avec les médias internationaux et les déclarations virulentes des principaux dirigeants occidentaux.

Face à l'ampleur de cette mobilisation, le Hezbollah décide de rappeler aux Libanais et aux médias internationaux le poids de sa présence sur la scène politique. Il appelle à une grande contre-manifestation favorable à la Syrie et qui dénonce la résolution du Conseil de sécurité de l'O.N.U. comme favorable aux intérêts israéliens et américains dans la région. Le 7 mars, la place Riad el-Solh, voisine de celle des Martyrs, sert de lieu de rassemblement à près d'un demi-million de personnes, de courants politiques divers et de toutes les confessions, hostiles à la résolution 1559 et qui entendent maintenir les liens privilégiés avec la Syrie. Le chef du Hezbollah et diverses personnalités politiques y prennent la parole pour dénoncer le «complot» dont est victime le Liban et exprimer leur soutien à la Syrie, aux «sacrifices» qu'elle a faits pour sauvegarder l'unité du pays, arrêter la guerre civile et aider à la libération complète du sud du Liban de l'occupation israélienne.

En riposte, le 14 mars, à l'occasion de la célébration du trentième jour du décès de Rafic Hariri, une contre-manifestation géante est organisée par l'opposition. Alors que la jeunesse chrétienne était jusqu'alors la plus nombreuse à manifester sur la place des Martyrs, on observe ce jour-là — pour répliquer au succès de la manifestation de la semaine précédente, qui avait pris un caractère «chiite» — une mobilisation massive de la communauté sunnite, aux côtés des communautés chrétienne et druze, afin de montrer que la force du nombre n'est pas seulement chez le Hezbollah et les forces politiques dans la communauté chiite ou celles qui l'appuient. Cette manifestation sera présentée comme celle de l'unité nationale retrouvée, permettant la libération du Liban et le retour à la démocratie. Les estimations du nombre de manifestants varieront entre un demi-million et un million, selon la façon dont est photographiée ou filmée la manifestation et l'affinité idéologique des journalistes avec l'un ou l'autre des camps en présence.

Ce «printemps de Beyrouth», qui se veut une répétition de la «Révolution orange» survenue en Ukraine peu de temps auparavant[1], est présenté

---

1. Entre novembre 2004 et janvier 2005, dans ce pays, la nomenklatura pro-russe est écartée du pouvoir par un mouvement de masse entraîné par une fraction de cette même nomenklatura qui change

dans les médias internationaux comme un exemple pour d'autres peuples arabes qui va les inciter à se libérer de toutes les tyrannies. Les États-Unis et la France prendront la tête de la nouvelle croisade en faveur du «rétablissement de la démocratie au Liban» et de sa «libération du joug syrien».

L'ACTIVISME INÉDIT DE L'O.N.U.

La multiplication des déclarations du président George W. Bush — entre autres dans plusieurs grands discours, dont le traditionnel message au Congrès sur l'État de l'Union le 2 février, puis les 17, 21 et 22 février 2005, les 4, 8, 9 et 15 mars, le 14 et le 18 avril — et de la secrétaire d'État Condoleezza Rice, du président Chirac et de Michel Barnier, ministre français des Affaires étrangères, est impressionnante. Après l'assassinat, ces déclarations deviendront quasi quotidiennes, entretenant la tension au Liban, creusant le clivage entre pro et antioccidentaux et aggravant l'état des relations libano-syriennes, devenues déplorables. Toutes ces déclarations lient la libération du Liban du joug syrien à la chute des régimes dictatoriaux arabes et à la guerre implacable contre le terrorisme, la Syrie étant accusée d'alimenter celui qui sévit en Irak et celui qui frappe désormais le Liban. Le ministre des Affaires étrangères israélien y va lui aussi de son couplet deux jours avant l'assassinat de Rafic Hariri, le 12 février, demandant l'application ferme et réso-

---

son fusil d'épaule, avec le soutien de l'Union européenne et des États-Unis. Au Liban, les hommes politiques et les manifestants antisyriens, comme en Ukraine, arboreront une écharpe orange, pour affirmer leur affinité avec cette «révolution», précédée en 2003 de celle des «œillets» en Géorgie.

lue de la résolution 1559 et dénonçant le Hezbollah comme un acteur majeur sur la scène palestinienne, source de terrorisme à l'instar de tous les groupes dits «radicaux» dans la région [1] ; le 8 mars, il rencontre le secrétaire général des Nations unies pour s'entretenir essentiellement de la ferme application de la résolution 1559.

Sous le poids conjoint des diplomaties française et américaine, les Nations unies déploieront une activité tout à fait exceptionnelle à l'occasion de cette crise libanaise qui permet d'internationaliser le statut du pays. C'est ainsi que l'adoption de la résolution 1559 donnera lieu à un premier rapport du secrétaire général au Conseil de sécurité sur l'application de la résolution (le 1er octobre 2004, S/2004/777), puis à une déclaration du président de ce Conseil (19 octobre, S/PRST/2004/36) réaffirmant son soutien à l'intégrité territoriale et la souveraineté du Liban et exprimant son inquiétude sur la non-application de la résolution 1559. Le 15 février 2005, une autre déclaration (S/PRST/2005/4) condamne l'attentat terroriste ayant coûté la vie à Rafic Hariri et demande au secrétaire général de suivre très attentivement la situation au Liban et de faire rapport au Conseil sur les circonstances de cet assassinat. Sur la base de ce rapport, établi le 24 mars, le Conseil de sécurité adopte le 7 avril 2005 la résolution 1595 (S/RES/1595/2005), qui décide la formation d'une commission d'enquête internationale avec laquelle tous les États membres devront coopérer ; le 13 mai, Kofi Anan désigne le juge allemand Deltev Mehlis pour présider cette commission.

Le 26 avril, le secrétaire général transmet au Conseil de sécurité son second rapport sur l'application de la résolution 1559 et l'informe que les troupes syriennes ont quitté le Liban (S/2005/272). Le 4 mai,

---

1. Voir notamment son interview dans *Le Monde*, 12 février 2005.

une autre déclaration de la présidence du Conseil demande aux gouvernements libanais et syrien de faciliter la tâche de l'équipe des Nations unies qui doit constater définitivement le retrait de toute présence syrienne au Liban (S/PRST/2005/17) ; mais elle exige aussi l'envoi de l'armée libanaise au sud du pays et, enfin, félicite le gouvernement pour avoir fixé la date des élections conformément au calendrier constitutionnel et l'enjoint de faire appel à l'assistance internationale pour l'organisation de ces élections. Une nouvelle déclaration du président du Conseil de sécurité est proclamée le 7 juin 2005, suite à l'assassinat du journaliste Samir Kassir (S/PRST/2005/22) ; puis, le 22 juin 2005, une autre se félicite du bon déroulement des élections au Liban (S/PRST/2005/26). Enfin, le 29 juillet 2005, à l'occasion du renouvellement périodique du mandat des forces des Nations unies présentes au sud du Liban (F.I.N.U.L.) depuis l'invasion israélienne de 1978, le Conseil de sécurité, tout en approuvant le renouvellement, exige par la résolution 1614 du gouvernement libanais l'envoi en nombre suffisant de soldats de l'armée libanaise et de gendarmes « sur tout le territoire du sud du Liban... pour exercer son contrôle et avoir le monopole de l'emploi de la force sur tout son territoire et prévenir des attaques du Liban à partir de la ligne bleue » (S/RES/2005/1614) ; en fait, il s'agit de réaffirmer l'un des paragraphes de la résolution 1559 qui demande le désarmement de toutes les milices, ce qui dès l'origine visait le Hezbollah et les armes existant encore dans les camps palestiniens, ce qui met de nouveau la pression sur l'État libanais. On ne connaît guère de pays n'ayant pas enfreint les règles du droit international ou constitué une menace pour la paix, qui ait jamais fait l'objet en si peu de temps d'une telle activité onusienne...

Par ailleurs, la Syrie, conspuée de toutes parts et mise sous une pression américano-française et internationale très forte, a retiré ce qui restait de ses troupes au Liban, retrait achevé dès la fin du mois d'avril. Parallèlement, le rapport au secrétaire général de l'O.N.U. de la première commission d'enquête sur l'assassinat du Premier ministre, dirigée par un ancien chef de la police irlandaise, accuse de façon violente et unilatérale la Syrie, les Libanais dits «prosyriens» et les services de sécurité libanais d'être responsables, directement ou indirectement, de ce crime. Transmis le 24 mars 2005 par Kofi Annan, secrétaire général des Nations unies, aux membres du Conseil de sécurité, ce rapport affirme d'emblée : «Au vu des informations qu'elle a recueillies sur les faits, la Mission a conclu que les services de sécurité libanais et les services de renseignements de l'armée syrienne étaient les premiers responsables de l'insécurité, du manque de protection et du désordre public au Liban»[1]. Par ailleurs, le puissant chef de la Sûreté générale, le général Jamil el-Sayyed, exaspéré par les accusations répétées de complicité des services de sécurité, tient une conférence de presse le 17 mars 2005, événement tout à fait insolite, dans laquelle il dénonce la corruption et l'ineptie de la classe politique libanaise, en particulier des anciens chefs de milice, responsables de tant de crimes et de vols ; il dénonce aussi les accusations sans preuves lancées par l'opposition et refuse de démissionner sous la pression de ces accusations et tant qu'il n'y a pas un changement d'orientation politique officiel, consacré par un changement de président et de Premier ministre (il présentera cette démission en avril, lorsque sera formé le gouvernement de Najib Mikati, voir ci-dessous) ; comme on le verra un peu plus loin, il sera arrêté fin août 2005 par les autorités libanaises avec trois autres hauts responsables militaires libanais sur demande de la commission

---

1. Voir document S/2005/203, disponible sur le site web des Nations unies, p. 3.

d'enquête présidée par M. Mehlis, sans que cependant aucun d'entre eux ne se voie notifier un acte d'accusation ou ne soit jugé[1]. Comme on le verra plus loin, ces quatre généraux libanais, ainsi que plusieurs civils arrêtés sans être jugés eux non plus, ne seront relâchés par la justice libanaise qu'en avril 2009 sur demande du procureur du Tribunal spécial sur le Liban qui débute officiellement ses activités en mars 2009.

L'«opposition» à la Syrie et au président de la République, au centre de laquelle se trouvent Walid Joumblatt et les députés du bloc de Rafic Hariri — qui vantaient tant autrefois les mérites de l'hégémonie syrienne —, forte de ce rapport, élève encore plus le ton. La démission du chef de l'État est réclamée avec véhémence, ainsi que celle des responsables des services de sécurité.

Le 20 avril, après des flottements à l'intérieur de la famille Hariri sur la succession politique du Premier ministre assassiné[2], son fils Saad est désigné par un communiqué officiel de la famille, publié dans toute la presse libanaise, comme héritier politique de son père. Il part aussitôt à Paris, le 21 avril, rencontrer le président français Jacques Chirac, qui le reçoit avec la même pompe que son père. Le 24 avril, il est aux États-Unis, où il est longuement

1. C'est ce que dénoncera l'association libanaise S.O.L.I.D.A. de défense des prisonniers libanais croupissant dans les prisons syriennes ou israéliennes, peu susceptible de sympathie pour les généraux emprisonnés, dans un communiqué de presse du 25 janvier 2007.
2. Rappelons que sa sœur Bahia Hariri, députée de la ville de Saïda depuis 1996, avait pris un profil haut durant les événements, notamment lors de la manifestation du 14 mars 2005, où elle avait prononcé un discours-programme ménageant beaucoup la Syrie, ce qui lui valut des sifflements de la part des manifestants. Il semble que les problèmes de succession politique entre la sœur du défunt et ses deux fils aînés aient été réglés en Arabie Saoudite. Bahia Hariri publiera finalement un communiqué séparé affirmant qu'elle appuyait la décision prise par la famille. Cette dernière ne manquait pas d'ailleurs de proclamer que les «œuvres sociales» du défunt allaient continuer comme par le passé, sous le patronage de la veuve de Rafic Hariri.

reçu, en même temps que le prince héritier d'Arabie Saoudite, Abdallah, par le vice-président Dick Cheney, cheville ouvrière de la politique américaine au Moyen-Orient.

Mais le Liban s'enfonce bel et bien dans la déstabilisation : en ce printemps 2005, plusieurs voitures piégées explosent dans les quartiers chrétiens ; en juin, sont successivement assassinés le très populaire journaliste francophone Samir Kassir, puis le non moins populaire ancien dirigeant communiste Georges Haoui ; enfin, Élias el-Murr, gendre du président de la République et ministre de la Défense, est blessé le 12 juillet dans l'attentat terroriste qui visait à le tuer.

ÉLECTIONS SOUS HAUTE TENSION

Durant cette période, divers attentats individuels visent également des ouvriers syriens (environ une trentaine de morts) ou, plus rarement, dans des incidents isolés à Beyrouth, opposent Libanais chiites et chrétiens, cependant que le risque d'un vide constitutionnel s'accroît. En effet, le gouvernement de Omar Karamé, qui avait succédé à celui de Rafic Hariri en octobre 2004, démissionne le 28 février 2005, suite à une attaque particulièrement violente au Parlement de la députée Bahia Hariri, sœur du Premier ministre assassiné. Renommé Premier ministre après que la majorité des députés lui ont donné son appui, il ne parvient pas à former un cabinet d'union nationale, l'opposition refusant toute participation au gouvernement ; il se récuse finalement le 12 avril.

Après des tractations entre l'Arabie Saoudite, la France et les États-Unis, le Parlement donne sa confiance à un nouveau Premier ministre, homme d'affaires lui aussi, député et membre de tous les gouvernements depuis 1998, Najib Mikati, par ailleurs ami personnel (et non politique) du président syrien et qui entretient des relations d'affaires avec la nomenklatura de ce pays. Le nouveau Premier ministre a été, en effet, un actionnaire important de l'une des sociétés de téléphonie mobile du pays aux côtés de France Télécom. L'opposition accepte de participer à ce gouvernement de transition — dont sont écartés cette fois les éléments dits «prosyriens» —, qui doit assurer la bonne tenue des élections législatives, prévues au plus tard en juin 2005, le corps électoral devant être convoqué au moins trois semaines avant l'échéance constitutionnelle. Le ministère de l'Intérieur et celui de la Justice sont confiés à des proches de la famille Hariri. Le 27 avril, le Parlement vote la confiance au nouveau gouvernement par cent dix voix et deux abstentions, sur cent dix-huit présents.

Le seul événement qui change l'atmosphère dans ce printemps de tous les dangers est le retour — triomphal pour ses partisans —, le 7 mai, du général Michel Aoun au Liban après quinze ans d'exil[1]. Celui-ci, plus lucide que les notabilités maronites traditionnelles, tient un discours qui contribue à casser l'hystérie ambiante : il demande de ne plus continuer d'accuser inconsidérément la Syrie, désormais boutée hors du Liban, ou d'accuser le président de la République et les services de sécurité pour tous les attentats et assassinats. Il exige que la lutte contre la corruption soit l'objectif de tout nouveau gouvernement, de même qu'il demande la constitution

---

1. Par la suite, l'autre événement qui rompt avec le passé sera la loi d'amnistie votée le 18 juillet par le nouveau Parlement en faveur de Samir Geagea, chef des Forces libanaises emprisonné depuis 1994 et farouchement antisyrien. Pour contrebalancer l'amnistie du chef de cette milice chrétienne, le Parlement vote aussi celle d'islamistes arrêtés dans le cadre de troubles provoqués en 2000 et 2004 au Liban nord et dans la Bekaa.

d'une commission d'enquête pour savoir comment une dette aussi colossale a pu être constituée. Il sème ainsi l'émoi auprès de tous ceux qui ont été les piliers de l'influence syrienne et ont si bien retourné leur veste pour plaire aux États-Unis ; du coup, ils accusent le général de « complicité » avec la Syrie, lui qui en a été la victime principale du fait de son exil forcé en France durant quinze ans, alors que la plupart des membres de la coalition du 14 mars étaient des collaborateurs fidèles de l'hégémonie syrienne sur le Liban.

En fait, depuis la résolution 1559, l'influence des ambassadeurs américain et français grandit tous les jours. Ce sont eux qui gouvernent en coulisse, composent de concert avec l'Arabie Saoudite le nouveau gouvernement, organisent et fixent la date des élections (refusant tout report, même d'une ou deux semaines, pour amender la loi électorale), font envoyer des missions d'observateurs de l'O.N.U. et de l'Union européenne pour veiller à ce que ces élections consacrent bien la sortie du Liban de l'orbite syrienne et que l'intégralité de la résolution onusienne sera appliquée par le nouveau gouvernement issu des urnes et qui doit être docile.

Ces élections auront bien lieu, en mai et juin 2005 [1]. Elles sont organisées au pas de charge, sans même introduire dans la loi électorale de l'année 2000 — totalement décriée et supposée avoir été adoptée sur « ordre » de la Syrie par le gouvernement de Salim El Hoss — les amendements réclamés par l'opposition et que le précédent gouvernement de M. Omar Karamé avait pourtant acceptés. Elles débutent d'ailleurs fort mal pour la nouvelle démocratie libanaise, la compétition électorale ayant été

1. Les élections se déroulent sur quatre semaines, chaque dimanche les électeurs d'une région étant appelés au vote, ce qui n'est pas très démocratique puisque les résultats d'une région influencent le vote des autres.

largement faussée : à Beyrouth, les élections assurent une victoire entière et totale de la liste patronnée par la famille Hariri[1] ; et, au sud, celle de
l'alliance du Hezbollah et du parti Amal[2]. Au Mont-
Liban, dans les districts mixtes sur le plan communautaire, l'alliance entre les Forces libanaises de
Samir Geagea, Walid Joumblatt, le Hezbollah et les
partisans de la famille Hariri donne la victoire complète à l'opposition[3], cependant que, dans deux districts très majoritairement chrétiens, les listes du
général Aoun sont plébiscitées haut la main, faisant
mordre la poussière aux notabilités traditionnelles
du rassemblement de Kornet Chehwan.

Aussi Saad Hariri, désigné héritier de son père
Rafic, se mobilise-t-il pour empêcher que soient élus
les alliés du général Aoun au nord ou ses candidats directs dans certaines circonscriptions. Des
consignes de vote sont données dans les mosquées,
ce qui ne s'était jamais vu jusqu'alors. L'argent pour
l'achat des voix coule à flots et Saad Hariri s'installe
lui-même dans un hôtel de Tripoli pour la dernière
période de la campagne électorale, afin d'en diriger les opérations et de présider aux distributions
d'« aides sociales » — brisant ainsi un autre tabou en
vertu duquel aucun chef communautaire ne se mêle
des opérations électorales dans une région qui n'est
pas la sienne. Les observateurs des Nations unies
ou de l'Union européenne tournent pudiquement
la tête devant les fraudes électorales diverses qui

1. Neuf des dix-neuf députés de la circonscription de Beyrouth
sont d'ailleurs élus d'office, faute de candidats concurrents qui savent
qu'ils n'ont aucune chance, dans l'atmosphère créée par l'assassinat, de battre un candidat de la liste Hariri ; déjà aux élections de
2000, comme nous l'avons signalé, toute la liste constituée par Rafic
Hariri avait été élue, des candidats totalement inconnus l'emportant
contre d'autres candidats aussi prestigieux que Salim El Hoss.
2. Pour les mêmes raisons qu'à Beyrouth, six députés sur vingt-
trois sont ici aussi élus d'office par absence de concurrents.
3. Dans le sous-district électoral du Chouf, région de prédominance de Walid Joumblatt, deux députés sur huit sont élus d'office
faute de concurrents.

assurent, à Tripoli, la victoire absolue des listes patronnées par Saad Hariri : les députés chrétiens du rassemblement de Kornet Chehwan y sont tous élus grâce aux voix musulmanes mobilisées en leur faveur, mais la plupart n'obtiennent dans leur propre circonscription qu'un minimum de voix face à l'alliance des aounistes avec l'ancien ministre de l'Intérieur Soleiman Frangié, petit-fils du président Soleiman Frangié, qui, en dépit de sa réputation de « prosyrien », jouit d'une très large popularité.

Le 28 juin, Fouad Siniora, un des proches de l'ancien Premier ministre assassiné, qui fut son ministre des Finances durant ses dix ans de règne, est désigné pour former un nouveau gouvernement par 126 députés sur 128 — du jamais vu, même du temps de l'hégémonie syrienne incontestée —, ce qui sera fait le 19 juillet[1]. De son côté, Nabih Berri, président du Parlement depuis les élections de 1992, est réélu à ce poste par 90 voix pour et 37 contre, grâce aux voix de la coalition hétéroclite formée pour les élections entre le groupe Hariri, celui de Walid Joumblatt, le Hezbollah, Amal et les Forces libanaises.

Décidément, la nouvelle démocratie libanaise n'a pas bonne allure : le pays est certes sorti d'une hégémonie déclinante, mais il est retombé dans une autre non moins redoutable, puisqu'il sert désormais d'instrument à une diplomatie américaine rêvant de redessiner la carte de toute la région — en particulier en déchaînant sa colère contre la Syrie, accusée de soutenir la résistance irakienne et de créer l'instabilité au Liban.

L'écœurement de beaucoup de Libanais, qui avaient

---

1. Au vote de confiance au Parlement, le 30 juillet, le gouvernement n'obtiendra cependant que 92 voix contre 14 et 2 abstentions, les députés du groupe parlementaire du général Aoun s'étant placés dans l'opposition au nouveau gouvernement, après de longues et infructueuses négociations avec Saad Hariri, le nouvel homme fort du Liban, pour entrer dans le gouvernement.

cru à la nouvelle démocratie sur le mode franco-américain, est bien exprimé par un lecteur, et non des moindres, du journal *L'Orient-Le Jour* : « La montagne d'optimisme du 14 mars a donc accouché d'une souris. Tout cela n'empêchera pas les représentants du condominium américano-franco-saoudien qui assure aujourd'hui la gérance de notre pays de nous adresser leurs plus vives félicitations pour ces élections "démocratiques et transparentes". Ne nous y laissons pas prendre. Déparé de sa très folklorique vitrine "démocratique", le Liban d'aujourd'hui n'est pas une démocratie mais une oligarchie, c'est-à-dire un système dans lequel le pouvoir réel est détenu non pas par le peuple souverain mais par un groupe très restreint de personnes, cinq ou six dans le cas libanais : leaders communautaires, féodaux, anciens chefs de milices ou héritiers politiques fortunés[1]... »

Le Liban, qui a souvent constitué dans son histoire, comme on l'a vu, l'exemple parfait d'un « État tampon », retrouve ainsi son rôle d'État tampon entre puissances régionales et internationales en lutte pour l'hégémonie et le contrôle de cette région vitale pour l'équilibre du monde. Confié à la Syrie en récompense de son attitude coopérative dans la première guerre du Golfe contre Saddam Hussein, le Liban lui est brusquement arraché en 2005 pour être directement géré par la France et les États-Unis.

Tout comme dans d'autres crises régionales dans lesquelles le Liban s'est trouvé pris par le passé, la question de l'application de la résolution 1559 crée un clivage profond dans le pays entre pro et anti-occidentaux. Le pays se retrouve dans la situation

---

1. Karim Bitar, *L'Orient-Le Jour*, 28 juin 2005 (l'auteur, ancien élève de l'E.N.A., est directeur de la rédaction de la revue *L'E.N.A. hors les murs* à Paris). On pourra aussi lire avec profit : Alain Gresh, « Les vieux parrains du nouveau Liban », *Le Monde diplomatique*, juin 2005.

où il était au début des années soixante-dix du siècle
passé, lorsque la question de la présence armée
palestinienne au Liban avait divisé le pays et l'avait
entraîné dans quinze ans de guerre et de déstabilisation. Cette fois, la résistance armée du Hezbollah
à Israël n'est pas un corps étranger au Liban, mais
elle est constituée de combattants issus des régions
qu'Israël a occupées durant vingt-deux ans. L'attaque israélienne de l'été 2006, que nous décrirons
ci-après, relancera encore plus la tension au sein de
la population libanaise entre, d'une part, ceux qui
veulent mettre un terme à tout acte hostile à Israël
et aux États-Unis pour que la paix ne soit pas trou-
blée au Liban et ceux qui, de l'autre, n'entendent
pas que le pays soit désormais instrumentalisé par
la puissance américaine dans sa stratégie régionale
de confrontation avec la Syrie et l'Iran.

L'INSTRUMENTALISATION DU LIBAN
POUR ISOLER LA SYRIE

Le gouvernement qu'a constitué Fouad Siniora
en septembre 2005, avec, pour la première fois dans
l'histoire du Liban, la participation de deux ministres
du Hezbollah, ne va pas tarder à battre de l'aile. Les
tiraillements s'y font sentir sur les modalités d'application de la résolution 1559 et des autres résolutions
que nous avons mentionnées. Il faut dire que les
rapports virulents du président de la Commission
d'enquête internationale, M. Detlev Mehlis, sur l'assassinat de Rafic Hariri ont créé une atmosphère
détestable dans le pays. Celui-ci, en effet, contrairement à toutes les règles de déontologie judiciaire, ne
respecte nullement le secret de l'instruction. Par des
fuites bien organisées, confirmées par les rapports

qu'il écrira, il met en cause des hauts dignitaires du régime syrien et des officiers supérieurs de l'armée libanaise, un journaliste et un député libanais, sur des preuves très minces et le témoignage d'individus au passé le plus trouble.

Comme nous l'avons vu, il fait arrêter de façon spectaculaire quatre généraux de l'armée libanaise fin août 2005, convoque les témoins de façon non moins arrogante, laissant entendre à travers des fuites de presse qu'ils sont fortement soupçonnés de connivence dans l'assassinat. Il dénonce publiquement une absence de coopération de la part du gouvernement syrien, bien qu'il ait pu entendre en Syrie puis en Autriche tous les hauts dignitaires civils et militaires du régime syrien qu'il a convoqués. Ses deux rapports, discutés au Conseil de sécurité, sont une charge d'une violence peu commune contre le régime syrien et contre le président de la République libanaise qu'il tente d'impliquer ainsi que les chefs militaires principaux du pays, en charge des appareils de sécurité, qu'il fait arrêter par la justice libanaise, sur la foi de témoins qui se rétracteront par la suite, et dont l'un trouvera refuge en France. Celle-ci refusera de l'extrader ou même de permettre un nouvel interrogatoire de la justice libanaise ou de la Commission d'enquête, lorsqu'un nouveau chef sera nommé à sa tête en janvier 2006. Il joue ainsi dans le camp du groupe du 14 mars qui désormais détient pratiquement l'exclusivité du pouvoir au Liban et s'appuie sur ces rapports et les fuites de presse pour éliminer toute opposition et accentuer l'hostilité ambiante à la Syrie[1].

---

1. C'est Saad Hariri, mais encore plus Walid Joumblatt, et Samir Geagea, les deux chefs de milices responsables des très graves massacres et déplacements forcés de population au Chouf en 1983-1984, qui mèneront les attaques les plus virulentes contre le régime syrien accusé de toutes les turpitudes et de tous les malheurs du Liban. Le second n'hésitera pas, dans un discours du 14 février 2006, à l'oc-

Ces rapports sont instrumentalisés par les États-Unis et la France pour accentuer la pression sur le régime syrien afin qu'il se plie aux exigences de Washington et mette fin à ce que le gouvernement des États-Unis appelle son soutien aux organisations terroristes, c'est-à-dire au Hezbollah au Liban, au Hamas en Palestine et aux groupes jihadistes en Irak qui s'en prennent aux troupes américaines. Le régime syrien apparaît alors de plus en plus fragilisé, notamment lorsque le 13 octobre 2005 se suicide le général Ghazi Kanaan, ministre syrien de l'Intérieur et ancien chef des services secrets de son pays au Liban durant de nombreuses années[1], cependant qu'Abdel Halim Khaddam, ancien haut dignitaire du régime durant trente ans et qui a géré le dossier libanais jusqu'en 1998, de concert avec le général Ghazi Kanaan, entre définitivement en dissidence contre le régime syrien. En effet, de son domicile à Paris, il se lance le 30 décembre 2005 dans une campagne médiatique intensive à partir d'un luxueux hôtel particulier, dont on affirme qu'il lui a été donné par Rafic Hariri dont il a été très proche. Celui-ci reprend et confirme les allégations de Detlev Mehlis, dénonce la corruption du régime

_____

casion du premier anniversaire de la mort de Rafic Hariri, à affirmer que le pays était menacé, n'ayant que la mer devant lui et l'ennemi derrière lui, allusion on ne peut plus claire à la Syrie (voir le texte du discours dans le quotidien libanais *L'Orient-Le Jour* du 15 février 2006).

1. Ce suicide intervient après que le général a été auditionné par la Commission d'enquête et que les fuites de presse ont laissé entendre qu'il avait confessé avoir reçu d'importantes sommes d'argent de Rafic Hariri. Le jour de son suicide il avait curieusement, en réaction aux fuites de presse, lu une déclaration solennelle à l'une des chaînes de radio libanaises les plus écoutées où il proteste de son innocence et fait en quelque sorte son testament politique (voir le texte de la déclaration dans le quotidien libanais *Al Safir* du 14 octobre 2006). A-t-il été «suicidé» par le régime syrien ou s'est-il suicidé? La question reste ouverte dans le contexte de la lutte de pouvoir en Syrie, de la dissidence de Abdel Halim Khaddam et des rumeurs de tentative de coup d'État contre le président Bachar el-Assad qui ont alors couru.

syrien, dont il a été l'un des plus éminents piliers, s'élève contre les inégalités sociales et la pauvreté qui règnent dans son pays. Outre le ridicule pour un ancien vice-président syrien, dont les salaires n'ont pas pu dépasser 500 dollars par mois, de dénoncer la corruption dans son pays à partir d'un luxueux hôtel particulier à l'étranger, cette dissidence découvre la lutte sourde existant dans le régime syrien entre deux ailes différentes du régime, Abdel Halim Khaddam étant chef de file d'une opposition au règne du nouveau président Bachar el-Assad qui a commencé à prendre ses distances par rapport à la « vieille garde » de son père. Il ne faisait secret pour personne que Rafic Hariri était très proche de cette vieille garde qui lui a assuré un pouvoir absolu au Liban depuis 1992, alors que le président Émile Lahoud était proche du président Bachar el-Assad.

L'hostilité à la Syrie augmente encore plus au Liban lorsque l'une des figures très populaires du groupe du 14 mars, le journaliste Gebrane Tuéni, directeur du grand quotidien libanais *Al Nahar* et fils de Ghassan Tuéni, magnat de la presse libanaise, est assassiné le 12 décembre 2005, le lendemain matin de son retour nocturne et inopiné au Liban après un séjour en France pour raisons de sécurité, du fait des menaces que certains milieux politiques libanais ou à l'étranger affirment peser sur les personnalités ayant exprimé des opinions antisyriennes fortes. Cet assassinat dramatique d'une personnalité attachante et internationalement connue, tout comme l'était Samir Kassir assassiné en juin 2005, sert d'accélérateur des événements. Le gouvernement libanais insiste pour tenir une réunion immédiate afin de demander officiellement aux Nations unies la constitution d'un tribunal international pour juger les assassins de Rafic Hariri et les crimes subséquents. Les quatre ministres du mouvement Amal et Hezbollah rejettent cette précipitation avant même que l'enquête internationale soit achevée. Le conseil des ministres n'ayant tenu aucun compte de leur réserve pour remettre à plus tard la demande au Conseil de sécurité, ceux-ci gèlent leur présence au gouvernement durant plusieurs semaines.

Cet assassinat intervient le jour même où le Conseil de sécurité doit entendre le président de la Commission d'enquête et discuter de son rapport; celui-ci est une condamnation sans nuances de l'attitude syrienne jugée non coopérative. Aussi, le 15 décembre, le Conseil de sécurité, par la résolution 1644[1], réaffirme toutes ses résolutions précédentes, accepte sur demande du gouvernement libanais la prolongation de son mandat pour six mois et l'extension de son assistance à la justice libanaise pour enquêter sur les autres assassinats commis au Liban. La résolution accepte aussi, toujours sur la demande du gouvernement du Liban, le principe de la constitution d'un tribunal international pour juger l'assassinat de Rafic Hariri et les autres crimes commis depuis le 1er octobre 2004 (date de la tentative d'assassinat du ministre Marwan Hamadé). La résolution demande aussi à la Syrie «de collaborer pleinement et sans conditions» avec la Commission d'enquête et «de répondre sans ambiguïté et sans délai» aux questions soulevées par le chef de la Commission. L'étau semble ainsi se resserrer sur la Syrie de plus en plus mise au banc des accusés dans la déstabilisation du Liban et les actes terroristes et assassinats qui s'y déroulent.

La majorité, qui, désormais, depuis les élections de l'été 2005, domine le Parlement et le gouvernement, se déchaîne contre la Syrie, forte de l'appui sans réserve du Conseil de sécurité. L'atmosphère au Liban redevient très tendue, la peur d'attentats et d'assassinats nouveaux s'emparant des Libanais, mais aussi la crainte que l'enquête de M. Mehlis

---

1. Document S/RES/1644 (2005) du Conseil de sécurité.

telle qu'elle se déroule et telle qu'elle est instrumentalisée contre la Syrie et les personnalités libanaises proches d'elle ne devienne un élément de déstabilisation encore plus grande du Liban, désormais retourné à son statut d'espace de confrontation dans le grand jeu régional que mènent les États-Unis.

C'est dans ce contexte que survient un événement surprenant, le 6 février 2006 : la signature solennelle entre le général Aoun et Sayyed Nasrallah, le secrétaire général du Hezbollah, d'un document politique d'entente entre les deux formations que rien ne prédisposait à collaborer aussi étroitement, la première ayant été le fer de lance dans la lutte contre l'hégémonie syrienne au Liban, la seconde étant au contraire tributaire de l'alliance avec la Syrie pour son approvisionnement en armes. Ce document pose les bases d'un compromis entre les positions du Hezbollah et celles du mouvement patriotique du général Aoun qui a mené autrefois la lutte contre la Syrie[1]. La formalisation d'une alliance entre la plus grande formation chrétienne et le mouvement du Hezbollah met en furie le groupe de la majorité parlementaire (dit du 14 mars) et choque les ambassades occidentales. En réalité, le parti « de Dieu » confirme par cette alliance l'évolution de plus en plus accentuée vers sa « libanisation » depuis les années quatre-vingt-dix. Il a depuis longtemps cessé, comme il le faisait dans les premiers temps, au début des années quatre-vingt, de réclamer la constitution

---

1. Entre autres, l'acceptation d'un système politique basé sur la démocratie consensuelle entre communautés, vieille revendication des chrétiens craignant d'avoir à subir la loi de la majorité démographique devenue musulmane, l'établissement de relations diplomatiques et la délimitation des frontières avec la Syrie, autre revendication des chrétiens libanais, l'action en vue de faire libérer les prisonniers libanais, aussi bien dans les prisons israéliennes que syriennes, enfin la mise sur pied d'une véritable politique de défense permettant le moment opportun d'intégrer les combattants du Hezbollah. Voir le texte de ce document sur le site www.tayyar.org.

d'un État islamique au Liban, sur le modèle iranien, comme solution à la guerre intercommunautaire qui fait rage à cette époque. Il est devenu un élément du paysage politique libanais grâce au sérieux de ses députés et à la modération de leur discours [1].

Se forme ainsi le noyau d'une opposition qui ira en s'élargissant contre ce qui est perçu comme la dictature d'une fraction libanaise sur tout le pays. Face à ces développements et pour obtenir que les ministres qui ont gelé leur participation au gouvernement réintègrent le conseil des ministres et leurs activités, le président du Parlement organise un «dialogue national» entre les grandes formations politiques du pays pour tenter d'aplanir les contradictions grandissantes entre les deux points de vue de la majorité et du Hezbollah fort de sa nouvelle alliance avec le parti du général Aoun. Ce dialogue est initié le 2 mars 2006; il tiendra quatorze séances [2], mais ne parviendra pas à se mettre vraiment d'accord sur les principales questions qui divisent le spectre politique libanais et l'opinion locale : démission du président de la République contesté de façon très abrupte par le groupe du 14 mars, le sort des armes du Hezbollah, la nécessité d'un meilleur équilibre dans la représentation des forces politiques au sein du gouvernement par la formule d'un gouvernement d'Union nationale.

---

1. Sur l'évolution du Hezbollah, voir l'ouvrage bien documenté de Frédéric Domont et Walid Sharara, *Le Hezbollah, un mouvement islamo-nationaliste*, Fayard, Paris, 2006.
2. Les 2, 3, 4, 6, 7, 13, 14, 22, 27 mars, 3, 28 avril, 16 mai, 8 et 29 juin 2006. La séance fixée au 25 juillet est annulée vu les événements de la guerre durant l'été 2006. Le dialogue national reprend son cours le 30 octobre 2006 sur invitation du président du Parlement, Nabih Berri, sous forme d'une consultation nationale d'une durée limitée pour discuter de la loi électorale et de la constitution d'un gouvernement d'Union nationale.

26

La nouvelle guerre d'Israël au Liban et ses conséquences

C'est dans ce contexte déjà très tendu que survient le 12 juillet 2006 l'enlèvement par le Hezbollah de deux soldats israéliens à la frontière libano-israélienne. Un déluge de fer et de feu va alors s'abattre sur le Liban durant trente-deux jours. Tout comme lors de l'invasion de 1982 où elle s'en était pris à toutes les zones d'implantation des mouvements armés palestiniens au Liban, l'armée israélienne va bombarder nuit et jour par terre, par mer et par air toutes les zones d'implantation du Hezbollah au sud du Liban, dans la Békaa, dans la banlieue sud de Beyrouth où le parti de Dieu est fortement implanté avec sa télévision (la chaîne *Al Manar*) et les habitations de ses principaux dirigeants. Les bombardements indiscriminés viseront non seulement les immeubles d'habitation où l'armée israélienne estime que se cachent des « terroristes », mais aussi les ponts et les routes qui relient entre elles les différentes parties du Liban afin d'empêcher le Hezbollah de se déplacer et de recevoir des approvisionnements, les stations d'essence, des usines agro-alimentaires. Les routes qui relient le Liban à la Syrie sont elles aussi violemment bombardées. Pas une région du pays n'est épargnée, mais la plus forte concentration de bombardements se situe au sud du Liban où sont visés les villages en bordure de la frontière avec Israël, qui seront bombardés nuit et jour pour en faire sortir les combattants du Hezbollah avant que

l'armée israélienne entame une offensive terrestre
au début du mois d'août.

Ces bombardements vont aboutir à la destruction
totale ou partielle de plusieurs villages et laissent
derrière eux des centaines de milliers de fragments
de bombes prêts à exploser et qui feront quotidiennement des victimes après l'arrêt des hostilités[1]. Il
en est de même dans la banlieue sud de Beyrouth
où des centaines d'immeubles sont détruits par les
bombardements. Le total des victimes civiles de ces
bombardements s'est élevé à 1200, sans compter les
innombrables blessés dont le nombre est estimé à
3360. Le nombre de combattants tués ou blessés
n'est pas connu (les estimations variant entre 100 et
1000). Le comble dans cette sauvagerie déchaînée
sera le bombardement du village de Cana où un
immeuble s'effondre sur ses habitants, alors que ce

---

1. Israël aura utilisé durant cette guerre des armes prohibées destinées à faire le plus grand nombre de victimes civiles, telles que les
bombes au phosphore ou les bombes à fragmentation ou à implo-
sion. Ces actions israéliennes contre la population civile libanaise
seront dénoncées avec vigueur par Jan Egeland, le sous-secrétaire
général des Nations unies pour les affaires humanitaires, mais aussi
par Amnesty International (voir «Israel/Lebanon: Deliberate Destruction or "Collateral Damage"? Israeli Attacks on Civilian Infrastructure», htpp://web.amnesty.org) et l'organisation américaine
Human Rights Watch (voir «Fatal Strikes: Israel's Indiscriminate
Attacks against Civilians in Lebanon», www.hrw.org). On verra
aussi l'article du quotidien français *Le Monde* en date du 28 août
2006 («Israël aurait utilisé des bombes à fragmentation») qui se fait
l'écho des préoccupations du Département d'État américain sur
cette utilisation d'armes et qui dénonce aussi le fait que les éclats
des bombes à fragmentation ont fait depuis la fin de la guerre plus
de 20 morts libanais et 70 blessés. Finalement, c'est de source israélienne que viendra la confirmation de l'utilisation de bombes au
phosphore (voir l'article du grand quotidien israélien, *Haaretz*,
«Israel admits using phosphorous bombs during war in Lebanon»,
paru le 22 octobre 2006). Le 29 janvier 2007, l'aviation israélienne,
qui continue de violer l'espace aérien libanais presque quotidiennement, lance des ballons remplis de gaz toxique au sud du Liban,
sans aucune raison apparente. De plus, on rappellera que le 25 juillet, un obus israélien est tiré sur un poste d'observation des Nations
unies à la frontière israélo-libanaise, tuant les quatre membres des
forces des Nations unies (F.I.N.U.L.) présents. Un grand drapeau
des Nations unies est pourtant présent sur le bâtiment.

même village avait connu un massacre similaire en avril 1996 lors d'une offensive israélienne contre le Hezbollah[1]. Par ailleurs, plus de 900 000 Libanais sont obligés de fuir les zones bombardées, trouvant refuge dans la capitale et les grandes villes du pays ou même en Syrie (environ 200 000). L'armée israélienne, en outre, soumet le pays à un blocus naval et aérien total et, comme nous l'avons mentionné, s'efforce de couper toutes les routes vers la Syrie. Du côté israélien, il y a 43 civils tués et 101 blessés (dont 68 légers); mais le plus grand nombre de tués est dans les rangs de l'armée israélienne qui perd 117 hommes[2].

Israël exerce, comme à l'accoutumée, un droit de représailles démesuré. Elle est encouragée dans cette action par les États-Unis qui ne veulent pas entendre parler d'un cessez-le-feu rapide afin de laisser à l'armée israélienne le temps nécessaire pour nettoyer le Liban des «terroristes» du Hezbol-

---

1. Il s'était agi du bombardement d'un bâtiment des forces de la F.I.N.U.L. où s'étaient réfugiés les villageois cherchant à échapper aux bombardements aveugles de l'armée israélienne. Plus de cent d'entre eux trouveront la mort. L'armée israélienne n'avait pu, dans ce cas aussi, ignorer le drapeau des Nations unies flottant sur le bâtiment.

2. Toujours aussi peu équilibré que les précédents rapports de l'organisation internationale sur le Liban, celui que fait le secrétaire général des Nations unies à l'issue de la guerre met l'accent sur les victimes israéliennes, civiles et militaires, évoquant même «le grand nombre de personnes ayant dû être soignées pour choc ou anxiété», ainsi que le nombre de personnes ayant dû vivre dans des abris (estimé à un million), alors que le nombre de victimes civiles libanaises n'est même pas donné dans le rapport, mais uniquement le nombre de réfugiés et d'habitations civiles détruites (15 000). De même, ce rapport mentionne le nombre de roquettes tirées par le Hezbollah sur le nord d'Israël (3 970 dont 901 sur des zones urbaines), alors que le tonnage de bombes larguées par l'aviation israélienne ou le nombre d'obus tirés par les chars israéliens ou la marine sur le Liban n'est pas mentionné du tout (voir texte du rapport S/2006/730 sur le site web des Nations unies). En revanche, le site de l'armée israélienne renseigne clairement sur les opérations militaires contre le Liban: 12 000 sorties de bombardement par avion, 2 500 obus tirés par la marine, 7 000 objectifs libanais touchés par les bombardements (voir htpp://www1.idf.il/DOVER/site).

lah. De leur côté, tous les pays occidentaux font évacuer leurs ressortissants du Liban, comme si le pays
allait sombrer dans l'anarchie totale. Navires civils
ou navires de guerre sont envoyés à Beyrouth pour
assurer cette évacuation qui jouit d'une couverture
médiatique exceptionnelle. Il semble bien qu'il y ait
une action concertée des pays occidentaux pour en
finir avec le Hezbollah, tout comme cela avait été le
cas, vingt-cinq ans auparavant, avec l'O.L.P. implantée à Beyrouth et dans tout le Liban. L'action du
Hezbollah qui a enlevé les deux soldats israéliens
est condamnée partout, mais point la démesure des
représailles israéliennes. Preuve de cette complicité
silencieuse, le président français se contentera de
demander à l'État d'Israël l'ouverture de couloirs
humanitaires pour permettre l'approvisionnement
du pays, les déplacements de la Croix-Rouge et la
possibilité pour les habitants des zones les plus exposées de fuir sans être la cible des bombardements.

En fait, la passivité de la communauté internationale ne fait aucun doute. Les États-Unis se contentent
de convoquer à Rome le 26 juillet une Conférence
internationale pour prévoir une aide future à la
reconstruction du Liban. Cette conférence sera l'occasion pour la diplomatie américaine de réaffirmer
sa doctrine sur le Moyen-Orient qui doit être net-
toyé de tous ses mouvements terroristes en Irak, au
Liban et en Palestine. Le Premier ministre libanais
qui a présenté un plan en sept points de règlement
de la crise est à peine écouté[1]. Quelques jours auparavant, d'ailleurs, le 21 juillet, Condoleeza Rice,

1. Ce plan envisageait la libération des prisonniers libanais et
israéliens, le retrait de l'armée israélienne derrière la ligne «bleue»
et le retour des déplacés, l'engagement du Conseil de sécurité de placer les fermes de Chebaa sous juridiction des Nations unies, le
déploiement de l'armée libanaise, le renforcement de la F.I.N.U.L.,
les Nations unies s'engageant aussi à mettre en œuvre l'accord d'armistice de 1949, et la communauté internationale à soutenir le
Liban.

ministre des Affaires étrangères des États-Unis, avait imperturbablement déclaré, lors d'une conférence de presse tenue à Washington, que ce qui se passait au Liban ne constituait «en un certain sens que les douleurs d'enfantement du nouveau Moyen-Orient» tel qu'envisagé par les États-Unis[1]. Cette dernière s'est d'ailleurs rendue au Liban, le 24 juillet, pour y rencontrer les membres du gouvernement favorables à la politique américaine dans la région, c'est-à-dire ceux appartenant au groupe du 14 mars. Ceux-ci la reçoivent avec la plus grande cordialité, ce qui n'est pas sans choquer une large partie de l'opinion libanaise, indignée par l'ampleur des représailles israéliennes dont le Liban est, encore une fois, victime.

C'est qu'en réalité, sur le terrain au Liban, on assiste à un magnifique élan d'unité nationale et de solidarité avec les réfugiés qui fuient les zones bombardées sans interruption. Cette solidarité contraste avec la désunion qui avait caractérisé l'invasion israélienne de 1982. Elle est en grande partie due aux positions prises par le général Aoun qui, dès le début des hostilités, affirme que l'enlèvement de deux soldats ne saurait justifier l'action israélienne et qu'il ne s'agit point de condamner le Hezbollah, mais bien l'État d'Israël. Son mouvement est très actif dans l'accueil et l'assistance aux réfugiés. Mais il en est de même pour l'Église qui invite la population chrétienne à faire preuve de solidarité et à recevoir et abriter les réfugiés. Aussi, contrairement aux épisodes précédents de déstabilisation du Liban au cours des années 1975-1990, les réfugiés se comportent eux aussi avec une dignité et une discipline exemplaires. Il n'y aura aucune occupation illégale

---

1. Mme Rice ajoutait à cette stupéfiante analyse que «quoi que nous fassions nous devons être certains que nous œuvrons pour ce nouveau Moyen-Orient et que nous ne revenons pas à l'ancien». Voir texte de la déclaration sur le site web du Département d'État américain : www.state.gov/secretary/rm/ 2006/69331.htm.

d'habitations ou de lieux publics, aucun vol ou aucun larcin, en dépit du nombre très élevé de réfugiés qui trouvent abri dans les jardins publics, les écoles, les mosquées, les églises et les couvents. Ce comportement exemplaire, qui contraste avec les comportements anciens, durant la période 1975-1990, caractérisés par les vols, les prédations et les occupations illégales de biens publics et privés, est dû aussi à l'étonnante discipline que montrent les réfugiés et à leur encadrement par le Hezbollah.

Si l'opération israélienne avait pour but, non seulement d'éradiquer la résistance libanaise et de se venger de l'humiliant retrait du sud du Liban en mai 2000, mais aussi de briser la solidarité nationale entre chrétiens et musulmans, l'objectif n'est guère atteint par ces opérations militaires[1].

SAYYED NASRALLAH : UN NOUVEAU NASSER AU PROCHE-ORIENT ?

Au cours de cet été, d'ailleurs, la figure charismatique de Sayyed Nasrallah, le secrétaire général du

---

1. Un observateur aussi sérieux que le journaliste britannique, Seymour Hersh, dans un article paru dans la non moins sérieuse revue *The New Yorker*, dans son numéro du 21 août 2006, sur la base de témoignages d'experts américains bien informés, affirmera d'ailleurs que l'opération israélienne contre le Liban était planifiée depuis longtemps avec le plein consentement des États-Unis. En fait, dès le 21 juillet, le *San Fransisco Chronicle* révélait, dans une correspondance de Jérusalem, que l'opération israélienne avait été planifiée de longue date, notamment depuis le retrait du sud du Liban en 2000. Ce que confirmera aussi indirectement le général Dan Halutz lors des auditions de la Commission israélienne d'enquête sur la mauvaise performance de l'armée israélienne, en affirmant que l'enlèvement des deux soldats n'était pas la cause de la guerre. On rappellera aussi à ce sujet que le Hezbollah avait déjà négocié en janvier 2004, à travers le gouvernement allemand, un échange de prisonniers avec Israël.

parti, prend une dimension exceptionnelle. Ses discours tout au long de l'agression israélienne auront un impact très fort, non seulement sur la population libanaise, mais aussi sur les opinions arabes qui écouteront religieusement chacune de ses grandes interventions télévisées[1]. Son discours est caractérisé par la marginalisation du vocabulaire religieux et la place accordée à l'analyse politique profane des données du terrain et de la position des grands acteurs au Moyen-Orient. Il sait d'ailleurs comment trouver le ton juste en s'adressant à ces derniers, entre autres les gouvernements arabes qui ont condamné l'enlèvement des deux soldats par le Hezbollah comme justifiant l'agression israélienne[2] ; mais il sait aussi s'adresser à chaque catégorie de la population libanaise, celle qui souffre le plus des bombardements comme celle qui accueille les réfugiés et les assiste et qu'il remercie avec chaleur. Son discours est un discours de concorde et d'entente

---

1. Durant ces trente-deux jours de guerre, le chef du Hezbollah fera neuf interventions télévisées, les 14, 16, 20 (longue interview avec la chaîne de télévision panarabe *Al Jazira*), 26, 29 juillet, 3, 9, 12 août. Ces interventions contribuent largement à maintenir le moral de la population et des combattants.

2. Trois gouvernements arabes ont vertement condamné l'acte «provocateur» du Hezbollah, lui imputant toute la responsabilité de la situation du Liban. Il s'agit des gouvernements de l'Arabie Saoudite, de l'Égypte et de la Jordanie, les trois plus fidèles alliés arabes des États-Unis dans la région, ceux mêmes qui ne condamnent pas non plus les agressions israéliennes répétées contre la population civile palestinienne en représailles à la résistance que continue de mener le Hamas. Le chef du parti de Dieu leur demande uniquement de s'abstenir de telles déclarations qui légitiment les actes d'Israël et des États-Unis et leur fait remarquer qu'il ne leur demande pas d'entrer dans la guerre ou même d'envoyer des aides à la résistance libanaise. Mais, en Arabie Saoudite, des fatwas seront émises condamnant l'acte du Hezbollah, ainsi que, de façon générale, le chiisme auquel appartient ce parti. En Égypte et en Jordanie, les deux chefs d'État font aussi des déclarations abruptes sur la rivalité des sunnites et des chiites, suggérant que les chiites sont plus «persans» qu'arabes ou que l'Iran met en place un «triangle chiite» au Moyen-Orient pour assurer sa domination.

pour faire face à l'agression. Il y insiste sur la notion de morale en politique, sur la nécessité de parvenir enfin à arrêter définitivement les agressions répétées d'Israël contre le Liban et les violations constantes de l'espace aérien libanais par l'aviation israélienne, de façon presque quotidienne depuis des décades, de façon à rétablir une souveraineté véritable du Liban. Il fait allusion à des dissensions avec les membres pro-américains du gouvernement libanais, mais insiste sur la nécessité de maintenir l'unité des rangs. Son ton modeste et calme, sa franchise, ses analyses lucides en feront un héros panarabe, tel qu'il n'en avait plus existé depuis la disparition de Gamal Abdel Nasser.

On peut même dire qu'à la différence de Nasser, il apparaît beaucoup plus modeste et lucide dans ses analyses. Il n'a pas l'aspect flamboyant, ni le ton parfois acerbe et la sonorité métallique de la voix de ce dernier. Le contraste est d'ailleurs fort entre Nasser, bouillant colonel de l'armée égyptienne, en révolte contre la féodalité terrienne et la haute bourgeoisie d'affaires de son pays et qui brave les puissances occidentales par la nationalisation du canal de Suez, et ce religieux chiite qui porte le turban, parle lentement et d'une voix grave dans un débit bien contrôlé et toujours vivant et sait choisir ses mots dont chacun est bien pesé. Nasser parlait de fierté nationale et de complots visant les Arabes, il se laissait emporter par sa verve ; Nasrallah parle de dignité et de moralité, de vérité, de sincérité et du respect de l'autre. Il dissèque la politique américaine partisane au Moyen-Orient, la soumission de certains régimes arabes à cette politique. Il remercie ses combattants dont il « baise les pieds » et salue le courage, partage la peine de tous ceux qui sont sous les bombardements et leur explique que leurs sacrifices et leurs souffrances ne sont pas inutiles,

que le temps de l'humiliation et de la sujétion aux
Israéliens est terminé.

Ses discours prennent d'autant plus de relief et sont
d'autant plus écoutés dans tout le monde arabe
qu'en cet été 2006, et pour la première fois dans les
guerres israélo-arabes, l'armée israélienne, en dépit
des moyens de haute technologie militaire qu'elle
emploie, non seulement ne parvient pas à pulvériser
la résistance libanaise ou à engendrer le chaos total
au Liban, mais doit subir elle-même de lourdes
pertes. Bien plus, le Hezbollah qui dispose d'un
arsenal de roquettes de courte et de moyenne portée, vraisemblablement d'origine iranienne, bombarde sans interruption les villes de la Galilée,
atteignant même la ville de Haïfa à plus de trente
kilomètres de la frontière libanaise. Des milliers
d'Israéliens doivent se cacher dans les abris ou se
réfugier hors de portée des tireurs de roquettes libanais. C'était du jamais vu dans l'histoire d'Israël :
pendant que son armée piétine sans parvenir à
s'emparer des villages du sud du Liban à la frontière et à pénétrer les défenses du Hezbollah, sinon
avec une lenteur ahurissante, la population du nord
d'Israël se cache ou fuit et subit même quelques
pertes en vies humaines. Le territoire israélien, jusqu'ici inviolable, en dépit des arsenaux dont ont pu
disposer l'Égypte et la Syrie du temps de la Guerre
froide, est maintenant violé par un petit mouvement
de guérilla libanaise. Vraiment, quel contraste avec
les précédentes guerres israélo-arabes et, aussi, avec
les précédentes invasions israéliennes du territoire
libanais, notamment en 1978 et 1982 lorsque l'armée israélienne, en cinq jours, arrive aux portes de
Beyrouth ! Ainsi donc, ce que ni les armées arabes
régulières ni les mouvements de résistance palestinienne, autrefois tout-puissants au Liban, n'ont pu
accomplir sur le plan militaire, à savoir tenir en
échec la toute-puissante armée israélienne et infli-

ger des pertes sur le territoire même de l'État d'Israël, est aujourd'hui accompli par un groupe de
résistants libanais, animés d'une foi farouche dans
la justesse de leur cause et dotés d'une discipline et
d'une capacité de logistique et d'organisation incon-
nue jusqu'ici au Proche-Orient.

Les combattants du Hezbollah parviendront même
à couler un navire de guerre israélien qui, au large de
Beyrouth, bombarde la banlieue sud de la capitale et
cela, à l'instant même où le chef du parti prononce
un grand discours télévisé et annonce qu'à l'instant
même où il parle, les téléspectateurs pourront voir
couler ce navire de guerre. Du coup, la crédibilité de
cet homme et de son parti devient immense au Liban
et dans tout le monde arabe. On donne son nom
comme prénom à de nombreux enfants qui naissent
durant ces jours de guerre. Il s'impose comme un
acteur de premier plan sur la scène proche-orientale.
C'est dire combien l'action israélienne au Liban
échoue dans tous ses objectifs. Non seulement, en
effet, le Hezbollah n'a pas été détruit, mais il a acquis
au Liban et dans le monde arabe une stature impo-
sante. Le Liban n'est pas revenu à ses passions destructrices et suicidaires du passé ; il résiste à cette
sixième grande agression israélienne dans un intense
moment d'unité nationale et de concorde communautaire. Les États-Unis, leurs alliés européens et
arabes doivent se rendre à l'évidence, Israël a échoué
lamentablement dans son offensive et il convient
désormais d'arrêter les frais de cette opération catastrophique.

LA TARDIVE
« CESSATION DES HOSTILITÉS »
ET LA NÉGOCIATION
DE LA RÉSOLUTION 1701

C'est ainsi que, le 5 août 2006, les États-Unis et la France[1] présentent enfin au Conseil de sécurité un projet de résolution appelant à « une cessation des hostilités »[2]. Mais le projet qui condamne exclusivement le Hezbollah pour son action est refusé par le gouvernement libanais, tant il est déséquilibré et n'a tenu aucun compte de son plan en sept points qui a obtenu l'aval du Hezbollah au conseil des ministres libanais où siègent deux ministres qui le représentent[3]. Entre-temps, se tient à Beyrouth une réunion des ministres des Affaires étrangères de la Ligue arabe pour, enfin, donner son appui au Liban[4]. Il

1. Cette nouvelle initiative confirme encore une fois la nouvelle et étroite alliance entre les États-Unis et la France sur la question libanaise, entièrement instrumentalisée au service des intérêts de la géopolitique américaine.

2. Il s'agit d'un nouveau glissement de vocabulaire onusien favorable à Israël parce qu'il lui permet de continuer d'exercer un droit de représailles. En effet, l'expression bien connue « cessez-le-feu » qui signifie l'arrêt de tout combat est remplacée par la « cessation d'hostilités », impliquant que, si l'une ou l'autre des parties se sent menacée, elle peut préventivement attaquer l'ennemi à partir de ce qu'elle perçoit comme une menace. C'est effectivement légaliser la politique de représailles préventives que pratique l'État d'Israël contre toute résistance à ses occupations.

3. On peut se demander ici si le gouvernement français a ignoré la position du gouvernement libanais dont il est pourtant très proche en raison de ses relations bien connues avec le groupe Hariri et ses alliés qui forment la majorité des membres du gouvernement, ou bien si cette majorité adhérait au contenu du projet franco-américain très défavorable au Hezbollah.

4. Au cours de cette réunion, le Premier ministre libanais, Fouad Siniora, fondra en larmes en prononçant son discours et en rappelant aux ministres arabes combien le Liban a toujours été attaché à son arabité. Cette scène fera beaucoup jaser, les pleurs n'ayant pas été versés sur les victimes et les destructions, ce qui suscitera de

apparaît, en effet, que la résistance du Hezbollah et du pays à l'agression bouleverse tous les calculs des gouvernements occidentaux et des gouvernements arabes alliés. Ce qui était apparu au départ comme une opération militaire rapide et décisive destinée à liquider en quelques jours la présence du Hezbollah au sud du Liban, voire à assassiner ses chefs résidents dans la banlieue sud de Beyrouth du fait de l'intensité des bombardements sur les immeubles d'habitation, s'avère un échec patent.

En effet, après trois semaines de bombardements intensifs, l'armée israélienne piétine toujours sur la frontière sans véritablement pouvoir pénétrer à nouveau en profondeur cette région du Liban qu'elle a pourtant autrefois occupée durant vingt-deux ans (1978-2000), cependant que les combattants du Hezbollah continuent d'avoir la même capacité à envoyer quotidiennement entre cent et deux cents roquettes sur les villes du nord de la Galilée en Israël. Le chef du Hezbollah continue d'apparaître régulièrement à la télévision, comme si de rien n'était. Du coup, l'image d'Israël et de son armée est mise à mal, comme elle ne l'avait jamais été jusqu'ici dans l'histoire des guerres israélo-arabes, en dehors du court épisode de la première phase de la guerre d'octobre 1973[1]. Aussi, pour la première fois depuis des décennies, assiste-t-on à un réveil de la solidarité arabe. C'est ainsi qu'à l'issue de la réunion, les ministres des Affaires étrangères décident d'envoyer au Conseil de sécurité une délégation composée du ministre des Affaires étrangères du Qatar, des Émirats arabes unis et du secrétaire général de la Ligue

---

l'incompréhension ou de la dérision ; le Premier ministre avait aussi essuyé des larmes, quelques semaines auparavant, en évoquant la mémoire de Rafic Hariri, lors de l'inauguration d'un hôpital gouvernemental à qui avait été donné le nom de l'ancien Premier ministre assassiné.

1. Voir *supra* chapitre 9.

arabe pour convaincre le Conseil de sécurité d'amender son projet de résolution dans un sens moins défavorable au Liban[1].

Les débats au Conseil de sécurité de sécurité seront sans surprise. Le représentant israélien, appuyé, comme à l'accoutumée, par celui des États-Unis, y réaffirmera la thèse de la liquidation indispensable des organisations terroristes au Moyen-Orient, allant même jusqu'à affirmer que l'armée israélienne ne faisait qu'appliquer la résolution 1559 du Conseil de sécurité réclamant la dissolution de toutes les milices armées au Liban et le déploiement de l'armée libanaise jusqu'à la frontière avec Israël, venant ainsi au secours d'un gouvernement libanais prisonnier du terrorisme du Hezbollah et qui ne demande qu'à être délivré du « carcan de la terreur »[2]. Un quart de siècle environ après l'invasion israélienne de 1982 pour « délivrer » les Libanais de la gangrène du « terrorisme » palestinien, la même partition semble être jouée. La surprise, cette fois, viendra de la résis-

1. Le ministre des Affaires étrangères du Qatar, lors d'une interview télévisée sur la chaîne *Al Jazira*, le 7 août 2006, expliquera en toute franchise le retournement d'opinion des gouvernements arabes, en affirmant que certains d'entre eux étaient favorables à une liquidation de la résistance libanaise, à condition qu'il s'agisse d'une opération israélienne rapide. Mais, voyant que l'armée israélienne après trois semaines piétinait toujours et que le Hezbollah avait résisté à ce qui devait être une opération ne dépassant deux semaines, cependant que les manifestations de rue dans les pays arabes se multipliaient en faveur de la résistance et contre Israël, l'accord s'était fait entre tous les ministres pour demander la fin de l'opération israélienne au Liban (voir le compte rendu de cette interview sur le site du gouvernement du Qatar : htpp ://english. mofa.gov.qa/details.cfm ?id=110).

2. On lira sans surprise le texte du discours de Dan Gillerman, ambassadeur d'Israël aux Nations unies, prononcé lors des premiers débats du Conseil de sécurité du 14 juillet 2006 : « Le gouvernement libanais a manqué tellement de chances dans le passé, avec un tel coût pour son peuple, alors qu'il a aujourd'hui l'opportunité de se débarrasser du carcan de la terreur... Il y a des voix de Libanais courageux, des parlementaires et ministres patriotes, qui nous ont appelés ces deux derniers jours du fond de l'abîme de leur pays aimé... » (voir le site du ministère israélien des Affaires étrangères : www.mfa.gov.il).

tance militairement très efficace du Hezbollah qui fait piétiner lamentablement l'armée israélienne, ce qui provoquera de profonds remous en Israël même et entraînera d'abord la démission du commandant du front Nord, le général Udi Adam, le 13 septembre 2006, suivie le 11 novembre par celle du général Gal Hirsch qui commandait la région Nord, puis quelques mois plus tard celle du général en chef de l'armée israélienne, Dan Halutz, le 16 janvier 2007. En réalité, le fait que la puissante machine de guerre israélienne n'ai pas réussi à briser et éradiquer les «terroristes», en dépit de son arsenal militaire provoque une tempête politique en Israël et laisse Européens et Américains interloqués.

Le 11 août 2006, la résolution 1701 (S/RES/1701 (2006) est adoptée par le Conseil de sécurité. Elle décrète une «cessation des hostilités» et non un «cessez-le-feu» avec retour à la situation antérieure, comme d'usage dans toutes les résolutions du genre. En fait, il s'agit de donner à Israël la possibilité de continuer de poursuivre les combattants du Hezbollah ou de détruire ses infrastructures au cas où ses troupes nouvellement occupantes au Liban se sentiraient menacées ou seraient exposées à un acte isolé de violence. La résolution condamne l'enlèvement des deux soldats et demande leur restitution sans conditions, mais n'a pas un mot pour dénoncer la sauvagerie des trente-deux jours de bombardements israéliens intensifs, représailles une fois de plus totalement démesurées par rapport à l'acte commis. La résolution prévoit, en outre, le renforcement des bataillons de la F.I.N.U.L. qui atteindront un effectif de 15 000 hommes[1], au lieu des 1 700 res-

---

1. On sera étonné de la mobilisation militaire pour renforcer la Force des Nations unies au sud du Liban, laissée jusqu'ici sans moyens et dont les effectifs étaient tombés de 6 000 à 2 000 hommes au cours des années, tant qu'il ne s'agissait que de protéger le Liban et les Libanais. Cette fois, vingt-sept pays sollicités, non hostiles à Israël, accepteront d'envoyer des contingents, dont des pays musul-

tant sur le terrain, et leur dotation en armements lourds, ainsi que le déploiement de 15 000 soldats de l'armée libanaise, soit une densité impressionnante de militaires au kilomètre carré sur ce minuscule territoire au sud du fleuve Litani, et la confiscation de toute arme trouvée dans la zone. De plus, la résolution, en se référant à la précédente résolution 1559 de septembre 2004, confirme la nécessité du désarmement des milices au Liban, ce qui, pour les puissances occidentales et leurs alliés au Liban ou chez les gouvernements arabes, inclut le désarmement du Hezbollah, considéré par l'autre partie de l'opinion libanaise et arabe comme un mouvement de résistance légitime, ne pouvant être catégorisé comme une milice à désarmer. Une allusion vague est faite à la question du territoire dit des fermes de Chébaa, toujours occupé par Israël, demandant aux Nations unies d'étudier la question.

L'AGGRAVATION DE LA CRISE
INTÉRIEURE LIBANAISE

Cette guerre qui n'a pas été gagnée, et donc en un sens qui a été perdue, va être continuée sur le ter-

---

mans (Indonésie, Turquie — ce qui suscite la protestation de la communauté arménienne au Liban —, Malaisie), les plus importants de ces contingents étant ceux de la France, de l'Italie et de l'Espagne (environ 7 000 hommes). En réalité, même la Chine, la Corée du Sud, le Luxembourg, le Guatemala, l'Inde, la Norvège, le Népal (déjà présent), la Pologne, la Hongrie, la Suède, la Grèce, la Finlande, le Qatar participeront à la F.I.N.U.L. Fait nouveau, l'Allemagne envoie sa flotte patrouiller au large des côtes libanaises pour empêcher l'arrivée par la mer d'armes destinées au Hezbollah. Mme Merkel, chancelier allemand, justifiera cette participation militaire au Parlement par la nécessité de protéger Israël. Une telle déclaration ne suscitera aucun commentaire du gouvernement libanais dont on eût pu penser qu'il aurait au moins exigé la neutralité des forces militaires envoyées. En réalité, la F.I.N.U.L. renforcée est désormais là pour assurer la sécurité d'Israël, et non plus celle du Liban.

rain politique libanais. Alors qu'en Israël la crise politique éclate du fait de la mauvaise performance de l'armée israélienne, au Liban la situation interne devient explosive, les partis politiques se réclamant du 14 mars se faisant de plus en plus virulents contre le Hezbollah qui aurait entraîné le pays dans une aventure catastrophique aux conséquences économiques et financières graves. La crise éclate au grand jour à propos du projet de règlement du tribunal à caractère international qui doit juger les coupables de l'assassinat de Rafic Hariri et des autres attentats. Le Premier ministre refuse de donner un temps suffisant au Conseil des ministres pour étudier ce règlement, critiqué fortement par divers juristes libanais, mais aussi officiellement par le président de la République[1]. Cet entêtement est d'autant plus surprenant que la Commission d'enquête continue de piétiner et qu'elle n'a toujours pas désigné de coupables à juger. En réalité, les dérapages permanents de M. Mehlis, le procureur allemand en charge de l'enquête qui, loin de préserver le secret de l'instruction, faisait des déclarations fracassantes à la presse, se disant convaincu de la

1. Le président fait publier dans la presse libanaise ses remarques de caractère purement juridique et constitutionnel, le 31 octobre 2006 ; ces remarques ont été rédigées par un des membres du Conseil constitutionnel libanais (voir des extraits dans le quotidien de langue française *L'Orient-Le Jour* en date du 31 octobre 2006 et le texte complet en arabe dans le quotidien *Al Safir* du même jour). De plus, on pourra se reporter aux analyses de l'ancien Conseil juridique de la Banque mondiale et professeur de droit international à l'université Georgetown à Washington, David Kheirallah, dans le quotidien libanais *Al-Akhbar* en date du 1er novembre 2006 et dans le quotidien *As Safir* du 25 novembre 2006, puis à sa lettre ouverte au ministre de la Justice libanaise dans *Al-Akhbar* en date du 4 janvier 2007. Un ancien ministre jordanien de la Justice et professeur de droit lui aussi, M. Mohamed el-Hammoury, ne manquera non plus de faire remarquer le caractère anticonstitutionnel des dispositions du règlement de ce tribunal dans le quotidien *As Safir* du 15 décembre 2006. On verra aussi Géraud de Geouffre de La Pradelle, Antoine Korkmaz et Rafaëlle Maison, «Douteuse instrumentalisation de la justice internationale au Liban», *Le Monde diplomatique*, avril 2007.

culpabilité syrienne et libanaise au plus haut niveau
des deux États, avaient fait de la question de la création d'un tribunal avant même la fin de l'enquête
un problème brûlant. La nomination de M. Serge
Brammertz en remplacement de M. Mehlis donne
une tournure plus sobre et plus professionnelle à
l'enquête dont il affirme le caractère complexe et la
multiplicité d'hypothèses[1]. Mais la hâte à vouloir
constituer le tribunal et à faire approuver son règlement avant que soit démêlé l'écheveau des mobiles
complexes et concurrents de l'assassinat ne fait
qu'augmenter les soupçons des partis de l'opposition.

En effet, le 11 novembre 2006, les ministres du
mouvement Amal et du Hezbollah qui représentent
la communauté chiite dans le Conseil des ministres
démissionnent, ouvrant une crise grave : l'absence
de représentation d'une grande communauté, qui
ne s'est jamais produite depuis l'indépendance du
pays, rend le Conseil des ministres inconstitution-

---

1. À ce sujet, il est important de signaler que le mandat de Mehlis,
le président de la Commission d'enquête, n'est pas renouvelé par les
Nations unies qui le remplacent, le 11 janvier 2006, par une personnalité beaucoup plus neutre, le juge Serge Brammertz, procureur
général adjoint au Tribunal pénal international. Ce dernier évite de
façon très stricte tout contact avec la presse et le style sobre et
technique des quatre rapports trimestriels qu'il rédige contraste fortement avec celui du précédent responsable de la Commission.
M. Brammertz écartera aussi l'adjoint allemand de M. Mehlis. Dans
ses rapports, et contrairement à toute l'approche de son prédécesseur, sont évoqués la multiplicité des mobiles possibles de l'assassinat, mais surtout le fait que les « auteurs de l'attentat auraient appelé
l'attention sur les mobiles apparemment évidents pour faire accuser
d'autres personnes et ainsi se couvrir », allusions claires aux faux
témoins dont M. Mehlis avait fait la base de son accusation contre
la Syrie et les responsables libanais ; de plus, les rapports de
M. Brammertz confirment une bonne coopération avec les autorités syriennes et dénoncent, en revanche, le fait que dix pays ne coopè-
rent pas avec la Commission (on verra à ce sujet le rapport en date
du 12 décembre 2006 (S/2006/962), disponible sur le site web des
Nations unies). Le délégué russe aux Nations unies demandera le
nom des pays coopérants, ce qui soulèvera les vives objections de la
France et des États-Unis, soupçonnés d'être parmi les pays non
coopérants.

nel[1]. Cela ne l'empêche pas de se réunir dès le 13 novembre sans représentation de la communauté chiite et d'entériner le statut du tribunal qu'il fait aussitôt publier au journal officiel, sans le vote du Parlement sur ce document qui a valeur de traité international et sans ratification du président de la République qui, suivant le texte même de la constitution libanaise, «négocie et ratifie les traités internationaux» (article 52).

Le 21 novembre, la série d'assassinats reprend au Liban. Le ministre de l'Industrie, Pierre Gemayel, fils de l'ancien président de la République, Amine Gemayel, et membre du Parti phalangiste, est assassiné en plein jour et au cœur de la partie chrétienne de Beyrouth, par des hommes à visage découvert qui semblent opérer en toute impunité. Du coup, et malgré la spécificité et les modalités de cet attentat par rapport aux précédents, c'est de nouveau la même indignation qui prend pour cible la Syrie et ses «alliés» libanais. Le soir même, le président du Conseil de sécurité des Nations unies communique au secrétaire général de l'organisation internationale, dans une lettre qu'il lui adresse, l'approbation des membres du Conseil sur le texte du règlement du tribunal spécial créé en vertu de la résolution 1664. La lettre demande au secrétaire général de commencer à établir le tribunal et à rechercher la contribution d'États membres à son budget, dont 49 % devra être supporté par l'État libanais. Seule nuance de ce texte, une incidente dans le dernier paragraphe demandant que le secrétaire général continue à entreprendre des démarches de concert avec le gouvernement libanais et, dit l'incidente, «en conformité avec la constitution du Liban», pour achever les formalités finales de l'accord (sur le tribunal).

---

1. Un autre ministre, de confession grecque-orthodoxe, démissionne lui aussi, quelques jours après, mais un autre ministre de cette même communauté continue de siéger au gouvernement.

Le déroulement des événements, ainsi que leur connexion directe avec l'accélération de la mise en place du tribunal spécial alors que l'enquête n'est pas encore terminée, rappelle ici étrangement celui qui a caractérisé l'assassinat de Gebrane Tuéni en décembre 2005 et que nous avons décrit ci-dessus.

En attendant, cette nouvelle crise, qui s'ajoute à celle du boycottage du président de la République par les partis du 14 mars et les grands pays occidentaux qui les appuient, est immédiatement kidnappée par les États-Unis et la France. Ces derniers expriment avec force leur soutien au gouvernement de Fouad Siniora qu'ils considèrent toujours comme légitime parce que jouissant de la majorité parlementaire. Toutes celles parmi les forces politiques libanaises qui n'appuient pas le gouvernement sont dédaigneusement qualifiées de prosyriennes ou proiraniennes. Les forces autres que les deux grands partis chiites qui sont actives dans l'opposition, notamment les partis nassériens de la ville de Saïda largement sunnites ou les restes de mouvements nationalistes arabes et fondamentalistes musulmans de la ville de Tripoli, eux aussi sunnites, mais aussi le nombre très important de chrétiens maronites rangés sous la bannière du Mouvement patriotique du général Aoun, sont totalement ignorés des analyses des médias internationaux. Le 30 novembre, les partis de l'opposition appellent à une mobilisation de masse et à un *sit-in* sur la place des Martyrs. Le 10 décembre, une manifestation géante rassemble environ un million et demi de personnes au centre de Beyrouth, mais la foule est si dense qu'elle déborde dans toutes les grandes artères de la ville.

Du coup, l'appui occidental au gouvernement prend une importance encore plus démesurée. C'est un défilé ininterrompu de chefs de gouvernements ou de ministres occidentaux qui se pressent à Beyrouth chez le Premier ministre. Celui-ci s'est enfermé avec les membres du gouvernement après la démis-

sion de cinq ministres. Tous lui expriment un soutien
sans réserve.

Les médias internationaux et arabes présentent la
crise libanaise exclusivement sous l'angle de l'affrontement entre les États-Unis, les pays occidentaux
et Israël, représentés par les partis libanais du
14 mars, d'un côté, et la Syrie et l'Iran, représentés
par le Hezbollah et ses alliés dits « pro-syriens », de
l'autre côté. Aucune nuance n'est faite dans l'analyse, ni aucune donnée interne de la crise prise en
compte. C'est la caricature qui domine, car la scène
libanaise n'est plus qu'un espace d'affrontement symbolique pour le contrôle du Moyen-Orient, comme il
l'a été si souvent dans un passé récent.

Décidément, l'histoire se répète dans des circonstances nouvelles, mais sans que les données de fond
changent véritablement.

Au début de l'année 2007, la situation sur le terrain
dégénère. Les quinze années de paix civile entre 1991
et 2005 risquent fort d'être définitivement enterrées
et le Liban sacrifié, une nouvelle fois, aux jeux de
la géopolitique régionale et de la permanence de la
politique israélienne, appuyée par les États-Unis. Il
est clair que c'est la tête du Parti de Dieu qui est visée
au Liban, ainsi que son armement qui a, pour la première fois dans l'histoire d'Israël, mis aux abris
durant trente-deux jours les habitants de la Galilée et
tenu en échec l'armée israélienne durant toute cette
période. L'opposition est punie pour l'avoir soutenu
si efficacement durant la guerre de l'été 2006 ; l'entêtement exceptionnel du Premier ministre à ne pas
vouloir élargir son gouvernement ou constituer un
nouveau gouvernement d'Union nationale, ou même
son refus d'organiser de nouvelles élections géné-
rales pour départager le poids respectif des forces
politiques dans l'opinion publique libanaise ne peuvent être attribués qu'au fait que la décision a été
prise de désarmer définitivement le Hezbollah au
Liban. Ce dernier a, en effet, dans l'optique israé-

lienne et occidentale, causé trop de dégâts sur la scène proche-orientale, sur le plan militaire comme sur le plan politique et moral. Il faut lui faire rendre gorge et punir ses alliés libanais qui le protègent et lui donnent une forte légitimité interne.

LA LONGUE BATAILLE
DE L'ARMÉE LIBANAISE
CONTRE DES JIHADISTES
AU NORD DU LIBAN

Peu de temps après la guerre des 33 jours, d'autres événements graves vont secouer le nord du Liban à partir du mois de mai 2007 et éprouver durement l'armée libanaise, seule garante de l'unité nationale. En effet, un groupuscule palestinien d'inspiration islamiste radicale, le Fath el Islam, a développé au cours des derniers mois une présence de plus en plus inquiétante dans les camps de réfugiés palestiniens au Liban, en particulier celui de la ville de Saïda au sud et celui de la ville de Tripoli au nord. Cette faction palestinienne est issue à l'origine d'un groupe ayant fait sécession du principal mouvement de la résistance palestinienne, le Fatah, sous le nom de Fatah-Intifida (rébellion), puis de Fath el Islam. Son fondateur, Chaker el-Absi, semble s'être placé sous le chapeau de la nébuleuse d'Al Quaëda s'il faut en croire son vocabulaire virulent. C'est à ce groupuscule qu'est attribué par les services de sécurité libanais l'attentat contre un autobus survenu le 12 mars 2007 sur une route de montagne proche de la capitale. À l'époque, comme pour tous les assassinats et actes de violence commis sur le territoire libanais, el-Absi avait été accusé par les médias locaux et internationaux d'être aux ordres de la Syrie. Mais, en réalité, le Courant du Futur créé par la famille Hariri et qui fédère les partis du 14 mars semble être celui qui facilite l'arrivée de jihadistes au Liban comme contrepoids à la présence grandissante du Hezbollah et à son poids politique et militaire. Pourtant, le très sérieux journaliste américain Seymour Hersh avait tiré la sonnette d'alarme dès le début de l'année 2007 sur les financements qui parviennent à ces éléments, notamment au Fath el Islam, au Liban. Dans un article remarquablement documenté, publié au début de l'année 2007 par *The New Yorker*, Hersh fait état d'un redéploiement de la politique américaine au Moyen-Orient pour faire face à la montée en puissance de l'Iran et de la communauté chiite en Irak et au Liban[1]. L'invasion américaine de l'Irak ayant abouti à remettre le pouvoir à la communauté chiite dans ce pays et donc à renforcer l'influence de l'Iran, il convient désormais pour la politique américaine de faire contrepoids en soutenant les mouvements politiques d'inspiration sunnite. L'Arabie Saoudite, comme l'explique très bien Hersh, joue un rôle majeur dans cette stratégie et il est donc normal que le Courant du Futur, qui, dès l'origine, est un instrument majeur de l'influence saoudienne au Liban, ferme les yeux ou facilite le développement de la présence d'éléments salafistes et jihadistes au Liban.

Les conséquences de cette politique seront désastreuses pour le Liban, car le 19 mai 2007 des éléments de Fath el Islam vont prendre d'assaut une agence de la Banque de la Méditerranée au nord du Liban, banque qui appartient à la famille Hariri, vraisemblablement en raison d'une interruption

---

1. Voir Seymour M. Hersh, «The Redirection. A Strategic Shift», *The New Yorker*, 5 mars 2007 (article disponible sur le site www.newyorker.com).

momentanée des aides que le groupe était habitué à recevoir à travers cette agence bancaire. Le lendemain, le groupe s'en prend à l'armée libanaise qui garde l'entrée du camp palestinien de Nahr el-Bared et tue au cours de la nuit plusieurs soldats endormis. C'est alors une formidable bataille qui commence lorsque l'armée libanaise tente de prendre d'assaut le camp où les combattants de ce groupe jihadiste sont fort bien retranchés, même s'ils ne semblent pas être très nombreux. Il faudra cependant trois mois de combats intenses et plus de 168 victimes dans les rangs de l'armée libanaise pour que le camp, réduit à un champ de ruines, tombe aux mains de l'armée libanaise, à la fin du mois d'août, et que ce qui reste de combattants du Fath el Islam soit capturé. Parmi les prisonniers, on découvrira de nombreux Saoudiens, qui sont immédiatement embarqués vers l'Arabie Saoudite. Le bilan des combats est très lourd pour l'armée libanaise et montre l'insuffisance de ses équipements.

En dépit de toutes les informations concordantes sur le financement saoudo-libanais de cette faction palestinienne, les partis du 14 mars continueront d'accuser sans répit la Syrie d'avoir télécommandé le Fath el Islam au Liban, sans que l'on comprenne d'ailleurs quel aurait été l'intérêt pour le régime syrien de s'en prendre à l'armée libanaise, qui reste un support logistique important de la résistance libanaise à Israël incarnée par le Hezbollah. Mais nous sommes dans une période où les campagnes occidentales et arabes d'accusation contre le régime syrien pour tous les événements violents qui se déroulent au Liban sont à leur paroxysme, ce qui ne manque pas d'accentuer la polarisation entre les deux blocs politiques libanais opposés.

LES ÉVÉNEMENTS DE MAI 2008
ET LA CONFÉRENCE DE DOHA

L'épisode douloureux de la bataille de Nahr el-Bared terminé, la situation politique intérieure évolue vers un blocage complet des institutions. En effet, à partir du mois de septembre 2007, la Chambre des députés ne parvient pas à élire un successeur au président de la République dont le mandat vient à échéance le 27 novembre. Désormais, le gouvernement contesté de Fouad Siniora a hérité des prérogatives du président de la République, en vertu de la Constitution, et se réunit sans sa présence après que ce dernier a quitté ses fonctions, mais aussi toujours sans la présence des ministres de la communauté chiite. Il prend donc de nombreuses décisions, signe et publie un grand nombre de décrets, alors qu'il s'agit d'un gouvernement dont la constitutionnalité est fortement contestée. C'est au début du mois de mai 2008 qu'une de ces décisions met le feu aux poudres. Elle concerne le démantèlement du réseau de télécommunications du Parti de Dieu. Aussitôt, la capitale libanaise est secouée par quelques jours de violences. En fait, le Hezbollah et ses alliés, notamment l'autre mouvement chiite, Amal, prennent en quelques heures le contrôle des points névralgiques de la capitale, mais les remettent aussitôt à l'armée libanaise, faisant ainsi la démonstration de leur capacité militaire sur le plan interne, ce qui n'avait pas été fait jusque-là, en dépit de la gravité des événements passés. Le gouvernement libanais doit alors céder, renonçant à son projet de démantèlement du système de télécommunications du Hezbollah. Il accepte aussi la tenue d'une conférence interlibanaise au Qatar sous les auspices de l'émir de cette principauté et de la Ligue arabe.

Du coup, la situation interne se débloque, permettant l'élection d'un successeur au président Émile Lahoud dont le mandat prolongé s'est terminé en novembre 2007[1]. Il s'agit d'un autre général en chef de l'armée libanaise, Michel Sleiman, qui est élu dès le 25 mai à une majorité de 118 voix sur 128. Un gouvernement d'union nationale, demande principale de l'opposition, est enfin formé, mais sous la conduite de Fouad Siniora, qui apparaît toujours plus comme l'homme de confiance des États-Unis au Liban. Toutefois, la déclaration ministérielle réaffirme le droit du Liban à la résistance armée et confirme donc la légitimité du Parti de Dieu, rempart militaire à une nouvelle éventuelle agression israélienne contre le Liban, à laquelle la petite armée libanaise toute seule ne saurait faire face. En juin 2009 se déroulent des élections législatives, sans

---

1. Le chef de l'État libanais, Émile Lahoud, soumis à des attaques féroces de la part des diplomaties occidentales qui le boycottent au cours des nombreuses visites de dirigeants européens ou américains à Beyrouth et devant faire face aux attaques virulentes des partis de la coalition du 14 mars qui avaient appelé à son renversement, terminera son mandat dans la plus grande dignité, refusant d'ailleurs de nommer un gouvernement formé de partis du 8 mars, comme ces partis le lui suggèrent en dernière minute, une telle action pouvant faire sombrer le pays dans la guerre civile, comme cela avait été le cas en 1988 lors de l'existence de deux gouvernements rivaux (voir chapitre 15). C'est à lui que le Liban doit la reconstruction de l'armée libanaise, qui a su préserver la paix civile durant toutes ces années de déstabilisation, ainsi que le soutien de l'armée à la résistance du Hezbollah, ce qui contribue à assurer la fin de l'occupation de l'armée israélienne dans de larges parties du sud du Liban en 2000. Un ouvrage récent permet de mieux connaître les mérites d'Émile Lahoud, qualifié de «président résistant»: Karim Pakradouni, *Les années résistance. Mandat d'Émile Lahoud (1998-2007)*, traduction de l'arabe par Scarlett Haddad, Beyrouth, 2008; on pourra aussi se reporter à Georges Corm, *Le Liban contemporain. Histoire et société*, La Découverte, Paris, 2012, ainsi qu'à notre préface à l'ouvrage de Stéphane Malsagne, *Fouad Chéhab 1902-1973. Une figure oubliée de l'histoire libanaise*, Karthala-Ifpo, Paris, 2011, p. 13-33 (Fouad Chéhab est le fondateur de l'armée libanaise qui fut élu président de la République en 1958, suite aux troubles de cette année-là opposant déjà partisans de l'alignement du Liban sur la politique occidentale et partisans de l'alliance avec le régime anti-impérialiste de Nasser en Égypte).

incident, mais avec une mobilisation très forte exercée par les partis de la coalition du 14 mars, qui
financent le déplacement de milliers d'émigrés libanais pour venir voter en leur faveur au Liban. Ces
partis emportent une étroite victoire. Un nouveau
gouvernement d'union nationale est formé, mais
cette fois-ci sous la direction de M. Saad Hariri, fils
de Rafic Hariri, et non plus sous celle de Fouad
Siniora.

Progressivement s'établit une normalisation avec
la Syrie, facilitée par diverses évolutions, notamment le retour à un réchauffement des relations des
principaux gouvernements occidentaux avec la
Syrie[1], mais aussi avec l'Arabie Saoudite qui avait
mené une virulente campagne contre ce pays. Du
côté de la coalition du 14 mars, Walid Joumblatt,
qui avait été l'un des plus acharnés détracteurs de la
Syrie, de l'Iran et du Hezbollah depuis l'assassinat
de Rafic Hariri, fait amende honorable tout au long
du printemps 2009. Il reconnaît «avoir perdu la
tête» et s'être fourvoyé durant les trois dernières
années. Il renoue avec le Parti de Dieu et la Syrie,
ce qui affaiblit considérablement la coalition du
14 mars. Saad Hariri lui-même, devenu Premier
ministre, se rend en visite officielle en Syrie en
novembre 2009. Entre-temps, le gouvernement syrien
a accédé à la vieille demande libanaise d'établissement de relations diplomatiques, ce qui sera fait au
mois de mars 2009.

En fait, l'un des facteurs ayant facilité cette évolution qui apaise la scène libanaise est la fin du mandat du président américain, George W. Bush, et
donc la fin des rêves d'un «nouveau Moyen-Orient»

1. Il s'agit notamment de l'invitation adressée au président syrien
de venir à Paris au sommet des chefs d'État méditerranéens à l'occasion de la création de l'Union pour la Méditerranée en mai 2008.
Ce voyage sera suivi d'une visite du chef de l'État français, Nicolas
Sarkozy, à Damas en septembre 2009.

que les États-Unis comptaient remodeler à leur convenance, notamment grâce à l'invasion de l'Irak. La pression monte aux États-Unis pour un retrait de l'armée américaine d'Irak et un retour à une diplomatie moins agressive et plus consensuelle. C'est en tout cas l'image que veut donner le candidat démocrate, Barack Obama, l'un des rares parlementaires américains à avoir voté contre l'invasion de l'Irak. Au Caire, en juin 2009, il fera un discours remarqué, s'adressant à l'ensemble des musulmans du monde et exprimant sa sympathie pour les épreuves que traverse le peuple palestinien. Il citera par deux fois des versets du Coran, ce qui lui vaudra des applaudissements nourris. Mais l'assistance, ainsi anesthésiée, ne remarquera pas que sur le fond, cependant, le nouveau président américain maintient la ligne d'une alliance sans faille avec l'État d'Israël. De plus, il prétend protéger les minorités religieuses chrétiennes du Moyen-Orient, à l'heure même où en Irak sous contrôle américain la communauté chrétienne est l'objet de nombreuses violences qui entraînent un fort exode vers la Syrie, qui a déjà accueilli plus d'un million de réfugiés fuyant les violences intercommunautaires et terroristes que l'invasion américaine a déclenchées. Il se dit prêt à dialoguer avec l'Iran, mais sans céder sur la question de l'enrichissement de l'uranium.

LE LIBAN DANS LES GRIFFES DE LA JUSTICE INTERNATIONALE

En cette même année 2008, en avril, les quatre généraux de l'armée libanaise arrêtés à tort en 2005 à la demande de la Commission internationale d'enquête comme étant les auteurs présumés de l'assas-

sinat de Rafic Hariri sont enfin libérés par les autorités libanaises à la demande expresse du Tribunal
international qui confirme, cette fois solennellement, ne disposer d'aucune preuve contre eux. On
se rappellera qu'ils avaient été arrêtés sur la base de
faux témoignages qui se sont effondrés les uns après
les autres, cependant que le principal de ces témoins
reste protégé par divers pays[1]. Étrangement, le Tribunal international amende ses statuts pour exclure
de sa compétence la question de ces faux témoignages faits devant la Commission d'enquête, et
donc se refuse implicitement à rechercher les com-
manditaires de cette intoxication et leurs motivations.

Plus grave, dès le mois de juillet 2009, l'hebdomadaire allemand *Der Spiegel* annonce que le Tribunal
international a accumulé désormais suffisamment
de preuves pour pouvoir mettre en accusation dans
l'assassinat de Rafic Hariri des éléments appartenant au Hezbollah ; bien que plusieurs magistrats
ou fonctionnaires importants du Tribunal international démissionnent de leurs fonctions en 2009-2010,
le président du tribunal et le procureur général
s'agitent toujours autant, faisant des allées et venues
entre La Haye, siège du tribunal, Beyrouth, les Nations
unies et même le ministère des Affaires étrangères
aux États-Unis.

La rumeur et les fuites organisées concernant
l'implication de membres du Parti de Dieu dans
l'assassinat enflent au point que le secrétaire général du parti consacre plusieurs discours télévisés au

---

1. Il s'agit de Mohammed Zouhair al-Siddik, longtemps réfugié en
France et protégé par la police française, qui disparaît quelques
mois en 2009 pour reparaître à Abu Dhabi avec, semble-t-il, un faux
passeport tchèque fabriqué en France. Ceci lui vaut une arrestation
et une condamnation de six mois dans cet émirat pour usage de faux
papiers. Sa peine terminée, il est relâché et disparaît à nouveau,
tout en continuant de lancer des accusations contre les officiers
libanais blanchis par le Tribunal international et contre la Syrie.

cours de l'année 2010 à cette question[1]. Il met en
garde le pays contre la politisation continue de l'action de ce tribunal qui, après avoir échoué à mettre
en accusation la Syrie et les quatre généraux libanais censés avoir agi sur l'ordre de cette dernière,
tente désormais de fabriquer des preuves contre le
Hezbollah, relançant par là l'instabilité et la guerre
civile larvée auxquelles la conférence de Doha en
2008 avait mis fin. Par ailleurs, au Sénat américain,
Jeffrey Feltman, un faucon parmi les néoconservateurs, ambassadeur à Beyrouth de 2005 à 2008 et
nommé sous-secrétaire d'État aux Affaires étrangères, n'hésite pas à déclarer devant une commission du Congrès américain que les États-Unis ont
dépensé 500 millions de dollars en actions diverses
de communication, destinées à ternir l'image du
Hezbollah.

Décidément, la trêve libanaise aura été de courte
durée. En effet, suite à l'acte d'accusation du procureur du Tribunal spécial sur le Liban émis le 17 janvier 2011, mais dont la publication n'aura lieu
qu'au mois de juillet après des amendements suc-

1. Pas moins de quatre interventions télévisées sont consacrées à
décortiquer la logique du tribunal à partir du mois d'août 2010, suivies de quatre autres en 2011 pour ridiculiser la mise en accusation
de cadres du Hezbollah. Dans l'une de ces interventions, le Hezbollah ayant réussi à capter les images que prennent les drones israéliens qui survolent le Liban et Beyrouth, au cours du discours,
l'écran montrera ces images de la surveillance exercée par les Israéliens sur les différents parcours routiers que suivent Rafic Hariri et
son cortège lors de ses déplacements de son domicile à Beyrouth
vers le Parlement ou entre Beyrouth et sa villa en montagne. Il
montre aussi des images du président du tribunal, Antonio Cassese,
recevant en Israël un hommage appuyé des autorités israéliennes
lors d'une cérémonie. Il rappelle aussi dans ce même discours que
des réseaux d'espionnage israéliens ont été démantelés au Liban au
cours des deux dernières années, notamment un réseau actif au sein
des sociétés de télécommunications libanaises et qui a pu pénétrer
le réseau téléphonique libanais. Ceci lui aurait permis d'y entrer
l'inscription d'une série de communications fictives aux dates de la
période de l'attentat contre ceux que le procureur du TSL compte
inculper, ce qui servirait de preuves circonstancielles à leur encontre.

cessifs, les ministres de la coalition du 8 mars démissionnent, ouvrant une nouvelle crise gouvernementale. Les partisans de Saad Hariri organisent des manifestations marquées par des actes de violence à Beyrouth et Tripoli, le jour même où les consultations parlementaires d'usage pour la désignation d'un Premier ministre aboutissent à nommer Najib Mikati, le 25 janvier. Ces consultations parlementaires ont en effet révélé que, grâce à l'apport de Walid Joumblatt et de trois députés de Tripoli, la majorité parlementaire n'était plus acquise au Courant du Futur de la famille Hariri, mais passait aux mains de la coalition des partis du 8 mars. La constitution de ce gouvernement ne sera pas chose aisée, mais celui-ci voit le jour au mois de juillet 2011.

27

La chronique répétitive
du malheur palestinien
et des autres situations de violence

L'ATTAQUE ISRAÉLIENNE
SUR LA BANDE DE GAZA

Ailleurs dans le monde arabe, les événements dramatiques continuent de se succéder avec leur lot de violences. En effet, une attaque d'envergure a été lancée par l'armée israélienne sur la bande de Gaza à la fin du mois de décembre 2008[1]. Il s'agit d'un minuscule bout de territoire (360 km²) où s'entassent plus d'un million et demi d'habitants vivant dans la pauvreté et le dénuement le plus absolu. L'attaque israélienne, qui dure vingt-deux jours, provoque la mort de plus de 1 470 civils et la destruction massive d'infrastructures civiles, notamment des habitations. Toutefois, cette attaque n'entame pas le gouvernement du Hamas qui règne sur ce territoire, aussi le blocus israélien qui s'exerce à son encontre est renforcé avec l'aide active du gouvernement égyptien, ce qui aggrave encore plus le fossé entre ce dernier et la population égyptienne indignée, ainsi que celle des pays voisins.

Ce nouvel épisode dramatique intervient alors que les retombées de l'attaque israélienne sur le Liban pour éradiquer la présence du Parti de Dieu,

1. Opération dénommée « Plomb durci » qui débute le 27 décembre et se termine le 18 janvier.

au cours des mois de juillet et août 2006, commençaient à peine à s'estomper. Mais pas plus au Liban qu'à Gaza l'État israélien ne parvient à éliminer les deux mouvements qu'il considère «terroristes», parce que lui résistant encore, à savoir, Hamas à Gaza et Hezbollah au Liban. On peut se demander si l'État israélien, ayant mal digéré son incapacité à détruire l'infrastructure armée du Parti de Dieu au Liban, n'a pas cherché à compenser sa médiocre performance par l'attaque sur Gaza. Le résultat ne sera pas plus probant qu'au Liban. Du moins est-il mitigé lui aussi, car s'il est mis fin, au moins provisoirement, aux tirs de roquettes du Hamas en réponse à des actes de violence israéliens, tels que les assassinats de militants, ce dernier reste l'autorité qui contrôle la bande de Gaza. Au cours de cette attaque, l'armée israélienne ne parvient pas à libérer le soldat israélien Gilad Shalit, capturé par le Hamas dans une de ses opérations en juin 2006, ce qui donne une nouvelle fois une image négative des capacités de cette armée, après l'expédition sans succès contre le Hezbollah au Liban au cours de la guerre des 33 jours. La libération de ce soldat israélien deviendra une préoccupation majeure des États occidentaux, au point que lors du sommet qui réunit les dirigeants du G8 en mai 2011 à Deauville en France, l'un des points du communiqué final de cette réunion sera la nécessité de libérer ce soldat[1]. La préoccupation est étrange, d'autant qu'il s'agit d'un membre des forces armées d'une puissance

---

1. C'est dans la partie «Paix et sécurité» au paragraphe 67-e qu'est formulée cette étrange demande sous la forme suivante: «Nous demandons la libération inconditionnelle du soldat enlevé ("abducted") Gilad Shalit sans délai.» Ainsi dans les conditions de la paix mondiale figure la nécessité de relâcher un soldat d'une armée occupante qui a été enlevé par une formation de résistance de la population occupée: vraisemblablement du jamais-vu jusqu'ici dans les règles du droit international. On verra plus loin comment la libération du soldat israélien permettra la libération de centaines de prisonniers palestiniens croupissant dans les geôles de l'État occupant.

occupante de ce qui reste des territoires palestiniens. Sa libération sera cependant obtenue après
plus de cinq ans de captivité, le 18 octobre 2011, en
échange de 1 027 Palestiniens emprisonnés dans
les geôles israéliennes où sont détenus environ
10 000 Palestiniens, sans que la conscience du
monde s'en émeuve un tant soit peu.

Suite aux nombreuses accusations d'organisations humanitaires contre l'usage par l'armée israélienne de bombes au phosphore et de bombardements
indiscriminés de civils, le Conseil des droits de
l'homme des Nations unies nomme en avril 2009
une commission d'enquête dirigée par le très respecté juge sud-africain Richard Goldstone, pour
établir s'il y a eu à Gaza des crimes de guerre. Le
rapport de la commission, rendu en septembre 2009,
confirme les accusations contre l'armée israélienne,
mais, en même temps, accuse aussi le Hamas
d'avoir commis des crimes de guerre en lançant des
roquettes sur le territoire israélien. Le gouvernement israélien, furieux, dénonce le rapport comme
partisan et refuse d'en prendre acte ou de collaborer avec la commission pour mieux établir les responsabilités à l'intérieur de l'armée israélienne.

En réalité, sur le front des négociations israélo-
palestiniennes, c'est le blocage total. Deux facteurs
concourent à l'impasse qui permet à Israël de continuer la colonisation des territoires occupés. D'un
côté, la division des Palestiniens, depuis la scission
intervenue entre le Hamas et l'Autorité palestinienne
et le fait que Mahmoud Abbas, dont le mandat présidentiel est échu depuis janvier 2009, semble plus
préoccupé de contenir le Hamas que de libérer les
territoires occupés. De l'autre côté, l'arrivée au pouvoir de Benyamin Netanyahu dont la doctrine bien
connue se résume dans le slogan «la paix contre la
paix» et non point la paix contre les territoires
occupés.

En dépit du fait qu'il ait pu donner l'impression

par son discours du Caire d'avoir le désir de résoudre le conflit israélo-palestinien, le nouveau président américain Barack Obama se contente de nommer en janvier 2009 un émissaire spécial, l'ex-sénateur George Mitchell, qui a autrefois été un conciliateur apprécié dans le conflit de l'Irlande du Nord. L'objectif est de relancer les négociations de paix entre Israël et les dirigeants de l'Autorité palestinienne. Ces dernières sont en panne depuis la conférence tenue à Annapolis aux États-Unis en novembre 2007, sous les auspices de George W. Bush à un an de l'expiration de son mandat. Comme celle tenue à Camp David au cours de l'été 2000, sous les auspices du président Bill Clinton (voir *supra* chapitre 22), alors en fin de mandat lui aussi, la conférence d'Annapolis n'a eu aucune suite.

Après une période de plusieurs mois où l'envoyé américain tente sans succès de mettre en route un processus de négociations indirectes entre la partie palestinienne et la partie israélienne, le président Obama convoque une nouvelle conférence officielle entre les deux parties. Celle-ci se tient en septembre 2010 à Washington et il y est uniquement décidé que les deux parties se réuniront de façon périodique tous les quinze jours. Les chances de réussite n'apparaissent pourtant pas plus favorables que les fois précédentes et, effectivement, le processus de négociations restera gelé. En Israël, d'ailleurs, les élections législatives de février 2009 ont ramené au pouvoir une coalition musclée de partis politiques favorables à la continuation de la colonisation de la Cisjordanie, sous la conduite de Benyamin Netanyahu qui devient Premier ministre. Ce dernier exige la reconnaissance de la « judéité » de l'État d'Israël par l'Autorité palestinienne. Du côté palestinien, Mahmoud Abbas est très affaibli, aussi bien par la scission du Hamas intervenue en juin 2007 que par son incapacité à obtenir le gel des implantations israéliennes, l'arrêt des expulsions et saisies de propriétés et de terres palestiniennes. Il apparaît de plus en plus comme trop docile et soumis aux pressions israéliennes et américaines. Enfin, son mandat à la tête de l'Autorité palestinienne s'est terminé en janvier 2009 sans qu'il ait été procédé à une nouvelle élection. Aussi, pour sortir de l'impasse, proposera-t-il une reconnaissance par les Nations unies de l'État palestinien qui conforterait l'Autorité palestinienne et embarrasserait les Israéliens. Mais l'initiative ne dépasse pas le stade de la présentation de la demande par Mahmoud Abbas, président de l'Autorité palestinienne, au secrétaire général des Nations unies, le 23 septembre 2011. Or, pour qu'un État soit admis comme membre de l'organisation, il convient que le Conseil de sécurité approuve d'abord cette admission puis la fasse entériner par l'Assemblée générale des Nations unies. Or, compte tenu de l'inéluctabilité du veto américain au Conseil de sécurité, la demande n'a pas grande chance d'aboutir. En revanche, à la fin du mois d'octobre 2011, l'Assemblée des États membres de l'Unesco accepte de reconnaître l'existence d'un État palestinien, ce qui suscite la colère des États-Unis, qui déclarent arrêter de payer leur quote-part du budget de cet organisme[1]. Durant quelques jours, la question de l'État palestinien aura fait la une des journaux, mais sans le moindre résultat tangible sur le terrain.

Israël n'a de cesse, d'ailleurs, de continuer de dénoncer les deux mouvements de résistance, Hamas et Hezbollah, comme n'étant que des pions sous l'influence de l'Iran, considérée grandissante au Moyen-Orient, influence qu'encouragerait la Syrie

---

1. Sur les 185 États membres de l'Unesco, 52 se sont abstenus, 14 ont évité d'être présents lors du vote et 107 ont approuvé le texte de la résolution, dont plusieurs États européens, y compris la France. Le résultat du vote, considéré comme une victoire pour la cause palestinienne, montre cependant de façon inquiétante que 78 États n'ont pas approuvé cette déclaration afin de ne pas irriter les États-Unis et Israël.

qui, elle aussi, soutient ces deux mouvements. L'image de l'Iran ne cesse d'ailleurs de se dégrader dans l'opinion occidentale, tout comme celle de la Syrie. Dans la nuit du 5 au 6 septembre 2007, profitant de l'isolement et de l'encerclement de la Syrie, Israël a mené un raid d'aviation en territoire syrien sur ce qui serait une installation nucléaire. Ce raid rappelle celui qu'Israël avait mené en 1981 contre le réacteur atomique Osirak construit en Irak par la France, ce qui n'avait pas été sans susciter des remous à l'époque. Cette fois s'installe un silence généralisé sur cette opération, y compris du gouvernement syrien qui se contentera d'un communiqué laconique quelques jours après. Il est de plus en plus clair en tout cas que l'axe irano-syrien est considéré comme l'obstacle le plus évident à la paix au Proche-Orient. Il est accusé, en effet, non seulement d'alimenter la haine d'Israël et des États-Unis, mais d'être à la source de la déstabilisation permanente de l'Irak et du Liban depuis l'assassinat de Rafic Hariri en février 2005.

L'enrichissement continu d'uranium par le gouvernement iranien suscite par ailleurs des tensions grandissantes avec les États-Unis et les gouvernements européens. Des négociations sont entreprises, rompues, reprises pour obtenir des autorités iraniennes qu'elles mettent fin à leur programme nucléaire. Des sanctions sont prises, individuellement par les États-Unis et des gouvernements européens ou sur diverses décisions du Conseil de sécurité des Nations unies (2006, 2007, 2008 et 2010). Personne ne veut croire dans les milieux politiques en Occident que le programme nucléaire iranien, comme l'affirment sans cesse les dirigeants de cet État, est à usage pacifique. Procès d'intention comme avec l'Irak ou danger réel que représente désormais l'un des protagonistes de l'axe du mal dénoncé par George W. Bush au début de sa présidence ? Toujours est-il que l'Iran, après l'Irak, est au centre des préoccupations du monde occidental et, bien sûr, d'Israël qui se dit menacée par ce régime à l'idéologie et à la rhétorique virulentes, antisionistes et antiaméricaines. La contestation par certaines personnalités du régime iranien des résultats de l'élection présidentielle en juin 2009, qui ramène Ahmadinejad au pouvoir, met encore plus la pression sur le régime iranien.

Bien plus, le 12 octobre 2011, le gouvernement des États-Unis prétend avoir découvert un complot iranien pour assassiner l'ambassadeur d'Arabie Saoudite aux États-Unis. La photo du principal comploteur est même diffusée pour donner plus de crédibilité à l'accusation dont on voit mal le fondement et les gains que pourrait en retirer la République islamique d'Iran. L'affaire fera la une des médias durant quelques jours avant de disparaître de l'actualité, mais elle aura ainsi permis de maintenir très haut la tension contre l'Iran dans le monde arabe et hors du monde arabe.

LE MALHEUR PERMANENT DE L'IRAK

Ailleurs dans le monde arabe, la situation n'est guère brillante. En Irak, si le niveau et l'ampleur des violences quotidiennes ont baissé, le nombre quotidien de victimes d'assassinats ciblés ou de voitures piégées reste élevé ; la corruption est installée partout ; le niveau de vie de la grande majorité de la population est toujours aussi misérable, cependant que l'alimentation complète du pays en eau potable et en électricité n'est toujours pas rétablie, sept ans après l'invasion du pays par les États-Unis. Un rapport d'Oxfam, l'O.N.G. britannique bien connue, estime que quatre millions d'Irakiens, soit 15 % de la population, ne sont pas en mesure de se procurer une ration quotidienne de nourriture suffisante ; de même, 70 % de la population n'a plus d'accès adéquat à l'alimentation en eau et 28 % des enfants sont sous-alimentés, cependant que 92 % d'entre eux connaissent des problèmes d'assimilation de connaissances. Par ailleurs, plus de deux millions d'Irakiens ont été déplacés à l'intérieur de leur pays et deux millions sont toujours réfugiés hors du pays, spécialement en Jordanie et en Syrie[1]. Le revenu moyen annuel brut par habitant en Irak, en dépit de sa richesse pétrolière, se situe en 2010 à 2 370 dollars et le taux moyen de chômage à 17,5 %, mais celui des tranches d'âge jeunes à plus de 30 %, cependant que l'espérance de vie n'est plus que de 68 ans[2]. Après avoir été l'un des pays ayant réalisé les plus grands progrès sociaux, l'Irak est réduit aujourd'hui à figurer parmi les pays les plus pauvres du monde arabe, mais c'est aussi un pays rongé par une corruption généralisée ainsi que par une insécurité très grande.

En novembre 2008, le gouvernement de Bagdad a signé avec les États-Unis un traité de sécurité prévoyant le retrait graduel des troupes américaines d'Irak, qui devra être terminé en 2011. Les troupes américaines se replient hors des villes dans un premier temps et la responsabilité de la sécurité est remise aux autorités locales (armée et gendarmerie). À la fin de l'année 2011, elles auront, en effet, terminé leur retrait, laissant en Irak uniquement 15 000 hommes pour assurer l'entraînement des forces armées irakiennes et la couverture aérienne du pays. Barack Obama aura donc tenu sa promesse électorale, mais les États-Unis laissent derrière eux une société qu'ils ont totalement et sauvagement

1. Voir Oxfam et NCCI, *Rising to Humanitarian Challenge in Iraq*, disponible sur le site www.oxfam.org/en/node/188.
2. Voir *Data Sheet* sur l'Irak sur le site de la Banque mondiale (www.worldbank.org).

déstructurée, et sur laquelle ils doivent désormais partager leur influence politique avec l'Iran qui y dispose de nombreuses sympathies à travers les grands partis d'obédience chiite.

En effet, de nouvelles élections ont lieu au mois de mars 2010 avec pour la première fois une liste commune de candidats chiites et sunnites sous la direction de l'ancien Premier ministre installé par l'invasion américaine, Iyad Allaoui. Celui-ci manifestement jouit de l'appui de plusieurs gouvernements arabes, dont celui de la Syrie et celui de l'Arabie Saoudite, qui cherchent à réduire la prépondérance chiite dans la gestion du pays, prépondérance qui alimente toujours des insurrections et des violences sunnites. Cependant, à la fin du mois de juillet, en dépit de nombreuses tractations, aucun compromis n'a pu être réalisé entre les listes gagnantes, dont celle du Premier ministre sortant, Nouri al-Maliki, dont la liste a obtenu un nombre de sièges légèrement inférieur à celle d'Iyad Allaoui (deux sièges en moins), mais qui, fort d'une alliance avec une autre liste «chiite», l'Alliance nationale irakienne de Moktada al-Sadr, le dignitaire chiite le plus férocement opposé à la présence américaine et apparemment très proche de l'Iran, estime qu'il lui revient la charge de constituer le gouvernement. Finalement, ce n'est que le 22 décembre 2010 que le gouvernement sera formé, comprenant une participation minoritaire de ministres du parti d'Iyad Allaoui et de quelques indépendants. Décidément, l'Irak remodelé par l'invasion américaine et sept ans d'occupation ne semble plus guère gouvernable, sinon de façon précaire et superficielle. Bien plus, tout au long de l'année 2011, certaines préfectures à majorité sunnite vont demander d'accéder au statut de région autonome sur le modèle de la région kurde au nord. Ceci laisse présager une fragmentation toujours plus grande de l'État irakien, soumis aux influences contradictoires de l'Iran et des États-

Unis et de leurs alliés des pays du Conseil de coopération du Golfe, Arabie Saoudite en tête.

Par ailleurs, en Irak les violences ont atteint aussi la petite communauté chrétienne, avec des attentats successifs contre des églises, ce qui entraîne une émigration importante des membres de cette communauté, soit vers la région kurde au nord, soit en Syrie qui a déjà reçu un grand nombre d'émigrés irakiens, dès les débuts de l'invasion américaine. L'attentat le plus spectaculaire a lieu le 30 octobre 2010, lorsqu'un commando armé enlève plusieurs chrétiens et les enferme dans l'église Sayidat al-Najat au centre de Bagdad. Quand la police intervient pour les libérer, c'est un carnage, qui fera 52 morts et 70 blessés. Certes, en Europe on peut noter une certaine émotion, montrer une disponibilité à recevoir certains réfugiés irakiens chrétiens, mais en réalité il est clair que le sort de cette communauté laisse indifférent, tout comme les violences permanentes qui affectent le pays depuis l'occupation américaine et qui ont pris une tournure sectaire aveugle entre sunnites et chiites : de nombreuses mosquées font l'objet d'attentats, et même des convois de pèlerins chiites se rendant aux lieux saints de Najaf ou Karbala. Il faut y voir, ici encore, le résultat de la déstabilisation durable du pays par l'armée américaine qui n'a jamais su gérer son occupation au profit des populations.

UNE SAGA SOUDANAISE

Ailleurs dans le monde arabe, les violences se multiplient, notamment au Yémen où des insurgés appartenant à la communauté chiite (sous la direction d'un chef de clan tribal) entrent en rébellion contre l'autorité centrale à partir du mois d'août 2009. Les combats vont bientôt s'étendre et se multiplier, y compris à la frontière avec l'Arabie Saoudite, cependant qu'au sud du Yémen on assiste à des manifestations et des protestations en octobre 2009 contre le gouvernement d'Ali Abdallah Saleh, président de la République depuis 1978, qui présagent une relance de l'agitation sécessionniste. En Somalie, espace tout à fait périphérique, la guerre civile n'en finit plus, alimentée par le soutien donné aux éléments armés les plus fondamentalistes contre le gouvernement en place. La piraterie en mer se développe le long des côtes et souvent bien au large. Elle entraîne des prises d'otages et des demandes de rançon, mais aussi l'intervention de navires de guerre qui escortent les paquebots qui passent au large des côtes somaliennes.

C'est à la périphérie du monde arabe qu'une évolution ne manque pas d'inquiéter : celle du Soudan. Ce pays compliqué, vaste et riche en ressources agricoles et pétrolières, est soumis depuis 1989 au régime d'Omar al-Bachir, un officier de l'armée soudanaise qui s'est autoproclamé président du pays en 1993. Il a renforcé l'application de la loi religieuse dans tout le pays, qu'il gouverne de façon de plus en plus dictatoriale, mettant même en prison son inspirateur doctrinaire, Hassan Tourabi, qui se réclame aussi de l'application de la loi religieuse islamique. La rébellion des populations du Sud, qui ne partagent ni la langue arabe ni la religion musulmane des habitants du Nord, n'en finit plus. À cette rébellion va s'en ajouter une autre, celle de certaines tribus du Darfour. Dans cette vaste province soudanaise où de grandes tribus se disputent les maigres ressources du territoire, le conflit provoquera l'exode de plusieurs millions de personnes et la mort de centaines de milliers d'autres. Une situation de génocide est déclarée par le gouvernement américain dès 2004. Une force d'intervention africaine est

mobilisée pour contribuer à rétablir la paix et de
nombreuses organisations humanitaires viendront
porter secours aux réfugiés dont certains ont fui
vers le Tchad voisin. Une situation de tension s'établit
entre le gouvernement soudanais et les États-Unis,
ainsi qu'avec les organisations humanitaires présentes sur le terrain, ce qui entraînera l'émission d'un
mandat d'arrêt par la Cour pénale internationale le
4 mars 2009 contre le chef de l'État soudanais pour
crime contre l'humanité et crimes de guerre ; un
second mandat d'arrêt émis par la Cour pénale internationale en juillet 2011 confirme l'accusation de
génocide contre Omar al-Bachir. Toutefois, celui-ci
continuera de se déplacer à l'intérieur des pays arabes
pour assister aux différents sommets des États de la
Ligue arabe, sans être inquiété.

En fait, l'attention sur le problème du Darfour sera
bientôt éclipsée par l'accession des provinces du Sud
à l'indépendance après des années d'oppression par
l'armée soudanaise. Cette accession s'est faite à la
suite d'un long processus initié par un accord de
paix signé au début de l'année 2005 entre le chef de
l'État soudanais et le chef de la rébellion du sud du
Soudan, John Garang, après vingt ans de combats
pratiquement ininterrompus[1]. Cet accord prévoit
un cessez-le-feu permanent suivi, six ans après, d'un

---

1. John Garang a été le chef de l'Armée populaire de libération du
Soudan. C'est lui qui mènera les négociations avec le gouvernement
soudanais conduisant à la paix et ouvrant la porte à une possible
sécession des provinces du sud du pays. En vertu de cet accord, il
devenait vice-président de la République soudanaise pour marquer le
désir des deux parties de conserver un pays uni. Malheureusement, il
meurt victime d'un accident d'hélicoptère en juillet 2005. Sa disparition n'affectera pas la mise en application de l'accord de paix, mais
peut-être aurait-il pu contribuer à garder le Soudan uni s'il n'avait
pas disparu prématurément. Il disposait en effet de solides amitiés au
nord dans les milieux opposés à la dictature militaire et à l'application de la loi islamique, dont l'ancien brillant ministre des Affaires
étrangères du Soudan, Khaled Mansour. Pour un compte rendu détaillé
de l'histoire conflictuelle du Soudan, voir Khaled Mansour, *War and
Peace in Sudan*, Routledge, Londres, 2002.

référendum où les habitants de ces provinces seront appelés à se prononcer sur le fait de rester dans le Soudan ou de faire sécession, le gouvernement soudanais s'engageant à reconnaître cette indépendance. Le référendum organisé en janvier 2011 approuvera à une écrasante majorité, de plus de 98 %, l'accès à l'indépendance. Celle-ci est immédiatement reconnue par la plupart des États et la nouvelle République du Sud-Soudan est admise aux Nations unies le 13 juillet 2011, comme 193e État membre des Nations unies. C'est bien la première fois qu'un État arabe est ainsi l'objet d'une partition réalisée de façon pacifique, mais qui peut constituer un précédent dangereux, bien qu'il ne fasse aucun doute que le rattachement de ces provinces du Sud non arabisées et non islamisées tout à la fois au Nord et à la capitale de Khartoum n'était que le résultat de la politique coloniale britannique et non point celui d'une affinité de langue ou de religion.

Toutefois, en de nombreux endroits la frontière entre le nouvel État et le Soudan lui-même n'a pas été délimitée, problème rendu d'autant plus aigu que le sud du Soudan contient des ressources pétrolières importantes. Aussi des combats ne tardent-ils pas à éclater à nouveau sur les nouvelles frontières de la province qui n'ont pas été délimitées avec précision, entre l'armée du Soudan du Nord et les milices du Soudan du Sud en voie de former une armée nationale. Par ailleurs, le nouvel État est lui-même fragile, compte tenu des rivalités tribales et ethniques existantes et de la grande pauvreté qui règne parmi les tribus.

Ainsi, après l'Irak qui vit au bord de la sécession de plusieurs de ses provinces, le Soudan est à son tour divisé et ses deux États vivent dans une situation politique et militaire précaire. Quel prochain État pourrait-il se fragmenter à son tour ? Plus que jamais le vide de puissance apparaît total dans le monde arabe et de nombreux États y sont chancelants. C'est dans ce vide que s'engouffre soudainement la Turquie, qui semble venir remplacer une influence occidentale affaiblie notamment par la crise économique et financière que connaissent les États-Unis et l'Europe à partir de 2008 ainsi que par le retrait des troupes américaines de l'Irak.

L'IRRUPTION SPECTACULAIRE
DE LA TURQUIE
SUR LA SCÈNE DU PROCHE-ORIENT

Ce reflux apparent de l'influence occidentale au Proche-Orient semble compensé par le très haut profil qu'acquiert la Turquie dans la région. Après avoir été longtemps un modèle de bon élève docile, proche de l'État d'Israël, des pays de l'U.E. et des États-Unis, membre majeur de l'O.T.A.N., la Turquie sous le gouvernement de Recep Tayyip Erdogan, chef du parti islamique modéré, dit «de la justice et du progrès», et Premier ministre depuis 2003, retrouve en quelques mois une vocation de puissance orientale majeure, à l'est de la Méditerranée. Cela commence par un éclat du Premier ministre turc au très conventionnel Forum de Davos, en janvier 2009, lorsqu'il prend à partie de façon virulente Shimon Pérès, chef de l'État israélien, à propos de la sauvagerie de l'attaque de l'armée israélienne contre la bande de Gaza, au point de quitter la table ronde à laquelle ils participaient tous deux (le secrétaire général de la Ligue des États arabes, lui, demeura à sa place...).

Accueilli en héros à son retour, Erdogan a bientôt une nouvelle occasion de s'opposer à Israël : en mai 2010, un navire turc qui fait partie d'une flottille de bateaux de diverses nationalités, ayant à leur bord

700 militants des causes humanitaires, veut forcer le blocus israélien imposé à la bande de Gaza. Il est attaqué en haute mer par l'armée israélienne qui tue neuf militants humanitaires. Au comble de l'indignation, le gouvernement turc annule des manœuvres militaires conjointes avec l'armée israélienne, demande des excuses officielles à Tel-Aviv et réclame la nomination d'une commission d'enquête. L'État turc va-t-il reprendre les habits de l'Empire ottoman et s'ériger en protecteur des Arabes contre toutes les avanies que leur fait subir l'État d'Israël ? Cette attitude pèse dans la victoire électorale du parti d'Erdogan, qui remporte pour la troisième fois depuis 2003 les élections législatives de juin 2011, même si le nombre de sièges remportés est inférieur à celui des précédentes élections.

Mais l'activisme régional turc ne s'arrête pas là. En effet, un rapprochement spectaculaire est intervenu entre la Turquie et la Syrie depuis l'année 2007[1]. Ce rapprochement a permis à la Turquie de mener en 2008 une mission officieuse entre Israël et la Syrie pour tenter de redémarrer des négociations sur l'évacuation du Golan par l'armée israélienne, à la grande satisfaction des diplomaties occidentales qui y ont vu un signe positif de la part de la Syrie. Mais c'est au cours de l'été 2009 que le réchauffement des relations syro-turques prend une allure spectaculaire. Le 16 septembre de cette année-là, durant un sommet des deux dirigeants turc et syrien qui se tient à Istanbul, un Haut Conseil de coopéra-

---

1. Rappelons que les relations entre la Turquie et la Syrie n'ont jamais été faciles, pour plusieurs raisons. Notamment le fait que la Turquie ait pu annexer, grâce à la connivence de la France à la fin du mandat français sur ce pays, la région d'Antioche et d'Alexandrette qui faisait partie du territoire syrien et dont la population était massivement arabe ; mais aussi en raison du soutien donné par la Syrie aux rebelles kurdes et en raison des barrages construits par la Turquie sur l'Euphrate, qui ont considérablement diminué les quantités d'eau disponible aussi bien pour l'Irak que pour la Syrie, que traverse ce fleuve majeur qui prend sa source en Turquie.

tion stratégique a été institué entre les deux pays. Auparavant, le 20 août, a été signé à Ankara un accord visant à relier les réseaux d'approvisionnement en gaz entre les deux pays. Enfin, le 12 octobre, ils signent un accord de libre circulation des personnes et des marchandises. Le 22 décembre de cette même année, le premier sommet du Haut Conseil de coopération stratégique se tient à Damas. Désormais, la Syrie, qui a été durant plusieurs années isolée sur la scène moyen-orientale et internationale, dispose d'un allié stratégique majeur, agréé des puissances occidentales. Cette nouvelle alliance paraît faire contrepoids aux liens de la Syrie avec l'Iran qui indisposent Israël et les États-Unis. En outre, conséquence de l'affirmation grandissante de certains pays émergents dans l'ordre international, le Brésil et la Turquie signent en mai 2010 un accord avec l'Iran pour transférer 1 200 kilos d'uranium faiblement enrichi en Turquie afin que la teneur d'enrichissement soit augmentée dans le délai d'un an. La proposition d'enrichissement avait été faite par les pays occidentaux afin que l'Iran envoie son combustible en France ou en Allemagne, mais Téhéran avait finalement décliné cette offre. L'accord entre les trois pays est aussitôt dénoncé de façon virulente par les États-Unis et l'Union européenne, et il n'empêche pas le Conseil de sécurité des Nations unies de voter de nouvelles sanctions à l'encontre de l'Iran en juin 2010.

La donne change-t-elle au Proche-Orient? L'influence occidentale, si prépondérante depuis deux cents ans, va-t-elle diminuer ou être contenue par le réveil turc et l'entêtement iranien, qui viendraient tous deux combler le vide de puissance que les errements des régimes politiques arabes et leurs zizanies perpétuelles ont créé, vide que l'U.R.S.S. avait un moment comblé? L'État d'Israël s'est définitivement enfermé dans une équation impossible: continuer de coloniser les territoires occupés et de réprimer sans relâche la population palestinienne, tout en prétendant rechercher la paix, logique dans laquelle les États occidentaux se sont eux aussi laissé enfermer. Faudra-t-il une nouvelle grande guerre régionale qui pourrait impliquer l'Iran afin de mettre un terme à cette hégémonie israélo-occidentale de moins en moins supportée par les peuples de la région ? La question paraît rhétorique, elle a cependant été posée par une personnalité européenne soucieuse de rétablir à tout prix la suprématie de l'axe israélo-occidental, sans laquelle il en irait selon lui de la sécurité, voire de l'existence de l'Occident. C'est ce qu'a exprimé José Maria Aznar, ancien Premier ministre d'Espagne, qui s'est porté à ces extrêmes dans un retentissant article du quotidien britannique *The Times* du 17 juin 2010. Cette conviction est largement partagée dans de nombreux cercles politiques aux États-Unis et en Europe.

On notera que la politique turque a pris un nouveau tournant à l'occasion des révoltes populaires syriennes. Le premier ministre apparaît cette fois à la pointe du combat contre le régime syrien avec qui il venait de pactiser. Le très populaire *Time Magazine* américain dans son édition du 28 novembre 2011 le présente comme celui dont l'exemple peut sauver les révolutions arabes qui ont éclaté.

PARTIE VI

LE PROCHE-ORIENT :
MONDE EN DÉSINTÉGRATION,
MONDE EN CRÉATION

Les révoltes arabes :
libération ou chaos ?

Il est beaucoup trop tôt pour pouvoir analyser et
comprendre toutes les dimensions des révoltes
arabes, mais aussi leurs implications pour le futur
du Proche-Orient. Jusqu'ici, la stabilité usée des
régimes avait profité de l'assagissement des populations elles-mêmes. Les malheurs ayant frappé en
divers endroits le monde arabe ont été tels au cours
du dernier quart de siècle que peu de sociétés semblaient prêtes à se lancer dans des aventures, préfé-
rant laisser leurs vieux dirigeants tenir la barque au
milieu des écueils du nouvel ordre international de
l'après-guerre froide. Quelle société arabe, en effet,
aurait voulu connaître les affres vécues par les Libanais, les Irakiens, les Libyens, les Algériens ? Quelle
population aurait été prête, aux yeux des observateurs arabes ou occidentaux, à défier l'ordre existant pour affirmer sa dignité, son identité et sa liberté,
dans l'ordre interne et international ? Les révolutions de type islamique, arabes ou non, ont perdu
leur éclat ; le chaos afghan, l'isolement de l'Iran, les
horreurs algériennes, la violence aveugle des groupes
islamistes pratiquant le terrorisme, étaient autant
de phénomènes qui décourageaient un basculement
des sociétés dans la militance islamique, ou même
dans un défi ouvert, de type nationaliste séculier, à
la lourde hégémonie militaire et politique des États-
Unis ou d'Israël. Les bombardements et représailles
militaires massives israéliens subis par le Liban, qui

ont duré sans interruption de 1968 à 2000, puis se sont répétés avec brutalité au cours de l'été 2006, les bombardements sur l'Irak et les embargos économiques avec leurs conséquences dramatiques, ont été des châtiments d'une telle ampleur qu'ils ont eu valeur exemplaire de dissuasion pour toutes les autres sociétés arabes. L'invasion de l'Irak par les États-Unis en 2003 n'avait fait qu'accentuer ce qui apparaissait comme une situation d'immobilisme et de décadence que rien ne semblait vouloir arrêter. Le coup de poing donné par la puissance américaine dans la fourmilière du Proche-Orient ne semblait guère avoir donné le moindre résultat, sinon le glissement de l'Irak dans la violence et le chaos progressif et la multiplication des attentats des groupes takfiristes violents dans les pays arabes et musulmans eux-mêmes.

Si les actions armées du Hamas en Palestine ou celles du Hezbollah soutenu par l'Iran et la Syrie au sud du Liban contre la puissance israélienne ont été en silence admirées pour leur courage et le sacrifice de vies qu'elles ont entraîné, il n'y avait en ce début de l'année 2011 dans les sociétés arabes aucune unanimité sur l'idéologie islamique que prônent ces mouvements. Entre un repliement en creux, par le négatif, sur les signes extérieurs d'une religiosité qui a gagné de larges segments des sociétés arabes aux horizons bloqués, comme nous l'avons montré au chapitre 21, et l'adoption généralisée d'une idéologie islamique militante à vocation de pouvoir politique, il y a un fossé qui ne semblait pas près d'être franchi. Les différentes sociétés arabes paraissaient avoir réalisé que face à la faible légitimité de leurs régimes et à une identité perdue, mais aussi face à la surpuissance américaine et israélienne omniprésente au Proche-Orient, les risques de violence généralisée seraient trop grands, en cas de refus trop marqué de l'ordre existant. À cela se sont ajoutées les difficultés économiques immenses dans lesquelles

se débattent les classes moyennes et les couches
populaires pour assurer leur survie matérielle quotidienne, situation que nous avons décrite longuement au chapitre 21.

C'est d'ailleurs sur ce terreau que les États-Unis,
Israël et l'Europe, pour ce qui est du Maghreb, semblent régner désormais en maîtres incontestés, tout
en éprouvant une peur de type «civilisationnel» du
terrorisme islamique, du fanatisme et de l'irrationalité des sociétés qu'ils contrôlent directement ou par
l'intermédiaire des régimes locaux et des agents
d'influence millionnaires, nouvelle couche d'«hommes
d'affaires» issus des circuits de la prospérité pétrolière et de la patrimonialisation de la gestion économique des États arabes. Cette patrimonialisation a
jusqu'ici bloqué le développement économique et
l'intégration réussie des pays arabes dans le mouvement de globalisation de l'économie mondiale qui
est le projet le plus soutenu des États-Unis et de
l'Europe, même si les deux géants sont ici en concurrence. En réalité, l'économie de rente a continué de
ronger toutes les sociétés de la région et d'aggraver
le malaise identitaire des sociétés arabes et d'autres
sociétés musulmanes où règne ce type d'économie.
Comme le fait remarquer un excellent observateur
des réalités économiques mondiales, ce n'est pas
un hasard si les pays vivant de la rente pétrolière
sont ceux mêmes où les phénomènes islamistes de
contestation de l'ordre existant peuvent être les plus
virulents ou bien ceux où les gouvernants en place,
pour donner légitimité à leur pouvoir, font un usage
immodéré de «l'islamisation de la société»[1].

---

1. Voir Ahmed Henni, «Fin de la modernité ? Une mutation capi-
taliste : le retour des sociétés de rente», *Les Temps modernes*, sep-
tembre-octobre 2006, n° 640 ; et, du même auteur, *Le syndrome
islamiste et les mutations du capitalisme*, Non Lieu, Paris, 2008, où
l'auteur, à contre-pied des analyses dominantes sur l'islamisme que
nous avons évoquées souvent, fait une brillante analyse de l'origine
de ces mouvements, qui ont très souvent éclos dans les sociétés rentières (Arabie Saoudite, Algérie, Indonésie, Nigeria, Iran).

Comment dans ces conditions imaginer au seuil de la deuxième décennie du XXIe siècle que le monde arabe va être secoué par une vague de protestations sans précédent qui semblent ouvrir un nouveau cycle révolutionnaire ? Qui d'ailleurs peut penser que l'étincelle partie de la Tunisie rurale en décembre 2010, lorsque Mohammed Bouazizi s'immole par le feu le 17 du mois, sera le point de départ d'une aussi formidable mobilisation populaire dans toute la Tunisie, puis en Égypte à partir du mois de janvier, au Yémen, à Bahreïn, à Oman, en Arabie Saoudite, en Jordanie, en Irak, au Maroc, en Algérie et enfin en Syrie ? Deux chefs d'État ont dû se retirer de façon infamante de la scène politique, en Tunisie puis en Égypte. Dans ces deux pays, un processus de refonte constitutionnelle a été mis en route. Dans les autres pays arabes, la situation a tourné soit à la guerre civile larvée (Yémen et Syrie), soit à une répression réussie (Bahreïn), soit à la fin apparente des manifestations populaires par la satisfaction des revendications matérielles (Oman, Arabie Saoudite, Algérie) ou de certaines revendications politiques (Jordanie, Maroc), soit à l'épuisement momentané des manifestants (Irak).

Les résultats de ces révoltes ne sont pas encore connus, même si déjà, dans le cas de la Tunisie et de l'Égypte, l'on peut évoquer des révolutions inachevées.

LA STUPÉFIANTE CONTAGION
DE LA RÉVOLTE TUNISIENNE

Les vagues de protestations et de manifestations se sont étendues très rapidement à la quasi-totalité des sociétés arabes. C'est ainsi que les manifestations de Tunisie qui ont débuté le 17 décembre 2010 avec l'immolation par le feu de Mohammed Bouazizi prennent de l'ampleur tout au long du mois de janvier. Le 14 janvier 2011, le président tunisien Zine el-Abidine Ben Ali, sous pression de l'armée, quitte le pays et se réfugie en Arabie Saoudite. Les manifestants ne quitteront pas pour autant les places publiques et les avenues de la capitale, afin d'obtenir la démission du Premier ministre et le changement de la composition de l'équipe ministérielle. La pugnacité tunisienne ne peut que galvaniser l'opposition qui se développe en Égypte au cours de ce même mois, prenant une ampleur exceptionnelle le 25 janvier 2011 avec une manifestation sans précédent depuis l'époque nassérienne sur la place de la Libération au Caire. Tout comme en Tunisie et en dépit de la répression qui s'abat sur eux à plusieurs reprises, les manifestants campent désormais sur la place de la Libération afin d'obtenir la chute du dictateur et la dissolution du parti unique à sa dévotion. Le président Moubarak abandonne officiellement le pouvoir le 11 février 2011, après une tentative sans lendemain, la veille, de déléguer ses pouvoirs au chef des renseignements égyptiens, le redoutable Omar Souleimane. Hosni Moubarak, à la différence de Zine el-Abidine Ben Ali, choisit de rester en Égypte dans sa résidence de Charm el-Cheikh, la station balnéaire très chic du Sinaï où se tiennent souvent des sommets de chefs d'État. En Égypte, à la différence de la Tunisie aussi où l'armée reste loin des feux de l'actualité, un Conseil militaire suprême s'auto-institue dès le 11 février pour prendre en charge les affaires publiques durant une période de six mois. Il dissout le Parlement, suspend la Constitution et engage sous sa surveillance un processus de réformes constitutionnelles.

La Libye, qui a pour voisins la Tunisie à l'ouest et l'Égypte à l'est, entre à son tour en ébullition, le

17 février 2011. Avant elle, au Yémen démarre le 23 janvier un mouvement impressionnant dans la capitale Sanaa, qui va s'étendre progressivement aux autres grandes villes du pays. Dans la Péninsule arabique aussi, la contagion est forte. Au Bahreïn, dès le 14 février, des manifestations d'envergure commencent et la place de la Perle au centre de la capitale, Manama, sera occupée en permanence par une foule dense, jusqu'à ce qu'une intervention de l'armée saoudienne mandatée par le Conseil de coopération du Golfe (le C.C.G.) évacue par la force les manifestants, le 14 mars, faisant de nombreuses victimes. La contagion s'étend aussi à partir du 18 février au sultanat d'Oman, qui connaît des manifestations de grande ampleur dans plusieurs villes du pays. En Arabie Saoudite, des manifestations ont lieu dès le 20 février sur la côte est du pays, proche de Bahreïn où est concentrée la population chiite.

La Jordanie, dès le 15 janvier, connaît des manifestations populaires de forte ampleur dans diverses villes et régions du pays, qui appellent à une «semaine de la colère». Elles conduisent à la démission du gouvernement le 2 février, après que des augmentations de salaires ont été accordées à la population. Il en est de même en Irak encore sous occupation américaine et où la violence sectaire ne s'arrête pas, mais où les manifestants bravent les conditions d'insécurité du pays pour manifester, dès le 17 février, leur colère face à la dégradation permanente des conditions de vie. Mais c'est à Sanaa au Yémen que débutent le 23 janvier des manifestations étudiantes monstres où s'illustre déjà la jeune Tawakkol Karman, qui gère la branche locale de l'O.N.G. «Journalistes sans frontières» et qui est membre du parti de la «Réforme islamique»[1]. Cela amène le président Ali Abdallah Saleh, au pouvoir

---

1. Elle sera honorée par les pays occidentaux en se voyant attribuer le prix Nobel de la paix en octobre 2011.

depuis 1978, à annoncer, le 2 février, qu'il ne se représentera plus à l'élection présidentielle et qu'il ne cherchera pas à assurer la perpétuation du règne de sa famille. Toutefois, il n'arrêtera pas de manœuvrer et de retarder l'échéance de son départ avec le soutien implicite de son grand voisin saoudien, cependant que les manifestations s'étendent aux autres grandes villes du pays, en dépit des victimes qui tombent sous les coups de la répression.

Au Maghreb, la contagion n'est pas moins rapide. En Algérie, le 16 janvier, un chômeur de 34 ans s'immole par le feu devant le siège de la Sûreté générale à Mostaganem, dans l'Ouest algérien. Le 23 janvier, démarre dans ce pays une série de manifestations populaires ou syndicales et professionnelles, encadrées dès le départ de façon très musclée par un déploiement massif des forces de l'ordre. Des mesures économiques et sociales sont prises pour calmer le mouvement. Au Maroc, le mouvement de protestation populaire est d'une ampleur beaucoup plus grande. Il débute le 20 février après l'appel sur Facebook d'un groupe de jeunes Marocains. Des mesures économiques et sociales sont prises pour apaiser les manifestants, mais ceux-ci réclament avec insistance des réformes politiques visant à réduire les pouvoirs du roi et à évoluer vers une monarchie constitutionnelle.

On voit ainsi qu'en l'espace de quelques semaines l'ensemble du monde arabe s'est embrasé, ce qui montre qu'une certaine unité de conscience politique et sociale existe bien dans le monde arabe. Tous ceux qui ont soutenu la thèse de sociétés arabes n'ayant pas entre elles de liens véritables, afin de discréditer les idéologies panarabes de type laïc du précédent cycle révolutionnaire, en sont pour leurs frais[1]. Le mouvement parti d'une société arabe péri-

---

1. Voir Georges Corm, « L'unité retrouvée des peuples arabes », *Le Monde diplomatique*, avril 2011.

phérique, la Tunisie, a gagné le pays arabe le plus peuplé, l'Égypte, puis s'est répandu dans tous les autres, à l'exception du Soudan, du Liban et de la Fédération des Émirats arabes unis et du Qatar, ce que nous détaillerons plus loin.

Bien sûr, les révoltes vont connaître des sorts différents et dans beaucoup de pays la violence va s'installer de façon routinière sous les coups de la répression (Yémen et, plus accessoirement, Jordanie et Maroc) ou de façon spectaculaire comme en Libye. Le cas de la Syrie va devenir emblématique des contraintes qui pèsent sur la dynamique du changement dans le monde arabe, prise une nouvelle fois dans un jeu compliqué de facteurs internes et externes. Car dans tous ces changements se jouent deux enjeux majeurs : la fin de l'autoritarisme politique d'un côté, mais aussi le sort de l'influence des puissances occidentales, de la Turquie et de l'Iran sur l'échiquier régional. Le très haut profil acquis par la Turquie dans la région depuis l'incident de la flottille destinée à briser le blocus de Gaza en mai 2010 pose le problème de savoir pour qui le chef du gouvernement turc joue-t-il et quels sont ses objectifs intérieurs ou extérieurs. Cependant que l'Iran demeure une « forteresse » de l'influence antiaméricaine dans la région et d'hostilité à l'État d'Israël.

UNITÉ ET DIVERSITÉ DES RÉVOLTES

L'unité des mouvements de protestation et leurs caractéristiques communes

L'unité du mouvement s'est traduite par la nature des revendications, identiques d'une société à l'autre, avec des slogans et des aspirations similaires du

Maroc à Oman, mais aussi par la nature des manifestants eux-mêmes. En effet, dans l'ensemble, les mouvements ont rassemblé toutes les tranches d'âge et toutes les catégories sociales ; la participation des femmes y a été massive, ainsi que celle de familles entières campant sur des lieux symboliques nuit et jour sans se fatiguer de manifester et de porter des pancartes sur lesquelles étaient inscrites les revendications. Les manifestants n'appartenaient généralement pas à un parti politique, aucune figure charismatique n'en a émergé, aucune idéologie politique ou politico-religieuse particulière ne les animait.

Il s'est agi d'un mouvement révolutionnaire de changement *sui generis*, sans équivalent dans l'histoire des révolutions. Il a d'ailleurs inspiré d'autres mouvements hors du monde arabe, comme celui des «indignés» en Espagne, jusqu'en Israël avec le grand mouvement de protestation socio-économique et, plus récemment, aux États-Unis avec des manifestations continues et des sit-in à New York devant le siège de la Bourse de Wall Street, mais aussi dans d'autres grandes villes. Ce qui était appelé autrefois dédaigneusement «la rue arabe» s'est ainsi transformé en une société civile vibrante, active, inventive, révolutionnaire et pacifique, à la stupéfaction, voire la stupeur des diplomaties et des médias occidentaux habitués à des lectures peu flatteuses, sinon méprisantes, des sociétés arabes et de leur mode de fonctionnement[1].

Les revendications se sont concentrées sur trois domaines principaux : la justice économique et sociale, la fin de la corruption des dirigeants et l'instauration de la liberté politique. Plus spécifiquement, les manifestants ont réclamé la fin de la dictature politique et le démantèlement des appareils de sécurité chargés de surveiller la vie des citoyens,

---

1. On verra à ce sujet Georges Corm, «Quand la "rue arabe" sert de modèle au Nord», *Le Monde*, 12 février 2011.

ou du parti unique ou dominant, ou de la famille royale ou princière, la tenue d'élections libres et pluralistes, la fin de la grave corruption régnant dans la vie économique du pays, le jugement et la punition des principaux responsables politiques et économiques, chef de l'État en tête (mais pas des rois), l'amélioration des conditions de vie des couches défavorisées, des augmentations de salaires, la création d'emplois.

Les slogans ont été simples et directs, ce qui explique le succès des rassemblements et leur pérennité, ainsi que leur résistance admirable aux assauts des différentes polices. Ils peuvent être résumés par un seul mot clé, la *dignité*, notion qui renoue avec le précédent cycle révolutionnaire ouvert par la nationalisation du canal de Suez. Pour Suez, la dignité était plus axée sur l'indépendance économique et politique par rapport aux anciennes puissances coloniales. Au seuil de l'année 2011, celle-ci était à juste titre dirigée contre des dictateurs corrompus et ineptes qui n'avaient même pas su assurer un niveau de vie décent à leur population sous tutelle. Mais le besoin de dignité par rapport aux puissances occidentales ou à Israël couve sous la cendre, comme le montreront l'admonestation de l'ambassadeur de France en Tunisie, la forte demande en Égypte de cesser d'être soumis aux diktats israéliens qui se concrétisera par des attentats contre le gazoduc qui achemine du gaz égyptien livré à Israël à un prix plus bas que celui du marché et qui sera révisé, mais surtout par la prise d'assaut de l'ambassade d'Israël au Caire, l'incendie de ses locaux et le départ des diplomates en poste le 9 septembre 2011.

Sur un autre plan, notamment dans les premières phases des manifestations de protestation, les slogans politico-religieux susceptibles de diviser l'unité des mouvements ont été en général écartés. Les manifestations ont eu un caractère «civil» évident.

Les barbes n'étaient pas au rendez-vous en Égypte et en Tunisie. Au Yémen, société plus traditionnelle, la participation des femmes voilées a été d'une ampleur exceptionnelle, mais pour des revendications sans caractère religieux de type « l'islam est la solution ». Une des animatrices du mouvement de contestation appartient, comme on l'a vu, à un mouvement politique se réclamant de l'islam dans une perspective réformiste. Le chef du parti à référence religieuse islamique Ennahda, Rachid Ghannouchi, rentre en Tunisie le 30 janvier 2011. Il lui sera fait un accueil populaire important à l'aéroport de Tunis, en raison de sa longue résistance au régime et de son exil. Ses déclarations, cependant, seront très prudentes pour ne pas inquiéter les très nombreux laïcs du pays et en particulier les femmes, à qui il affirme qu'il ne touchera pas à leurs conquêtes. Si les Frères musulmans en Jordanie sont assez rapidement actifs dans le mouvement de protestation, ils ont surtout des préoccupations sociales, mais aussi nationalistes, c'est-à-dire hostiles à l'État d'Israël et aux relations diplomatiques et économiques que le royaume jordanien entretient avec cet État.

Par la suite, c'est en Égypte que le poids des mouvances islamiques se fera le plus sentir. En effet, face à la forte demande exprimée par les manifestants d'un État de nature non religieuse, État défini comme « civil » ou « séculier » (*doulat madania* en langue arabe[1]), ces mouvances vont se joindre au mouvement et réclamer la primauté de la charia islamique dans toute nouvelle Constitution. Il appa-

---

1. Le terme de « civil » est employé de préférence à celui de « laïc » (*'ilmani*), qui a pris comme on l'a vu une coloration très péjorative sous l'assaut des courants islamiques radicaux qui n'y voient qu'une importation athée en provenance de la culture européenne et qui serait « dépersonnalisante » pour les musulmans. C'est pourquoi l'emploi du terme « *madani* » s'est généralisé afin d'éviter de choquer la frange d'opinion publique conservatrice et religieuse sous influence des mouvances idéologiques islamiques diverses.

raîtra clairement et assez vite que ces organisations sont proches du Conseil militaire et l'appuient face aux revendications grandissantes des manifestants, qui récusent la tutelle des militaires sur le processus de transition. On réalise aussi plus tard en Libye l'influence de l'idéologie conservatrice islamique, lorsque le chef du Conseil de transition, Moustapha Abdel Jalil, ministre de la Justice du régime qui a fait sécession très tôt, déclare à la libération définitive et totale du pays de l'emprise de Kadhafi, après la chute de Syrte en octobre 2011, que la loi religieuse islamique sera celle du nouveau régime et que la polygamie interdite auparavant sera rétablie.

On notera aussi que dans les États à régime monarchique hors de la Péninsule arabique (Maroc et Jordanie), la principale demande de nature politique a été non point celle du passage à un régime républicain, mais à une monarchie constitutionnelle. Les demandes économiques et sociales étaient les mêmes qu'en Tunisie ou en Égypte. Si, au Maroc, un important parti se réclamant des valeurs islamiques, le Parti de la justice et du développement, participe largement aux manifestations, il n'a jamais remis en cause le régime monarchique ou la famille royale, descendante du Prophète, tout comme celle de Jordanie. Dans la Péninsule arabique, en revanche, les monarchies ont beaucoup moins de légitimité. Celle d'Arabie Saoudite n'a que soixante-quinze ans d'existence et le trône a été conquis par l'épée, à la différence de celle du Maroc qui a plusieurs siècles d'existence ou de celle de Jordanie où la famille hachémite — dont descend le roi Abdallah II — a été durant de longs siècles gardienne de La Mecque avant d'être chassée par l'épée des Saoud. Les autres dynasties princières, comme au Koweït, au Qatar, aux Émirats arabes unis, ont pour origine des chefs de tribu que le pouvoir colonial anglais a consacrés chefs d'État dont les frontières ne sont arrêtées que dans la seconde partie du xxᵉ siècle.

Leur situation est donc beaucoup plus fragile. Même le sultanat d'Oman, qui plonge pourtant ses racines dans l'histoire et qui est dirigé par une même dynastie depuis 1744, celle des Saïd, a été secoué par les manifestations populaires de très grande envergure exigeant le départ des ministres corrompus, une meilleure efficacité des services publics et de meilleurs salaires.

Enfin, dans la première phase des protestations, les mouvements populaires sont restés pacifistes et ils ont obtenu en Égypte et en Tunisie le départ et la mise en jugement du chef de l'État, la fin du monopole du parti dominant, l'emprisonnement des responsables des répressions sanglantes et des corrupteurs ou des corrompus les plus politiquement notoires et donc visibles. Certes, durant cette phase, de nombreux manifestants ont été tués ou blessés par les forces de l'ordre et les voyous à la solde des organes de sécurité qui ont tenté de briser les manifestations. Mais, par la suite, les choses se sont gâtées en Égypte, où la multiplication des incidents contre des manifestations de la communauté copte qui goûte enfin à la liberté de s'exprimer cause de nombreuses victimes dans les rangs des manifestants[1]. Ailleurs, notamment en Libye, au Yémen, à Bahreïn et en Syrie, des violences d'envergure vont éclater et les puissances occidentales vont prati-

---

1. La multiplication des incidents est très vite inquiétante, alors que coptes et musulmans ont fraternisé et prié ensemble sur la place Tahrir tout au long du mois de juillet. Le 6 janvier 2011, une église copte avait été brûlée à Nag Hamadi en Haute Égypte, et quelques jours auparavant, dans la nuit du nouvel an, une voiture piégée avait explosé à Alexandrie aux abords d'une église, faisant 28 morts, attentat attribué par la suite aux services spéciaux égyptiens ; le 9 mars, de très violentes échauffourées ont lieu au Caire autour d'une église copte entre coptes et éléments salafistes, faisant 6 morts ; le 2 et le 25 juillet, en Haute Égypte à nouveau, des incidents éclatent entre villageois des communautés copte et musulmane ; mais c'est au Caire qu'une manifestation copte est sévèrement réprimée par l'armée le 9 octobre, faisant 25 tués dans les rangs des manifestants.

quer, une fois de plus, la politique du deux poids deux mesures, fermant les yeux sur les abus du pouvoir en place dans certains pays, les dénonçant sans répit dans d'autres.

La diversité des situations

Pour autant, chaque société arabe est contrainte par son contexte spécifique et son environnement direct, ce qui explique largement la diversité des situations qui se sont développées par la suite dans chaque pays arabe. Le contexte a trait à la nature de l'environnement politique, à celle du régime politique lui-même (monarchie ou république), ou encore au passé récent du pays.

C'est ainsi que dans la Péninsule arabique la domination toute-puissante de la monarchie saoudienne ultra autoritaire et conservatrice, source des idéologies islamiques diverses, ne manque pas de faire sentir son poids. De même, cette monarchie dispose de moyens financiers et médiatiques importants ; elle peut exercer des pressions considérables sur son petit et insolent voisin du Qatar qui a créé et gère la station de télévision Al Jazeera, instrument ambigu de maintien d'une conscience arabe, mais fortement teintée d'islam. Aussi, les répressions seront partout féroces. Le mouvement de protestation à Bahreïn, qui est largement, mais pas exclusivement, le fait de la composante chiite de la population, composante historiquement défavorisée comme ailleurs dans les pays arabes où ces communautés existent, est réprimé férocement.

Le Conseil de coopération du Golfe, qui regroupe l'Arabie Saoudite, le Qatar, les Émirats arabes unis, le Koweït, Oman et Bahreïn, a en effet pris la décision d'intervenir à Bahreïn pour casser définitivement le mouvement populaire. Des troupes saoudiennes sont envoyées dès le 14 mars à Bahreïn, la chaîne Al

Jazeera cesse alors de couvrir les événements, de même que la plupart des médias occidentaux. Pourtant, les manifestants demandaient à juste titre le changement du Premier ministre, oncle du roi au pouvoir depuis quarante ans, l'évolution vers une monarchie constitutionnelle, en sus des demandes socio-économiques similaires à celles des autres mouvements protestataires arabes. Dans les royautés ou principautés, qui sont toutes autoritaires dans la Péninsule arabique, de telles demandes ne peuvent être acceptables, car la vitalité et l'ampleur des manifestations de la population de Bahreïn et la nature de leurs demandes qui vont au-delà des revendications sociales pourraient faire tache d'huile. De plus, le fait qu'une grande partie des manifestants appartienne à la composante chiite de la population a suscité la colère et la peur ; l'Arabie Saoudite et les Émirats arabes unis y voient la main de l'étranger, celle de l'Iran, qui serait le chef de file du fameux « triangle chiite » qui chercherait, selon eux, à asservir les pays à majorité sunnite.

Le même silence se fait sur les répressions en Arabie Saoudite ou à Oman. En même temps, le C.C.G. prend la décision d'inviter les monarchies jordanienne et marocaine à adhérer à leur regroupement régional. Le front de la contre-révolution est ainsi mis officiellement en place. Les mouvances de type islamique, quasiment invisibles durant les grandes journées révolutionnaires, sont activées partout, notamment en Égypte et en Tunisie. Au Yémen, le président Ali Abdallah Saleh résiste à toutes les demandes du mouvement populaire, manœuvre en proposant des solutions intermédiaires suggérées par l'Arabie Saoudite et les pays du C.C.G. Blessé gravement dans une attaque au mortier sur le palais présidentiel, le 3 juin 2011, alors que les négociations avec les manifestants qui réclament son départ piétinent, il est transporté en Arabie Saoudite pour y être soigné. Alors qu'on aurait pu penser qu'il

prendrait définitivement asile dans ce pays, il continue de diriger une contre-révolution qui a fissuré la
cohésion des forces armées et donc entraîné beaucoup de violences ; il rentre à Sanaa le 23 septembre.
Une médiation du C.C.G. échoue à obtenir son départ,
cependant que le Yémen s'enfonce dans la crise et
que quotidiennement tombent des victimes de la
répression et des combats qui éclatent entre factions
opposées de l'armée. Une résolution du Conseil de
sécurité, qui ne prévoit cependant pas de sanctions
contre le président contesté et sa famille, est adoptée le 21 octobre, mais elle reste sans aucun effet[1].
En réalité, cette résolution est destinée à appuyer
l'initiative du C.C.G. concernant la situation au
Yémen, dont elle fait l'éloge. Elle recommande sa
mise en application, comme elle recommande aussi
aux autorités de « respecter leurs obligations en vertu
du droit humanitaire international et des droits de
l'homme », demande à l'opposition de « coopérer
pleinement à l'initiative du C.C.G. », exprime sa préoccupation sur la présence d'Al Quaëda au Yémen
et encourage la communauté internationale à fournir de l'assistance humanitaire au Yémen.

En revanche, en Libye va se développer une situation qui contraste de façon choquante avec la situation yéménite. En effet, le mouvement des insurgés
que la répression du chef de l'État parvient à contenir à Benghazi, principal centre urbain de l'est du
pays d'où il est parti, va jouir immédiatement du
soutien massif des États occidentaux, notamment
de la France et de l'Angleterre. Le chef de l'État
libyen, d'ailleurs, ainsi que son fils et dauphin pré-
sumé, Seif el-Islam, bien en cour auprès des capitales occidentales depuis plusieurs années, n'ont
pas manqué de montrer un mépris total envers les
manifestants. Ceux-ci sont traités de « rats » qu'il

1. Il s'agit de la résolution 2014, adoptée à l'unanimité des membres
du Conseil de sécurité.

faut écraser sans pitié, dans des discours incendiaires et délirants du père comme du fils. On assiste alors à la mobilisation très rapide des États occidentaux et à la préparation d'une intervention sous couvert du Conseil de sécurité des Nations unies. Le philosophe français Bernard-Henri Lévy aurait, dit-on, convaincu le chef de l'État français, Nicolas Sarkozy, d'intervenir rapidement pour protéger la population civile contre la férocité du dictateur. À cette fin, il est décidé de créer une zone d'exclusion aérienne dans le ciel libyen, comme cela avait été fait autrefois contre le régime irakien de Saddam Hussein pour protéger la population kurde au nord du pays. Dès le 15 février 2011 d'ailleurs, la Cour pénale internationale s'est saisie du dossier libyen. Cette résolution prépare celle que prend quelques jours plus tard le Conseil de sécurité des Nations unies, le 17 mars 2011, et qu'il place sous le chapitre VII de la Charte des Nations unies, qui permet l'emploi de la force pour faire appliquer une résolution. Outre la zone d'exclusion aérienne, il décide de renforcer l'embargo sur les exportations d'armes décrété par une précédente résolution (26 février 2011) et confirme le gel des avoirs libyens à l'étranger. Toutefois, l'intervention occidentale en Libye ira bien au-delà du mandat donné par le Conseil de sécurité, puisque dès le 20 mars des avions français et britanniques commencent à pilonner la résidence de Kadhafi. En fait, le pays subira des bombardements ininterrompus durant sept mois, qui feront de nombreuses victimes et transformeront les villes qui ont résisté fortement à l'avance des troupes du Conseil de transition sur Tripoli en champs de ruines, comme Misrata, Beni Walid et surtout Syrte, où le chef de l'État s'était retranché après avoir fui la ville de Tripoli tombée aux mains des insurgés (25 octobre). Kadhafi est fait prisonnier et tué par les troupes libyennes insurgées, en même temps que son fils. Son corps sera par la suite exposé dans la ville de Misrata durant trois jours. Le 23 octobre, le Conseil libyen de transition annonce la libération définitive du pays. Le 20 octobre, Hillary Clinton, secrétaire d'État des États-Unis, s'était déjà rendue à Benghazi afin de rencontrer les dirigeants de la révolution, où elle avait souhaité la fin physique prochaine de Kadhafi.

À la différence de ces situations de violence extrême, s'est développée au Maroc et en Jordanie une succession de mouvements pacifiques de protestation socio-économique qui, après avoir obtenu des avantages sociaux sous forme d'augmentations de salaires et de pensions de retraite, tout comme dans les pays du C.C.G. dans la Péninsule arabique, passent au registre politique, demandant des amendements constitutionnels et des réformes politiques, sans toutefois remettre en question le régime monarchique. Dans ces deux pays, la monarchie est garante de l'unité du pays. Les accusations de corruption n'ont pas atteint la famille royale ou son entourage direct. Il s'est agi par contre de faire pression pour que la monarchie devienne constitutionnelle, et donc cesse de s'arroger tous les pouvoirs, et pour que la corruption soit enrayée et que des opportunités d'emploi soient créées. Le roi du Maroc et celui de Jordanie ont d'ailleurs réagi avec modération, entamé des réformes constitutionnelles visant à donner — au moins en apparence — plus de pouvoir au parlement et au conseil des ministres. En Algérie, le mouvement a été bien plus timide qu'au Maroc et en Jordanie, visiblement parce que les souvenirs des tourments violents entre combattants islamistes et éradicateurs de l'armée durant la dernière décennie du siècle passé ont laissé des traces profondes. La population craint que le pays ne sombre à nouveau dans la guerre civile.

C'est aussi le cas du Liban, qui a vu le pays sombrer dans quinze années de violences, entre 1975 et 1990. Depuis 2005-2006, les tensions sont très fortes entre la communauté sunnite sous haute influence de l'Arabie Saoudite et la communauté chiite sous l'influence du Hezbollah, proche de l'Iran et de la Syrie. C'est vraisemblablement aussi le cas du Soudan, qui se prépare à supporter le choc de la sécession du sud du pays et où les conflits ouverts ou larvés ne manquent pas, comme celui du Darfour. Au Liban, cependant, des associations de la société civile parviennent à mettre en route un mouvement pacifique de protestation demandant l'abolition du système communautaire. Des manifestations à l'intérieur de Beyrouth ont lieu à plusieurs reprises, demandant l'abolition du système confessionnel, l'instauration du mariage civil, la fin de la corruption et la justice sociale. Entre février et mars 2001, ces manifestations mobilisent jusqu'à 30 000 personnes. Elles prennent fin lorsqu'une marche de réfugiés palestiniens vers la frontière avec Israël se termine tragiquement, du fait des tirs injustifiés de l'armée israélienne, et en raison de la tournure violente des événements en Syrie, où se joue aussi le destin du Liban et de ses équilibres politiques fragiles.

Les manifestations d'envergure en Irak ont été remarquables et admirables dans ce malheureux pays mille fois assassiné : par la dictature sanglante de Saddam Hussein, les bombardements des coalitions alliées (1991-2003), l'embargo économique criminel, enfin l'invasion américaine qui détruit largement les infrastructures étatiques et militaires sous prétexte de «débaathiser» le pays, puis la mise en place d'un système politique qui attise le communautarisme et le régionalisme, notamment entre sunnites et chiites. Le mouvement ne pouvait malheureusement que s'essouffler dans un pays aussi divisé et toujours en proie à la violence des attentats terroristes, après avoir obtenu des augmentations de salaires.

Enfin, en Égypte et en Tunisie, où se préparent les premières élections libres, il faut prendre note des débats qui font rage sur la nature de l'État et des changements constitutionnels importants à apporter à son fonctionnement. Fort d'un lavage de cerveau médiatique sur les vertus du modèle turc de gouvernement d'un mouvement islamique modéré, les mouvances islamiques dans ces deux pays sont réapparues en force sur la scène politique. Déjà, les militaires égyptiens avaient amené sur la place Tahrir au mois de janvier, de façon inattendue, le cheikh salafiste Qaradaoui, qui est l'étoile des émissions religieuses de la chaîne Al Jazeera, pour s'adresser à la foule. Ils avaient aussi nommé à la tête du comité chargé de proposer les premiers amendements constitutionnels une personnalité respectée, mais connue pour ses sympathies avec les conservateurs religieux. Au référendum sur les amendements constitutionnels, les Frères musulmans, désormais sortis de l'ombre, avaient pesé de tout leur poids électoral pour faire passer en force des amendements qui étaient loin de satisfaire la mouvance civile initiatrice de la révolution. Désormais, il est à craindre que les partis à coloration islamique, forts des soutiens qu'ils ont de l'étranger et des divers moyens matériels et organisationnels dont ils disposent, mais aussi, en Égypte, de leur connaissance du terrain, ne sortent grands gagnants de futures élections. La polémique continue sur les principes constitutionnels, en Égypte, confirme si besoin était que les mouvances islamiques sont bien au cœur des forces de contre-révolution. Les Frères musulmans, en effet, ont exprimé avec virulence que seul le Coran pouvait contenir des principes supra-constitutionnels à l'encontre des principes reconnus des droits de l'homme et du citoyen qui n'ont aucune transcendance.

Le rôle attribué au modèle turc par les milieux occidentaux ou les opposants dans les pays où les dictatures n'ont pas chuté est un autre signe de la recherche d'un barrage au déferlement de demandes sociales et libertaires. On oublie d'ailleurs que si l'expérience turque récente de l'A.K.P. gouvernant le pays a réussi, c'est grâce à la rupture complète opérée par le kémalisme entre l'État et le référent religieux, c'est-à-dire grâce à un soubassement totalement laïc de l'État, ce qui n'est le cas dans aucun pays arabe, où la religion a été largement investie et manipulée dans le champ politique depuis la fin de la période nassérienne. En prétendant s'ériger en défenseur des sunnites, la Turquie d'aujourd'hui ne reprend pas une vocation ottomane, comme on peut le croire naïvement, mais agit plutôt comme sous-traitant des milieux de l'O.T.A.N. pour contenir la dynamique des révolutions arabes, qui peut menacer à terme les intérêts géopolitiques des puissances occidentales.

Le cas particulier de la Syrie

Reste la Syrie, dernier pays entré dans un cycle de protestations populaires, qui part d'une ville frontalière avec la Jordanie voisine (Deraa) le 17 mars 2011. Le régime autoritaire dominé par la famille Assad depuis quarante ans se croyait vraisemblablement à l'abri du mouvement général de protestation en raison de son appui aux résistances palestinienne (notamment le Hamas) et libanaise (le Hezbollah) contre les occupations et agressions israéliennes. Il pensait avoir surmonté l'isolement dans lequel la «communauté internationale» l'avait tenu entre 2005, suite à l'assassinat de Rafic Hariri au Liban, et 2008. Mal-aimé de cette communauté à cause de son alliance avec l'Iran et de cet appui aux mouvements anti-israéliens actifs sur le terrain (mais pas sur le Golan syrien occupé), le régime n'avait pas pris conscience du mécontentement social grandissant dû à quatre années de sécheresse consécutives, au poids de plus d'un million de réfugiés irakiens, à la constitution de grandes fortunes chez des membres de la famille du président ou dans son entourage, à une corruption multiforme dans la fonction publique. Il pensait avoir suffisamment d'appui dans la population, auprès de la bourgeoisie commerçante et des minorités religieuses qui craignaient la prise de pouvoir de la mouvance islamique sunnite si active autrefois dans l'opposition armée au régime de Hafez el-Assad.

De fait, en Syrie, aucune des caractéristiques des autres mouvements populaires telles que nous les avons décrites précédemment. Les manifestations vont en effet se dérouler en zones rurales pauvres, aux frontières avec la Turquie et la Jordanie, dans l'ancien bastion « Frères musulmans » de la ville de Hama ou à Homs, distante de trente kilomètres seulement de la frontière nord du Liban, région elle-même travaillée par le salafisme pratiquant la surenchère religieuse. Ni à Damas (faubourgs pauvres exclus), ni à Alep, ni à Lattaquié (faubourgs pauvres exclus là aussi), les trois grandes villes du pays, les foules ne manifestent toutes classes sociales et toutes tranches d'âge confondues. Il est clair que les classes moyennes sont sur la réserve, sans parler des couches bourgeoises des affaires ou des commerçants du bazar, groupe de pression traditionnellement puissant en Syrie. Le gouvernement turc, pourtant grand allié de la Syrie depuis plusieurs années, intervient alors grossièrement dans les affaires intérieures du pays, aide à l'organisation de conférences de l'opposition qui se tiennent à Antalya puis à Istanbul, notamment dans sa composante islamique. Par ailleurs, il est clair qu'il y a usage d'armes au cours des manifestations et que la répression est sanglante et donne lieu à de nombreuses arrestations. De même que des images de la télévision officielle syrienne montrent des membres des forces armées tués, la gorge tranchée par ce que le régime désignera désormais comme des groupes terroristes.

Mais, surtout, le régime réagit avec retard, n'affichant aucun regret pour le sang versé. Dans ses discours successifs comme dans les interviews qu'il accorde à la télévision syrienne et à des quotidiens arabes ou étrangers, le chef de l'État syrien ne semble pas réaliser le défi auquel il est confronté. À Deraa, où les incidents ont commencé, il se contente de relever de ses fonctions le préfet de la région. Il ne recevra que le 31 mai la famille de l'enfant de 13 ans qui a été arrêté pour un graffiti dénigrant le président et qui est retrouvé mort un mois plus tard. En revanche, des augmentations de salaires sont accordées dès le 30 mars 2011 ; l'exemption des amendes dues par les agriculteurs syriens qui n'ont pas payé à l'État le droit d'usage des eaux d'irrigation est promulguée le 1ᵉʳ avril. Le 3 avril est instituée une société d'État destinée à couvrir toute la population en matière d'assurance maladie. Le 6 avril, la nationalité syrienne est accordée à de nombreux Kurdes établis dans le pays depuis longtemps. Ce même jour, un autre préfet est démis de ses fonctions, celui de la ville de Homs où les heurts et incidents se multiplient. Le 14 avril 2011, Bachar el-Assad change de gouvernement et lui donne pour instructions de s'attaquer aux réformes politiques.

Ces dernières vont se succéder rapidement à travers des changements législatifs importants, mais dont la mise en application traîne d'autant plus que le pays est pris dans des actes de violence quotidiens et dans une tempête internationale contre le régime, d'ampleur sans précédent, que nous décrirons ci-dessous. C'est ainsi que le 21 avril un décret abolit l'état d'urgence en vigueur depuis des décennies, à l'abri duquel les services de sécurité pouvaient arrêter les contestataires du régime. Le 30 avril, le nouveau gouvernement forme des comités d'études chargés de préparer les réformes politiques. Le

1er juin, une amnistie générale est décrétée pour les crimes commis avant le 31 mai 2011 ; le 5 juin, un autre décret fait entrer dans le cadre de la fonction publique de nombreux employés de l'État sous statut précaire et non permanent ; un nouveau décret d'amnistie est publié le 21 juin pour tous les crimes commis jusqu'au 20 juin ; le 5 août, un décret amende la loi électorale et un autre permet la constitution de partis politiques qui doit être approuvée par une commission spéciale, laquelle est formée le 22 août ; le 28, c'est le tour d'un décret législatif qui libéralise le secteur des médias ; le 28 septembre, enfin, un nouveau décret établit le Haut Comité électoral. Le 5 octobre, des élections municipales sont décrétées qui doivent se tenir le 12 décembre, cependant que le 15 octobre est formé un Comité national pour préparer une nouvelle Constitution pour la Syrie dans un délai de quatre mois.

Toutes ces annonces de réformes ne calment pas vraiment les violences, bien que peu à peu celles-ci diminuent ou cessent dans certaines grandes villes qui ont connu de fortes agitations, comme Hama ou Deir er-Zor. Cependant, des manifestations géantes d'appui au président ont lieu à Damas et Alep à plusieurs reprises et celui-ci peut même prendre parfois un bain de foule. Les versions contradictoires des événements données par les médias occidentaux et arabes pro-occidentaux, notamment les chaînes Al Arabiya et Al Jazeera, d'un côté, et par la télévision officielle syrienne ou les médias libanais, qui sympathisent traditionnellement avec le régime syrien, de l'autre, laissent peu de place à la compréhension de ce qui se passe vraiment sur le terrain. Le pays s'est fermé à la grande presse internationale et aux médias étrangers, ne laissant passer qu'au compte-gouttes de très rares journalistes européens et quelques journalistes arabes. À la fin de l'année, toutefois, les violences semblent être principalement concentrées dans la ville de Homs près de la frontière libanaise.

Entre-temps, les diplomaties occidentales se déchaînent contre le régime syrien. Le ministre français des Affaires étrangères, Alain Juppé, n'hésite pas à qualifier de crimes contre l'humanité la répression exercée en Syrie contre les manifestants ; il demande au chef de l'État syrien de libérer son peuple de la tyrannie. De même, Hillary Clinton multiplie les déclarations hostiles au président syrien, en parallèle avec celles du Premier ministre turc ou de son ministre des Affaires étrangères, qui n'ont plus de limites dans le dénigrement du chef de l'État syrien et leur appui aux différentes oppositions syriennes à l'étranger, qui se réunissent souvent en Turquie. Ces déclarations atteignent des niveaux de violence verbale assez surprenants. Elles s'accordent toutes pour affirmer que le président syrien a perdu toute légitimité et qu'il doit quitter le pouvoir, que le tour de la Syrie est venu de connaître enfin une révolution qui lui permette l'accession à la démocratie. De son côté, le gouvernement turc cherche à établir une « zone tampon » à la frontière avec la Syrie pour y abriter des réfugiés et les soldats déserteurs de l'armée régulière qui forment un noyau d'armée dissidente, soutenu par le Conseil national de transition qui a été constitué à Istanbul le 2 octobre 2011[1]. Évidemment, le problème est que tout ce chahut international autour de la Syrie contraste fâcheusement avec le silence de la communauté internationale concernant le Yémen ou Bahreïn. Les sanctions contre les dirigeants syriens

---

1. On rappellera l'épisode de l'ouverture d'un camp de réfugiés du côté turc de la frontière, tout près du gros bourg de Jisr el Choughour, où des centaines de tentes sont plantées, mais où l'on ne voit guère de masses de réfugiés en dehors de quelques personnes amenées devant des caméras de télévision pour témoigner des mauvais traitements qu'elles auraient subis et qui les ont poussées à fuir.

pleuvent. Elles sont prises par les États-Unis et les pays de l'Union européenne. Toutefois, au niveau du Conseil de sécurité des Nations unies, la Russie et la Chine empêchent toute résolution qui comporterait des sanctions contre la Syrie, à la grande fureur de la France et des États-Unis. Pour les deux puissances non occidentales, en effet, il convient d'inviter à un dialogue entre l'opposition et le régime, plutôt que de pousser à la rébellion et à la violence, comme le font d'ailleurs les résolutions du Conseil de sécurité sur le Yémen. Aussi les puissances occidentales introduisent-elles le dossier syrien au Haut Commissariat aux droits de l'homme des Nations unies à Genève, où le régime est sévèrement condamné dès la fin du mois de novembre 2011. La condamnation est réitérée dans un communiqué le 2 décembre où, sur la base du rapport d'une commission d'enquête de trois membres, le conseil du Haut Commissariat «se déclare profondément préoccupé par les constatations contenues dans le rapport selon lesquelles des violations massives et systématiques des droits de l'homme — qui pourraient équivaloir à des crimes contre l'humanité — ont été commises par les autorités syriennes et par des membres de l'armée et des forces de sécurité syriennes en divers points de la République arabe syrienne depuis mars 2011»[1].

Opportunément, la Ligue des États arabes, désormais sous haute influence saoudienne, qatarie et turque, se saisit du dossier syrien. Le 2 novembre, à l'initiative du Qatar, un conseil ministériel de la Ligue présente à la Syrie un plan de règlement de la crise qui prévoit l'arrêt des violences, la libération par le gouvernement de toutes les personnes arrêtées, le retrait de l'armée des villes et quartiers rési-

---

1. Texte du communiqué disponible sur le site du Haut Commissariat, www.ohchr.org.

dentiels et l'envoi d'une mission d'observateurs. Le gouvernement syrien accepte ce plan et libérera environ 900 prisonniers en signe de bonne volonté, mais demandera des garanties de respect de la souveraineté syrienne et l'élaboration d'un protocole régissant le statut des observateurs. Le conseil de la Ligue ne semble guère désireux de tenir compte de la position syrienne et vote dès le 13 novembre le principe de sanctions contre la Syrie. Le ministre des Affaires étrangères du Qatar mène tambour battant les réunions du comité de la Ligue arabe chargé du dossier syrien et fait voter le 27 novembre la mise en application des sanctions économiques contre cet État membre par le conseil des ministres des Affaires étrangères de la Ligue. Les sanctions ressemblent fort à un embargo complet : interdiction de commercer, de faire atterrir des avions en Syrie ou de permettre à des avions syriens d'atterrir dans des aéroports arabes, interdiction de mener des transactions financières [1]. Le ministre des Affaires étrangères turc, Ahmet Davutoglu, est souvent associé aux réunions de la Ligue arabe sur le dossier syrien ; il y apparaît, aux côtés du ministre des Affaires étrangères du Qatar, comme l'un des deux plus acharnés ennemis du régime syrien, avec qui le gouvernement turc, peu de temps auparavant, avait pourtant constitué une alliance stratégique, comme nous l'avons vu au chapitre précédent. Le haut profil pris par la Turquie contre l'État d'Israël n'a-t-il été qu'un leurre destiné à préparer la Turquie à

1. La décision n'est pas approuvée par le Liban et l'Irak, cependant que l'Algérie émettra des réserves. Il s'agit là d'un précédent grave, car même lorsque l'Égypte fut suspendue de la Ligue arabe en 1979 pour avoir signé la paix séparée avec Israël, aucune sanction économique ne fut votée. Un peu plus tard, la Jordanie déclarera n'être pas en mesure d'appliquer les sanctions. À la fin du mois de décembre, la décision n'est toujours pas appliquée, la Ligue donnant plus de temps à la mise en œuvre de son initiative du 2 novembre et à la mise en application des sanctions.

jouer un rôle de plus en plus grand, en tant que membre important de l'O.T.A.N., dans les affaires du monde arabe, faisant contrepoids à l'influence iranienne, et à séparer la Syrie de l'Iran? Cela pourrait expliquer l'absence de reproches de la part des dirigeants et des médias occidentaux envers la diplomatie et le président turcs, qui ont critiqué si vertement Israël au cours des deux dernières années.

En tout cas, il est clair en cette fin d'année 2011 que la «bataille» pour la Syrie est devenue un enjeu majeur, même si cette bataille encourage la continuation du cycle de violences à l'intérieur de la Syrie et enclenche une dynamique de guerre civile qui peut durer longtemps. En effet, la chute du régime syrien aurait sûrement des conséquences importantes sur le contexte géopolitique régional, en brisant l'axe que constituent l'Iran, la Syrie, le Hezbollah et le Hamas. Après la Libye, libérée de Kadhafi grâce à l'aide militaire de l'O.T.A.N. et qui pourra difficilement éviter de tomber sous l'hégémonie occidentale, le tour de la Syrie est-il venu? En fait, la bataille pour la Syrie est un axe essentiel et spécifique de ces révoltes arabes. Comme l'avait si bien analysé quarante ans plus tôt le journaliste britannique Patrick Seale, dans un ouvrage qui a fait date, la Syrie est bien le verrou du Proche-Orient où se décide l'avenir de la région et, en particulier, du conflit israélo-arabe[1].

1. Voir Patrick Seale, *The Struggle for Syria — A Study of Postwar Arab Politics 1945-1958*, Oxford University Press, Londres, 1965, qui montre fort bien l'importance stratégique de la Syrie dans les conflits interarabes et dans la géopolitique de la région; on doit au même auteur une biographie malheureusement trop apologétique de l'ancien chef de l'État syrien, sous le titre: *Assad. The Struggle for the Middle East*, I. B. Tauris, Londres, 1988.

REGARDS CROISÉS
SUR L'ORIGINE ET LES CAUSES
DU « PRINTEMPS ARABE »

Il est certes facile, après coup, d'identifier de nombreux signes avant-coureurs de ce qui deviendra peut-être un nouveau cycle révolutionnaire arabe, qui ressusciterait la mémoire collective oblitérée de la période nassérienne et celle des luttes anticoloniales, mais aussi celle de la période libérale du monde arabe. C'est ainsi que certains observateurs feront remarquer la multiplication constante des manifestations en Égypte au cours des dernières années du règne de Hosni Moubarak, vite réprimées, ainsi que la mort sous la torture d'un jeune contestataire arrêté par un des nombreux organes de la sécurité politique dans le pays[1]. En réalité, tout au long des trois dernières décennies, la vie politique en Égypte a été marquée par des affrontements entre le pouvoir et l'opposition des Frères musulmans, qui réussissent au cours des années 1980 à s'emparer de la direction des principaux ordres professionnels, avant d'en être chassés[2]. Dans le

---

1. Il s'agit du jeune Khaled Mohammed Saïd, 28 ans, arrêté par la police égyptienne le 6 juin 2010 à Alexandrie et décédé le même jour après avoir été battu à mort par ses geôliers. Ce décès fait l'objet d'une campagne sur la Toile dont l'initiateur est Wael Ghonim, un jeune cadre égyptien vivant à Dubaï, qui ouvre un site sous le titre de « Nous sommes tous des Khaled Saïd ». Wael Ghonim deviendra célèbre lors des manifestations géantes en Égypte au mois de janvier 2011. Les deux policiers responsables des tortures ayant entraîné la mort de Khaled Saïd ne seront condamnés en octobre 2011 qu'à sept années de prison.
2. Voir à ce sujet l'ouvrage très documenté de Amr Elshobaki *Les Frères musulmans des origines à nos jours*, Khartala, Paris, 2009, qui montre bien les deux aspects du mouvement, d'un côté, celui qui paraît dans l'espace public avec une palette d'opinions allant de la modération ouverte sur la modernité démocratique aux positions les plus conservatrices en matière de mœurs islamiques, et, de l'autre, l'organisation clandestine armée.

cadre de l'ouverture très limitée qu'ont pratiquée les deux présidents, Anouar el-Sadate et Hosni Moubarak, les partis de gauche ou les nouveaux partis d'inspiration libérale ont souvent été l'objet de répressions. Pour la Tunisie, d'autres observateurs feront état de la grogne sociale et politique de plus en plus forte, de l'appropriation par l'épouse du président de la République et sa famille de sociétés privées ou de biens fonciers appartenant à des particuliers. Ils rappelleront aussi la lutte menée par Rachid Ghannouchi et le parti Ennahda, placé sous le signe de l'islam, mais aussi par de nombreux militants de gauche ou de syndicalistes.

Pour autant, des divergences majeures apparaissent très vite dans les analyses académiques ou journalistiques qui tentent de décrire la vague généralisée de protestations, et aussi d'identifier les sources d'inspiration ainsi que la nature des causes directes qui ont amené, enfin, à faire bouger « les masses arabes » ou la « rue arabe », expressions chères aux médias européens et américains. Pour ces derniers, si l'invasion de l'Irak a été un échec dans la reconstruction et la pacification du pays, toutes les initiatives prises dans le monde arabe sous la pression des milieux politiques américains et européens pour promouvoir la démocratie, la « gouvernance », pour employer l'expression anglo-saxonne à la mode, ainsi que les droits de l'homme et de la femme, telles que nous les avons décrites au chapitre 23, sont à inscrire au crédit de l'Occident comme source d'inspiration des révoltes arabes. Le rôle joué par la jeunesse formée à l'occidentale, dans l'émigration ou localement, et qui donc a intégré les valeurs démocratiques de l'Occident, est aussi mis en avant.

On évoquera aussi très souvent comme source d'inspiration pour les révoltes arabes les révoltes des sociétés d'Europe de l'Est contre le joug soviétique, en particulier en Ukraine et en Géorgie où l'ancien régime a résisté à l'effacement total pendant longtemps, jusqu'à l'éclatement de révolutions «orange» dans le premier pays et «des œillets» dans le second. L'emploi du terme «révolution du jasmin» par les médias et les milieux académiques occidentaux pour désigner la révolte contre le régime de Ben Ali en Tunisie veut rappeler ces deux précédents européens. Dans la même logique, l'emploi du terme «printemps arabe», lancé aussi par ces mêmes milieux journalistiques et académiques, veut rattacher la vague de révoltes antitotalitaires arabes à la révolte tchécoslovaque de 1968 contre le régime communiste sous la coupe de Moscou.

Bien plus, seront créditées aussi les technologies nouvelles de l'information au service des réseaux sociaux qui ont prospéré dans le monde arabe et permis à la jeunesse arabe de jouer un grand rôle dans l'expansion de la vague révolutionnaire démocratique et dans les mobilisations de masse. Ce serait donc les avancées de l'Occident dans le domaine des technologies de l'information qui auraient apporté une contribution majeure à la libération des peuples arabes de leurs tyrans. De même que c'est grâce à l'armée américaine et à ses alliés que le peuple irakien aurait réussi à se libérer du régime totalitaire de Saddam Hussein, ou que c'est aux bombardements de l'O.T.A.N. que le peuple libyen devrait sa libération du règne de Kadhafi.

En bref, inconsciemment, l'Occident, devant ces événements majeurs et totalement imprévus dans ses milieux politiques et académiques, tente probablement de se rassurer en annexant ainsi les révoltes arabes à sa propre dynamique historique ou, comme on le verra plus loin, en voulant y apporter sa contribution décisive et en se déclarant «partenaire» de ces révolutions. Ce faisant, la spécificité de l'histoire propre au monde arabe et sa dynamique sont totalement oblitérées. Aucun effort n'est fait pour tenter d'établir les liens qui pourraient exister avec la grande période révolutionnaire des années 1950 à 1980 dans le monde arabe, que nous avons décrites dans les premiers chapitres du récit historique de cet ouvrage. Il est vrai que ce cycle révolutionnaire était anti-impérialiste et anti-israélien et qu'il a permis la liquidation de la domination directe de l'Europe sur ses colonies arabes, mais aussi le rejet d'une hégémonie américaine qui viendrait se substituer à cette domination : autant de mauvais souvenirs dans la mémoire politique collective des dirigeants occidentaux. Bien plus, les nouveaux régimes militaires issus de cette période ont été souvent plus proches de l'U.R.S.S. qui leur a fourni des aides substantielles que des États-Unis. Par la suite, la Syrie deviendra l'alliée privilégiée de l'Iran islamique, qui se pose en champion de l'anti-impérialisme.

Quant aux causes des révolutions, les analystes américains ou européens insistent beaucoup sur le refus du totalitarisme et le désir de liberté politique. Pour eux, les révoltes arabes sont essentiellement produites par le sentiment général du retard pris par les Arabes dans le domaine de la liberté politique et des libertés individuelles, alors que partout dans le monde les dictatures ont disparu, qu'il s'agisse de l'Amérique latine, de l'Asie (à l'exception de la Corée du Nord) ou même de l'Afrique subsaharienne. Les analystes insistent à plaisir sur le fait que cette vague révolutionnaire n'est pas centrée sur l'injustice faite aux Palestiniens et donc sur un antisionisme fort ou sur un antiaméricanisme affiché. Ils sont confortés par la prédominance des slogans affichant le désir de liberté et le refus de dictatures corrompues où les chefs d'État vieillis et usés non seulement s'autoperpétuent à travers des élections truquées, mais veulent aussi perpétuer le règne de leur famille après leur décès en installant leurs enfants ou l'un de leurs proches au centre du pouvoir, comme en Égypte, en Libye, en Irak, au

Yémen, ou comme en Syrie qui a vu Bachar el-Assad succéder à son père, Hafez, décédé en 2000.

Pour ce qui est des causes socio-économiques des révoltes, les analyses restent d'une superficialité étonnante. Elles sont le plus souvent prisonnières de la doctrine néolibérale qui imprègne si fortement la mentalité des décideurs. Ce serait uniquement des réformes économiques incomplètes et tronquées pour passer à une économie de marché totalement libéralisée qui expliqueraient les très forts taux de chômage, notamment dans la jeunesse. Ce serait aussi la corruption et la prédation des dirigeants et de leur entourage. Un meilleur « climat des affaires » pour attirer l'investissement privé intérieur et extérieur, plus de flexibilité des salaires et plus de rigueur dans la gestion des finances publiques devraient suffire à dynamiser les économies et donc à produire les améliorations requises pour atténuer les injustices socio-économiques criantes et réduire les très forts taux de chômage.

Du côté des médias et des analystes arabes, les sources d'inspiration évoquées sont nombreuses et souvent totalement divergentes et contradictoires. Certaines reflétant les analyses des médias et des milieux académiques, en Europe et aux États-Unis. Ainsi, pour certains, sympathisants des politiques occidentales, une source majeure serait à chercher dans les manifestations de masse qui ont eu lieu à Beyrouth en 2005, suite à l'assassinat de Rafic Hariri, et réclamaient la fin de la présence syrienne au Liban et la punition des coupables, y compris par un recours à la « communauté internationale », c'est-à-dire aux États-Unis et à l'Europe, ce qui a donné naissance à la constitution d'une commission d'enquête internationale, puis d'un Tribunal spécial pour le Liban, qui ont tous deux empoisonné la vie politique au Liban (voir chapitre 25). Pour ces analystes, ces manifestations libanaises grandioses réclamant le départ des troupes syriennes auraient brisé le

« mur de la peur » dans les sociétés arabes et, de ce fait, constitueraient l'événement fondateur de la future vague de manifestations de masse dans tout le monde arabe.

Pour d'autres, au contraire, c'est le courage des combattants du Hezbollah et des Libanais qui l'ont soutenu et ont subi la sauvagerie des bombardements israéliens durant les trente-trois jours de guerre en juillet-août 2006, de même que le courage des habitants de Gaza face à l'agression israélienne de décembre 2007-janvier 2008, qui a brisé le mur de la peur face aux dictateurs dans les sociétés arabes. S'il est possible de résister à l'effroi que peuvent semer les bombardements israéliens et si le Hezbollah a même réussi à bouter l'armée israélienne hors du Liban en 2000 et à l'empêcher d'y revenir en 2006, comment ne pas être en mesure de faire tomber de vieux dictateurs corrompus dans des situations de fin de règne ?

La divergence ne s'arrête pas là, cependant, car certains analystes privilégieront la résistance des mouvances islamistes aux régimes despotiques durant toutes ces décennies de chape de plomb. C'est pourquoi, pour eux, une place de choix doit leur être réservée dans les futurs régimes politiques qui seront issus de la chute des dictateurs. Ici aussi, l'accent mis sur le rôle des mouvances politiques diverses se réclamant des valeurs théologico-politiques islamiques peut recouper les analyses faites dès les années 1980, dans le cadre de la guerre froide et de la lutte contre le communisme, par certains politologues européens ou américains sur le nécessaire passage par l'islam pour accéder à la démocratie. D'autres, au contraire, évoqueront la résistance de la société civile et du réseau d'O.N.G. ou de *think tanks* d'inspiration libérale (droits de l'homme et de la femme, valeur des libertés individuelles) qui, très souvent d'ailleurs, reçoivent des aides d'O.N.G. européennes ou américaines.

LE CONFLIT DES INTERPRÉTATIONS

La même diversité d'opinions s'exprime pour l'interprétation de la signification des révoltes arabes et de leurs implications que celle identifiée pour la détection de leurs causes et origines. L'on peut distinguer ici à nouveau différentes sensibilités qui sont à l'œuvre et qui perçoivent les conséquences de la vague de protestations collectives arabes de façon très diverse.

Les révolutions ont-elles été planifiées de l'extérieur au profit des intérêts américains et européens ?

Il faut laisser de côté les théories fantaisistes de révolutions télécommandées de Washington, voire des milieux américano-sionistes, pour réaliser le rêve des néoconservateurs américains d'un chaos généralisé au Moyen-Orient qui permettrait de mieux influer sur les événements et de remodeler le Moyen-Orient au gré des intérêts américains et israéliens. On ne peut, quoi qu'en pensent d'aucuns, mobiliser autant de personnes aussi longtemps par la simple action d'agents secrets de puissances étrangères. De façon paradoxale, on trouve cette opinion aussi bien dans des milieux conservateurs arabes, au premier rang saoudiens, que chez des militants anti-impérialistes. Les conservateurs craignent que leurs pays, le plus souvent des monarchies absolues, soient à leur tour victimes de la vague révolutionnaire, comme ils avaient failli l'être cinquante ans plus tôt avec le cycle révolutionnaire socialisant, panarabiste, proche de l'U.R.S.S., antioccidental et anti-israélien. Pour certains anti-impérialistes, les révoltes ont été encouragées, d'abord silencieusement puis ouvertement, par le gouvernement des États-Unis. Celui-ci aurait réalisé l'usure des régimes égyptien et tunisien et aurait choisi de favoriser la chute de leur dictateur pour mieux maintenir le système. Beaucoup, dans cette catégorie d'analystes, qu'ils soient conservateurs ou antiaméricains, considèrent que, pour les États-Unis et Israël en tout cas, le chaos impliqué par les révoltes permet de poursuivre l'expérience de chaos ou d'instabilité dite «constructive» au Moyen-Orient pour créer les conditions d'un effondrement des États ou provoquer des guerres civiles. Cela ouvrirait la porte à la possibilité d'un remodelage des entités arabes issues du démantèlement de l'Empire ottoman, comme en rêvent aussi les stratèges israéliens. L'affaiblissement définitif des États qui entourent Israël, leur effritement en plus petites entités communautaires ou ethniques, contribuerait à donner à l'État israélien une légitimité et une sécurité qu'il n'a toujours pas acquises dans la région. L'existence d'un État juif serait confortée si les nouveaux États voisins étaient de même nature étroitement ethnique ou religieuse.

Certes, la façon dont les États-Unis ont géré l'occupation de l'Irak, qui reste, après huit ans d'occupation américaine, un pays violent et au sort incertain, peut donner de la crédibilité à cette thèse. De même, le comportement de l'armée israélienne au Liban au cours de ses occupations successives et le chaos communautaire qui s'est ensuivi lors des retraits partiels durant la période 1983-1985, accompagnés de déplacements forcés de population, semblent confirmer ce désir de démanteler les États existants[1]. La vague révolutionnaire arabe serait donc télécommandée de l'extérieur et fort dan-

---

1. Ce ne sera pas le cas pour l'évacuation du sud du Liban en 2000 face à la résistance du Hezbollah qui sait éviter massacres et déplacements forcés de population (voir notre ouvrage, *Le Liban contemporain...*, *op. cit.*, chapitre 11).

gereuse pour l'avenir des États et des sociétés arabes.

Évidemment, comme nous l'avons vu, la complexité et la diversité des situations «révolutionnaires» dans les sociétés arabes, mais aussi celles de l'attitude des États-Unis et des pays européens, ne permettent pas d'endosser cette interprétation des événements. En effet, à Bahreïn, ainsi qu'à Oman, en Arabie Saoudite, au Yémen, au Maroc et en Jordanie, les États-Unis et les États européens ont été loin de soutenir les mouvements de contestation, alors qu'ils l'ont fait bruyamment en Libye et y sont même intervenus militairement. Ils font de même en Syrie où l'occasion est trop belle pour ne pas tenter de renverser le régime, allié indéfectible de l'Iran et qui soutient le Hamas et le Hezbollah; ou du moins l'amener à changer sa politique régionale, comme cela avait été tenté en vain entre 2005 et 2008.

En bref, les États occidentaux, comme de coutume, font preuve de «pragmatisme», c'est-à-dire d'opportunisme, suivant ce qu'ils considèrent comme leurs intérêts géopolitiques et matériels, dans le cadre d'une constante majeure et permanente, à savoir la protection de l'État d'Israël. Les régimes traditionnellement pro-occidentaux de par leur constitution même, soit les monarchies arabes qui doivent à la politique des puissances occidentales d'exister (à l'exception du Maroc), sont préservés et mis à l'abri de toute campagne médiatique déstabilisatrice pouvant encourager les partisans de la démocratie et du changement. Les régimes qui ont pu «défier» les intérêts de l'Occident sont au contraire soumis au harcèlement médiatique, à la fois de source occidentale et de source arabe conservatrice.

De ce fait, les milieux arabes de sensibilité anti-impérialiste traditionnelle, tels que les nationalistes arabes laïcs, mais aussi les anticapitalistes et altermondialistes, peuvent interpréter d'une autre façon

la vague de protestation. Ils dénoncent les interventions américaines et européennes dans les affaires
intérieures des pays arabes, leur silence dans certaines situations, leur déchaînement dans d'autres,
qui a été jusqu'à l'intervention militaire en Libye.
Ils craignent, pour des raisons opposées à celles des
milieux conservateurs et salafistes arabes, que les
mouvements ne soient récupérés par les puissances
occidentales pour renforcer leur hégémonie sur
cette partie du monde riche en pétrole, et qui abrite
l'État d'Israël si fortement protégé moralement par
l'Occident en dépit de toutes ses infractions au droit
international et au droit humanitaire. Les événements de Syrie, plus particulièrement, inquiètent une
partie de ces milieux, car il s'agit du seul régime
politique arabe qui continuait de soutenir la résistance armée palestinienne (Hamas) ou libanaise (Hezbollah). Mais aussi le seul régime politique arabe
qui continue d'entretenir d'étroites relations politiques
et économiques avec l'Iran, honni des puissances
occidentales pour être un des derniers bastions de
l'antiaméricanisme et de l'hostilité déclarée et permanente à l'État d'Israël ; cela sans compter ses
efforts de développement d'une industrie nucléaire.

Dans ces milieux de sensibilité anti-impérialiste,
les polémiques sont d'ailleurs virulentes entre intellectuels arabes sur la question syrienne. Certains
estiment que le régime totalitaire instauré par la
famille Assad depuis 1969 en Syrie doit disparaître
et que la répression qu'il accentue sur les manifestants qui affrontent courageusement les forces de
l'ordre doit être dénoncée haut et fort. D'autres, à
l'inverse, dénoncent les interventions externes massives de groupes semant la terreur en Syrie, armés
et financés de l'étranger. Ils considèrent que les
États-Unis et les principaux gouvernements européens, ainsi que l'Arabie Saoudite et le Qatar, à travers leurs puissants médias, veulent supprimer le
dernier système politique arabe qui résiste à l'hégé-

monie occidentale, alimente l'hostilité à l'État
d'Israël et soutient le «terrorisme» du Hamas et du
Hezbollah. La forte implication du philosophe français Bernard-Henri Lévy, connu pour ses positions
pro-israéliennes, dans la mobilisation française en
faveur de l'intervention de l'O.T.A.N. en Libye
ajoute à leurs soupçons. Ils dénoncent les opposants
syriens à l'étranger qui ont organisé des directions
transitoires en prévision de la chute du régime et
seraient entre les mains des États hostiles à la Syrie,
tels que la Turquie, le Qatar ou la France. Ils invoquent la nécessité d'un dialogue entre l'opposition
de l'intérieur, qui refuse toute ingérence extérieure,
et le pouvoir syrien, ce qui apparaît bientôt comme
la position de la Russie et de la Chine, qui bloquent
toute résolution au Conseil de sécurité des Nations
unies visant à prendre des sanctions fortes à l'encontre des dirigeants syriens, similaires à celles prises
contre la Libye.

Dans le cas du succès partiel des révoltes tunisienne et égyptienne que les puissances occidentales
ont vite reconnu, leur attitude semble purement
opportuniste. La tête pourrie de ces deux régimes
(Moubarak, Ben Ali et quelques-uns de leurs proches)
a été sacrifiée pour pouvoir maintenir le système
tout entier et le garder dans l'orbite des puissances
occidentales. La réunion du G8 de Deauville, en
mai 2011, consacrée au «printemps arabe» et où
ont été invitées la Tunisie et l'Égypte qui se sont vu
proposer des aides substantielles, avec un plan du
F.M.I. en accompagnement, prouve bien ce désir de
récupération. Les États occidentaux y créent un
«partenariat» dit «de Deauville» avec l'Égypte et la
Tunisie pour accompagner la transition démocratique dans ces deux pays et promettent des financements de l'ordre de 30 milliards de dollars.

Il en va autrement avec la révolte syrienne. L'opposition syrienne à l'étranger, notamment le Conseil
de transition qui a mis à sa tête Bourhane Gha-

lioun, vieil opposant qui réside en France depuis des décennies, et qui a nommé comme porte-parole Basma Kodmani, elle aussi résidente à Paris, réclame de plus en plus explicitement la protection de la population civile par une intervention externe. Le 2 décembre 2011, le président du Conseil transitoire, dans une interview donnée au *Wall Street Journal*, n'hésite plus à affirmer qu'après la chute du régime en Syrie le nouveau gouvernement coupera les liens privilégiés avec l'Iran, le Hamas et le Hezbollah et qu'il reprendra les négociations avec Israël, se déclarant ainsi prêt à changer le positionnement régional de la Syrie qui gêne tant Israël et les puissances occidentales.

Les valeurs démocratiques à l'occidentale ont-elles été une source majeure d'inspiration des révolutions ?

Comme nous l'avons déjà vu, la vague révolutionnaire arabe a tendance à être assimilée, du côté des médias et des milieux politiques américains et européens, à la vague de révoltes contre les régimes communistes usés, aux révolutions «orange» en Ukraine ou «des roses» en Géorgie. Elle conforte l'opinion que tous les efforts américains et européens pour répandre les valeurs et les comportements démocratiques dans le monde ont enfin porté leurs fruits dans les sociétés arabes, qui étaient jusque-là restées rebelles au vent de la liberté qui soufflait sur le monde depuis 1989, date de la chute du mur de Berlin. De plus, cette perception de la vague révolutionnaire arabe comporte un élément de fierté : le rôle joué par les réseaux sociaux de la société civile, qui bénéficie des nouveaux moyens de communication instantanés par Internet ou par le téléphone mobile, inventions de la créativité technologique américaine. Certes, les États-Unis sous

George W. Bush ont eu la main lourde en Irak ou en
Afghanistan (pays non arabe), mais l'activisme américain, secondé par celui de l'Union européenne et
de ses principaux États membres, n'a-t-il pas fini
par être payant pour ce qui concerne les sociétés
arabes ?

En outre, tout comme en Irak, l'intervention militaire de l'O.T.A.N. n'a-t-elle pas permis en Libye la
fin d'un régime parfaitement odieux ? La puissance
américaine n'a-t-elle pas libéré les Afghans de la
mainmise soviétique puis de celle des talibans ? N'a-
t-elle pas libéré les Bosniaques de celle de la Serbie
et de Milosevic ? N'y a-t-il pas eu en Irak des élections libres, la fin de la dictature du parti unique,
l'épanouissement de la région kurde en lieu et place
de l'oppression que subissait ce peuple en Irak
depuis des décennies ? Pourquoi voir toujours dans
les États-Unis une puissance maléfique et non point
bénéfique ? Pourquoi ne pas reconnaître le rôle positif joué dans le monde arabe par les valeurs, la technologie et même les interventions militaires des
États-Unis et de leurs alliés ? Existe-t-il aujourd'hui
dans le monde des valeurs supérieures à celles que
répand cette puissance, qu'il s'agisse de la démocratie et des droits de l'homme ou de la libre entreprise et de la globalisation économique, avec tous
leurs défauts et leurs mésaventures récentes dans la
crise économique de 2008 dont les effets ne sont pas
encore épuisés ?

Dans cette logique, la virulence des positions
américaines et européennes en ce qui concerne la
Syrie, mais aussi l'encouragement manifestement
donné aux insurgés ainsi que l'aide apportée par la
Turquie ou par certaines factions politiques libanaises proches de l'Arabie Saoudite et des États-Unis,
ne doivent pas apparaître comme des ingérences.
Au contraire, il s'agit de se débarrasser de la dictature syrienne, non moins sanglante que celle de
Kadhafi ou de Saddam Hussein, d'un régime oppres-

seur lui aussi depuis plus de quarante ans. Qui plus est, la Syrie a envahi et dominé le Liban de 1976 à 2005, et ne l'a d'ailleurs quitté que sous la pression de la «communauté internationale» suite à une résolution des Nations unies. Un régime qui ne veut aucun accommodement avec l'État d'Israël et soutient, de concert avec un autre État rebelle, l'Iran, les mouvements terroristes aux yeux de l'Occident et d'Israël, tels que le Hamas ou le Hezbollah. La position des États-Unis est donc logique et conséquente.

Bien sûr, cette analyse manque de réalisme. Elle ne tient pas compte de plusieurs éléments. Le premier est le soutien donné par les États-Unis et leurs alliés à toutes ces dictatures arabes, notamment celles de l'Égypte et de la Tunisie, jusqu'à la dernière minute. Elle ne tient pas plus compte du soutien sans faille accordé aux monarchies arabes, parfois tout aussi dictatoriales que les républiques, comme celle d'Arabie Saoudite. Ni de la discrétion sur la situation dramatique du Yémen, au bord de la guerre civile du fait de l'entêtement du dictateur à ne pas quitter le pouvoir qu'il occupe depuis plus de trente ans. Mais aussi, elle gonfle démesurément le rôle joué par les technologies modernes de communication américaines ou par le discours américain sur la démocratie et les droits de l'homme.

Certes, une partie de la jeunesse arabe, notamment en Tunisie et en Égypte, celle qui est assez aisée pour disposer d'un ordinateur et savoir se connecter sur la Toile, a fait un fort bon usage de ces technologies, ce dont on ne peut que se féliciter. Le contact avec les émigrés dans les capitales européennes a été facilité et eux-mêmes ont joué un certain rôle par leurs manifestations dans ces capitales. Mais ce qui a fait le succès décisif de ces deux révolutions, c'est la mobilisation populaire des couches pauvres, rurales et urbaines, qui n'utilisent pas ces

moyens de communication. Au Yémen, où la mobilisation a été très forte, on peut douter de l'importance de Facebook ou de Twitter, dans ce pays si
pauvre et si démuni. Les paysans des zones rurales
pauvres de Syrie, qui semblent être le fer de lance
des manifestations syriennes, ne sont pas de ceux
qui pratiquent la Toile.

L'appel à la dignité

Enfin, la motivation ultime de toutes ces grandes
manifestations a bien été la notion de dignité, plus
que celle de démocratie. Comme nous l'avons évoqué, elle plonge ses racines dans le second cycle
révolutionnaire arabe, celui des années du nassérisme, tant décrié par la suite. Si l'expression de
l'exaspération a dominé la scène révolutionnaire,
les sources d'inspiration et de détermination des
manifestants ont été diverses et nombreuses. L'une
d'elles aura probablement été aussi bien les immenses
rassemblements de la population libanaise en 2005
demandant le retrait des troupes syriennes du Liban,
que le courage des résistants libanais, qui ont obtenu
l'évacuation sans condition d'Israël du sud du Liban
en 2000, après vingt-deux ans d'occupation, puis
ont réussi à s'opposer à son armée lors de l'attaque
meurtrière de 2006. Les discours du chef du Hezbollah libanais durant et après l'attaque israélienne
de 2006 ont incontestablement eu un profond retentissement dans la conscience arabe. Il y évoquait
sans cesse la dignité retrouvée du Liban qui a résisté
à la puissante machine de guerre israélienne, a
forcé l'ennemi à se retirer des territoires occupés
entre 1978 et 2000, l'a empêché d'y revenir en 2006
et l'a obligé à tenir compte de sa volonté farouche
de faire respecter sa souveraineté territoriale.

De même, le courage des habitants de Gaza depuis
2006, soumis à un embargo économique et à une

guerre ravageuse entreprise en vain par l'armée
israélienne en décembre 2008, a aussi vraisemblablement inspiré les mouvements de protestation
populaire dans les différents pays arabes. S'il a été
possible à Gaza, comme au Liban, de résister à la
machine de guerre israélienne, l'organisation d'une
résistance populaire, comprenant toutes les couches
sociales et toutes les tranches d'âge de la population, ayant brisé le carcan de la peur face aux forces
de l'ordre, devenait possible à l'encontre de dirigeants locaux corrompus, dictatoriaux et s'autoper-
pétuant ou intronisant leurs enfants.

Cela ne veut pas dire que certaines des valeurs
dites «occidentales» pour ce qui est de la liberté
humaine, des droits de l'homme et de la femme, de
l'alternance dans l'exercice du pouvoir, ne font pas
partie des sources d'inspiration de ce nouveau cycle
révolutionnaire. Mais, dans ce domaine, il s'agit
plus d'une redécouverte par la jeune génération
arabe que d'une découverte, notamment à travers
les centaines de milliers d'étudiants partis étudier
en Europe, aux États-Unis et au Canada au cours
des dernières décennies. En effet, à l'époque de
Mohammed Ali en Égypte et de son contact intensifié avec l'Europe, ces valeurs de la modernité politique avaient été intégrées par un large pan des élites
arabes. Elles avaient entraîné la renaissance des
arts et des lettres arabes (dite *Nahda*), l'européani-
sation des institutions, la lutte de caractère national
contre le colonialisme et la demande de liberté politique et d'élections libres. La dynamique de décadence, cependant, telle que nous l'avons vue à
l'œuvre tout au long des parties précédentes, et la
montée des crispations identitaires sur le mode islamique ont entraîné l'effacement de la mémoire de
cette période et l'oubli du grand libéralisme et de la
tolérance qui ont régné entre élites arabes durant
toute cette époque (voir chapitre 4).

Rappelons que ce temps de renaissance fragile

s'est clos sous l'effet de deux facteurs conjugués : d'une part, l'instauration de dictatures militaires et de partis uniques et la suppression des libertés initiées par le régime nassérien en Égypte, puis imitées en Syrie, en Irak, en Algérie et en Libye ; d'autre part, l'inéluctable montée des fondamentalismes religieux divers, qui prennent leur essor sur les décombres du nassérisme et du nationalisme arabe qui ont subi de plein fouet la honte de la grande défaite face à Israël en 1967. L'invasion de l'Afghanistan par l'U.R.S.S. en 1980 achève de discréditer les différentes formes de socialisme arabe étroitement liées à l'anti-impérialisme, et portées par les dizaines de milliers d'Arabes formés à Moscou pour leurs études universitaires ou dans d'autres capitales communistes d'Europe de l'Est.

Le cycle révolutionnaire nouveau puise donc à de nombreuses sources d'inspiration dans l'histoire contemporaine des sociétés arabes. Aucune d'entre elles ne peut prétendre avoir été la seule locomotive du mouvement, et c'est pourquoi la visibilité quant au sort futur des mouvements de protestation est très faible à ce stade. Le cycle révolutionnaire et de changement radical sera-t-il clos rapidement sous l'effet conjugué des interventions des États monarchiques conservateurs, notamment les très riches gouvernements de la Péninsule arabique, et de la prise en charge de ces révolutions par les États-Unis et les grands pays ? Ce serait répéter ce qui est arrivé aux deux courts cycles de changements que nous avons identifiés dans la première partie de notre récit historique. Encore une fois, le contexte géopolitique particulièrement sensible pour les raisons que nous avons aussi évoquées, et qui n'a fait que se complexifier au cours du dernier demi-siècle, pourrait faire échouer le cycle révolutionnaire. Mais peut-on vraiment accepter une telle fatalité ?

L'AVENIR INCERTAIN
DU NOUVEAU CYCLE
RÉVOLUTIONNAIRE ARABE

Les révolutions arabes seront-elles récupérées par une alliance des forces conservatrices arabes et des États occidentaux? C'est la question qui se pose actuellement. La vague révolutionnaire ne risque-t-elle pas, éventuellement, d'affaiblir le peu de résistance encore opposée à l'hégémonie des États-Unis, de l'Europe et de leurs alliés voisins des monarchies? L'axe constitué par l'Iran, la Syrie et le Hezbollah, qui dérange tant les diplomaties américaine et européenne, ainsi que ses nombreux alliés des régimes arabes toujours en place et d'une partie des élites des différents pays du Machrek arabe, ne risque-t-il pas cette fois de chanceler, notamment avec la rupture du chaînon que constitue le régime syrien? Qui donc pleurera ce régime, s'il venait à être emporté à son tour? N'est-il pas lui aussi une tyrannie qui dure depuis plus de quarante ans sous la férule d'une famille, comme cela était le cas en Libye, en Égypte ou en Irak? Comment éviter cependant que la Syrie ne devienne un nouvel Irak où se déchaîneraient les passions communautaires, entraînant le pays dans une spirale infernale de violence?

En réalité, à nouveau, les dynamiques contradictoires à l'œuvre dans l'histoire du Proche-Orient contrecarrent ce nouveau cycle révolutionnaire d'un style inédit dans le monde arabe, et même dans l'histoire des révolutions ailleurs dans le monde. Pour la première fois, en effet, les révoltes populaires n'ont pas de chefs charismatiques, pas de théoriciens idéologiques ni de partis d'avant-garde qui mènent «les masses». Ces révoltes rassemblent au départ toutes les tranches d'âge de la population et toutes les couches sociales, du paysan pauvre au bourgeois de classe moyenne ou supérieure et au petit peuple de toutes les grandes villes. Mais un tel tremblement de terre ne pouvait manquer de susciter des oppositions fortes à l'intérieur des sociétés de la part des bénéficiaires de l'économie de rente et de prédation. Cependant, la disparition de tel ou tel de ces dirigeants ne signifie pas l'effondrement de cette économie de prédation et de clientèle dans l'administration et le secteur privé. Cette disparition contribue à rendre solidaires les régimes voisins où l'autoritarisme politique et la corruption économique ne sont pas moins grands — même si les monarchies arabes paraissent plus à l'abri d'un renversement du roi ou de la dynastie. Enfin, pour les puissances extérieures, notamment les États-Unis et les États européens, acteurs omniprésents sur la scène du Moyen-Orient au cours des dernières décennies, comment ne pas être inquiet de l'ouverture de ce nouveau cycle révolutionnaire ? Ce dernier, comme autrefois lors du précédent cycle, n'est-il pas en train de souder à nouveau l'unité de conscience des sociétés arabes et, en conséquence, n'est-il pas porteur de nouveaux casse-tête et peut-il ne pas apparaître menaçant pour leurs intérêts matériels et idéologiques ? Ne va-t-il pas remettre en question l'hégémonie multiforme de l'Occident sur le Proche-Orient et mettre en danger l'État d'Israël, pointe avancée de cette hégémonie, au moment même où les États-Unis et l'Union européenne sont frappés de plein fouet par une crise économique et financière qui n'en finit plus de rebondir et de s'amplifier depuis l'année 2008 ? Après des balbutiements et une forte cacophonie des différents dirigeants, parfois au sein d'un même pays, la décision est prise non seulement d'accompagner certaines de ces révolutions, mais pas toutes, comme on le verra. À l'initiative de la France et de l'Angleterre, une intervention militaire directe de l'O.T.A.N. est même décidée pour ce qui est de la Libye afin de chasser plus rapidement son dictateur, Moammar Kadhafi, pourtant si courtisé par les chefs d'État occidentaux depuis sa réhabilitation en 2004. Ailleurs dans la Péninsule arabique, les puissances occidentales se font discrètes et même silencieuses devant les répressions qui s'abattent sur les mouvements populaires. En revanche, pour la Syrie on assiste à un déchaînement médiatique contre le dictateur, cependant que sur les graves événements de Bahreïn ou du Yémen les médias occidentaux et ceux des régimes arabes alliés détournent le regard et se taisent. Décidément, la politique du deux poids deux mesures a la vie dure du côté des puissances démocratiques, protectrices des droits de l'homme.

C'est ainsi que, peu de temps après l'explosion généralisée, les mouvements populaires se sont heurtés à des forces diverses de contre-révolution ou de récupération, d'origine externe ou interne. À nouveau, les facteurs internes et externes sont intimement liés dans le destin du Proche-Orient. Comme au cours du siècle précédent lors de la grande vague nassérienne de nationalisme arabe, se dessine très clairement le retour à l'alliance des monarchies conservatrices pro-occidentales, qui sont protégées de toute attaque médiatique d'envergure et de toute critique trop acerbe de la part des démocraties occidentales. De même, on voit resurgir une sympathie que l'on n'avait plus sentie depuis les événements du 11 septembre 2001 à l'endroit des différentes mouvances islamiques qui reviennent sur la scène politique, après être restées étrangement absentes des premières vagues de manifestations populaires. Certes, l'islamophobie continue d'agiter certains milieux européens qui expriment leur peur de voir des régimes islamistes à la porte de l'Europe. Dans l'ensemble, cependant, ce qui est vanté comme solution pour l'avenir des révoltes arabes, c'est un retour de l'islam conservateur et pieux, si bien mobilisé auparavant dans le contexte de la guerre froide pour lutter contre l'expansion du communisme, l'influence de l'U.R.S.S. ou, plus simplement, le radicalisme nationaliste panarabe laïc et moderniste, mais anti-impérialiste et soutenant les mouvements de résistance palestiniens face à la puissante armée israélienne qui a triomphé de toutes les armées arabes depuis sa création en 1948.

Est-ce un retour au premier cycle révolutionnaire, qui avait fait sérieusement reculer l'influence et les intérêts de l'Occident dans la région et qui aujourd'hui pourrait, à terme, mettre en danger l'existence d'Israël ? La question est d'autant plus légitime pour les milieux politiques américains et européens que le régime iranien résiste à toutes les pressions, sanctions, dénonciations qui s'exercent sur lui en vain depuis des décennies et qu'il soutient plus que jamais les deux mouvements de résistance à Israël que sont le Hamas et le Hezbollah. Du côté arabe, il semble s'esquisser une alternative : la révolution contre les dictatures ou sa récupération par l'Occident ou les monarchies du Golfe. Rien ne l'illustre mieux que la bataille pour la Syrie, dernier régime arabe allié de l'Iran, du Hamas et du Hezbollah, et soutenu par la Chine et la Russie : la vague révolutionnaire antitotalitaire ira-t-elle jusqu'au bout, ou son aire sera-t-elle délimitée par l'Occident ?

LES MOUVANCES ISLAMIQUES, GRANDES GAGNANTES DES RÉVOLTES ARABES ?

Comme nous l'avons vu, les partis et mouvements politiques se réclamant de l'islam n'ont pas participé à l'éclatement des révoltes et semblent avoir été surpris par elles. Toutefois, ils n'ont pas tardé à se manifester aussi bien pour en cueillir les fruits que pour se mobiliser afin de barrer la route aux manifestants «modernistes» et laïcs qui tentent d'obtenir de nouvelles constitutions démocratiques dépourvues de référent religieux (voir ci-dessus). C'est ainsi qu'en Égypte les Frères musulmans sont vite apparus comme des alliés du Conseil militaire en appelant la population à voter pour les réformes constitutionnelles très limitées qui ont été soumises au référendum du 19 mars 2011, alors que toute la mouvance démocratique et libertaire appelait la population à rejeter ces réformes notoirement insuffisantes.

Avec les élections législatives qui interviennent pour la première fois dans plusieurs pays après les changements obtenus par les mouvements protestataires, les mouvances islamiques vont apparaître rapidement comme la principale force électorale, ainsi que démontré par le résultat des élections du mois d'octobre 2011 en Tunisie, où le parti Annahda obtient 40 % des voix, mais aussi au Maroc où le Parti de la justice et du développement obtient un score aussi élevé aux élections de novembre 2011. En Égypte, deux mouvances islamiques se font concurrence, celle des Frères musulmans et celle dite des «salafistes», dont la doctrine inspirée ouvertement du wahhabisme saoudien est bien plus conservatrice encore, préconisant le port d'habits islamiques pour les hommes comme pour les femmes, ainsi que le port de longues barbes[1]. La première phase des élections législatives au mois de

---

1. Face à cette dangereuse montée de l'intégrisme, on assiste en Égypte pour la première fois à la constitution d'un parti islamique d'inspiration soufie qui recrute dans les associations populaires très nombreuses, lesquelles pratiquent sous l'égide d'un «maître» le soufisme, forme d'islam pacifique et mystique qui prêche la concorde universelle.

décembre donnera une large majorité à ces deux mouvances islamiques.

En réalité, cette prépondérance ne doit pas étonner. Ces partis sont actifs, officiellement ou officieusement suivant les pays, depuis des décennies. Grâce à des aides nombreuses qu'ils reçoivent d'Arabie Saoudite et des autres pays du C.C.G. ou d'hommes d'affaires locaux prospères, ils ont pu mettre en place des réseaux d'aide sociale dont bénéficient les couches les plus pauvres de la population. Ils apparaissent donc nécessairement comme le parti des pauvres et montrent souvent un modernisme « islamique » attractif, dans lequel les femmes jouent un rôle reconnu et où, le plus souvent, l'acceptation du pluralisme politique est mise en avant, de même qu'une doctrine économique libérale, voire néolibérale, hostile à la toute-puissance de l'État et à ses interventions et contrôles dans l'économie. Face aux États déficients et corrompus qui n'ont jamais été en mesure d'assurer une protection sociale efficace et des opportunités d'emploi suffisantes, ces mouvances islamiques apparaissent modernes, efficaces et soucieuses du bien public. De plus, elles se posent en garantes de l'authenticité identitaire, refusant la dépersonnalisation que l'occidentalisation de la société provoquerait, tout en restant ouvertes sur l'Occident. C'est ce qu'exprime très bien un chroniqueur saoudien de l'un des grands quotidiens panarabes sous influence saoudienne, lorsqu'il écrit au mois de décembre 2011 dans une chronique intitulée de façon provocatrice « Les salafistes arrivent » : « Les ennemis des salafistes exagèrent dans la caricature qu'ils font d'eux et ils font semblant d'ignorer que ceux-ci croient à la dualité du religieux et du politique... ce qui n'est pas le cas des mouvances Frères musulmans qui confondent les deux. De plus, l'expérience du salafisme dans un État comme l'Arabie Saoudite contredit toutes les critiques, car le royaume est aujourd'hui le pays arabe le plus ouvert sur l'Occident, son économie est une économie de marché et l'activité touristique s'y développe. Bien qu'il soit un État fondé sur un mouvement salafiste, il distingue entre le social et l'économique et n'impose pas à la société des mœurs que la majorité refuse. Bien plus, l'expérience des banques islamiques que l'Arabie Saoudite a promues est aujourd'hui acceptée comme un grand succès sans que les banques commerciales en soient affectées. C'est une expérience aujourd'hui enseignée dans les universités occidentales[1]. »

Ainsi, en l'absence de sentiment national pan-arabe ou local, qui assurerait la cohésion de la société, les partis islamiques, adossés à la puissance de l'Arabie Saoudite depuis des décennies, appa-raissent comme les « gardiens du temple », ceux qui préservent les valeurs traditionnelles de la famille, de l'honneur, de la pratique religieuse, devenues le ciment de la société. Leurs atouts sont donc nom-breux et le succès du modèle turc de gouvernement par un parti islamique vient conforter leur préten-tion à être les représentants de la majorité de la population, dans le respect de la paix sociale et idéologique.

En face, aucun des partis modernistes ne dispose de tels atouts. Il s'agit le plus souvent de partis de classes moyennes occidentalisées. Certains, qui ont des origines ouvrières et syndicalistes, peuvent avoir une assise plus large que d'autres. Dans l'ensemble cependant, ces partis ne disposent ni de moyens financiers, ni de réseaux d'aide sociale, ni de racines populaires, notamment dans les milieux ruraux ou dans le petit peuple des villes, qui vit de façon pré-caire. Ils ne peuvent donc bénéficier de la même image positive dans l'opinion publique que celle des mouvances islamiques. Par ailleurs, ils sont dispersés en un très grand nombre de partis, notamment en

---

1. Voir Daoud el-Shiryan, *Al Hayat*, 6 décembre 2011.

Égypte et en Tunisie, où les rivalités et les ambitions personnelles empêchent la constitution de larges fronts politiques pour mieux faire face à la puissance des mouvances islamiques. Les chefs de ces partis, le plus souvent en veston et cravate, n'ont pas toujours le charisme que peuvent avoir certaines personnalités de la mouvance islamique, d'autant qu'ils ne jouissent pas de la même popularité médiatique à travers les télévisions panarabes, très largement aux mains de l'Arabie Saoudite et du Qatar. En revanche, ils sont appréciés des médias occidentaux, ce qui peut les desservir indirectement. Plus grave, les personnalités laïques à la tête de ces partis n'ont pas de programme socio-économique attractif qui puisse convaincre un électorat populaire que, s'ils sont élus, les problèmes de pauvreté, d'exclusion et de marginalité seront rapidement réglés par un changement de mode de développement corrigeant les méfaits de décennies d'économie de rente, de corruption et de mal-développement. Ces personnalités ont tendance à mettre l'accent sur les droits de la femme, le respect des droits de l'homme tel que pratiqué dans les vieilles démocraties industrielles. Ils sont aussi très polarisés sur le souci de réaliser la neutralité de l'État en matière religieuse, thème peu mobilisateur dans les couches populaires. Il ne semble pas non plus que les partis modernistes aient intégré dans leurs rangs la jeunesse, qui a joué un rôle majeur dans le déclenchement des révoltes, ni que cette jeunesse ait réussi elle-même à constituer des partis nouveaux, avec un nouveau discours qui puisse convaincre que les slogans si efficaces déployés au début des insurrections pourront être mis en application.

Fin de la décadence?

La conclusion dans les éditions successives précédentes de cet ouvrage était consacrée à scruter l'avenir du Proche-Orient. J'y avais cherché si les fondements de la décadence du monde arabe pouvaient changer dans le futur et dans quelles conditions. J'avais intitulé cette conclusion « Permanence de la décadence ? ». Je l'avais commencée en évoquant les illusions perdues au cours du dernier demi-siècle. Celui-ci avait débuté par la phase des bouillonnements révolutionnaires de la décolonisation et l'anti-impérialisme, prolongée par la fausse impression de puissance que la nouvelle richesse pétrolière à partir de 1973 avait pu donner aux sociétés arabes. Mais le XXᵉ siècle s'était terminé pour le Proche-Orient par l'arrivée de l'armée américaine dans la Péninsule arabique, sous prétexte de délivrer le Koweït envahi par l'armée irakienne (1991); le XXIᵉ siècle, lui, s'était ouvert par une nouvelle étape de l'hégémonie américaine dans la région, illustrée par l'invasion de l'Irak et son occupation (2003). Précédemment, les attentats du 11 septembre 2001 donnaient crédit à la thèse du choc des civilisations, créant plus que jamais une atmosphère de tensions, de crispations, voire de peur entre l'Orient et l'Occident. Sur le plan palestinien, l'errance et la souffrance n'avaient fait que s'amplifier une fois dissipées les illusions de paix qu'avaient données à tort les accords d'Oslo. Quant à la stabilité des régimes arabes toujours plus usés et vieillis, elle ne faisait que renforcer ce sentiment d'une décadence que rien ne pouvait désormais arrêter face au dynamisme des États-Unis et leur mainmise, aux côtés des puissances européennes, sur le destin des sociétés arabes.

Je m'interrogeais alors pour savoir si les performances militaires du Hezbollah au Liban ou le courage et la résistance des habitants de la bande de Gaza en Palestine, sous la houlette du Hamas, pouvaient amorcer une sortie des sociétés arabes de leur stagnation. Cette interrogation était d'autant plus légitime que ces deux résistances étaient loin de faire l'unanimité des régimes arabes, dont certains ne voyaient en elles que la main de l'Iran cherchant à les déstabiliser. Aujourd'hui, face à l'ouverture d'un nouveau cycle révolutionnaire arabe qui s'est étendu du Maroc à Oman, comment ne pas se poser à nouveau la question de savoir si ce cycle débouchera sur une dynamique historique nouvelle, cassant définitivement les bases de la décadence et de la stagnation ? Ou bien si comme le cycle précédent, décrit dans les deux premières parties du récit historique, il sera détourné ou happé par les mêmes facteurs de division et de fragmentation que nous avons vus à l'œuvre de façon permanente tout au long de la période qui fait l'objet de cet ouvrage. C'est pourquoi j'ai changé le titre donné à cette nouvelle conclusion, qui s'interroge non plus sur la permanence de la décadence, mais sur sa fin éventuelle.

La conclusion précédente, déjà elle-même refondue substantiellement à l'occasion des deux éditions de 2003 et 2007, centrée sur les constats de la situation dramatique du Proche-Orient à cette époque, s'efforçait de faire le bilan de la permanence des blocages politiques et culturels des sociétés arabes qui, en dépit de tout ce qui les unit par la langue, la culture, les modes de vie et les coutumes, l'histoire commune, continuaient d'être désunies, fragmentées, parfois hostiles les unes aux autres. La responsabilité de cette situation peut être largement attribuée à la pratique des élites arabes, notamment le haut personnel politique et les intellectuels et hommes de médias qui gravitent autour d'eux. Mais cette fragmentation peut aussi bien être attribuée aux politiques des puissances occidentales et à leur poids hégémonique dans la vie des sociétés arabes qui ont toutes développé une dépendance multiforme vis-à-vis d'elles. La situation vécue au Proche-Orient résulte donc du jeu complexe des facteurs internes et externes, imbriqués entre eux, que j'ai analysé aux chapitres 4 et 5 dans la partie introductive méthodologique de cet ouvrage. Dans cette conclusion des dernières éditions de l'ouvrage, j'avais passé en revue les domaines où j'estimais alors qu'il aurait été souhaitable de faire évoluer différemment aussi bien les facteurs externes que les facteurs internes de la dynamique de décadence. Sur ce plan, on ne peut manquer de remarquer que des changements importants sont intervenus, internes et externes, qui pourraient éventuellement devenir décisifs malgré la persistance de nombreux facteurs de stagnation.

Incontestablement, le plus grand facteur de changement aura été le rétablissement d'une unité de conscience dans les différentes sociétés arabes. Cette unité s'est exprimée par les formidables manifestations de protestation tout au long de l'année 2011, ainsi que par la chute spectaculaire de trois dictateurs honnis. Par la suite, cependant, comme nous l'avons vu, chaque scène arabe a évolué différemment, puis rapidement les interventions américaines et européennes dans les différentes insurrections ont pris une dimension majeure. Ces événements sont-ils susceptibles de briser la dynamique de la décadence?

L'économie de rente et de dépendance multiforme a permis la consolidation des régimes autoritaires au cours des dernières décennies; elle a créé une structure sociale plus que jamais inégalitaire dans le monde arabe, que nous avons décrite au chapitre 21. Ces dernières années, elle a été responsable de la montée spectaculaire du chômage, notamment chez les jeunes. Elle entraîne des courants d'émigration très puissants qui inquiètent l'Europe, mais aussi une fuite des cerveaux alarmante pour les économies locales, qui contribue à la stagnation scientifique et technologique. Par ailleurs, elle est aussi responsable de l'institutionnalisation de la corruption dans les cercles du pouvoir, comme système de gouvernement autocratique et ploutocratique. Malheureusement, rien n'indique que les changements qui vont intervenir suite aux élections libres qui se sont déjà déroulées en Égypte et en Tunisie seront en mesure de changer de façon drastique un mode de mal-développement largement responsable jusqu'ici de cet état de déchéance que nous avons décrit tout au long de notre récit. De plus, se pose la question de savoir si les contraintes de l'environnement économique international pourraient être surmontées pour initier un nouveau mode de développement plus vertueux permettant de résoudre ce que j'ai appelé au chapitre 21 « la question économique et sociale dans le monde arabe ». Sur ce plan, l'approche des États-Unis et des États européens continue d'être aussi néolibérale et rigide que par le passé, comme l'ont montré les décisions du G8 de Deauville sur les « révolutions » arabes et les plans d'aide qui y ont été prévus avec une forte implication du F.M.I. pour encadrer les déboursements de ces aides.

RETOUR AUX FIÈVRES IDENTITAIRES

Pour ce qui est de la nécessité de mettre fin aux fièvres identitaires qui déchirent le monde arabe, fièvres qui ont paralysé jusqu'ici toute décrispation et évolution vers plus de libéralisme et d'ouverture sur la liberté, il apparaît évident que les révoltes de l'année 2011 ont à nouveau remis la question identitaire au centre des préoccupations. En effet, les changements constitutionnels requis par les révoltes ont posé avec acuité la légitimité d'un nouvel ordre socio-politique où le référent religieux ne soit pas dominant. Certes, j'avais préconisé alors l'intégration des mouvements se réclamant de l'islam politique dans un jeu politique ouvert, ce qui commence à être mis en application, et ce qui est un facteur positif en soi. Mais il ne nous est pas encore possible d'évaluer toutes les conséquences de cette intégration, laquelle maintient l'anxiété de nombreuses franges des opinions arabes. Les partis se réclamant de valeurs politico-religieuses islamiques sont-ils vraiment convertis à l'idée du pluralisme et à l'acceptation du verset coranique qui affirme le principe «Point de contrainte en religion», oublié jusqu'ici par tous ces mouvements? L'Arabie Saoudite, grand financier des diverses mouvances politiques se réclamant de l'islam et leur soutien sans faille à travers le dense réseau des médias arabes que contrôlent les princes de la famille régnante, pourra-t-elle elle-même reconvertir son idéologie politico-religieuse d'État, totalement à contre-courant de la philosophie des droits de l'homme et de la femme? Ce système de pouvoir, à la puissance démesurée de par sa fortune pétrolière, cessera-t-il d'être le fer de lance d'un conservatisme et d'un autoritarisme politico-religieux dans toutes les sociétés où prédomine la religion musulmane, à commencer par celles du Proche et du Moyen-Orient?

Il s'agit d'une question centrale pour l'avenir des révoltes arabes, mais qui reste un non-dit dans toutes les analyses, dans les médias et les recherches académiques dans le monde arabe comme en Europe et aux États-Unis. Habilement, le roi Abdallah d'Arabie Saoudite a su se donner l'image d'un réformateur et d'un partisan de la modération religieuse, alors que la réalité sociale, culturelle et politique de la vie dans le royaume n'a guère fondamentalement changé. C'est ainsi qu'il s'est fait lui-même le promoteur du dialogue des religions, convoquant à La Mecque en juin 2008 une conférence regroupant 700 personnalités religieuses et penseurs musulmans pour définir une approche du dialogue de l'islam avec les autres religions. Il appellera à un congrès international des religions, qui se tiendra au mois de juillet de la même année, auquel il assistera et où on le verra serrant la main de rabbins. Au cours de ces manifestations, il appelle à répudier l'extrémisme religieux et le terrorisme. On le verra au mois de novembre de cette même année à New York, où il participe à une session du Dialogue des religions et des cultures sur le thème de « la culture de la paix » ; dans le cadre de la session annuelle de l'Assemblée générale des Nations unies, il assistera à un grand dîner en présence de Shimon Pérès, le président de l'État d'Israël. Pour la première fois, un souverain d'Arabie Saoudite se montre aux côtés du chef de l'État israélien. L'Arabie Saoudite apparaît ainsi une puissance bienfaisante au Proche-Orient qui tente de calmer les passions et d'œuvrer pour une normalisation des relations avec l'État d'Israël.

De ce fait, c'est vers l'Iran de la révolution religieuse islamique que sont détournées d'autant plus facilement les différentes formes de « peur de l'islam ». L'image d'un islam chiite « antiarabe » et « antioccidental » est devenue très prégnante aussi bien en Occident que dans les franges de l'opinion arabe qui craignent le radicalisme anti-impérialiste que prêche l'Iran depuis sa révolution, et qui recherchent la protection de l'Occident.

Un autre facteur négatif pour le futur des révoltes arabes est constitué par l'impossible banalisation, suivant les normes du droit international, de l'existence de l'État d'Israël au Proche-Orient. Israël, en poursuivant depuis la guerre de 1967 l'occupation de nouveaux territoires dont il dépossède les Palestiniens, exige désormais que ceux-ci, ainsi que les États arabes, reconnaissent son caractère exclusivement juif. Cette posture ne peut que contribuer à maintenir ouverte et brûlante la question identitaire au Proche-Orient et dans l'ensemble du monde arabe. Face à un État juif, en effet, comment reprocher aux mouvements d'islam politique de vouloir affirmer le caractère islamique des États du Proche-Orient? Une telle dialectique n'est pas sans susciter les craintes et les angoisses des communautés non musulmanes, telles que la communauté copte en Égypte, celle des maronites et autres nombreuses Églises au Liban, mais aussi celles de ces mêmes Églises en Syrie et en Irak. Dans ce dernier pays, on rappellera les attentats qui ont eu lieu en 2010 contre des églises à Bagdad et à Mossoul, entraînant une émigration massive d'Irakiens chrétiens vers la Syrie, première étape, vraisemblablement, d'une émigration plus lointaine et définitive vers le Canada, les États-Unis ou l'Europe. Déjà, en Israël et dans les territoires palestiniens occupés, la proportion de la population chrétienne a chuté au cours des dernières décennies de 10 % à 2 %; partout au Proche-Orient, le christianisme arabe ou assyrien s'étiole, après que la population juive locale a quasiment disparu suite à la création de l'État d'Israël, qui a entraîné une détérioration de la condition de ces communautés. C'est ce qui a facilité à l'État israélien la tâche de convaincre les communautés arabes ou arabisées de confession juive d'émigrer vers le nouvel État, censé dès l'origine être un «État des juifs», suivant l'expression de Theodor Herzl, le grand théoricien de la nécessité de créer un tel État pour sauver les Européens de confession juive des démons croissants de l'antisémitisme raciste des sociétés européennes.

Mais la question ne concerne pas que les communautés non musulmanes, elle concerne aussi les rapports entre communautés diverses issues de l'islam non sunnite. Il s'agit d'abord des chiites, la seconde grande communauté musulmane dans le monde arabe, mais aussi de pratiques plus hétérodoxes de l'islam, comme chez les Alaouites, les Ismaéliens, les Druzes. En imposant une religion d'État et des références religieuses dans les principes de base de leur fonctionnement, les sociétés arabes entretiennent en leur sein des tensions, devenues de plus en plus vives à la suite de l'avènement en Iran d'un État politico-religieux, invoquant la tradition spécifique de la communauté chiite. Ce modèle, comme nous l'avons vu, s'est voulu en rupture notamment avec celui pratiqué par l'Arabie Saoudite et la tradition sunnite. Nous l'avons décrit précédemment, l'avènement du régime religieux en Iran — qui mêle des principes constitutionnels modernes avec le contrôle des religieux sur les actes du pouvoir politique issu des urnes au suffrage universel — a donné lieu à la guerre dévastatrice entre l'Irak et l'Iran de 1980 à 1988. Le facteur iranien est ainsi devenu source de tensions fortes au Proche-Orient, avivées par l'hostilité que montrent les puissances occidentales et Israël à l'endroit du régime iranien. Les craintes des régimes arabes, à l'exception de la Syrie devenue un allié majeur de l'Iran, sont largement instrumentalisées par ces puissances à leur profit dans les jeux de la géopolitique régionale. D'où l'importance du verrou syrien dans la politique des axes au Proche-Orient, qui entraîne ce pays dans des violences continues.

LE RÔLE DES ÉTATS-UNIS
ET DE L'OTAN

Mais face à ces facteurs de blocage et de tensions qui persisteront malgré l'espoir ouvert par les révoltes arabes, on ne peut manquer d'évoquer d'autres évolutions qui pourraient permettre d'envisager la fin de la décadence des sociétés arabes. Ainsi, les troupes américaines ont achevé leur retrait d'Irak, ce qui ne veut pas dire que l'influence américaine sur ce pays ne restera pas importante et en concurrence avec celle de l'Iran. Toutefois, cela ne signifie pas que les États-Unis, à qui désormais sont associés sans faille tous les États européens et, bien sûr, l'État d'Israël, dans une diplomatie militante appuyée par le potentiel militaire de l'O.T.A.N., aient perdu leur capacité d'action et d'influence au Proche-Orient. C'est ce qu'a bien démontré l'action de l'O.T.A.N. en Libye en 2011. Certes, comme le font remarquer beaucoup d'analystes américains, la puissance des États-Unis est désormais sans aucun doute possible sur le déclin. Non seulement la crise financière et économique ouverte en 2008 n'a pas été jugulée, mais elle semble s'aggraver, ce qui plombe gravement la situation intérieure américaine ; de plus, les États-Unis ont totalement échoué dans les deux grandes guerres menées en Afghanistan et en Irak, et l'administration de leur occupation de ces deux pays souverains a été catastrophique.

De ce fait, certains analystes arabes considèrent qu'en réalité la capacité des États-Unis à demeurer la puissance hégémonique au Proche-Orient est désormais annihilée par cette combinaison de facteurs, économiques, financiers et militaires. L'influence des États-Unis, selon eux, devrait décliner très rapidement, d'autant que le monde unipolaire créé par la dissolution de l'U.R.S.S. en 1991 est en voie de disparition du fait de la montée en puissance de la Chine et des autres pays émergents, tels que le Brésil, l'Inde, l'Afrique du Sud et la Turquie. Ces derniers développent une diplomatie de plus en plus active sur tous les continents, y compris au Moyen-Orient. Aussi, nombreux sont ceux qui pensent que, la contrainte externe desserrée, les sociétés arabes pourront à l'avenir mieux décider de leur destin et le prendre en main pour enfin sortir du cercle vicieux de la décadence et de la soumission aux hégémonies externes.

Il n'en reste pas moins que les facteurs internes de stagnation, de tensions et de mal de vivre sont loin d'avoir été surmontés et que le bilan des révoltes arabes est encore incertain. La pression externe, même affaiblie par la crise financière et économique du bloc atlantique, incarné par l'O.T.A.N., devrait continuer à se manifester. Les intérêts des États occidentaux sont en effet de nature trop stratégique pour être atteints par une crise : les enjeux pétroliers face aux besoins croissants de la Chine et des autres économies émergentes, ainsi que les contrats d'armements ou les grands travaux de reconstruction en Libye ou ailleurs.

Mais il faut aussi compter avec les facteurs moraux. Ainsi la question palestinienne est-elle devenue centrale dans le devenir du monde arabe et dans ses rapports avec l'Occident. Celui-ci, tour à tour antijudaïque chrétien, puis antisémite et pour finir génocidaire, montre une solidarité pour ainsi dire absolue avec l'État d'Israël. Il est probable que celui-ci demeurera une constante de la géopolitique régionale, même si les opinions publiques en Europe ou aux États-Unis sont lassées de son refus de la paix. C'est pourquoi, dans la conclusion des précédentes éditions de cet ouvrage, j'avais invoqué la nécessité d'un autre regard sur le conflit avec Israël, la situation étant plus bloquée que jamais. Cet autre regard ne pouvant être que celui de l'aspiration à un seul État en Palestine, où juifs, chrétiens et musulmans vivraient sur un pied d'égalité, réalisation qui permettrait la disparition de l'idéologie du choc de civilisations qui a fait tant de ravages au Moyen-Orient[1].

Pour le Liban, je réclamais aussi la fin de son statut d'État tampon, qui exige un changement drastique dans le conflit israélo-palestinien. Dans la conclusion des précédentes éditions, j'avais d'ailleurs consacré de nombreux développements à la nécessaire application du droit international de façon égale sur tous les États du Proche et du Moyen-Orient. J'avais aussi évoqué la nécessité pour les décideurs politiques occidentaux de sortir d'une realpolitik sans adéquation avec les réalités de terrain et qui porte toutes les caractéristiques du néocolonialisme, dangereux pour l'avenir de la région ou précurseur d'une nouvelle guerre mondiale[2].

En effet, les rebondissements spectaculaires de la «guerre au terrorisme» depuis les attentats du 11 septembre 2001 dans toute cette zone de tempêtes qu'est devenu le «grand Moyen-Orient» (incluant l'Afghanistan et le Pakistan) ont fortement contribué aux tensions et violences dans la région. La traque de Ben Laden qui a entraîné des déploiements militaires transcontinentaux, jamais vus depuis la fin de la Seconde Guerre mondiale, s'est substituée à tout effort raisonné de développer des politiques prenant en compte les graves problèmes socio-économiques de la région, mais aussi les bouleversements des équilibres entre sociétés arabes et

---

1. Voir Georges Corm, «Le rêve dissident d'une solution globale au Proche-Orient», dans *Le Monde diplomatique*, décembre 2006.
2. Voir Georges Corm, «La fracture Orient/Occident. Une vision binaire et explosive du monde», *Futuribles*, juillet-août 2007, n° 332.

à l'intérieur de ces sociétés, qui ont fait l'objet de cet ouvrage. La disparition de Ben Laden[1] ne changera rien en tout cas à la réalité d'une floraison de violences terroristes diverses au Proche-Orient et ailleurs dans le monde musulman. Ces violences se réclament toutes d'idéologies identitaires extrémistes de nature politico-religieuse, qui visent à supprimer l'autre, lorsqu'il ne s'agit pas tout simplement d'actes de grand banditisme ou d'enlèvements à but de rançonnage[2].

1. Ben Laden est en effet découvert par les services secrets américains dans une villa à Abbotabad, à une cinquantaine de kilomètres d'Islamabad au Pakistan, le grand allié des États-Unis dans la guerre au terrorisme. Il se serait trouvé depuis plusieurs années dans cette villa sans aucune garde armée pour le protéger, ce qui expliquerait qu'il n'ait pas pu être trouvé par les services secrets pakistanais. Un commando militaire américain (opérant sans l'aide de l'armée pakistanaise alliée) le capture et le tue immédiatement, le 2 mai 2011, ce qui provoque une crise passagère entre les États-Unis et le Pakistan. Le corps de Ben Laden est ensuite jeté en haute mer par un croiseur de la marine militaire américaine, afin qu'il ne jouisse pas d'un lieu précis de sépulture qui puisse se transformer en centre de pèlerinage (la villa qu'il avait habitée sera aussi démolie). Nous ne savons pas, cependant, à ce stade, comment dans le futur se cristallisera dans les mémoires la disparition de Ben Laden (absence de procès et absence de sépulture). Les mémoires et consciences collectives fonctionnant sur le monde du nationalisme musulman fondamentaliste qui adhère à la thèse du choc des civilisations pourront cristalliser sur cet événement, d'autant plus facilement qu'aucune décrispation dans les rapports entre l'Orient musulman et l'Occident dit judéo-chrétien n'interviendrait dans le futur.

2. Il en est ainsi des enlèvements d'Occidentaux pratiqués dans les pays du Sahel par le groupe d'Al Quaëda au Maghreb islamique (AQMI) ; mais on doit signaler aussi les violences terroristes antichiites et anti-sunnites en Irak depuis l'invasion de ce pays par les États-Unis, ainsi que celles exercées contre les Irakiens chrétiens. Mais aussi les violences anti-chrétiennes sporadiques en Indonésie, mais de plus en plus fréquentes au Nigeria par le groupe fondamentaliste musulman «Boko». Le terrorisme musulman «takfiriste» sévit aussi en Iran, comme il a sévi au Liban en 2007 (voir chapitre 26) et comme il commence à apparaître en Syrie dont le régime est fortement contesté depuis le début des révoltes arabes en 2011. En réalité, il semble aujourd'hui que tout groupuscule sectaire extrémiste ou socialement ou politiquement révolté ou encore simplement mafieux et qui pratique la violence armée s'attribue, ou se voit attribuer, suivant les circonstances, la marque «franchisée» d'Al Quaëda.

Dans la précédente conclusion, j'avais également recensé les difficultés que rencontre l'analyse des sociétés arabes à partir des cadres sociaux et culturels posés par le milieu académique occidental ou par les mouvements théologico-politiques du monde arabe. Tout au long des parties du récit historique, nous avons sans cesse montré les façons contradictoires de percevoir les événements dramatiques qui se sont déroulés au cours du dernier demi-siècle, non seulement, d'un côté, entre les analystes, décideurs et faiseurs d'opinion en Europe et aux États-Unis ou, bien sûr, en Israël, et, de l'autre, ceux du monde arabe; mais aussi entre les élites des différents États arabes ayant développé au cours des décennies ayant suivi les indépendances des perceptions et des systèmes de pensée différents, voire contradictoires. Le chapitre qui clôt la nouvelle édition de cet ouvrage, et qui est consacré aux révoltes arabes, a bien montré qu'encore une fois les événements spectaculaires de l'année 2011 ont fait l'objet d'interprétations tout à fait divergentes entre analystes européens et américains et analystes arabes, mais aussi que les analystes arabes voient les révoltes sous des angles différents voire contradictoires, eux-mêmes parfois influencés par les analyses occidentales.

Il est d'ailleurs frappant de constater le contraste qui continue d'exister aujourd'hui entre l'unanimisme qui affecte de larges segments des élites américaines, européennes et israéliennes quant aux affaires du Proche-Orient et la diversité, voire les oppositions qui semblent irréductibles, entre différents grands courants politiques arabes. Par ailleurs, l'implication des puissances extérieures dans les révoltes arabes semble être devenue irréversible. Cette implication est de nature variée: très intense dans certains cas, comme pour la Libye où l'O.T.A.N. est intervenu militairement et massivement ou pour la Syrie où on assiste à un déchaînement des médias occiden-

taux et où l'on peut entendre des déclarations virulentes des grands décideurs politiques contre les
dirigeants syriens; beaucoup plus modérée dans
d'autres cas, comme au Yémen, et caractérisée par
un silence fracassant dans le cas de Bahreïn, de la
Jordanie, de l'Arabie Saoudite, ce qui constitue une
prise de position claire en faveur de dirigeants eux
aussi contestés. Ainsi, les révoltes arabes n'ont pas
brisé le réseau de relations denses et complexes
unissant les facteurs internes aux facteurs externes,
responsables d'une renaissance jusqu'ici impossible.

PROBLÉMATIQUE DU FUTUR

Il est donc nécessaire ici de poser les principaux
termes de la problématique ouverte par les révoltes
arabes pour mieux évaluer les chances d'un avenir
moins sombre.

Des événements irréversibles se sont produits dans
les sociétés arabes, qui vont s'inscrire profondément
dans la conscience collective. Certains dictateurs,
militaires ou civils, ont reçu une leçon. Quelques
hommes d'affaires corrompus de leur entourage ont
été emprisonnés en Égypte et en Tunisie. C'est un
précédent qui ne manquera pas de rendre les régimes
corrompus encore en place plus prudents dans le
pillage des ressources de leur peuple ou l'étalage de
leurs richesses. De ce fait, les monarchies devront
elles aussi s'adapter à la nouvelle conjoncture, sauf
à ce que les puissances occidentales les protègent
toujours plus contre toute déstabilisation, au risque
dans ce cas de devoir s'impliquer plus encore pour
empêcher que les révoltes ne nuisent à leurs intérêts. Toutefois, les États monarchiques de la Péninsule arabique ne pourront vraisemblablement pas

aller très loin dans la libéralisation de leur régime, sans saper les fondements de type religieux et familial/tribal de leur existence. Ces monarchies seront donc amenées à soutenir, plus que jamais, toutes les mouvances islamiques qui traversent le monde arabe, et, plus particulièrement, les salafistes dont l'idéologie et les croyances politico-religieuses sont beaucoup plus radicales que celles des différents courants des Frères musulmans. De ce point de vue, il reste à voir ce qu'il adviendra du régime syrien et de celui du Yémen. Dans ces deux pays se joue la continuation de la bataille dans toutes ses complexités.

C'est pourquoi la querelle idéologique sur le rôle de la religion dans la gestion politique de la société, déjà très forte, risque de se durcir. La bataille d'idées entre les partisans d'un État sans référent religieux et ceux qui considèrent l'identité islamique comme un élément décisif de l'existence des sociétés arabes, sera celle qui décidera du sort du cycle révolutionnaire actuel. Il s'agit d'une vieille question qui appelle une réponse, mais il n'est pas dit que les nouvelles structures constitutionnelles mises en place ne tenteront pas de concilier, une nouvelle fois, la logique laïque et le référent religieux. C'est ce que font déjà les partis se réclamant de l'islam qui affirment vouloir en Égypte et en Tunisie un État de nature séculière, mais où l'inspiration des lois demeurerait ancrée dans le Coran et la tradition religieuse, au moins pour les questions de statut personnel.

Toutefois, un autre élément clé de la réussite du cycle révolutionnaire actuel sera aussi la capacité des nouvelles autorités à briser le cercle de l'économie de rente et de corruption et à déclencher un cercle vertueux de dynamisme économique nouveau, créateur d'emplois en nombre suffisant. En effet, pour que le cycle révolutionnaire puisse s'épanouir, il faudra briser la stagnation technologique des sociétés arabes, diversifier leurs activités économiques hors des secteurs limités du tourisme, du foncier et de la banque qui ont jusqu'ici attiré 80 % des investissements, arrêter le gaspillage des ressources naturelles et la fuite des cerveaux. Ce défi est fort important et bien difficile à réaliser dans le cadre de la globalisation et du libre-échange.

Enfin, on peut constater que les puissances occidentales, en dépit de la crise économique et financière dont elles souffrent depuis quatre ans, continuent d'être très agissantes dans le destin de la région pour les raisons géopolitiques expliquées. Leur jeu est difficile et obscur. Elles se veulent les protectrices des «transitions démocratiques» dans les républiques, mais pas dans les monarchies, ce qui est pour le moins paradoxal, même si cela est parfaitement explicable. Leur sympathie exprimée pour des régimes d'islam dit «modéré», sur le modèle turc, indique bien qu'elles craignent une renaissance de l'anti-impérialisme classique auquel elles ont traditionnellement opposé un soutien ouvert ou caché aux éléments les plus religieux de la société arabe. Leur souci restera de protéger les monarchies, en particulier celles à souche bédouine garante de l'ordre pétrolier, mais aussi, évidemment, l'État d'Israël que les tourments de l'histoire européenne ont enfanté au Proche-Orient et qui n'est plus désormais, aux yeux de la conscience arabe, au mieux, dans une optique laïque, une entreprise de colonisation pareille aux précédentes, au pire, dans une optique religieuse, un prolongement des Croisades devenues dans les temps modernes un affrontement entre le monde judéo-chrétien et le monde arabo-musulman.

Ces puissances continueront aussi de tenter de récupérer les révolutions qui sont intervenues dans les républiques par le biais des aides économiques (en dons ou prêts), telles que celles décidées par le G8 de Deauville en mai 2011. Ces aides resteront conditionnées par les recettes néolibérales et encadrées par le F.M.I. et la Banque mondiale. Les monarchies du Golfe n'ont pas manqué elles aussi d'offrir leur aide financière dans le même but de parvenir à contrôler le processus révolutionnaire.

On le voit, l'équation n'est pas facilement gérable pour les pays occidentaux et leurs alliés des monarchies du Golfe, surtout si les révolutions arabes parviennent à reconstruire l'affirmation de la dignité, valeur centrale dans ce cycle de changement, aussi bien dans l'ordre interne que dans l'ordre externe. En fait, des régimes politiques arabes nouveaux, démocratiques et nationalistes tout à la fois, ne pourront accepter l'humiliation des cinquante dernières années, que ce soit face à leurs dictateurs, face à Israël ou encore face à l'hégémonie multiforme américano-européenne. S'il en était besoin, les sabotages répétés de l'oléoduc égyptien acheminant le gaz vendu à l'État d'Israël, mais aussi les manifestations contre l'ambassade d'Israël en Égypte au mois de septembre 2011, démontrent que la revendication de dignité ne s'arrêtera pas aux questions de justice économique et sociale interne. La conscience nationale sera aussi réveillée sur le plan du refus des dominations externes, si facilement acceptées par les dictateurs déchus ou en voie de l'être.

On peut donc s'attendre à de nombreux rebondissements sur la scène arabe, et l'on ne peut que souhaiter que les violences diminuent, que les longues guerres civiles soient évitées et que l'étreinte des puissances occidentales se desserre. Malheureusement, le vide de puissance dans le monde arabe, que nous avons longuement analysé au début de cet ouvrage, est loin d'être comblé par les changements subits au cours de l'année 2011. C'est pourquoi nous assistons à un regain d'interventions massives au Proche-Orient, aussi bien des puissances occidentales que de la Turquie, sans oublier l'Iran. Avec le temps, si les révoltes arabes se transforment en véritables révolutions changeant l'ordre des choses dans cette région du monde, pourront-elles combler ce vide de puissance? Ou bien, les pays membres de l'O.T.A.N. parviendront-ils, à la faveur des révoltes arabes et des changements qu'elles entraînent, à arrimer de façon définitive et stable les sociétés arabes au bloc atlantique ? C'est l'interrogation majeure à laquelle il n'existe pas encore de réponse au seuil de l'année 2012. Si la stagnation décadente du monde arabe a été fortement secouée, la dynamique de l'avenir reste obscure. Cet avenir, en effet, n'est pas uniquement conditionné par les développements internes au monde arabe, il sera affecté aussi par l'évolution du système de puissance à l'échelle internationale, le sort des sociétés occidentales fragilisées par la crise économique de 2008 qui s'aggrave encore. Le néolibéralisme, qui a fait tant de ravages en Occident et hors d'Occident, continuera-t-il d'être la dogmatique organisatrice du XXIᵉ siècle ou bien devra-t-il céder la place à un autre système, moins sauvage dans l'appropriation des profits et rentes, dans la confiscation des richesses aux mains de quelques potentats, individus, banques ou sociétés multinationales ? La multipolarité du système de gestion politique du monde va-t-elle s'affirmer ou bien la Chine et la Russie ne sont-elles, elles aussi, que des géants aux pieds d'argile ? Autant de questions auxquelles nous n'avons pas de réponse, mais qui demeurent essentielles pour l'avenir du monde arabe, encore enserré dans les filets de la «communauté» internationale, toujours sous haute influence de l'O.T.A.N.

Certes, l'idéal serait que les sociétés arabes trouvent en elles-mêmes les ressorts d'une renaissance, mais dans un monde aussi ouvert, tel que forgé par la dernière vague de globalisation et de mouvements migratoires majeurs, on peut se demander si cela est encore possible. De la nationalisation du canal de Suez en 1956 aux défaites militaires face à Israël, à l'invasion de l'Irak par la coalition militaire montée par les États-Unis, aux révoltes de 2011, on peut noter une constante majeure concrétisée par la

forte implication des puissances occidentales dans
la vie des sociétés arabes. Cette implication s'est
manifestée avec éclat dans le cycle des révoltes
arabes, soit pour les faire rapidement cesser, soit au
contraire pour les attiser et les galvaniser, comme
en Syrie et en Libye. Aussi est-il légitime de penser
qu'il sera difficile pour les révoltes arabes de se
transformer en véritables révolutions cassant définitivement la dynamique de stagnation et de décadence,
sans un mouvement global de contestation de l'ordre
international, politique, militaire, médiatique, financier et économique. En revanche, les révoltes arabes
de 2011 ont incontestablement planté des graines
pour un avenir différent. En ce sens, la jeune génération d'Arabes a déjà montré une vigueur nouvelle
et affirmé son désir d'être un acteur du changement
dans la société arabe. Les sociétés arabes ont ainsi
réintégré le mouvement de l'Histoire, leurs révoltes
ayant même inspiré d'autres mouvements similaires
ailleurs dans le monde. Encore faudra-t-il voir si
elles y demeureront comme partenaires actifs ou si,
comme dans les expériences précédentes de renouveau depuis l'époque de Mohammed Ali en Égypte,
elles retomberont dans la stagnation et la résigna-
tion, sous les coups de toutes les forces hostiles au
changement, en Orient comme en Occident.

APPENDICES

SOURCES BIBLIOGRAPHIQUES THÉMATIQUES

SOURCES HISTORIQUES GÉNÉRALES

«Religion et politique aux États-Unis», *Vingtième Siècle*, n° 19, juillet-septembre 1988.

ARENDT, Hannah, et JASPERS, Karl, *La philosophie n'est pas tout à fait innocente*, Petite bibliothèque Payot, Paris, 2006.

ARENDT, Hannah, *Eichmann à Jérusalem. Rapport sur la banalité du mal*, Gallimard, Paris, 1966.

ARENDT, Hannah, *La tradition cachée*, 10/18, Paris, 1987.

ASSAYAG, Jackie, *Au confluent de deux rivières. Musulmans et hindous dans le Sud de l'Inde*, Presse de l'École française d'Extrême-Orient, Paris, 1995.

BADIE, Bertrand, *Les deux États. Pouvoir et société en Occident et en terre d'Islam*, Fayard, Paris, 1986.

BAER, Robert, *The True Story of a Ground Soldier in the CIA's War on Terrorism*, Crown Publishers, New York, 2002.

BAUDRILLARD, Jean, *La guerre du Golfe n'a pas eu lieu*, Galilée, Paris, 1991.

BAYART, Jean-François, *L'illusion identitaire*, Fayard, Paris, 1996.

BECK, Ulrich, *Pouvoir et contre-pouvoir à l'heure de la mondialisation*, Flammarion, Paris, 2002.

BEDJAOUI, Mohammed, *Pour un nouvel ordre économique international*, UNESCO, Paris, 1979.

BENOIST-MÉCHIN, Jacques, *Mustapha Kémal ou la mort d'un empire*, Club des Éditeurs, Paris, 1954.

BERCHET, Jean-Claude, *Le voyage en Orient. Anthologie des*

voyageurs français dans le Levant au XIXe siècle, Robert Laffont, Paris, 1985.

BONIFACE, Pascal, *La volonté d'impuissance. La fin des ambitions internationales et stratégiques*, Le Seuil, Paris, 1995.

BOURDIEU, Pierre, et WACQUANT, Loïc, «Sur les ruses de la raison impérialiste», *Actes de la recherche en sciences sociales*, Le Seuil, Paris, mars 1998.

BRAHIMI, Denise, *Arabes des Lumières et bédouins romantiques. Un siècle de voyage en Orient, 1725-1825*, Le Sycomore, Paris, 1982.

BRAUDEL, Fernand, *Civilisation matérielle. Économie et capitalisme, XVe-XVIIIe*, 3 vol., Armand Colin, Paris, 1979.

BRAUDEL, Fernand, *Grammaire des civilisations*, Arthaud, Paris, 1987.

BRAUDEL, Fernand, *Le modèle italien*, coll. Champs, Flammarion, Paris, 1994.

CARRÈRE-D'ENCAUSSE, Hélène, *La politique soviétique au Moyen-Orient 1950-1975*, Cahiers de la Fondation nationale des sciences politiques, no 200, 1975.

CARTER, Jimmy, *Mémoires d'un président*, Plon, Paris, 1984.

CHOMSKY, Noam : *Guerre et paix au Proche-Orient*, Belfond, Paris, 1974.

CLARKE, Richard A., *Against All Enemies. Inside America's War on Terror*, Free Press, New York, 2004.

COHN, Norman, *Histoire d'un mythe — La «conspiration» juive et les protocoles des Sages de Sion*, Gallimard, Paris, 1967.

COOLEY, John K., *Unholy Wars. Afghanistan, America and International Terrorism*, Pluto Press, Londres, 2001.

CORM, Georges, *Histoire du Moyen-Orient. De l'Antiquité à nos jours*, La Découverte, Paris, 2007.

CORM, Georges, *La question religieuse au XXIe siècle. Géopolitique et crise de la postmodernité*, La Découverte, Paris, 2006.

CORM, Georges, *Orient-Occident. La fracture imaginaire*, La Découverte, Paris, 2002.

COSSERY, Albert, *La violence et la dérision*, Jean-Cyrille Godefroy, 1981.

COSSERY, Albert, *Mendiants et orgueilleux*, Le Livre de Poche, Paris, 1977.

CRÉPON, Marc, *Les géographies de l'esprit*, Payot, Paris, 1996.

Culture and Globalization Series : Conflicts and Tensions, SAGE publications, Londres, 2007.

DIGARD, Jean-Pierre, HOURCADE, Bernard, et RICHARD, Yann, *L'Iran au xxᵉ siècle*, Fayard, Paris, 1996.

DJALILI, Mohammad-Reza, *Diplomatie islamique. Stratégie internationale du khomeynisme*, P.U.F., Paris, 1989.

DUCELLIER, KAPLAN, MARTIN et MICHEAU, *Le Moyen Âge en Orient. Byzance et l'Islam*, Hachette, Paris, 1990.

ELMANJRA, Mahdi, *La Première Guerre de civilisation* (en arabe sous le titre : *Al harb al hadariat al ou'la*), Dar el 'Ouyoun, Casablanca, 1991.

FONTAINE, André, *Un seul lit pour deux rêves. Histoire de la « détente »* — *1962-1981*, Fayard, Paris, 1981.

FUKUYAMA, Francis, *La fin de l'histoire et le dernier homme*, Flammarion, Paris, 1995.

GOBINEAU, Alfred de, *Trois ans en Asie de 1855 à 1858*, Bibliothèque de la Pléiade, tome II, Gallimard, Paris, 1983.

GOLAN, M., *Les négociations secrètes d'Henry Kissinger au Proche-Orient*, Robert Laffont, Paris, 1976.

GOLDBERG, J.J., *Jewish Power. Inside the American Jewish Establishment*, Addison Wesley Publishing Co., New York, 1996.

GROSRICHARD, Alain, *Structure du sérail, la fiction du despotisme asiatique dans l'Occident classique*, Le Seuil, Paris, 1979.

GUILLEBAUD, Jean-Claude, *Sur la route des Croisades*, Arléa, Paris, 1993.

HALBWACHS, Maurice, *La mémoire collective* (1950), Albin Michel, Paris, 1997.

HALBWACHS, Maurice, *Les cadres sociaux de la mémoire* (1925), Albin Michel, Paris, 1994.

HALLIDAY, Fred, *Iran. Dictatorship and Development*, Penguin Books, Londres, 1979.

HENTSCH, Thierry, *L'Orient imaginaire. La vision politique occidentale de l'Est méditerranéen*, Minuit, Paris, 1988.

HILBERG, Raul, *La politique de la mémoire*, Gallimard, Paris, 1996.

HODGSON, Marshall G.S., *L'Islam dans l'histoire mondiale*, Sindbad-Actes Sud, Paris-Arles, 1998.

HUNTINGTON, Samuel, *The Clash of Civilizations and the*

Remaking of World Order, Simon & Schuster, New York, 1996.

HUREWITZ, J.C. (dir.), *Soviet American Rivalry in the Middle East*, Praeger, New York, 1969.

KALB, Marvin et Bernard, *Kissinger — Ses origines, sa formation, son ascension, son apogée*, Robert Laffont, Paris, 1975.

KISSINGER, Henry, *À la Maison-Blanche, 1968-1973*, 2 vol., Fayard, Paris, 1979.

LAQUEUR, Walter, *The Struggle for the Middle East*, Routledge and Kegan Paul, Londres, 1969.

LAURENT, Éric, *La guerre des Bush*, Plon, Paris, 2003.

LE GOFF, Jacques (dir.), *La nouvelle histoire*, Éditions Complexe, Paris, 1988.

LE GOFF, Jacques, *Histoire et mémoire*, Gallimard, Folio histoire, Paris, 1981.

LEACH, R., *Critique de l'anthropologie*, P.U.F., Paris, 1968.

LERNER, Daniel, *The Passing of Traditional Society. Modernizing the Middle East*, The Free Press, New York, 1958.

LÉVI-STRAUSS, Claude, *Introduction à l'œuvre de Marcel Mauss*, dans MAUSS, Marcel, *Sociologie et anthropologie*, P.U.F., Paris, 1977.

LEWIS, B. et HOLT, P.M. (dir.), *Historians of the Middle East*, Oxford University Press, Londres, 1962.

MARIENSTRAS, Élise, *Nous, le peuple. Les origines du nationalisme américain*, Gallimard, Paris, 1988.

MENS, Yann (dir.), *Les États-Unis et le Moyen-Orient*, La Documentation française, 1992.

MESURE, Sylvie et RENAULT, Alain, *La guerre des dieux. Essai sur la querelle des valeurs*, Grasset, Paris, 1996.

MONROE, Elizabeth, *Britain Momentum in the Middle East, 1914-1956*, Methuen, Londres, 1963.

POIRIER, Jean (dir.), *Ethnologie générale*, Encyclopédie de la Pléiade, Gallimard, Paris, 1960.

POLK, William R., *The United States and the Arab World*, Harvard University Press, Londres, 1975, 3e éd.

POMIAN, Krzysztof, *L'ordre du temps*, Gallimard, Paris, 1984.

RAWLS, John, *Le droit des gens*, Éditions Esprit, Paris, 1996.

RENAN, Ernest, *Qu'est-ce qu'une nation?*, Agora, Presses Pocket, Paris, 1992.

RETAILLÉ, Denis, *Faire de la géographie un programme*, Espaces-Temps, Les cahiers n° 66/67, 1998.

ROUX, Jean-Paul, *Histoire de l'Iran et des Iraniens, des origines à nos jours*, Fayard, Paris, 2006.

SAFTY, Adel, *From Camp David to the Gulf*, Black Rose Books, Montréal, 1992.

SAÏD, Edward, *L'Orientalisme. L'Orient créé par l'Occident*, Le Seuil, Paris, 1981.

SALA-MOLINS, Louis, *Les misères des Lumières. Sous la Raison, l'outrage*, Robert Laffont, Paris, 1992.

SCHNAPPER, Dominique, *La communauté des citoyens. Sur l'idée moderne de nation*, Gallimard, Paris, 1994.

SMITH, Donald E. (dir.), *Religion and Political Modernization*, Yale University Press, New Haven, 1974.

SOURNIA, Jean-Charles et Marianne, *L'Orient des premiers chrétiens*, Fayard, Paris, 1966.

TODD, Emmanuel, *Après l'Empire*, Le Seuil, Paris, 2002.

TOYNBEE, Arnold, *The Western Question in Greece and Turkey. A Study in the Contact of Civilisations*, Constable and company, Londres, 1922.

TURNER, Bryan S., *Marx and the End of Orientalism*, George Allen et Unwin, Londres, 1978.

TURNER, Bryan S., *Weber and Islam : A Critical Study*, Routledge et Kegan Paul, Londres, 1974.

WALLERSTEIN, Immanuel, *The Modern World-System*, 2 vol., Academic Press, New York, 1974 et 1980.

WOODWARD, Bob, *C.I.A. — Guerres secrètes 1981-1987*, Stock, Paris, 1987.

WOODWARD, Bob, *The Commander*, Pocket Star Books, New York, 1992.

ZOLO, Danilo, *La justice des vainqueurs. De Nuremberg à Bagdad*, Éditions Jacqueline Chambon - Actes Sud, Paris, 2009.

SUR LES ARABES, L'ISLAM ET LE MOYEN-ORIENT

« L'Islamisme aujourd'hui », revue *Sou'al*, n° 5, 1985.

« Islam, le grand malentendu », revue *Autrement*, n° 95, décembre 1987.

ABDEL MALEK, Anouar, ABDEL-AZIZ, Belal, et HANAFI, Hassan (dir.), *Renaissance du monde arabe*, J. Duculot, Gembloux, Belgique, 1972.

ABDEL MALEK, Anouar, *Idéologie et renaissance nationale. L'Égypte moderne*, Anthropos, Paris, 1969.

ABDEL MALEK, Anouar, *La pensée politique arabe contemporaine*, Le Seuil, Paris, 1970.

ABDENNUR, Alexandre, *The Arab Mind. An Ontology of Abstraction and Concreteness*, Kogna Publishing Inc., Ottawa, 2008.

ABDERAZZIK, Ali, *L'islam et les fondements du pouvoir*, La Découverte, Paris, 1994.

ABDESSALAM, Rafik, *Secularity, Religion, and Democracy. Theory and Context*, Arab Scientific Publishers, Inc., Aljazeera Center for Studies, 2008.

ABU JABER, Kamal. S., *The Arab Ba'th Socialist Party. History, Ideology and Organization*, Syracuse University Press, New York, 1966.

ABURISH, Saïd K., *A Brutal Friendship. The West and the Arab Elite*, St. Martin's Press, New York, 1997.

AFAYA, Noureddine, *L'Occident dans l'imaginaire arabo-musulman*, Éditions Toubkal, Casablanca, 1995.

AL ANSARI, Mohammed J., *Al fikr al 'arabi wa sira'al addade* (La pensée arabe et la lutte des contraires), Al Mouassassa al 'arabia lill dirassat wal nachr, Beyrouth, 1996.

AL ANSARI, Mohammed J., *Al Taazoum alsiyassi 'inda'larab wa mawkif al islam* (La crise politique et ses rapports avec les conceptions islamiques), Al Mouassassa al 'arabia lill dirassat wal nachr, Beyrouth, 1995.

AL-ASHMAWY, M. Saïd, *L'islamisme contre l'islam*, La Découverte/Éditions Al Fikr, 1989.

AL DOURI, Abdel Aziz, *'Ilm al tarikh 'inda'l 'arab* (La science de l'histoire chez les Arabes), Dar Al Machrek, Beyrouth, 1983.

AL DOURI, Abdel Aziz, *Al takwin al tarikhi lill oumma al 'arabia. Dirasa fil hawia wal waua'yi* (La formation historique de la nation arabe. Étude relative à l'identité et à la conscience), Markaz dirassat al wahda al 'arabiyya, Beyrouth, 1984.

ALI, Jawad, *Al Moufassal fi tarikh al 'arab kabla al islam*

(Encyclopédie de l'histoire des Arabes avant l'Islam), 7 vol., Dar al Haddasat, Beyrouth, 1983.

AL-JABIRI, Mohamed A., *Introduction à la critique de la raison arabe*, La Découverte/IMA, Paris, 1995.

AMIN, Hussein A., *Le Guide du musulman désemparé* (traduction), La Découverte, Paris, 1994.

AMIN, Samir, « Political Islam », *Covert Action Quarterly*, n° 71, hiver 2001.

ANAWATI, G.C., et GARDET, Louis, *Mystique musulmane. Aspects et tendances — Expériences et techniques*, Librairie philosophique J. Vrin, Paris, 1976, 3ᵉ éd.

ANTONIUS, Georges, *The Arab Awakening*, Capricorn Books, 1946.

ARKOUN, Mohammed, *La pensée arabe*, P.U.F., Paris, 1975.

ARKOUN, Mohammed, *Pour une critique de la raison islamique*, Maisonneuve et Larose, Paris, 1984.

ATWAN, Abdel Bari, *The Secret History of al-Qa'ida*, Saqi, Londres, 2006.

AYUBI, Nazih N., *Overstating the Arab State. Politics and Society in the Middle East*, I.B. Tauris Publishers, Londres, 1995.

BALTA, P., et RUELLAN, C., *La vision nassérienne*, Sindbad, Paris, 1982.

BALTA, Paul (dir.), *L'Islam dans le monde*, La Découverte-Le Monde, 1986 (réédité en version abrégée en 1995).

BEJI, Hélé, *Islam Pride. Derrière le voile*, Gallimard, Paris, 2011.

BERGÉ, Marc, *Les Arabes. Histoire et civilisation des Arabes et du monde musulman, des origines à la chute du royaume de Grenade*, Éditions Lidis, Paris, 1978.

BERQUE, J., et CHARNAY, J.-P. (et autres), *Normes et valeurs dans l'Islam contemporain*, Payot, Paris, 1966.

BERQUE, Jacques, *Langages arabes du présent*, Gallimard, Paris, 1974.

BERQUE, Jacques, *Les Arabes d'hier et de demain*, Seuil, Paris, 1969, 2ᵉ éd.

BERQUE, Jacques, *Les Arabes*, Actes Sud, Arles, 1997.

BEYSSADE, Pierre, *La Ligue arabe*, Planète, Paris, 1968.

BINDER, Leonard, *Islamic Liberalism. A Critique of Development Ideologies*, The University of Chicago Press, Chicago, 1988.

Bocco, Riccardo, et Djalili, Mohammad-Reza (dir.), *Moyen-Orient: migrations, démocratisation, médiations*, P.U.F., Paris, 1994.

Bouzid, Samir, *Mythes, utopie et messianisme dans le discours politique arabe moderne et contemporain*, L'Harmattan, Paris, 1997.

Bozarslan, Hamit, *Une histoire de la violence au Moyen-Orient. De la fin de l'Empire ottoman à Al-Qaida*, La Découverte, Paris, 2008.

Bozdemir, Michel, *Islam et laïcité. Approches globales et régionales*, L'Harmattan, Paris, 1996.

Brissard, Jean-Charles, et Dasquié, Guillaume, *Ben Laden. La vérité interdite*, Denoël, Paris, 2001.

Brockelman, Karl, *History of Islamic Peoples*, Capricorn Books, 1960.

Buheiri, Marwan, *Intellectual Life in the Arab East, 1890-1939*, Center for Arab and Middle East Studies, AUB, Beyrouth, 1981.

Burgat, François, *L'islamisme en face*, La Découverte, Paris, 1995.

Burgat, François, *L'islamisme à l'heure d'Al-Qaida*, La Découverte, Paris, 2005.

Cahen, Claude, *Les peuples musulmans dans l'histoire médiévale*, Institut français de Damas, Damas, 1977.

Caquot, André, «Les religions des Sémites occidentaux», *Histoire des religions*, vol. 1, Encyclopédie de la Pléiade, Gallimard, Paris, 1970.

Carré, Olivier, *Le nationalisme arabe*, Fayard, Paris, 1993.

Chabbi, Jacqueline, *Le Seigneur des tribus. L'Islam de Mahomet*, Éditions Noêsis, Paris, 1997.

Chaitani, Youssef, *Post-Colonial Syria and Lebanon, the Decline of Arab Nationalism and the Triumph of the State*, I.B. Tauris, Londres, 2007.

Charnay, J.-P., *Les Contre-Orients*, Sindbad, Paris, 1980.

Chevallier, Dominique (dir.), *Renouvellement du monde arabe — 1952-1982. Pensées politiques et confrontations internationales*, Armand Colin, Paris, 1987.

Chevènement, Jean-Pierre, *Le vert et le noir. Intégrisme, pétrole, dollar*, Grasset, Paris, 1995.

Chouet, Alain, entretiens avec Jean Guisnel, *Au cœur des*

services spéciaux. La menace islamiste: fausses pistes et vrais dangers, La Découverte, Paris, 2011.

COLOMBE, Marcel, *Orient arabe et non-engagement*, 2 vol., Publications orientalistes de France, Paris, 1973.

CORBIN, Henri, *Histoire de la philosophie islamique*, Gallimard, Paris, 1964.

CORBON, Jean, *L'Église des Arabes*, Éditions du Cerf, Paris, 1977.

CORM, Georges, «Grandes puissances recherchent Calife pour gérer l'Orient», *Les Annales de l'autre Islam*, nº 2, consacré à «La question du califat», INALCO, Paris, 1994.

CORM, Georges, «Les coups d'État au Moyen-Orient et au Maghreb», *Études polémologiques*, nº 41, 1er trimestre 1987.

DAKHLY, Leyla, *Une génération d'intellectuels arabes. Syrie et Liban (1908-1940)*, Khartala, Paris, 2010.

DANIEL, Norman, *Islam and the West. The Making of an Image*, The University Press, Édimbourg, 1960.

DE SAAHB, Abdallah, *Pétropuissance et ordre américain: la nouvelle question d'Orient*, Presses du CNRS, 1992.

DEL VALLE, Alexandre, *Islamisme et États-Unis. Une alliance contre l'Europe*, L'Âge d'homme, Lausanne, 1997.

DELTOMBE, Thomas, *L'islam imaginaire. La construction médiatique de l'islamophobie en France, 1975-2005*, La Découverte, Paris, 2005.

DJAIT, Hichem, *La grande discorde. Religion et politique dans l'Islam des origines*, Gallimard, Paris, 1989.

DJAIT, Hichem, *La personnalité et le devenir arabo-islamiques*, Seuil, Paris, 1974.

EL AZM, Sadek, *Beyond the Tabooing Mentality. Reading the Satanic Verses, A Reply to Critics*, The Center for Socialist Studies and Research in the Arab World, F.K.A. Publishing Cº Ltd, Nicosie, 1997.

EL AZMEH, Aziz, *L'univers de la religion dans le présent des Arabes* (en arabe sous le titre: *Dounia 'al din fi hader el 'arab*), Dar el Tali'at, Beyrouth, 1996.

EL AZMEH, Aziz, *La laïcité sous un autre angle* (en arabe sous le titre: *Al 'ilmaniat min manzour akhar*), Dar el Tali'at, Beyrouth, 1992.

EL BADAWI, Ibrahim, et MAKDISI, Samir, *Democracy in the Arab World. Explaining the Deficit*, Routledge, Oxon, 2011.

EL-BIZRI, Dalal, *L'ombre et son double. Femmes islamistes, libanaises et modernes*, Les Cahiers du Cermoc, n° 13, Beyrouth, 1995.

EL KHALIDI, Tarif, *Arab Historical Thought in the Classical Period*, Cambridge University Press, Cambridge, 1944.

ELSHOBAKI, Amr, *Les Frères musulmans des origines à nos jours*, Karthala, Paris, 2009.

ESPOSITO, John L. (dir.), *Islam and Development. Religion and Sociopolitical Change*, Syracuse University Press, New York, 1980.

ESPOSITO, John L., *The Islamic Threat. Myth or Reality*, Oxford University Press, Oxford, 1992.

Esprit, «À la recherche du monde musulman», août-septembre 2001.

FALLACI, Oriana, *La rage et l'orgueil*, Plon, Paris, 2002.

FERJANI, Mohamed-Chérif, *Islamisme, laïcité et droits de l'homme*, L'Harmattan, Paris, 1991.

FILALI-ANSARI, Abdou, *Réformer l'islam? Une introduction aux débats contemporains*, La Découverte, Paris, 2003.

FLORY, M., et MANTRAN, R., *Les régimes politiques des pays arabes*, coll. Thémis, P.U.F., Paris, 1990.

FODA, Farag, *La vérité absente* (en arabe sous le titre : *Al hakikat al ghaïbat*), Dar al fikr lill dirassat wal nashr, Le Caire, 1987.

GARAUDY, R., *L'Islam habite notre avenir*, Le Seuil, Paris, 1981.

GEADAH, Yolande, *Femmes voilées. Intégrismes démasqués*, vlb éditeur, Montréal, 1996.

GEERTZ, Clifford, *Observer l'Islam. Changements religieux au Maroc et en Indonésie*, La Découverte, Paris, 1992.

GHALIOUN, Burhan, *Islam et politique. La modernité trahie*, La Découverte, Paris, 1997.

GHALIOUN, Burhan, *Le malaise arabe. L'État contre la nation*, La Découverte, Paris, 1991.

GHANDOUR, Abdel-Rahman, *Jihad humanitaire. Enquête sur les ONG islamiques*, Flammarion, Paris, 2002.

GRESH, Alain, et VIDAL, Dominique, *Les 100 portes du Proche-Orient*, Éditions Autrement, Paris, 1992.

GROSSIR, Claudine, *L'Islam des romantiques, 1811-1840*, Maisonneuve et Larose, Paris, 1984.

GRUNEBAUM, G.E., *Modern Islam. The Search for Cultural Identity*, Vintage Books, New York, 1964.

HAFEZ, Ziad, *La pensée religieuse en Islam contemporain, débats et critiques*, Geuthner, Paris, 2012.

HEIKAL, Mohamed, *Illusions de triomphe : un point de vue arabe sur la guerre du Golfe*, Edifra, Paris, 1994.

HITTI, Philip K., *History of the Arabs*, Macmillan, Londres, 1970, 10e éd.

HITTI, Philip K., *Makers of Arab History*, Macmillan, Londres, 1968.

HOGGA, Mustapha, *Pensée et devenir du monde arabo-islamique*, L'Harmattan, Paris, 1997.

HOSAINI, Ishak Musa, *The Moslem Brethren*, Khayat, Beyrouth, 1956.

HOURANI, Albert, *Arabic Thought in the Liberal Age, 1798-1939*, Oxford University Press, Londres, 1967, 2e éd.

HOURANI, Albert, *Histoire des peuples arabes*, Le Seuil, Paris, 1993.

HOURANI, Albert, KHOURY, Philip S., et WILSON, Mary (dir.), *The Modern Middle East*, I.B. Tauris & Co Ltd, Londres, 1993.

HRAIR DEKMEJIAN, R., *Islam in Revolution. Fundamentalism in the Arab World*, Syracuse University Press, 1958.

HUDSON, Michael C., *Arab Politics. The Search for Legitimacy*, Yale University Press, Londres, 1977.

HUSSEIN, Mahmoud, *La lutte de classes en Égypte de 1945 à 1968*, Maspero, Paris, 1969.

HUSSEIN, Mahmoud, *Les Arabes au présent*, Le Seuil, Paris, 1974.

JARGY, S., *L'Orient déchiré*, Labor et Fides, Publications orientalistes de France, Genève, 1984.

KAZZIHA, Walid, *Revolutionary Transformation in the Arab World, Habash and his Comrades from Nationalism to Marxism*, Charles Knight & Co, Londres, 1975.

KEPEL, Gilles, *Le prophète et pharaon. Les mouvements islamistes dans l'Égypte contemporaine*, La Découverte, Paris, 1983.

KERR, Malcolm, *The Arab Cold War*, Oxford University Press, 1971.

Khalil, Muhammad, *The Arab States and the Arab League. A Documentary Record*, 2 vol., Khayats, Beyrouth, 1962.

Khatibi, Abdel Kébir, « Le Maghreb comme horizon de pensée », *Les Temps modernes*, octobre 1977, n° 375 bis.

Khoury, Joseph, et Khoury, Paul, *Les islamistes et les autres*, Beyrouth-Paris, 2004.

Khoury, Paul, *L'Islam critique de l'Occident dans la pensée arabe actuelle. Islam et sécularité*, 3 vol., Echter, 1994-1996.

Khoury, Paul, *Tradition et modernité. Thèmes et tendances de la pensée arabe*, Beyrouth, 1983.

Khoury, Raïf, *La pensée arabe contemporaine. Influence de la Révolution française dans ses orientations sociales et politiques* (en arabe), Dar Al Makchouf, Beyrouth, 1973.

Kian, Azadeh, *L'Iran, un mouvement sans révolution?*, Michalon, Paris, 2011.

Kodmani-Darwish, Basma, et Chartouni-Dubarry, May (dir.), *Les États arabes face à la contestation islamiste*, Travaux et recherches de l'U.F.R.I., Armand Colin, Paris, 1977.

Lacouture, Jean, Tuéni, Ghassan, Khoury, Gérard D., *Un siècle pour rien. Le Moyen-Orient arabe de l'Empire ottoman à l'Empire américain*, Albin Michel, Paris, 2002.

Laoust, Henri, *Les schismes dans l'Islam. Introduction à une étude de la religion musulmane*, Payot, Paris, 1965.

« *La question du Califat* », *Les Annales de l'autre Islam*, n° 2, Publications de l'E.R.I.S.M., I.N.A.L.C.O., Paris, 1994.

Laroui, Abdallah, *L'idéologie arabe contemporaine*, Maspero, Paris, 1967.

Laroui, Abdallah, *La crise des intellectuels arabes. Traditionalisme ou historicisme?*, Maspero, Paris, 1974.

Laroui, Abdallah, *Intellectuels d'Orient et intellectuels d'Occident*, L'Harmattan, Paris, 1996.

Laroui, Abdallah, *Islam et modernité*, La Découverte, Paris, 1987.

Laurens, Henry, *Le Royaume impossible. La France et la genèse du monde arabe*, Armand Colin, Paris, 1990.

Laurens, Henry, *Le grand jeu. Orient arabe et rivalités internationales*, Armand Colin, Paris, 1991.

Laurens, Henry, *L'Orient arabe. Arabisme et islamisme de 1798 à 1945*, Armand Colin, Paris, 1993.

LEBON, Gustave, *La civilisation des Arabes* (1883), réimprimé par les Éditions Le Sycomore.

LEVEAU, Rémy, *Le sabre et le turban*, Éditions François Bourin, Paris, 1993.

LEWIS, Bernard, *Les Assassins. Terrorisme et politique dans l'Islam médiéval*, Berger-Levrault, Paris, 1982.

LEWIS, Bernard, *Que s'est-il passé? L'Islam, l'Occident et la modernité*, Gallimard, Paris, 2002.

LEWIS, Bernard, *The Arabs in History*, Londres, 1958.

LIAUZU, Claude, *L'Islam de l'Occident. La question de l'Islam dans la conscience occidentale*, Arcantère, Paris, 1989.

LINGS, Martin, *Qu'est-ce que le soufisme?*, Le Seuil, Paris, 1977.

LOMBARD, Maurice, *L'Islam dans sa première grandeur (VIIe-XIe siècle)*, Flammarion, Paris, 1971.

LONGUENESSE, Élisabeth, *Professions et sociétés au Proche-Orient — Déclin des élites, crises des classes moyennes*, Presses Universitaires de Rennes, 2007.

LUTFIYYA, Abdulla M., et CHURCHILL, Charles W. (dir.), *Readings in Arab Middle Eastern Societies and Culture*, Mouton, Paris, 1970.

MANTRAN, Robert (dir.), *Les grandes dates de l'Islam*, Larousse, Paris, 1990.

MARTIN, Vanessa, *Islam and Modernism, The Iranian Revolution of 1906*, I.B. Tauris, Londres, 1989.

MATAR, Salim, *Al zat al jariha* (Le moi blessé, problématique de l'identité en Irak et dans le monde arabe oriental), Al Mouassassa al 'arabia lill dirassat wal nashr, Beyrouth, 1997.

MERNISSI, Fatema, *Le Prophète et les femmes*, Albin Michel, Paris, 1990.

MERNISSI, Fatema, *La peur-modernité. Conflit Islam démocratie*, Albin Michel, Paris, 1992.

MERNISSI, Fatema, *Le harem et l'Occident*, Albin Michel, Paris, 2000.

MIQUEL, André, *L'Islam et sa civilisation (VIIe-XXe siècles)*, Armand Colin, Paris, 1977, 2e éd.

MIQUEL, André, avec la collaboration d'Henry LAURENS, *L'Islam et sa civilisation*, Armand Colin, Paris, 1990.

MITCHELL, Richard P., *The Society of the Muslim Brothers*, Londres, 1969.

MONTEIL, Vincent, *Clés pour la pensée arabe*, Éditions Seghers, Paris, 1974.

MOUBARAK, Yoachim, I. *L'Œuvre de Louis Massignon.* — II. *Le Coran et la critique occidentale.* — III. *L'Islam et le dialogue islamo-chrétien.* — IV. *Les Chrétiens et le monde arabe.* — V. *Palestine et arabité*, Le Cénacle libanais, Beyrouth, 1972-1973.

NASR, Marlène, *L'idéologie nationale arabe dans le discours de Gamal Abdel Nasser (1952-1970)*, thèse de doctorat de 3e cycle, Sorbonne, Paris, 1979.

NASSAR, Nassif, *La pensée réaliste d'Ibn Khaldun*, P.U.F., Paris, 1967.

NODINOT, Jean-François, *22 États arabes, une nation*, Éditions du Sorbier, Paris, 1980.

NO'MAN, Abdallah, *Les tendances laïques dans le monde arabe* (en arabe sous le titre : *Al ittijahat al 'ilmaniat fil 'alam al 'arabi*), Dar No'man lill thakafat, Beyrouth, 1990.

NUSEIBEH, Hazem Z., *The Ideas of Arab Nationalism*, New York, 1959, 2e éd.

PLANHOL, Xavier de, *Le monde islamique, essai de géographie religieuse*, P.U.F., Paris, 1957.

PLANHOL, Xavier de, *Les fondements géographiques de l'histoire de l'Islam*, Flammarion, Paris, 1968.

PLANHOL, Xavier de, *Les nations du Prophète. Manuel géographique de politique musulmane*, Fayard, Paris, 1993.

PLANHOL, Xavier de, *Minorités en Islam. Géographie politique et sociale*, Flammarion, Paris, 1998.

RABBATH, Edmond, *L'Orient chrétien à la veille de l'Islam*, Publication de l'Université libanaise, Beyrouth, 1980.

RAMADAN, Tariq, *Aux sources du renouveau musulman*, Éditions Bayard, Paris, 1998.

RAUFER, Xavier, *La Nébuleuse, le terrorisme du Moyen-Orient*, Fayard, Paris, 1987.

RAZAK, Abdel-Kader A., *Le monde arabe à la veille d'un tournant*, Maspero, Paris, 1969.

RIZK, Charles, *Entre l'Islam et l'Arabisme — Les Arabes jusqu'en 1945*, Albin Michel, Paris, 1983.

RIZK, Charles, *Les Arabes ou l'histoire à contresens*, Albin Michel, Paris, 1992.

RODINSON, Maxime, « L'Arabie avant l'Islam », *Histoire universelle*, vol. 2 de l'Encyclopédie de la Pléiade.

RODINSON, Maxime, *Islam et capitalisme*, Le Seuil, Paris, 1966.

RODINSON, Maxime, *Marxisme et monde musulman*, Le Seuil, Paris, 1972.

RODINSON, Maxime, *Les Arabes*, P.U.F., Paris, 1979.

RODINSON, Maxime, *La fascination de l'Islam*, Maspéro, Paris, 1980.

ROUSSILLON, Alain, *La pensée islamique contemporaine — acteurs et enjeux*, Téraèdre, Paris, 2005.

ROY, Olivier, *L'islam mondialisé*, Le Seuil, Paris, 2005.

RYCMANS, G., *Les religions arabes préislamiques*, Louvain, 1951, 2e éd.

SAID, Abdel Moghny, *Arab Socialism*, Blandford Press, Londres, 1972.

SALAME, Ghassan (dir.), *Démocraties sans démocrates. Politiques d'ouverture dans le monde arabe et islamique*, Fayard, Paris, 1994.

SAMARBAKHSH, A. G., *Socialisme en Irak et en Syrie*, Anthropos, Paris, 1978.

SAUVAGET, J. (pages choisies, traduites et présentées par), *Historiens arabes*, Librairie d'Amérique et d'Orient, Paris, 1988 (édition originale, 1943).

SAUVAGET, J., *Introduction à l'histoire de l'Orient musulman* (édition refondue et complétée par Claude CAHEN), Maisonneuve, Paris, 1961.

SEROUYA, Henri, *La pensée arabe*, P.U.F., Paris, 1960.

SHAHROUR, Mohamed, *Al Islam wal Iman, Manzoumat al quiam* (L'Islam et la foi, le système des valeurs), Al Ahali lill tiba'at wal nashr, Damas, 1996.

SHAHROUR, Mohamed, *Le Livre et le Coran : une lecture contemporaine* (en arabe sous le titre : *Al Kitab wal Kor'an : Kira' at mou' asirat*), Shirkit al matbou'at lill tawzi wal nashr, Beyrouth, 1994.

SHARABI, Hisham B., *Nationalism and Revolution in the Arab World*, New York, 1966.

SMITH, W.C., *Islam in Modern History*, Princeton, 1957.

Sou'al, « L'islam aujourd'hui », n° 5, avril 1985.

SOURDEL, D. et J., *La civilisation de l'Islam classique*, Arthaud, Paris, 1976.

STASSINET, Jean (dir.), *Yoakim Moubarac*, L'Âge d'Homme, Lausanne, 2005.

TARABICHI, G., *Nazarié el 'akl; nakd nakd al 'akl al 'arabi* (Théorie de la raison; une critique de la critique de la raison arabe), Dar El Saki, Londres, 1996.

THOBIE, J., *Ali et les 40 voleurs — impérialismes et Moyen-Orient de 1914 à nos jours*, Messidor, Paris, 1985.

THUAL, François, *Abrégé géopolitique du Golfe*, Ellipses, 1997.

THUAL, François, *Géopolitique du chiisme*, Arléa, Paris, 1995.

URVOY, Dominique, *Les penseurs libres de l'Islam classique. L'interrogation sur la religion chez les penseurs arabes indépendants*, Albin Michel, Paris, 1996.

VATIKIOTIS, P.J., *Revolution in the Middle East and Other Case Studies*, Allen et Unwin, Londres, 1972.

VATIKIOTIS, P.J., *L'Islam et l'État*, Gallimard, Paris, 1992.

WAARDENBURG, Jean-Jacques, *L'Islam dans le miroir de l'Occident*, Mouton, 3e éd. (sans date, copyright 1962).

WEINSTOCK, Nathan, *Le mouvement révolutionnaire arabe*, Maspero, Paris, 1970.

WOLF, Jean, et HEIM, Pierre, *Les très riches heures de la civilisation arabe*, Cujas, 1972.

ZACHARIA, Fouad, *Laïcité et islamisme. Les Arabes à l'heure du choix*, La Découverte, Paris, 1990.

ZUREIK, Constantin, *Œuvres complètes* (titre en arabe : *Al'Amal al Kamilat)*, 4 vol., Centre d'études de l'unité arabe, Beyrouth, 1994.

SUR LE PLURALISME RELIGIEUX
ET LES COMMUNAUTÉS
AU PROCHE-ORIENT

ALDEEB ABU-SAHLIEH, Sami A., *Non-musulmans en pays d'Islam. Cas de l'Égypte*, Éditions universitaires, Fribourg, Suisse, 1979.

AL-SHAHRASTANI, *Kitab al-Milal. Les dissidences de l'Islam*, présentation et traduction de Jean-Claude VADE, Librairie orientaliste Paul Geuthner, 1984 (réédition 1998).

BANISADR, Abol-Hassan, *Quelle révolution pour l'Iran?*, Fayolle, 1980.

BESSON, Yves, *Identités et conflits au Proche-Orient*, L'Harmattan, Paris, 1990.

BETTS, Robert Brenton, *Christians in the Arab East*, Lycabettus Press, Athènes, 1978, 2ᵉ éd.

CHABRY, Laurent et Annie, *Politique et minorités au Proche-Orient : les raisons d'une explosion*, Maisonneuve et Larose, Paris, 1984.

CHALIAND, Gérard, *Les Kurdes et le Kurdistan. La question nationale kurde au Proche-Orient*, Maspero, Paris, 1981.

CORM, Georges, *Histoire du pluralisme religieux dans le bassin méditerranéen*, Geuthner, 1998.

COURBAGE, Youssef, et FARGUES, Philippe, *Chrétiens et Juifs dans l'Islam arabe et turc*, Fayard, Paris, 1992.

DE SACY, Silvestre, *Exposé de la religion des Druzes*, 2 vol., Librairie-Orient-Édition, Paris ; ainsi que N. BOURON, *Les Druzes*, Paris, 1930.

EL HASSAN IBAN TALAL, *Christianity in the Arab World*, Royal Institute for Inter-Faith Studies, Amman, 1994.

GHALI, Ibrahim Amin, *Le monde arabe et les Juifs*, Cujas, 1972.

GOITEN, S.D., *Jews and Arabs. Their Contacts Through the Ages*, Shoken Books, New York, 1955.

HAJJAR, Joseph, *Les Chrétiens uniates du Proche-Orient*, Le Seuil, Paris, 1962.

HEYBERGER, Bernard, *Hyndiyya. Mystique et criminelle, 1720-1798*, Aubier, Paris, 2001.

HEYBERGER, Bernard, *Les Chrétiens du Proche-Orient au temps de la réforme catholique (xviiᵉ-xviiiᵉ siècles)*, Bibliothèque des Écoles françaises d'Athènes et de Rome, Rome, 1994.

HOURANI, Albert, *A Vision of History : Near East and Other Essays*, Khayats, Beyrouth, 1961.

HOURANI, Albert, *Minorities in the Arab World*, Londres, 1947.

JAFRI, S.H.M., *Origins and Early Development of Shi'a Islam*, Longham — Librairie du Liban, Londres.

KHAWAM, R.R., *L'univers culturel des chrétiens d'Orient*, Cerf, Paris, 1987.

LAOUST, Henri, *Les schismes dans l'Islam. Introduction à une étude de la religion musulmane*, Payot, Paris, 1965.

Les Chrétiens du monde arabe, colloque 1987, Maisonneuve et Larose, Paris, 1989.

Mc Laurin, R.D., *The Political Role of Minority Groups in the Middle East*, Praeger, New York, 1990.

Moubarak, Youakim, *Recherches sur la pensée chrétienne et l'Islam dans les Temps modernes et à l'époque contemporaine*, Publications de l'Université libanaise, Beyrouth, 1977.

Naaman, Abdallah, *Les Levantins : une race. Essai d'analyse sociale*, Maison Naaman pour la culture, Jounieh, Liban, 1984.

Richard, Yann, *L'Islam chiite*, Fayard, Paris, 1991.

Rodinson, Maxime, « La notion de minorité et l'Islam », *L'Islam : politique et croyance*, Fayard/Agora, Paris, 1993.

Rondot, Pierre, *Les Chrétiens d'Orient*, J. Peyronnet, 1955.

Saaïdia, Oissila, *Clercs catholiques et Oulémas sunnites dans la première moitié du XXᵉ siècle. Regards croisés*, Geuthner, Paris, 2004.

Sellier, Jean et André, *Atlas des peuples d'Orient (Moyen-Orient, Caucase, Asie centrale)*, La Découverte, Paris, 1993.

Tabatabai, Allamah Sayyid Muhammad Husayn, *Shi'ite Islam*, introduction et notes de Seyyed Hossein Nasr, State University of New York Press, 1975.

Thual, François, *Géopolitique du chiisme*, Arléa, Paris, 1995.

Trimingham, J. Spencer, *Christianity among the Arabs in Pre-Islamic Times*, Longman - Librairie du Liban, Londres, 1979.

Valognes, Jean-Pierre, *Vie et mort des chrétiens d'Orient. Des origines à nos jours*, Fayard, Paris, 1994.

SUR LA MÉDITERRANÉE, L'EUROPE ET LE PROCHE-ORIENT

Aeschimann, Éric, et Boltanski, Christophe, *Chirac d'Arabie. Les mirages d'une politique française*, Grasset, Paris, 2006.

Armstrong, H.C., *Mustapha Kemal*, Payot, Paris, 1933.

Balta, Paul (dir.), *La Méditerranée réinventée*, La Découverte/Fondation René Seydoux, 1992.

BAQUE-GRAMMONT, J.-L., et DUMONT, P., *Économie et sociétés dans l'Empire ottoman (fin du XVIIIᵉ-début du XXᵉ siècle)*, actes du colloque de Strasbourg (1ᵉʳ-5 juillet 1980), Éditions du C.N.R.S., 1983.

BEAU, Nicolas, *Paris, capitale arabe*, Le Seuil, Paris, 1995.

BENSIDOUN, Isabelle, et CHEVALLIER, Agnès, *Europe-Méditerranée : le pari de l'ouverture*, Economica, Paris, 1996.

BISTOLFI, Robert (dir.), *L'Europe-Méditerranée, une région à construire*, Publisud, 1996.

BRAUDEL, Fernand, *La Méditerranée et le monde méditerranéen à l'époque de Philippe II*, 2 vol., Armand Colin, Paris, 1966, 2ᵉ éd.

CATTAUI, René et Georges, *Mohamed-Aly et l'Europe*, Librairie orientaliste Paul Geuthner, Paris, 1950.

Conférence méditerranéenne sur la population, les migrations et le développement, Éditions du Conseil de l'Europe, Strasbourg, 1997.

COPEAUX, Étienne, *Espace et temps de la nation turque. Analyse d'une historiographie nationaliste, 1931-1993*, Éditions du C.N.R.S., Paris, 1997.

CORM, Georges, *L'Europe et l'Orient. De la balkanisation à la libanisation. Histoire d'une modernité inachevée*, La Découverte, Paris, 1989, 1991, 2002, 2005.

CORM, Georges, *La Méditerranée. Espace de conflits, espace de rêve*, L'Harmattan, Paris, 2001.

DUMOND, Paul, *Mustafa Kemal, 1919-1924*, Éditions Complexe, Bruxelles, 1983.

EL MALKI, Habib (dir.), *La Méditerranée en question. Conflits et interdépendance*, Fondation du Roi Abdul Aziz — Éditions du C.N.R.S., Casablanca, Paris, 1991.

FAKKAR, Rouchdi, *Reflets de la sociologie prémarxiste dans le monde arabe. Idées progressistes et pratiques industrielles des saints-simoniens en Algérie et en Égypte au XIXᵉ siècle*, Geuthner, 1974.

FROMKIN, David, *A Peace to End All Peace — Creating the Modern Middle East, 1914-1922*, Henry Holt, New York, 1989.

GOMAA, Ahmed M., *The Foundation of the League of Arab States*, Longman, Londres, 1977.

HAJJAR, J., *L'Europe et les destinées du Proche-Orient* (1815-1848), Bloud et Gay, Belgique, 1970.

HOKAYEM, Antoine, et BITTAR, Marie-Claude, *L'Empire ottoman, les Arabes et les grandes puissances, 1914-1920*, Les Éditions universitaires du Liban, Beyrouth, 1941.

HOKAYEM, Antoine, BOU MALHAB, Attalah D., et CHARAF, Jean, *Le démantèlement de l'Empire ottoman et les débuts du mandat : 1914-1919*, Les Éditions universitaires du Liban, Beyrouth, et L'Harmattan, Paris, 2003.

HOWARD, Harry N., *The King-Crane Commission — An American Inquiry into the Middle East*, Khayats, Beyrouth, 1963.

HUREWITZ, J.C., *Diplomacy in the Near and Middle East. A Documentary Record (1535-1914* et *1914-1956)*, 2 vol., D. Van Nostrand Company Inc., New York, 1956.

KHADER, Bichara, *Le monde arabe expliqué à l'Europe*, L'Harmattan — CERMAC — Academia Bruylant, Paris et Bruxelles, 2009.

KHADER, Bichara, *L'Europe pour la Méditerranée. De Barcelone à Barcelone (1995-2008)*, L'Harmattan — CERMAC — Academia Bruylant, Paris et Bruxelles, 2009.

LABÉVIÈRE, Richard, *Le grand retournement. Bagdad-Beyrouth*, Le Seuil, Paris, 2006.

« Laïcité(s) en France et en Turquie », *Cahiers d'études sur la Méditerranée orientale et le monde turco-iranien*, n° 19, 1995.

LAWRENCE, T.E., *Les sept piliers de la sagesse*, Payot, Paris, 1992.

LEWIS, Bernard, *The Emergence of Modern Turkey*, Oxford University Press, 1961.

MA'OZ, Moshe, *Ottoman Reforms in Syria and Palestine, 1840-1861*, Oxford University Press, Londres, 1968.

NABAA, René, *Guerre des ondes… Guerre des religions. La bataille hertzienne dans le ciel méditerranéen*, L'Harmattan, Paris, 1998.

Penser l'identité en Méditerranée, Les Cahiers de l'Orient, Paris, n° 61, premier trimestre 2001.

RAVENEL, Bernard, *Méditerranée, l'impossible mur*, L'Harmattan, Paris, 1995.

SHAW, S.J., *Histoire de l'Empire ottoman*, Éditions Horvath, Roanne, 1983.

THUAL, François, *La géopolitique de l'orthodoxie*, Dunod, Paris, 1995.

VALENSI, Lucette, *Venise et la Sublime Porte — La naissance du despote*, Hachette, Paris, 1987.

VOLNEY, Constantin-François, *Voyage en Égypte et en Syrie*, Mouton, Paris, 1959.

ZORGBIBE, Charles, *La Méditerranée sans les grands*, P.U.F., Paris, 1997.

SUR L'ÉCONOMIE DU PROCHE-ORIENT

ALI ABDEL GADIR, et FAN, Shengenn (éd.), *Public Policy and Poverty Reduction in the Arab Region*, The Arab Planning Institute, Koweït, 2007.

AMIN, Galal, *The Modernization of Poverty. A Study in the Political Economy of Growth in Nine Arab Countries, 1945-1970*, E.J. Brill, Leiden, 1974.

Bâtisseurs et Bureaucrates. Ingénieurs et Société au Maghreb et au Moyen-Orient, Maison de l'Orient (ouvrage collectif), *Études sur le Monde Arabe*, n° 4, Lyon, 1990.

BAUCHARD, Denis, *Le jeu mondial des pétroliers*, Le Seuil, Paris, 1970.

BEAUJEU-GARNIER, J., *L'économie du Moyen-Orient*, « Que sais-je ? », P.U.F., Paris, 1969, 3e éd.

BERNARD, Chantal (dir.), *L'économie des pays arabes — Présentation thématique des travaux de la période 1979-1984*, Éditions du C.N.R.S., Paris, 1988.

BLAIR, John M., *The Control of Oil*, The Macmillan Press Ltd., Londres, 1976.

BLIN, Louis, et FARGUES, Philippe, *L'économie de la paix au Proche-Orient*, Maisonneuve et Larose, Paris, 1995.

BLIN, Louis, *Le pétrole du Golfe. Guerre et paix au Moyen-Orient*, Maisonneuve et Larose, Paris, 1996.

BRAHIMI, Abdel Hamid, *Dimensions et perspectives du monde arabe*, Economica, Paris, 1977.

Charting the Progress of the Millenium Development Goals in the Arab Region. A Statistical Portrait, ESCWA (Economic and Social Commission for Western Asia), Beyrouth, 2010.

CHATELUS, Michel, *Stratégie pour le Moyen-Orient*, Calmann-Lévy, Paris, 1974.

CHEVALIER, Jean-Marie, *Le nouvel enjeu pétrolier*, Calmann-Lévy, Paris, 1973.

Claming the Future: Choosing Prosperity in the Middle East and North Africa, The World Bank, Washington, D.C., 1995.

COOK, M.A., *Studies in the Economic History of the Middle East — From the Rise of Islam to Present Day*, Oxford University Press, Londres, 1970.

COOPER, Charles A., et ALEXANDER, Sidney S. (éd.), *Economic Development and Population Growth in the Middle East*, Elsevier Publishing Co, New York, 1972.

CORM, Georges, « Effets monétaires et financiers pour les pays arabes du rajustement des prix du pétrole » dans *Proche-Orient, Études économiques*, revue de la faculté des sciences économiques et de gestion des entreprises de l'université Saint-Joseph de Beyrouth, nᵒ 17, mai-décembre 1975.

CORM, Georges, « Éléments d'une stratégie financière pour les pays arabes », dans *Proche-Orient, Études économiques*, revue de la faculté des sciences économiques et de gestion des entreprises de l'université Saint-Joseph de Beyrouth, nᵒ 17, mai-décembre 1975.

CORM, Georges, « Les pays arabes face au contre-choc pétrolier », *Politique industrielle*, nᵒ 14, hiver 1989.

CORM, Georges. *Labor Migration in the Middle East and North Africa. A View from the Region*, World Bank, Washington, D.C., 2007.

DUCRUET, Jean, *Les capitaux européens au Proche-Orient*, P.U.F., Paris, 1964.

DUNCAN, Andrew, *Money Rush*, Hutchinson & Cᵒ, Londres, 1979.

DURAND, Daniel, *La politique pétrolière internationale*, P.U.F., « Que sais-je ? », 1962, 2ᵉ éd.

Education for Employment: Realizing Arab Youth Potential, International Financial Corporation (IFC) & Islamic Development Bank, Washington, D.C., 2011.

EL-NAGGAR, Said (dir.), *Privatization and Structural Adjustment in the Arab Countries.* IMF (International Monetary Fund), Washington, D.C., 1989.

EL-NAGGAR, Said (dir.), *Investment Policies in the Arab Countries*, IMF, Washington, D.C., 1990.

Facing Challenges of Poverty, Unemployment, and Inequalities in the Arab Region. Do policy choices of Arab Governments still hold after the global economic crisis?, The Arab NGO Network for Development, Beyrouth, 2009.

FARGUES, Philippe, *Migrations et changements sociaux dans l'Orient arabe*, CERMOC, Beyrouth, 1985.

FARGUES, Philippe, *Mouvements communautaires et espaces urbains au Machrek*, CERMOC, Beyrouth, 1985.

FARGUES, Philippe, *Réserves de main-d'œuvre et rente pétrolière — Étude démographique des migrations de travail vers les pays arabes du Golfe*, CERMOC, Beyrouth, 1980.

FIELD, Michael, *Cent millions de dollars par jour*, Fayard, Paris, 1975.

FISCHER, Stanley, HAUSMAN, Leonard J., KARASIK, Anna D. (*et al.*) (éd.), *Securing Peace in the Middle East. Project on Economic Transition*, The M.I.T. Press, Cambridge, 1994.

GALLOUX, Michel, *Finance islamique et pouvoir politique. Le cas de l'Égypte moderne*, P.U.F., Paris, 1997.

GHOZALI, A., et SARKIS, N., *Pétrole et développement économique au Moyen-Orient*, Mouton, 1968.

HANDOUSSA, Heba (dir.), *Economic Transition in the Middle East. Global Challenges and Adjustment Strategies*, The American University in Cairo Press, Le Caire, 1997.

HENNI, Ahmed, *Le syndrome islamiste. De la dynamique statutaire dans le capitalisme de rente*, Non Lieu, Paris, 2008.

HERSHLAG, Z.Y., *Introduction to the Modern Economic History of the Middle East*, E.J. Brill, Leiden, 1964.

HOEKMAN, Bernard, et KHEIR-EL-DIN, Hanaa (dir.), *Trade Policy Development in the Middle East and North Africa*, Mediterranean Development Forum, World Bank Institute and Economic Research Forum, Washington, D.C., 2000.

Investment Policies in the Arab Countries, Fonds monétaire international, 1990.

ISSAWI, Charles (éd.), *Economic History of the Middle East, 1800-1914*, University of Chicago Press, 1966.

ISSAWI, Charles, et YEGANEH, Mohammed, *The Economics of Middle Eastern Oil*, Faber and Faber, Londres, 1962.

Issawi, Charles, *Egypt in Revolution. An Economic Analysis*, Oxford University Press, Londres, 1963.

Khader, Bichara (éd.), *Monde arabe et développement économique*, Le Sycomore, 1981.

King, Stephen J., *Liberalization Against Democracy. The Local Politics of Economic Reform in Tunisia*, Indiana University Press, 2003.

Leveau, Rémy, *Le partenariat euro-méditerranéen. La dynamique de l'intégration régionale*, Commissariat général du plan, La Documentation Française, Paris, 2000.

Mabro, Robert, *The Egyptian Economy, 1952-1972*, Oxford University Press, Londres, 1974.

Mabro, Robert (éd.), *World Energy — Issues and Policies* (Proceedings of the First Oxford Energy Seminar), Oxford University Press, Londres, 1980.

Mahjoub, Azzam, Abdel Halim, Manal Mohamed, et Al Khouri, Riad, *Assessing the Millenium Development Goals Process in the Arab Region. A Survey of Key Issues*, The Arab NGO Network for Development, Beyrouth, 2010.

Makdisi, Samir, Fattah, Zeki, et Limam, Imed, *Determinants of Growth in the MENA Countries*, Arab Planning Institute, Working Paper Series, API/WPS 0301, Koweït, 2000.

Marlowe, John, *Spoiling the Egyptians*, André Deutsch, Londres.

Martin, Maurice, « Égypte : les modes informels du changement », dans *Études*, avril 1980, Paris.

Mattione, Richard P., *OPEC's Investments and the International Financial System*, The Brookings Institution, Washington, D.C., 1984.

Merhav, Meir (éd.), *Economic Cooperation and Middle East Peace*, Weindelfeld and Nicholson, Londres, 1989.

Migration pour le travail décent. Croissance économique et développement, BIT (Bureau international du travail), Genève, février 2010.

Mihailovitch, Lioubomir, et Pluchart, Jean-Jacques, *L'O.P.E.P.*, P.U.F., Paris, 1980.

Monti, Mario (dir.), *Fiscal Policy, Economic Adjustment, and Financial markets*, IMF (International Monetary Fund), Washington, D.C., 1989.

NABLI, Mustapha Kamel (dir.), *Breaking the Barriers to Higher Economic Growth. Better Governance and Deeper Reforms in the Middle East and North Africa*, The World Bank, Washington, D.C., 2007.

NOUSCHI, André, *Luttes pétrolières au Proche-Orient*, Flammarion, « Questions d'histoire », Paris, 1972.

O'BRIEN, Patrick K., *The Revolution in Egypt's Economic System*, Oxford University Press, Londres, 1966.

OWEN, Roger, *The Middle East in the World Economy, 1800-1914*, Methuen, Londres, 1980.

PARIGI, Stéphanie, *Des banques islamiques*, Ramsay, Paris, 1989.

Policy Issues in the ESCWA Region. Facing Youth Unemployment Problems in the ESCWA Region, Economic and Social Council, E/ESCWA/24/4 (Part II), avril 2006.

Preventing and Eradicating Poverty. Report on the experts' meeting on poverty alleviation and sustainable livelihoods in the Arab States, Programme des Nations unies pour le développement (PNUD), New York, 1996.

Rapport économique arabe conjoint (en arabe sous le titre : *Al Taqrir al iktissadi al 'arabi al mouwahad*), années 1996 à 2010, Fonds monétaire arabe, Abu-Dhabi.

RICHARD, Alan, et WATERBURY, John, *A Political Economy of the Middle East*, Westview Press, Oxford, 1996.

RIVIER, François (avec la collaboration de G. CLAISSE et A. SHAMMAS), *Industrie et politiques industrielles en Égypte*, CERMOC, Beyrouth, 1979.

SARKIS, Nicolas, *Le pétrole à l'heure arabe*, Stock, Paris, 1975.

SAYIGH, Yusif A., *The Economics of the Arab World*, et *The Determinants of Arab Economic Development*, Croom Helm, Londres, 1978.

SAYIGH, Yusif A., *Arab Oil Policies in the 1970s*, Croom Helm, Londres, 1983.

SAYIGH, Yusif, *The Arab Economy — Past Performance and Future Prospects*, Oxford University Press, Londres, 1982.

SHAFIK, Nemat (dir.), *Economic Challenges Facing Middle Eastern and North African Countries. Alternative Futures*, Economic Research Forum for the Arab Countries, Egypt and Turkey, Macmillan Press Ltd., Londres, 1998.

SHIHATA, Ibrahim F.I., *Un autre visage de l'OPEP, l'aide financière au tiers-monde*, Longman, Londres, 1982.

SID AHMED, Abdelkader (dir.), *Économies du Maghreb. L'impératif de Barcelone*, Éditions du C.N.R.S., Paris, 1998.

SID AHMED, Abdelkader, *Économie politique de la transition dans les pays en développement : le cas de la Syrie*, Publisud, 1996.

SID AHMED, Abdelkader, *Développement sans croissance : l'expérience des économies pétrolières du tiers-monde*, Publisud, 1983.

SID AHMED, Abdelkader, *L'O.P.E.P. Passé, présent et perspectives (Éléments pour une économie politique des économies rentières)*, Office des publications universitaires, Alger, et Economica, Paris, 1980.

SID AHMED, Abdelkader, *L'Économie arabe à l'heure des surplus pétroliers*, Cahiers de l'Institut des sciences mathématiques et économiques appliquées (I.S.M.E.A.), série F, n° 26, 1975.

SID AHMED, Abdelkader, *Nord-Sud : les enjeux (Théorie et pratique du nouvel ordre économique international)*, Publisud, 1981.

TANZER, Michael, *The Energy Crisis : World Struggle for Power and Wealth*, Monthly Review Press, Londres, 1974.

TANZER, Michael, *The Political Economy of International Oil and the Underdeveloped Countries*, Beacon Press, Boston, 1969.

TEILHAC, Ernest, *Économie politique pour les Arabes. Annales de la Faculté de droit et de sciences économiques de Beyrouth*, L.G.D.J., Paris, 1960.

TZANNATOS, Zafiris, *The Global Financial, Economic and Social Crisis and the Arab Countries. A review of the evidence and policies for employment creation and social protection*, ILO, Genève, 2009.

UNDP (United Nations Development Programme) and MBRF (Mohammed bin Rashid Al Maktoum Foundation), Arab Knowledge Report 2009, *Towards Productive Intercommunication for Knowledge*, UNDP, Dubaï, 2010.

UNDP (United Nations Development Programme), Arab Human Development Report 2002, *Creating Opportunities for Future Generations*, UNDP, New York, 2002.

UNDP (United Nations Development Programme), Arab Human Development Report 2003, *Building a Knowledge Society*, UNDP, New York, 2003.

UNDP (United Nations Development Programme), Arab Human Development Report 2004, *Towards Freedom in the Arab World*, UNDP, New York, 2004.

UNDP (United Nations Development Programme), Arab Human Development Report 2005, *Towards the Rise of Women in the Arab World*, UNDP, New York, 2005.

UNDP (United Nations Development Programme), Arab Human Development Report 2009, *Challenges to Human Security in the Arab Countries*, UNDP, New York, 2009.

UNESCO Science Report 2005, Rapport annuel, UNESCO, Paris, 2006.

UNESCO Science Report 2010, Rapport annuel, UNESCO, Paris, 2010.

VALMONT, André (dir.), *Économie et stratégie dans le monde arabe et musulman*, Éditions EMAM, 1993.

WARDE, Ibrahim, *Islamic Finance in the Global Economy*, Edinburgh University Press, Édimbourg, 2000.

WARRINER, Doreen, *Land Reform and Development in the Middle East ; Study of Egypt, Syria and Iraq*, Oxford University Press, Londres, 1962.

Working Towards Achieving the Millennium Goals in Arab Countries, Evaluation Report 2005-2009, The Arab NGO Network for Development, Beyrouth, 2010.

World Bank, *Better Governance for Development in the Middle East and North Africa*, Washington, D.C., 2003.

World Bank, *Making Services Work for Poor People*, World Development Report, World Bank & Oxford University Press, Washington, 2004.

World Bank, *The Road Not Traveled. Education Reform in Middle East and North Africa*, MENA Development Report, World Bank, Washington, 2008.

World Bank, *Unlocking the Employment Potential in the Middle East and North Africa. Toward a New Social Contract*, MENA Development Report, World Bank, Washington, 2004.

World Development Indicators (base de données en ligne, www.publication.worldbank.org)

ZAHLAN, Antoine B. (éd.), *Technology Transfer and Change in the Arab World*, Pergamon Press, Oxford, 1978.

ZAHLAN, Antoine B., *Science and Science Policy in the Arab World*, Croom Helm, Londres, 1980.

ZAHLAN, Antoine B., *The Arab Brain Drain*, Ithaca Press, Londres, 1981.

ZAHLAN, Antoine B., *Acquiring Technological Capacity: A Study of Arab Consulting and Contracting Firms*, Macmillan, Londres, 1991.

ZAHLAN, Antoine B., *Bridging the Knowledge Gap*, intervention au 6ᵉ Forum du développement de Doha, Qatar, avril 2006.

ZAHLAN, Antoine B., *Science and Technology in the Arab World: Progress Without Change* (en langue arabe), Centre for Arab Unity Studies, Beyrouth, 1999.

ZAHLAN, Antoine B., *The Arab Construction Industry*, Croom Helm, Londres, 1983.

SUR L'ÉGYPTE

ABDEL MALEK, Anouar, *Égypte, société militaire*, Le Seuil, Paris, 1962.

ABOU CHEDID, Nasr M., *L'idéologie nationale arabe dans le discours de Gamal Abdel Nasser, 1952-1970*, thèse de doctorat de 3ᵉ cycle, Sorbonne, Paris, 1979.

AL SADATE, Anouar, *À la recherche d'une identité*, Fayard, Paris, 1978.

BERQUE, Jacques, *L'Égypte — impérialisme et révolution*, Gallimard, Paris, 1967.

BLIN, Louis (dir.), *L'économie égyptienne. Libéralisation et insertion dans le marché mondial*, L'Harmattan, Paris, 1993.

COLOMBE, Marcel, *L'évolution de l'Égypte: 1924-1950*, Maisonneuve, Paris, 1951.

« Égypte — Recompositions », *Peuples méditerranéens*, nº 41-42, oct. 1987 - mars 1988.

EL KOSHERI, Mahfouz, *Socialisme et pouvoir en Égypte*, R. Pichon et R. Durand, Auzias, 1972.

EL SHAZLY, *The Crossing of the Suez*, Third World Center, Londres, 1980.

HANOTAUX, Georges, *L'histoire de la nation égyptienne*, 7 vol., Plon, Paris, 1931-1937.

HEIKAL, Muhammed H., *Le sphinx et le commissaire*, Éditions Jeune Afrique, 1980.

HEIKAL, Muhammed H., *The Road to Ramadan*, Collins, Londres, 1975.

HIRST, David, et BEESON, Irene, *Sadat*, Faber and Faber, Londres, 1981.

KIENLE, Eberhard, *A Grand Delusion: Democracy and Economic Reform in Egypt*, I.B. Tauris, Londres, 2001.

LACOUTURE, Jean et Simone, *L'Égypte en mouvement*, Le Seuil, Paris, 1962, 2ᵉ éd.

LACOUTURE, Jean, *Nasser*, Le Seuil, Paris, 1971.

LANDES, D., *Bankers & Pashas: International Finance and Economic Imperialism in Egypt*, Harvard University Press, 1958.

LANE, Edward W., *Account of the Manners and Customs of the Modern Egyptians*, 1836.

L'Égypte d'aujourd'hui — Permanence et changements, 1805-1976, Éditions du C.N.R.S., Paris, 1977.

LITTLE, Tom, *Modern Egypt*, New York, 1967.

MIREL, Pierre, *L'Égypte des ruptures*, Sindbad, 1982.

MOORE, Henry Clement, *Images of Development — Egyptian Engineers in Search of Industry*, The MIT Press, Londres, 1980.

RIAD, Hassan, *L'Égypte nassérienne*, Éditions de Minuit, Paris, 1964.

SAFRAN, Nadav, *Egypt in Search of a Political Community. An Analysis of the Intellectual and Political Evolution of Egypt, 1804-1952*, Oxford University Press, Londres, 1961.

SHOUKRI, Ghali, *Égypte et contre-révolution*, Le Sycomore, 1979.

TOMICHE, Nada, *L'Égypte moderne*, «Que sais-je?», P.U.F., Paris, 1976.

VATIKIOTIS, P.J., *A Modern History of Egypt*, Weindenfeld and Nicolson, Londres, 1980.

VAUCHER, Georges, *Gamal Abdel Nasser et son équipe*, 2 vol., Julliard, Paris, 1959-1960.

SUR LA SYRIE

Baнout, Joseph, « Les entrepreneurs syriens. Économie, affaires et politiques », *Les Cahiers du C.E.R.M.O.C.*, n° 7, Beyrouth, 1994.

Bitterlin, Lucien, *Hafez el-Assad. Le parcours d'un combattant*, Éditions du Jaguar, 1986.

Hilan, Rizkallah, *Culture et développement en Syrie et dans les pays attardés*, Anthropos, 1969.

Hitti, Philip K., *History of Syria, including Lebanon and Palestine*, Macmillan, Londres, 1951.

Hopwood, Derek, *Syria 1945-1986*, Unwin Hyman, Londres, 1988.

Hourani, Albert, *Syria and Lebanon. A Political Essay*, Oxford University Press, Londres, 1954, 3e éd.

Kaminsky, Catherine, et Kruk, Simon, *La Syrie: politique et stratégie — de 1966 à nos jours*, P.U.F., Paris, 1987.

Khoury, Philip, *Syria and the French Mandate — The Politics of Arab Nationalism, 1920-1945*, Princeton University Press, 1987.

Kienle, Eberhard, *Ba'th v. Ba'th. The Conflict between Syria and Iraq, 1968-1989*, I.B. Tauris, Londres, 1990.

Labévière, Richard, *Quand la Syrie s'éveillera*, Perrin, Paris, 2011.

Lammens, Henri, *La Syrie — Précis historique*, 2 vol., Imprimerie catholique, Beyrouth, 1971.

La Syrie d'aujourd'hui, Éditions du C.N.R.S., Paris, 1980.

Le Gac, Daniel, *La Syrie du général Assad*, Éditions Complexe, 1991.

Longrigg, Stephen H., *Syria and Lebanon under French Mandate*, Oxford University Press, Londres, 1958.

Palazzoli, Claude, *La Syrie — Le rêve et la rupture*, Le Sycomore, 1977.

Rabbath, Edmond, *L'évolution politique de la Syrie sous mandat*, Paris, 1928.

Rabbath, Edmond, *Unité syrienne et devenir arabe*, Paris, 1937.

Rondot, Philippe, *La Syrie*, « Que sais-je ? », P.U.F., Paris, 1978.

Saab, Édouard, *Syrie, la révolution dans la rancœur*, Julliard, Paris, 1968.

SAMNE, Georges, *La Syrie*, Bossard, Paris, 1920.

SEALE, Patrick, *The Struggle for Syria — A Study of Post-War Arab Politics, 1945-1958*, Oxford University Press, Londres, 1965.

SEALE, Patrick, *Assad. The Struggle for the Middle East*, I.B. Tauris & Cᵒ, Londres, 1988.

SEURAT, Michel, *L'État de barbarie*, Esprit/Le Seuil, Paris, 1989.

VAN DAM, Nikolaos, *The Struggle for Power in Syria — Sectarianism, Regionalism and Tribalism in Politics, 1961-1978*, Croom Helm Ltd, Londres, 1979 (réédité en 1997).

WEULERSSE, Jacques, *Paysans de Syrie et du Proche-Orient*, Gallimard, Paris, 1946.

SUR LE LIBAN

ABOU, Sélim, *Béchir Gemayel ou l'esprit d'un peuple*, Anthropos, 1984.

ABOU EL-ROUSSE SLIM, Souad, *Le métayage et l'impôt au Mont-Liban. XVIIIᵉ et XIXᵉ siècle*, Dar el Machrek, Beyrouth, 1987.

AESCHIMANN, Éric, et BOLTANSKI, Christophe, *Chirac d'Arabie. Les mirages d'une politique française*, Grasset, Paris, 2006.

AMEL, Mahdi, *L'État confessionnel. Le cas libanais*, Éditions la Brèche, 1996.

AVON, Dominique, et KHATCHADOURIAN, Anaïs-Trissa, *Le Hezbollah, de la doctrine à l'action : une histoire du « parti de Dieu »*, Le Seuil, Paris, 2010.

BALTA, Paul, et CORM, Georges (dir.), *L'avenir du Liban dans le contexte régional et international*, Éditions E.D.I., 1988.

BARAKAT, Halim (éd.), *Toward a Viable Lebanon*, Croom Helm, Londres, 1988.

BENASSAR, *Anatomie d'une guerre et d'une occupation — Événements du Liban de 1975 à 1978*, Éditions Galilée, 1978.

BEYDOUN, Ahmed, *Identité confessionnelle et temps social chez les historiens libanais contemporains*, Publications de l'Université libanaise, Beyrouth, 1984.

BLANC, Paul, *Le Liban entre la guerre et l'oubli*, L'Harmattan, Paris, 1992.

BOURGI, Albert, et WEISS, Pierre, *Les complots libanais — Guerre ou paix au Proche-Orient*, Berger-Levrault, 1978.

BOYKIN, John, *Cursed is the Peacemaker. The American Diplomat versus the Israeli General. Beirut 1982*, I.B. Appmegate Press, 2002.

CHAMMAS, Nicolas, *L'avenir socio-économique du Liban en questions. Éléments de réponse*, Harvard Business School-Club of Lebanon, Beyrouth, 1995.

CHAMOUN, Camille, *Crise au Liban*, Beyrouth, 1977.

CHAMOUN, Camille, *Crise au Moyen-Orient*, Gallimard, Paris, 1963.

CHAMUSSY, René, *Chronique d'une guerre — Liban 1975-1977*, Desclée, 1978.

CHEVALLIER, Dominique, *La société du Mont-Liban à l'époque de la révolution industrielle en Europe*, Geuthner, Paris, 1971.

CHOUEIRI, Youssef (éd.), *Breaking the Cycle, Civil Wars in Lebanon*, Stacey International, Londres, 2007.

COBBAN, Helena, *The Making of Modern Lebanon*, Hutchinson, Londres, 1985.

COLLINGS, Deirdre (dir.), *Peace for Lebanon? From War to Reconstruction*, Lynne Rienner Publishers, Boulder, 1994.

Confluences Méditerranée sous le thème «Liban, État et société : la reconstruction difficile», n° 67, Paris, automne 2003.

CORM, Georges, *Le Liban contemporain. Histoire et société*, La Découverte, Paris, 2012.

CORM, Georges, *Politique économique et planification au Liban, 1953-1963*, Beyrouth, 1964.

DAGHER, Albert, «L'État et l'économie au Liban, action gouvernementale et finances publiques de l'indépendance à 1975», *Les Cahiers du CERMOC*, n° 12, Beyrouth, 1995.

DAGHER, Carole, *Les paris du Général*, FMA, Beyrouth, 1992.

DAGHER, Georges, *Identités composées au Liban. La radicalisation communautaire au XIXe siècle*, Geuthner, Paris, 1999.

DE BAR, L.-C., *Les communautés confessionnelles du Liban*, Éditions Recherches sur les civilisations, 1983.

DIB, Kamal, *Warlords and Merchants, the Lebanese Business and Political Establishment*, Ithaca Press, 2004.

DOMONT, Frédéric, et SHARARA, Walid, *Le Hezbollah, un mouvement islamo-nationaliste*, Fayard, Paris, 2006.

DUBAR, Claude, et NASR, Salim, « Les classes sociales au Liban », *Cahiers de la Fondation nationale des sciences politiques*, n° 204, 1976.

EDDE, Henri, *Le Liban d'où je viens*, Buchet/Chastel, Paris, 1997.

EL EZZI, Ghassan, *L'invasion israélienne du Liban — Origines, finalités et effets pervers*, L'Harmattan, Paris, 1990.

FARCHAKH, Georges, *Oum Farés, une mère dans la tourmente libanaise*, Publisud, 1995.

FEVRET, Jean-Marc, *1948-1972. Le Liban au tournant. L'anémone pourprée*, Geuthner, Paris, 2011.

GASPARD, Toufic K., *A Political Economy of Lebanon, 1948-2002 : The limits of Laissez-faire*, E.J. Brill, Leyde, 2004.

GHEORGHIU, Virgil, *Christ au Liban, de Moïse aux Palestiniens*, Plon, Paris, 1979.

GILSENAN, Michael, *Lords of the Lebanese Marches. Violence and Narrative in an Arab Society*, I.B. Tauris, Londres, 1977.

HAMDAN, Kamal, *Le conflit libanais. Communautés religieuses, classes sociales et identité nationale*, Institut de recherches des Nations unies pour le développement social (UNRISD), Carnet Éditions, Genève, 1997.

HANF, Theodor, et SALAM, Nawaf (dir.), *Lebanon in Limbo. Postwar Society and State in an uncertain regional environment*, Nomos Verlagsgesellschaft, Baden-Baden, 2003.

HENRY, Paul-Marc, *Les jardiniers de l'enfer*, Olivier Orban, Paris, 1984.

HITTI, Philip, *Lebanon in History*, Macmillan, Londres, 1967, 3e éd.

HOBALLAH, Adnan, *Le virus de la violence*, Albin Michel, Paris, 1996.

HOTTEIT, Amin M., *Sira'a 'ala ard Loubnan baina'l houdoud al doulia wal khatt al azrak* (Conflit sur le territoire libanais entre la frontière internationale et la ligne bleue), Dar Al Amir, Beyrouth, 2004.

Ismail, Adel, *Histoire du Liban du xviie siècle à nos jours*, Maisonneuve, Paris, 1955.

Kabbani, Oussama, *The Reconstruction of Beirut*, Publications du Centre for Lebanese Studies, Oxford, sept. 1982.

Karam, Georges Adib, *L'opinion publique libanaise et la question du Liban, 1918-1920*, Université libanaise, Beyrouth, 1981.

Karam, Karam, *Le mouvement civil au Liban*, Karthala, Paris, 2006.

Kasparian, Robert, Beaudoin, André, et Abou, Sélim, *La population déplacée par la guerre au Liban*, L'Harmattan, Paris, 1995.

Kassir, Samir, *La guerre du Liban. De la dissension nationale au conflit régional*, Karthala-Cermoc, Paris, 1994.

Khalaf, Samir, et Khoury, Philip (éd.), *Recovering Beirut : Urban Design and Post-War Reconstruction*, E.J. Brill, Leyde, 1993.

Khoury, Gérard, *La France et l'Orient arabe. Naissance du Liban moderne, 1914-1920*, Armand Colin, Paris, 1993.

Khoury, Gérard, *Mémoire de l'aube — Chroniques libanaises*, Publisud, 1987.

Kiwan, Fadia (dir.), *Le Liban aujourd'hui*, C.N.R.S. Éditions, Paris, 1993.

Kiwan, Fadia, *La vie publique au Liban. Expressions et recompositions du politique*, Les Cahiers du CERMOC, nᵒ 18, Beyrouth, 1997.

Kodmani-Darwish, Bassma (dir.), *Liban : espoirs et réalités*, IFRI, 1987.

Labaki, Boutros, et Abou Rjeily, Khalil, *Bilan des guerres du Liban, 1975-1990*, L'Harmattan, Paris, 1993.

La nouvelle société libanaise dans la perception des Fa'aliyat (Decision-Makers) des communautés chrétiennes, 3 vol., Bibliothèque de l'Université Saint-Esprit, Kaslik, Liban, 1984.

Lapousterle, Philippe, *Pour le Liban* (propos recueillis auprès de Kamal Joumblatt), Stock, Paris, 1978.

Lebret, Louis, *Le Liban face à son développement*, Institut de formation en vue du développement, Beyrouth, 1963.

Lebret, Louis, *Besoins et possibilités de développement du*

Liban, 3 vol., ministère du Plan de la République libanaise, Beyrouth, 1960-1961.

Les années «Cénacle», Dar An-Nahar, 1997.

Makdisi, Jean Said, *Beirut Fragments. A War Memoir*, Persea Book, New York, 1990.

Malsagne, Stéphane, *Fouad Chéhab 1902-1973. Une figure oubliée de l'histoire libanaise*, Karthala-Ifpo, Paris, 2011.

Ménargues, Alain, *Les secrets de la guerre du Liban: Du coup d'État de Bachir Gémayel aux massacres des camps palestiniens*, Albin Michel, Paris, 2004.

Messara, Antoine Nasri, *La gouvernance d'un système consensuel. Le Liban après les amendements constitutionnels de 1990*, Librairie orientale, Beyrouth, 2003.

Messara, Antoine N., *Le modèle politique libanais et sa survie — Essai sur la classification et l'aménagement d'un système consociatif*, Publications de l'Université libanaise, Beyrouth, 1983.

Moubarak, Yoakim, *Pentalogie antiochienne — Domaine maronite*, 5 vol., Éditions Le Cénacle libanais, Beyrouth, 1984.

Naaman, Abdallah, *La guerre libanaise (1975-1985), essai bibliographique*, Maison Naaman pour la Culture, Beyrouth, 1985.

Naba, René, *Hariri, un homme d'affaires Premier ministre*, L'Harmattan, Paris, 2000.

Nantet, Jacques, *L'histoire du Liban*, Éditions de Minuit, Paris, 1963.

Nassif Tar Kovacs, Fadia, *Les rumeurs dans la guerre du Liban. Les mots de la violence*, C.N.R.S. Éditions, Paris, 1998.

Pakradouni, Karim, *Le piège. De la malédiction libanaise à la guerre du Golfe*, Grasset, Paris, 1991.

Pakradouni, Karim, *Les années résistance. Mandat d'Émile Lahoud (1998-2007)*, traduction de l'arabe par Scarlett Haddad, Beyrouth, 2008.

Picard, Élisabeth, *Liban, État de discorde. Des fondations aux guerres fratricides*, Flammarion, Paris, 1988.

Picaudou, Nadine, *La déchirure libanaise*, Éditions Complexe, 1989.

Rabbath, Edmond *La formation historique du Liban politique et constitutionnel — Essai de synthèse*, Publications de l'Université libanaise (distribution : Librairie orientale), Beyrouth, 1973.

Rizk, Charles, *Le régime politique libanais*, R. Pichon et R. Durand-Auzias, 1966.

Rondeau, Daniel, *Chronique du Liban rebelle, 1988-1990*, Grasset, Paris, 1991.

Rondot, Pierre, *Les institutions politiques du Liban*, Paris, 1947.

Saade, Safia Antoun, *The Social Structure of Lebanon. Democracy or Servitude*, Éditions Dar An-Nahar, Beyrouth, 1993.

Salam, Nawaf, *La condition libanaise. Communauté, citoyen, État*, Éditions Dar An-Nahar, Beyrouth, 1998.

Salibi, Kamal S., *The Modern History of Lebanon*, Praeger, New York, 1964.

Salibi, Kamal, *Une maison aux nombreuses demeures. L'identité libanaise dans le creuset de l'histoire*, Nawfal, Paris, 1989.

Sarkis, Jean, *Histoire de la guerre du Liban*, P.U.F., Paris, 1993.

Shahadi, N., et Haffar Mills, D. (éd.), *Lebanon. A history of conflict and consensus*, The Center for Lebanese Studies et I.B. Tauris & Cᵒ, Londres, 1988.

Seguin, Jacques, *Le Liban-Sud, espace périphérique, espace convoité*, L'Harmattan, Paris, 1988.

Shiffer, Shimon, *Opération Boule de Neige — Les secrets de l'intervention israélienne au Liban*, J.-C. Lattès, Paris, 1984.

Sicking, Tom, *Religion et développement — étude comparée de deux villages libanais*, Université Saint-Joseph, Dar el-Machrek Éditeurs, Beyrouth, 1984.

Stetie, Salah, *Liban pluriel, essai sur une culture conviviale*, Naufal, Beyrouth, 1994.

Tabbara, Lina, *Survivre dans Beyrouth*, Olivier Orban, Paris, 1977.

Touma, Toufic, *Paysans et institutions féodales chez les Druzes et les maronites du Liban du xviiiᵉ siècle à 1914*, 2 vol., Publications de l'Université libanaise, Beyrouth, 1971.

Tueni, Ghassan, *Une guerre pour les autres*, J.-C. Lattès, Paris, 1985.

YAZIGI, Joseph, *La guerre libanaise*, Messidor/Éditions sociales, 1991.

Yoakim Moubarac, un homme d'exception. Textes choisis et présentés par Georges CORM, Librairie orientale, Beyrouth, 2004.

ZAMIR, Meir, *The Formation of Modern Lebanon*, Cornell University Press, Londres, 1988.

SUR LA PALESTINE ET ISRAËL

ABBAS, Mahmoud, *Le chemin d'Oslo*, Édifra, Paris, 1994.

ABEL, P.F.M., *Histoire de la Palestine depuis la conquête d'Alexandre jusqu'à l'invasion arabe*, 2 vol., Gabalda, Paris, 1952.

AL JOUNDI, Sami, *Le Drame palestinien — Pour sortir de l'impasse*, Fayard, Paris, 1969.

AMSON, Daniel, *De Gaulle et Israël*, P.U.F., Paris, 1991.

ARENDT, Hannah, *Eichmann à Jérusalem. Rapport sur la banalité du mal*, Gallimard, Paris, 1966.

ARENS, Moshe, *Broken Covenant, American Foreign Policy and the Crisis Between the U.S. and Israel*, Simon & Schuster, New York, 1995.

ARON, Raymond, *De Gaulle, Israël et les juifs*, Plon, Paris, 1968.

ASHRAWI, Hanan, *The Side of Peace. A Personal Account*, Simon & Schuster, New York, 1995.

AVNERY, Uri, *Israël sans sionisme*, Le Seuil, Paris, 1968.

AVNERY, Uri, *Mon frère l'ennemi*, Éditions Liana Lévi/Le Scribe, 1986.

AZEAU, Henri, *Le piège de Suez*, Robert Laffont, Paris, 1964.

BAECK, Léo, *L'essence du judaïsme*, P.U.F., Paris, 1992.

BARNAVI, Élie, *Une histoire moderne d'Israël*, Flammarion, Paris, 1988.

BARON, Salo W., *Histoire d'Israël. Vie sociale et religieuse*, Paris, 1956-1964.

BARON, Xavier, *Les Palestiniens — Un peuple*, Le Sycomore, 1977.

BAR-ZOHAR, Michel, *Ben Gourion le prophète armé*, Fayard, Paris, 1966.

BAUER, Jacques, *Les partis religieux en Israël*, P.U.F., coll. «Que sais-je?», Paris, 1991.

BEN-GOURION, David, *Israël, années de luttes*, Flammarion, Paris, 1964.

BERGER, Elmer, *The Jewish Dilemma*, The Devin-Adair Co, New York, 1946.

BLAU, Ruth, *Les gardiens de la Cité. Histoire d'une guerre sainte*, Flammarion, Paris, 1978.

BOCCO, Riccardo, DESTREMEAU, Blandine, et HANNOYER, Jean (dir.), «Palestine, territoire national, espaces communautaires», *Les Cahiers du CERMOC*, n° 17, CERMOC, Beyrouth, 1997.

BUBER, Martin, *Une terre et deux peuples. La question judéo-arabe*, Lieu Commun, Paris, 1985.

CARRÉ, Olivier, *L'idéologie palestinienne de résistance: analyse de texte, 1964-1970*, Armand Colin, Paris, 1972.

CARRÉ, Olivier, *Le mouvement national palestinien*, Gallimard/Julliard, collection «Archives», Paris, 1977.

CARTER, Jimmy, *Le sang d'Abraham*, Éditions Londreys, 1986.

CARTER, Jimmy, *Palestine. Peace not Apartheid*, Simon & Schuster, New York, 2006.

CHAGNOLLAUD, Jean-Paul, *Israël et les territoires occupés*, L'Harmattan, Paris, 1986.

CHALIAND, Gérard, *La résistance palestinienne*, Le Seuil, Paris, 1970.

CHARBIT, Denis, *Sionismes. Textes fondamentaux*, Albin Michel, Paris, 1998.

CHOMSKY, Noam, *The Fateful Triangle: The United States, Israel and the Palestinians*, South End Press, Boston, 1984.

COHEN, Mitchell, *Du rêve sioniste à la réalité israélienne*, La Découverte, Paris, 1990.

CYPEL, Sylvain, *Les emmurés. La société israélienne dans l'impasse*, La Découverte, Paris, 2005.

DAYAN, Moshe, *Histoire de ma vie*, Fayard, Paris, 1976.

DAYAN, Moshe, *Vivre avec la Bible*, Albin Michel, Paris, 1980.

DAYAN, Moshe, *Journal de la campagne du Sinaï*, Fayard, Paris, 1966.

DAYAN, Moshe, *Paix dans le désert*, Fayard, Paris, 1981.

DEBRAY, Régis, *Un candide en terre sainte*, Gallimard, Paris, 2008.

DERRIENNIC, Jean-Pierre, *Israël en guerre*, Armand Colin, Paris, 1974.

DIECKHOFF, Alain, *L'invention d'une nation. Israël et la modernité politique*, Gallimard, Paris, 1993.

EL-ASMAR, Fawzi, *Être arabe en Israël*, Casterman, Paris, 1981.

ENDERLIN, Charles, *Paix ou guerres : les secrets des négociations israélo-arabes, 1917-1997*, Stock, Paris, 1997.

ENDERLIN, Charles, *Le rêve brisé. Histoire de l'échec du processus de paix au Proche-Orient, 1995-2002*, Fayard, Paris, 2006.

ENDERLIN, Charles, *Les années perdues. Intifada et guerres au Proche-Orient, 2001-2006*, Fayard, Paris, 2006.

ERRERA-HOECHSTETTER, *Le conflit israélo-arabe (1948-1974)*, coll. « Documents Actualités », P.U.F., Paris, 1974.

FINKELSTEIN, Norman, *L'industrie de l'Holocauste. Réflexions sur l'exploitation de la souffrance des Juifs*, La Fabrique, Paris, 2001.

FRIEDMANN, Georges, *Fin du peuple juif ?*, Gallimard, coll. « Idées », Paris, 1965.

GASPARD, Lorand, *Histoire de la Palestine*, Maspero, Paris, 1968.

Gaza-Jéricho. Une signature historique. Recueil de textes, Éditions de l'Aube, 1994.

GERIES, Sabri, *Les Arabes en Israël*, Maspero, Paris, 1969.

GHALI, Boutros Boutros, *Le chemin de Jérusalem*, Fayard, Paris, 1997.

GREEN, Stephen, *Living by the Sword. America and Israel in the Middle East, 1968-1987*, Faber & Faber, Londres, 1988.

GREILSAMMER, Ilan, *La nouvelle histoire d'Israël. Essai sur une identité nationale*, Gallimard, Paris, 1988.

GRESH, Alain, et VIDAL, Dominique, *Palestine 47. Un partage avorté*, Éditions Complexe, 1991.

GRESH, Alain, et VIDAL, Dominique, *Proche-Orient — Une guerre de cent ans*, Éditions Sociales, 1984.

GROSSMAN, David, *Le vent jaune*, Le Seuil, Paris, 1988.

GURFINKEL, Michel, *Israël, géopolitique d'une paix*, Michalon, Paris, 1996.

HADAWI, Sami, *Bitter Harvest, Palestine Between 1914-1967*, The New World Press, New York, 1967.

HADDAD, Simon, *Les planteurs d'oliviers, histoire des Palestiniens arabes citoyens d'Israël*, ETC, Paris, 1989.

HALEVI, Ilan, *Sous Israël la Palestine*, Le Sycomore, 1978.

HALEVI, Ilan, *Question juive, la tribu, la loi, l'espace*, Éditions de Minuit, Paris, 1981.

HALEVI, Ilan, *Israël, de la terreur au massacre d'État*, Papyrus, 1984.

HALTER, Marek, *La mémoire d'Abraham*, Robert Laffont, Paris, 1983.

HALTER, Marek, *Le fils d'Abraham*, Robert Laffont, Paris, 1989.

HERSH, Seymour M., *Opération Samson. Comment Israël a acquis la bombe atomique*, Olivier Orban, Paris, 1992.

HERZL, Theodor, *L'État des juifs*, nouvelle traduction de Claude Klein, La Découverte, Paris, 1990.

HERZL, Theodor, *Terre ancienne, terre nouvelle...*, Slatkine, coll. « Ressources », Paris, 1980.

HERZL, Theodor, *The Complete Diaries of T. Herzl*, 3 vol., éd. par Rataï, Herzl Press, New York.

HEYD, Uriel, *Ottoman Documents on Palestine*, Oxford University Press, Londres, 1960.

HUREWITZ, J.C., *The Struggle for Palestine*, W.W. Norton, New York, 1950.

HYAMSON, Albert M., *Palestine under the Mandate*, Methuen, Londres, 1950.

JEFFRIES, J.M.N., *Palestine, the Reality*, Longmans, Green, Londres, 1939.

KAPELIOUK, Amnon, *Israël : la fin des mythes*, Albin Michel, Paris, 1975.

KAPELIOUK, Amnon, *Enquête sur un massacre*, Le Seuil, Paris, 1983.

KAPELIOUK, Amnon, *Hébron. Un massacre annoncé*, Arléa-Le Seuil, Paris, 1994.

KAPELIOUK, Amnon, *Rabin, Un assassinat politique. Religion, nationalisme, violence en Israël*, Le Monde Éditions, Paris, 1996.

KAPELIOUK, Amnon, *Yasser Arafat. L'irréductible*, Fayard, Paris, 2004.

KASSIR, Samir, et MARDAM-BEY, Farouk, *Itinéraire de Paix à Jérusalem. La France et le conflit israélo-arabe*, 2 vol., Les livres de la Revue d'Études Palestiniennes, Paris, 1992.

KESSEL, Joseph, *Terre d'amour et de feu. Israël 1925-1961*, Plon, Paris, 1965.

KHADER, Bichara et Naïm, *Textes de la révolution palestinienne, 1968-1974*, Sindbad, 1975.

KHALED, Leila, *Mon peuple vivra*, Gallimard, Paris, 1973.

KHALIDI, Walid (dir.), *From Haven to Conquest — Readings in Zionism and the Palestine Problem until 1948*, The Institute for Palestine Studies, Beyrouth, 1971.

KLATZMANN, Joseph, et ROUACH, Daniel, *L'économie d'Israël*, P.U.F., coll. « Que sais-je ? », Paris, 1994.

KODMANI-DARWISH, Bassma, *La diaspora palestinienne*, P.U.F., 1997.

KOESTLER, Arthur, *Analyse d'un miracle. Naissance d'Israël*, Calmann-Lévy, Paris, 1949.

KOESTLER, Arthur, *L'ombre du dinosaure*, Calmann-Lévy, Paris, 1956.

KOESTLER, Arthur, *La Tour d'Ezra*, Calmann-Lévy, Paris, 1974.

KOESTLER, Arthur, *La quête de l'absolu*, Calmann-Lévy, Paris, 1981.

LAPIERRE, Dominique, et COLLINS, Larry, *Ô Jérusalem*, Robert Laffont, Paris, 1971.

LAQUEUR, Walter, *A History of Zionism*, Weidenfeld et Nicholson, Londres, 1972.

LAQUEUR, Walter, *La vraie guerre du Kippour*, Calmann-Lévy, Paris, 1974.

LAURENS, Henry, *Le retour des exilés, la lutte pour la Palestine de 1869 à 1997*, Robert Laffont, Paris, 1998.

L'enfermement du peuple palestinien, CVPR (Comité de vigilance pour une paix réelle au Proche-Orient), janvier 2009.

Les Palestiniens et la crise israélo-arabe, ouvrage collectif (Jacques BERQUE, Jacques COULAND, Louis-Jean DUCLOS, Jacqueline HADAMARD, Maxime RODINSON), Éditions Sociales, 1974.

Les Temps modernes (n° 235 bis, juin 1967), sur le thème : *Le Conflit israélo-arabe*, et intitulé « Israël, fait colonial ? ».

LILIENTHAL, Alfred M., *What Price Israel ?*, Henry Regnery, Chicago, 1953.

L'instrumentalisation des religions dans le conflit israélo-

palestinien, CVPR (Comité de vigilance pour une paix réelle au Proche-Orient), novembre 2010.

LIVIN, Abraham, *Le retour d'Israël et l'espérance du monde*, Éditions du Rocher, Paris, 1984.

Livre blanc sur l'agression israélienne au Liban, préparé par l'Association internationale des juristes démocrates, Publisud, 1983.

LOVE, Kennett, *Suez: the Twice-Fought War*, Longman, Londres, 1970.

MANOR, Yohanan, *Naissance du sionisme politique*, Gallimard/Julliard, coll. «Archives», Paris, 1981.

MANSOUR, Antoine, *Palestine: une économie de résistance en Cisjordanie et à Gaza*, L'Harmattan, Paris, 1983.

MANSOUR, Camille (dir.), *Les Palestiniens de l'intérieur*, les livres de la *Revue d'études palestiniennes*, Washington, D.C., 1989.

MANSOUR, Camille, *Israël et les États-Unis, ou les fondements d'une doctrine stratégique*, Armand Colin, Paris, 1995.

MARLOWE, John, *The Seat of Pilate. An Account of the Palestine Mandate*, Cressent, Londres, 1959.

MEARSHEIMER, John J., et WALT, Stephen M., *Le lobby pro-israélien et la politique étrangère américaine*, La Découverte, Paris, 2007.

MICHEL, Alain, *Racines d'Israël. 1948, une plongée dans 3 000 ans d'histoire*, Éditions Autrement, 1988.

MONNEAU, May M., *Les Palestiniens de Jérusalem, l'action de Fayçal Husseini*, L'Harmattan, Paris, 2009.

MORIN, Edgar, *Le monde moderne et la question juive*, Le Seuil, Paris, 2006.

MOSSÉ, Claude, *Lettre d'un juif à un Israélien*, Bartillat, Paris, 1997.

NAUFAL, Mahmoud, *Histoire des accords d'Oslo. Le récit véridique complet de la «cuisine d'Oslo» (Kissat ittifak Oslo. Al Riwa'at al hakikat al kamila «Tabkhat Oslo»)*, Al Ahlia lill nashr wal tawzi', Amman, 1995 .

NETANYAHOU, Benyamin, *Paix et sécurité. Pour en finir avec le terrorisme*, L'Archipel, Paris, 1995.

NUTTING, Anthony, *No End of a Lesson: the Story of Suez*, Constable, Londres, 1967.

O'BALANCE, Edgar, *The Sinaï Campaign 1956*, Faber and Faber, Londres, 1959.

OSTROVSKY, Victor, *By Way of Deception*, St. Martin's Press, New York, 1990.

OZ, Amos, *Les voix d'Israël*, Calmann-Lévy, Paris, 1983.

PERES, Shimon, *Le temps de la paix*, Odile Jacob, Paris, 1993.

PERETZ, Don, *Israel and the Palestine Arabs*, The Middle East Institute, Washington, D.C., 1958.

PERLMUTTER, Amos, *The Life and Times of Menachem Begin*, Doubleday & Company, New York, 1987.

PETRAS, James, *The Power of Israel in the United States*, Clarity Press, 2006.

PICAUDOU, Nadine, *Le mouvement national palestinien. Genèse et structures*, L'Harmattan, 1989.

PICAUDOU, Nadine, *Les Palestiniens. Un siècle d'histoire*, Éditions Complexe, 1997.

PORATH, Yehoshua, *The Emergence of the Palestinian Arab National Movement*, Franck Cass, Londres, 1974.

QUANDT, William B., *Peace Process. American Diplomacy and the Arab Israeli Conflict Since 1967*, University of California Press, Los Angeles, 1993.

QUANDT, William B., *Camp David : Peace Making and Politics*, The Brookings Institution, Washington, 1986.

QUINZIO, Sergio, *Racines hébraïques du monde moderne*, Balland, Paris, 1992.

RABIN, Yitzakh, *Mémoires*, Buchet-Chastel, Paris, 1980.

RABKIN, Yakov M., *Au nom de la Torah. Une histoire de l'opposition juive au sionisme*, Presses de l'Université Laval, Québec, 2004.

RAJFUS, Maurice, *Identité à la carte. Le judaïsme français en question*, Arcantère, Paris, 1989.

Rapport de la commission Kahane — Texte intégral, Stock, Paris, 1983.

REINHART, Tanya, *Détruire la Palestine, ou comment terminer la guerre de 1948*, La Fabrique Éditions, Paris, 2001.

REINHART, Tanya, *L'héritage de Sharon. Détruire la Palestine suite*, La Fabrique Éditions, Paris, 2006.

RODINSON, Maxime, *Israël et le refus arabe — 75 ans d'histoire*, Le Seuil, 1968.

RODINSON, Maxime, *Peuple juif ou problème juif*, PCM/petite collection Maspero, Paris, 1981.

ROSENMANN, Izio (textes rassemblés par), «Juifs laïcs : du

religieux au culturel», *Panoramiques*, n° 7, 4ᵉ trimestre 1992.

Rouleau, Éric, Held, Jean-Jacques, Lacouture, Jean et Simone, *Israël et les Arabes — Le 3ᵉ combat*, Seuil, 1967.

Rouleau, Éric, *Les Palestiniens d'une guerre à l'autre*, La Découverte/Le Monde, Paris, 1984.

Sachar, Howard M., *A History of Israel from the Rise of Zionism to our Time*, Alfred A. Knopf, New York, 1996.

Saïd, Edward, *Peace & its Discontents. Gaza-Jericho 1993-1995*, Vintage, Londres, 1995.

Sanbar, Elias, Hadidi, Subhi, Pons, Jean-Claude, *Palestine : l'enjeu culturel*, Circé/Institut du monde arabe, Paris, 1997.

Sanbar, Elias, *Palestine, le pays à venir*, Éditions de L'olivier, Paris, 1996.

Sand, Shlomo, *Comment le peuple juif fut inventé*, Flammarion, Paris, 2010.

Schattner, Marius, *Histoire de la droite israélienne. De Jabotinsky à Shamir*, Éditions Complexe, Bruxelles, 1991.

Schiff, Z., et Ya'ari, E., *Israel's Lebanon War*, Simon & Schuster, New York, 1982.

Schwartz, Walter, *The Arabs in Israel*, Faber and Faber, Londres, 1959.

Segev, Tom, *Les premiers Israéliens*, Calmann-Lévy, Paris, 1988.

Segev, Tom, *Le septième million*, Liana Levi, Paris, 1993.

Serfaty, Abraham, *Écrits de prison sur la Palestine*, Arcantère, 1992.

Servan-Schreiber, Jean-Jacques, *Le choix des Juifs*, Grasset, Paris, 1988.

Shehadeh, Raja, *Tenir bon, journal d'un Palestinien en Cisjordanie occupée*, Le Seuil, Paris, 1983.

Sieffert, Denis, *Israël Palestine. Une passion française*, La Découverte, Paris, 2004.

Smith-Florentin, Françoise, *Les mythes illégitimes, essai sur la «Terre promise»*, Labor et Fides, Genève, 1994.

Soliman, Lutfallah, *Pour une histoire profane de la Palestine*, La Découverte, Paris, 1989.

Souss, Ibrahim, *Lettre à un ami juif*, Le Seuil, Paris, 1988.

Sternhell, Zeev, *Aux origines d'Israël. Entre nationalisme et socialisme*, Fayard, Paris, 1996.

SYKES, Christopher, *Crossroads to Israel*, Indiana University Press, 1973.

TALMON, Jacob L., *Destin d'Israël, l'unique et l'universel*, Calmann-Lévy, Paris, 1967.

VAN CREVELD, Martin, *Tsahal, histoire critique de la force israélienne de défense*, Éditions du Rocher, Paris, 1998.

VIDAL, Dominique, *Le péché originel d'Israël. L'expulsion des Palestiniens revisitée par les nouveaux historiens*, Les Éditions de l'Atelier, Paris, 1998.

VIDAL-NAQUET, Pierre, *Les assassins de la mémoire*, La Découverte, Paris, 1987.

WEINSTOCK, Nathan, *Le sionisme contre Israël*, Maspero, Paris, 1969.

WEIZMAN, Ezer, *La bataille pour la paix*, Hachette, Paris, 1981.

WEIZMANN, Chaïm, *Naissance d'Israël*, Gallimard, Paris, 1957, 2e éd.

WIESEL, Élie, *Et la mer n'est pas remplie. Mémoires 2*, Le Seuil, Paris, 1996.

ZAHLAN, Antoine B. (dir.), *The Reconstruction of Palestine. Urban and Rural Development*, Kegan Paul International, Londres, 1997.

ZERTAL, Idith, *La nation et la mort. La Shoah dans le discours et la politique d'Israël*, La Découverte, Paris, 2004.

SUR LA JORDANIE ET L'IRAK

AL-KHALIL, Samir, *Republic of Fear, The Inside Story of Sadam's Iraq*, Pantheon Books, New York, 1989.

ALLAWI, Ali A., *The Occupation of Iraq. Winning the War, Loving the Peace*, Yale University Press, New Haven, 2007.

BALTA, Paul, *Iran-Irak. Une guerre de 5 000 ans*, Anthropos, Éditions Bosquet, 1987.

BATATU, Hanna, *The Old Social Classes and the Revolutionary Movements of Iraq. A Study of Iraq's Old Landed and Commercial Classes and of its Communists, Ba'thists and Free officers*, Princeton University Press, New Jersey, 1978.

BLIX, Hans, *Disarming Iraq. The Search for Weapons of Mass Destruction*, Bloomsbury, Londres, 2005.

BREMER, Paul, *My Year in Iraq: The Struggle to Build a Future of Hope*, Simon & Schuster, New York, 2006.

CLARKE, Richard A., *Against All Enemies. Inside America's War on Terror*, Free Press, New York, 2004.

CRAZ, Liesl, *L'Irak au présent*, Éditions des Trois Continents, 1979.

DARWISH, Adel et ALEXANDER, Gregory, *Unholy Babylon. The Secret History of Saddam's War*, St. Martin's Press, New York, 1991.

DUMONT, René, *Cette guerre nous déshonore*, Le Seuil, Paris, 1992.

FAO, *Evaluation of Food and Nutrition Situation in Iraq*, Rome, 1995 (T.C.P.:I.R.Q./4552).

FAROUKH-SLUGLET, Marion, et SLUGLET, Peter, *Iraq since 1958. From Revolution to Dictatorship*, I.B. Tauris, Londres, 1990.

GIROD, Christophe, *Tempête sur le désert. Le Comité international de la Croix-Rouge et la guerre du Golfe, 1990-1991*, L.G.D.J., Paris, 1995.

GOICHON, Anne-Marie, *Jordanie réelle*, 2 vol., Maisonneuve et Larose, Paris, 1967 et 1972.

GRESH, Alain, et VIDAL, Dominique, *Golfe. Clefs pour une guerre annoncée*, Le Monde Éditions, Paris, 1991.

GUERREAU, Alain, et GUERREAU-JALABERT, Anita, *L'Irak, développement et contradictions*, Le Sycomore, 1978.

HANNOYER, Jean, et CHAMI, Seteny (dir.), *Amman. Ville et société*, Centre d'études et de recherches sur le Moyen-Orient contemporain (CERMOC), Beyrouth, 1996.

ISKANDER, Amir, *Saddam Hussein, le militant, le penseur et l'homme*, Hachette Réalités, Paris, 1980.

JEANDET, Noël, *Un golfe pour trois rêves. Le triangle de crise Iran, Irak, Arabie*, L'Harmattan, Paris, 1993.

JOBERT, Michel, *Journal du Golfe. Août 1990-août 1991*, Albin Michel, Paris, 1991.

KHADDURI, Majid, *Independent Iraq 1932-1958. A Study in Iraq Politics*, Oxford University Press, Londres, 1960, 2ᵉ éd.

LAURENT, Éric, *La guerre des Bush*, Plon, Paris, 2003.

LONGRIGG, Stephen H., *Four Centuries of Modern Iraq*, Ithaca Press, Londres, 2002.

LONGRIGG, Stephen H., *Iraq 1900-1950: A Political, Social*

and Economic History, Oxford University Press, Londres, 1953.

MEHDI, Falih, *L'Irak. Fondements et mécanismes de l'État en Islam*, L'Harmattan, Paris, 1991.

OXFAM et NCCI, *Rising to Humanitarian Challenge in Iraq*, disponible sur le site www.oxfam.org/en/node/188.

PITT, William Rivers, entretien avec Scott RITTER, *Guerre à l'Irak, ce que l'équipe Bush ne dit pas*, Le Serpent à plumes, Paris, 2002.

Quelle sécurité pour le Golfe ?, IFRI, 1984.

RONDOT, Philippe, *L'Irak*, « Que sais-je ? », P.U.F., Paris, 1979.

RONDOT, Philippe, *La Jordanie*, « Que sais-je ? », P.U.F., Paris, 1980.

ROSSI, Pierre, *L'Irak des révoltés*, Le Seuil, Paris, 1962.

SADER, Makram, *Le développement industriel de l'Irak*, CERMOC, Beyrouth, 1983.

SAID, Aburish K., *Saddam Hussein. The Politics of Revenge*, Bloomsbury Publishing, Londres, 2001.

SALINGER, Pierre, et LAURENT, Éric, *Guerre du Golfe. Le dossier secret*, Olivier Orban, Paris, 1991.

The Health Conditions of the Population in Iraq since the Gulf Crisis, Organisation mondiale de la santé, Genève, mars 1996 (W.H.O./E.H.A./96.1).

The United Nations and the Iraq-Kuwait Conflict, 1990-1996, Nations unies, New York, 1996.

VERNIER, Bernard, *L'Irak d'aujourd'hui*, Armand Colin, Paris, 1963.

SUR LES PAYS
DE LA PÉNINSULE ARABIQUE

ABURISH, Saïd K., *The Rise, Corruption and Coming Fall of the House of Saud*, St. Martin's Griffin, New York, 1994.

ANTHONY, John Duke, *Arab States of the Lower Gulf : People, Politics, Petroleum*, The Middle East Institute, Washington, D.C., 1975.

BAER, Robert, *Or noir et Maison Blanche. Comment l'Amérique a vendu son âme pour le pétrole saoudien*, J.-C. Lattès, Paris, 2003.

BENOIST-MÉCHIN, Jacques, *Ibn Séoud, ou la naissance d'un royaume*, Albin Michel, Paris, 1955.

Berreby, J.-J., *La Péninsule arabique. Terre sainte de l'Islam, patrie de l'arabisme et empire du pétrole*, Payot, Paris, 1958.

Besson, Yves, *Ibn Sâud, roi bédouin. La naissance du royaume d'Arabie Saoudite*, Trois continents, Lausanne, 1980.

Blair, John, *The Control of Oil*, Macmillan Press, Londres, 1977.

Bocco, R., Jaubert, R., et Metral, F. (dir.), *Steppes d'Arabie. États, pasteurs, agriculteurs et commerçants : le devenir des zones sèches*, P.U.F./Cahiers de l'I.U.E.D., Paris, 1993.

Bonnenfant, P. (dir.), *La Péninsule arabique d'aujourd'hui*, Éditions du C.N.R.S., 1982.

Corm, Georges, « Les développements politiques et économiques de l'Irak et de la Péninsule arabique, 1919-1980 », *Historiens-Géographes*, n° 336, mai-juin 1992.

Fenelon, K.G., *The United Arab Emirats. An Economic and Social Survey*, Longman, Londres, 1973.

Foulquier, Jean-Michel, *Arabie Saoudite. La dictature protégée*, Albin Michel, Paris, 1995.

Ghaouti, Souad, *Les Émirats arabes unis, vers une nouvelle expérience fédérale*, L'Harmattan, Paris, 1984.

Ghubash, Hussein, *Oman, une démocratie islamique millénaire*, Maisonneuve et Larose, Paris, 2007.

Halliday, Fred, *Arabia Without Sultans*, Penguin Books, Londres, 1975, 2ᵉ éd.

Hamaidan, Ali, *Les princes de l'or noir*, Hachette Littérature, Paris, 1968.

Helms, Christine M., *The Cohesion of Saudi Arabia*, Croom Helm, Londres, 1981.

Holden, David, et Johns, Richard, *La màison des Saoud*, Ramsay, Paris, 1982.

Ishow, Habib, *Le Koweït. Évolution politique, économique et sociale*, L'Harmattan, Paris, 1989.

Lackner, Helen, *A House Built on Sand — A Political Economy of Saudi Arabia*, Ithaca Press, Londres, 1978.

Marchand, Stéphane, *Arabie Saoudite : la menace*, Fayard, Paris, 2003.

Menoret, Pascal, *L'énigme saoudienne. Les Saoudiens et le monde*, La Découverte, Paris, 2003.

SALIBI, Kamal, *A History of Arabia*, Caravan Books, New York, 1980.

SOULIÉ, Jean-Louis, et CHAMPENOIS, Lucien, *Le Royaume d'Arabie Saoudite à l'épreuve des temps modernes (Un homme providentiel : Fayçal)*, Albin Michel, Paris, 1978.

SOULIÉ, Jean-Louis, *Le Royaume d'Arabie Saoudite face à l'islam révolutionnaire, 1953-1964*, Armand Colin, Paris, 1966.

TOMICHE, Fernand J., *L'Arabie Saoudite*, P.U.F., Paris, 1969.

WINSTONE, H.V.F., et FREETH, Z., *Kuwait : Prospect and Reality*, Allen and Unwin, Londres, 1972.

ZEGHIDOUR, Slimane, *La vie quotidienne à La Mecque, de Mahomet à nos jours*, Hachette, Paris, 1989.

ZORGBIBE, Charles, *Géopolitique et histoire du Golfe*, P.U.F., 1991.

SUR LES PAYS DU MAGHREB

BALTA, Paul, et RULLEAU, Claudine, *La stratégie de Boumediène*, Sindbad, 1978.

BALTA, Paul, *Le Grand Maghreb — Des indépendances à l'an 2000*, La Découverte, Paris, 1990.

CAZALIS, Anne-Marie, *Kadhafi, le Templier d'Allah*, Gallimard, Paris, 1974.

FRANCOS, A., et SÉRÉNI, J.-P., *Un Algérien nommé Boumediène*, Stock, Paris, 1976.

HIDOUCI, Ghazi, *Algérie, la libération inachevée*, La Découverte/Essai, Paris, 1995.

La Libye nouvelle — Rupture et continuité, Éditions du C.N.R.S., 1975 (notamment l'étude d'Hervé BLEUCHOT : « Les Fondements de l'idéologie du colonel Mou'ammar el-Qaddhafi »).

LEVEAU, Rémi, *Le sabre et le turban. L'avenir du Maghreb*, François Bourin, Paris, 1993.

Maghreb : les années de transition, de KODMANI-DARWISH, Bassma (dir.), Masson, Paris, 1990.

ROSSI, Pierre, *La verte Libye*, Hachette Réalités, Paris, 1979.

SOUAIDIA, Habib, *Le procès de « la sale guerre »*, La Découverte, Paris, 2002.

INDEX

HODGSON, Marshall G.S. : 84, 98, 99 n. 1, 100 n. 1.
HOFFMANN, Stanley : 947 n. 2.
HOGGA, Mustapha : 134 n. 1.
HOLT, Henry : 74 n. 1.
HOLT, P.M. : 72 n. 1, 132 n. 1.
HOSARI, Sati el- : 221 n. 1.
HOTTEIT, Amin M. : 1035 n. 2.
HOURANI, Albert : 95 n. 1, 234 n. 1.
HOUT, Chafic el- : 753 n. 1.
HOWE, Irving : 911.
HRAOUI, Elias : 628, 1037, 1044 n. 1.
HUNTINGTON, Samuel : 29, 150, 163, 868 n. 1, 870 n. 2, 941, 947.
HUSAYN, roi de Jordanie : 294, 332, 343, 373, 386, 433, 575,
    579, 607, 640, 678, 793.
HUSSEIN, petit-fils du Prophète : 135, 861 n. 1.
HUSSEIN, Ahmad Amin : 887 et 887 n. 3.
HUSSEIN, chérif, roi du Hedjaz : 367, 525, 526.
HUSSEIN, Saddam : 181, 245, 254, 264, 269, 279, 287 n. 1, 340
    n.1, 349, 517, 543, 566, 638-640, 643, 648, 650, 661-662,
    665, 666 n. 1, 667-669, 671-672, 677, 679-681, 685, 704, 706,
    726, 756, 795, 797, 800, 807, 817-819, 869, 877, 986, 1004-
    1008, 1012, 1014, 1019-1021, 1030 et 1030 n. 1, 1031, 1061,
    1135, 1137, 1149, 1159.
HUSSEIN, Taha : 203 n. 2.
HUSSEINI, Fayçal : 702 n. 2, 753 n. 1.

IBN KHALDOUN : 32 et 32 n. 1, 48, 50, 59, 132 n. 1, 154, 210 et
    210 n. 1.
IBN SAOUD : 82 n. 1.
IBN TAYMIA : 205.
IQBAL, Mohammed : 205.
ISMAËL : 128 n. 2.
ISMAÏL PACHA, khédive d'Égypte : 241, 300, 305, 309.
IVAN IV LE TERRIBLE : 937.

JAAFARI, Ibrahim : 1025, 1027.
JABOTINSKY, Vladimir Zeev : 917, 918 et 918 n. 1, 919, 931-932.
JADÎD, Salah : 880 n. 3.
JALIL, Moustapha Abdel : 1130.
JALLOUD, commandant : 445.
JASPERS, Karl : 899, 900 n. 1, 950 n. 1.
JEANDET, Noël : 808 n. 1.
JEAN-PAUL II, Karol Wojtyla : 910.
JÉDID, général Salah : 336.
JEFFERSON, Thomas : 913.
JÉSUS-CHRIST : 10, 90, 101.

753, 754, 763, 764 et 764 n. 1 et 2, 765 et 765 n. 1, 770, 773
et 773 n. 1, 778, 780 et 780 n. 1, 781, 826, 940 et 940 n. 1,
941, 943, 959, 963, 991, 994, 1112, 1178.
PERETZ, Amir : 994.
PERLMUTTER, Amos : 918 n. 1.
PETRAS, James : 966 et 966 n. 2.
PHILIPPE II, roi d'Espagne : 128 n. 2.
PHILIPS, Charles Henry : 72 n. 1.
PICAUDOU, Nadine : 143 n. 1, 242 n. 1.
PIE V, (Antonio Ghislieri), saint : 128 n. 2.
PIERRE Ier ALEKSEÏEVITCH, dit Pierre le Grand : 937.
PIPES, Daniel : 1039 n. 1.
PITT, Rivers William : 1007 n. 1.
PIZARRO, Francisco : 918.
PLANHOL, Xavier de : 49, 97 et 97 n. 1 à 4, 98, 100, 170 et 170
n. 1 et 2, 174 n. 1 et 2.
POIRIER, Jean : 160, 161 n. 1.
POLIAKOV, Léon : 944.
POMIAN, Krzysztof : 46 n. 2, 134 n. 1.
POWELL, Colin : 1005.
PTOLÉMÉES, les : 105.

QARADAOUI, Youssef al- 1138.
QOREÏ, Ahmed : 996.
QOTB, Sayyed : 134 et 134 n. 1, 205, 251, 869.
QUANDT, William B. : 697 n. 1.
QUINZIO, Sergio : 897 n. 2, 953, 954 n. 1.

RABBO, Yasser Abed : 990.
RABIN, Itzhak : 746, 751, 754, 756-758, 759 n. 1, 771 et 771 n. 2
à 4, 775-776, 781, 784, 790, 922, 923 et 923 n. 1, 936, 991.
RABKIN, Yacov : 950, 951 n. 1.
RAFSANJANI, Hashemi : 797 n. 2.
RAJSFUS, Maurice : 948 n. 2.
RAWLS, John : 947 n. 2.
RAZIK, Ali Abdel : 203 n. 2, 240 et 240 n. 2.
REAGAN, Ronald : 271, 533, 566-567, 575, 584, 606, 659-661,
687, 872, 1001.
REAGAN, plan : 573-576, 579, 585, 586.
REINHART, Tanya : 960 n. 1, 993 n. 1.
RENAN, Ernest : 49 n. 1, 116, 118, 124, 125 et 125 n. 1 et 2, 126,
127 et 127 n. 1 et 2, 128 et 128 n. 1 et 2, 129, 205, 306.
RENAUT, Alain : 947 n. 2.
RETAILLÉ, Denis : 53 et 53 n. 3.
REZA-DJALI, Mohammed : 555 n. 1.
RICARDO, David : 430, 431.

Tome I

PARTIE I

LE PROCHE-ORIENT : UNE CONSTRUCTION INTROUVABLE

PARTIE II

DES BOUILLONNEMENTS RÉVOLUTIONNAIRES À L'EUPHORIE PÉTROLIÈRE
1956-1975

Tome II

PARTIE IV

L'ÉTABLISSEMENT
DE L'HÉGÉMONIE AMÉRICAINE
ET LES PAIX MANQUÉES
1991-2000

PARTIE V

DE L'INVASION DE L'IRAK
AUX RÉVOLUTIONS ARABES
2001-2011

PARTIE VI

LE PROCHE-ORIENT :
MONDE EN DÉSINTÉGRATION,
MONDE EN CRÉATION

CHAPITRE 28

CONCLUSION GÉNÉRALE

FIN DE LA DÉCADENCE ?

APPENDICES

DU MÊME AUTEUR

POLITIQUE ÉCONOMIQUE ET PLANIFICATION AU LIBAN, 1954-1964, Imprimerie universelle, Beyrouth, 1964.

CONTRIBUTION À L'ÉTUDE DES SOCIÉTÉS MULTICONFESSIONNELLES, EFFETS SOCIO-JURIDIQUES ET POLITIQUES DU PLURALISME RELIGIEUX, Librairie générale de Droit et de Jurisprudence, Paris, 1971 ; nouvelle édition, Geuthner, Paris, 1998.

(et alii), DETTE ET DÉVELOPPEMENT, Publisud, Paris, 1981.

LE PROCHE-ORIENT ÉCLATÉ, 1956-1991, Gallimard, Folio histoire n° 93, Paris, 1991 (nouvelle édition revue et augmentée d'un précédent ouvrage publié aux Éditions La Découverte, 1983).

LIBAN : LES GUERRES DE L'EUROPE ET DE L'ORIENT, 1840-1992, Gallimard, Folio actuel n° 429, Paris, 1992 (nouvelle édition revue et augmentée d'un précédent ouvrage publié aux éditions La Découverte, *Géopolitique du conflit libanais*, 1986).

L'EUROPE ET L'ORIENT, DE LA BALKANISATION À LA LIBANISATION, HISTOIRE D'UNE MODERNITÉ INACCOMPLIE, La Découverte, Paris, 1989 (édition de poche 2002 et 2005).

L'AVENIR DU LIBAN DANS LE CONTEXTE RÉGIONAL ET INTERNATIONAL, sous la direction de P. Balta et G. Corm, Les Éditions ouvrières / E.D.I., Paris, 1990.

IDENTITÉS ET CONFLITS AU MOYEN-ORIENT, 1919-1991, Arcantère, Paris, 1992.

LA MUE (RÉCIT FANTASTIQUE), Noël Blandin, Paris / FMA, Beyrouth, 1992.

LE NOUVEAU DÉSORDRE ÉCONOMIQUE MON-DIAL, La Découverte, Paris, 1993.

LE MOYEN-ORIENT, Flammarion, Dominos, Paris, 1993.

LE PROCHE-ORIENT ÉCLATÉ II, 1990-1996, MIRAGES DE PAIX ET BLOCAGES IDENTI-TAIRES, La Découverte, Paris, 1997.

LA MÉDITERRANÉE; ESPACE DE CONFLITS, ESPACE DE RÊVE, L'Harmattan, Paris, 2001.

ORIENT-OCCIDENT. LA FRACTURE IMAGI-NAIRE, La Découverte, Paris, 2002 (édition de poche 2004).

LE LIBAN CONTEMPORAIN. HISTOIRE ET SOCIÉTÉ (édition entièrement refondue et mise à jour du Folio actuel sur le Liban, paru en 1992), La Découverte, Paris, 2003 (édition de poche actualisée 2012).

YOAKIM MOUBARAC, UN HOMME D'EXCEPTION, recueil de textes choisis et présentés par G. Corm, La Librairie orientale, Beyrouth, 2004.

LA QUESTION RELIGIEUSE AU XXIe SIÈCLE, Géopolitique et crise de la postmodernité, La Découverte, Paris, 2006 (édition de poche 2007).

HISTOIRE DU MOYEN-ORIENT. De l'Antiquité à nos jours, La Découverte, Paris, 2007.

L'EUROPE ET LE MYTHE DE L'OCCIDENT. La construction d'une histoire, La Découverte, Paris, 2009.

LE NOUVEAU GOUVERNEMENT DU MONDE. Idéologies, structures, contre-pouvoirs, La Découverte, Paris, 2010.

DANS LA COLLECTION FOLIO / HISTOIRE

Composition Nord Compo
Impression Novoprint
à Barcelone, le 28 novembre 2019.
Dépôt légal : novembre 2019.
1er dépôt légal dans la collection : août 2012.

ISBN 978-2-07-044815-9./Imprimé en Espagne.

363374